张学海考古文集

（上）

张学海　著

文物出版社

图书在版编目(CIP)数据

张学海考古文集 / 张学海著. -- 北京 : 文物出版社, 2020.7

ISBN 978-7-5010-6702-2

Ⅰ.①张… Ⅱ.①张… Ⅲ.①考古工作—中国—文集 Ⅳ.①K87-53

中国版本图书馆CIP数据核字(2020)第087160号

张学海考古文集

著　　者：张学海

封面设计：秦　彧
责任编辑：秦　彧
责任印制：梁秋卉
出版发行：文物出版社
社　　址：北京市东直门内北小街 2 号楼
邮　　编：100007
网　　址：http://www.wenwu.com
邮　　箱：web@wenwu.com
经　　销：新华书店
印　　刷：北京荣宝艺品印刷有限公司
开　　本：787mm×1092mm　1/16
印　　张：39.25
版　　次：2020 年 7 月第 1 版
印　　次：2020 年 7 月第 1 次印刷
书　　号：ISBN 978-7-5010-6702-2
定　　价：380.00 元（全二册）

作者

祖父张品纯（日本早稻田大学数理系毕业，终生于桑梓中学任教）与祖母周氏合影

1956年8月，考取北大离家前
和母亲及三个弟弟在浙江丽
水合影（三弟在老家青田未
能参加）

1963年4月和爱人闵丽华合影

1947年小学毕业摄于温州

1980年子女在家中合影（长女读初三，次子读小学五年级）

1955年4月摄于吉林长春

1960年10月在北京海淀（读大四）　　　　　　　在山东省文物管理处接待室思考问题

在济南家中查阅资料

在办公室修改论文

故宫和长城是作者入学北大后首先想看的文物单位，1957年4月参观八达岭长城时留影

1958年贯彻教育与生产劳动相结合方针，在北京郊区参加麦收（右起朱非素、作者、李晓东）

1959年上学期，在陕西华县泉护村遗址进行教学实习，作者（右一）在学习作器物描述

在陕西华县泉护村实习期间，作者（右二）常与同学到村南少华山山溪间洗涤

1959年6月10日（端午节）全班和1958年级考古班同学借端午节游览华山，两班同学们在华山南天门合影（后排右六为作者）

在中国猿人产地第一地点发掘，大家干劲冲天，作者和同学在打炮眼（正面右起李发林、作者、郝本性、马希桂）

1959年8～9月，北大历史系1956、1957年级考古班为中国科学院在北京周口店中国猿人产地进行发掘，期间郭沫若院长专程到发掘现场看我们，讲了两小时的话，并在"鸽子堂"和大家合影（三排左六郭沫若、左七杨钟健、前排左二作者）

1961年4月，大学全班同学参观山西大同云冈石窟，在二十窟前合影（中排左五阎文儒、后排左三宿白、前排左一作者）

1961年6月毕业前夕，全班同学参观北京故宫时在太和殿前合影（后排左六宿白、中排左五作者）

北大历史系1956级考古班毕业照，1961年6月下旬摄于北大文史楼前（前排左起李仰松、俞伟超、宿白、苏秉琦、阎文儒，左八高明、左九白瑢基，中排右二作者）

临淄齐故城大型殉马墓的殉马总数约超600匹，殉马坑围绕墓室的西、北、东三面，1964年夏首先发现北面马坑，并于同年冬做了发掘（1970年代前期作者主持发掘西面殉马坑和墓室，墓室被盗一空。作者（左）和夏名采（右）在作西面马坑记录）

1978年暑假，小儿子来曲阜鲁故城看望作者，在孔庙御碑亭留影（左张其海、右作者）

曲阜鲁故城探掘、钻探、试掘、资料整理同时进行，作者（前右）和赵春生（前左）在考察墓葬器物特征

国家文物局兖州考古领队培训班第四期结业合影（左六黄景略、左八作者）

作者（右二）主持国家文物局西山考古领队培训班一个小组的答辩

作者陪同国家文物局吕济民局长（右）考察三孔、三孟时在曲阜孔庙大成殿前合影

1983年5月，参加"郑州中国考古学会第四次年会"，和贾兰坡先生在登封观星台合影（左起贾兰坡、李先登、李晓东、作者）

1986年3月，参加国家文物局昆明考古工作汇报会，山东代表在石林留影（左起作者、薛寿羲、郑笑梅、于海广）

1962年2月，随老同志检查山东济宁地区文物保护情况和处理省知识分子会议有关提案，在邹县铁山摩崖留影（左一作者）

1988年5月，在山东临淄"环渤海考古座谈会"上，作者（中）向课题的倡导者
苏秉琦先生（右）介绍山东渤海沿岸史前考古的新发现（左一郭大顺、左二李步青）

1988年5月，作者向参加"环渤海考古座谈会"人员介绍广饶五村等遗址考古情况

1989年5月，在湖南长沙参加中国考古学会第七次年会时，在韶山毛泽东故居合影（左起杨育彬、作者、韩嘉谷、何介钧）

1990年10月，作者（右一）在北京天安门城楼签名支持申办亚运会

1991年全所人员在"山东省文物考古研究所建所十周年业务成果汇报展"展厅前合影（左三作者）

1991年10月，作者为参加"纪念城子崖遗址发掘60周年国际学术讨论会"代表介绍城子崖探掘新成果（右起严文明、作者、邵望平、黄景略、叶学明）

1991年10月，参加"纪念城子崖遗址发掘60周年国际学术讨论会"部分代表在城子崖遗址西北面合影（后排左三宿白、左五严文明，前排右一黄景略、右二作者）

1991年10月，在济南"纪念城子崖遗址发掘60周年国际学术讨论会"会上和宿白先生等合影（右三起徐苹芳、石兴邦、宿白、管东贵（台湾史语所）、作者）

1991年，宿白先生（左）来济南参加"纪念城子崖遗址发掘60周年国际学术讨论会"时作者宴请先生

1991年12月，参加珠江三角洲古文化讨论会，四位同学在广东中山市孙中山纪念堂前留影（左起作者、徐恒彬、李家和、何介钧）

1992年3月，在山东临淄全国考古所所长座谈会上发言（左二起张柏、作者、孟宪民）

作者（右二）在主持山东省考古学会1992年年会

1993年12月，在济南召开中国考古学会第九次年会，会务人员迎接考古学会理事长苏秉琦先生到宾馆休息（前排左二苏秉琦、左一作者）

1995年1月，作者向国家文物局检查组介绍鲁西的两组龙山文化城时在山东聊城山陕会馆合影（左二起作者、黄景略、张忠培、严文明）

1995年12月，和景阳冈龙山城发掘人员及山东省部分文物考古人员在景阳冈村武松庙前（龙山城中的大台基上）合影（前排左四孙波、中排左四作者）

入学北大40周年返校时，同学们看望在中国历史博物馆专候的德高望重的贾兰坡、苏秉琦先生（前排左三、四，右一作者）

入学北大40周年返校时和吕遵谔先生（左三）合影（右二作者）

1996年11月，参加"纪念良渚遗址发掘六十周年"时和牟永抗（左二）合影

1996年12月，帮助湖南省文物考古研究所确认城头山城是大溪文化城（左二何介钧、左三作者）

1998年北大百年华诞返校在校史展览初始校名匾额前留影

北大百年华诞，在江西、湖南、山东、中国历博工作的1956级考古班四位同学返校并在未名湖畔合影（左起李家和、何介钧、作者、李先登）

1998年12月，受国家文物局委派，和叶学明、刘绪一起检查江苏连云港藤花落龙山文化城的发掘工作（前排左二起林留根、刘绪、作者、叶学明）

2001年11月，参加仰韶文化发现80周年纪念会，和国家文物局张文彬局长在河南渑池县仰韶村遗址合影（左三起杨育彬、作者、张文彬、刘庆柱）

2002年5月，在北京大学考古文博学院祝福宿白先生80华诞（后排左起郝本性、杨育彬、作者）

1990年国家文物局张柏副局长（中）考察山东省所按苏秉琦先生有关倡议设计建成的"临淄考古中心"（左作者、右罗勋章）

国家文物局考古发掘检查组在江苏徐州龟山汉墓留影（左起刘绪、叶学明、作者）

编　委　会

自 序

1961年，在北京大学历史系考古专业完成五年学业之后，我面临着毕业分配问题。我先申报攻读研究生，后因山东的分配名额未满，且对齐、鲁两国历史文化有兴趣，于是就更改志愿，来到山东文物部门工作。能够学以致用，不胜欣喜，我满怀激情，不遗余力地辛勤耕耘，为拓展齐鲁大地的考古事业起了点增砖添瓦的作用。回顾自己的考古人生，我为能够重视解决以下三个问题颇感庆幸。

首先，是明确了专业发展方向的问题。我国的考古工作分属科研、文化与高教三部门，被戏称为考古界的"国防军""地方军"和"军事院校"。虽是笑话，但也说明了三者机构性质、基本任务和工作状态的不同。"地方军"是指省级文物考古机构及其专业人员，归属文化部门，当他们思考自己的专业发展目标时，当然要以省级文物考古机构的基本状况为依据。但是，当时的北京大学是我国唯一设有考古专业的大学，我们1956级考古班又是首次基本上面向地方文化部门分配的，因此我们对省级文物考古机构及其工作状况知之甚少，不知它是文化单位，基本任务是保护文化遗产，考古发掘的直接出发点通常是保护文物与抢救文物，而非科学研究，这和科研、高教系统考古机构的属性与任务不同。虽然，表面看来三者都搞考古发掘，但是发掘目的与工作状态有区别，不能以后两者的工作状态为准，定前者的是非。实际上笔者开始曾不适应本单位工作，存有感到杂乱、不专、不像研究机构、难以成才成家的消极想法，主要原因就是以后两者的工作状态来衡量前者的结果。当时省级文物考古机构的田野考古人员很少，尤其欠缺独当一面的专业骨干，而全省的文物保护任务又很繁重，所以，专业人员分工不能过细、工作繁忙甚至杂乱在所难免，只能服从工作需要，积极地去适应，才能不断提升思想与业务素质，成长为能扛大梁的业务骨干。

省级田野考古人员必须处理好专与通的关系，省级文物考古机构需要有关方面的专家，但相比很专的专门家来说，更需要知识面比较广博，能解决实际问题的"通才""杂家"。"通才""杂家"更难得，成长过程更长，需经历广泛的实践，省级文物考古机构的工作特点有利于造就"通才""杂家"。"通才""杂家"是相对而言，通是说要通一大段，比如通史前考古、夏商周考古、汉唐考古，或者视本单位的实际情况做更宽大的划分。专是要精通大段的某一两个小段或几个专题。既通又专的田野考古人员是省级文物考古机构十分需要的。所以省级考古人员在确定专业发展方向时，要以"通才"为目标，不应当过细。目标的确定，要以本单位（本省）的实际工作任务为基础，使其和实际工作的开展相协调，互相促进。否则，即便有了专业发展目标，但与实际工作脱节，缺少实践机会，与没有专业发展目标无异，想要成才也就成了空中楼阁。专业方向是省级田野考古人员必须认真思考、妥善解决的关键性问题，将影响人生轨迹，是省级田野考古人员需要跨越的头一道坎。

第二，是熟练地掌握发掘技能的问题。省级田野考古人员在明确专业方向的同时，必须熟练地掌握发掘技能。现代考古学以科学发掘为基础，科学发掘是在考古地层学指导下的发掘，而考古地层学构成现代考古学的基本方法论。没有考古地层学就无法获取系统科学的实物资料，也就没有现代考古学。但是掌控考古地层现象十分不易，需要经历长期的实践。笔者在校学习期间，经历过陕西华县泉护村遗址、北京怀柔水库东周汉代墓地和北京猿人洞穴遗址三次发掘，但是走上工作岗位后，对于先秦遗址发掘，自己仍是个门外汉，欠缺考古地层学意识，不知利用手铲刮平、剖面。其实，田野考古人员是不可能凭大学的一两次实习经历就能做好文化遗址发掘的，优秀的田野考古学水平是长期实践、努力积累正反经验的结果。笔者通过下列措施，加强田野考古实践，努力提高田野考古学水平。①承认不会，不掩饰，不装会，以能者为师，无论其身份如何。②借齐故城"四有"探掘人员有能者的机会，独自连续发掘探沟、探方，不怕苦不怕累，所有重要与疑难的地层现象都亲自动手，只用几名民工锄土，帮助发掘一般地层现象。自己尤其注意反复细刮平、剖面，观察土质、土色的差别，掌控地层变化，识别遗迹。③分析地层现象，不轻易下结论，坚持自我反复提问，从肯定到否定，否定到肯定，直至确定无疑，然后再请教能人（当时黄景略在队内）。如此独自连续发掘了1条探沟、5个探方，先秦遗址发掘终于基本入门了。而且，自己对解决疑难地层现象产生了兴趣，并开始形成重要地层现象都亲自动手的习惯。接下来又连年对明鲁荒王墓、齐故城遗址与特大型墓、鲁故城"四有"探掘、东海峪遗址、大汶口遗址等进行了10余次发掘。这些发掘基本上都由笔者主持，大都取得重大成果，大大丰富了自身田野考古的经历，提升了发掘技能。而大汶口遗址首个北辛、大汶口文化和东海峪遗址首个大汶口、龙山文化直接传承地层资料的揭示，以及鲁故城周墓的类型、族属与学术意义问题的提出，表明作为一名田野考古人员，自己已具备掌控先秦遗址重大考古项目的发掘技能，从而在开展事业上多了一分主动。

这里要指出，中国田野考古的另一传统方法考古钻探对促进学科发展的重要意义。考古钻探的工具"洛阳铲"及铲探方法，原属旧中国盗墓者的工具与使用方法，中华人民共和国成立后，被文物考古工作吸收而成为田野考古的辅助性方法。我们通过齐、鲁、薛故城大遗址"四有"勘探试掘，对大遗址"四有"钻探方法进行了改进与创新，使其与考古地层学原理相联系，从而形成一种快速便捷获取个体文化遗址整体状况基本信息的田野考古新方法。于是，原来因为欠缺这类数据而无法开展有效研究或深化研究的许多先秦课题，现在都可以进行研究了，例如先秦城市考古、古城考古、史前聚落时空关系演变、史前聚落群体研究等。实际上这类课题已属社会考古范畴，涉及中国文明起源、国家诞生及早期的发展等重大问题。逐步推进与深化这类课题研究，无疑将使我国文明史的开端及早期的发展等问题得到较快解决。所以，中国考古学田野考古的传统方法，对于当前学科的发展仍然是不可或缺的。考古人常常以"手铲释天书"自诩，依据自身的体验，笔者曾笑称自己的考古生涯为"两铲释天书"，将手铲、探铲并列一起，凸显考古钻探的重要性。

　　第三，是解决了如何开展工作的问题。这里不是指具体的工作方法，而是指开展工作的原则。既然省级考古机构考古工作的直接出发点通常是保护文物而非课题研究，那么省级考古机构是否还要开展课题研究？又如何开展课题研究呢？答案是肯定的，办法就是将保护（实际工作）与课题研究相结合，以课题指导实际工作，提高实际工作的科学水平，通过实际工作的拓展，推进与深化课题研究，融两者为一体，互相促进。而且这应当成为省级考古机构开展工作的基本原则。课题是有普遍性的，在山东整个历史发展过程和当今的山东考古中，新老课题、大小课题、基本课题与短暂课题比比皆是，无论何时何地，每项实际工作的背后都存在一定的课题，关键是能够抓住课题，这取决于考古人员敏锐的课题意识。所以省级考古人员同样必须努力增强课题意识。

　　省级考古机构的研究课题，大都是从实际工作任务中派生的，即是说进行实际工作项目在先，在开展实际工作中形成研究课题。这类课题的确定，一般都要经历一定的思考分析过程，随着工作任务的进展，课题越来越明确，研究逐渐深入，从而也对实际工作项目的科学价值有了更深刻的认识，形成实际工作与课题研究互相促进的局面。此外，也有许多实际工作项目的研究课题，原本就十分明确，抓住这类课题无须高深的学术造诣，问题在于是否实施实际工作与课题研究相结合的原则。

　　对于省级考古机构而言，实施这项两者结合的工作原则具有重大意义，将产生一系列研究课题，形成文物保护与课题研究并举的良好局面，深层次揭示文物的价值，使文物发挥更好的作用，并且有利于造就高素质的专业人才，对于拓展地方文物考古事业具有重要影响。笔者对此由不理解到逐渐理解，由不自觉到努力致力提高课题意识，并获益良多。本文集的许多课题均源于此项工作原则，现举数例略作说明。

（一）鲁故城周墓的类型、族属及其学术意义

本课题中的周墓，最初发现于鲁故城开展"四有"工作之初，是在培训新探工学习钻探技术时偶尔发现。当时只发现两座土圹小墓。发现后紧追未放，逐渐发展成鲁故城与山东周代考古的一大课题。本课题提供了许多新知，给予周代考古以及鲁史、周史研究以不同程度的影响。首先，得知鲁故城作为鲁国的国都，曾规划了一处大面积的稳定的"邦墓"区（其东北部也曾一度作为"公墓"区），区内分布着若干小墓地，应该是些家族墓地，证明《周礼·地官》的有关记载并非完全虚构。其次，这些家族墓地可分甲、乙两种类型。甲类墓是商族人、夷族人墓，墓地位于"邦墓"区西半部，墓主生前住在"邦墓"区西面的西郭，靠近城门，属于鲁国的被统治族。乙类墓是周族人墓，墓地位于"邦墓"区东半部，墓主生前住在"邦墓"区以东的鲁城中北部，南临宫殿区，是鲁国的统治族。证明无论是统治族还是被统治族，均可以在国都内居住，并非只有周族人才能在其中居住，但是实行分区族居、族葬的。第三，这两类周墓生动地反映了墓主社会地位的演变。西周时期的甲类墓极度贫困，大都没有随葬品，不见陶、铜礼器与兵器，反映了其社会地位极为低下。而西周乙类墓则比较富贵，有高比例的铜礼器与铜戈墓，且有一座三鼎随葬的"鲁司徒"墓，说明乙类西周墓的周族人拥有崇高的社会地位。但进入春秋时期情况大变，构成鲁国"国人"重要组成部分的甲类墓墓主们，随葬品已十分丰富，既有陶礼器，有的也有铜礼器、车马器，甚至还有车马坑，为春秋晚期"国人"已上升为重要的政治力量做了极好的注脚。第四，鲁故城周墓还为修正或加深对鲁国与周代有关史学问题的认识提供了重要依据。例如鲁公伯禽的变革、鲁国坚持周礼、周人吸收商文化与夷文化和周人是否实行过人殉制等问题，都可由此获得新知识或加深理解。

以上简略谈了曲阜鲁故城"四有"探掘工作与周墓课题研究结合的基本情况，两者都获得丰硕成果，这是省级文物考古机构推行保护研究相结合原则十分典型的范例。如果不坚持这项工作原则，将无鲁故城周墓课题指导探掘工作，鲁故城"四有"探掘就只能获取城的面积、基本年代与文化遗存分布等一般化的成果。

（二）搭建山东史前聚落时空关系框架课题

20世纪80年代后期，我们接手第二次全国文物普查的山东普查，意识到这是了解全省先秦文化遗址，尤其是史前遗址总体状况的极好机遇，即以文化区系为主轴，在推进古遗址普查的同时，开始考察史前遗址（聚落）时空关系的发展变化，开启了聚落形态研究一个重要的新课题，并获得了重要成果，笔者曾参照"文化条块关系"称之为"山东史前聚落条块体系"。

　　这一宏观考察提供了多项信息。首先是海岱文化区形成发展的基本过程。海岱文化区可能具有多元一体模式。约在第7千年纪中期以后，当时山东地区最早的古文化北辛文化与白石村文化曾分别形成两个环山分布区，即山东内陆的环泰沂山北辛文化分布区和环山东半岛丘陵的白石村文化分布区。两者面貌的差异以及白石村文化早期遗址寥若晨星，表明后者有可能是海岱文化区的源头之一，其中的前白石村文化遗址和大部白石村文化遗址可能已处于大陆架上，环泰沂山北辛文化分布区则包括江苏淮北地区在内，已占有海岱文化区的核心地区，尽管聚落稀疏，也已表明北辛文化晚期已开始形成海岱文化区。在距今6000年前后，白石村文化融于大汶口文化，海岱地区成为大汶口文化的一统天下，海岱文化区得到最初的发展。自大汶口文化中期（约距今5700～5000年）开始，至龙山文化之末，聚落时空关系经历了巨大变化，聚落持续快速增进，分布范围迅速遍布山东全境和苏北、皖北等地。实际上早在大汶口文化晚期，聚落就已抵达皖北、豫东，俨然有逐鹿中原之势。但是本文化区始终以环泰沂山的山前、近山地带为大本营，并在该地带的沂河沭河、薛河荆河、泗河大汶河、绣江河潄河、乌河淄河、淠河白浪河等地区形成了聚落分布的主要中心区，而在龙山文化时期发展到巅峰。这些中心区集中了大部分大汶口、龙山文化聚落，包括所有大型与中型偏大的聚落群。公元前2000年左右，岳石文化取代龙山文化，聚落时空关系又发生巨变，岳石文化聚落骤减，已发现的300余处遗址，稀疏分布，少见群聚在一起的聚落群。综观海岱文化区的主体文化，经过大汶口文化、龙山文化与岳石文化三大发展阶段，至早商晚期开始在其分布区自西而东逐步消失，而在商末周初最终消失于半岛东部。海岱文化区聚落时空关系的这一演变过程，较为系统地反映了其族团的形成、发展与衰亡过程，并可建立山东史前聚落"条块"体系，勾勒出史前社会与历史发展的轮廓。

　　其次是提供了海岱文化区各阶段聚落的基本分布形态。据观察，本文化区的聚落分布形态主要经历了孤单分布、成组分布与成群分布三种形态。第一种指某地孤单存在一两处同期聚落；第二种指三四处成组同期聚落位于某地区；第三种指五处以上同期聚落群聚于某地区。三种分布形态随文化的发展而演变。西河—后李文化、北辛文化早期聚落属第一种分布形态；进入北辛文化晚期，产生了第二种即成组分布形态；在北辛文化之末，紧接着产生了第三种聚落分布形态，出现了雏形聚落群。但聚落群主要是在大汶口文化中期以后尤其是在大汶口文化晚期和龙山文化时期才得到迅猛的大规模发展的。而进入岳石文化时期，聚落骤减，少见聚落群，尤其已基本不见大型与中型偏大的聚落群，这应当是社会结构与人文环境发生巨变的结果，和人口增长、聚落增多、聚落分布形态演变可能有一定的关联，但起决定作用的应该是社会存在。所以，依据这一聚落时空关系演变过程，能够建立海岱史前聚落"条块"体系。将其与古文化体系共同进行考察，将勾勒出史前社会与历史发展的轮廓。其中聚落群形态最值得关注，现就其基本特征与社会属性略作说明。

聚落群基本上是大汶口—龙山文化时期的聚落形态，在大汶口文化中期至龙山文化之末阶段，聚落群形态是该时期占绝对主导地位的聚落存在形式，这时期的绝大部分聚落，都分别包括在各个聚落群体中。而大型（拥有30个以上同期聚落）与中型偏大（拥有20～30个同期聚落）的聚落群，只分布于海岱文化区的中心区，即环泰沂山的近山、浅山地区。文化区的外围地区，只见小聚落群、聚落组与孤单分布聚落。中心区的大、中型聚落群，则在环泰沂山地带形成约六七块聚落分布中心区，这些聚落分布中心区和西周山东列国齐、莱、谭、鲁、薛、莒等国的都城地区基本重合，从而在这些区块形成昭示社会长期连续发展的文化链，勾勒出从史前至西周的历史发展脉络。而在大汶口文化中期以后，随着这些区块中、大型聚落群的迅猛发展，聚落群体也形成三大特征。一是有一个稳定发展的不大的特定地理空间。二是有一个明显的中心聚落，或是城，或属群内最大的聚落，或属最大聚落之列。三是伴随着中心聚落的明朗化与聚落的增长，聚落规模出现分化，群内聚落形成了层级结构，最终发展成"都、邑、聚"式金字塔形层级结构。其中心聚落相当于"都"，"都"下的若干中级聚落相当于"邑"，占群内绝大多数的小聚落相当"聚"，即村落，构成类似县、乡、村的三级社会结构。这种特征说明聚落群是一些社会、政治实体的遗迹。推测它先是部落，当群内聚落演变成"都、邑、聚"式金字塔形层级结构时，已转化为国家。就是说环泰沂山地带的聚落分布中心区，各自均有一部古文化、古城、古国史，都经历了从部落到国家的发展过程，这得到了有关古文献的证明。例如《左传》《汉书·地理志》说，齐地曾由爽鸠氏、季荝、逄伯陵、蒲姑氏、齐太公互相取代。《左传》又说，薛皇祖奚仲居薛，迁于邳，为夏车正；仲虺居薛，为汤左相。薛地当在今薛故城一带。邳应指上邳，在薛故城西面不远，或以为微山湖东岸的欢城遗址即仲虺城，东距薛故城仅20余千米。古文献对齐、薛两地历史沿革的记载，既证明这两个聚落分布中心区的历史，也证明该地带其他聚落分布中心区的历史，都经历了从原始社会到国家社会的发展过程。这里的国家是古国，即早期国家。古国时代约当五帝时代，当时国家很多，号称万国。万国当然不是确数，而且很可能包括当时全部的古国、部落、独立氏族而言，但其中古国显然很多。国家如此之多，可知其面积很小。西周分封诸侯有"方百里""方七十里""方五十里"三等，还有不足"方五十里"的附庸国，前三等的面积各约1400、700、350平方千米，与大、中、小三类聚落群体的一般占地范围大体相当，少数大群体的范围超过了一等封国面积，或许西周封国的面积和古国的大小，具有渊源关系也很难说。

　　基于对大汶口—龙山文化聚落时空关系的上述认识，笔者提出中国国家诞生的浅说，即典型史前聚落群体聚落形成"都、邑、聚"式金字塔形层级结构，标志国家的诞生，而国家诞生是中华文明形成的根本标志。本文集有多篇文章对这一观点进行了阐释，详情不赘述。

　　（三）获取个案聚落整体信息课题

　　笔者投身文物考古工作后，就不断目睹一处文化遗址包含多种文化的现象，所含文化从两三种到四五种甚至更多。对此现象业内习以为常，少见议论，显然是学科处于基础研究阶段，对聚落资料的需求尚不急迫之故。随着学科研究重点开始向社会考古转变，聚落尤其是古城日益受到关注，笔者也曾对文化遗址分级保护、史前聚落时空关系发展演变、典型史前聚落群体的性质等以聚落资料为基础的问题有所思考与研究，从中感到当前的文化遗址（聚落遗址）资料有很大局限性，无论是多文化叠压遗址还是单一文化遗址的整体信息，基本上不是各自聚落整体的真实信息。但考古学的发展已要求具备个案聚落整体的科学资料，许多问题必须依赖这项资料开展与深化研究。比如拟了解某个聚落群体、聚落从产生分化至形成"都、邑、聚"式金字塔形层级结构的基本过程，从中确认"都"（中心聚落）"邑"（中级聚落）两种聚落址具有关键意义。这一确认过程少不了要对群体内的聚落址进行定性定量分析、排比与归纳等工作，这些工作无疑只能在具备个案聚落整体信息科学资料的基础上才能进行。但是，目前的文化遗址资料大都由踏查获得，而且大部分属于多文化（多个聚落）叠压的遗址，难以进行上述工作。因此，必须首先将其分解成以单一文化（个体聚落）定位的遗址，同时获取其整体信息，包括群体中本来的单一文化遗址在内。因为其地面踏查数据未必就是该聚落整体的真实数据，必须经过验证。聚落的整体信息指整个聚落基本的综合信息，包括聚落面积、居住时间、文化内涵、平面布局与阶段性变化等基本信息。这当然不是聚落个体精确的整体信息，但将更为接近聚落原貌，使有关研究结论接近或基本符合实际。举一反三，类似必须以个体聚落的整体资料为基础、才能开展研究的课题很多，例如聚落时空关系发展变化、特定地区聚落分化的产生发展、史前文化聚落比较研究、古城、古国与中华文明探源等重要课题研究，都必须具备必要的个案聚落整体的科学资料。以往由于无法快速获得这些科学资料，因此也就不能有效开展这些课题研究。自20世纪六七十年代的大遗址"四有"工作后，情况才根本变化。当时我们通过齐、鲁故城的大遗址"四有"探掘工作，形成一套先秦大遗址勘探试掘新方法（参阅本文集有关文章），新方法能够将多文化叠压遗址快速分解成单一文化遗址，并获取其整体概况。比如鲁故城面积达10余平方千米，基本实现这两项目标，首尾仅用了两年时间；薛故城面积约7平方千米，用时不到一年。史前遗址面积很小，假如采用先秦大遗址"四有"探掘新方法的原理开展工作，中、小型遗址数天至半月便可获取。较大的内涵较复杂的遗址一个月左右基本上可以获取。假如一个拥有30处遗址的聚落群，投入一组高素质钻探技工（6名），一般可在一个田野工作季度内获取上述两项信息，而且还能初步提供群内聚落分化的状况，为系统开展聚落群体研究做出准备。笔者曾指出，这一勘探试掘新方法，"是一种在短期内查明大遗址整体面貌的田野考古方法，是考古层位学在获取大遗址整体面貌特定任务上的运用"。钻探所使用的"洛阳铲"和操作、记录方法，简便易行，不需昂贵设施和高深的技术，但能迅速获取其他方法包括现代科技所不能获取的大范围地下文化遗存的分布、地层堆积、大致年代与基本布局等资料，因此可以轻而易举地运用于史前遗址整体概况的探查，并可收到良好的效果。必须强调指出，中国考古学已由文化基础研究向社会考古、重建中国古史考古新阶段转型，聚落考古、古城、古国、国家起源、中华文明起源与发展、民族融合等课题将成为学科发展新阶段的中心课题。这些新课题研究，大都需要个案聚落包括城在内的整体面貌资料，而先秦大遗址"四有"探掘方法及其原理，是目前唯一能够快速获取这项资料的方法。所以，这一探掘新方法的运用，是适应学科发展新任务的需要，对它的推广与普及将促使中国考古学不断向前发展。

以上便是笔者对明确专业发展方向，提升考古发掘技能和实施"保研"结合原则问题的简要认识与做法，其中第一个问题主要谈了对省级文物考古机构性质、任务和所需人才的理解。这些认识构成自己专业思想的组成内容，成为自己的行动指南，促使自己不顾小家，不避寒暑，日复一日，年复一年，为祖国文物考古事业默默奉献，未因虚度年华而抱憾。

省内文物考古人员如能妥善解决了这三个方面的问题，就跨越了考古人生重要的"三关"，为勾画出各自的精彩人生而夯实了基础。衷心希望省内中青年文物考古工作者，努力跨越"三关"，勇攀高峰，为中华民族的伟大复兴做出积极的贡献。

2019 年 10 月草于泉城寓所

时年 85 岁

目　录

（上）

（下）

西河文化初论

20 世纪 90 年代初，在济南以东章丘市泰山北侧的山前平原发现了一种新石器文化遗存，一些同志称为后李文化，笔者曾称西河类型。通过西河、小荆山遗址的三次清理发掘，对这种新石器文化遗存的文化面貌、基本特征、年代与分布、社会经济与社会性质等问题已能做出初步概括，可以确认是一种新的考古文化。因首先发现于西河遗址，并且这遗址可能是该文化年代最早、延续时间很长的一处典型聚落，具有代表性，故称为西河文化。现就有关问题作初步的论述与探讨。

一 西河文化的发现、材料与年代

1991 年春，我们正继续对章丘市山前平原史前遗址群中的城子崖遗址进行试掘，对王官、焦家、王推官庄等北辛、大汶口、岳石文化时期的重点遗址进行复查和发掘资料的整理工作，集中了较多的专业人员与技工，全队人员驻于章丘市龙山镇政府院内。某天清晨，广饶县博物馆的王建国同志，沿驻地门前旧济青公路向西散步至龙山三村机砖窑场，从窑场取土场北断崖上采回一些特殊的史前红陶片。此后王和别的同志继续采回陶片标本，其间并挖过一个探方进行了调查，所获陶片虽然不多，但有些可以复原，特征鲜明，与已知的新石器文化陶器截然不同。随后进行了钻探，得知这是一处约 15 万平方米的新石器文化遗址，其东北到西南达 400 余、宽 300 余米。现遗址东北大半部已毁于窑场和 20 世纪 70 年代的取土，仅剩西南小半部，因基本上在近十年毁坏，遗址原来的范围明确。主要文化堆积属西河文化，厚 1.5 米左右，其上仅偶见大汶口文化墓葬器物和零星的战国汉唐遗存，实属西河文化的一处重要聚落。当时因城子崖的试掘正在进行，仅制止了窑场取土，未进行清理。

该遗址位于章丘市龙山镇龙山三村西北约 500 米，东距著名的城子崖遗址约 2、南距泰山北支山麓 5 千米左右，坐落在巨野河西面一条小支流的河湾处，俗称此河为西河，故称为西河遗址。源于南面山麓的西河自南而北流经遗址西北两边，在东北边折向西北，西河的西、北岸尚见稀薄的遗存。1991 年 6 月，当城子崖上半年试掘任务完成后，即对该遗址东北部已被窑场征购的部分进行抢救清理，开探方16个，发掘面积450平方米。地层堆积有6层，第3层属东周汉代层，第3层下的遗迹和第4层属西河文化。因雨季发掘，田野工作困难，第4层以下仅在几个探方开探沟了解了地层。4～6层共厚1～1.2米左右，探沟的第5、6层和发掘区以南的取土场西断崖（现遗址东断面）相当探沟5、6层的堆积，都未见陶片与遗迹，只有红烧土颗粒和偶见的兽骨。但探沟和断面都清楚地表明第4～6层的堆积是逐步形成的文化堆积，其间并无淤土、淤沙等间歇层，初步判断第5、6层也应是西河文化堆积。

第3层下发现了一批西河文化房址、灰坑和灰沟，后两项总量不多。清理的两座可知轮廓的房址（F1、F2），均呈浅穴圆角方形。F1基本上保留着废弃前的布置（详情见下文），F2在F1西南数米，室内地面比F1低近0.5米。在F2以南的遗址东断面上可见3座房址，与F2南北成行，各房相距数米。在F1以东和东南二三十米范围内，窑场取土过程中挖掉的房址不下10座。1993年在济青公路以南的遗址南部，探出房址5座以上。这些房址均未发现互相打破、叠压现象，由此可知西河聚落本来有个相当完整的平面。器物基本上出于房址内，在地层和灰坑中很少见，断崖上只要有成堆陶片或完整陶器，几乎就是房址。出土器物主要是陶器和石器，还有一定数量的骨角蚌器。因器物都出于房内居住面上，完整与可复原的陶器较多，组合明确，而且F1的陶器因有三个碳-14年代数据，因而具有标准器群的意义。所以西河资料虽不丰富，却有重要科学价值[1]。

1991年冬，济南市文化局文物处对小荆山遗址进行了抢救清理。该遗址位于章丘市刁镇茄庄西南约0.5、西北距刁镇4.5千米，南对长白山西北支的小荆山，离山根仅100余米，故名小荆山遗址。遗址中心区东西300余、南北400余米，面积15万平方米以上，中部东部各有东西向与南北向的生产道穿过，把遗址分为四区。因是田官、田福与韩庄三村机砖窑的取土场，清理前遗址已残存无几。南北生产道以西部分仅存北小部分，东北区仅存边沿，东南区仅在两条道路的交角附近和遗址南边有所残存。市文物处主要在东南区道路交角附近开了几个探方，清理了一部分灰坑、灰沟；在该区南边清理了劫后残存的21座墓葬和东北区南北道东侧窑厂运土坡道上的两座残房址（F1、F2）及少量灰坑，其中F2居住面上出陶器、石斧、磨盘等器物20余件，也属废弃前房内人们所使用[2]。

---

[1]　西河遗址清理资料尚未发表，有关发掘情况参见佟佩华、魏成敏：《章丘西河新石器时代遗址》，《中国文物报》1994年2月20日。部分陶器见山东省文物考古研究所：《山东章丘龙山三村窑厂遗址调查简报》，《华夏考古》1993年第1期。有关遗址破坏情况与现状系笔者多次现场考察与访问所得。

[2]　济南市文物处清理资料。章丘县博物馆：《山东章丘县小荆山遗址调查简报》，《考古》1994年第6期。遗址破坏情况与现状系笔者现场考察所得。

　　为了进一步了解小荆山遗址的文化面貌，1993 年冬山东省文物考古研究所对小荆山遗址进行了第二次发掘。这时东南区残存的遗址已被挖掘殆尽，发掘主要在东北区进行。在该区东南部的遗址东缘布方，同时清理了该区南北道东侧三条斜坡车道上的残房基，发掘面积 400 平方米，清理房址 8 座和一部分灰坑，获得一批陶石骨角蚌牙器以及一宗动物遗骸。这次发掘的地层有 6 层，第 1 ~ 3 层为汉以后地层，第 4 ~ 6 层是西河文化地层，遗址东南部有龙山文化堆积，但两次发掘均未碰上。该遗址的西河文化堆积 1 ~ 1.5 米，两次所获陶器包括了早中晚各个阶段。聚落南边有氏族公共墓地，墓地以北是居住区，两次清理的和断面所见的共 30 余座房址，基本上分布在南北道以东、东西道南北两侧长不到 100 米、宽不到 50 米的范围内，约当遗址东部偏南部位；聚落中部与西大半部因取土彻底破坏已不可知，但西北区北断崖见有房址。在东南区西断面南头的聚落南缘和北断面东部的聚落东缘，均见宽而深的斜壁大沟，估计小荆山西河文化聚落挖有环壕。这些现象表明小荆山也是西河文化一处规模可观的、长期居住的重要聚落[1]。

　　西河、小荆山遗址的三次发掘资料，目前只有小荆山第二次发掘资料作了系统报道，因此时下还不能进行较细的分期。但据器物形态和碳 -14 年代数据，可知现有资料包括了西河文化早中晚各个阶段。早期，以小荆山第二次发掘的主要遗存和西河第 4 层为主，前者发掘报告分两期四段，一 ~ 三段为第一期，四段为第二期，但其中似含有中期乃至晚期的遗物[2]；西河第 4 层现在可以参考的主要是一个距今8411 年的碳 -14 年代数据[3]。中期，以西河 3 层下的 F1、F2 为代表，两者陶器的形制作风一致，而形态有明显变化，可视为中前期互相衔接的两段，F1 是一段，F2为二段。而西河 F1 和小荆山二期（即第四段）的敛口贯耳圈足罐、大口贯耳圈足罐、陶盉等的形态很接近，说明两者互相衔接。晚期，以小荆山第一次发掘的 F1 等为代表，出现了敛口釜、折腹钵，釜的叠沿变成厚而窄；流行多乳丁足（多为四 ~ 八足，个别为三足），陶器形态和西河 F2 的陶器差别甚大，估计其间至少应有两个以上缺环。资料全部发表后，将可以进行较细的分期，加上一批十分珍贵的住房资料，还有墓地与聚落概况资料，并有小荆山动物遗骸鉴定资料，使我们可以多角度地对西河文化进行综合考察。这是我们对这两处重要遗址的严重破坏深感沉痛之余聊可自慰的。

---

　　[1]　山东省文物考古研究所、章丘市博物馆：《山东章丘市小荆山遗址调查、发掘报告》，《华夏考古》1996年第2期。

　　[2]　山东省文物考古研究所、章丘市博物馆：《山东章丘市小荆山遗址调查、发掘报告》，《华夏考古》1996年第2期。

　　[3]　北京大学考古系碳十四实验室：《碳十四年代测定报告（一〇）》，《文物》1996年第6期。半衰期5730年，距今年代以公元1950年为起点，校正值系高精度表校正，1993年8月由北大考古系陈铁梅教授提供。

关于西河文化的年代，可以从西河遗址的四个碳-14年代数据做出大体判断。这四个年代数据见表一[1]。

表一　西河遗址碳-14年代数据一览表

实验室编号	样品与层位	测定年代（距今）	校正值（距今）
BK91034	F1②泥炭	7410±80	7974
BK91035	F2③泥炭	7325±80	7908
BK91036	F1②泥炭，陶碗内	7175±70	7726
BK91037	T11④泥炭	7905±90	8411

前三个数据属西河F1，其中前两个标本均采于F1中部的灶址，灶址处有许多泥状炭灰堆积，层位并不明显，不必拘泥于标本②③层层位与测定年代的倒置，况且这两个数据的年代接近，可视为F1的年代上限，即距今7900年到8000年；而第三个7726年的数据，则可看作F1的下限，如此西河F1的绝对年代应在距今8000～7700年之间。西河F1代表了西河文化中期一段，我们可以以此为基础推测出整个西河文化的大致年代。

先说早期年代。西河文化以小荆山第二次发掘资料为代表的早期遗存分两期四段，假定每段以100年计，共400年。因早期遗存小荆山第四段和属中期一段的西河F1衔接，西河F1上限距今8000年，所以早期年代约距今8000～8400年。属于早期地层的西河第4层的年代数据恰好是8411年，可作为早期年代的一个证据。该标本采于西河T11第4层层面，标本所在之处有破碎陶器，也许是残房基。其下的4～6层共厚1～1.2米，逐渐形成这么厚的文化堆积，至少需要千年以上，所以西河遗址的始居年代肯定超过9000年，有可能达到距今9500年。考虑到第5、6层尚无确凿标本证其属西河文化遗存，暂以第4层层面的年代为准，西河文化的年代上限起码也在距今8500年前。

再说下限年代。属中期二段的西河F2，与西河F1衔接，同样假设占100年；西河F2与西河文化晚期阶段的小荆山F1之间的两个以上缺环，假定共占400年，小荆山F1假设代表西河文化晚期的200～300年，那么西河文化自西河F1以后约延续了700～800年，西河F1下限年代约距今7700年，如此西河文化的年代

---

[1]　北京大学考古系碳十四实验室：《碳十四年代测定报告（一〇）》，载《文物》1996年第6期。半衰期5730年，距今年代以公元1950年为起点，校正值系高精度表校正，1993年8月由北大考古系陈铁梅教授提供。

下限应在距今 7000 年左右。综上可知，西河文化始于距今 8500 年前，延续到距今 7000 年左右，经历了 1500 年以上的发展历程，是目前海岱地区最早的有陶新石器文化。当然上述估算并不是科学的，但作为对西河文化年代的思考是允许的，和事实将不会有很大出入。况且当我们考虑西河文化与后李类型、北辛文化的关系，尤其是与后者的关系时，确认西河文化的年代就十分关键。

二 西河文化的基本特征

西河文化的发掘、研究工作都刚刚开始，目前还不能对其文化特征做出全面的概括，但从现有陶器、石器、房址和墓葬资料，已可看到这一文化的基本特征。

（一）陶器

西河文化陶器以含砂泥质红褐陶为主，早晚期多含砂泥质红陶，中期多灰褐陶与青灰陶。含砂泥质陶是指用含细砂的沉积土直接制坯烧制而成，陶土不经淘洗处理。中期有少量羼砂陶，但未见粗砂陶；晚期有少量陶土经淘洗的细泥陶。灰褐陶陶色斑驳不匀，内外呈灰、褐、黑、黄等色。陶器器壁较薄，不见厚胎粗重器。火候较低，烧制温度不均，陶质较松软，也有较坚硬者。器形手制，可能使用地模，以泥片贴塑与泥条盘叠成形；大器形器底、器身分制，对接成器；器口多反折成叠沿。陶器造型古朴，极盛圜底器，流行矮圈足器，后期多见乳丁足器，很少见平底器，不见三足器。器表以素面为主，主要纹饰有戳纹、指甲纹，有个别刻划纹，后期偶见堆纹与花唇。器形有圜底釜、圜底缸、高体圜底壶、圈足罐、圈足碗、圜底或圈足盉、圜底钵、平底钵、平底盂、盆、平底杯等。釜数量最多，缸仅次于釜，盂、盆、杯不多。釜、缸、壶、罐、碗、盉从组合与器形上反映出西河文化陶器的突出特征，承担了炊煮、贮存、盛水、收敛的齐全功能（图一）。

1. 圜底釜

叠沿筒形圜底，有两大型。一型口径大于或相当于器高，整体形态相对矮胖；另一型口径小于器高，整体形态呈竖长方形。器形演变趋势由敞口而直口而敛口；外折而成的叠沿，由宽平沿到沿面中间起棱如同两道瓦纹，叠沿下唇饰戳纹或花唇，到叠沿变窄加厚，有的成叠唇，下唇作花唇；器腹由斜腹、直腹到鼓腹；晚期流行敛口、鼓腹、乳丁足釜，多加 4 ～ 8 个乳丁足。

2. 圜底缸

器形形制与竖高型即筒形圜底釜一致，唯形体较大，器高在 40 厘米以上。前此都称陶釜，不排除此类器在特定情况下可以作釜使用，但器形大，与发现的较小灶址不适应，主要功能应是贮存器，用于贮存粮食或盛水，故从釜中分出。

西
河
文
化

后
李
类
型

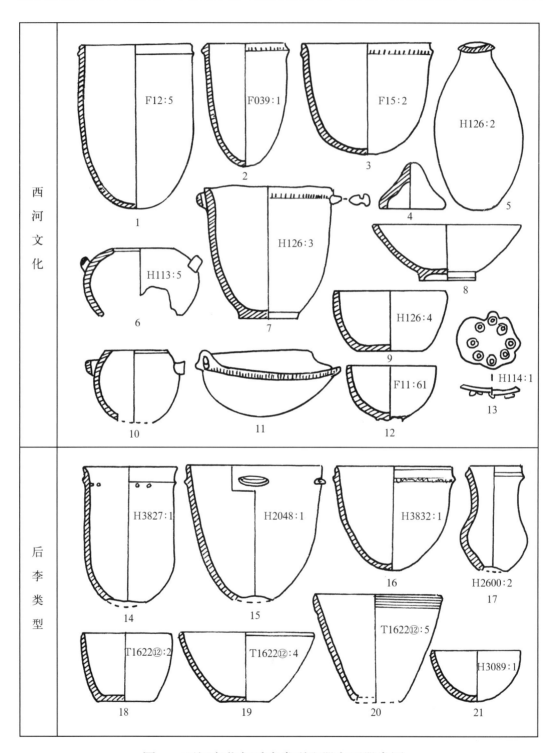

图一　西河文化与后李类型陶器主要器类图

3.高体圜底壶

叠沿深腹圜底，器身宽 20 厘米余，而器高可达 50 厘米以上，形态特殊，应是主要的提水器。器形变化为器口由小变大，由无领、领肩不分到有领、领肩分明，领逐渐加高；同时由无叠沿到出现窄叠沿，叠沿逐渐加宽。

4.罐

器形多样。早期有大口叠沿贯耳矮圈足罐，口大于腹，无领，叠沿下唇多饰戳纹，纹上置两个对称贯耳。早中期多见敛口矮圈足罐，皆无沿无领，广肩，收腹，肩立两个对称拱桥形半环耳。其中早期的为弧肩；中期作广平肩，有的贯耳内陷，器形变矮近似南瓜形。中期又有椭圆形小敛口、无领无沿、广肩收腹、器身瘦高的瓶形圈足罐，似为随身携带的水器；晚期有微敞口、斜直腹的筒形平底罐。

5.圈足碗

敞口斜壁或弧壁，矮圈足。

6.盉

整体形态近似匜，敞口，前沿稍凹，弧壁或坡状壁；其余三面叠沿弧腹，后沿有双环或单环提梁凸起，早期提梁下有舌状檐外伸，圜底；中期提梁下无檐，矮圈足。

7.钵

多半球状圜底钵，后期出现 4 个或 3 个乳丁足，未见浅腹圜底钵，偶见小平底钵，晚期有折腹钵。

8.盂

均平底，有壁近直浅腹和斜壁腹较深两型。

9.盆

有两型，一为叠沿斜腹矮圈足，一为敞口卷沿折腹，底残未明。

10.杯

平底筒形。

（二）石器

西河文化石器有生产工具和生活用具两大类。

1.生产工具

有石斧、石锛、石凿、石铲、磨石和研磨器等。石斧多，石铲少见。石斧双面锋，弧刃，刃部较宽，顶端较窄，器身断面呈扁椭圆形，与大汶口文化石斧一致，一般形体较小，也见高达 30 厘米左右的大石斧。石铲亦双面锋，弧刃，器扁平。斧锛凿铲多用花岗岩、页岩打制、琢制或磨制。磨制者数量颇多，加工精致，通体磨光，与大汶口文化同类石器不分伯仲。这种石器精品早期就存在，制作技术之先进和制陶技术的相对原始性形成鲜明对照。

2. 生活用具

有石磨盘、石磨棒、灶支石、石支脚等。磨盘多见，基本形态呈长方椭圆形、长方亚腰形、长方不规则形，也有方形与圆形者，似未定型，大者长达五六十厘米，都用砂岩制成。一般单面使用，背面琢平，也有双面使用者。个别磨盘中部有琢孔。磨棒多断残，一面或多面使用，断面呈椭圆、半圆和弧顶三角形。灶支石十分丰富，用砂岩、花岗岩、石灰岩打制或琢制成类似牛角形，顶端或平或尖，底粗而近平，或利用长条形天然石块。高20余厘米到三四十厘米不等，使用时底部埋在土中，成三角支撑。石支脚数量很多，用以支撑、稳固圜底器，形状有牛角形、馒头形、不规则长条形等，前两种经打制而成，其余一般是自然石，或局部打制。

领先的石器磨制技术，大量的灶支石和石支脚，构成了西河文化石器的突出特征。

（三）房址

西河、小荆山遗址共发现40余座房址，其中可以确认房址平面的在10座以上，除一座近似椭圆形浅地穴者以外，均为浅地穴圆角方形，估计这是西河文化住房的基本形制，说明住房已定型化。室外原地表都已不存，但室内都未发现进出房的台阶或坡道遗迹，表明地穴不深，估计深在0.5米上下。房子面积较大，都在20平方米以上，一般为30～40平方米，大者达60～70平方米。房内地面基本平整，有的局部经火烤。穴壁规整，壁近直，有的壁面抹黄泥膏，并经火烤。属于早期的小荆山F11等围绕房内或房外穴壁四周有稀疏不均的柱子洞，属于中期的西河F1、F2室内外均未见柱子洞。房门结构未明，小荆山F11在东南角似有门，但不典型。房内一般都有灶，多位于中部或稍偏一方，全用牛角形支石或自然条石支成正三角形，支石底部埋于土中，支石内地面微凹，并无深的火塘。灶址多为一组三灶或两灶，未见一灶者。房内居住面上常常遗留成组陶器、磨盘、石质生产工具和石支脚。有的放置井然有序，几乎是房子废弃前的原状，这是西河文化房址耐人寻味的现象和特点之一，也使这些房址资料具有更高的科学价值。兹举小荆山F11和西河F1作进一步说明。

小荆山F11开口于5层下，圆角方形，穴口东西宽5.25、南北长6.32米；底宽5.08、长6.25、地穴残深0.4米。四壁抹黄泥膏，经烧烤，壁根周围有10个分布不均、大小不等的柱子洞，南面临东南角似有向外的台阶式门道，但不典型，有待今后证明。房内堆积有三层，第3层为居住时形成的堆积，厚4～15厘米。活动面上遗物有三组，西北部一组有缸（或釜）1、石支脚3；中部一组有釜1、灶支石9（似为3灶）；南部有釜1、磨盘1[1]（图二）。

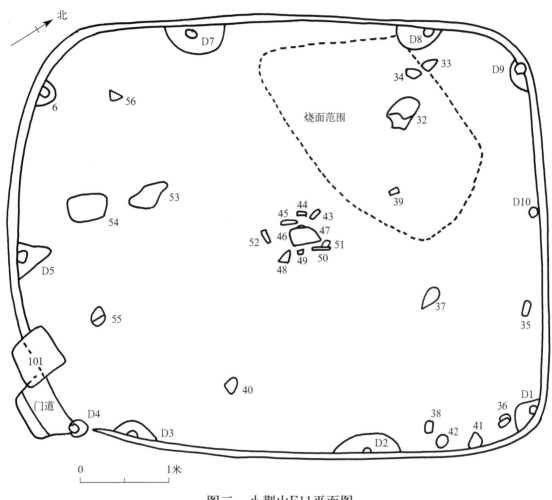

图二　小荆山F11平面图

32、47、55.陶釜　33、34、43～46、48～52.石支脚　35～42.石块　53、54.石磨盘

　　西河F1开口于3层下，圆角方形，宽6.8、长7.4、地穴残深0.5米，面积50余平方米。穴壁平整，上抹黄泥膏，厚约0.5～1厘米。居住面规整，西半部由西向东微有倾斜，东半部地面成水平，居住面和西半穴壁经火烤，西半部居住面烧烤度较强，似属歇息睡眠区。未发现门与柱子洞。房内正中有一组三灶，主灶居南而略大，两辅灶并立于北而较小，三灶成正三角形鼎立，各灶也以三块（组）灶石成

　　[1]　山东省文物考古研究所、章丘市博物馆：《山东章丘市小荆山遗址调查、发掘报告》，《华夏考古》1996年第2期。

正三角形支撑而成；主灶支石较粗大，经琢制，底部埋于地面下，支石之间有下凹的火塘，南面有横置的灶门石，火塘及其周围遗留着丰厚的泥状炭灰，一件小型叠沿圜底釜仍留在西辅灶上。在东北部到东壁中部的近壁处，整齐地排列着七件陶器，西南部有一残磨盘，房内遗物的出土情况明显地反映了房子废弃前的原貌，可以判断东半部主要是房内活动区[1]。

由上可知，西河文化的住房已完全定型化，地穴、居住面和壁面的处理以及灶址的设计和睡眠、活动区的初步区分，表明住房建筑技术与利用已相当进步。

（四）墓葬

西河文化墓葬，目前仅有小荆山遗址的 21 座墓。墓成南北三排排列，排距、墓距均很小，皆浅坑单人葬，南北向，仰身直肢，头向北，除个别手握蚌壳外，别无他物，估计属于西河文化早期（图三）。

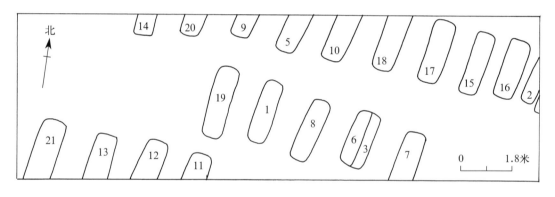

图三　小荆山遗址氏族墓地墓位图

尽管墓葬资料很少，但陶器、石器和住房已把西河文化的基本面貌显示于世，表明它是与已知新石器文化截然不同的考古文化。

三　西河文化的发源地和中心分布区

目前已确认的六处西河文化遗址，五处集中在济南市以东泰山北支和长白山西北麓的山前平原上，处于章丘市胶济铁路以北，东西 12、西南到东北约 25 千米的范围内，西河文化在这里经历了 1500 年以上的发展历程。小荆山聚落和这一历

---

[1]　佟佩华、魏成敏：《章丘西河新石器时代遗址》，《中国文物报》1994年2月20日。

程相终始，西河聚落的时间可能更长，仅发掘区第 4 层层面以上遗存的年代就已有 700 年（约距今 8411～7726 年），其后还有更晚的材料，其前则有 4～6 层共厚 1～1.2 米的堆积。这厚度约和小荆山遗址 4～6 层西河文化堆积的总厚度相当，两者的地层特征很相似。小荆山堆积的年代跨度达 1500 年以上，可证西河遗址 4～6 层堆积的年代至少也在 1000 年以上，就以 1000 年计，西河遗址的年代上限也已接近距今 9500 年。年代已如此古老，足证这一带是海岱地区新石器文化的一个源头。假如第 5、6 层是西河文化地层，自然这里是西河文化的源头，同时也是海岱地区新石器文化的源头之一。即使 5、6 层不是西河文化，那也是前西河文化，一般应发展成西河文化，西河文化的源头仍会在这里。

这里具有远古先民生息繁衍优越的自然地理环境。泰沂山横亘于南，长白山逶迤其东，丘壑连绵，树木成林；古济水沿泰山西麓北流至济南西北的泺口，东折入渤海，东流水道大致与原小清河流向一致，形成本地理单元的西北界，区内河湖交错，水生动物丰富。从小荆山遗址出土的动物遗骸可以了解本区当时生态环境的基本特征。遗址出土了许多楔蚌、丽蚌等多种软体水生生物双壳，它们现生于南方温暖湿润省区的河流以及和河流相通的湖泊中，表明当时这里比现在温暖、湿润，降水丰富，年平均气温约比现在高 4℃～5℃；鱼、鳖、斑鹿、牛、羊和在河滨捕食鱼类与小动物的貉的存在，表明遗址附近具有水草丰美、鱼兽戏逐的自然环境；狼、狐、野猪的遗骸，则证明山上树木成林，河湖附近灌木丛生[1]。温暖湿润的气候，丰富的降水量，肥沃的山前冲积平原和丰美的水草，为原始农业的发展和家畜的饲养、繁殖，提供了优良的自然条件。同时，丰富的浅水生物、山林中的走兽和野生果实，也为先民提供了重要的食物来源与补充。正是这种优越的自然地理环境，使这里成为海岱地区新石器文化的一个源头。

西河文化产生后，在这里长期发展，使这里成为该文化的主要中心。因为北隔大川济水，南阻泰沂山脉，它只能沿泰沂山北麓和长白山麓向东西扩展。但西面目前还没有发现西河文化遗址，曾有过报道的长清县张官遗址，并无西河文化陶器。东面邹平县孙家遗址和临淄区后李官庄遗址，都有相似的文化因素。下文将说明后李遗址目前还不能归为西河文化，应先称后李类型以示区别。孙家遗址在长白山北麓山前平原，西距小荆山遗址约 15 千米，应属西河文化。因此，西河文化可能主要分布在泰沂山北侧西段山前平原，基本上以今济南市辖区为中心。如果今后证实后李类型是西河文化的一个地方类型，就将东达胶莱平原。西河文化处于距今 7000 年左右以前，当时生产力水平低下，人口稀少，婴儿死亡率高，人口繁殖慢，

[1] 山东省文物考古研究所、章丘市博物馆：《山东章丘市小荆山遗址调查、发掘报告》，《华夏考古》1996 年第 2 期。

连续居住了一两千年的西河、小荆山遗址，面积不过 10 余万平方米，似可说明这一点。因人口稀少，聚落自然不能很多，分布范围也不会很大。年代越古老的考古文化，遗址越少，文化圈越小，这是常理，估计西河文化遗址将会继续有所发现，分布范围也可能扩大，但不会有很多遗址和很大的分布范围。

四　西河文化的经济形态与社会性质

西河文化在泰沂山北侧西段山前平原走过了漫长的历程，西河、小荆山遗址都是西河文化先民长期居住的聚落址。地层与器物表明，西河聚落可能始居于距今 9000 余年前，至少延续到 7500 年以后，小荆山聚落居住了 1500 年以上，这充分说明西河文化的先民已过着完全稳定的定居生活，这一点就足以证明该文化的经济基础是农业。而陶器组合所反映的炊煮、贮存、饮食、盛水的齐全功能，釜与储存器圜底缸的大量存在，房址内成组的灶址，以及主要用于收敛、晾晒粮食的陶畚等，表明农业所获已可基本维持生计。在小荆山遗址出土的哺乳动物遗骸中，以家猪最多，有 10 余只不同年龄、不同性别的半驯化家猪，还有 6 只已驯化的猪，并有马牛羊，可以想见聚落内猪狗成群、马牛羊夹杂其间的情景。家畜尤其是猪的驯养不仅和定居，而且和原始农业的一定发展水平相联系。相对可观的聚落规模和相当密集的住房所反映的人口不断增长，领先的石质生产工具制作技术和先进的住房建筑技术所代表的相对进步的生产力水平，也折射出农业已达到一定的发展水平。估计一般年景农业所获已能满足生存所需的粮食，说明农业已成为西河文化的经济基础。很少发现植物果核之类遗物，似乎说明采集并不是保证生存不可缺少的经济活动。在小荆山第二次发掘出土的 717 件动物遗骸中，经鉴定分属软体动物、鱼类、爬行类、鸟类和哺乳动物 5 大类，22 个种属，其中有 7 种淡水软体动物、2 种淡水鱼、1 种鳖、1 种鸟、6 种野生兽和 5 种家畜。软体动物主要是蚌类，野生兽则是斑鹿、鹿、狼、狐、貉和野猪，说明渔猎在西河文化的经济中占有一定意义，但可能主要是补充性的，特别是提高饮食质量的经济活动。

下面试就西河文化的社会性质谈点浅识。目前已知的六处西河文化聚落遗址，五处集中于章丘市北部地区，这五处聚落址按其分布似可分为东西北三组。西组即西河聚落；东组有绿竹园、摩天岭聚落，南北相距约 3 千米；北组有小荆山、小坡聚落，南北相距 1 千米余。东西两组相距约 12、东组与北组相距约 17 千米（图四）。三组中的西河、绿竹园和小荆山遗址规模都较大，已知西河、小荆山聚落房子密集，小荆山有公共墓地，所以西河、小荆山、绿竹园可能是三个较老的氏族居地。东组中的摩天岭聚落规模仅数千平方米，比绿竹园聚落小得多，可能是由绿竹园氏族派

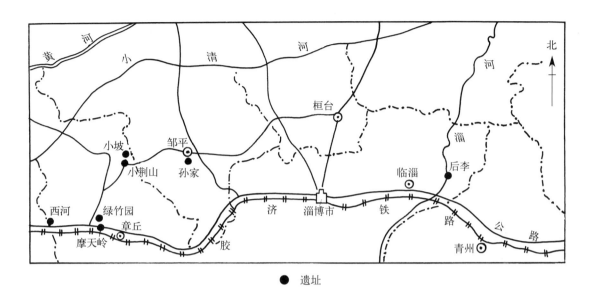

● 遗址

图四　西河文化、后李类型遗址分布图

生的年轻氏族，两者也许是个胞族。北组的小坡聚落面积未详，和小荆山聚落近在咫尺，两者同样可能是个胞族。因西河、小荆山聚落延续时间都很长，可以断定他们和绿竹园氏族都曾并存。五个氏族或一个氏族两个胞族并存于不大的范围内，周围有宽广山峦与空间地带，农业达到了一定的发展水平，估计他们在某个阶段可能已联合成部落，不妨称之为西河部落。这仅是推测，缺乏足够依据，提出以待今后工作来验证。

西河文化已发现的住房，都是 20 平方米以上的大房子，未见北辛、大汶口、龙山文化普遍存在的那种 10 平方米左右的小房子，这种大房子小的也可住七八人以上。例如西河 F1，面积 50 平方米，仅以西半部睡人计算，也可同时睡 10 人以上；小荆山 F11，面积近 32 平方米，西半部同时可睡 8 人以上。房内一组三或二灶，是这些房子的通例，也说明房内住有较多的人。房内通常有功能比较齐全的成组陶器，有磨盘和石斧等生产工具，表明每座房子基本上可能是一个经济单位，这种经济单位应该是母系大家庭。北辛、大汶口、龙山文化那种只有一小灶的 10 平方米左右的小房子，主要应该是一夫一妻制家庭的住房；西河文化完全不见这种小房子，正说明当时的家庭形式是母系大家庭。这些母系大家庭可能分属于不同的家族。

母系大家庭成为当时社会的经济单位，既是生产力进步的产物，同时也反映了生产力水平仍比较低下。西河文化生产力的发展，带来人口逐步增长，聚落与氏族规模扩大，使本来只是消费单位的母系大家庭，渐渐转变为相对独立的经济单位；但由于生产力水平仍然不高，例如精磨石器总量毕竟较少、石质生产工具品种不多、石铲石锛数量少、石斧形体大都较小、制陶技术带有原始性、陶器欠丰富等现象，说明西河文化社会生产力的总体水平仍较低下，人们劳动所获除维持生存之外没有多少剩余，决定了社会形态只能是原始共产制，私有观念、私有财产尚未产生。小荆山氏族墓地的 21 座墓，排列整齐，规模、葬制无差异，均无随葬品，正反映了氏族成员没有个人财产、人人平等的状况。不过这可能是早期的墓地，而且很不完整，中晚期的墓地也许已有变化。如果母系大家庭确已成为西河文化中晚期社会的经济单位，就表明氏族社会出现了最初的重大变化。氏族所有制出现了裂口，并将让位给母系家族、母系大家庭所有制。起初这仍然是原始共产制。但是西河文化的房址明显地存在大中小三型，似乎反映出家庭成员多寡不同，因而导致经济力量有强有弱，这将引出母系大家庭的贫富差别，促使氏族社会进一步分化。经历了漫长发展过程的西河文化，各阶段的经济、社会状况肯定有明显差别，但目前我们只能作一般性的探讨。

五　西河文化和后李类型、北辛文化的关系

随着西河文化的发现，便产生了和后李一期文化、北辛文化等的关系问题，而且一开始就有完全相左的两种观点。一种观点认为西河文化、后李类型是同一考古文化，称之为后李文化，它直接发展成北辛文化[1]。笔者则认为，现有资料表明西河文化与后李类型的文化面貌差异大于共性，还不能确认为同一考古文化，曾主张先分别称为西河类型与后李类型[2]。它们和北辛文化原本是分居泰沂山南北两侧的考古文化，并无互相承袭关系。现在除认为西河类型已可称西河文化以外，基本观点并无变化。试作阐述于下。

就目前资料来看，西河文化与后李类型不是同一考古文化。西河文化的基本特征已如前叙，现就后李类型作简要介绍。

后李类型指后李第一期文化遗存，目前只发现一处后李遗址。该遗址位于淄博市临淄区齐陵镇后李官庄西北，西临淄河东岸，淄河已冲掉了遗址的西南部。遗址西南距临淄区驻地 10、南距泰沂山脉中段主峰鲁山北支山麓 5、东北距渤海西南岸约 75 千米，东连胶莱平原（图四）。1965 年山东省文化局临淄文物工作队调查淄河东岸时就已发现是处新石器、周代遗址，同年冬北京大学历史系考古专业 1961

[1]　王永波、王守功、李振光：《海岱地区史前考古的新课题——试论后李文化》，《纪念城子崖遗址发掘六十周年国际学术讨论会文集》，齐鲁书社，1993年。栾丰实：《东夷考古》第四章，山东大学出版社，1996年。

[2]　张学海：《关于海岱地区史前考古若干问题的思考》，《中国考古学会第九次年会论文集》，文物出版社，1997年。

年级实习队在遗址西缘的淄河岸边做了调查性试掘，只发现龙山文化、晚商遗存。20 世纪 80 年代后期修筑济青高速公路，因遗址正位于淄河特大桥的东桥头部位，山东省文化厅济青高级公路工程文物考古队，于 1988 年秋开始将其作为重点之一进行配合发掘，在发掘区西南部个别探方出土了一些比较特殊的陶片，翌年春继续出土，知是一种新的文化遗存。配合发掘连续进行了五次，发掘总面积 6500 平方米，后李类型遗存的发掘基本上在前三次，主要集中在遗址的西南部。遗址总面积达 15 万平方米，主要属周代堆积，后李类型遗存范围未明，估计面积在 3 ～ 5 万平方米，可能大部分已被遗址西南面的巨大河湾所毁。发掘区地层共分 12 层，主要堆积分属四个时期。第 12 ～ 10 层属第一期文化堆积，即后李类型遗存；第 9、8 层为第二期文化堆积，属北辛文化晚期遗存；第 7 层以上属周、汉时期和唐宋元明清的遗存。

后李遗址后李类型的堆积本来就很薄，又受到东周遗迹的严重破坏，资料既不丰富，也很零碎。遗迹主要是灰坑、灰沟和很破碎的房址残迹，遗物主要是陶器与石器，另外还发现十余座墓葬 [1]。后李类型的年代及其与西河文化年代的对应关系，可从两者的碳 -14 年代数据来确定。后李类型测过三个碳 -14 年代数据，详见表二 [2]。

表二 后李遗址碳-14年代数据一览表

实验室编号	样品与层位	测定年代（距今）	校正年代（距今）
BK90159	T1926M111人骨	4330 ± 160	
BK90158	T3124⑪下H3822木炭	7645 ± 70	8163
BK90160	T2324⑪下H2600兽骨	7300 ± 100	7851

前一个数据偏晚不可信，后两个数据基本上反映了后李类型现有资料的年代。其中早的年代数据比西河第 4 层的年代数据 8411 年晚 240 余年，较西河 F1 的最早数据 7974 年早 189 年。西河 F1 属西河文化中期一段，其年代上限距今 8000 年，那么后李 11 层下 H3822 的年代约当西河文化早期晚段。后李晚的数据 7851 年的兽骨标本，层位也在 11 层下，年代比西河 F1 的最晚数据 7726 年早 125 年，接近

---

[1] 济青公路文物考古队：《山东临淄后李遗址第一、二次发掘简报》，《考古》1992年第11期；《山东临淄后李遗址第三、四次发掘简报》，《考古》1994年第2期。

[2] 北京大学考古系碳十四实验室：《碳十四年代测定报告（一〇）》，《文物》1996年第6期。半衰期5730年，距今年代以公元1950年为起点。校正值系高精度表校正，1993年8月由北大考古系陈铁梅教授提供。

西河 F1 的中间年代数据 7908 年。因此后李第 11 层下的遗存时限约当西河文化早期后段到中期早段。即使第 12 层的年代比 11 层下的遗迹早,第 11 层的年代比它晚,后李类型现有主要资料的年代约相当于西河文化的早中期阶段,既不会早于西河文化早期,也不会晚到西河文化晚期阶段(小壶等少数器物例外),所以两者可以进行对比。

西河文化与后李类型在陶器方面确有共性,主要表现在两者都以含细砂沉积土直接制坯,陶土不经淘洗;器物造型均以圜底器为主,皆无三足器;都以深腹、中腹圜底釜为炊器,而且整体形态相似;圜底釜、圜底缸数量都很多;此外还有圈足碗等相同器形。但总观包括陶器在内的总体面貌,两者的差异远多于共性。

首先,两者陶器在陶系、器形、组合和纹饰作风方面都有明显不同。

1.陶系

西河文化早期以含砂泥质红褐陶为主;中期的西河 F1、F2 的陶器以灰褐陶、青灰陶为主,色调深暗,其中有羼砂陶。后李类型基本上是含砂泥质红褐陶,色泽较红艳;有少量灰褐陶,色泽不如西河文化深暗;不见青灰陶;未见羼砂陶,但有少量羼蚌屑和云母末陶,为西河文化所不见。

2.器类、器形

西河文化虽盛行圜底器,但比重比后李类型小得多,前者约占 50%,后者则占陶器总量的 80% 以上。西河文化流行矮圈足器,罐类器、碗和大部分盉、盆、钵均施矮圈足,后李类型仅见个别圈足碗。西河文化平底器极少,早、中期平底器仅见个别盂、钵、杯等小器形,没有大型平底器;后李类型平底器比例较大,除小型平底器以外,还有大型的平底缸(或称平底罐)等器。

西河文化陶器器类、器形比较多,功能齐全。主要器类有釜、缸、罐、高体壶、碗、钵、盂、盆、盉等,釜、缸、罐、壶、碗、盉构成西河文化陶器颇具特色的基本组合,承担了炊煮、贮存、食饮、提水、盛水的齐全功能。后李类型主要是釜、缸和很少的平底盆、圈足碗等,缺少罐和盉,器类简单,功能不够齐全。

两者主要器类、器形和风格,差别十分明显。就最具文化特征的圜底釜来说,西河文化型式单一,除早期有些叠沿不明显者以外,早中期均为叠沿釜,叠沿典型,沿面或素光,或成瓦纹,下唇大都饰密戳纹,不施压印纹,器形有大小型。后李类型釜型式多样,其中典型的叠沿釜很少;所谓叠沿,大都和器口陶胎挤压成一体,剖面不见明显叠沿痕迹,而在下唇部位成凸棱,上施指捏纹或疏压印纹,不用戳纹,状如附加堆纹,位置偏下,如同领部加一周箍;同时流行筒形横錾纽釜,器口附加两或四个窄长方或鱼背形对称横錾耳;又有颇多堆纹釜,领部加一周粗堆纹,堆纹也常断作二或四等分;还有少量大敞口卷沿圜底釜。缸,是两者的主要器形之一,西河文化早中期均为叠沿筒形圜底缸,形制单一;后李类型既有近似叠沿的筒形缸和堆纹筒形缸,又有大口斜腹平底缸,口或腹部饰一至数道绳线勒压纹。圈足罐是西河文化的主要器类,有大口罐、敛口罐之分,后者又有不同型式;后李类型不见罐类器。圈足碗,西河文化颇为流行,后李偶见。匜形陶盉、高体壶,构成西河文化很具特色的器形,后李未见前者,后者仅偶见较晚型式的器口残片。后李有小壶,陶支脚作牛角形;西河文化不见小壶,陶支脚作圆锥体形(图一)。

3.陶器纹饰

首先,两者陶器纹饰明显不同。西河文化流行密戳纹、指甲纹,晚期有花唇,均施于叠沿唇沿;又有瓦纹,施于叠沿沿面;还见个别细线刻划纹,施于缸类器的肩腹部,纹样为半同心圆、叶脉纹等;不见堆纹、压印纹与绳线勒压纹。后李类型盛行堆纹、指捏纹、疏压印纹,后两者施于堆纹、凸棱上,起加固堆纹作用;有绳线勒压纹,多用作装饰堆纹,绳线勒压纹也单独施于器口或器腹;偶见指甲纹,不见戳纹、瓦纹和刻划纹。

由上可知,西河文化与后李类型的陶器,粗看颇相似,仔细考察差别十分明显。值得指出的是,后李的直口平唇堆纹釜,同马家浜文化的同类釜十分相似,西河文化并无此类釜,也反映了两者当有不同渊源,据现有资料很难把两者归为一体。

其次,两者石器有明显区别。西河文化石质生产工具总量较多,其中精磨的斧、铲、锛、凿等精品比重大;磨盘、磨棒数量多,还有"犁形器"。后李类型石质生产工具总量较少,石斧仅磨刃部,未见通体磨光者,不见"犁形器",但有一些形体较大的铲形器残片,西河文化未见。诚如发掘者指出的那样:"小荆山遗址出土大量石铲、石斧、石磨盘、磨棒、犁形器等,无论数量还是质量都远远超过前者(后李遗址)。"[1]

第三,两者的墓葬资料虽少,但泾渭分明,少有雷同。西河文化小荆山遗址的21座墓,排列均匀整齐,均为浅穴单人葬,南北向,仰身直肢,头向北,除个别手握蚌壳以外,别无他物。后李遗址发现十余座墓,大都东西向,头向东或向西,个别为南北向;墓穴都较深,约有半数的墓是侧室墓,即在长方竖穴半腰自头侧到身的一侧,掏出龛形侧室来放死者,形制特殊。这些侧室墓均东西向,仰身直肢,除个别墓有陶支脚、蚌壳以外,没有其他随葬品[2]。

综上,知西河文化和后李类型在陶器、石器和墓葬方面都存在显著差别,所以

[1] 王守功:《鲁北地区新石器文化的发现与认识》,《华夏考古》1995年第2期。

[2] 王永波、王守功、李振光:《海岱地区史前考古的新课题——试论后李文化》,《纪念城子崖遗址发掘六十周年国际学术讨论会文集》,齐鲁书社,1993年。栾丰实:《东夷考古》第四章,山东大学出版社,1996年。

不能仅凭陶器上的某些共性就把两者看作同一考古文化，尤其不能称为后李文化。同处泰沂山北侧山前平原、东西相距不过70余千米的紧邻考古遗存，文化面貌竟如此不同，自然应首先考虑它们是两种不同的考古文化。联系鲁东南沂沭河流域和泰山西南方古汶河下游地区存在丰富的细石器文化，这些细石器文化很可能在泰山周围和鲁南地区分别发展出不同的有陶新石器文化，所以西河文化与后李类型是两种考古文化的可能性极大，因东西毗邻，互相影响，所以存在不少共性。应当指出，目前所谓后李文化的特征，是两者特征的概括，而且更多地反映了西河文化的特征，而欠缺对后李类型特征的全面概括。

当然，目前也并未完全排除两者是同一考古文化的两个类型的可能，即使如此，也应当把这种新文化命名为西河文化，后李一期文化遗存作为该文化的地方类型。因为这种文化的源头和中心在西河、小荆山遗址所处的泰山北麓山前平原，这里集中了这一文化已知的绝大部分遗址，具有比较全面地反映该文化面貌的住房、器物、墓地和聚落的资料，西河遗址又是该文化年代最早、规模很大、延续时间很长的典型遗址，仍可以继续做工作；相反，后李类型所在的泰沂山北侧中段山前平原，目前只有一处后李遗址，遗址本就残碎不堪，今已基本不存，所获资料零碎贫乏，住房、聚落情况不明，只有并不丰富的陶石蚌器和十余座墓葬，缺乏典型性。因此以西河遗址命名这一新文化，后李类型是这一文化向东扩展而形成的地方类型，就可以从定名上反映出这一文化的发源和发展。学科发展到今天的水平，命名一种新文化应考虑较多的因素，至少应当以较典型的遗址来命名。况且后李类型极有可能是另一种考古文化，如今后得到证实，即可顺理成章改称后李文化，不至于有麻烦。

第二，西河文化与北辛文化是两支不同体系的文化，没有直接承袭关系。

北辛文化确立于20世纪七八十年代之交，已为考古界所熟悉。这一文化可能起源于鲁南山地的环山地带，处于距今7500～6200年间，可分早、中、晚三期。早期约距今7500～6800年，中期约距今6800～6500年，晚期约距今6500～6200年[1]。自中期阶段开始，该文化已由泰沂山南侧地区向北侧地区扩展，到晚期阶段基本上成为海岱地区的文化共同体，构成海岱文化区文化谱系的初期阶段。北辛文化陶器以夹砂红陶、红褐陶、泥质红陶为主，有少量泥质灰陶；泥质红陶陶土都经淘洗。陶器纹饰流行附加堆纹和刻划纹，另有刮纹、锥刺纹、指甲纹、压印纹和乳丁纹。有少量纹样简单的彩陶。陶器造型以圜底器、三足器为主，有一定数量的平底器，少见圈足器。器形有鼎、釜、罐、盆、钵、碗、器盖、器座和支

---

[1]　早中晚各期年代除上下限年代提至7500年和6200年以外，其余仍旧。北辛文化中晚期年代颇多分歧，和本文所论关系密切的是北辛文化早期，早期下限年代约在距今6800年，意见比较一致。

脚等[1]，陶器总体面貌与西河文化截然不同。北辛文化早期和西河文化晚期的年代已经重叠，但这时两者的陶器仍少有联系（不是完全没有）。如这时两者都流行的釜，形态仍有天渊之别，西河文化这时流行的厚叠沿、花唇、圜底乳丁足等作风，北辛文化几乎丝毫不见，仅有个别圜底三乳丁足釜，可能是吸收了西河文化的因素。而北辛文化这时已经出现，流行于中期以后，构成海岱文化谱系陶器器形主要特征的三足鼎类器，西河文化仍不见踪影。值得指出的是，三足支撑的观念在西河文化先民的头脑中是早已存在的，而且早就在生活中得到了很好的运用。由三灶组成的灶址平面呈正三角形排列，各灶也都用三块（组）支石组成正三角形支架，正是西河文化先民运用三足鼎立意识于现实生活的典范。但陶器造型却始终坚持圜底与矮圈足，即便晚期大量采用乳丁足，也只见个别三乳丁足，而大都安上 4～8 个乳丁足，这充分说明西河文化的陶器造型，与三足鼎立观念无缘。仅此一点就足以证明西河文化与北辛文化具有不同的文化传统。

西河文化与北辛文化的面貌截然不同，这是大家公认的，不需多说。因前者晚期阶段和后者早期阶段已经重叠，所以两者不是一条文化链的不同环节，它们是分布在泰沂山南北两侧的两支考古文化。北辛文化的年代上限为 7500 年，但泰沂山南侧地区至今尚未发现早于北辛文化的有陶新石器文化。联系鲁东南沂沭河流域存在大量细石器地点与遗址，北辛遗址附近也曾发现细石器，该地区有陶新石器文化的产生应不会很晚，鲁南地区应有更早阶段的北辛文化或前北辛文化，有着自己的文化体系，跟泰沂山北侧的西河文化并行发展，到北辛文化晚期，才以北辛文化为主体基本形成海岱地区全区性的文化共同体，开创了光辉灿烂的海岱文化区。至于西河文化在形成海岱文化区中起了什么作用，它的去向如何，以及它和泰沂山北侧地区约当北辛文化中期阶段的邹平苑城西南村等文化遗存的关系等问题，目前还是未知数。

总之，笔者认为西河文化是起源于泰沂山北侧西段山前平原的新石器时代中期文化，产生于距今 8500 年前，一直延续到距今 7000 年左右，它的出现很可能早到距今 9500 年。主要分布于泰沂山北侧西段古济水以东以南地区，西抵济水（今黄河东阿至济南泺口段）东岸，假如今后证实后李类型是该文化的地方类型，其分布范围就可能包括整个泰沂山北侧的山前平原。它拥有特征鲜明的陶器群，具有领先的石器制作水平和进步的住房建筑技术，原始农业已发展到一定的水平，饲养着狗、猪、马、牛、羊等家畜，河蚌鱼鳖走兽是其食物的补充。社会组织可能已由氏族联合成部落，社会经济单位是母系大家庭。私有观念仍未出现，但母系大家庭成员多

---

[1]　中国社科院考古研究所山东队：《山东滕县北辛遗址发掘报告》，《考古学报》1984年第2期。

寡所形成的经济力量的差别，正在氏族内部酝酿、积聚着不稳定因素，冲击着原始共产制的氏族法则。它和泰沂山南侧的北辛文化早期阶段以及应该存在的前北辛文化，各自代表了泰沂山南北两侧的新石器时代中期文化。它的发现，是海岱地区史前考古的重大突破，对海岱考古和环渤海考古提出了一系列新课题，从而把海岱、环渤海地区史前考古推向一个新阶段。

原载《纪念刘敦愿先生文集》，山东大学出版社，1998 年；后收入《张学海考古论集》（略有修改），学苑出版社，1999 年

后李类型与马家浜文化之联系初探

后李类型，指 1989 年在山东省淄博市临淄区后李官庄遗址发现的第一期文化遗存，目前只发现一处遗址，论者大都把西面章丘地区的西河文化与其归在一起，称为后李文化。实际上两者不是同一体系的文化，笔者撰有《西河文化初论》一文，主张把分处泰沂山脉北侧西段与中段山前平原最早的新石器文化遗存，分别称为西河文化和后李类型。

后李类型陶器和墓葬具有鲜明特征。

陶器都用含细砂沉积土直接烧制，陶土不经淘洗，有很少陶片的砂粒较粗，似为羼砂陶；并有很少夹蚌末陶。陶色多红褐、灰褐色，斑驳不匀，火候不高。制法多用泥条盘筑、泥片贴塑；大器形可能使用地模，底、腹分制，而后对接。造型以圜底器为主，有部分平底器，偶见小型矮圈足器，不见三足器。对称横錾耳发达。陶器多素面，流行堆纹、压印纹、指拧纹，并有绳线勒压纹。器形有深腹、中腹圜底釜、深腹圜底缸、敞口斜腹平底缸、平底盆、圜底或平底钵、小壶等，釜、缸两种器形占陶器总量的 80% 以上。深腹圜底缸（大都称釜）口微侈，尖圆唇，或直口方唇，口下器壁挤压出一周凸棱，如同细堆纹，有的则施堆纹，纹上再施压印纹或指拧纹，以加固器口。这种器口风格，乍看如叠沿，其实不是叠沿，但其中确有极少数由器口外折而成的叠沿（西河文化则多为叠沿，叠沿下唇施戳纹或指甲纹，不见指拧纹，少见堆纹，器口作风完全不同）。中腹圜底釜器口、器高大致相当，大都直口方唇，器口下有一周堆纹，堆纹上常施两个或四个对称横錾耳；或只施錾耳而无堆纹；或只有堆纹而无錾耳，此类堆纹常成四等分或二等分，起着錾耳作用。圜底釜、圜底缸以其鲜明的风格特征，有别于西河文化的釜、缸类器，成为后李类型陶器最具特征的器形。

后李类型墓葬发现不多，但特征显著。其中的竖穴侧室墓系在竖穴半腰向头侧和身的一侧，外掏出龛形侧室，用以置死者，墓均东西向，除个别有陶支脚和蚌壳以外，别无他物。和西河文化墓葬作浅墓穴，南北向，仰身直肢，头向北的情形截然不同。

诚然后李类型和西河文化陶器存在一些共性，如都用含沙沉积土直接烧制，陶土不经淘洗，均以圜底器为主，不见三足器，流行釜缸类器等，故论者多把两者看作一体。但细加审察，就知两者在陶系、器类、器形风格、纹饰作风等方面都有显著不同。就目前材料而言，不能把两者看作同一文化共同体，它们之间的共性是互相影响的结果，可能是西河文化给予后李类型更多的影响。

后李类型的年代可从后李、西河的碳-14测年数据结合两者的器物形态来确定。后李类型有两个可信的测年数据，分别为7645±70（校正年代距今8163年）、7300±100（校正年代距今7851年）；西河文化有4个数据，各为7410±80、7325±80、7175±70、7905±90（校正年代为7974、7908、7726、8411年，前3个数据为西河遗址3层下F1标本所测，后一数据为T11第4层层面的泥炭所测）。据西河遗址的这些年代数据，结合小荆山、西河遗址三次发掘的陶器形态，估计西河文化现有资料约从8500年到7000年，先后延续约1500年，大体可分为早中晚三期，若平均每期各占500年，那么后李类型的年代约当西河文化早期晚段到中期前段之间，晚不过距今7500年。它提出了一系列问题，首先是它的来龙去脉问题。它应有自己的源头，但其源头尚无线索；去向也不清楚。它并未和西邻的西河文化融为一体，比东邻半岛地区的白石文化早近一千年，和鲁中南地区北辛文化早期的年代比较接近，但两者未见明显联系。总之，目前在山东境内还很难回答后李类型的来源、去向问题。扩大视野，在北面渤海西、北岸地区，也不见同它有明显联系的早于或晚于它的文化遗存，因此它的来源、去向不会在北面。引人注目的是南面。我们看到苏南东部地区早期马家浜文化的陶器，同后李类型陶器具有十分密切的联系。首先指出这一点的是黄宣佩先生，1991年11月他来济南参加"纪念城子崖遗址发掘60周年国际学术讨论会"，看到了后李类型陶器，指出和马家浜陶器很相似。乍听似难以置信，当对比了两者的陶器，就知苏南地区圩墩、草鞋山等遗址早期马家浜文化的陶釜，同后李类型陶釜有着惊人的一致性（图一）。圩墩、草鞋山等遗址的早期陶釜均为深腹、中腹圜底釜，大多直口方唇，中期口微侈，尖圆唇，口下有对称双鋬耳，耳下约当领部有一周出檐，均夹砂红褐、灰褐陶，其陶系、形态、风格都同后李陶釜很相似，稍有不同的出檐实即由后李陶釜的粗堆纹发展而成，而且此时釜同为两者唯一炊器。中期马家浜文化出现鼎类炊器，与之相适应，釜的形态急剧变化，但所谓腰檐釜自早至晚自成系列，构成了马家浜文化陶器的一个突出特征。由于后李类型年代在7500年以前，苏南地区早期马家浜文化在7000年以后，按考古类型学观点，苏南马家浜文化早期陶釜的渊源应在后李类型。果真为此，那么两者是如何发生联系的呢？会否是后李类型或其中一部分南下了呢？ 80年代初期，曾在沂沭河流域的鲁东南和苏东北地区，发现成百的细石器地点与遗址，其中晚的已到全新世之初，这地区应有较早的有陶新石器文化。后李类型会否发源于这

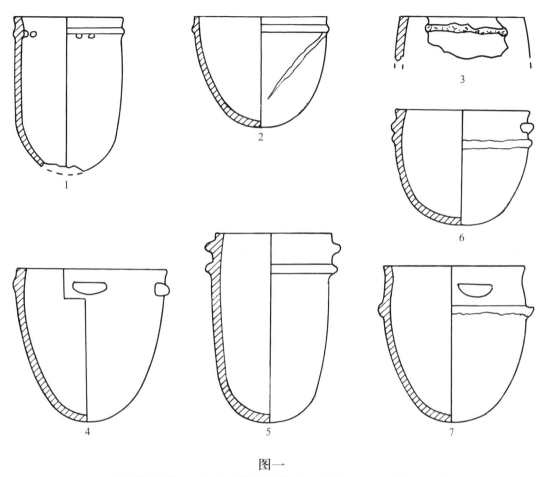

图一

1~4.后李类型陶器　5~7.马家浜文化陶器（5.草鞋山　6、7.圩墩一、二期）

里的鲁东南地区，以后一部分越过泰沂山脉，到达泰沂山北侧中段的淄河流域，和分布于西段山前平原的西河文化发生碰撞、交流，互相吸收对方的一些文化因素？一部或大部则沿沂沭河南下，在今泰兴县一带越过长江，到达苏常地区，和当地的土著融合，产生了苏南地区的早期马家浜文化呢？古代自鲁东南至吴越似有南北通道，寺墩这处良渚文化超级遗址，位处常州武进以北、江阴以西的长江南岸，暗示寺墩以北的长江有古渡口，寺墩扼居古渡南口，当南北交通的要冲。直至春秋时期，仍为齐鲁和吴越之间的重要交通线。因此，沿线应该遗留有后李类型遗址。虽然这仅仅是种推测，但未悖情理。现把这推测借《中国文物报》之一隅发表，是希望引起有关方面的注意，在鲁东南、苏东北地区进行必要的工作。如能在鲁东南地区发现早于后李一期的后李类型遗存，在苏北地区发现晚于后李一期的后李类型踪迹，就将证实上述推测，为太湖流域新石器文化找到一个至关重要的新源头。同时也将大大促进海岱地区前北辛文化的研究。

目前已知海岱地区最早的西河文化同北辛文化并无先后承袭关系，后李类型和北辛文化与青莲岗文化的关系则尚不清楚；北辛文化是外来的，还是主要源自海岱地区，学者意见不一；又后李类型和胶东半岛的白石文化东西毗邻，后者约晚一千年，未明来源，两者究竟有无渊源关系？乃至后李类型和西河文化究竟是两种不同的考古遗存，还是同一考古文化的不同类型？看来这一系列史前考古重要课题的解决，关键在于获取更多的后李类型资料。首选的用力之地，自然是山东东南部和江苏淮北东部地区。如有幸在这两个地区发现后李类型遗存，无疑将把黄河、长江下游地区古文化的研究推向一个新阶段。

原载《中国文物报》1998 年 1 月 7 日第三版

从大汶口文化看我国私有制的起源[1]

本文拟就大汶口文化所反映的社会生产的变化和发展，对我国私有制的起源问题，作一初步的探讨。

一

大汶口文化是分布于我国黄河下游和徐淮地区的一种原始文化。它的发现，是文物考古工作在党的领导之下所取得的重大成就之一。1959 年，在京沪线的复线修建工程中，在山东泰安、宁阳两县交界的大汶口、堡头遗址，发掘了成百座墓葬，出土了大批独具风格的文物。以后，同一类型文化的遗址和墓葬在山东和苏北的广大区域不断发现，这就是大汶口文化。

大汶口文化经历了长期的发展过程，具有不同的发展阶段。就已发掘的大汶口文化材料和遗址，可以初步分为早、中、晚三期。

早期的材料包括：蓬莱紫荆山下文化层，福山丘家庄文化层，荣成河口文化层，泰安大汶口下文化层（1974 年发掘），邳县大墩子下文化层，新海连二涧水库墓地等。此外，经过调查属于这期的遗址还有牟平蛤堆后、蜊碴境，威海姜南庄，济南田家庄，兖州小孟、堌城、西桑园，曲阜刘家庄等。

中期的材料包括：宁阳大汶口早、中期墓，泰安大汶口上文化层（1974 年发掘），邹县野店一、二期墓，滕县岗上村墓（1959 年发掘），曲阜西夏侯下层墓，邳县刘林墓和文化层、大墩子上层墓和文化层，新沂花厅文化层，潍县鲁家口下文化层，烟台白石村文化层等。

晚期的材料包括：宁阳大汶口晚期墓，曲阜西夏侯上层墓，邹县野店三期墓，滕县岗上村晚期墓，安丘景芝镇墓，胶县三里河下层墓，诸城前寨文化层，莒县陵阳河墓，临沂大范庄墓，日照东海峪下文化层和墓葬等。

---

[1] 本文由张学海、郑笑梅、张江凯、吴诗池集体撰写，由张学海执笔。

二

　　私有制的产生，是对原始氏族公有制的否定，是人类社会发展进程中的一次大飞跃。毛主席指出："社会的变化，主要地是由于社会内部矛盾的发展，即生产力和生产关系的矛盾，阶级之间的矛盾，新旧之间的矛盾，由于这些矛盾的发展，推动了社会的前进，推动了新旧社会的代谢。"[1] 毛主席指明了人类社会变化发展的根本原因。原始社会的发展，原始氏族共产制向私有制的过渡，归根到底是由生产力与生产关系的矛盾所决定的。生产力是生产中最活跃、最革命的因素，只有生产力发展到某种程度，生产关系才能相适应地发生某种变革。所以，私有制的出现，是原始社会生产力变化发展的结果。下面就大汶口文化时期，社会生产中的劳动力、生产工具和制陶业等三个方面的变化进行考察。

　　掌握了一定劳动技能的人，是生产力的第一要素。大汶口文化时期，社会生产的劳动者性别，先后曾有重大的变化。这从男女随葬的石铲、斧、锛和纺轮这两类工具的变化，可以得到很好的说明。在大汶口文化中期的前期阶段，据大墩子和刘林两处统计，随葬石铲、斧、锛等工具的共三十一座墓，其中男性二十四座，女性七座，随葬纺轮的共六座墓：女性五座，男性仅一座。在中期的后期阶段，据大汶口早、中期和野店二期墓的统计，随葬石铲、斧、锛等工具的二十九座墓，已鉴定的十一座墓中，男性七座，女性四座；随葬纺轮的共十八座墓，经鉴定的九座墓中，女性八座，男性仅一座。在大汶口文化晚期阶段，据大汶口晚期和野店三期墓统计，随葬石铲、斧、锛的共七座墓，其中男性占六座，女性仅一座。上述统计数字表明，在大汶口文化中期阶段，随葬石铲、斧、锛等生产工具的主要是男性，同时也有一部分女性。但到了晚期阶段，随葬这些生产工具的几乎全是男性，女性随葬这些工具的仅是个别现象。相反，自中期以来，纺轮一直几乎属于女性，而男性随葬纺轮的则是个别现象。石铲、斧、锛是和锄耕农业以及手工业密切相关的生产工具，而纺轮则是纺织的工具。男女随葬这两类工具的比例的消长情况，反映了两性在社会生产中所居地位的深刻变化，它说明，大汶口文化中期，男子在农业和手工业生产中已占优势，但仍有相当一部分妇女从事这些生产活动；到了晚期阶段，妇女已转为主要从事纺织等家内劳动，而男子已成为社会生产，特别是农业生产的主要担当者。社会生产中劳动力的这种变化，决定了从母系氏族公社阶段向父系氏族公社阶段的发展。

　　马克思主义认为，生产工具是生产力发展水平的客观尺度。生产力的发展，首

---

[1]　毛泽东：《矛盾论》，人民出版社，1975年。

先是生产工具的发展。大汶口文化生产工具的不断进步，显示了社会生产力水平的逐步提高。大汶口文化早期的生产工具，大多由硬度较低的石灰岩制成，石斧体形较浑厚而笨重，一般是琢制后只磨出刃口。石铲也有少量发现，体形粗大。这时，还采用打制的陶片作切割、刮削的加工工具。大汶口文化中期，生产工具有了明显的进步，这个时期各地出土的大批石器，一般都已通体磨光，石斧体形已变得较前灵巧，石铲的数量有所增加，多系弧刃，而且有两面琢钻的穿孔。穿孔技术的出现，是这个时期生产工具制作上的一项重要成就，它使石质工具得以比较牢固地捆缚在木柄上，不仅减轻了劳动强度，而且大大提高了劳动效率。这个时期，生产工具的进步还表现在广泛利用动物的骨、角、牙制作镰、刀、锥、凿等工具上。尤其是用骨、牙制作的镰、刀的出现，为农业增添了收割的新工具。大汶口文化晚期，生产工具继续进步。石器的质料，已多选用硬度较高的矽纹岩、蛋白石、玉等石料来制作，经过精磨，器形规整，轮廓清晰，刃口平整、锋利。而且发明了管钻法的穿孔技术，这不仅提高了钻孔的速度和质量，而且也防止了因琢钻而引起工具断残的现象。鹿角鹤嘴锄等新工具出现了。由于生产工具种类的增多，逐步实现着工具的专门化。这一切反映出大汶口文化晚期，生产力已有了大步的提高。

大汶口文化时期，制陶技术的不断进步，反映了社会生产力发展的一个重要侧面。目前发现的大汶口文化早期阶段的陶器，以红陶为主，全是手制，一般陶胎较厚，器类简单，仅有钵、鼎、罐等数种。彩陶只有黑彩，图案单调。陶色不很均匀，这可能与烧窑技术有关，表明大汶口文化早期的制陶技术还处于一个较低的水平。进入中期阶段，制陶业有了明显的进步。我们首先看到陶器的数量普遍增多，种类大大增加，例如野店二期（大汶口文化中期的后期阶段）器形已有鼎、罐、壶、鬶、瓿、豆、盉、背壶等18种。而且每种器类的形式变化多样，如鼎类器中又有罐形、壶形、盉形、钵形、盆形等。手工制陶技巧得到高度发展，如野店的六层镂孔大器座，高达60多厘米，造型雄伟、美观。彩陶也复杂化，已使用黑、红、赭、白等多种色彩，勾画出花瓣纹、旋涡纹、回形纹、八角星纹及斜梯纹等复杂的图案，画面匀称大方。随着生产经验的日益丰富，大汶口文化晚期阶段的制陶业又向前跨进了一大步。这时，在各地的许多墓葬中，普遍出现用坩子土（白垩土）制成的陶器。陶色白净，造型优美。白陶是大汶口文化陶器的一大特色，它反映了人们选用陶土范围的扩大。除了独具特色的白陶以外，这时期的陶器以黑陶为主，还有红陶、青灰色陶和淡黄色陶等。不同的陶色，要求掌握不同的烧窑技术，例如红陶用氧化焰，灰陶用还原焰，表里透黑的黑陶则是渗入碳素的结果。丰富多彩的陶色，说明烧窑技术已达到了能够烧出多种色彩的高度水平。还在前一个阶段，人们已经使用慢轮修整器口，这时又进而发明了陶车。陶车的发明，是陶瓷工艺上的一大革命，它使生产效率大幅度地增长，使产品的器形规整，厚薄均匀，质量大大提高。曾被人们誉为"蛋壳陶"的那种壁薄如蛋壳的陶瓷珍品，在这个时期的末期已经出现，说明大汶口文化的制陶工艺已经达到了惊人的地步。无论是对陶土的性能和处理，陶器的造型和烧窑技术，都已积累了丰富的知识和经验，为山东龙山文化更高的制陶业奠定了坚实的基础。

从上面的分析中，我们清楚地看到大汶口文化时期，社会生产力经历了一个由低级向高级发展的变化过程。不同的生产力水平，决定了大汶口文化各个阶段的社会经济存在着重大差别。在大汶口文化早期阶段，生产力还处于较低的水平，人们使用的是比较粗糙的生产工具，制陶技术还比较原始。这个阶段的妇女可能主要从事锄耕农业，在生产中占着主导地位，男子则主要从事渔猎活动，也部分地参加农业生产。人们的食物还不富裕。进入中期阶段，生产力有了明显的进步，生产工具改进了，新的工具出现了，男子在农业生产中逐步占据优势，农业有了较大的发展。家畜、特别是猪的饲养已经兴起。农业的发展和家畜的饲养，保证了人们有较多的食物，从而又促进了手工业的发展。例如，在这个阶段的后期，制陶业已获得了很大发展。同时，还出现了制玉和雕刻工艺。大汶口文化晚期阶段，生产力的发展达到了一个新水平，原始社会石器的制作已达到高峰，工具品种继续增加，并正实现着工具的专门化。由于生产的发展，两性间完成了新的分工，妇女主要从事纺织等家内劳动，男子成为农业和手工业的主要生产者。这种变化，给予原始社会晚期社会经济的发展以重大影响。人们通过生产实践，不断积累经验，提高劳动技能，改进并制作新的生产工具，提高劳动效率，扩大耕作面积，使农业真正成为"整个古代世界的决定性的生产部门"（恩格斯：《家庭、私有制和国家的起源》）。加上家畜饲养的发展，这就使人们有了比较丰富和稳定的食物来源，而且有了剩余。从而使原始手工业的进一步发展获得了可靠的前提。首先是制陶业的发展。陶器数量大幅度地增长，大批明器的生产，制作技术的高度发展，和陶车的发明等，说明氏族内部已出现一支专门从事制陶的能工巧匠。制陶业开始从农业中分离出来了。由于社会经济的增长，以前社会全部劳动力不得不为吃、住、穿而奔忙的情况变化了，人们不仅从事必须的生活资料的生产，而且已开始创造精神文化了。中期开始出现的以玉、石、象牙和兽骨为主要原料的原始造型艺术已初具水平。例如大汶口文化遗址的雕花十七齿象牙梳、镂孔象牙筒，镶嵌绿松石骨筒形器、碧玉铲，野店遗址出土的白玉四连环等，就是这种工艺的代表作。原始工艺品的制作，不仅需要一定技术，而且极为费时，为数众多的各种工艺品和大量一般装饰品的出现，说明氏族内部已有一些人专门从事工艺品和装饰品的制作。制陶业和制石、制玉等手工业开始从农业中分离出来，不仅从侧面表明了农业生产的较大发展，而且也表明正在酝酿着社会第二次大分工。商品交换也已发生了。

概括以上所述，大汶口文化时期的社会生产力和经济发展水平，在早期到中期的前期阶段还是较低的，在中期的后期阶段开始发生明显的变化，到了晚期阶段，则已达到了相当高的水平。

"生产力怎样，生产关系也就应怎样。"[1] 大汶口文化早期和中期的前期阶段低下的生产力水平，决定了当时的生产关系只能是母系氏族公社的原始共产制。因为在这种生产力水平下，人们同大自然的斗争能力还很微弱，所能创造的社会财富极其有限，艰辛的劳动除了勉强维持最低的生活外，不可能有多少剩余。而且，人们只能共同劳动，因为离开了集体，个人不但很难取得生活资料，而且，生命都随时有被侵袭的危险。从而也就不能不实行生产资料和劳动产品的公有制。然而，随着大汶口文化晚期阶段社会生产力的长足发展，人们向大自然作斗争的能力大为加强，创造了前所未有的社会财富。生产力的这种水平，使"人的劳动力能够生产出超过维持劳动力所必需的产品"（恩格斯：《家庭、私有制和国家的起源》），有了剩余产物。于是，私有制出现了。这从大汶口文化晚期私有财产的存在，贫富的分化和父权制的确立，得到充分证明。

革命导师马克思、恩格斯指出："真正的私有制只是随着动产的出现才出现的。"[2] 家猪，曾是大汶口文化时期人们的一项重要动产。大汶口文化中期，人们已开始用猪来随葬，据大汶口、野店、西夏侯 [3] 三处的统计，在属于这个时期的一百五十五座墓中，随葬猪的达五十二座，占三分之一；晚期则有十五座，约占晚期六十四座墓的四分之一。马克思在《科瓦列夫斯基〈公社土地占有制，其解体原因、进程和结果〉一书摘要》中指出："为了判定蒙昧人中什么东西是个人财产，必需考察那几种财物在埋葬死者的时候必须加以销毁。"[4] 因此，这些随葬的猪，应是墓主人生前的私产。上述三遗址，中期只有三分之一，晚期只有四分之一的墓葬随葬有猪，而不是全部墓葬都有，也有力地证明了这一点。恩格斯在《家庭、私有制和国家的起源》中，把家畜的驯养作为人类野蛮期中级阶段开始的标志，并指出畜群的私有制很早就已发生。猪的饲养，目前我们还不知道从何时开始，但大汶口文化中期阶段已经存在。这种十分重要的新财富，最初归氏族所有。然而，作为一种重要的动产，它后来变成了家族私有，而且得到了迅速的发展。我们不仅从大汶口文化中、晚期的墓葬和遗址里发现大量的猪骨，而且还发现猪这种家畜已成为大

---

[1]　斯大林：《辩证唯物主义和历史唯物主义》，湖北教育出版社，1951年。

[2]　马克思、恩格斯：《德意志意识形态》，《马克思恩格斯选集》第一卷，人民出版社，1972年。

[3]　高广仁、任式楠：《山东曲阜西夏侯遗址第一次发掘报告》，《考古学报》1964年第2期。

[4]　马克思：《科瓦列夫斯基〈公社土地占有制，其解体的原因、进程和结果〉一书摘要》。

汶口文化中、晚期造型艺术的题材。如在刘林、三里河等地的墓葬中都发现了这种艺术作品。尤其是三里河遗址出土的惟妙惟肖的猪形陶鬶，最具典型意义，反映出猪在当时社会经济中所占的重要地位。猪等家畜的饲养，给予大汶口文化社会经济的发展变化增添了一个重要因素，正如恩格斯所指出的："家畜的驯养和畜群的繁殖，创造了前所未有的财富，并产生了全新的社会关系。"（恩格斯：《家庭、私有制和国家的起源》）这种"全新的社会关系"，也就是随着猪等动产的出现而发展起来的私有制。

大汶口文化晚期，伴随着猪等动产出现的私有财富，还有陶器、生产工具和各种装饰品等。这个时期制陶业突飞猛进的发展，使生活用具陶器也积聚为财富。这时期有些墓中，常常随葬成百件的陶器。例如：西夏侯 1 号墓有陶器 119 件，其中鼎 32 件，豆 44 件；大汶口 10 号墓有陶器 93 件，其中瓶 38 件，白陶 28 件；野店 62 号墓有陶器 66 件，其中黑陶瓿 11 件。很显然，随葬的这些陶器，大大超过了实际生活的需要，反映出由于制陶业的发展，积聚陶器而为私有财产，已达到十分可观的程度。随葬的生产工具反映出的情况也是这样。本来，个人随身使用的生产工具，是归自己所有的。在不知私有财产为何物的原始氏族公有制下，这仅仅是为了便于进行生产，并不是私有观念的反映。现在不同了。生产工具现在已成为最先变成私有财产的那几种物品之一了。大汶口 25 号墓有石铲 6 件（另有陶器 57 件，其中白陶 28 件），野店 50 号墓有石铲、斧 5 件（另有陶器 43 件）。显然，这已不是墓主人生前所随身使用的生产工具，而是以生产工具为私有财产的反映。还有一种现象值得注意，即这个时期的大墓多随葬生产工具，而小墓则缺乏生产工具。这个现象进一步表明了生产工具是富有者的一种财富，而贫穷者不是没有，便是很少。对于穷者来说，由于制作一件生产工具并非易事，而且生产工具又是如此不可缺少，因此死后便给生者留下，而没有用来随葬。大汶口文化中、晚期私有制产生后，随着生产力和生产技术的进步而发展起来的原始工艺品和一般装饰品的制作，又为私有财富的积累开辟了一条途径。前面所列举的那些原始工艺珍品，都出于大汶口文化中、晚期随葬品比较丰富的墓中，例如碧玉铲出于大汶口最大的 10 号墓，说明当时精美的工艺品，是同陶器、家畜等一道被富有者作为私有财产来储存的。

由上可知大汶口文化晚期的社会，已产生私有制。

私有制的产生和发展，必然导致贫富两极分化，在氏族内部出现富有者和贫穷者。大汶口文化相当丰富的中、晚期的墓葬资料，清楚地反映了这种演变。在野店的三期墓中，就随葬器物来说，一期墓（中前期）都有随葬品，但数量较少，一般在 10 件左右，各墓随葬品的差别不太大，二期墓（中后期）也都有随葬品，数量普遍增加；三期墓（晚期）随葬品出现了多寡不均的现象，多者如 62 号墓，随葬器物达 80 件，少者仅 1、2 件，甚至一无所有（如 76 号墓）。就墓葬的规模说，也有同样的情形：一期是中、小型墓，没有葬具；二期是大、中型墓，个别的有原始木椁；三期大、中、小型都有，比较普遍地有椁，有的已有棺有椁。野店一期墓规模小，随葬品少而差别不大，反映了这时社会生产水平还比较低，还没有出现贫富分化的现象。二期墓规模扩大和随葬品的普遍增加，反映了社会生产水平的提高。但这里仍未出现明显的不均。三期墓在随葬品和规模上的巨大差别，反映了这时贫富的分化已经十分明显。随葬品的不均在大汶口早期墓（大汶口文化中期）也已显示出来，其中有两组墓相当明显。一组七墓（12、13、26、54、58、59、63 号墓），随葬品比较丰富，最多的达 77 件，最少的 19 件，多包括陶器、玉石器、骨角牙器、獐牙和猪头等，另一组四墓（114、115、119、120 号墓），随葬品则十分贫乏，陶器总共只有 10 件。其中一墓有纺轮三件，另一墓有骨牙器和獐牙等四件，别无他物。可见，贫富的差别在大汶口文化中期的后期阶段已经发生。上述两组墓可能属于两个贫富不同的家庭。贫富分化在大汶口文化晚期阶段的墓葬中更加清楚地显示出来。在大汶口一百三十三座墓中共出土陶器 1005 件，其中晚期的二十五座墓即达 565 件，占陶器总数的二分之一以上。而 10 号、25 号、47 号、60 号、117 号、126 号等六座晚期大墓就有陶器 370 件，占陶器总数的三分之一以上，占晚期陶器的 65% 以上，说明少数人已集中了大量财富。由此可知，大汶口文化晚期的社会，已经普遍存在贫富的分化，而某些发展较快的部落甚至在中期就已出现了这种变化。氏族成员在劳动产品分配上的不平等，在氏族内部造成了不可弥补的裂痕，破坏着氏族成员间原有的平等关系。恩格斯指出："同一氏族内部的财产差别把利益的一致变为氏族成员之间的对抗。"（恩格斯：《家庭、私有制和国家的起源》）这种对抗的发展，是原始氏族公社瓦解的重要因素。

三

随着私有制的产生，母权制氏族组织向新的更高的社会组织，即向父权制氏族组织过渡，恩格斯说："母权制已让位给父权制；与此同时，正在产生的私有财富在氏族制度上打开了第一个缺口。"（同上）在这里，恩格斯指明父权制的形成是同私有制的产生相联系的。这是以生产力的增长为其前提的。由于原始社会生产力的增长，促进农业、家畜驯养、畜牧业以及制陶等家庭手工业的发展，使男子在社会生产中逐渐取代妇女而日益占据主导地位。男子在生产中的重要地位又使他们在家庭取得统治地位。恩格斯指出："从前保证了妇女在家中占统治地位——妇女的劳动只限于家中工作，——现在却确立了男子在家中的统治地位；妇女的家内工作，现在跟男子谋生的劳动比较起来，失掉了它的意义，男子的劳动是至高无上的，而妇女的工作则成为无足轻重的附加物了。"（恩格斯：《家庭、私有制和国家的起源》）总之，男女在社会生产和家庭经济内所处地位的变化，是母权制向父权制过渡的社会根源。而这种转变的直接动机，乃是财产的继承权。

前面我们已经论述了大汶口文化晚期阶段，由于生产力的提高，社会经济的发展，两性间出现了新的分工。曾在农业生产中起主导作用的妇女，这时已主要从事纺织等家内劳动，而男子则在发展了的农业、狩猎和制陶业等经济部门及生产活动中占主导地位。此外，还需要补充说明的是，在大汶口文化中具有重大经济意义的猪的驯养，是由男子开始的。按照当时的社会习惯，这种新发展起来的财富，这时已属男子所有。人们在长年累月的生产实践中，不断积累经验，改进生产工具，大大提高了生产率，创造出前所未有的社会财富。而男子在生产中的重要地位又加强了他们在家庭中的地位，促使父权制的建立。恩格斯对这一过程做了精辟的概括，他说："随着财富的增加，它便一方面使丈夫在家庭中占据比妻子更重要的地位；另一方面，又产生了利用这种增强了的地位来改变传统的继承制度使之有利于子女的意图。"（同上）于是，父权制产生了。大汶口文化的墓葬资料对恩格斯的科学论断是个很好的证明。

目前，在全国各地已发掘了成千座原始社会晚期的墓葬，这些墓葬分属于母系和父系氏族社会时期。区别它们之间的重要点之一就是前者有较多的合葬墓，后者则多为单身葬。在母系氏族社会，父子、夫妻分别属于不同的氏族，所以死后不能埋在一起；而母子、兄弟、姐妹属于同一氏族，死后则可以埋在一起。在西安半坡有年龄相仿的两个男人和四个女人分别埋葬的现象，宝鸡百首岭有两性分区埋葬的现象，华阴横阵村有集体埋葬制和小坑集合于大坑的葬制，华县元君庙有迁移合葬制等，这些现象虽有所不同，但都反映了母系氏族社会成员死后合葬的特点。但是，随着父权制取代母权制，一夫一妻制迅速发展起来，在埋葬制度上也发生了重大变革，母权制时期的合葬墓消失了，实行了夫妻分开的单身葬。这种葬制一直延续到我国封建社会的初期。大汶口文化早期阶段的墓葬发现很少；中期阶段除了很少一部分男女合葬墓以外，都是单身葬；晚期的前期阶段有个别合葬墓，至后期阶段则全部是单身葬。联系到龙山文化都是单身葬的事实，显然，这是一夫一妻制在墓葬制度上的反映，说明大汶口文化晚期，父权制已经确立了。

大汶口文化中的少量男女合葬墓同样说明了这一点。这种合葬墓共有二十六座，经过科学鉴定的计十一座，都是年龄相仿的两性合葬，男左女右。显然，这是一种重要现象，人们给予重视，力图弄清它们所反映的社会含义，这是理所当然的。目前对这些合葬墓有两种分析，一种认为是夫妻合葬，另一种则认为是女性为男子殉葬。我们认为这两种分析都是不正确的。因为这些合葬墓主要属于大汶口文化中期阶段：中期的前期占四座，中期的后期占五座；属于大汶口文化晚期的前期阶段的仅二座；而随着大汶口文化由低级向高级阶段发展，合葬墓却越来越少，以至完全消失。仅就这一点，已足以否定夫妻合葬的分析。大汶口文化中期的后期，应是母权开始向父权过渡的时期，晚期则已确立了父权制，逐步实行一夫一妻制。这些两性合葬墓假若果真反映了夫妻关系，就应随着一夫一妻制的确立而愈来愈多，不应愈来愈少。这些合葬墓，从尸体的处理，器物的分布等情况来看，两性还是平等的。晚于大汶口文化的齐家文化男女合葬墓中所反映的女子屈从男子的现象，在这里是看不到的，因而这里的两性也不应是主奴关系，女性并不是男子的殉葬者。在家长奴隶制时期能以姜婢和大量物品来殉葬的，只有那些最富有的家长和氏族领袖。可是在野店 81 号男女合葬墓中，随葬品除了手握獐牙外，仅女性头部有一件黑陶杯而已，表明这座墓的女性不可能是男性的殉葬者。诚然，大汶口文化男女合葬墓的真实社会含义还有待深入研究。然而，基于下述两点：一、它们主要属于对偶婚向一夫一妻制过渡的大汶口文化中期阶段，到晚期的后期阶段已经消失；二、这些合葬墓，两性的地位是平等的。因此，这些男女合葬墓可能是对偶婚向一夫一妻制过渡阶段的一种特殊情况的反映。这种合葬墓在大汶口文化晚期阶段消失，正说明当时父权制已确立，在埋葬上就实行夫妻分开的单身葬了。

在大汶口文化晚期的墓葬中，有少数女性大墓，如大汶口 10 号墓长 4.2、宽 3.2 米，随葬器物达 117 件（鳄鱼鳞板及猪骨各算 1 件），除大批陶器外，还有十分精美的玉器和大量的装饰品，是大汶口墓群中最富有的一座墓。研究这些女性生前的社会身份，有助于更好地认识大汶口文化的社会性质。恩格斯指出，在世界许多地方的人民中间，从对偶家庭到一夫一妻制家庭之间，存在着一个过渡形式，这就是家长制家庭，它由一个父亲所生的数代后裔以及他们的妻子组成。这种家庭由一个男性家长管理，但是一切家务工作和参加工作的妇女则归主妇管辖，主妇通常是家长之妻，她在管理家务方面起着很大的作用。这种女性无疑会受到很大尊敬。况且，父权制刚刚取代母权制，母权制时代妇女的尊崇地位决不会因父权制的建立而一下子消失。相反，旧观念必然会在新制度建立后长期残存着，起着作用。原来对始祖母的尊敬，现在可能转移到主妇身上，而某些妇女也必然会利用母权制的残余，力求保持自己的尊崇地位。这样，如果某个家庭十分富有，加上母权制时代的旧现念、旧习惯起着作用，那么，这个家庭的主妇死后便可随葬大量的物品。因此，大汶口文化晚期少数女性大墓的存在，并不能说明当时还没能建立父权制。把大汶口文化晚期存在的少数女性大墓，看成大汶口文化晚期是母系氏族社会的重要根据，这是不对的。这些女性大墓出土物显示很高的生产力水平，财富的集中等现象，是母权制氏族社会不可想象的。

总括全文，大汶口文化经历了一个漫长的历史过程，大汶口文化的社会生产力和经济发展水平早、晚阶段具有重大的差别，与这种生产力水平相适应，早期和中期阶段的生产关系是原始氏族共产制，社会的组织结构是母权制氏族公社，晚期阶段已产生了私有制，确立了父权制。这个变革是在中期的后期阶段开始的。

随着大汶口文化晚期私有制的出现，逐步地产生了阶级、阶级斗争。国家，这个阶级斗争不可调和的产物，也就跟着出现了。后面这两种社会现象的产生大概是在龙山文化时期，从此以后，一部几千年的文明史，就都是阶级斗争的历史。私有制在我国存在了几千年，经历了奴隶制、封建制和资本主义（半殖民半封建）阶段，今天已被更高的所有制形式——社会主义所代替。

原载《文物》1976 年第 7 期（以鲁波笔名发表）；后收入《大汶口文化讨论文集》（略有修改），齐鲁书社，1979 年

城子崖与中国文明

六十年前城子崖遗址的发掘，是中国考古学史的一件头等大事。这处位于济南东郊章丘市龙山镇的著名遗址，发现于 1928 年，1930 年 11 月、1931 年 10 月进行了发掘。前此在中国西方、北方发现的新石器文化，几乎全是被称为仰韶文化的红陶文化；城子崖的发掘，则把一种以黑陶为特征的考古新文化展示于世。其陶器造型之优美，工艺技术之精良，令人叹为观止。这种新文化，后来被命名为龙山文化。此后不断发现具有黑陶特征的、实际上分属不同文化共同体的考古文化，也都被称为龙山文化，而成为中国新石器文化的一大支。城子崖的发掘，是在中国近代考古学的幼年时期进行的，在当时中国新石器考古多由外国学者进行或倡导的情况下，城子崖遗址是由中国学者发现、发掘的第一处新石器文化遗址[1]。此次发掘和 1931 年夏在安阳后冈的发掘一起，在中国考古学上开始运用考古地层学概念，首次绘制了地层图，发掘后于 1934 年出版的田野考古学专刊《城子崖——山东历城县龙山镇之黑陶文化遗址》，是中国第一部田野考古报告集。因此，城子崖遗址的发掘，是中国近代考古学史上具有划时代意义的大事，它对中国近代考古学特别是中国史前考古的发展，产生了深远的影响。

城子崖的发掘是中国东部地区的首次发掘，是中国学术机构、中国考古学家进行的一项有目的、有计划的科学活动，具有深刻的学术背景，这就是 20 世纪 20 年代兴起的所谓古史研究新运动和"中国文化原始"问题的讨论。先是国外有人提出了中国文化由西传播而来的说法，随着 20 年代豫西、甘肃等地陆续发现了似和中、西亚彩陶文化有联系的彩陶文化，"中国文化西来说"重新抬头。中国文化究竟是由西传播而来，还是植根于本土？这成了当时我国学术界的一大公案。组织了城子崖发掘的学者们，则认为中国古史的形成是极为复杂的问题，中国的史前史原文化是由多方面的因素构成的。中国考古学要取得成就，决不能单凭某一个方面的工作，更不能以外来因素作为建立中国本土考古年代学的基础。他们对当时史学疑古思潮全盘否定古史传说的做法，也不以为然。认为上古的传说，并不是一篇完全的谎账。他们主张多找真实可靠的材料，新材料多了，自然就可以写一部更可靠

---

[1] 龙山文化一向被认为是新石器文化，这里因传统说法，与后文及全书对龙山文化的定性不同。

的中国上古史。凭借当时的知识，他们估计中国东部地区必定存在和中国西部不同的固有文化。于是就有平陵城、临淄的调查，有城子崖遗址的发现与发掘。发掘中果然发现了和彩陶文化迥然不同的黑陶文化，一些现象表明这种黑陶文化代表着一种文化体系，这种文化与殷墟文化有联系。这使发掘者感到，在东方——春秋战国时期的齐鲁国境，发展着构成中国最早期历史文化的"最要紧的成分"。认为只要查明城子崖黑陶文化发展的脉络和分布范围，"中国黎明期的历史就可解决一大半了"。他们"相信这不但是田野考古工作一个极可遵循的轨道，对于中国上古史的研究，将成一个极重要的转点"[1]。所以他们决定把城子崖报告集作为中国田野考古报告集的首卷，"希望能由此渐渐的上溯中国文化的原始，下释商周历史的形成"[2]。可见发掘城子崖的学术动机，就是要探索中国文化来源、中国文明起源的大课题。六十年来特别是近四十年来考古工作的成就，已证实以山东为中心的中国东方有着自成体系的古文化，它是中国文化、中国文明的重要发祥地之一。而90年代初城子崖考古的突破性进展，既加强了中国古文明这一中心的重要地位，又使我们看到了城子崖遗址在研究中国文明起源问题所具有的重要意义。兹从三方面作概括的论述。

一 城子崖发掘，揭开了中国历史的拂晓期

20世纪30年代初城子崖发掘所发现的龙山文化，实质上揭示了中国文明史的一个关键阶段——古国时期。目前在文明起源的讨论中，大都以城市、文字、青铜冶铸、礼仪性建筑、宗教的统一力量等文明要素，作为我国是否进入文明时代的标志。但世界各地区、各民族进入文明社会的条件、道路并不尽同，因此可以考虑一个最基本的标志，即国家的诞生。"国家是文明社会的概括"[3]，国家的产生必然伴有这样那样的文明要素。诚然，在田野考古中不容易确定国家这个政治实体，但综合分析考古资料，特别是那些具有典型意义的中心聚落址的资料，同样可以证明是否已出现国家。

国家是生产力和生产关系基本矛盾发展到一定阶段的产物，首先在那些经济和社会发展最快的农业部落中诞生。现有资料表明，中国东方的海岱地区，在距今

---

[1] 傅斯年、李济、董作宾、梁思永等：《城子崖——山东历城县龙山镇之黑陶文化遗址》序一，中央研究院历史语言研究所，1934年。

[2] 傅斯年、李济、董作宾、梁思永等：《城子崖——山东历城县龙山镇之黑陶文化遗址》序一，中央研究院历史语言研究所，1934年。

[3] 恩格斯：《家庭、私有制和国家的起源》，《马克思恩格斯选集》第4卷，人民出版社，1972年，第172页。

5000 年前的大汶口文化中期之末，可能已出现最早的国家——古国。现以泰安大汶口文化遗址为例，说明我国东方国家的产生。

大汶口文化遗址位于泰山以南约 35 千米的大汶河两岸，总面积 82 万平方米，1959、1974、1978 年三次进行发掘，共清理了大汶口文化墓葬 179 座和大批房址与灰坑。《大汶口》与《大汶口续集》系统报道了这三次的发掘资料，从中清楚显示出因生产力的不断进步，而导致原始社会瓦解和国家诞生的过程。

1. 大汶口聚落大汶口文化早期（约从 B.C.4200～B.C.3700 年）

承袭北辛文化聚落发展到 B.C.4000 年以后，已把其他大汶口文化聚落抛在了后面。这时这里的陶、石器制作技术已达到很高水平，陶器造型优美，石器细琢精磨，光洁明亮；石锛、石斧已系列化，大中小型成套。社会财富明显增长，出现了引人注目的贫富分化。墓葬规模、随葬品产生了明显差别，例如约当 B.C.4000～B.C.3900 年的 M1018，有随葬品 45 件，其中陶器 22 件；而这时的 M1013、M1029 仅有陶器 3 件和 4 件。约当 B.C.3900～B.C.3800 年的 M2019 有随葬品 99 件，其中陶器 45 件，内有豆 10 件、觚形杯 7 件、高柄碟 5 件、单把釜形鼎 4 件；墓有熟土二层台，表明已有某种葬具。M2009 随葬品 75 件，其中陶器 39 件，内有豆 11 件、觚形杯 8 件、釜形鼎 2 件；而这时的 M2017 只有觚形杯、豆和璜形石坠各 1 件；M2001 随葬品只 4 件，内陶器仅 2 件，可见贫富分化已十分突出。而且这时这里的儿童墓与成人墓埋葬形式一致，随葬品也多寡有别，既反映了大汶口聚落贫富分化的深刻发展，也显示出亲子关系已经确立，儿童属于家庭，而不再是氏族共同的子女[1]。上述现象表明大汶口文化早期的大汶口聚落，父权制已经确立，私有制已有引人注目的发展。这时存在的个别同性合葬墓，只是旧习俗在新社会的残留。

2. 大汶口聚落大汶口文化中期（B.C.3700～B.C.3000 年）

生产力持续发展，发明了石器管钻孔技术，并迅速普及，石器数量种类大增；陶器器类器形复杂化，产量显著增长，产生了快轮制陶术；出现了象牙透雕镶嵌新工艺。家畜尤其是家猪饲养迅速发展，农业、手工业分离成独立的社会经济部门，手工业分工扩大化，显示出整个社会经济的迅猛发展。社会经济的发展和社会分工的扩大，加速了社会分化，私有制已深深扎根，贫富分化愈演愈烈，家内奴隶出现，阶级应已诞生，人与人之间的关系发生本质变化。一个突出的证据是以 M2005 为中心的一组墓，共 4 座。M2005 墓主成年男性，有葬具，随葬品 104 件，其中陶器 58 件，内有豆 19 件、觚形杯 10 件、高足杯 7 件、鼎 3 件，三足盆内盛牛头，三足钵及豆各盛猪头、蹄骨；M2005 以东为 M2007，墓主为 6 岁儿童，也有葬具，

[1]　山东省文物考古研究所：《大汶口续集》，科学出版社，1997 年。

随葬品 44 件，其中陶器 37 件，内有一件华丽的彩陶釜，此儿童显然是 M2005 墓主的子女；M2005 东南侧为 M2003，是 5 颗人头和一青年男性合葬墓；M2005 东北侧为 M2010，为一男性成年迁出葬，两墓均无随葬品，其中的人头应属 M2005 墓主生前的"战绩"，两个成年男性则是家内奴隶[1]。这组墓清楚地反映出父系富有家庭的出现，父子亲缘关系的确立和人身依附关系的产生，表明大汶口社会发展到一个新阶段。《大汶口续集》估计其年代约距今 5800～5700 年，所以笔者以后一年代为准，把距今 5700 年作为大汶口聚落和整个大汶口文化中期的开端。大汶口聚落中期曾发现少数成对成年异性葬，应是特定情况下的夫妻合葬，表明一夫一妻的个体家庭正成为社会的细胞，而这正是阶级社会的社会基础。

3. 大汶口聚落大汶口文化晚期（B.C.3000～B.C.2600 年）

陶器、玉石器、骨牙雕刻等手工业所表现出来的手工技术综合水平已处于全国领先地位，社会财富空前丰富，社会分化进一步扩大，这时这里已形成国家，进入文明时代。主要标志是：

首先，贫富分化已达到惊人的地步。少数统治集团占有大部分社会财富和所有最贵重的物品，成为社会最富有的集团。例如《大汶口》报告有 5 座晚期大墓（10、25、47、117、126 号墓），占晚期墓（25 座）的 20%，随葬陶器则占晚期墓陶器总数（546 件）的 61%；墓地 10 件珍贵的象牙雕筒，晚期的 8 件全属此 5 墓所有。

其次，这时已出现了陶、玉礼器——白陶和玉铲。白陶这种高尖产品，出现于晚期的 9 座墓中，而上述 5 座大墓最多。其中 47 号墓的组合是鬶、豆、壶、背壶、折肩罐、高柄杯、单耳杯、尊、盉，应是一组陶礼器。墓地仅有的两件玉铲，是权力和特殊社会地位的标志，也属于这 5 墓中的 10、117 号墓墓主。

再次，这些大墓墓主的社会身份，可能是阶级社会最高统治集团的成员。例如著名的 10 号墓，死者是一老年女性，有朱绘大型葬具，身、首均带佩饰，有精致的玉质璧、指环，随葬品达 180 余件；在随葬的陶器中包括白陶、黑陶和绚丽的彩陶，有制作精美的玉铲、象牙雕筒、象牙梳等当时最贵重的手工艺珍品以及猪、兽骨和鳄鱼鳞板等，其品种之丰，质地之好，数量之多，为墓地之冠。墓主应是"王者夫人"之流。

同 10 号墓主相反，第 117 号墓死者为一少年。有葬具，随葬品达 70 余件，内有玉铲、玉笄、象牙雕筒等贵重器物。值得注意的是，该墓与 10 号墓是全墓地中仅有玉铲的两座墓，也是同时随葬两件象牙雕筒的三墓中的两墓。为什么对一位少年如此厚葬？一位少年为什么会拥有玉铲这种礼器？用"王子"的身份来解释，最

---

[1]　山东省文物考古研究所：《大汶口续集》，科学出版社，1997 年。

合乎常理。

126 号墓仅有人牙床和小腿骨，被认为是大汶口墓群中无人骨墓之一。但有葬具，并放置了 80 余件器物，其中 71 件陶器中竟有精美的白陶 36 件，也拥有骨雕筒、象牙雕筒这些贵重工艺品，此墓主人可能是位特殊死亡者。一位在特殊情况死去，连尸骨也不存的社会成员，为什么会受到如此崇敬？同前两墓联系起来看，恐怕只能用重要"王族成员"来解释才合理。

社会财富如此集中于极少数社会成员，这是前所未有的。而在这极少数人员中不分男女老少都拥有大量财富，享有崇高的社会地位，这正是阶级社会最高统治集团所有的现象。

另一方面，《大汶口》中晚期墓中一无所有，或只有一二件骨料、獐牙，或一二件陶器（不含猪头、彩陶者）的墓达 20 余座。他们很可能是些奴隶或氏族成员中的贫困者。由此可见当时社会贫富两极分化、阶级分化的严重性。近年新沂花厅发掘了 62 座大汶口文化中期墓，在 10 座大墓中有 8 座共殉 18 人，殉葬者中有中年男女、少年和幼儿，说明社会上层普遍流行着殉葬[1]，表明当时某些大汶口文化聚落已进入阶级社会。而大汶口聚落的社会发展进程，不会比花厅聚落后进。

综上，知大汶口晚期聚落的生产力发展水平、社会财富的积聚和社会分化的深刻程度，已非原始社会所能承载，氏族社会已让位于国家社会，晚期大汶口聚落是一个大汶口文化古国的统治中心。

这一大汶口文化古国的中心，具有宏大的规模，目前虽尚未发现防御设施，但很可能有城垣或环壕，只是过去工作中还没有这种意识、未加注意罢了。无论有无防御设施，晚期大汶口聚落都是座初期的都城和城市，它是已知大汶口文化最重要的政治、经济、文化中心。这里已出现了文字和用铜的痕迹。在一件背壶上写有 𡕥 字，唐兰先生释为 𡗗，即甲骨文 𣏟，金文的 𣏟 [2]；在一件骨簪上有孔雀绿，经化验为红铜屑[3]。文字虽只发现一字，但和莒县陵阳河、杭头、诸城前寨、皖北蒙城尉迟寺等遗址所发现的 20 余个大汶口文化陶尊文字，具有同等重要的意义，而且这是书写于背壶上的，和在陶尊上刻划文字工具不同，说明这些文字确已越过萌芽阶段，即使尚未出现"辞章"式的文字，也不失为文明的火花，不应低估这些陶器文字所反映的社会的进步。至于铜的使用，首先反映了原始科技的进步和生产力水

[1] 近年江苏新沂花厅大汶口文化的人殉资料，是上述社会现象的集中反映，见《中国文明起源研讨会纪要》，《考古》1992 年第 6 期；南京博物院花厅考古队：《江苏新沂花厅遗址 1987 年发掘纪要》，《东南文化》1988 年第 2 期。

[2] 唐兰：《中国奴隶制社会的上限远在五六千年前》，《大汶口文化讨论文集》，齐鲁书社，1979 年，第 120～146 页。

[3] 山东省文物管理处等：《大汶口——新石器时代墓葬发掘报告》，文物出版社，1974 年，第 124 页。

平的提高，预示了一个新的生产领域即青铜冶炼的即将到来。这和大汶口文化遗址陶、石、玉、骨、牙器制作的高超水平是相适应的。

依据大汶口聚落各阶段的生产力水平、社会经济和社会关系的发展演变状况，得出晚期大汶口聚落已进入文明社会的结论，想必不会大错。文明社会之不同于原始社会，归根到底是生产力发展到了应有水平，引起经济关系的质变，实质上是人与人关系的根本变化。城市、文字、青铜器、礼仪性建筑等所谓文明标志，只是这种变化的突出特征。如果从考古材料的综合分析中，能确定生产力水平和经济关系的发展已超越氏族社会所能承受，即便没有上述那些文明要素的存在，也可以断定其已进入文明社会。事实上一个地区或某一聚落群，如果已处在文明时代，总会伴有这样那样的文明标志，但这些标志或者未被发现，或者因不易保存和受破坏等原因已不复存在，非要用几项文明要素来衡量，自然就难得真谛。因此，在探索中国文明起源时，着重分析那些处于五千年前后的典型中心聚落址的生产力水平和社会状况，就十分重要。正是基于这种认识，笔者根据大汶口聚落生产力、经济和社会的发展变化以及城市与文字的出现，得出晚期大汶口聚落已进入国家社会的结论。

公元前 2600 年左右，大汶口文化发展成龙山文化，龙山文化走过了 600 年的历程，于公元前 2000 年前后被岳石文化所取代。龙山文化承袭晚期大汶口文化的发展势头，生产力得到更加迅猛的发展，无论是经济、社会、人口、聚落、城和城市，都达到了前所未有的发展水平。制陶技术已达古代制陶工艺的顶峰，薄如蛋壳的"蛋壳黑陶高柄杯"用灌浆成型，以匣钵烧成，精美绝伦，成为稀世珍宝。陶器不仅产量极丰，造型也极优美，融观赏性与实用性于一体，许多实用器都堪称古陶工艺珍品。西朱封遗址 M202 所出的笄形玉冠饰，通长 23 厘米，由扇面形白玉上冠和略呈扁圆的笄形玉棒套接，上冠透雕成神兽面形，左右各镶绿松石似双眼，玲珑剔透；玉棒墨绿色，饰竹节纹，同上冠套接天衣无缝，坚如整玉制成，为已知龙山文化最精美的玉器[1]。上举两项可见龙山文化手工艺精湛技术之一斑。龙山文化时期，人口迅猛增长，聚落剧增。仅山东境内已知龙山文化聚落址近三倍于大汶口文化聚落址，近 1300 处，其中绝大多数归属于 30 多个聚落群，群内聚落形成了四五个等级，级数高低与各级聚落多寡成反比，一级聚落基本上就是中心聚落，因而群内聚落的等级结构是金字塔形等级结构，反映了群内的社会是具有金字塔形等级结构的社会，已是阶级社会。这时的墓地资料也证明了社会的严重分化。例如诸城呈子遗址曾发掘了 87 座龙山文化早中期墓，可分四类：一类，大墓 5 座，占 5.7%；二类，

[1]　中国社科院考古所山东队：《山东临朐西朱封龙山文化墓葬》，《考古》1990年第7期。

次大墓 11 座，占 13%；三类，小墓 17 座，占 20%，随葬品多数不超过 3 件；四类，墓仅容尸体，别无他物，共 54 座，占 62%[1]。呈子遗址面积二万多平方米，属小等级龙山文化遗址，其社会分化状况可以代表龙山文化村落的社会状况，从中也可知其他等级聚落的社会分化同样会很严重。与聚落急剧增多的同时，城和城市迅速发展，山东境内已发现 15 座龙山文化城，其中在山东西部的两个龙山文化聚落群内各发现了龙山文化城组，城也产生了数个等级。已知的城有 7 座属于聚落群的中心，其规模与内涵具有都城性质，估计大中等龙山文化聚落群的中心聚落都会是城，二三级聚落中也会有不少城，因而大部龙山文化聚落群的聚落已形成"都邑聚"式金字塔形等级结构，它们都是古国，龙山文化属于古国时代。

　　海岱地区从原始到文明的过渡，是当时全国历史发展的缩影。自距今 5000 年左右，中原、北方长城地带、长江下游、长江中游的经济与社会发展水平，与海岱地区没有太大差别，都早已或正在修筑城。湘北城头山城，自 6000 年前大溪文化早期一直延续至石家河文化时期。江汉平原的石河城属屈家岭、石家河文化时期，是座面积达 100 余万平方米的超级大城。而晋南陶寺遗址的墓地，反映了极其深刻的社会分化。这里发掘的 1300 座墓，分大中小三类，大型墓随葬品丰富，仅占约 1.3%；中型墓有许多随葬品，占约 11%；小型墓没有或有很少随葬品，占约 87%；而且其葬仪显示出已有成熟的礼制[2]。这些地区在距今 5000 年先后也都诞生了国家，进入文明时代。

　　归结上文，自五千余年前到夏王朝建立的一千余年间，是中国文明的形成和初步发展时期，可分为前后两期。前期，约自大汶口文化中期之末到晚期约五六百年，是原始社会向文明社会的过渡期，黄河、长江两河流域和长城地带的许多先进农业部落建立了国家，迈进文明社会，这是中国历史的黎明期。后期，约当龙山文化时期，文明得到初步发展，大量的部落相继脱胎成古国，出现了邦国林立的局面；在龙山文化后期，有些古国可能已发展成方国，这是中国历史的拂晓期。约当距今 4000 年前的龙山文化之末，以伊洛地区为中心形成了较大规模的夏王朝，中国文明史进入了发展新阶段。距今 5000 年左右是中国历史的一个重要转折点。深入研究龙山时代，揭示其真实面目，是解决文明起源、确认中国文明史开端的关键。先辈考古学家 20 世纪 30 年代初对城子崖的发掘，首先启动了这一研究的进程，并立即意识到发掘结果对探索中国文明起源的巨大意义，指出："要是我们能把城子崖黑陶文化寻出他的演绎的秩序及所及的准确的范围，中国黎明期的历史就可解决一大半了。"如今这判断已成为事实。

---

[1]　昌潍地区文物管理处、诸城县博物馆：《山东诸城呈子遗址发掘报告》，《考古学报》1980年第3期。
[2]　中国社科院考古所山西队：《1978～1980年山西襄汾陶寺墓地发掘简报》，《考古》1983年第1期。

二 城子崖龙山文化城是座原始城市

原始城市是指最初的城市，区别于以商品经济为基础的城市。其基本特征是人口、手工业、财富、权力和文化知识的集中。90年代初城子崖遗址的探掘，得知该遗址是龙山文化、岳石文化和东周时期的城址，龙山文化城已是座原始城市。

首先，城子崖龙山文化城具有较大的规模和长期使用的历史。城近方形，东、南、西三面城垣规整，北面向外凸出，城垣拐角呈弧形，东西宽约455、南北最长540米左右，面积约20万平方米（参见《论山东地区的龙山文化城》图二：城子崖龙山文化城探测平面图）。城始建于海岱龙山文化早期，碳-14测年的最早数据为距今4565±130年（H1658标本）。城建成后，经历了龙山文化全过程，并延续到岳石文化时期。在长期使用过程中，修葺城墙不断进行，四面解剖城垣的地层资料，都反映了多次修筑城垣的现象。后修的城垣或叠压在原城垣之上，或紧贴原城垣的内外侧修筑；有时是局部的小修小补，有时是大规模的修葺。例如在西北角第381号探沟，可见四次大规模的筑城活动。最早筑的城垣在最西部，城垣夯土有如生土，难辨夯层和夯窝遗迹，墙基宽10米左右，残高约3米。其次，在第一期城垣的内侧修筑，夯土特征如前。再次，继续在第二期城垣的内侧修筑，夯土层黄黑相间，故清晰可辨，但缺乏平整的夯土面，很难清出夯窝遗迹；夯土层中部弧形隆起，向两面倾斜，倾斜度不大。又次的城垣则转向第三期城垣外侧修筑，把第一、二期城垣压在了下面，这时已有比较清晰规整的夯土层，层面也比较平整，其上可见稀疏的圆形弧底夯窝。四个阶段的龙山文化城垣遗迹，反映了龙山文化筑城技术的逐渐进步[1]。

其次，城子崖龙山文化城丰富的文化堆积，表明城内有相当可观的人口。20世纪30年代初的发掘和90年代初的勘探、试掘，都证明城子崖城龙山文化堆积是十分丰富而普遍的，几乎不存在空白地段。30年代初曾在城址中部开了纵贯全城的探沟，凡发掘到底层的探沟，都存在龙山文化遗存[2]。90年代初按10米孔距进行的方格网普探和围绕四面城垣所进行的试掘，下层无不存在龙山文化遗存，一般厚达1米上下。城中部方圆约百米范围，堆积较薄，也在0.5米余。除此范围以外，基本上都有各种遗迹叠压，不见遗迹的大范围的文化层很少见，仅在城垣附近常见这种文化层。但许多房子都紧临城垣内坡建造，有的就建在内坡上[3]。这些现象说

[1] 山东省文物考古研究所20世纪90年代初城子崖遗址钻探、试掘资料。
[2] 傅斯年、李济、董作宾、梁思永等：《城子崖——山东历城县龙山镇之黑陶文化遗址》序一，中央研究院历史语言研究所，1934年，第14~25页。
[3] 山东省文物考古研究所20世纪90年代初城子崖遗址钻探、试掘资料。

明城内居住十分密集（城中部 1 万平方米范围是淤积土，可能是池塘或经常积水，不居住），人口相当可观。距今 6000 年前的仰韶文化姜寨聚落，面积约 33600 平方米，发掘者推测其人口 500 人 [1]；约近 2000 年以后的城子崖龙山文化城，面积约 6 倍于姜寨聚落，推测其人口也应达到姜寨聚落的六七倍。有学者推测面积 11 万平方米的后岗遗址，人口至少有 3000 人左右 [2]，如果属实，则城子崖龙山文化城的人口肯定超过 3000 人。人口相对集中正是原始城市的一大要素。

　　第三，城子崖龙山文化城内众多的居民，不是单一的农业生产者，家庭手工业者、巫医、统治者这些非农业生产者和非劳动生产者已占一定的比例。早在大汶口文化中期开始，已出现专门从事某种手工业的生产者。在《大汶口》一书的墓葬中，有一些墓主人如第 1、4、9、17、25、26、54、103、106、125、131 号墓等，随葬了大量的手工业生产工具和原料。这些人显然是些手工业生产者或是手工业家庭的家长，说明大汶口中晚期，不仅手工业已成为独立的社会经济部门，而且手工业中的陶器、玉石器、骨牙器制作业也已专门化。到龙山文化时期，手工业又有了长足发展，城子崖有一批专门从事手工业生产的居民是不言而喻的。这时原始宗教也有新发展，城子崖龙山文化卜骨的发现就是证明。龙山文化已有文字，城子崖存在着掌握文化知识的阶层。城子崖龙山文化城是某一方国的中心，有一个凌驾于社会之上的统治集团。

　　总之，城子崖龙山文化城众多人口的社会职业，除了农业生产者以外，手工业生产者和不直接从事生产劳动的人员已占相当的比例，构成原始城市的又一要素。

　　第四，在试掘中，在西垣北端内侧发现了几口井，有的井口长方圆角，长边 1.5、深近 7 米，挖得很规整，井口相当大，可容两三人同时提水，可知井已走过了一段历程，已在普遍使用。这比文献所载"伯益作井"的时间早。井的发明与普及是先民与自然斗争所取得的重大硕果之一，具有深远的历史意义。它使人们获得更多的自由，使生产力、社会经济和人类自身的发展又增加了一项有利因素，所以古人才把它作为一项重大发明加以记载，而且把这一发明权安到了伯益这位大人物身上。井的发明、推广和原始城市的发展有着密切关系。它解决了城内居民、手工业生产、家畜和兴建工程的饮用水，人们无需从城外获得生活、生产建设和饲养家畜所需要的水，从而促进了原始城市经济的发展繁荣，人口日益集中，城市规模逐渐扩大。城子崖龙山文化城规模较大，经济繁荣，与井的推广是相联系的。而城子崖龙山文化城东西都紧临河流，城内却普遍用井，这也说明城子崖已是一座具有一定发展水

　　[1]　半坡博物馆等：《姜寨》第八章，第四、五节，文物出版社，1988 年。
　　[2]　曲英杰：《论龙山文化时期古城址》，《中国原始文化论集——纪念尹达八十诞辰》，文物出版社，1989 年。

平的原始城市。

第五，城子崖出土的龙山文化陶器，精美而宏伟。例如鬲、甗、鬶、瓮等器物，制作规整，形态多样，形体较大，气势宏伟，是同类器的上乘产品，与一般的龙山文化遗址所出的同类器有明显的高低之别。泥质黑陶器，漆黑光亮，十分优美，大部分泥质磨光黑陶器，都可看作古陶工艺品。海岱龙山文化拥有精美的陶器，早为世人所知，但像城子崖龙山陶器这样把生活器皿的艺术性、实用性如此美妙地融为一体，又赋予宏伟之气的，并不多见。实用、优美、宏伟是城子崖龙山文化陶器的突出特征，一般龙山文化遗址的陶器只具备前两个特点。说明城子崖有一批经验丰富、技术娴熟、艺术素养高人一筹的制陶匠人。城子崖龙山文化城具有超过一般的综合工艺技术水平，证明它是海岱地区龙山文化时期一个突出的手工艺技术中心。

第六，随着原始城市的出现，标志城乡分离格局的形成。城子崖龙山文化城所处的泰山北侧山前平原，是海岱地区的一个小区古文化中心，龙山文化时期有个由40余处龙山文化聚落组成的聚落群，城子崖龙山文化城是该群的中心聚落，具有较大的规模和丰富的文化内涵。其余的遗址除很少数面积在3～6万余平方米以外，都只有数千到一二万平方米，文化内涵自然不可能很丰富，无疑都是村落遗址。它们围绕城子崖遗址周围，分布范围东西约30、南北约32千米，与城子崖龙山文化城形成了鲜明的对比，城乡分离、城乡差别的格局昭然若揭。

以上从城子崖龙山文化城的规模、丰富的文化堆积、城内人口与居民的社会身份、井的推广、陶器制作的高超技术以及明显的城乡分离、城乡差别的格局等六方面，证明城子崖龙山文化城是海岱地区一个小区的政治、经济、文化中心，中国东方的一座原始城市。

三　城子崖龙山文化城是某一古国的中心

古国具有如下基本特征：一、有相对稳定的疆域，疆域一般不大，范围大小不等；二、以农业为基础，有一定发展水平的家庭手工业，存在一定的商品交换，但交换关系并不发达；三、古国社会呈金字塔形等级结构，处于塔尖位置的是古国的统治中心，一般是规模较大的城或原始城市；其下有若干二级管理机构和大批以村落为基础的基层组织；四、血缘亲族关系仍在社会生活中起着重要作用，都城以外的乡邑、村落可能都聚族而居；五、一般具有单一的考古文化，属于某一文化共同体或其地方类型的一部分。城子崖原始城市及其所在的龙山文化聚落群，展示出一幅典型的古国图景。

城子崖龙山文化古国的中心范围，南达泰山北麓，北到刁镇、白云湖一线，东抵长白山西麓，西至济南历城区东境，东西约 30、南北约 32 千米，面积约 1000 平方千米，约位于东经 117°20′～117°30′，北纬 36°40′～36°50′。此地属泰山北麓山前冲积平原，土壤主要是褐土，属暖温带季风区大陆性气候，年平均气温 12.9℃，年均降水量 627.9 毫米，发源于泰山北支的绣江河、漯河、武源河、巨野河穿过区内流入古济水。龙山文化时期的平均气温则比现在高约 2℃～4℃[1]，降水量比现在多，气候远比现在湿润，宜于原始农业的发展。所以有比较发达的农业经济，可以生产出更多的剩余产品，使一批批劳动力得以脱离农业生产，充实到手工业生产者队伍，促使手工业生产的持续发展，进而推动交换的发展；同时，也使进行大型社会公益工程成为可能，为职业军队提供源源不断的兵员。这一切加速了社会复杂化的进程，氏族社会的残余不断削弱，国家机器日益完善，城子崖龙山文化古国可能已向方国发展。

城子崖古国具有明显的"都、邑、聚"三级结构。都城城子崖龙山文化城是区内和更大范围的政治、经济、文化中心，其周围的党家乡、黄桑院、宁埠乡、马彭东南、明水镇马鞍庄、枣园镇季官庄、相公乡牛官庄和刁镇小坡等遗址，面积 3～6 万余平方米，相当于古国的乡邑，应有古国的二级管理机构。其他 30 余处龙山小遗址，则是古国的村落，大都应有古国的基层组织[2]。这些村落主要从事农业生产，血缘亲族关系在村落内起着重要作用（参见《论山东地区的龙山文化城》图四：章丘龙山文化聚落群一二三级遗址分布图）。

城子崖古国，具有单一的考古文化，属于海岱龙山文化城子崖类型。该类型主要分布在泰沂山北侧西段地区，城子崖古国是该类型的中心分布区。

诚然，作为文明社会的一些基本要素，目前只有一座城市，其他要素如文字、青铜器、礼仪性建筑、大贵族墓等，都还没有发现。这是因为城子崖考古工作目前还仅限于对城址本身的钻探、试掘，尚未深入进行之故。城子崖城内有统治者的宫殿，城外有他们的墓寝，是无容置疑的。城子崖东北 50 千米的丁公龙山文化城，已发现 12 字的短语式陶文，城的面积约 11 万平方米，仅有城子崖城的一半大，群内聚落较少，陶器制作技术水平也比较低，因此丁公陶文可作为城子崖已有较进步文字的重要佐证。其实，依据城子崖原始城市和这里的龙山文化聚落群聚落的数量、等级结构和分布范围，就可以证明这里是个龙山文化古国。

国家具有阶级压迫和管理社会公共事务两大基本职能（还有抵御外敌入侵的职能），国家的出现是阶级矛盾不可调和的产物，是管理日趋复杂化的社会公共事务的需要。世界各文明中心、各民族国家的产生和发展道路，具有不同的特点。在中

---

[1]　竺可桢：《中国近五千年来气候变迁的初步研究》，《考古学报》1972年第1期。

[2]　山东省20世纪80年代文物普查资料。

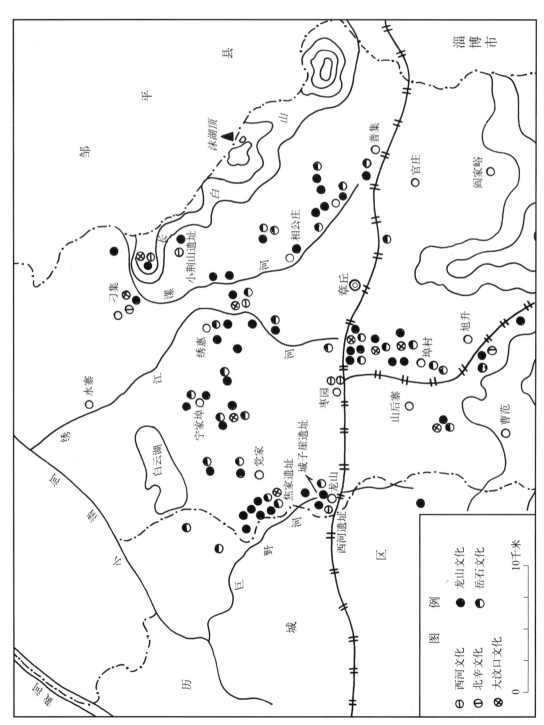

附图　章丘史前聚落群遗址分布图

国，国家首先从那些社会发展最快、最先进的原始农业部落脱胎而出。管理社会公共事务，协调内部社会各阶级、各阶层、各集团之间利益的冲突，组织、指挥外部战争的需要，是中国国家产生的主导原因。政治统治、国家权力的实施，是与行使社会公共事务管理职能相结合的。从现有材料分析，城子崖古国已具备这两种国家基本职能。

首先，城子崖龙山文化古国的社会生活，已远非原始社会那么简单。比如若大规模城垣的修筑，需要一支庞大的劳动大军作长期的努力，城子崖及其周围聚落的劳动成员，可能都参加了修建工程。这支劳动大军的调集、城垣工程的组织、指挥，不是氏族社会的原则所能实现的。人口的空前增长和集中，社会分工的复杂化，社会成员、社会集团之间频仍的利益冲突，以及城乡差别的存在和发展而引起的城乡对立等等，是氏族社会所没有的；维持社会的稳定，保证社会生产、社会生活得以正常进行，协调社会成员、社会集团之间的利益冲突，处理城乡矛盾，兴建大型公共工程等，也不是氏族社会原则所能胜任的；至于保卫城子崖城内及其周围乡邑、村落全社会成员生命、财产的安全，已需有专门的军队，这种常备军队的组织、指挥，更是氏族社会所不能想象的。这一切，使我们得出结论，在城子崖龙山文化聚落群的社会生活中起作用的，已不是昔日的氏族制原则，而是一种全新的社会机制，这种新机制就是国家权力。

其次，国家阶级统治的职能，在这里也有比较清晰的反映。海岱地区早在公元前 3000 年前，某些先进的大汶口文化部落已进入阶级社会。江苏新沂花厅墓地上层社会流行的人殉，表明当时某些大汶口文化部落已存在残酷的阶级统治。到龙山文化时期，整个海岱地区的阶级分化已十分严重，这从前文所举诸城呈子墓地所反映的金字塔形社会等级结构，可见一斑。呈子遗址仅有 2 万多平方米，只不过是个村落，与城子崖龙山文化城不能同日而语，城子崖龙山文化城阶级分化的严重性可想而知。呈子遗址的资料，也可以证明城子崖古国大批村落的阶级分化。这里城乡差别、城乡对立的存在，从另一个方面反映了阶级矛盾和阶级压迫。城子崖龙山文化城就是当时阶级矛盾、阶级斗争日益激化的产物。它那高大的城垣，既是防御外敌侵犯，又是防备被统治阶级反抗的，"筑城以卫君"[1] 是城子崖龙山文化城的重要功能。透过城子崖龙山文化城那宽大的城垣，从城乡对立和对外战争中可以看出城子崖古国阶级矛盾、阶级斗争的严重性。国家作为阶级压迫、阶级统治的工具，在这里发挥着作用。

城子崖龙山文化古国的诞生，是这里古文化长期发展的逻辑结果。这里是个

---

[1] 《太平御览》卷二十四居处部引《吴越春秋》。

小区古文化中心,古文化源远流长。区内是山东地区最早的有陶新石器文化西河文化的分布中心,其年代约从距今 8500 年前到 7000 年。其后有北辛文化、大汶口文化、龙山文化、岳石文化、商周文化,文化发展连绵不绝。西河文化时期,这里有大规模的西河和小荆山母系氏族聚落,后者是个环壕聚落。大汶口文化中期,产生了 40 万平方米以上的焦家中心聚落,很可能是座城。龙山文化时期,建造了城子崖城,成为古国的都城,并一直发展到了夏商时期,从而形象地展示了一部古文化、古城、古国史,证明这里的古城、古国是区内古文化长期发展的逻辑结果(附图)。济南和鲁西北地区,在大汶口、龙山文化时期属于海岱文化区的西北部,城子崖龙山文化代表着海岱龙山文化的一个重要类型,因知城子崖古国是个东夷古国。

总之,20 世纪 30 年代初城子崖遗址的发掘,为中国近代考古学的发展铺垫了重要的基石,为探索中国文明起源大课题迈出了第一步,发掘结果揭开了中国文明初创期的帷幕。今天,这一科学探索在海岱地区已取得辉煌的成果,大汶口古国和城子崖古国或方国的认识,证明中国东方具有五千年的文明史,中国是五千年的文明古国。

原载《纪念城子崖遗址发掘六十周年国际学术讨论会文集》,齐鲁书社,1993 年;后收入《张学海考古论集》(略有修改),学苑出版社,1999 年

城子崖遗址勘探试掘记述

一　序言

城子崖遗址位于济南市章丘区龙山街办，是龙山文化的发现地，中国考古圣地。

1928 年春，清华学校国学研究院学生、山东安丘人吴金鼎在赴东平陵古城勘察途中发现。翌年夏秋，他又进行了三次勘察，先后采集到精美磨光黑陶片、磨光石斧、骨笄等器物，确定是一处石器时代遗址，这是中国首次发现黑陶文化石器时代遗址。

此前发现的石器时代遗址都是红陶文化，并称为仰韶文化，分布于河南西部、甘肃、山西、辽宁等地区。其中大部分遗址都含有彩绘精美图案的彩陶器，这些彩陶与中亚、小亚细亚以及东欧所出的都有相似之点，被安特生等西方学者视为中国文化源于西方的重要证据。于是已沉寂了数十年的中国文化西来说重新抬头，几乎成为定论。中国文化是植根于本土，还是由外传播而来的，成为当时最大的学术公案。

中研院史语所的学者们，对中国文化外来说不以为然，他们认为中国古史的形成极为复杂，中国的史前史原文化是由多方面因素构成的，中国考古学要取得成就，绝对不能单凭某一方面的工作，更不能用外来因素作为建立中国本土考古年代学的基础。他们对当时的史学疑古思潮全盘否定古史传说的做法也不以为然，认为上古传说并不完全是一篇谎账，主张多找真实可靠的材料，新材料多了，自然就可以写一部更可靠的中国上古史。凭借当时的知识，他们估计中国东部地区必定存在与中国西部不同的固有文化。城子崖遗址就处于中国东部地区，"它不但出了石器，而且出了与西部、北部石器时代遗址完全不同样的贵重陶器。这种石器时代的遗存，在中国内地尚是头一次发现，与中国商、周的铜器文化的关系很密切。它的重要性，是研究这类问题的人，一看就知道的"[1]，于是决定对城子崖遗址进行发掘。

1930 年 10 月，中研院与山东省国民政府合组山东古迹研究会，于同年 11 月进行了发掘，1931 年 10 月又继续进行发掘。两次发掘，共开探沟 89 条，探沟大

---

[1]　李济：1930年11月6日在发掘城子崖遗址新闻发布会上的演讲。

都为 10 米 ×1 米的正东西、南北向探沟，发掘总面积 1960.8 平方米，李济、梁思永相继主持了发掘。发掘后，由梁思永主持编撰了中国第一部大型田野考古报告集《城子崖——山东历城县龙山镇之黑陶文化遗址》于 1934 年出版。这是中研院史语所于 1928 年成立后首次对石器时代遗址进行大规模的发掘。求仁得仁，发掘揭示了一种与红陶文化迥然有别的黑陶文化。一些迹象显示，这种黑陶文化代表着一种文化体系，这种文化与殷墟文化存在联系，而且紧随龙山文化的发现，史语所又在殷墟后岗发现红陶文化（仰韶文化）在下，黑陶文化（龙山文化）居中，殷墟文化在上的"三叠层"，这使他们感到在东方春秋战国时期的齐鲁国境，发展着构成中国最早期历史文化的"最要紧部分"。认为只要查明城子崖黑陶文化发展的脉络和分布范围，"中国黎明期的历史就可解决一大半了"。他们"相信这不但是田野考古工作一个极可遵循的轨道，对于中国上古史的研究，将成一个极重要的转点"[1]。于是还改变了田野考古报告集的出版计划，将原定殷墟考古列为首卷的计划，改成以城子崖考古作为中国田野考古报告集的首卷，"希望能由此渐渐的上溯中国文化的原始，下释商周历史的形成"[2]。

城子崖发掘所揭示的黑陶文化很快被称为龙山文化，这是中国学者在本土发现的首支史前考古学文化。在揭示黑陶文化的同时，还发现一座黑陶文化城，也就是龙山文化城。发掘者认为这座城是黑陶文化居民在此居住了许久以后才开始建造的，随着黑陶文化的废灭而废弃，这是中国考古首次发现城址。此外，还揭示了城子崖上层的灰陶文化，与灰陶文化共存的也包括城。但发掘者认为灰陶文化相当商周时期，城则是黑陶文化城废弃后延续到了灰陶文化时期的，灰陶文化居民也许对城墙做过修补。上下层文化都出土了卜骨，上层文化还出有文字。

总之，城子崖发掘深刻的学术大背景，明确的课题目标，大型的发掘规模与周密的计划，当时堪称科学的发掘方法，引起中外轰动的发掘成果，以及包括发掘、资料整理、发掘报告编撰的完整过程与相关原则，给予中国考古学的发展与中国古史研究以深远的影响，成为中国考古学史与史学史划时代的大事，城子崖获得中国考古圣地的殊荣。

但是，城子崖发掘是在中国考古学的草创期进行的，发掘前距中国考古学的诞生才十年。当时中国的新石器文化只在河南西部、山西、甘肃、东北等少数地点发现一些红陶文化遗址，这些红陶文化统被称为仰韶文化，而且红陶文化、仰韶文化

---

[1] 傅斯年、李济、董作宾、梁思永等：《城子崖——山东历城县龙山镇之黑陶文化遗址》序一，中央研究院历史语言研究所，1934年。

[2] 傅斯年、李济、董作宾、梁思永等：《城子崖——山东历城县龙山镇之黑陶文化遗址》序一，中央研究院历史语言研究所，1934年。

长期并称。龙山文化揭示后，也是黑陶文化、龙山文化长期并称。陶器颜色被作为区分文化的重要标志，科学分析文化面貌，确认与区分不同文化共同体，远未提上日程。与之相适应，田野考古水平还很幼稚。作为科学发掘基础的考古地层学，在1926年李济发掘山西夏县西阴村遗址时，才开始运用。即便是城子崖发掘，头年的发掘仍然采取水平往下挖，次年才按考古层位学理念分土色土质逐层下挖。因为学科刚刚起步，所以城子崖发掘尽管意义非凡，但必不可避免地存在着问题。况且考古学本身也不可能凭借一两次发掘，就能全面深入地认识一处重要遗址的。随着中华人民共和国成立，中国考古学研究的恢复与蓬勃发展，对城子崖遗址的思考逐渐深化，有关问题逐一被提了出来。

1.最先受到质疑的是那座黑陶文化城，即所谓的龙山文化城

文物考古界怀疑该城是否真是龙山文化城。事实是，龙山文化被发现后，紧接着在山东南部、东南部、河南东部、浙江北部都发现了龙山文化，至20世纪70年代中期，城子崖发掘已历40余年，所发现的以黑陶为基本特征的龙山文化遗址数以百计，分布于黄河中下游和太湖流域的广阔地区，其中经过发掘的遗址数以十计，都未见龙山文化城。这不能不引起人们对城子崖龙山文化城可靠性的疑虑，学者大都不轻易肯定，实际上当时的考古界还存在龙山文化尚未产生城的心绪。70年代晚期以后，情况大变。1978年，首座龙山文化城登封王城岗城面世，揭开了龙山时代城址的大发现时期。在20世纪短短的最后两个十年中，黄河中下游、长城地带和长江流域，龙山文化时期城址如雨后春笋，不断破土而出。山东则于1984年发现首座龙山文化城寿光边线王城。该城城墙有"V"形基槽，四面各有一城门，城门门道隔断基槽，显示事前有规划。边线王城有大小两圈城墙，大圈包围小圈，大圈的面积不过七八万平方米，大圈应该是因城内人口增长加以扩大所致，未必是内外城并存的格局。龙山文化与龙山时代考古的新进展，尤其是城址的大发现，证明龙山时代已存在许多城，为城子崖黑陶文化城可能真是座龙山文化城提供了希望，但从《城子崖》田野考古报告集中无法确认，唯有重新进行发掘。

2.其次，是灰陶文化的年代、灰陶文化城及其是否谭城问题

《城子崖》发掘报告认为城子崖上层的灰陶文化属于商周时期，但从报告的图片中只见周代器物，未见商代器物。李济在《城子崖》序中说，城子崖上层文化似为春秋战国时之谭城遗址[1]，而且《城子崖》发掘报告附有董作宾的研究文章，与李济对上层文化的认识一致。谭是东方小国，见于经传。《诗·小雅·大东篇》传说是谭国大夫所作，反映了西周王室对远近诸侯的榨取和王室与诸侯的矛盾。谭都

---

[1] 傅斯年、李济、董作宾、梁思永等：《城子崖——山东历城县龙山镇之黑陶文化遗址》序二，中央研究院历史语言研究所，1934年。

于何地，史无记载。城子崖发掘者的主张，得到有的学者的赞同。例如杨伯峻《春秋左传注》就引证《城子崖》一书，称历城东南有谭城，抗战前曾发掘出遗址[1]。但从考古工作的角度说，此事尚不能确定，因为上层文化的年代和上层的城都存在不确定性。关于上文化层的城，发掘者认为是由下层的黑陶文化城延续下来的，《城子崖》说："当上层灰陶居民居住城子崖之时，先一期所筑的土墙虽已坍塌，但还有相当的高度（约 2 ～ 3 米）可以给予他们多少保障。大概因此他们也没有做大规模的修补。"[2] 这就是说灰陶文化的城和黑陶文化城是同一座城。但是，城子崖"上下两层文化确有清楚的分界（笔者注：隔有沙层与平铺的黄土），大概在黑陶文化废灭之后，似有一个人烟稀少、或绝无人烟的时代。"[3] 如此看来，黑陶文化城与灰陶文化时期的城，分明是两座城，即使前者的城墙有较高的保存，后者只对前者做了一定规模的修补，也不应该是同一座城。只有上层文化的年代和城的情况都弄明白了，才有可能探索上层文化的国别与城的性质。时下既未发现大型建筑基址，也未见大贵族墓葬，没有证据证明是谭城，但为城子崖考古提出了一个应给予关注的课题。

3. 城子崖黑陶文化是否包含岳石文化遗存

岳石文化遗存于 20 世纪 60 年代初，首先发现于山东平度东岳石遗址，曾称为龙山文化东岳石类型。此后 20 年，同类遗存从胶东半岛到山东西部不断发现，并被作为龙山文化的去向受到关注，至 20 世纪 70 ～ 80 年代之交成为独立考古文化和龙山文化相分离。岳石文化确立后，得知在早年发掘的龙山文化遗址中，有的遗址含有岳石文化遗存，而《城子崖》一书的图片中似有岳石文化器物，人们于是质疑城子崖黑陶文化（龙山文化）是否包含着岳石文化？

4. 城子崖遗址是否是处中心聚落遗址

20 世纪 80 年代晚期，我们完成了所承担的全国文物二普山东的普查，得知章丘地区有一个典型的龙山文化聚落群（遗址群）。群内有龙山文化遗址 40 余处，群体占地范围十分明确，按遗址四至匡算，东西约 30、南北约 32 千米，占地约 1000平方千米，遗址群外围存在广阔的龙山文化遗址空白区，属于山东一处中型的龙山文化聚落群体。当时笔者已对中华文明起源问题有所思索，主张以国家诞生作为中华文明形成的根本标志，并对史前聚落群给予了关注。据笔者研究，海岱文化区的聚落群诞生于北辛文化之末或者大汶口文化之初，是稳定的社会政治实体的遗存，

[1] 杨伯峻：《春秋左传注·庄公十年注》，中华书局，1981年。

[2] 傅斯年、李济、董作宾、梁思永等：《城子崖——山东历城县龙山镇之黑陶文化遗址》，中央研究院历史语言研究所，1934年，第28～31页。

[3] 傅斯年、李济、董作宾、梁思永等：《城子崖——山东历城县龙山镇之黑陶文化遗址》，中央研究院历史语言研究所，1934年，第24页。

聚落群的发展过程反映了从部落到国家的发展过程，而龙山文化的大中型聚落群，大都已经是古国。古国的基本标志是群内聚落形成"都、邑、聚"式金字塔型层级结构。这一国家诞生标志的关键是中心聚落转化为"都"。中心聚落大都是群内最大的聚落，或属最大聚落之列，一般是城或有其他防卫设施。一旦中心聚落基本转变为"都"，即标志国家的诞生，中华文明的形成。城子崖遗址不仅未能确认龙山文化城，遗址的文化内涵也不清楚，不能确定是否是该龙山文化聚落群体的中心聚落，使这处考古圣地在中华文明起源课题研究的价值大受影响。

以上是城子崖发掘将满一甲子时积累的主要问题。身为山东的文物考古人员，理应继续推进城子崖考古，对这些问题做出明确回答，这既是光荣任务，也是一种责任。其实，还在城子崖发掘将满 50 周年前夕，笔者正主持山东省博物馆考古部工作，馆长就曾建议召开城子崖考古发掘 50 周年纪念会，因时间匆促，来不及筹备而未果。当城子崖发掘即将迎来一甲子时，笔者已担任山东省文物考古研究所所长多年，深感自己有责任筹办城子崖发掘 60 周年纪念会，以纪念中国考古学史上这一划时代的大事，并向为龙山文化研究做出重大贡献的考古先辈致敬。关键的筹备工作是，对城子崖考古在一甲子中积累的主要问题做出明确回答。但田野工作时间紧迫，传统的考古发掘方法，无法获得遗址整体的基本信息，明确回答上述问题。只有运用我们在先秦大遗址"四有"实践中所形成的理念与方法，才有望获取城子崖遗址基本的整体状况。恰好作为首批全国重点文物保护单位，城子崖遗址尚未开展"四有"探掘工作，于是就向国家文物局申报开展城子崖"四有"勘探试掘，查明问题，以促进"保研用"的发展。

二　城子崖遗址探掘概况

城子崖遗址是我们首次将先秦大遗址"四有"探掘引入史前遗址，依据城子崖遗址的具体情况，探掘方法有所改变。

一是城子崖面积不足 25 万平方米，探区随着缩小成 100 米 × 100 米的正方向探区，按探区直接布孔进行普探。

二是因为是面积不很大的史前遗址，将大遗址"四有"探掘本来要求以钻探为重点，改为以试掘为重点。而城子崖现阶段要查明的主要问题大都和城有关，所以试掘主要围绕城墙（遗址周沿）进行，尽量避免在城内进行试掘，以保持城内文化遗存的完整性。

城子崖遗址"四有"钻探，分为普探与复探、试掘两步进行。

普探于 1989 年 6 ～ 7 月进行，历时约一月。探明了遗址的范围，遗址边沿和周围的断崖基本一致，其东西两边现有规整的南北向生产道。山城村占压了遗址少许东南角，遗址北部有老济青公路东西穿过，其余部分全是农田，遗址整体上保存尚好。探知文化堆积有灰土、黑土两大层，和当初的发掘一致。但发现遗址下层中部约有1万平方米左右的淤土，说明城子崖聚落中部经常积水，甚至可能有水塘。普探未提供对前述问题的线索，但普探主要是查明遗址范围，摸摸遗址的情况。

普探结束，玉米已长成1米多高，第二步的复探与试掘工作只能延后进行。迄今笔者仍清楚记得1990年3月15日上午，我们一行来到龙山镇政府，准备开展第二步工作。镇政府给予了大力支持，腾出办公室让我们居住，我们就在镇政府食堂就餐，免去了解决吃住的时间，所以次日就投入复探工作。下面就复探试掘工作概况作简要介绍。

（一）探出城圈

复探从遗址北部老济青公路的两端开始，目的是要了解是否有上下层的城墙及其保存状况。在西头公路北侧有山东省人民政府建立的花岗岩保护标志坐落于土台上，此土台实为保留在地面上的一小段残墙，看来和常见的周代城墙没有什么不同，我们一直以为是上层的灰陶文化城的残墙。复探开始不久，我正在公路东头观察钻探情况，公路西头的探工过来说，在生土下面发现了夯土。我一听便知错了，既是生土，下面怎么会有夯土？！就来到公路西头，探工骨干便在保护标志处地面残墙的西墙根探给我看，上部的确有相当厚的纯黄土酷似生土，其下压着十分典型的夯土。经仔细观察分析，原来上部的纯黄土并非生土，而是由黄生土所筑城墙倒塌的堆积。下部的夯土是城墙，从深度看可能是下层城墙，估计与此处的地面残墙（上层城墙）年代不同。下层城墙（实为中层城墙）就这样戏剧性地顺利找到了。于是复探就改成追踪城墙，只用了两天半时间，就探出了整个城圈。城圈位置和遗址周围的断崖相一致，城基深浅不一，深者很深，2米左右的探铲一杆探不到底（图一~四）。城圈夯土有坚实松软之分，颜色有黄、灰之别，显示应该存在上下层的城墙。我兴奋不已，心想下层的城即使不是龙山文化城，或许就是岳石文化城，那也是山东和全国第一座夏代城。于是工作重点便转向试掘，钻探则逐一探寻城门、连接城门的道路与寻找墓地。

（二）龙山文化城墙的发现

试掘的第一条探沟就开在公路西头地面残墙以西的北路沟上，发掘过程中曾向东西有所延伸，最终约达50米×2米，东端达到地面残墙西墙根处。挖到0.5~1米多深后，留南半探沟，下挖北半探沟。这条探沟东部压在龙山文化城西北拐角的北墙上，中西部地下为大陡坡和城外堆积。东部的龙山文化城墙自西而东可分为四期。第一期建在陡坡崖头上，因陡坡上半部表面有夯筑痕迹，城墙外壁和陡坡表面

可能连成一体。第二期城墙紧贴第一期城墙内壁，第三期紧贴第二期外壁修筑。这
三期城墙都只剩下薄而浅的墙基，墙身已消失。这三期城墙均用堆筑法修筑。堆筑
是指边堆土摊匀、边夯实的夯筑方法，夯土层很不规整，一小片一小片倾斜交错叠
压，没有上下层层整齐叠压的夯土层，确认夯土是确定城墙的关键。第四期又紧贴
第三期的内壁修筑，出现了不十分规整的较薄的、但上下层层叠压的夯土层，夯土
颜色黑黄相间，以黑为主，年代应该属于龙山文化晚期。这一发现说明城子崖存在
龙山文化城,但是不知该城是否就是当初发现的黑陶文化城。其夯筑技术十分原始，
刚刚起步的中国考古学恐怕还不能辨认这种堆筑的城墙，但上述第四期龙山文化城

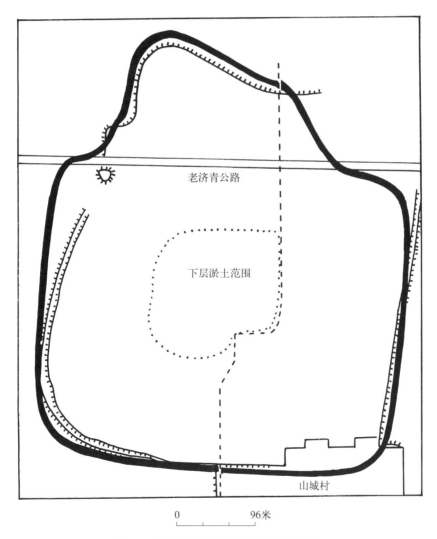

图一　城子崖遗址勘探平面示意图

图二　城子崖城址北垣西半部遗迹（前方高起者，西北—东南）

图三　城子崖城址西垣和西南城角遗迹（西南—东北）

图四　城子崖城址东垣遗迹和遗迹上的便道（东北—西南）

墙是可以被识别的，究竟是新发现的龙山文化城还是当初发现的黑陶文化城，只能等待进一步的工作。

（三）春秋文化、岳石文化与龙山文化遗存的发现和三者城墙叠压关系的面世

在头条探沟发掘了一段时间后，即在其南 30 米左右开挖了第二条探沟。探沟紧贴旧路沟南断面，面积约 40 米 × 2 米，上部刮南断面，下部挖探沟；在探沟西部下挖南半探沟，留北半探沟。该旧路沟原本是从城子崖西南方的老龙山镇、到东北方平陵城的季节性便道的路沟，在巨野河东岸崖头里边，截断城子崖西城墙北端和城内文化堆积而形成。20 世纪 80 年代，巨野河基本填平成为宽广农田，便道废弃，但截断城墙和文化堆积的豁口遗迹仍在，村民略作平整继续耕种，也在这里零星取土，造成路沟北侧的文化遗存严重破坏。但路沟南侧遗址保存尚好，这里的崖头是全遗址的最高点，保存着全遗址十分深厚的文化堆积。第二条探沟提供了十分珍贵的科学资料，取得重大突破。其首要的硕果是，揭示了春秋、岳石文化与龙山文化三大期文化遗存，发现三种文化都有城，在本探沟三者城墙是互相叠压的。春秋文化遗存在探沟的上层与东部（内城根），岳石文化堆积在探沟中部中层，两者都很丰厚。龙山文化堆积主要在探沟的中西部底层，其在中部的堆积很薄（图五）。

该探沟的城墙遗迹集中在探沟西大部。龙山文化城墙位于最西部，与第一条探

沟的龙山文化城墙可以大致对应，也经多次修筑。最先似也筑在崖头处，因探沟西端已至平整前的河崖，发掘中城墙西端夯土曾发生成块陷落现象，可以证明。前两期城墙也采用堆筑法修筑，第三期在第二期里侧修筑，夯土中混杂许多黑土块，夯筑方法不详；或许只是将湿土块堆叠在一起，属于局部修补城墙或城基，仅限于本探沟和探沟北面因取土而形成的地头小空地上。第四期在第三期里侧修筑，出现层层上下叠压的不很规整的薄夯土层，但在该探沟内未见这种城墙夯土，仅见于地头小空地东面小断崖的底部，其上显示的黄黑相间的薄夯土层清晰可见（图六）。第四期龙山文化城墙的里侧就是岳石文化城墙，但这里的龙山文化城墙包括岳石文化城墙的西边，都已遭受严重破坏，龙山文化第三、四期城墙之间及其和岳石文化城墙之间的交接关系已经消失。

岳石文化城墙在路沟内已无遗迹，在路沟两侧的残墙保存尚好。其墙基不呈水平，高低起伏悬殊，路沟南侧高于北侧1米左右，北侧墙基也自南向北逐渐高起，只对龙山文化的墙根略加整治，就在其上筑墙。此岳石文化残墙北伸至济青公路南沿时，高于公路路面的部分被挖平，形成了保护标志处地面残墙的南断面。此时才

图五　老豁口处探沟南壁中段文化堆积位置

左小半，上部色较浅者属东周城基槽等遗存，其下色较深者大部为岳石文化堆积，底部为浅薄的龙山文化堆积。右大半，上部为岳石文化城垣，下部基本为一般岳石文化堆积。本探沟西段近地面有东周城残基，有较明显的龙山文化城垣遗迹

图六　城子崖城址西北隅西断面岳石文化城垣（黄色夯土层）
与龙山文化城垣（中南部底部黑黄夯土层）的叠压关系（西—东）

知这段地面残墙西部的城墙是岳石文化城墙遗迹，不是上层的晚期城墙，它原本是贴着第一条探沟第四期龙山文化城墙的里皮修筑的（图七）。

该探沟的东周城墙，先在第一期龙山文化城墙的墙基上修筑，从外侧包围龙山文化与岳石文化旧墙身。东周墙身已基本不存，仅在墙基上遗留着薄薄的纯黄色夯土。但探沟以南仍保留着相当厚的堆积，可能会有较高的东周残墙。此外，在探沟南壁中部最高处的耕土下，另有东周城墙的基槽，深约 0.5 米，槽内夯土呈土红色，土质纯净，其西端紧靠岳石文化残墙墙顶的内壁，高于外侧的东周墙基约 5 米，显示东周某时又曾在城墙里侧进行过修筑。这时此处的岳石文化城墙可能仍被东周城所利用。此新修筑的东周城墙，应该就是保护标志处地面残墙最东部的城墙，其夯土同样呈土红色，质量明显不如岳石文化城墙夯土。

通过城西北隅头两条探沟的发掘和两者之间地头小空地的小型发掘，就得知城子崖包含春秋、岳石文化与龙山文化三种文化遗存，存在相应的三座城，收获出人意料，令人惊喜不已！但就三座城而言，这仅仅提供了每个城圈的一个点，必须继续发掘，才能对其整体状况有所了解。先后继续对城西北隅（头两条探沟之间）的岳石文化城墙、城墙内侧堆积、北墙西段北拐处、北墙中段、北墙东段北拐处与东段城墙内外壁、东墙南端、南城门门道西沿和南墙西段共 11 个地点进行了试掘，

图七　城子崖遗址保护标志和存留于地面的岳石文化残垣
（北垣西起第一段，南—北）

加上开头的三处，共试掘了 14 个地点。其中对城西北隅的地头小空地、岳石文化
城墙内侧遗址和南城门门道西沿三处，采取探方发掘，其余全用探沟发掘，获得三
城整体状况一定的了解（图八、九）。下面择要继续简要介绍有关发掘点的发掘情况。

（四）确认龙山文化城的平面与城墙形制

当探出城子崖城址的城圈时，钻探资料显示城子崖城圈可能分属不同时代。不
久，城西北隅旧路沟处的探沟就提供了春秋、岳石文化与龙山文化相互叠压的城墙，
可以确定城子崖存在三个时代的城址。但城的平面类似"凸"字形，东南西三面城
墙呈直线，其所围的范围近方形，如北面的城墙也呈直线，城子崖就是座方形的城。
但北墙中部却向北凸出，平面近似"凸"字形，何以如此？是三城平面皆如此，抑
或各不相同？为求得答案，在北墙东、西段的北拐处各开了南北向探沟。西段的探
沟 20 米 × 2 米，南起地面残墙外壁（保护标志处地面残墙北壁），探沟深 4 米多。
其南壁的城墙外皮自沟口直通沟底，保存良好。探沟口以上的地面残墙有 3 米左右，
属春秋时期。其下伸入探沟以内不足 1 米，下接岳石文化城墙，两者衔接整齐，但
夯土特征有别，衔接痕迹清晰。岳石文化城墙又下压龙山文化墙基，后者残高不到
1 米，该墙基北面呈不规则坡形伸入探沟以里约 0.5 米。该墙基堆筑而成，夯土坚实，
筑于生土以上，探沟西南角沟底正好将墙基北拐处的弧形外拐角包括在探沟内。原

图八　城子崖城址西垣北端西部的试掘点（北—南）

图九　1991年发掘与探沟C1
平行的探沟（断崖以南部分）
北端断崖处有岳石文化城垣叠压龙山文
化墙基，前者即1931年确定的"黑陶文
化时期城"，当时探沟C1并未深挖到龙
山文化城垣。断崖南有东周城垣残基，
其南全是城壕

来城址近"凸"字形的平面是从开始建造龙山文化城时就确定的,岳石文化城与春秋城延续原来的平面未变。探沟底部已现地下水,沟底北部有黑淤泥堆积,钻探表明在北拐城墙的外侧,南北均有黑淤泥,深度与探沟底部的黑淤泥基本一致,应属城壕底部沉积。从探沟深度与探沟南壁直通沟底的城墙来看,可知此处原有较高的断崖,城墙外部是依托断崖断面修筑的。依托断面修筑的墙,加固了城墙外部的基础,既不影响防卫功能,又节省了工料,而且还增加了城内有较高安全度的一个区域。可以说,此处城墙北拐是对地形的巧妙利用(图二)。

北墙东段北拐处的探沟长 10 余米,北达济青公路南路沟南沿。探沟内全是龙山文化堆积,沟底离北壁约 0.5 米,有建城时的断崖。该探沟提供了两项重要信息。一是在接近西壁的沟底断崖处,出现北墙东段开始北拐时的内拐角,这内拐角与断崖两者,对北墙西段的北拐做出了很好的呼应,证实北面城墙中部向北突出确是建龙山文化城时的设计,是对地形(弯曲的断崖)的巧妙利用。二是提供了该城较为完整的城墙遗迹与大致的筑墙方法。该探沟的龙山文化城墙,外壁接近陡直,高约 7 米(据钻探估算);内壁成小斜坡形,从坡顶到坡根水平长 4、水平高 2.5 米;墙基宽约 14、墙顶宽 7 米。其筑墙方法先依托断崖的断面修筑,估计修筑前要对断面作适当处理,同时将崖头以里的 10 余米地面整治成向外倾斜的很缓的缓坡形,待依托断面的墙筑到崖头时,夯筑的范围扩展到缓坡面上。继续在其上堆筑成两面坡形的墙身。墙身夯土层厚 10～30 余厘米,堆筑的夯土层外部较陡,内部较平缓,但内部夯土层很不规整。然后再紧贴外坡筑成外部墙身。该外部墙身的夯土层比较规整,基本上层层上下整齐叠压,仅有些层稍有弧度。夯土层厚 2～3 厘米,夯窝浅弧底形,直径 2～3 厘米,土湿时在平、剖面上都极难分辨夯土层与夯窝。这种层层整齐叠压的夯土层,可能采用原始版筑筑成。这是目前所知城子崖龙山文化城保存最好的城墙遗迹,可能基本上保持着该城城墙的原貌,确切说保持了其晚期阶段城墙的原貌,尽管其原来的墙身可能更高些。这处城墙遗迹,提供了城子崖龙山文化城城墙修筑的基本步骤与方法。其首先依托断崖断面筑墙,既起到城墙外皮基槽的功能,又加高了城墙外壁;堆筑版筑结合,使墙体外部夯土层整齐坚实,外壁陡直;墙体外高内低,高低悬殊等方法,既省时省工,又不失防卫功能。但其包括堆筑夯土与层层叠压夯土为一体的墙身,是该龙山文化城的城墙始终如此,抑或只是其晚期阶段的城墙如此,尚有待今后工作证明。目前资料显示似属后者,无论何者,都是城子崖龙山文化城的一大特征。

(五)探索城门及其结构

在得知城子崖有三座城后,探索城门及其结构、尤其是龙山文化、岳石文化城的城门,便成为城子崖探掘工作的重要内容之一。在采用 2 米间距的探孔沿城圈内侧仔细探寻后，在南北两面各发现一座城门，东西两面未见。北门位于北墙中部偏东，已基本毁坏，仅可确定城门位置。南城门位置更近南墙之中。南北门之间有道路连接，道路由南门直线往北至城址中部水塘南沿之中，东拐至水塘东南角，沿水塘东沿直达北门。南城门也因建山城村小学与取土基本破坏。当笔者在探掘中知道城子崖龙山文化城城内地面明显高于城外地面时，就想到城门门道可能成较长的斜坡形，由城墙缺口与缺口外面的一段斜坡组成，城门道残迹表明果然如此。虽然城门门道上部已因建校舍被挖掉，其前部已被校舍所压，但校舍北院墙外面仍残留有城门道底部的基础，其夯土中羼杂大量小块料姜石，门道基础由北向南缓缓倾斜。

门道里口一带因取土已形成约 3 米高的断面，断面的文化堆积自上而下分属春秋、岳石文化与龙山文化。出乎意料的是，断面上显示的道路也有上中下许多条，同样分属上述三个时期，但基本上属于岳石文化与龙山文化时期，表明南城门不仅是龙山文化城、也是岳石文化城的城门。但是春秋城的城门是否也在此处，尚不能确定。断面上所有道路的单一路土都不太宽，也不很厚，均属很一般的土路。道路位置也不始终固定，东西移动颇为频繁，岳石文化龙山文化城的路土东西摆动范围总宽近 30 米。在城门道前部、小学西院墙外面的城门道西沿，开探方做了试掘。在门道西沿西侧，北部有龙山文化墙基由北向南倾斜。该墙基南接城壕，墙基城壕直接一气交接，并无间隔。在门道西沿上有一堵短窄的南北向墙基，其东有与墙基平行的房址遗迹，房内清理了数个黄土居住面，居住面以较厚的黑灰为基础，因其东部已在院墙下，未做全面清理，房址似属门卫之类建筑遗迹。

（六）初识岳石文化城墙的夯筑技术

在城子崖遗址西北角，地面上保存着一小段残墙。高 1 米左右，长约 10 余米，方向西南到东北，其南端原本与旧路沟南断面中上部的残城墙连接，被路沟所切断；北端本与公路北侧保护标志下的地面残墙相连，被公路所切断，历来认为是城子崖上文化层的城墙遗迹，年代约当周代。当在旧路沟上的探沟发现春秋、岳石文化与龙山文化三叠城墙后，才知这段残墙原来是岳石文化的城墙。从未发现过岳石文化城，初遇其城墙，乍一看竟然很像周代城墙，而与龙山文化城墙迥异，既惊又喜，不知其整体的保存状况，所以对这段残墙十分珍惜，尽管很想尽快了解其有关信息，还是没有立即进行清理，因为正在同时发掘着多条探沟，怕摊子过大，出现顾此失彼现象。在开始清理后，更是小心翼翼，采取最小化的揭露规模，以便最大化地保持残墙原貌。就首先在残墙西南角西面的崖头处，揭露了上面的两层夯土层以观察夯窝，揭露面积一平方米左右。见夯土层较薄（约厚 10 厘米），夯土坚实，黄色，夯土层面上密密麻麻全是夯窝。夯窝圆形弧底，直径 2 ～ 3 厘米，偶尔可见七八个成组的夯窝，显示夯具应是成束小棍夯（图一〇）。除了夯土层较薄，个体夯窝较小外，城子崖岳石文化城墙的夯筑技术，似乎和齐鲁故城西周春秋城墙的夯筑技术没有很大区别，其实两者区别很大。其主要区别在于前者仍未使用桢干，筑城技术仍处于原始版筑阶段；后者已在桢干使用后很久，版筑技术早就趋向成熟。如果没有尔后的重要发现，还真不知两者存在重大区别。

这段残墙的内壁上有文化堆积，墙基不成水平，西南低，东北高，北端墙基与公路路面基本持平，当在该残墙西南部崖头进行小型解剖后，并未随即清理残墙的内壁。一天在残墙内壁东北端的内墙根刮地层时，手铲轻触残存了很少的墙根内壁，其上一薄层堆积径自脱落，壁根上显示出一条横向的似为木板的压痕，因其上部的残墙内壁已不存，不知这压痕是何现象？随即向南清理内壁上的堆积，见残墙内壁表面满是层层上下相接的木板痕，包括少部分藤条编织物痕（图一一）。木板与编织物宽 10 厘米左右，长度不很一致，一般长 1 米多，最长达 2 米余，厚约 2 厘米，显然是夯筑城墙时的挡土板。实物已腐朽，但其痕迹鲜亮如新。内壁表面则形成逐板内收的小台阶形，这是上下挡土板不是垂直对接放置，而是上板都放于下板里边（墙皮上）的结果。除逐板内收的墙壁外，基槽也很特别。这段城墙西依龙山文化城墙内壁修筑，不挖掘规整的沟形基槽，只对墙根上的文化堆积作简单清理，清理范围宽于新筑城墙的里皮，因而清理范围（基槽）内沿与里皮之间，有不规则浅沟形的小空间。随着所筑墙身的逐渐增高，跟着逐渐分层回填小空间。回填土的土层厚薄不一，厚者一般约 10 厘米，土层由里向外倾斜，土色黑黄相间，以黑为主，有的似经轻微夯过，但土质总体上不很坚实。回填时也将已夯成墙体的挡土板一起掩埋，所以清理后木板藤编的痕迹鲜亮如新。新墙皮靠城内一边留有斜壁沟型小空间是用于采取斜支撑。尔后又逐渐分层回填小空间，应是用填土来固定已筑好墙体的挡土板，保护墙身，防止继续上筑时挤压墙身而发生崩塌。这和挡土板的错位放置一起，均为前所未见，为使用桢干筑城以前的版筑技术，提供了宝贵的资料。顺便指出，城子崖初次发掘时发掘者就曾发现这种层层相压的回填土，还做了有趣的解读，说这是黑陶文化居民的垃圾堆，他们天天把垃圾倒在城根并摊匀。

（七）确认"黑陶文化城"是岳石文化城

验证当初发现的"黑陶文化城"是否真是龙山文化城，是这次探掘工作要首先解决的问题。通过最初的复探与试掘，即得知城子崖实际上存在上中下三座城，不是两座更不是一座城。那么当初所发现的黑陶文化城是龙山文化城还是岳石文化城呢？发掘过程中，根据前者夯筑技术的原始性与后者夯筑技术的相对进步性，以及《城子崖》发掘报告的有关描述，笔者已基本肯定，当初发现的黑陶文化城是岳石

图一〇 城子崖岳石文化城垣夯土层面上的夯窝

图一一 城子崖岳石文化城西垣北端内壁的板痕

文化城，而不是龙山文化城。龙山文化城的城墙大部分由堆筑而成，没有比较整齐的上下层层相压的夯土层，刚刚起步的中国考古学还不可能辨认这种夯筑城墙；即使在有的探沟可能遇到过其晚期采用原始版筑筑成的城墙（有不很规整的上下层层相压的夯土层），因为揭露范围很小（探沟宽才 1 米），也不可能做出还存在另一座城的判断。事实是，黑陶文化城与灰陶文化时期的城本是两座城，当时则视为同一座城，以为后者基本上由前者延续下来就是证明。此外，对建城年代的判断提供了更直接的证据。《城子崖》报告认为黑陶文化城是其居民在此居住了许久后才开始修建的，这是因为发掘者看到岳石文化墙基下还有相当厚的黑陶文化堆积，不是短期所能形成的。却不知这堆积周围也是有城墙包围着的，属于更早的城的堆积。说明当时并未发现龙山文化城，当时发现的黑陶文化城是岳石文化城，当时的岳石文化是混同在黑陶文化即龙山文化之中的。而上引《城子崖》关于黑陶文化居民天天将垃圾倒在墙根并摊匀之说，则直接证明所指黑陶文化城实为岳石文化城。

但是，事关重大，需要获得铁证。笔者想到重新挖开当年的 C1、C4 探沟进行验证。1931 年冬，为了进一步了解所发现的城，曾在南城墙西段距西南城角不远的崖头里面，开了一组四条互相连接的探沟，自南而北编号为 C4、C1 ～ C3。与城墙关联的是南面的 C4、C1 探沟，《城子崖》发表的一幅城墙剖面图就属于 C1 探沟，只要重新挖出来，就知当时发现的黑陶文化城是龙山文化还是岳石文化城了。根据《城子崖》书中精细的探沟分布实测图，我们费了很大劲找到了这组探沟，重新挖开 C4、C1 探沟和 C2 探沟的南部，令我们不胜惊讶！原来我们见到挖得十分规整的探沟，四壁上竟密密麻麻地全是小锄子印，南端还有一行上下探沟的脚窝，原来中国考古在探沟发掘之初并不刮光四壁，和后来必须刮光探沟探方四壁，以利观察掌控地层不同（图一二）。这是反映中国田野考古学发展进程的珍贵的形象资料，我们决定原貌保留，以作展示，就在 C1 探沟西侧 1.5 米处平行开了一条约 50 米 ×2 米的大探沟。新探沟的北半部压在遗址崖头以里的遗址上，其南半部在崖头以下的斜坡形断面与城壕上（图九、一三）。新探沟与 C1、C4 探沟相对应部分的文化堆积完全一致，文化堆积共有 10 余层，自上而下分属东周、岳石文化与龙山文化三大时期。但是这两条探沟所显示的城墙遗迹不同。C1、C4 探沟只见岳石文化城墙遗迹，分里外两期，紧密相靠在一起，外面的先筑，里面的后筑。新探沟则有岳石文化、龙山文化与东周三个城墙遗迹。新探沟和 C1、C4 探沟都存在的岳石文化城墙遗迹，在层位、位置、保存状况等均完全一致。新探沟的龙山文化墙基，位于岳石文化墙基之下与之外，建于这里遗址的崖头与斜坡形断面以下的生土上，探沟内先建的岳石文化城墙就是在其内侧修筑的。新探沟的东周城墙则在龙山文化

图一二　1931年发掘探沟C1
南壁上的脚窝（北—南）

图一三　探沟C1与1991年探沟的庇护房（西南—东北）

墙基外侧修筑。城墙已基本不存,仅在墙基处的黄生土上残存一些已不成层的夯土,位于斜坡形断面的坡根外的耕土下,墙基位置略低于龙山文化墙基。C1与新探沟东西相距只有1.5米,为什么前者只有一个岳石文化城墙,后者却有岳石文化、龙山文化与春秋三个城墙遗迹?其实不是C1、C4没有龙山文化与春秋城墙,而是C1位置稍许偏北,其底部只有龙山文化城内城根里面的堆积,不存在龙山文化城墙遗迹。龙山文化城墙位置要更靠南一些,在最南的C4探沟的底部。但C4探沟当时只发掘到0.5米深,探沟内全是先建的岳石文化城墙夯土,发掘者可能已查明有关问题,就停止了发掘,所以C1、C4探沟未能挖到龙山文化城墙。当然,即使揭示出龙山文化墙基也未必能够确认。这就充分证明当初发现的黑陶文化城,千真万确是岳石文化城,当时根本不知下层还有另外一座城。

再是C1探沟的岳石文化城墙,同样有宽于城墙里皮的基槽。该基槽是从岳石文化的堆积中挖出的,并未挖穿其堆积,基槽下面仍是岳石文化堆积。而压在内墙根与城墙内壁上最早的文化堆积也是岳石文化。城墙上下都是岳石文化遗存的地层关系,为其修筑于岳石文化时期提供了铁板钉钉的证据。

C1探沟城墙遗迹与黑陶文化堆积的关系,可能为发掘者断定建城时间提供了重要依据之一。C1探沟的文化堆积包括上中下三大期,中层包括城墙遗迹在内是岳石文化。下层还有0.5米左右的龙山文化,当时未发现城墙。但当时中下层文化均被视为黑陶文化,城墙围在其上部,其下部0.5米左右的堆积没有城墙,这么厚的堆积通常需要相当长时间才能形成,所以做出"黑陶文化居民在此居住了许久后才开始修筑城"的判断。这也是当时发现的黑陶文化城是岳石文化城的证据之一。

总之,C1、C4探沟的重新挖出与在其旁平行开挖了纵贯城墙内外的大探沟,以毋庸置疑的事实多角度地证明当初发现的黑陶文化城,确实是中层的岳石文化城,当时并没有发现下层的龙山文化城。当时,岳石文化还包含在黑陶文化即龙山文化中,其从后者分离成为独立考古文化远在50年以后,所以当时称这座岳石文化城为黑陶文化城并无不可,符合考古学发展进程。但自龙山文化城成为学科关注的热点问题,岳石文化也成为独立考古文化后,就须正本清源,还其本来面目。

三　城子崖遗址探掘的基本收获

城子崖遗址"四有"勘探试掘,取得重大阶段性成果。通过探掘,从整体上查明城子崖遗址的基本文化内涵，确认城子崖包含春秋文化、岳石文化与龙山文化三种文化遗存，是相应的三座城址堆积，对发掘后头一甲子积累的主要问题做出了回答，大幅提升了城子崖遗址的科学价值。由于"四有"探掘工作重点在于查明遗址整体的基本状况，这次探掘所要回答的主要问题又大都与城有关，所以试掘基本上围绕城墙展开，以求获得三城整体上的了解。至于对各座城存在哪些主要文化遗存以及文化区系等问题未列为工作重点。本节将重点介绍三城的整体状况，同时对城子崖的新学术价值谈点浅识。

（一）龙山文化城

处于整个遗址的下层，系这次探掘工作新发现的城，不是当初发现的黑陶文化城。该城建于龙山文化早期，一直使用到龙山文化终结。城东西约450、南北最长约540米，面积约20万平方米（以城墙墙顶外沿匡算）。东南西三面城墙较直，北墙中部向北大幅突出，平面类似凸字形。城墙拐角弧拐。城墙基本上采用边堆土摊匀边夯实的堆筑法修筑，这种城墙不见上下层层相压的规整的夯土层。堆筑城墙的墙身已基本不存，仅残存墙基。到了晚期，可能出现了堆筑与原始版筑结合筑墙的方法，墙身的里部大部采用堆筑，外上部的少部分墙身，采用原始版筑，所以其夯土层比较规整，层层平行相压，外壁近于陡直。该城在南北两面各有一城门，两门之间有道路连接。

该城具有不同于一般的特征，笔者称之为龙山文化"台城"。台城顾名思义就是台形的城。从外来看，城墙高耸，由内而看，城墙如低矮土围围绕遗址周围。地平面则相反，城外地面低，城内地面高，而且越往越高。有多个因素造成城墙外壁高耸。一是筑墙的取土沟（城壕）的内壁与墙身的外壁连为一体，加高了墙身外壁；二是先依托断崖断面夯筑薄墙，然后扩展到崖头以里修筑整个墙身，加高了外壁；三是外陡内缓的城墙形制以及内部始终采取堆筑修筑，墙身易受雨水冲刷，墙内侧堆积较快增高，导致城内地面较快抬升，使城墙内壁变矮。据北墙东段北拐处探沟提供的数据，此处城墙外壁高约7米，内壁从墙根至墙顶的水平高2.5米，墙身内外壁高低悬殊。这种龙山文化台城靠墙一带的城内地面通常较高，所以城子崖龙山文化城中部有面积约达10000平方米面积的水塘，这也说明该城未必有通畅的排水系统。

这种台城的一个明显优越性就是，能够较好地适应与利用地形。例如该城西北城角、北墙西段与东段拐弯处的探沟显示，这些地点的城墙都筑在断崖崖头上，城墙外壁与断崖断面连成一体，加高了外壁高度；或者先依托断崖断面筑薄墙，达到地面高度后再向里扩展，夯筑整个墙身，形成墙身外部总高较高，内部（地面以上）墙身较矮的墙体，而依托断面夯筑的薄墙，则同时起到城墙外皮基槽的作用。又如城的平面不呈方形，北面中部向北大幅突出，也是对地形的利用。因为北墙东、西段北面，各有向北弯曲的断崖，这东西段以及部分北拐的城墙，都是先依托断崖断面夯筑薄墙，然后在地面上夯筑整个墙身的。于是就将北墙以外东西断崖之间既有较高安全系数的部位圈入城内，又扩大了城内面积，而不是象东南西三面城墙那样，北面也用直墙，切割掉城向北突出的部分（图一四～一六）。

图一四　城子崖城址探掘出土的龙山文化陶器

图一五　城子崖城址探掘出土
的龙山文化陶器

图一六　城子崖城址探掘出土
的龙山文化陶器

(二) 岳石文化城

层位当城子崖遗址中层，即当初发现的黑陶文化城，其城墙遗迹在三城中保存最好。该城的形制，与下层的龙山文化城一致，平面也类似凸字形，南北两面各一城门，门的位置也基本相同。两城的城墙紧密依托在一起，目前的探沟显示岳石文化城墙有过两次大规模修筑。其早期的城墙基本上依靠龙山文化晚期城墙的内壁或者残损的墙基上修筑，再筑的城墙又紧贴岳石文化早期城墙的内壁修筑。因此其城圈略小于龙山文化城圈，城的面积自然也小一些，估计约18万平方米左右。

岳石文化城墙已不采用堆筑法修筑，而用原始版筑技术修筑（原始版筑指使用桢干以前的版筑）。筑墙时如果系依托旧城墙而筑，一般不挖规整基槽，只对墙根的堆积进行简单清理，清掉虚松堆积，形成弧底形的浅沟。沟略宽于墙基，沟的内沿相对略高，使墙基与沟沿之间有个小空间，便于采取斜支撑。清理出的浅沟很不规整，随墙根堆积高低起伏而起伏，高差悬殊。但所筑城墙质量很高，采用黄生土夯筑，土质纯净，夯土层规整，层层整齐叠压，层厚约8～9厘米。层面上夯窝密密麻麻，夯窝直径约2～3厘米，夯具约为七根左右成束的束棍夯，夯土坚实。至于在城墙里面预留的小空间为何逐渐分层回填，清理出的挡土板与编织物的痕迹何以鲜亮如新，以及墙壁何以呈逐板内收的小台阶形壁面等现象，均已在第二节第六点中作了介绍，这里不赘述。这些现象与斜支撑一起构成城子崖岳石文化城夯筑技术的特色，可能代表了筑城技术的一个发展阶段。

目前，该城始筑与废弃的确切时间未详。但据其形制与下层的龙山文化城一致，城墙互相依托在一起，取土一致，文化堆积上下叠压而无间歇层等现象推测，该岳石文化城很可能由下层的龙山文化城直接发展而来。如得到证实，就将是首座由龙山文化早期连续发展到岳石文化时期的城，具有非凡的意义。

(三) 春秋城

层位相当城子崖遗址上层，即最初发现的城子崖灰陶文化时期的城。但当初将灰陶文化年代框定为商周时期，城则被视为基本上由黑陶文化城延续下来，只做过一些修补工作。其实，城子崖上层的灰陶文化就是灰陶城的文化遗存，年代是基本相同的，大体上属于春秋时期，上限可能至西周末年，前距岳石文化城（最初发现的黑陶文化城）之末，隔着西周、晚商阶段，间隔约有五六百年。在并非干旱荒漠地域的海岱地区，一座夯筑的城即使夯土质量极佳，地面城墙也不能基本完整地保存如此之久。试掘表明，该春秋城是其居民来此居住时新建的，但建城时对岳石文化城的遗迹的确有一定的利用。

首先是延续了城址与城的形制。该城建于城子崖岳石文化城的废墟上，之所以将新城址定在故城废墟之上，很可能因后者是个崛起周围地面数米高的土台，城圈下部的城墙总体上保存较好，既有利于防御水患，又可利用旧城墙较为省时省工地修筑高墙的缘故。这也决定了春秋城圈必然与旧城圈纠结在一起，不可能互相大幅偏离。所以尽管两城年代相隔久远，但城的形制却基本相同。类似凸字形的平面，南北各一城门都没有变化，但南门位置可能有所移动，难怪当初将该城与黑陶文化城视为同一座城，以为是由后者延续下来的。

春秋城地面上的城墙已基本消失，仅北墙西段保护标志处及其北面仍有一小段地面残墙。地下的残墙仍有所遗留，其与中下层城墙的对应位置因不同墙段而异。有的在龙山文化的外部墙基上修筑，如旧路沟处探沟、南墙西段探沟均如此，说明在西墙到南墙西段，春秋城的城墙先是位于旧城圈外部的。有的则在岳石文化残墙上往上续筑，如北墙西段北面的探沟与北墙中部的探沟，春秋城城墙都下接岳石文化墙身，现连接点在今地表以下，筑春秋城时应该在当时的地面以上。初次发掘时，发掘者也许看到过这种上下城墙的连接现象，所以认为黑陶文化城由黑陶期延续到灰陶期，并指出"城墙也许会被修补过"。有的则依托岳石文化残墙内壁或在其内侧修筑，如保护标志处地面残墙最里面的城墙，以及旧路沟处探沟耕土层下的基槽，夯土均呈土红色，与前两者呈黄色不同，不是同期修筑，后者所筑年代晚于前两者，应该是春秋城最晚一次对城墙进行大规模的修筑。春秋城城墙的夯土层稍厚于岳石文化城的夯土层，夯具仍是束棍夯，其单棍稍粗于岳石文化单棍，夯土较软，质量不如岳石文化城墙。至于该城的性质（都城还是邑城）、国别问题，由于未在城内试掘，未知是否存在殿堂性质的大建筑基址，也未发现大贵族墓葬与其他相关文字记载，城的性质与国别未详。但传说章丘一带曾为周代谭国疆域，如传说可信，则城子崖春秋城本属谭，齐桓公二年（公元前684年）灭谭，为齐所有。进入战国，毗邻的东平陵城兴起，取代了城子崖春秋城。

（四）城子崖遗址的现实科学价值

城子崖两次发掘皆有重大学术背景，发掘结果均具有非凡意义。前面说过，城子崖首次发掘是在中国文化原始问题的争论、中国文化西来说几成定论的背景下进行的，所揭示的黑陶文化（龙山文化）与紧随其后面世的"后岗三叠层"，初显出中国历史文化的多元性、复杂性与本土性，对中国文化西来说给予沉重的冲击，为刚起步的中国田野考古工作提供了一个可遵循的轨道，开创了中国上古史研究的新纪元。所以史语所就将城子崖田野考古专刊取代殷墟考古专刊，作为中国首部田野考古专刊，"希望能由此渐渐的上溯中国文化的原始，下释商周历史的形成"[1]。

[1] 傅斯年、李济、董作宾、梁思永等：《城子崖——山东历城县龙山镇之黑陶文化遗址》序一，中央研究院历史语言研究所，1934年。

在首次发掘一甲子之际，进行了城子崖勘探试掘。这时的中国考古学已是一门饮誉全球的人文社会科学，系统丰富的科学资料早已证明中国文化植根于本土，并基本上搭建起全国考古学文化区系框架，得知"中国具有超百万年的文化根系，上万年的文明起步"（苏秉琦语），是世界上唯一历史从未中断的国家。学科也由基础研究阶段向以社会研究为重点的新阶段转变，产生了"文化区系类型""古文化古城古国"的新理论，中华文明起源成为突出的前沿课题与研究热点。文化区系类型与古文化古城古国的新理论是由中国考古界泰斗苏秉琦于1981、1985年先后提出的。笔者理解，将古文化、古城、古国三者联系在一起，提出了探索中华文明起源的一种理论。这里的古文化是指与古城古国相适应的文化，大致就是距今6000～4000年前后阶段的文化。古城包括那些没有城墙的中心聚落，中心聚落指具有五个以上共时聚落群聚在一起的聚落群的中心。古国指高于部落的稳定的政治实体。国家诞生是文明形成的标志。这一理论尤其适宜于对古文化中心区的典型聚落群进行考察，把握其文明因素的产生发展，群内社会从量变到质变，从部落到国家的演化进程，对国家诞生、中华文明史的开端做出回答。在这里，国家诞生的基本标志是，聚落群体内的聚落形成"都、邑、聚"式金字塔形层级结构。即一个聚落群体处于塔尖位置的中心聚落已演变成"都"，占很少数的中级聚落相当于"邑"，占绝大多数的小聚落是"聚"，即村落，构成国家的社会经济基础。其中的关键是中心聚落转化为"都"，这也是运用这一理论探索国家诞生的突破口。确认"都"的主要标志有四：一是具有堪当殿堂建筑的大建筑基址；二是具有王墓性质的大贵族墓葬；三为是座城或是群内最大的聚落，或者属最大聚落之列；四是文化总体发展水平处于群内最高或最前列。而私有制的产生发展是促使中心聚落向"都"转变的基础，一旦基本实现了转变，即标志国家基本诞生。随着中心聚落转变成"都"，中心聚落先前实施的氏族法则让位于新的管理机制。新管理机制被迅速推行到整个聚落群（部落），群内形成垂直的行政管理体系，国家最终诞生，开启了文明时代。

章丘聚落群（后文称城子崖聚落群）以其文化发展的系统性，地理范围的稳定性及明确性，是运用此理论探索中国东部地区国家诞生最为理想的聚落群体之一。但城子崖龙山文化城与城子崖遗址文化内涵的双重不确定性，使这一探索缺失有效前提。如今基本查明了城子崖遗址的文化内涵，得知其中下层分别是岳石文化城与龙山文化城，两城很可能直接传承，即使中间有过中断，也有迹象表明中断时间不长，估计两城先后使用时间当有千年上下。毫无疑问，城子崖既是龙山文化时期也是岳石文化时期的中心聚落。这种情况目前仅见于城子崖聚落群体。而且我们也早知该聚落群体大汶口文化时期的中心聚落是焦家遗址，就在城子崖以北约

5000 米。研究显示，海岱文化区聚落群体发展繁荣于大汶口—龙山文化时期，岳石文化时期似已趋向衰退（内容与形式发生变化），这就是说，城子崖聚落群体发展全过程的中心聚落都已明确，这又是我国东部地区的头一个。不言而喻，城子崖聚落群体对研究国家诞生、中华文明起源与早期的发展具有重大价值，而城子崖聚落作为其主要的中心聚落，对实现课题目标当然具有关键意义。如果说 20 世纪 30 年代初城子崖的首次发掘，拨正了中国古史研究的方向，开创了古史研究的新纪元；那么 90 年代初的城子崖再探掘，则赋予它国家诞生、中华文明起源课题研究非凡的意义，城子崖将以其对中国文化起源与中华文明起源研究的重大贡献永志史册。

1991 年，城子崖龙山文化城、岳石文化城，获评 1990 年度与"七五"期间全国双十大考古新发现。同年 10 月，"纪念城子崖遗址发掘 60 周年国际学术讨论会"在济南隆重召开，来自中国大陆、台湾地区、香港地区、日本、美国的 70 多位著名考古、历史学者参加了这一考古盛会。会议缅怀了先辈学者对开创中国考古学与发现研究龙山文化的伟大贡献，初步总结了六十年来龙山文化的研究成果，会后出版了《纪念城子崖遗址发掘六十周年国际学术讨论会文集》。1994 年 10 月，城子崖遗址探掘项目获国家文物局首届优秀田野考古成果二等奖（一等奖空缺）。

最后再说明一点。城子崖遗址是我们开展先秦大遗址"四有"探掘的第四处大遗址，但是首处史前大遗址。由于它很可能是其所在的章丘聚落群的中心聚落，就聚落群而言，前面已谈到它极具典型性，而且位处省城东邻，交通十分便利，并享有中国考古圣地的殊荣，于是在开展探掘的指导思想上，就想将保护、研究、利用结合在一起，探索一条研究先行，"保研用"结合的地方文物考古工作的新路子。基本构思是：在保护方面将城子崖片区的先秦文化遗址视为一处大遗址，进行整体保护，即整体保护济南东部地区这部古文化古城古国史。在研究上逐步推进文化区系与聚落时空关系课题研究，建立该聚落群体的文化年代分期，把握聚落形态发展演变的基本进程，以探索古文化古城古国的发展脉络与国家的诞生。在利用方面，逐步建立焦家遗址（大汶口文化）、城子崖遗址（龙山文化、岳石文化）、东平陵故城（战国、汉）为主体的系列遗址博物馆——西河类型发现后，又增加了西河遗址博物馆——以浓缩展示城子崖文化小区悠久的古文化古城古国史，中华古文明的一颗灿烂明珠。并结合自然风光、观光农业，形成省城东部以人文景观为主导的旅游观光休闲区，自济南向东至海滨的山东北部旅游带的首站。这四处中心聚落的时间跨度，从距今 8000 余年直至两汉，是山东新石器时代以来历史发展的缩影，互相距离却未超 5000 米，而且紧邻济青高速公路，具有极高的利用价值。城子崖遗址"四有"探掘在此构想的指导下，探掘工作、解决相关学术问题与建设遗址博物馆三者结合。随着城子崖"四有"探掘任务的完成，以展示遗址、考古现场为基础包括陈列的城子崖遗址博物馆也宣告成立。城子崖遗址博物馆将以从探索中国文化原始到中华文明起源的光辉载体，为中华民族伟大复兴发挥积极作用。

2019 年 5 月定稿

试析岳石文化的年代

　　20世纪80年代初岳石文化的确立，产生了纵横两方面重要影响。纵的方面，使龙山文化有了归宿；横的方面，提供了与周边同期文化尤其是同二里头文化和下七垣文化相比较的资料，从而把夏商考古推向一个新阶段。作为龙山文化的后续文化，岳石文化和龙山文化具有基本一致的分布范围，年代基本衔接，主要文化因素大都互相承袭，证明两者是同一人群即东夷族团的文化，岳石文化是东夷文化的一个发展阶段。岳石文化的确切年代尚未解决，目前考古界一般定为 B.C.1900 ～ B.C.1500 年，前后延续 400 余年，大体上和夏代相当，下限进入早商纪年。随着资料的增多和研究的深入，现知岳石文化的存在时间远远超过 400 余年，其终止年代自西而东相当悬殊，很不一致。确认岳石文化的准确年代，不仅对岳石文化和东土古文化研究至关重要，而且对夷夏、夷商关系和夏商断代研究也具有十分重要的意义，已成为当前东土夏商考古研究的焦点之一。

　　研究一支考古文化的年代，需要以文化分期为前提，依据自身的碳 -14 测年数据和前后文化的年代而确定其年代。邹衡、王迅、吴玉喜诸先生都曾对岳石文化做过分期研究。新近栾丰实又在这些研究的基础上依据尹家城、郝家庄、照格庄遗址的资料，把岳石文化分为四期。栾把尹家城、郝家庄岳石文化遗存各分为三期，把照格庄岳石文化遗存分为两期，尚有部分较晚遗存归属三期。其综合分期第一期包括尹家城一期、照格庄一期；第二期包括尹家城二期、郝家庄一期和照格庄二期；第三期包括尹家城三期、郝家庄二期和照格庄部分较晚遗存；第四期只有郝家庄三期 [1]（表一）。这一研究成果大体上反映了早中期岳石文化的发展轨迹，而且尹家城、郝家庄、照格庄遗址分处鲁中南、鲁中北和胶东半岛地区，岳石文化资料相对比较丰富，后两处又是比较单纯的岳石文化聚落址，具有代表性，因而可以作为探讨早中期岳石文化尤其是其上限年代的初步基础。

---

[1]　栾丰实：《海岱地区考古研究》，山东大学出版社，1997年。

表一　尹家城、郝家庄、照格庄遗址岳石文化分期对应关系表

综合分期	尹家城	郝家庄	照格庄
第一期	第一期		第一期
第二期	第二期	第一期	第二期
第三期	第三期	第二期	部分遗存
第四期		第三期	

注：此表引自栾丰实《海岱地区考古研究》。

1996 年冬至 1997 年春夏，在山东淄博市桓台县史家遗址，发现了龙山文化、晚期岳石文化、晚商文化依次叠压的层位关系和一个罕见的岳石文化木构祭坑。这里先是一个龙山文化晚期的环壕聚落，聚落北部有面积约 5000 平方米的人工堆筑台址，其性质未明，岳石文化晚期似被用作祭坛，木构祭坑即位于台址中部。坑作方形，坑口东西 1.62、南北 1.56、深 3.7 米，系先挖出大土坑，再在土坑中央用 27 层条木呈井字形支叠而成。条木经加工，交叉处有卯。以东壁为准坑口 20°，坑底 7° ～ 10°，基本呈正方向。坑内上部为黄褐色填土,质疏松,无包含物；下部 1.10 米放了七层器物，各层用木板分隔，共出陶、石、骨、蚌器 350 余件。主要是陶器，占 320 余件,内有完整与可复原器 200 余件,当属盛置祭品的器皿。另有甗足、豆盘、豆柄、豆座、残器盖等近 20 件分出于大部分层次，显非祭器，但为何同祭器在一起颇费解。例如最上一层器物共 23 件，其中陶罐 18、平底尊 1、半月形双孔石刀 1，另有甗足、豆柄各 1 件；最下两层（第 6，7 层）器物共 78 件，其中陶罐 50、壶 2、鼎 1、碗（盂）6、石铲 1、石镰 1、半月形双孔石刀 1、骨器 4 件，另有残豆件 4，残陶瓮、篮各 1 件，残蘑菇纽器盖 2 件。如果坑内陶片全部作了采集，又经过仔细的粘对，这些仍不能复原的陶器残部件将不能认为祭器，但祭坑所出完整器数量之多（尽管器类简单），其特征将反映岳石文化陶器的阶段特征。在 320 余件陶器中主要属罐类器，占 300 件左右，其中完整与可复原的罐 186 件，其余完整器仅有鼎 1、平底尊 3、盂（报告称碗）6、壶 3、折腹贯耳平底罐 1 件。完整罐依整体形态可分两大类，一类是形体较高的大口罐、中口罐，都作卷沿、圆领、圜腹，也见折腹，腹最大径多数在中部，已失大口罐折沿斜腹和中口罐体形瘦高的风貌，而且演化出鼓腹与折腹的新类型，这类罐基本上都施细绳纹，纹饰横置、斜置或两者结合不一，个别施方格纹、篮纹、弦纹和圆圈纹。另一类是形体多数呈正方形、少数呈扁方形的矮体小罐，包括子口罐、卷沿束领圜腹罐、鼓腹罐和折腹罐、直口鼓肩罐和鼓腹罐等。子口罐仅 4 件，且呈鼓腹、折腹形，似正趋于消亡；大量的是卷沿束领圜腹、鼓腹、折腹小罐。整个罐类器也以卷沿、束领、圜腹和鼓腹、折腹为突出特征，尤以鼓腹、折腹罐数量之多为已知各地岳石文化遗址所不见，而且有的小口小罐形态已同本地区晚商的直口折肩罐近似,表明已处于岳石文化的很晚阶段。而且出现了一些新器形,例如贯耳折腹罐,敞口高颈折腹圈足壶,敞口高颈溜肩或平肩平底壶等。此外唯一一件平底尊作敛口,腹甚收,内底甚小形;唯一的一件鼎,卷沿、束领、鼓腹、圜底,扁三足形矮足,整体形状呈扁方形,均为岳石文化同类器的最晚形态。而蘑菇纽器盖纽顶中部呈乳头状凸起,纽顶下呈弧形内收,已和晚商此类盖相同[1]。综上,知该祭坑陶器的年代明显晚于郝家庄三期,可代表第五期岳石文化,是目前有明确层位关系的最晚的岳石文化遗存。估计半岛地区还应有更晚的岳石文化遗存,因而岳石文化现有资料至少可粗分为五期。现以上述五期为基础,依据碳 -14 测年数据、有关层位关系、相关文化的年代和文献记载,对岳石文化的年代作粗略分析。

先说岳石文化的产生年代。代表第一期岳石文化的尹家城一期和照格庄一期,是目前资料较丰富的最早的岳石文化遗存,可据以分析岳石文化的上限年代。在已知尹家城岳石文化遗存的八个碳 -14 年代数据中,一个层位不详,其余七个有六个树轮高精度表校正的平均值均在 B.C.2166 年以前,超越龙山文化下限年代 B.C.2000 年很多,不可信。剩下一个数据属晚期,无法用以分析上限年代[2]。因而尹家城测年数据未能提供岳石文化的上限年代。然而尹家城遗址岳石文化遗存直接叠压龙山文化,龙山文化包括发展全过程,其晚期陶器和岳石文化早期陶器有着明显联系。例如,岳石文化陶器的厚胎作风、泥质黑陶、绳纹、凸棱、甗腰和裆的堆纹,尤其是鼎、甗、子口瓮、子口罐、平底尊、盂、浅盘豆、子口豆、蘑菇纽器盖等一系列器形,都同尹家城龙山文化晚期陶器互相承袭,或可从其他遗址的晚期龙山文化陶器找到渊源,表明尹家城岳石文化上限年代接近 B.C.2000 年[3]。

照格庄遗址岳石文化有五个测年数据,均属照格庄二期标本所测。其年代可分早晚两组,早组三个数据距今 3550 ± 90、3530 ± 80、3520 ± 80,互相接近;晚组二个数据距今 3435 ± 80、3430 ± 80,几乎一致,因此比较可信。早组三个数据的高精度表校正值为 B.C.1889 ～ B.C.1677、B.C.1880 ～ B.C.1673、B.C.1878 ～ B.C.1641 年,平均值各为 B.C.1783、B.C.1777、B.C.1760 年,采中间数值,照格庄岳石文化二期遗存的偏早年代在 B.C.1777 年左右。晚组二个数据的校正值为 B.C.1740 ～ B.C.1523、B.C.1737 ～ B.C.1521 年,平均值 B.C.1632、B.C.1629 年,二期偏晚年代

[1] 淄博市博物馆等:《山东桓台县史家遗址岳石文化木构架祭祀器物坑的发掘》,《考古》1997年第11期。

[2] 栾丰实:《海岱地区考古研究》,山东大学出版社,1997年;中国社科院考古所:《中国考古学中碳十四年代数据集》,文物出版社,1991年。本文高精度表校正值均据此书,不再注。

[3] 山东大学历史系考古专业教研室:《泗水尹家城》,文物出版社,1990年;栾丰实:《海岱地区考古研究》,山东大学出版社,1997年。

在 B.C.1630 年前后 [1]。照格庄二期的绝对年代在 B.C.1777 ～ B.C.1630 年左右，时跨约 150 年上下，大致代表了第二期岳石文化的绝对年代和时间跨度。

照格庄遗址二期岳石文化遗存同一期遗存衔接，一期遗存不如二期丰富，其时间跨度应短于一期的 150 年左右，如把一期的时间跨度估计为 100 余年，从二期偏早年代 B.C.1777 年前推 100 余年，即为 B.C.1900 年左右，上距龙山文化下限 B.C.2000 年约有百年左右间隔。这和尹家城遗址层位关系所反映的两者接近而未完全衔接相呼应，证明照格庄的碳 -14 测年数据和一二期的年代基本可靠，因而 B.C.1900 年是现有岳石文化的上限年代。但这是依据照格庄二期测年数值由树轮高精度校正表推算出来的，而不是按达曼表由二期测年数值直接得出的上限年代。过去根据照格庄最早的测年数值按达曼表校正的 B.C.1890 ± 135 年，直接确定岳石文化上限为 B.C.1900 年，是不正确的。因为这是照格庄二期的测年数值，况且误差较大。如果以此为准，加上一期的年代，岳石文化的上限就达到甚至超过 B.C.2000 年，同尹家城的地层资料相矛盾。

岳石文化和龙山文化之间约百年的缺环，不是龙山文化便是岳石文化。新近山东桓台县唐山遗址发现的一组岳石文化器物，证明这缺环属岳石文化。这组器物包括一件鬲，一件圆盒和两件豆。鬲，泥质磨光黑陶，薄胎，大卷沿，炮弹头形袋足无足根，腰饰堆纹一周。圆盒，泥质磨光灰黑陶，浅腹圜底钵形，有盖。鬲、盒均实用器，陶系承袭龙山文化。豆，泥质灰陶，明器，器形小，一作浅盘形，一作碗形，豆柄较细，浅盘豆柄下部隐现有细棱，为岳石文化典型浅盘豆与碗形豆的祖型 [2]。这是目前最早的一组岳石文化器物，填补了岳石文化和龙山文化之间的小缺环，从而证明 B.C.2000 年大致就是龙山文化与岳石文化的年代界标。

缺环的填补，进一步证明了岳石文化对龙山文化而言存在"突变"和"突然衰退"现象。不仅上述唐山遗址的黑陶鬲、灰陶豆如此，构成岳石文化陶器重要部分的夹砂褐陶系陶器也如此。岳石文化早期的总体发展水平无法和龙山文化末期的总体水平同日而语，岳石文化聚落址骤然剧减，都证明人们的印象并非错觉。论者试图以外来文化和自然因素解析这一现象 [3]，但岳石文化陶器尤其是泥质黑陶、黑灰陶系陶器基本承袭龙山文化以及夹砂褐陶系的突然产生，都不支持这些论点。实际上这种现象主要是社会因素造成的，它折射出东土社会政治环境的剧烈变化。这便

　　[1] 中国社科院考古所山东队：《山东牟平照格庄遗址》，《考古学报》1986年第4期；栾丰实：《海岱地区考古研究》，山东大学出版社，1997年。

　　[2] 器物存桓台博物馆。承蒙该馆张连利馆长热情提供情况，并征得同意作简略介绍，至为感激。

　　[3] 张国硕：《岳石文化来源初探》，《郑州大学学报（哲学社会科学版）》，1989年第1期；方辉等：《浅谈岳石文化的来源及其族属问题》，《中国考古学会第九次年会论文集》，文物出版社，1997年；俞伟超：《龙山文化和良渚文化衰变的奥秘》，《文物天地》1992年第3期；王青：《距今4000年前后的环境变迁与社会发展》，《东方文明之光》，海南国际新闻出版中心，1996年。

是少康中兴，夏人征服东夷，周边文化得以施加影响，导致东土文化迅速变异。

事实是，自大汶口文化晚期到龙山文化之末，东夷势力正处于向外扩张的鼎盛时期。夏王朝建立之初，不仅并未削弱夷族势力，相反，以有穷后羿为代表的东夷势力还入主中原，"因夏民以代夏政"，成为中原地区的主宰。当此之时，如果后羿、寒浞是贤能之辈，也许就不会有后来的夏王朝，当时的历史就要改写，龙山文化就会和中原文化相融合，再创辉煌。当东夷势力处于上升扩张时期，其文化影响主要是外向的，此时周边文化不可能给予强烈影响，晚期大汶口文化与龙山文化的情形正是如此，除了鲁西、鲁西南和鲁南外围分布区以外，腹心地区很少有外来文化因素。周边文化得以施加重要影响，以至使东土全区文化迅速发生变异，只有在夷族突然由强变弱、东土人文环境发生剧烈变化以后才有可能，少康中兴终于出现了这种历史转折。少康在夏祚中断 40 年以后得以恢复夏统，杀寒浞，灭浞子戈浇，少康子王杼又灭寒浞次子过繄，夷族被彻底打垮，元气大伤，不得不臣服于夏王，此后文献不乏夷族各支朝贡夏王的记载。文献缺失，夏初夏夷斗争的详细情形已不可知，但从岳石文化聚落的骤然减少说明斗争相当惨烈。山东境内已知龙山文化遗址近 1300 处，岳石文化遗址却不到 300 处，比大汶口文化遗址还少得多，固然许多岳石文化遗址已经消失或尚未发现，但即使翻一番也不过 600 处，还是无法和龙山文化遗址相比拟，这一事实所显示的山东境内岳石文化人口大幅减少反映了战争的惨烈，夷族虽未灭族，但也已一败涂地，威势全失。此时周边的夏家店下层文化、下七垣文化、二里头文化等才有可能对夷族文化施加更大影响，包括可能有些异族进入夷族活动区，互相杂处，促使夷族文化急速变化，产生了新阶段的文化——岳石文化。岳石文化产生后在新的历史条件下缓慢发展，后来元气也有所回升。但由于内部始终未形成统一的政治实体，外部主要是西邻的夏、商相继崛起，一直未能恢复到龙山文化晚期的气势。总之，岳石文化是少康中兴以后的东夷文化，应当产生于王杼时期。因而后羿、寒浞和少康以前的夏王，都应处于龙山文化最后的百年之内，从而为夏王朝建立于公元前 21 世纪提供了确凿的证据。

至于岳石文化的终止年代，自西而东颇不一致。鲁西南豫东地区最早消失，鲁西、泰山南侧地区次之，泰山北侧地区再次，鲁中北地区又次，半岛地区最晚消失，这和商人东进的步伐和商文化的东渐密切相关。

在鲁西南地区，菏泽安丘堌堆遗址叠压岳石文化的层位是二里冈上层早段商文化。这是山东境内已知最早的商文化，表明商人最先进入了鲁西南地区，并以其先进文化迅速融合了当地的岳石文化，形成了商文化的鲁西南地方类型，使该地区的岳石文化最先消失[1]。鲁西南地区紧临商王畿，早在夏代末年就和商人发生密切联系，商汤"景亳会盟"就在该地区南部的曹县进行[2]，当时鲁西南、豫东一带的势力，可能是商汤争取的重要对象；同商汤通婚的有莘氏也在曹县[3]，汤的宰辅伊尹来自有莘[4]。正因为该地区的势力曾助汤灭桀，双方关系密切，加上商初的主要威胁在西方，注意力集中于防范夏遗民和西北一带的势力，所以商人并未在商初大举进入该地区。到了二里冈上层期，商人开始东进，首先进入鲁西南地区，以自己的先进文化融合当地文化，把商文化分布区东扩至鲁西南地区。这种融合并不全是以灭国拓地的方式实现的，例如该地区的有莘很可能就延续至周初，可能还有别的小国，对这些国家来说，主要是吸收和采用了商文化。

在鲁西聊城地区，目前尚无典型明确的层位关系，茌平南陈遗址[5]、李孝堂遗址[6]等，叠压岳石文化的层位均晚于二里冈上层商文化期，全区未见二里冈上层期的典型商器，估计商文化到达本地区约在商前期晚期，本区的岳石文化也应消失于这时期，晚于鲁西南地区。

鲁中南南部滕州地区，夏商时期均属薛国版图，岳石文化的消失亦晚于鲁西南地区。该地区尚未发现可以明确判定岳石文化下限的典型层位关系，薛故城虽有龙山文化、岳石文化、商和西周遗存依次叠压的层位，但岳石文化与商代地层的遗物很少，面貌不清，难于判断准确年代[7]。薛城虽出有二里冈上层期典型商鬲，但个别商文化陶器并不表明当地主流文化是商文化。从商人在二里冈上层早期偏晚才开始进入鲁西南地区、商初薛商关系良好、薛祖仲虺曾服务于汤等事实，可推知这时薛地的文化仍然是岳石文化，但可能有较多的商文化影响。到商前期晚期，和薛故城仅一河之隔的前掌大遗址（出商式真腹豆，不出假腹豆）已不是岳石文化[8]，证明薛地岳石文化应终止于商前期偏晚。但不是被商文化所取代，而是在商文化刺激下发展成当地商代第二阶段的地方文化——新阶段的薛文化。这种臣服于商的方国文化，既有强烈的商文化色彩，又有浓郁的当地传统文化因素，对其文化属性的确

[1] 北京大学考古系商周组等：《菏泽安丘堌堆遗址发掘简报》，《文物》1987年第11期。

[2] 张学海：《从考古发现谈鲁西南地区的几个古史问题》，《张学海考古论集》，学苑出版社，1999年。

[3] 张学海：《从考古发现谈鲁西南地区的几个古史问题》，《张学海考古论集》，学苑出版社，1999年。

[4] 张学海：《从考古发现谈鲁西南地区的几个古史问题》，《张学海考古论集》，学苑出版社，1999年。

[5] 山东大学历史系考古专业等：《山东省茌平县南陈庄遗址发掘简报》，《考古》1985年第1期。

[6] 陈昆麟等：《山东茌平县李孝堂遗址的调查》，《华夏考古》1997年第4期；《聊城、茌平古文化遗址调查简报》，《考古与文物》1998年第1期。

[7] 1985年秋，山东大学考古专业学生在山东省考古所薛城探掘工地实习，在薛故城东南部发现龙山、岳石、商、西周到汉代的地层叠压资料，底层出土了一件完整的典型二里冈上层期商鬲，主要堆积属两周时期，商以前堆积贫乏，陶片少而细碎，面貌不详。

[8] 前掌大遗址经多次调查，时代比较一致，居址约当中商晚期到晚商前期，晚商晚期。居址西北部已成为墓地。

认需作全面的分析，尤其应注意分析当地文化因素，不应只强调商文化因素，而归属于商文化。

在泰山南侧泗河上游地区，泗水尹家城遗址具有较丰富的岳石文化遗存。《泗水尹家城》分两期，栾丰实分三期，大致包括了该地区岳石文化发展全过程。叠压岳石三期之上的是二里冈上层晚段商文化，商文化一直延续到晚商，商人可能在这里建立了据点，证明该地区的岳石文化只能延到二里冈上层晚段 [1]。尹家城岳石文化三期有一测年数据，为距今 3290±70 年，高精度表校正值 B.C.1520 ～ B.C.1403 年，平均值 B.C.1461 年 [2]，大致代表了尹家城三期和该地区岳石文化的终止年代。这年代得到同期的鲁中北地区郝家庄岳石二期测年数据的印证。郝家庄二期有两个测年数据，属于二期偏晚单位 14 号灰坑的②层和④层木炭，②层数据距今 3280±100，④层数据距今 3230±100，高精度表校正值分别为 B.C.1599 ～ B.C.1400、B.C.1520 ～ B.C.1310 年，平均值 B.C.1500、B.C.1415 年 [3]。因标本属同一灰坑，不必考虑上下层数据年代早晚倒置，但岳石文化同一灰坑②④层的堆积相距 85 年，颇不合理，如取其平均值则为 B.C.1458 年，同尹家城三期偏晚的数据几乎一致。也许这是巧合，但考虑到尹家城、郝家庄这三个测年数据本来就比较接近，其平均值早晚相距 85 年，又同属第三期岳石文化，因而具有一定的可信度。取尹家城三期数据的平均值 B.C.1461 年左右，作为泗河上游地区岳石文化的终止年代和第三期岳石文化下限的大致年代，于理并无大碍。如此，第三期岳石文化的时间跨度约 170 年，和第二期约 150 年左右的时间跨度接近，可供参考，以待今后修正。

在泰山北侧地区，济南东郊大辛庄遗址是处发现于 20 世纪 30 年代，经过多次调查的山东商代重要遗址，可能是商人在泰沂山北侧西段山前地带建立的重要据点。1984 年的发掘发现了商文化与"第二类遗存"共存的现象，发掘者分为七期。一二三期约当前商后期，四五期当后商前期，六七期当后商后期，"第二类遗存"只存在于前三期，自第四期以后消失。"第二类遗存"的陶器以夹砂褐陶、灰褐陶与泥质灰陶为主，常见器形有鬲、甗、鼎、大沿罐、高领罐、卷沿鼓腹盆、折肩瓮、浅盘豆等，并有半月形双孔石刀，除鬲以外，均直接承袭岳石文化或和常见岳石陶器一致，发掘者指出是"当地土著居民——岳石人后裔的文化遗存"，至确 [4]。

　　[1]　山东大学历史系考古专业教研室：《泗水尹家城》，文物出版社，1990年；栾丰实：《海岱地区考古研究》，山东大学出版社，1997年。

　　[2]　栾丰实：《海岱地区考古研究》，山东大学出版社，1997年；中国社科院考古所：《中国考古学中碳十四年代数据集》，文物出版社，1991年。

　　[3]　栾丰实：《海岱地区考古研究》，山东大学出版社，1997年；中国社科院考古所：《中国考古学中碳十四年代数据集》，文物出版社，1991年。

　　[4]　山东大学考古专业：《济南大辛庄遗址发掘简报》，《文物》1995年第5期；徐基：《商文化大辛庄类型初论》，《中国考古学会第九次年会论文集》，文物出版社，1997年。

说明商人约自前商白家庄期开始进入济南地区，在大辛庄建立了据点，统治着一部分夷人，这部分夷人在一定阶段仍保持着本族的文化传统——岳石文化传统，因此大辛庄"第二类遗存"就是济南地区最晚阶段的岳石文化。但不是该地区的主流文化，这时该地区的主流文化是商文化，而在其东邻鲁中北地区则仍是单一的岳石文化。统治族文化和被统治族文化在一定时期内在一个遗址或地区共存的现象是很普遍的，历史文化尤其如此，西周早期曲阜鲁故城的文化就是显例。大辛庄 1984 年发掘的重要成果之一，是提供了商人进入泰沂山北侧西段地区和该地区岳石文化的终止时间。商人自白家庄期进入济南地区，其文化并没有立即改变和取代尚在本区居住的土著的文化。依据发掘者的意见，大辛庄"第二类遗存"消失于大辛庄第三期以后。如所说准确，就将证明济南地区的岳石文化终止于前商晚期，比泰山南侧的尹家城地区晚，较鲁中北地区早些结束。

在鲁中北西部地区，桓台史家遗址晚期岳石文化遗存被晚商地层所压。前文已说明史家以木构祭坑为代表的晚期岳石文化遗存，晚于郝家庄岳石文化三期，属第五期岳石文化。史家遗址发掘报告称其上的地层为殷墟一期。不过笔者曾同李伯谦、徐基、于海广等先生一起看过资料，所见陶器均属殷墟二期以后，未见殷墟一期遗物，目前资料表明史家遗址晚商地层属殷墟二期以后 [1]。自殷墟二期以后，鲁中北地区普遍存在商文化陶器，而此时本地区仍很丰富的当地传统文化已不是岳石文化，而是鲁北地区商代第二阶段的地方文化，说明鲁中北地区岳石文化和第五期岳石文化应终止于殷墟一期。如以西周建国之年为 B.C.1046 年，商都殷共 273 年计算，鲁中北岳石文化应终止于公元前 13 世纪后半期，比大辛庄延续时间长些。

史家遗址晚期岳石文化遗存和晚商遗存互相叠压层位关系的揭示，是 20 世纪 90 年代晚期山东商代考古的突破性发现，它填补了鲁中北地区自郝家庄岳石文化三期以后到晚商之间的一段文化空白，得知该地区的岳石文化自郝家庄三期以后仍在延续，提供了商人始自殷墟二期进入本地区的明确地层依据。而本地区晚商商文化的丰富，表明商人曾大举进入本地区，这可能和武丁的扩张有关。据《帝王世纪》，武丁在位长达 59 年，得傅说辅佐，"殷道复兴"，号高宗，《诗·玄鸟》称其时"邦畿千里，维民所止，肇域彼四海，四海来假"，武力强极一时。鲁中北地区殷墟二期以后的商文化的丰富，和武丁的扩张相吻合。随着商人的大批到来，其文化对当地文化施加了强大影响，促使当地已在变化的固有文化迅速嬗变，产生了以素面鬲、圈足豆形簋、圈沿鼓腹盆、小口折肩罐、小口折肩或圆肩小罐、中口绳纹圜底罐、厚胎盉形罐等为特征的当地商代第二阶段的地方文化，和商文化共存，两者可能构

---

[1]　史家遗址仅发表岳石木构祭坑资料，地层和晚商祭坑资料尚未发表，近十个晚商祭坑分布于岳石祭坑西北面、祭坛中部，所出陶鬲都在殷墟二期以后。

成以薄姑、纪、莱为代表的方国文化，同晚商薛国文化一样，都不能简单地称为商文化，尽管这些方国的统治集团有很高的商化程度，但既然境内有当地文化与商文化共存，就不是单纯的商文化。

现有资料表明，商文化在泰沂山北侧地区并未越过白浪河地区，估计白浪河以东的胶莱平原东部地区的文化，主要是和鲁中北地区相同的商代第二阶段地方文化，可能一直发展到西周早期。

半岛地区自成地理单位，东南北三面环海，西面同鲁中北地区隔着胶莱平原，不仅商人未曾到达该地区，就是商文化的影响也很微弱。半封闭的自然地理环境使其文化的发展主要取决于内部，周边文化的影响甚微，因而岳石文化的延续时间也最长。本地区的岳石文化发展成珍珠门文化，其陶器多属素面红陶和褐陶，手制，造型仅有三足器、平底器和圈足器，主要器形不过鬲、甗、碗、簋、罐等，同少量商式陶器鬲、豆、簋、盆、罐、敛口瓮等共存，泾渭分明[1]。商式鬲约当殷墟三期。1983年秋在烟台芝水发现的三叠层，下层是岳石文化，上层是珍珠门文化，中层的文化面貌则介于两者之间[2]，证明半岛岳石文化终止于殷墟二期，约当公元前13世纪末到12世纪初叶，稍晚于鲁中北地区，或基本同时结束。

概括全文，现有岳石文化可粗分为五期，约处于公元前2000年到公元前1200年左右，自产生到完全消失约经历了800年，但自西而东存在的时间相当悬殊。它在鲁西南、鲁西、鲁中南和泰沂山北侧西部地区，约存在500余年到600余年，在鲁中北地区将近800年，在半岛地区则达800年左右。岳石文化是早夏王杼时期到殷墟早期阶段的文化，夏王征服东夷对它的产生给予了重大影响，它的逐步消失则和商人东进的步伐与商文化东渐息息相关。它在山东地区的后续文化是商文化安丘堌堆类型、大辛庄类型、晚商薛、奄、薄姑（纪、莱）、莒等方国文化和珍珠门文化。

原载《中国文物报》1999年2月3日第三版；后收入《张学海考古论集》（略有修改），学苑出版社，1999年

---

[1]　严文明：《东夷文化的探索》，《文物》1989年第9期。

[2]　张江凯：《烟台市芝水商代遗址》，《中国考古学年鉴·1984》，文物出版社，1984年。

山东史前聚落时空关系宏观研究
——苏秉琦学术思想在山东考古的再实践

在考古学文化区系类型理论的实践中，山东是成果较明显的一个地区。目前已在内陆地区建立起西河文化与后李类型、北辛文化、大汶口文化、龙山文化、岳石文化的序列，在胶东半岛地区掌握了白石文化和大汶口文化以后各文化的前后关系。自北辛文化中期开始，北辛文化逐渐成为内陆地区的文化共同体，从而基本上产生了海岱文化区。距今6000年前，白石文化融于大汶口文化之中，山东成为大汶口文化的一统天下。山东已发现距今8000年前的环壕聚落，距今6000年以后的大汶口、龙山、岳石文化城，龙山文化城的数量占黄河、长江流域各省市的首位，并有龙山文化城组。比较清晰的文化区系框架和大汶口文化原始城与大批龙山文化城的发现，为系统考察史前社会的发展变化提供了科学依据，从中已能看出山东史前社会发展的脉络，也比较清晰地反映了从原始向文明的过渡。

山东史前考古所取得的这些成绩，是同苏秉琦先生和他的学术思想指导分不开的。继1975年先生提出考古学文化区系类型学说之后，1985年又提出"古文化古城古国"的新概念，作为区系类型理论转化为实践的中心环节[1]，指导着正在兴起的中国文明起源讨论深入开展。先生对山东地区有关文明起源多有论述，指出距今六千年左右和五千年左右是两大历史转折点，"五六千年间是社会发展出现'个性化'突出的历史阶段，又是各区系间交流最重要时期……文明曙光似满天星斗，山东决不会只有一颗星。象牙简、'日火山'铭文，鬶、盉、觚、杯的出现，都应看作文明的标志，而不仅仅是文化、生活日用品等一般性器物；蛋壳黑陶，也不是文化特征物，也应看作文明的象征。下一个问题是，必须紧紧跟踪和它们相应的'大文物'（重要遗迹）。不是没有机会遇到，而是'目不见泰山'。""特别是五千年左右，我曾把它称作'五千年之谜'，中国是五千年文明古国，还是四千年文明古国，我们应做出正面回答。""四至二千年间，这个从'三代'到秦统一的'逐鹿中原'，'中国'从局部地区概念到一统天下的国家概念，山东也不是被动的一方，究竟如

---

[1]　苏秉琦：《辽西古文化古城古国——兼谈当前田野考古工作的重点或大课题》，《文物》1986年第8期。

何表现的, 扮演了一个什么角色? 走遍山东, 到处都会找到它的足迹。"[1] 笔者在学习、消化"古文化古城古国"新概念的过程中, 体会到其核心是要解决由原始向文明的过渡, 关键是要确认古国的诞生。古国脱胎于部落, 古国必有统治中心与疆域。统治中心一般是城、原始城市或大型中心聚落。早期的聚落群可能就是些部落的遗存, 许多聚落群将各自发展成古国。因此必须从部落(聚落群)入手探索国家的诞生。这很难用文明三要素或二要素的标准去衡量, 因而笔者提出从国家本质特征方面进行考察, 用典型史前聚落群的"都邑聚"金字塔形等级结构和原始城市、城乡分离的标准, 探索国家的诞生 [2]。通过初步研究, 体会到"古文化古城古国"是关于中国文明起源的重要理论, 能够卓有成效地引导我们解决中国文明起源课题。为了实践古文化古城古国理论, 包括验证 6000 年左右、5000 年左右的历史大转折, 掌握中心聚落、城和原始城市等大文物, 就必须系统了解聚落时空关系的演变。如果以文化区系类型框架为基础, 以文化链条为经, 聚落分布与文化类型为纬, 搭成聚落"条块"框架, 同文化区系类型框架互相参证, 相辅相成, 无疑将对史前社会的演进做出更加全面深入的考察: 两者如同两个车轮, 将把史前考古不断推向前进。这是实践、验证苏先生学术理论体系的一条重要途径。现就山东史前聚落时空关系进行初步考察。

一

当先民逐渐脱离洞穴移居平地时, 也就产生了聚落。估计山东地区距今 2 万余年到 1 万年左右的"沂沭细石器文化"和"汶泗细石器文化", 已经以聚落为主要居住形式: 但两地的细石器文化虽有大量石器地点, 遗址却寥若晨星, 说明当时人口稀少, 聚落寥寥无几, 而且很不稳定, 不断迁徙 [3]。当时的山东除了沂沭河流域、汶泗流域或许还有半岛地区, 存在一些小聚落以外, 绝大部分地区尚荒无人烟。

自 10000 ~ 8500 年阶段 (均为距今年代, 下同), 仍未发现聚落址。

自 8500 ~ 7000 年阶段的聚落址, 只发现 9 处, 其中泰沂山北侧山前地带 8 处, 南侧一处。北侧的 8 处有 6 处属于西河文化, 处于西段山前地带, 内西河、摩天岭、

---

[1]　苏秉琦先生写给山东省文物局负责人的信。载《海岱考古 (第一辑)》, 山东大学出版社, 1989 年。

[2]　参阅张学海:《城子崖与中国文明》《论山东地区的龙山文化城》《论莫角山良渚文化古国》,《张学海考古论集》, 学苑出版社, 1999 年。

[3]　临沂地区文管会:《山东临沂县凤凰岭发现细石器》,《考古》1983 年第 5 期; 临沂地区文管会等:《山东沂水县晚期旧石器、细石器调查》,《考古》1985 年第 11 期; 山东省文物考古研究所等:《山东郯城县马陵山细石器遗存调查报告》,《史前研究》1987 年第 1 期; 中国社科院考古所山东队:《山东汶泗流域发现的一批细石器》,《考古》1993 年第 8 期。此外, 在蒙阴、平邑、苍山、莒县、莒南、临沭、枣庄峄城区、薛城区、滕州、曲阜等地, 都发现了细石器遗存。

绿竹园、小荆山、小坡五处，位于章丘市胶济铁路以北地区，靠近山麓；另一处孙家遗址在章丘市的东邻邹平县城南附近。分布范围西南到东北约 38、南北宽约 17 千米，可分为西河、绿竹园与摩天岭、小荆山与小坡、孙家四组，各组之间最近距离在 12 ～ 17 千米，它们可能是四个氏族与胞族，构成一个西河文化部落[1]。

西河文化现有资料约当 8500 ～ 7000 年以内，前后延续 1500 年以上，人们已完全定居，聚落发展到相当规模与水平。例如小荆山遗址包括了西河文化全过程，遗存分布面积约 15 万平方米，南临小荆山山根，是处环壕聚落。聚落南部有公共墓地，中部是居住区，因遭烧窑基本毁坏，全貌已不可知[2]。西河遗址遗存分布总面积达 15 万平方米，西北两面临西河，始居年代可能在 9000 年前，1991 年在东北部清理了几座房址，层位均在三层（战国汉代层）下，约属西河文化中期前段，这一带连同烧窑挖土破坏的房址估计有一二十座[3]。1997 年又在遗址东南部发掘了 19 座房址，年代约当中期后段，同东北部房址可基本衔接[4]。两者之间约有七八十米的空白区，说明东北部和东南部两组房子可能是两个母系大家族的住房。这两组房址以下，还有 1 ～ 1.2 米厚的地层堆积，不见遗物与遗迹，说明遗址东部不是早期居住区，聚落早期阶段人们应住在遗址中西部，或只在西、北部临河居住，中间有广场。如不误，就说明西河聚落是以母系大家族为单位，沿聚落周围分区居住的。随着人口逐步增加，聚落由西向东扩大。考虑到遗址边缘地带，可能存在因晚期破坏和雨水冲刷而形成的非原生堆积，故西河遗址的实际面积将小于 15 万平方米，这在当时仍然是很大的规模。而且聚落布局规整，住房基本是定型化的半地穴圆角方形大房子，居住面平整，穴壁常抹泥浆，居住面和穴壁常经火烤，建筑技术相当进步，通体精磨石器比重也相当大。由此可见 7000 年前山东地区的聚落已达到相当高的发展水平。

西河文化聚落址可能有不少尚未发现或早已不存，但聚落总量不会很多，分布范围亦不能很大，聚落稀疏，都建在山前地带，对山地有较强依赖。西河文化去向未明。

这阶段泰沂山北侧地区的另两处遗址是后李官庄与前埠下遗址，属后李类型文化，处于沂山北侧中、东段地区。后李遗址位于淄博市临淄区东北约 5 千米的淄河东岸，南距泰沂山中段主峰鲁山北支山麓约 5 千米，已遭晚期遗存严重破坏，西南部并已被淄河冲毁，原面积不详，估计约数万平方米，年代约在 8100 ～ 7600 年间，

[1] 张学海：《西河文化初论》，《张学海考古论集》，学苑出版社，1999 年。
[2] 章丘市博物馆：《山东章丘市小荆山遗址调查简报》，《考古》1994 年第 6 期；山东省文物考古研究所等：《山东章丘市小荆山遗址调查发掘报告》，《华夏考古》1996 年第 2 期。
[3] 张学海：《西河文化初论》，《张学海考古论集》，学苑出版社，1999 年。
[4] 山东省文物考古研究所：《山东发现八千年前居址聚落》，《中国文物报》1998 年 1 月 21 日第一版。

约当西河文化早期之末到中期早段 [1]。前埠下遗址位于胶莱平原东部潍河西侧，仅存局部遗存，年代晚于后李下层遗存许多，文化面貌还不是很明确，详情有待正式报道 [2]。

这阶段泰沂山南侧地区的唯一遗址，是北辛文化的命名遗址北辛遗址，位于沂蒙山西南麓滕州市东南古薛河上游南岸，上限年代 7500 年 [3]。泰沂山南侧地区 7500 年以前的聚落址迄今仍是空白，该地区北辛早期遗址不能仅此一处，有陶新石器文化决不会晚到 7500 年才产生。发达的"沂沭细石器文化"和"汶泗细石器文化"将顺理成章地发展出该地区的有陶新石器文化，后李类型曾越过长江而成为苏南地区马家浜文化的渊源之一的事实 [4]，都表明泰沂山南侧地区应存在前北辛文化。这也许就是后李类型文化。后李类型（实际上是支独立的考古文化）的发源地和分布中心，可能在泰沂山南侧地区：后来有一支到达泰沂山北侧中段山前地带，同西河文化为邻，吸收了西河文化陶器的不少因素，同时也可能给半岛地区的文化以影响；另一支则南下越过长江同当地文化融会，形成了苏南地区的马家浜文化；留在中心区的则吸收了北邻西河文化与西邻裴李岗文化的因素，发展出北辛文化。后李类型可能是北辛文化的主要渊源，北辛文化的堆纹圜底釜、筒形圜底釜、带鋬耳环底釜、大型石铲，乃至小口双耳壶、三足钵，同后李类型同类器应有传承关系，而无足石磨盘、弧顶三角形石磨棒则继承了西河文化、后李类型的共同因素。

半岛地区 7000 年以前的遗址也是空白。但诚如苏秉琦、严文明先生所论，半岛地区可能存在自成体系的古文化 [5]，不仅应有八九千年前，而且可能有九千年前的新石器文化，是山东新石器文化的源头之一。不过这阶段的聚落址可能已淹没在大陆架上。

这样，就现有资料考察，山东地区可能存在三个新石器文化源头：泰山北侧的济南地区，沂蒙山南侧的鲁南地区和半岛地区。济南地区的源头发展成西河文化；鲁南地区源头发展成后李类型（文化），后李文化又发展为北辛文化；半岛地区源头应经历了前白石文化到白石文化的发展过程。从 8500 年到 7000 年阶段的这 9 处

---

[1] 济青公路文物工作队：《山东临淄后李遗址第一二次发掘简报》，《考古》1992年第11期；张学海：《西河文化初论》，《张学海考古论集》，学苑出版社，1999年。

[2] 王守功等：《前埠下一期文化的性质及意义》，《中国文物报》1999年第33期。作者持西河文化与后李类型为同一文化观点，称为后李文化。据文中介绍前埠下一期文化的基本面貌，同西河文化差异很大，而和后李类型颇多联系，应属后李类型，资料正式发表后，有可能为西河文化与后李文化的确立提供重要依据。

[3] 中国社科院考古所山东队等：《山东滕州北辛遗址发掘报告》，《考古学报》1984年第2期。北辛遗址上限年代据碳-14测年树轮高精度校正表，此为平均值。

[4] 张学海：《后李类型与马家浜文化之联系初探》，《张学海考古论集》，学苑出版社，1999年；栾丰实：《海岱地区考古研究》，山东大学出版社，1997年。

[5] 苏秉琦先生写给山东省文物局负责人的信，载《海岱考古（第一辑）》，山东大学出版社，1989年；严文明：《胶东原始文化初论》，《山东史前文化论文集》，齐鲁书社，1986年。

遗址及其分布看，西河文化、后李类型和北辛文化都不可能形成聚落群和大规模的中心聚落。聚落分布空间也不可能很大，已知的 9 处遗址离山基本未超 10 千米，远山平原尚未住人。

自 7000 ～ 6200 年前后，山东聚落时空关系经历了巨大变化。聚落增长加快，到这阶段末期，已知聚落址达 100 余处，形成北辛文化与白石文化两个环山分布区。在内陆地区，北辛文化聚落先后取代西河文化与后李类型聚落，形成环泰沂山北辛文化分布区。区内已知北辛遗址 30 余处，早期一处，中期约 4 处，其余属晚期。分布于泰沂山周围的滕州、济宁、兖州、曲阜、汶上、宁阳、泰安、长清、济南槐荫区、章丘、邹平、阳信、淄博张店区、临淄区、寿光、青州、莒县、临沭、郯城、临沂、苍山等 22 个县市区，其中滕州、济宁、兖州、汶上、长清、青州各有 3 ～ 5 处，其余均只有一处遗址 [1]。离山基本不超 20 千米，比西河文化、后李类型聚落向前跨了一步。阳信小韩遗址处于离山 70 余千米开外的徒骇河以北的鲁北大平原，似反映出北辛末期聚落已加速向平原推进的势头。现有遗址未见聚落群，但滕州东南部、青州东北部晚期聚落增多，似已产生或正在产生雏形聚落群。从普查资料看不见大规模聚落址，较大的北辛遗址也不过 5 万平方米。

半岛地区的白石文化遗址已发现 73 处，是北辛遗址的两倍。西自莱州到东端的荣成，西南自即墨到渤海之中的长岛，都有发现。绝大部分集中于即墨东部到烟台一线以东的半岛东半部地区，多分布于河流入海口和离海不很远的河旁台地，仅有少数位于莱阳、栖霞等半岛腹地和西部平原，形成了环半岛丘陵的白石文化分布区。它们绝大部分属于贝丘遗址。目前仅知两处早期遗址，余皆属晚期。晚期遗址已常见面积 5 ～ 10 余万平方米者，并已产生了聚落群。如即墨东部环北湾地带到莱阳、海阳的五龙河入海口地区，以威海市区为中心的地区，都集中了 10 处左右遗址 [2]。晚期白石文化正处于半岛文化的一个繁荣期。

确切地说，环泰沂山北辛文化分布区和环胶东山地白石文化分布区，形成于 6500 ～ 6200 年阶段。北辛文化未越潍河；白石文化西南仅抵即墨东部，西面未过小沽河，仅在西北面到达了莱州湾东岸，两者之间有开阔的隔离地带。北辛文化分布范围大于白石文化，已知遗址却只有白石文化的一半，聚落稀疏，至多不过产生了雏形聚落群，不能确认出现了中心聚落。白石文化则已产生聚落群，也应出现中心聚落。如果实际情况确是如此，将说明晚期白石文化的社会发展水平高于北辛

[1]　山东文物普查、调查资料，大部分散见于《考古》《海岱考古》《史前研究》等刊物，部分尚未发表。

[2]　烟台市博物馆：《山东烟台白石村新石器时代遗址发掘简报》，《考古》1992年第7期；严文明：《胶东原始文化初论》，《山东史前文化论文集》，齐鲁书社，1986年；李步青等：《胶东半岛新石器文化初论》，《考古》1988年第1期。

文化。

聚落群与中心聚落的出现，表明聚落形态与聚落时空关系发展到了一个新阶段。聚落群是指五六处以上同期聚落集中于一个地理小区间，周围一般有较明显的空白地带（仅有三四处遗址的未作群体看待）。而中心聚落有两种含义，两个层次。一是指聚落群的中心，属于第二层次的中心聚落；另一是指跨聚落群的地区的中心，是第一层次的中心聚落。通常所说中心聚落主要指后者。中心聚落对群内其他聚落具有支配性，而第一层次的中心聚落还能影响周边聚落群，不仅具有较大规模，文化内涵也更为丰富，集中反映了当时经济与社会的发展水平。因而中心聚落的产生与发展，是同聚落群内分层秩序与等级结构的产生、发展相联系的，大体来说，两者是农耕文化父权时代的产物。晚期白石文化聚落群的产生和晚期北辛文化可能出现了雏形聚落群，表明山东史前社会进入一个新阶段。由于这时内陆已统一于北辛文化，和白石文化的联系也在加强，说明这时已初步形成了海岱文化区。

6200 年以后，北辛文化发展成大汶口文化，白石文化也基本上融于其中。大汶口文化时期，聚落迅速增加，几及山东全境，产生了大批聚落群和许多第一层次的中心聚落，群内聚落分层与等级结构迅速发展，出现了城和原始城市，整个发展过程表现了阶段性。

据不完全统计，山东境内已知大汶口文化遗址达 450 处以上，目前尚不知早中晚各阶段遗址的准确数目。随着聚落的不断建立，分布空间迅速向远山平原扩展。大汶口文化早期，泰沂山周围和浅山地区的县市，几乎都已发现遗址，而且在鲁西阳谷，鲁北阳信与庆云，半岛东部的海阳与乳山，半岛北岸的蓬莱、威海，渤海之中的长岛等地，都发现了大汶口文化早期遗址。鲁西阳谷、鲁北阳信、庆云存在早期遗址，说明鲁西北沿徒骇河、马颊河地带也有大汶口文化早期遗址。鲁北东营市地区为古今济水、黄河、徒骇、马颊等河流的入海地区，大汶口文化时期似尚未成陆。同样鲁西南地区也可能有大汶口文化早期遗址。因和鲁西北地区同属黄泛平原，遗址可能已深埋地下。这一带的大汶口文化遗址如曹县莘冢集遗址等都见于地表 2 米以下，已到水位，不能下挖，所见遗存均属大汶口文化晚期，其下未必没有早期堆积，至少也有中期堆积。说明大汶口文化早期或中期，聚落已扩至鲁北到鲁西南的山东边境地区。不过约四分之三的已知大汶口文化聚落，仍然集中于环泰沂山地带和浅山河谷平地与山间盆地，在鲁西南、鲁西北的华北大平原和鲁东、半岛地区，聚落稀疏。半岛地区主要在西部和偏西南岸有不多的遗址，因而在泰沂山周围地区最先出现了大汶口文化聚落群。

山不转水转，大汶口文化聚落依山沿水发展，可将两者结合而以水系、流域为主来划分聚落群。目前还不能确切指出大汶口文化早期有哪些聚落群，估计当时的滕州、曲阜、宁阳、青州、寿光、昌乐、莒县、临沂、平邑等地，可能已出现或正在产生雏形聚落群。大汶口文化中期已存在许多聚落群，晚期聚落群已达三四十处。分布于滕州东南部薛河流域；滕州中部东北部城河、荆河流域；邹城西部泗河东侧、白马河流域；兖州市杨家河以东的东部地区；兖州西北部、济宁东北部洸府河流域；济宁西南、鱼台西北、金乡东北部洙水河、万福河下游地区；曲阜南部泗河支流沂河流域，泗水中部、曲阜极北部泗河上游河谷地区；宁阳东北部大汶河中上游地区；宁阳西部、兖州北部古汶河下游；平阴西南部黄河（此段为济水古道）东侧；长清中部、济南历城区西境仲宫、党家镇地区；荏平东南部、东阿中部徒骇河上游地区；章丘中部小清河支流巨野河、绣江河、漯河上游；淄博临淄区西北部、广饶西南部乌河中游；临淄东南部淄河中游地区；寿光西南部、青州极北部淄河、北阳河下游；青州中部东南部、昌乐极北部淄河中游、尧河上游；昌乐中部、临朐东境辛山乡、潍坊潍城区西南部白浪河、丹河上中游、东汶河中游北侧地区；龙口、蓬莱沿海近海地区；即墨东部北湾周围、莱阳极南、海阳极西南五龙河入海口地区；诸城极北境、安丘东南境、高密西南部潍河中游地区；诸城中南西南部、莒县极东北东莞镇、沂水东北部杨庄镇、五莲西北部潍河上游地区；五莲中南境、日照中部付疃河流域；莒县南部沭河中游；莒县极西南夏庄镇、莒南西北境、临沂极北汤头镇李官乡、沂南东南部沂沭中游；临沂东部沭河西侧、临沭西北境沭河东侧地区；临沂西部、苍山东北部沂堂乡大仲村镇、费县东北古城镇新桥乡、东部马桥镇沂河中游、祊河流域；苍山南部燕子、东泇、西泇河上游；平邑东北部、费县西北部祊河上游段浚河流域等地区[1]（表一）。小群聚落 5 ～ 9 处，中等群 10 ～ 20 处左右，大群 30 处左右到 41 处；后者只有滕州东南部群、青州中部东南部昌乐北境群、莒县南部群、平邑东北部费县西北部群四群。小群占地 100 ～ 200 平方千米，大中等群占地 200 ～ 600 余平方千米。当时已在鲁中南山地西南侧的薛河、荆河流域，西侧的泗河上游、大汶河流域，东北侧的淄河、白浪河流域，东南侧的沂沭河流域，形成了六片中心分布区，尤以沂沭河流域遗址数量最多，达 100 余处，淄河白浪河流域次之，共 60 余处。在这六片中心区的滕州、泗水、曲阜、青州、寿光、昌乐、平邑、临沂、

---

[1]　山东省文物普查、调查资料，已发表的资料如下（为节省篇幅，只指出县市区、刊名、期目，祈请作者、读者见谅）：滕州市，《考古》1980年第1期报道部分遗址；微山县，《考古》1995年第4期；泗水县，《考古》1965年第1期报道部分遗址；曲阜市，《考古》1965年第12期报道大部遗址；兖州市，《史前研究》1985年第2期；济宁县，《考古》1983年第6期；邹平县，《考古》1989年第6期；淄博市张店区、周村区、青州市、寿光县、临朐县、诸城市，载《海岱考古（第一辑）》，山东大学出版社，1989年；昌乐县，《考古》1987年第7期；潍坊市区，《考古》1989年第9期；即墨县，《考古》1989年第8期；海阳县，《考古》1986年第12期；乳山县，《考古》1990年第12期；胶东半岛地区，《考古》1988年第1期；莒县，《莒县文物志》，齐鲁书社，1993年；郯城县，《考古》1995年第8期；临沂市，《考古》1992年第10期；沂水县，《考古》1991年第6期；费县，《考古》1986年第11期，略少于普查数；枣庄市，《考古》1984年第4期。

苍山、莒县九县市，共集中了已知山东境内约五分之三以上的大汶口文化遗址。其中滕州有遗址46处，内羊庄乡占12处，官桥镇占10处；莒县42处，内店子乡7处，陵阳乡6处；此外寿光孙家集镇有8处；是目前大汶口文化遗址最多的县市乡镇。相比之下，大汶河流域已知遗址较少，仅在宁阳（17处）、兖州北部发现23处遗址，大汶河上游和中游北岸仅见个别遗址，可能是工作仍未深入，不然就将说明大汶口文化时期，泰山的地位要逊于蒙山和沂山。

表一 山东境内主要大汶口文化聚落群一览表

序号	聚落群山系流域	遗址数	分布范围（县市区乡镇）	备注
1	滕州东南部群。尼山西南麓山前平原。薛河下游。	36	滕州市东南部：羊庄、官桥、柴胡店、张旺；枣庄薛城区西北部：夏庄；山亭区：桑村、西集；微山县：欢城。	一级遗址两处：西康留、尹洼。建新遗址属此群。有北辛遗址4处。
2	滕州中部东北部群。尼山西南麓山前平原。城河、荆河下游。	20	滕州市中部东北部：姜屯、城关、城郊、鲍沟、南沙河、东沙河、龙阳店、东郭、界河。	有吕坡一级遗址。岗上遗址属此群。有北辛遗址1处。
3	邹城西部群。尼山西北麓山前平原。泗河中游东岸、白马河流域。	12	邹城市西部：邹城镇、峄山、石墙、古路口、太平、郭里；微山县极东北：两城。	有野店一级遗址。
4	兖州济宁群。鲁西南冲积平原东缘。洸府河中游。	9	兖州市西部：新驿南部、颜店、前海；济宁市东北部：柳行、李营。	此群可能和宁阳西部群成一群。有北辛遗址2处。
5	泗水群。尼山北麓、蒙山西北麓河谷平地。泗河上游、源头。	21	泗水县中部：泗水镇、高峪、星村、苗馆、大黄沟、泉林、南陈、金庄、中册、柘沟、杨柳；曲阜市极北部：董庄。	尹家城、天齐庙遗址属此群。
6	曲阜南部群。尼山西北麓山前平原。泗河支流沂河流域。	18	曲阜市南半部：尼山、南辛、小雪、息陬、防山、书院、时庄、陵城；邹城市东北部：田黄。	西夏侯、南兴埠遗址属此群。有北辛遗址1处。
7	宁阳东北部群。徂徕山西南支凤凰山东北麓山前平原。大汶河中上游。	9	宁阳县东北、东南部：蒋集、磁窑、华丰、崔解；新泰市西南部1处；莱芜市2处。	大汶口文化遗址属此群。
8	宁阳西部群。凤凰山西南麓山前平原、河谷平地。古汶河下游，洸府河上游。	17	宁阳西部中南部：葛石、乡饮、王卞、鹤山、白马、东疏、泗店；兖州市北部：小孟、新驿东北、漕河。	西吴寺、西桑园、小孟遗址属此群：有北辛遗址3处。

序号	聚落群山系流域	遗址数	分布范围（县市区乡镇）	备注
9	东阿茌平群。黄河北侧鲁西平原东部。赵牛河、徒骇河上游。	7	东阿中部：黄屯、大桥、杨柳；茌平东南部：乐平铺、孙桥、茌平镇。	尚庄、教场铺遗址属此群。
10	章丘群。泰山北麓、长白山西麓山前平原。小清河支流巨野河下游、绣江河、漯河中上游。	12	章丘市中部：明水、相公、枣园、绣惠、刁镇、党家、龙山、文祖；济南历城区东北部：唐王。	有焦家一级遗址。有北辛遗址3处。
11	临淄广饶群。鲁山北麓近山平原。乌河中游。	9	淄博临淄区西北：召口、高阳、朱台；广饶西南部：西营、城关、石村。	可分临淄西北部、广饶西南部两组。傅家一级遗址、五村遗址属广饶组。
12	临淄东南部群。鲁山北麓山前平原。淄河中游。	10	临淄区东南部：齐都、齐陵、皇城。	有北辛遗址1处。此群可能和上群成一大群。
13	青州昌乐群。沂山北麓山前平原。淄河中游、尧河上游。	31	青州中部东南部：五里、益都、杨家庄、大王、东夏、谭坊、黄楼、淄河、赵坡；昌乐极北部：尧沟、昌乐镇、朱刘、五图；寿光西南部：田马、纪台；临朐极北境：龙岗。	可分南北两群。南群包括赵坡、黄楼、淄河、龙岗四乡镇，计6处。西朱封遗址可能属南群，未计在内。有北辛遗址5处。
14	寿光西南部群。沂山北侧近山平原。淄河下游西侧、北阳河下游。	18	寿光西南部：胡营、孙家集、张建桥、王高、丰城；青州极北部：徐集、朱良、何官、阳河。	可分东南、西北两小群。寿光丰城，青州极北部6处，属北群。火山埠遗址属南小群。有北辛遗址1处。
15	昌乐南部群。沂山东北麓山前平原。白浪河上中游、丹河、汶河上游。	16	昌乐县南部：北岩、南郝、北鄌郚、北展、鄌郚、红河、阿陀、崔家庄；临朐东境：辛山；潍坊潍城区西南部：军埠口。	姚官庄遗址属此群。
16	沂水莒县诸城五莲群。五莲山西北麓。潍河最上游。	6	沂水东北部：马站、杨庄；莒县极东北境：东莞；五莲西北部：中至；诸城极西南部：枳沟、贾悦。	此群遗址少而稀，但均处潍河最上游水系，自成地理小区。前寨、阎家同属此群。
17	日照群。五莲山东侧。付疃河流域。	5	五莲县中南境：街头；日照中部近海沿海：高兴、奎山乡。	东海峪遗址属此群。
18	莒县南部群。五莲山西侧山前平原。沭河上游。	41	莒县南部：城阳、峤山、店子、大石头、龙山、中楼、寨里、陵阳、长岭、小店；东部：桑园、招贤；沂南东北部：张家哨。	桑园、招贤4处偏居群体东北，自成一组。陵阳河、大朱村、杭头遗址属此群。有北辛遗址1处。

序号	聚落群山系流域	遗址数	分布范围（县市区乡镇）	备注
19	沂南东南临沂北境群。蒙山北翼山前平原。沂河中游、沭河上游。	6	沂南东南部：大庄、砖埠；临沂极北：李官、汤头；莒县极西南：夏庄；莒南极西北：大店。	有大庄镇西司马一级遗址。
20	临沂东部群。五莲山西南麓冲积平原。沭河支流汤河流域。	7	临沂东部：相公、黑墩、汤河、白沙埠。	有一级遗址东孝友、张家岭两处，大范庄遗址属此群。
21	临沂西部群。尼山东麓冲积平原。沂河中游、祊河下游。	15	临沂西部：册山、白庄、岑石、大岭、义堂；费县东北部：新桥、方城；费县东南：马庄；苍山东北部：义堂、大仲村。	可分南北两组，南组，临沂册山、白庄、岑石、苍山沂堂、大仲村、费县马庄，计8处。有一级遗址晏驾墩；北组7处，有前城子、小城后一级遗址。
22	苍山南部群。尼山东南翼冲积平原。燕子、东泇、西泇河上游，淘沟河流域。	19	苍山东南部：庄坞、层山、磨山、卞庄；苍山西南部：韩塘、横山、兰陵、新兴、尚岩、东网、向城、兴明、南桥；郯城西北境：褚墩；枣庄市东南部：萝藤、兰城、黄庄3处。	可分东西两小群。苍山东南、郯城西北为东群，遗址5处，一级遗址有层山乡大城子；西群14处，一级遗址有兴明乡青草堰。江苏邳州市大墩子、柳林遗址属此群，未计在内。
23	平邑北部群。蒙山南侧河谷平地。祊河上游段浚河上游水系。	31	平邑东北部：羊城（原魏刘庄乡）、保太、贺庄、柏林、平邑镇、东阳、卞桥、铜石、资邱、地方计22处；西境郑家峪、唐村岭、庞庄3处；邹城市极东境：尚河1处；费县西北境：薛庄、南张庄、上冶、朱田、费城计5处。	平邑西境与邹城极东4处自成一组，在群体西南较远，但同属浚河上游谷地，故归属此群。
24	兖州东部群。泗河以西、杨家河以东地区。	7	兖州东部谷村、泗庄，南部王因、黄屯。	王因遗址属此群。此群可能本和曲阜南部群成一群。有北辛遗址2处。

大汶口文化早期，某些聚落如大汶口、野店等似已脱颖而出，正迅速向地区级中心聚落迈进。大汶口文化中晚期，不仅各聚落群都应有自己的中心聚落，而且出现了大汶口、焦家、傅家、陵阳河、西康留、野店等一批地区级中心聚落，其中大汶口聚落可能已具有全文化区影响。

大汶口文化大汶口聚落，属宁阳东北部大汶河中上游群，已知群内聚落仅9处。大汶口遗址位于泰安郊区大汶口镇西南，现被汶河分割为南北两部，南部属宁阳。总面积80余万平方米，呈西北—东南走向，始建于北辛文化晚期，连续居住至龙山文化时期。北辛和大汶口文化早期聚落偏于遗址西北，其南部已被大汶河所毁。现存大汶口文化中晚期遗存基本上在东北部和东南部，分布范围约四五十万平方米。《大汶口》与《大汶口续集》[1] 清楚显示该聚落在大汶口文化早期就已达到不同一般的发展水平，到晚期阶段其手工艺技术综合水平，已居大汶口文化之冠，全国亦不多见。

焦家遗址，属泰山北麓章丘聚落群，群内已知遗址 12 处，空间范围十分明确。遗址位于章丘西境党家镇（图一），南距龙山文化发现地城子崖遗址 5 千米，大汶口文化时期面积近 40 万平方米，经历大汶口文化全过程，且有龙山、岳石、商周堆积。1991 年在东南部试掘，主要遗存属大汶口文化早期。1994 年初中部偏西部位遭盗掘万余平方米，耕土下即属大汶口文化遗存，深达 2 米余，被毁的数十座大汶口文化晚期墓分属上下层，缴回部分陶石玉器共 500 余件，其中有数件玉、石钺，是泰沂山北侧西段和鲁西北地区规模最大、内涵最丰富的大汶口文化遗址[2]。

傅家遗址，属临淄西北部广饶西南部群，群内遗址 9 处。傅家遗址位于广饶县城南 1 千米余（图一），面积 30 万平方米，探查得知中心区东西有沟壕，同南面沼泽连接，中心区面积约 15 万平方米。1986 年在南部公路北路沟约 100 平方米范围内，清理了中晚期墓 201 座。墓成三层叠压，约半数墓仅有人骨，有随葬品的墓大都不过陶器 1～3 件，数座器物最多的墓也只陶器 4～7 件，可见贫富分化、社会分化之深刻[3]。

陵阳河遗址，属莒县中南部群，群内聚落址 41 处，陵阳遗址位于陵阳乡沭河支流陵阳河南岸（图一），面积 40 余万平方米，现属该群规模最大的遗址，已遭陵阳河严重冲毁。20 世纪 50 年代以来多次调查，70 年代末发掘的数十座墓中，大墓常出大口尊，晚期的大口尊大都有一图像文字，已发现 7 种共 13 字。大墓流行酒器随葬，有的有成套酒器，大墓随葬品酒器约占三分之一。大墓随葬品丰富，79M6 号墓随葬品达 180 件，内有陶器 160 件，另有猪下颌骨 21 件，是已知随葬陶器和猪下颌骨最多的大汶口文化墓[4]。

西康留遗址，属滕州东南部群，群内已知遗址约 36 处，西康留遗址位于官桥镇古薛河北岸，面积 20 万平方米，属大汶口文化中晚期，最迟在中期晚段已建了城，

---

[1] 山东省文物管理处、济南市博物馆：《大汶口——新石器时代墓葬发掘报告》，文物出版社，1974年；山东省文物考古研究所：《大汶口续集——大汶口遗址第二、三次发掘报告》，科学出版社，1997年。

[2] 1991年山东省文物考古研究所城子崖遗址文物考古队探查，资料藏本所；1995年初盗掘后收回的器物藏章丘市博物馆。

[3] 1995、1996年省文物考古研究所清理探查。

[4] 王树明：《山东莒县陵阳河大汶口文化墓葬发掘简报》，《史前研究》1987年第3期；苏兆庆：《莒县文物志》，齐鲁书社，1993年。

城面积 4 万平方米。同时东南城外均有原生大汶口文化堆积,似说明存在中心居住区与外围居住区,从而提供了一个聚落以城垣为界分为城内城外不同层次居住区的首例 [1]。

野店遗址,属邹城西部、微山东北境群,群内遗址 12 处,野店遗址位于野店村南、峄山西北(图一),总面积 56 万平方米,主要遗存属大汶口、龙山文化,包括大汶口文化全过程,20 世纪 70 年代的发掘成果《邹县野店》[2],反映了该遗址丰富的文化内涵和较高的发展水平。

这是一些已经有所了解的地区级中心聚落,估计在青州、寿光、昌乐、半岛西部、临沂、苍山和平邑等地,都将有这一层次的中心聚落。

大汶口文化已存在城。中国城产生于第七千年纪,系由土围聚落转化而来。史前城大致可分为 5000 年前的原始城和 5000 年以后到 4000 年的龙山时代城两期 [3]。山东地区原始城阶段相当于北辛文化中晚期和大汶口文化早中期。目前不知是否有北辛文化城,已发现大汶口文化早中期城各一座,即王家庄和西康留原始城。前者位于阳谷东北汉东阿故城东南隅(图一),平面近扁椭圆形,东北、西南方向,面积约 4 万平方米,年代距今 6000 年左右。在东垣北段的试掘,显示出城垣夯层规整,夯窝密集,应由版筑而成 [4]。西康留城平面呈圆角多边形,面积约 4 万平方米,现知年代属中期后段,当 5000 年前,始建年代可能更早些 [5]。

大汶口文化晚期,已产生原始城市。原始城市意味着人口、家庭手工业者、非货币形式的原始资本、享乐和需求的集中,不同于一般城,而高于一般城。它的产生需要更高的经济与社会条件,它是地区的政治、经济、文化中心,是原始城发展到一定阶段的产物。《大汶口》一书,清楚反映出大汶口文化遗址在大汶口文化晚期阶段(距今 5000～4600 年)的聚落,已有上述各方面的初步集中,是考古界公认的大汶口文化突出的政治、经济、文化中心,已是座原始城市 [6]。

大汶口文化中期或稍早,聚落开始分化,产生了等级。一般来说,史前聚落规模的大小,都同其文化内涵和社会影响成正比,因此聚落规模大小将反映聚落的不

[1]　参阅张学海:《浅说中国早期城址的发现》,《长江中游史前文化暨第二届亚洲文明学术讨论会论文集》,岳麓书社,1996 年。

[2]　山东省文物考古研究所等:《邹县野店》,文物出版社,1985 年。

[3]　参阅张学海:《浅说中国早期城址的发现》,《长江中游史前文化暨第二届亚洲文明学术讨论会论文集》,岳麓书社,1996 年。

[4]　参阅张学海:《浅说中国早期城址的发现》,《长江中游史前文化暨第二届亚洲文明学术讨论会论文集》,岳麓书社,1996 年。

[5]　参阅张学海:《浅说中国早期城址的发现》,《长江中游史前文化暨第二届亚洲文明学术讨论会论文集》,岳麓书社,1996 年。

[6]　张学海:《城子崖与中国文明》《试论山东地区的龙山文化城》,《张学海考古论集》,学苑出版社,1999 年。

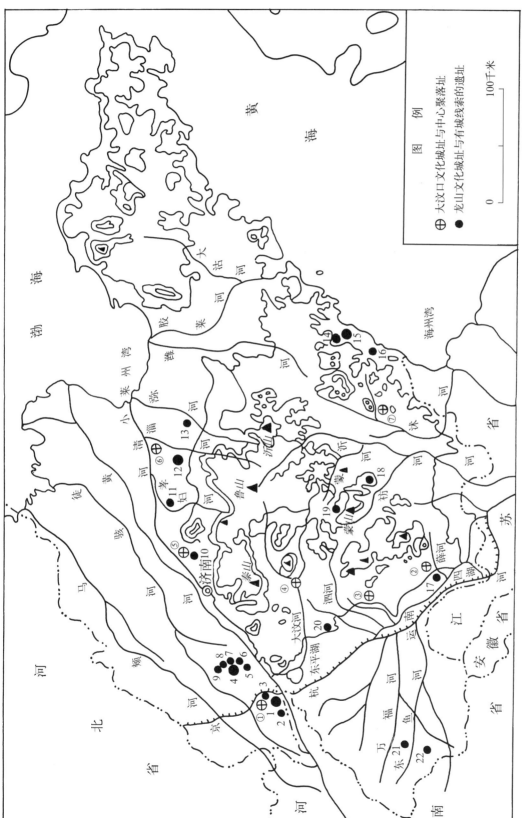

图一 山东地区大汶口文化城址、中心聚落址与龙山文化城址分布图

①王家庄城址 ②西康留城址 ③野店遗址 ④大汶口遗址 ⑤焦家遗址 ⑥付家遗址 ⑦陵阳河遗址 1.景阳冈遗址 2.皇姑家城址 3.王家庄城址 4.教场铺城址 5.前赵城址 6.王集城址 7.大尉城址 8.乐平铺城址 9.尚庄城址 10.拔子崖城址 11.丁公城址 12.田旺城址 13.边线王城址 14.丹土城址 15.两城镇城址 16.尧王城址 17.尤楼城址 18.古城城址 19.吕家遗址 20.西吴寺遗址 21.仿山遗址 22.春墓岗遗址

同等级。总观大汶口文化中晚期的聚落址，可分四个等级。一级聚落址面积 20 万平方米以上（大汶口、焦家、野店等遗址总面积都在 40～80 万平方米，但不知大汶口文化时期特别是其早中晚各阶段聚落址的面积，故暂不细分）；二级聚落址面积 10 万平方米以上，不足 20 万平方米；三级聚落 3 万平方米以上，不足 10 万平方米；不足 3 万平方米的为四级聚落。大汶口文化中晚期聚落群，大中等群的聚落都有三四个等级。那些小聚落群包括有的中等群，没有一级或一二级聚落，反映了聚落群与社会发展的不平衡，这对系统了解聚落等级结构的产生和发展，全面认识大汶口文化的社会，具有重要意义。这里还需指出，一级聚落和中心聚落不同，两者是从不同角度考察聚落所使用的概念，既有联系，又相区别。中心聚落指一个群体和地区的中心，一级聚落指一支文化和该文化各大发展阶段最大的聚落。一级聚落基本上是中心聚落，但不全是，因为有的聚落群同时存在两个乃至三个一级聚落，它们不能都是所在群体和地区的中心。而许多中小聚落群的中心聚落，是第二层次的中心聚落，并不具备一级甚至二级聚落的规模。现举数例以说明大汶口文化聚落群聚落的等级结构。

滕州东南部薛河流域群。遗址约 36 处，占地约 500 余平方千米，遗址有四个等级。一级遗址 2 处：西康留中心聚落址面积 20 万平方米，中期后段是城；微山尹洼遗址亦 20 万平方米。二级遗址 2 处：西公桥 11 万平方米，西王公 10 万平方米。三级遗址 4 处，四级遗址约 28 处 [1]。

青州、昌乐淦河中游尧河上游群。遗址约 31 处，占地约 600 余平方千米，有三或四个等级。一级一处，昌乐朱刘镇魏家庄遗址，20 万平方米，因有龙山文化以后遗存，未深入探查，故可能是二级遗址。二级遗址二或三处，即青州大关营、大陈遗址，魏家庄可能属二级。大陈遗址 10 万平方米，遗存单纯，保存良好，规模可能超过踏查的 10 万平方米。三级遗址 7 处，四级遗址 21 处 [2]。

莒县中南部沭河上游群。遗址 41 处，占地近 700 平方千米，有三个等级。一级遗址 1 处，是陵阳河遗址，面积 40 余万平方米，已见遗存主要属大汶口文化晚期。二级遗址缺。三级遗址 24 处，面积基本在 3～6 万平方米。四级遗址 16 处。群内聚落址虽多而集中，但缺乏二级遗址，疑踏查面积和实际面积有较大出入。群内陵阳河、大朱村、杭头遗址均出刻字陶尊，陵阳、大朱村墓地的随葬品也很丰富，贫富虽很悬殊，赤贫如洗者并不多，总体来看这两个聚落似较富足 [3]。说明该群的总

---

[1]　山东省20世纪80年代文物普查资料，存省文物考古研究所。

[2]　青州市博物馆：《青州市新石器遗址调查》，《海岱考古（第一辑）》，山东大学出版社，1989年；昌乐县20世纪80年代文物普查资料，存山东省文物考古研究所。

[3]　苏兆庆：《莒县文物志》，齐鲁书社，1993年。

体发展水平不会低于其他主要聚落群，群内应有较多二级聚落。

临沂、苍山、费县沂河中游祊河下游群。遗址 15 处（临沂占 10 处），占地约600 平方千米，有四个等级。一级三处：临沂晏驾墩、前城子、小城后遗址。总面积依次为 40 万、30 万、20 万平方米，后者已确认为大汶口文化大遗址。二级 2 处：临沂孙家岑石、王家三岗遗址，面积 15 万、16 万平方米。三级遗址 4 处，四级遗址 6 处。群内遗址不多，一二级遗址却占了 1/3，未知是否符合实际，但遗址的四个等级应是事实 [1]。

其余聚落群，群内遗址也都存在等级。不过大汶口文化中晚期的聚落群，占地虽然相当大，但除极少数聚落群以外，群内遗址不多，分布稀疏，聚落分化和等级结构尚不够典型。同时各群体之间和远山平原地区，散布着许多零星聚落。

距今 4600 年前后，龙山文化取代大汶口文化。龙山文化承袭大汶口文化的发展势头，在聚落、聚落群、中心聚落、城、原始城市和聚落分化诸方面，都得到急速发展而达到史前期的顶峰。初步统计，山东境内已知龙山文化遗址近 1300 处，除鲁西北黄泛平原的一部分县市外，几乎都已发现遗址，其中绝大部分分属 30 多个聚落群，这些聚落群可分三种情况。一是在某个大汶口文化聚落群的基础上发展扩大，如表二的第 5、6、11、12、14、15、16、17、19、20 群等；二是由一个以上到两个以上大汶口文化聚落群发展而成，如表二的第 1、2、8、9、18 群等；三是在只有零星大汶口文化聚落的地区和空白区新产生的聚落群，如：鲁西南万福河中上游、其支流沙河流域、东鱼河中上游、洙水河流域的五六群 [2]；禹城、齐河群；济阳中部到北东部徒骇河中游群；长清中部到济南西郊段店、党家镇群；惠民、滨州群；表二第 4、13、21、22、23 群等 [3]。新产生的聚落群大多分布于鲁西南、鲁西北、鲁北大平原和鲁东南沿海地区，远离大汶口文化中心分布区。龙山文化时期，鲁东南沂沭河流域、沂山北侧涑河、白浪河流域和鲁中南滕州地区，仍然是主要中心，集中了大量遗址。而泗河上游、大汶河中下游的大汶口文化聚落分布中心区，则少见龙山文化遗址，该地区的宁阳、汶上、邹城等县市，龙山文化遗址都未超过 10 处，少于大汶口文化遗址，曲阜、泗水龙山文化遗址虽较多，也只有 19 与 17 处。原因何在，尚需深究。

[1] 临沂市博物馆：《山东临沂新石器时代遗址调查简报》，《考古》1992 年第 10 期。

[2] 张学海：《从考古发现谈鲁西南地区古史传说的几个问题》，《张学海考古论集》，学苑出版社，1999年。

[3] 山东文物普查资料。禹城、齐河县见《考古》1996 年第 4 期；济宁县见《考古》1983 年第 6 期；长清、济南、惠民、滨州、诸城、胶南资料未发；日照市，《考古》1986 年第 8 期；日照两城镇，《考古》1997 年第 4 期，除仅见陶片的地点以外，龙山文化遗址约 16 处左右。

表二　山东境内主要龙山文化聚落群一览表

序号	聚落群山系流域	遗址数	分布范围（县市区乡镇）	备注
1	滕州群。薛河、城河、荆河下游冲积平原。	90	集中分布于滕州市，计81处；枣庄山亭区西集镇2处；薛城区夏庄、薛城、沙沟、张范4处；邹城市香城、峄山、郭里3处。	有滕州鲍沟吕坡、邹城野店镇野店一级遗址，滕州尤楼四级龙山文化城。含表一第1、2群，第3群南部。
2	泗水群。泗河上游水系河谷地带。	26	泗水县马庄、南陈村、大黄沟、星村、踅庄、高峪、泗水镇、中册、柘沟、金庄计17处；曲阜济岚公路以北书院、王庄、董庄等乡镇9处。	含表一第5群，第6群东北部。
3	曲阜群。泗河支流沂河流域、白马河上游。	23	曲阜市南部尼山、南辛、防山、息陬、小雪、曲阜镇、时庄、陵城计10处；兖州东部杨家河以东11处；邹城西北境中心店、邹城镇2处。	含表一第6群大部、第24群。
4	阳谷梁山群。徒骇河极上游、马颊河支流赵王河上游。	19	鲁西湖群以西，古大野泽、雷泽以北，徒骇河极上游地区，包括阳谷东南部，梁山、郓城北半部和鄄城北部等地。	本群估计有大量遗址被湮埋和被黄河冲毁。有景阳冈龙山文化城组共3城。
5	茌平东阿群。徒骇河支流管氏河、赵牛河上游。	33	黄河以西，茌平县四新河以东，齐河县西南部务头乡，聊城市东南部，东阿县中西部地区。	有教场铺龙山文化城组共6城。含表一第9群。
6	章丘群。小清河支流巨野河、绣江河、漯河流域。	42	章丘市文祖、阎家峪以北，白云湖、刁镇以南，长白山以西，济南历城区东境孙村、唐王镇以东地区。	有孙村西杜一级遗址，城子崖二级龙山文化城。群内含表一第10群。
7	邹平东南淄博市西北群。小清河支流孝妇河流域。	33	邹平县东南部邹平镇、好生、礼参、长山、苑城计16处；淄博市周村区萌水、贾黄、张坊、南阎计8处；张店区马尚、房镇5处；桓台县田庄、邢家4处。	有周村萌水乡水磨一级遗址，丁公三级龙山文化城。群内有零星大汶口文化遗址。
8	临淄广饶群。淄河中下游、乌河中游。	30	淄博市临淄区北部大武、齐陵、永流、孙娄、齐都、皇城、敬仲、朱台16处；广饶西南部西营、李鹊、花圆、石村、花官10处；青州市西北境东高、邵庄、文登4处。	有朱台田旺一级遗址、三级龙山文化城。含表一第11、12群。
9	青州寿光昌乐群。沂山北侧弥河中下游、尧河上游、北阳河流域。	约170	青州市普通、王坟一线以东地区，昌乐南郝、五图以北的北部，寿光西南部，临淄极东皇城乡东境地区。以青州口埠、苏埠屯、谭坊、昌乐、尧沟、昌乐镇，寿光纪台、胡营、孙家集为中心，这九乡镇共集中了70处遗址。	此群南界和临朐群、昌乐南部群交错不清，边缘遗址归属未必准确。已知青州何官藏台一级遗址、边线王四级龙山文化城。含表一第13、14群。

序号	聚落群山系流域	遗址数	分布范围（县市区乡镇）	备注
10	临朐中北部群。沂山北侧浕河上游。	约40	临朐中部浕河上游谷地，北部浕河两侧冲积平原，青州南境浕河、石河、王坟、黄楼、郑母诸乡镇。以北部龙岗、上林、营子、临朐镇、纸坊、青州黄楼为中心。	北界与青州群界限不明，同属浕河上中游，未明是否属一大群。因各有中心区，故分两群。西朱封遗址属此群。含表一第13群南小群。
11	昌乐中部临朐东南部群。沂山东北支白浪河中上游、汶河上游。	约65	临朐东南境沂山、大关、蒋峪、白塔、辛山、柳山计12处；昌乐中部南郝、五图以南的北岩、北展、乔官、北郦部、毕都、郦部、红河、大宅科、马宋、河头；青州极东南赵坡；潍坊潍城区西南部军口埠。	邹家庄、姚官庄遗址属此群。含表一第15群。
12	沂水、莒县、五莲、诸城群。潍河沭河最上游。	33	沂水县高桥镇、卞山一线以北地区12处，莒县极东北部东莞、库山5处，五莲西北中北部4处，诸城西南中南部12处。	呈子遗址属此群。含表一第16群。
13	诸城、胶南、五莲、日照鲁东南沿海群。五莲山东北翼潮河、吉利河、横河流域。	41	诸城东南吉利河上游4处；胶南14处，基本上位于县城以南沿海、近海河旁；五莲东南境叩官、潮河镇7处；日照极东北两城镇约16处。	有两城一级遗址及龙山文化城的线索，有五莲丹土二级龙山文化城。群内有个别大汶口文化遗址。此群可能分南北两群。
14	日照群。五莲山东侧。付疃河流域。	13	五莲中南境洪凝、街头、王世疃6处；日照中北部沿海近海的高兴、虎山、奎山、丝山、河山计7处。	有尧王城一级遗址，东海峪遗址属此群，尧王城发现龙山文化城垣。含表一第17群。
15	莒县群。五莲山西侧。沭河沂河上游。	77	莒县极东北部库山、龙王庙、东莞，极西南部大官庄、金墩、夏庄以外的绝大部分乡镇52处；沂水东南部沂水镇、许家湖、四十里堡、三十里堡、姚店子为主，包括龙家圈、武家洼、西北境诸葛、泉庄计17处；沂南极东部蒲旺、大王庄、张家哨8处。	有沂南大王庄乡龙角庄子一级遗址。含表一第18群。
16	沂南东部临沂北境群。沂河上游。	49	沂南东部沂河两侧谷地，包括西侧支流汶河、蒙河谷地共15乡镇38处；临沂极北境蒙河下游、沂河西侧8处；莒南西北境1处；莒县极西南夏庄2处。	有沂南葛沟乡葛沟村、临沂李官乡张家寨里一级遗址。含表一第19群。
17	临沂东部群。沂、沭河中游。	65	沂河以东临沂市东部地区，以东北部、东部汤河流域的汤头、八湖、郑旺、相公、黑墩为中心，这5乡镇占43处。	有刘店乡傅赤坡、相公镇平墩湖一级遗址。含表一第20群。

序号	聚落群山系流域	遗址数	分布范围（县市区乡镇）	备注
18	临沂西部费县东北群。沂河中游、祊河流域。	91	沂河以西临沂市西部地区38处；费县兖石铁路以北祊河、浚河河谷地带14处，铁路以南许家崖、马庄2处；平邑县兖石铁路南侧张里、东阳一线以北的东北半部34处；苍山东北沂堂、大仲村3处。	此群可能以平邑、临沂为中心属两群，但界限不清，同处祊河流域，暂归一群。有费县南张庄乡北石沟、临沂册山晏驾墩、白沙埠乡东孝友、白庄乡后盛庄一级遗址，费县方城古城遗址发现龙山文化城垣。含表一第21、23群。
19	苍山南部枣庄市东南群。苏河、燕子、东洳、西洳河下游，淘沟河、峄城大沙河、周营沙河流域。	52	苍山县枣苍公路以南各乡镇28处，公路以北车网、小岭、神山3处；临沂极西南傅庄镇2处；郯城极西北褚墩镇2处；枣庄市中区4处，峄城区12处。	东北界和临沂西部群不清晰，南含江苏邳州市龙山文化遗址。有长城镇沙沟一级遗址。含表一第22群。
20	兖州西北部济宁北部群。鲁西南平原东部。洸府河中游。	20	兖州市西北漕河、小孟、新驿、颜店、前海计15处；济宁北部李营、二十里堡、长沟5处。	有西吴寺一级遗址，并发现城垣线索。含表一第4群。
21	禹城齐河群。鲁西北平原南部。徒骇河中游。	12	禹城城关镇、石屯、大程、梁庄、二十里堡、李屯、十里望；齐河华店、南北、表白寺。	多堌堆遗址。群内未见大汶口文化遗址。
22	定陶群。鲁西南黄河冲积平原。东鱼河、万福河上游。	21	定陶县定陶镇、东王店、南王店、力本屯、张湾、邓集；曹县青岗集、韩集、桃源集；菏泽市大王集、金堤、佃户屯、二郎庙；东明县东明集、胡庄、马头。	定陶仿山遗址有大型龙山文化台址，似为一级遗址，应是城。安丘堌堆遗址属此群。仅见个别大汶口文化遗址。
23	曹县群。鲁西南平原西南部。安济河、沙河上游。	15	曹县倪集、莘冢集、普连集、安仁集、侯集、阎店楼；成武县九女集、成武镇。	有春墓岗一级遗址。有个别大汶口文化遗址。

　　总体而言，龙山文化聚落群规模之大，远非大汶口文化聚落群可比。例如章丘聚落群，大汶口文化后期遗址10处，占地约200平方千米，龙山文化遗址43处，中心分布区约1000平方千米 [1]；青州、寿光、临淄东境、昌乐北境群，群内含两个大汶口文化聚落群共49处遗址，龙山文化遗址约170处，其中心范围西南到东北约45、东西约48千米，面积约2000平方千米 [2]；沂水东南、莒县中南、沂南东境

　　[1]　张学海：《城子崖与中国文明》《试论山东地区的龙山文化城》《东土古国探索》，《张学海考古论集》，学苑出版社，1999年。
　　[2]　山东文物普查资料。青州、寿光见《海岱考古（第一辑）》，昌乐县见《考古》1987年第7期。

群，群内大汶口文化遗址 41 处，占地东西 28、南北 24 千米；龙山文化遗址 77 处，分布范围东南到西北约 80、东西最宽约 40 千米，面积约 2500 平方千米 [1]；以沂南东部临沂北境为中心的沂河中游水系群，只有稀疏的大汶口文化遗址 8 处，龙山文化遗址 49 处，密布沂河及其支流东汶河、蒙河下游两岸；蒙山之阳平邑东北半部、费县北半部、临沂西部群，群内含两个大汶口文化聚落群共 42 处遗址，龙山文化遗址 91 处 [2]；滕州聚落群含两个大汶口文化聚落群共 54 处遗址，龙山文化遗址 90 处 [3]。龙山文化大中等聚落群的遗址都在 30 ～ 90 余处，个别达 170 处，占地在 1000 余平方千米到 2500 余平方千米左右。这时 30 万平方米以上的大遗址和中心聚落址已屡见不鲜，如阳谷景阳冈、茌平教场铺、青州臧台、五莲丹土、日照两城、临沂张家寨里、傅赤坡、沂南葛沟、费县北石沟、滕州吕坡、邹县野店、曹县春墓岗遗址等，除吕坡遗址为 35 万平方米以外，其余都在 40 万平方米以上。

城已十分普遍，已发现城子崖、丁公、田旺、边线王、丹土、尤楼、景阳冈、皇姑冢、王家庄、前赵、王集、教场铺、大尉、乐平铺、尚庄等 15 座城，另在日照两城、尧王城、费县古城、蒙阴吕家庄、定陶仿山、曹县春墓岗遗址等，发现龙山文化城线索。城已形成四个等级，上述 15 城面积 40 万平方米左右的 2 座，30 万以下、20 万平方米以上的 2 座，15 万以下、10 万平方米以上的 2 座，6 万平方米以下的 9 座。而且上述景阳冈城以后的 9 座城，分属山东西部两个龙山文化聚落群，构成两个龙山文化城组。景阳冈、皇姑冢、王家庄三城为一组；教场铺、王集、前赵、大尉、乐平铺、尚庄六城为另一组。两组各有一座中心城，即景阳冈与教场铺城，面积各 40 万平方米左右，其余七城内皇姑冢 6 万平方米，其余均 3 ～ 4 万平方米 [4]。

这时原始城市也得到迅速发展，初步分析城子崖、田旺、景阳冈等中心城，都已是原始城市 [5]。

聚落分化深刻化，等级结构充分发展，龙山文化遗址已有五个等级。一级遗址面积 30 万平方米以上；二级遗址 20 万平方米以上，不足 30 万平方米；三级遗址 10 万平方米以上，不足 20 万平方米；四级遗址 3 万平方米以上，不足 10 万平方

[1] 山东文物普查资料。莒县，见苏兆庆：《莒县文物志》，齐鲁书社，1993年；沂水县，见《考古》1991年第6期，沂南资料未发。

[2] 山东文物普查资料。临沂见《考古》1992年第10期。

[3] 山东文物普查资料。部分遗址见《考古》1980年第1期，大部未发。

[4] 张学海：《试论山东地区的龙山文化城》，《张学海考古论集》，学苑出版社，1999年。东阿前赵城系聊城地区文化局文研所1997年发现，该所陈昆麟主任在本省文物工作会议上汇报，是座小城。龙山文化城线索：西吴寺、古城村、尧王城、两城，都经考古机构发掘、探查，或在探查中发现城垣，或事后得知；吕家庄、春墓岗、仿山系笔者现场考查发现的线索。

[5] 张学海：《试论山东地区的龙山文化城》，《张学海考古论集》，学苑出版社，1999年。

米；五级遗址不足 3 万平方米。各聚落群的聚落都有三个以上等级，形成金字塔形等级结构。笔者曾对泰山北侧章丘群，鲁西各以往平与阳谷为中心的两群的等级结构做过分析，当时分聚落为三个等级，主要说明"都邑聚"金字塔形等级结构的形成 [1]。现举数例，以说明龙山文化聚落群聚落等级结构的深刻发展。

青州寿光昌乐群，遗址约 170 处，有五个等级。一级遗址一处，即青州藏台遗址，总面积 180 万平方米，估计龙山文化时期面积达 50 万平方米以上。二级遗址 4 处：青州鲁车马、肖家庄、昌乐东埠、魏家庄遗址。三级遗址 12 处，另有几处 10 万平方米的遗址未计在内。其余 150 余处除面积不详者以外，均为四五级遗址，占 90% 以上 [2]。该群一级遗址将不止一处。

莒县沂水沂南群，遗址 77 处（莒县 52、沂水 17、沂南 8 处），有四个等级。一级遗址一处，即沂南大王庄乡龙角庄子遗址，面积 35 万平方米。二级遗址缺。三级遗址 3 处：莒县薄板台、沂南后王家哨、蒲汪遗址。四级遗址 34 处，内有 9 万平方米的遗址 5 处，6 万平方米左右的 9 处。五级遗址 39 处 [3]。

以临沂东部为中心的沭河中游群，遗址 65 处，有五个等级。一级遗址 1 处，是傅赤坡遗址，面积 49 万平方米。二级遗址 5 处：中洽沟、泉沂庄、大张家五湖、后新庄和平墩湖遗址，面积依次为 20、25、25、27、30 万平方米，另有两处 20 万平方米的遗址列入三级。三级遗址 14 处，大部面积为 15 ~ 20 万平方米，另有三处 10 万平方米的计入四级。四级遗址 29 处，大部面积在 6 ~ 10 万平方米。五级遗址 16 处 [4]。四五级遗址共 47 处，占 72%。本群 20 万平方米以上的一二级遗址达 7 处，20 万以下 10 万平方米以上的三级遗址多达 14 处，四级遗址的规模也普遍较大，同临沂市以东地区的龙山文化遗址面积普遍较小形成明显差别，何者接近实际，尚待验证。

临沂费县平邑群，遗址 91 处，其中临沂 38、费县 16、平邑 34、苍山 3 处。临沂、费县的 54 处遗址有五个等级。一级遗址 4 处：临沂晏驾墩、东孝友、后盛庄、费县北石沟遗址，面积依次 40、40、42、75 万平方米。二级遗址 3 处：小城后、前城子、富家庄遗址，面积 20、30、25 万平方米。三级遗址 6 处，四级遗址 21 处，五级遗址 26 处 [5]。

[1] 张学海：《城子崖与中国文明》《东土古国探索》，《张学海考古论集》，学苑出版社，1999 年。

[2] 山东文物普查资料。青州、寿光见《海岱考古（第一辑）》，昌乐县见《考古》1987 年第 7 期。

[3] 山东文物普查资料。莒县，见苏兆庆：《莒县文物志》，齐鲁书社，1993 年；沂水县，见《考古》1991 年第 6 期，沂南资料未发。

[4] 山东文物普查资料。临沂见《考古》1992 年第 10 期。

[5] 临沂市博物馆：《山东临沂新石器时代遗址调查简报》，《考古》1992 年第 10 期；费县见《考古》1986 年第 11 期，报道数略少于总数；平邑资料未发。

滕州聚落群,遗址90处,其中已知面积的55处遗址有四个等级。一级遗址1处,吕坡遗址,面积35万平方米。二级遗址缺。三级遗址1处,四级遗址12处,五级遗址32处[1]。遗址面积普遍偏小,聚落分层不明显,显然是因踏查面积未能反映实际面积所致。

由于踏查提供的遗址面积的不准确性,使有些群体聚落的分层不很清晰。实际上大型龙山文化聚落群都已形成由五个层次聚落构成的金字塔形等级结构,少数小聚落群即便没有一二级遗址,群内也存在由大中小三个层次聚落构成的小金字塔形等级结构。同时,在群体之间和外围地区也存在许多零星聚落址。

距今4000～3900年间,岳石文化取代了龙山文化,山东境内已知岳石文化遗址不到300处,在龙山文化大中等聚落群内,都只发现极少岳石文化遗址,不见大规模的聚落群。例如青州市境内已知龙山文化遗址103处,大汶口文化遗址20处,岳石文化遗址在数量上仅9处[2];寿光县龙山文化遗址67处,大汶口文化遗址15处,岳石文化遗址仅1处[3];昌乐县龙山文化遗址73处,大汶口文化遗址22处,岳石文化遗址仅7处[4];莒县龙山文化遗址60处,大汶口文化遗址42处,岳石文化遗址仅10处[5];临沂市龙山文化遗址113处,大汶口文化遗址19处,岳石文化遗址仅10处。[6]岳石文化遗址在数量上不仅无法和龙山文化遗址相比,也比大汶口文化遗址少得多。诚然有不少岳石文化遗址可能尚未确认和发现,但不会改变岳石文化遗址相对很少的事实。已知的岳石文化城如城子崖、田旺、丹土等,都承袭龙山文化城,有些龙山文化城如景阳冈、教场铺、尚庄、丁公、尤楼城等,都有岳石文化遗存,岳石文化时期可能也延续使用,但许多龙山文化城这时似都废弃。

至此,我们已可对山东史前聚落时空关系的发展大势做出基本概括。更新世之末,山东地区首先在鲁东南沂沭河流域,鲁中南汶泗流域以及半岛地区,出现了少数不稳定的细石器文化聚落。万年左右以后,可能在沂蒙山南侧、泰山北侧和半岛地区出现了有陶新石器文化聚落,成为海岱地区有陶新石器文化的几个源头,并各自发展成9000年前的新石器文化,聚落已相对稳定。9000年以后,可能在沂蒙山南侧地区发展出后李文化,在泰山北侧地区产生了西河文化,半岛地区应有前白石文化。后李文化的一支于8000年前北上到达泰沂山北侧中段山前地带,建立了后李等聚落,阻止了西河文化的东向扩展,并在后来影响了半岛文化。7000年前,

[1] 山东文物普查资料。
[2] 青州市博物馆:《青州市新石器遗址调查》,《海岱考古(第一辑)》,山东大学出版社,1989年。
[3] 寿光县博物馆:《寿光县古遗址调查》,《海岱考古(第一辑)》,山东大学出版社,1989年。
[4] 潍坊市博物馆:《山东昌乐原始文化遗址调查》,《考古》1987年第7期。
[5] 苏兆庆:《莒县文物志》,齐鲁书社,1993年。
[6] 临沂市博物馆:《山东临沂新石器时代遗址调查简报》,《考古》1992年第10期。

山东人口还很稀少，聚落稀疏，广阔的平原地区尚荒无人烟，人们只在山前地带建立聚落，但都是永久性聚落，聚落也发展到相当规模和较高水平。

7000～6200年间，山东聚落时空关系经历了重大变化，聚落增长速度加快，在这阶段后期，形成了两个环山分布区：内陆环泰沂山北辛文化分布区和半岛环胶东丘陵白石文化分布区。晚期白石文化聚落之多和聚落群的首先产生，表明半岛文化处于一个繁荣期。但晚期北辛文化也开始了向平原推进的势头。

6200年以后，山东成为大汶口文化的一统天下，揭开了大汶口、龙山文化长达两千年持续快速发展的进程，尤其是大汶口文化中期以后，聚落的各方面都产生了引人注目的变化。首先，聚落快速增加，不断向平原推进，到大汶口文化中晚期之交，基本已遍及山东全境，而在环泰沂山地带形成了大本营，在其西南、西、东北、东南侧和蒙山之阳，产生了六块聚落分布中心区；其次，产生了许多聚落群，到晚期已近40群；第三，产生了许多中心聚落，包括一批大规模的地区级中心；第四，产生了城和原始城市；第五，聚落分化迅速发展，产生了四个等级，群体内聚落产生了等级结构。不过大汶口文化聚落群规模尚小，群内聚落少，总体来说等级结构似尚未充分发展。

至4600年左右，龙山文化承袭大汶口文化聚落的发展势头，更加迅猛地把山东史前聚落的各个方面推到了顶峰，在六百年的发展历程中，山东境内龙山文化聚落址猛增至1300处，聚落规模大大发展，产生了大批大规模的中心聚落；城已十分普遍，并形成了四个等级，产生了城组，原始城市也迅速发展；聚落群数量虽比大汶口文化有所减少，规模之大却非大汶口文化聚落群所能比，大中等群体的聚落都在30处以上到90处左右，占地1000平方千米到2500平方千米左右，群内聚落都有四五个等级，形成典型的"都邑聚"金字塔形等级结构。

进入岳石文化时期，聚落骤减，未见大规模的聚落群，大型聚落和城都很少见。

以上便是山东史前聚落时空关系发展大势的简略概括，可以简明地称为山东史前聚落"条块"框架或"条块"体系。

二

山东地区这一史前聚落时空关系发展大势或"条块"体系，从聚落方面反映了山东史前历史发展大趋势。它显示出万年以来的山东史前史，是围绕鲁中南山地和胶东丘陵逐渐展开的。自万年前到6000年间，山东史前史以这两个环山地带为舞台，缓慢地向前发展，总体上呈现了渐进的逐步由低向高发展的态势。距今6000年前后是一大转折。6000年以后，历史进程加快，历史舞台迅速扩大，约到5000

年左右的大汶口文化中晚期之交，人们活动舞台已基本扩展到山东全境。大汶口文化中期，聚落迅速增长，大量聚落群和许多中心聚落的出现，群内聚落分层秩序与等级结构的初步形成和城的存在，表明原始社会已走到文明社会的门槛。而在前述鲁中南山地周围六块大汶口文化分布中心区的近 10 个聚落群，可能正向文明过渡。5000 年前后又是一大转折，这时正当大汶口文化中晚期之交。大汶口文化晚期，聚落、中心聚落、聚落群与群内聚落等级结构的进一步发展，原始城市的出现；龙山文化时期比比皆是的城，城形成数个等级，产生了城组，原始城市发展所反映的城乡分离的深刻化，聚落剧增所显示的人口急速增长和空前数量的人口，大规模的中心聚落和聚落群所显示的人口空前集中，以及聚落的严重分化和群体内聚落金字塔形等级结构折射出的社会分化、社会分层秩序与等级结构的深刻发展等，证明大汶口文化晚期和龙山文化时期的社会，已是文明社会。但在岳石文化时期，这一文明失去了光辉，东土历史出现了大衰退。

这一聚落"条块"体系，证明苏秉琦先生关于六千年左右、五千年左右是两大历史转折点，文明曙光似满天星斗，山东也不是一颗星等论断都是正确的。五千年左右在山东这一大块中，由大中等聚落群构成的许多小块块，都先后由原始进入了文明。以它们的中心聚落所代表的这些小块块，以及许多城址、各种质地的礼器、红铜、文字等，都闪烁着文明的曙光。这些文明曙光全国又知有多少？显然问题不在于满天星斗的提法，而在于这一观点所代表的学术思想体系与思想方法是否正确，能否指导实践，促进学科发展，这只能通过实践来检验。事实是 20 世纪 80 年代以来，以文化区系类型、古文化古城古国学说为指导，使考古工作取得了巨大成绩的地区不限于山东一地。如果没有这些学科理论的指导，山东考古工作就不会有今天的大好局面。本文就是在这些理论启迪下提出的一个重要考古新课题。以前我提出的以典型史前聚落群"都邑聚"金字塔形等级结构和原始城市、城乡分离为标准，探索中国国家的诞生，以解决文明起源课题的观点，也是学习、实践这些理论的心得。相信以文化区系、古文化古城古国、中国国家发展三部曲理论为指导，建立聚落条块体系，采用典型史前聚落群"都邑聚"金字塔形等级结构和原始城市、城乡分离的标准，就将确认许多古国，解决文明起源课题，对"五千年之谜"做出回答，证明中国是五千年文明古国，中华文明曙光确如满天星斗，五帝时代有"万国"的文献记载并非完全虚妄。不言而喻，"满天星斗"只是对中华文明形象而简明的比喻，"万国"也不过是邦国林立，不知其数之意，谁又会不看实质，而拘泥字面、计较数字呢！

最后尚需说明。聚落时空关系宏观研究，需要具备各阶段聚落的数量和每个聚落较准确的面积等资料，普查提供的聚落数量和聚落面积等，不是准确的科学的资料，因此必须以史前聚落群为单位，对史前遗址逐一进行探查，获取每个聚落整体的科学资料。这方面笔者另有专文，这里不赘言。

原载《苏秉琦与当代考古学》，科学出版社，2001 年；后收入《张学海考古论集》（略有修改），学苑出版社，1999 年

新中原中心论

1996 年，严文明先生发表《中华文明起源的探索》一文，赞同多元论，把中国新石器文化比喻成一朵重瓣花朵，认为由于中国自然地理的客观条件，"使中国史前文化发展成一种重瓣花朵式的多元一体结构，更由于这种结构本身所具有的凝聚与向心的作用，因而能够在文明产生以后的发展过程中，相邻与相近的文化逐步融合，从而使文化的统一性越来越强，具体表现为花心部分越来越大"[1]。这是说，至少在新石器时代晚期以后，就存在具有"花心"地位的中心。文章虽未明说史前的"花心"在哪里，但可以看出指的是中原。实质上这也是一种中原中心论，是多中心论基础上的中原中心论，它不同于以往的中原中心论与单中心论，可称为新中原中心论。

新中原中心论是否反映了我国新石器文化的基本结构和史前历史发展的基本态势，关键在于中原区的文化是否始终或者基本上占有"花心"地位。新石器时代中期以前暂且不说，就新石器时代晚期仰韶文化来说，我以为是肯定的。以往因仰韶文化未见可以同周边文化的"坛、庙、冢"，贵族大墓，精美陶器、玉器等相比拟的特高水平的遗迹、遗物，所以给人以仰韶文化的发展水平并不很高，甚至有逊于周边文化的感觉，自然不好说它占有"花心"地位了。但是，如果从聚落层面进行考察，就会发现所有周边文化聚落的总体发展水平都难以和仰韶文化相提并论。仰韶文化源于老官台、裴李岗、磁山文化，逐步发展成大中原甚至超出大中原的文化共同体。在这一发展过程中，它又发挥着文化与民族熔炉的作用。它处于公元前 5000～前 3000 年，前后长达 2000 年，分为早、中、晚三期。早期为公元前 5000～前 4000 年，中期为公元前 4000～前 3500 年，晚期为公元前 3500～前 3000 年，已知聚落址超过 5000 处，跨九省区，主要集中于陕西、河南、山西、甘肃四省，在河北、内蒙古、宁夏、青海、湖北有零星分布。其中陕西 2040 处 [2]，河南约 1200 处 [3]，山西、甘肃各约 1000 处 [4]。据《中国文物地图集·陕西分册》，陕西

[1] 严文明：《中国文明起源的探索》，《中原文物》1996年第1期。
[2] 国家文物局主编：《中国文物地图集·陕西省分册》，西安地图出版社，1998年。
[3] 据杨育彬先生2001年11月在渑池县召开的"仰韶文化发现80周年纪念会"上的发言提供的数字。
[4] 巩启明：《从考古资料看仰韶文化的社会组织及社会发展阶段》注1，《中原文物》2001年第5期。

的仰韶文化遗址 60% 在关中地区，28% 在陕北南部的延安地区，陕北北部的榆林
地区约占 6%，陕南汉江上游、丹江上游等地也有分布。其中心区域在关中的渭河
流域和洛河中游一带，遗址十分密集。目前已确定或初步判定了文化类型的约占遗
址总数的三分之一，约 680 处。其中早期遗址占 28% 约 190 处，内含半坡类型遗
址约 155 处；中期遗址占 59% 约 400 处。早、中期遗址在各分布区之比，关中中
部（西安、咸阳地区）为 11∶2，关中东、西部（渭南、宝鸡地区）为 11∶9，陕
北为 13∶3。仰韶文化早期遗址主要分布于陕西地区，晋西南、豫西也有分布。陕
西的仰韶文化遗址尚有近 1400 处未知文化类型，其中应有不少早期遗址。估计仰
韶文化早期遗址当不少于 500 处。

　　仰韶文化中期，人口迅速繁殖，聚落急剧增长，分布范围显著扩展，东抵豫东，
西达陇东，南达鄂西北，北越长城，处于鼎盛时期。陕西已知中期遗址约 400 处，
在未知文化类型的约 1400 处遗址中，中期遗址占相当大比例。河南、山西、甘肃
的遗址绝大部分属中晚期，因而仰韶文化中期的遗址应有 3000 处左右。

　　晚期仰韶文化势力似比中期有所衰退，但聚落不至于显著减少，即便可能少于
中期聚落，也不会低于 2500 处。

　　以上对仰韶文化早、中、晚期聚落数的估计，不可能很准确。但仰韶文化是农
耕文化，聚落具有相对稳定性，据遗址总数和各阶段的分布范围来估计各阶段聚落
数不失为一种有效的方法。如此来看，仰韶文化的聚落让周边文化难以望其项背。
周边文化的聚落都很少，例如海岱区相当于仰韶文化早期的北辛文化中晚期的聚落
址约 40 处，加上同期的胶东半岛的白石文化聚落址，共约 110 处；相当于仰韶文
化中晚期到龙山时代前期的人汶口文化聚落址总数约 500 处；长江下游相当于仰韶
文化晚期到龙山时代的良渚文化聚落址，有的文章提到为 400 处，满打满算不会超
过 500 处，其前的崧泽、马家浜文化聚落址要少得多；两湖地区大溪文化和燕辽地
区红山文化已知聚落址更少，两区相当于仰韶文化早期的遗址更为稀疏。即便考虑
到工作的因素有许多遗址尚未发现，或有许多遗址早已消失，这些周边文化的原有
聚落也将不会很多，况且这些因素仰韶文化同样会有，所以从聚落层面考察，仰
韶文化尤其是其早中期阶段，明显处于当时全国各史前文化的前列，具有"花心"
地位。

　　史前文化聚落的多少，与其人口多寡成正比。人口快速繁殖，促使氏族、胞族
增多，分布较密，活动空间缩小，利益冲突加剧，促使部落组织较早产生，形成完
整的部落、胞族、氏族的社会组织结构。假如仰韶文化早期聚落以 500 处、平均每
处聚落以 150 人计，其人口为 75000 人；中期聚落以 3000 处计，平均各聚落 150 人，
共 45 万人；如每一处聚落平均以 200 人计，则达 60 万人。晚期阶段人口可能有所

减少，也当有 40 ～ 50 万人。

人口与聚落的快速增长，一方面促使聚落的规模逐渐扩大，其中许多将发展成为中心聚落；另一方面，则促使聚落群的产生和群体规模的不断扩大。而群内中心聚落的发展与聚落的日渐增多，必然导致聚落的分化，形成不同的等级。所谓中心聚落，最初是指聚落群的中心。大凡聚落群都有其中心聚落，但因初期阶段群内聚落不多，中心聚落规模不大，地位并不十分突出，经过一段时间的发展，有些中心聚落率先崛起，影响扩大到周围聚落群而形成地区的中心，从而构成更高层次的中心聚落。其中，许多中心聚落还会发展为原始城市。我们通常所说的中心聚落大都指这类中心聚落，但不很全面。聚落群则指在一个特定的地理小区间内存在 5 处以上的同期聚落。这些聚落之间有着内在联系，群体一般都有明确的范围，因而需要结合地形和其发展过程来考察而确定。新石器时代中期（下限为公元前 5000 年）以前，因人口稀少，聚落稀疏，基本上不会有聚落群。聚落群的产生是新石器时代晚期（公元前 5000 ～前 3000 年）的事，特别是在其晚段比较明显。它的出现，表明社会发展到一个新阶段。

由于仰韶文化早期就有众多人口与聚落，所以不仅最早产生了聚落群，同时还拥有许多大规模的聚落，其中面积 50 万平方米以上的超大聚落无疑都是中心聚落；面积 20 万平方米以上的，除少数可能是某些大聚落群的中级聚落外，也是中心聚落。据陕西省、河南省文物地图，关中、陕北地区面积 30 万平方米以上的仰韶文化遗址近 80 处（不包括一些面积 30 ～ 32 万平方米而含有较多晚期遗存的遗址），河南有 26 处，合计超出 100 处。考虑到河南、山西、甘肃还会有不少这类大遗址，可知仰韶文化大遗址非常之多。其出现时间也早，例如陕西有 4 处纯半坡类型遗址，其中 1 处面积 30 万平方米，2 处各 40 万平方米，1 处 48 万平方米。另有 2 处遗址延续到庙底沟类型阶段，武功游凤遗址面积 48 万平方米，洛川圳盘遗址则达 150 万平方米。这时的周边文化难以见到这么大的遗址。到庙底沟类型阶段，两省 30 万平方米以上的大遗址已有 60 余处，内有 48 万平方米以上到 150 万平方米的超大遗址 40 处，其中陕西咸阳秦都区尹家村遗址 131 万平方米，渭南韩城区南西庄遗址 88 万平方米；河南灵宝北阳平遗址 95 万平方米，东双桥遗址 80 万平方米，三圣、川口遗址各 70 万平方米，三门峡市郊杨家沟、孟津杨沟各 75 万平方米，郏县太仆村遗址 70 万平方米，均为单纯庙底沟类型或以其为主的遗址。而陕西洛川圳盘遗址面积 150 万平方米，虽包含半坡类型聚落址，但半坡类型聚落不大可能超过 50 万平方米，所以圳盘仍将是超百万平方米的庙底沟类型遗址。在以庙底沟类型为代表的仰韶文化中期阶段（公元前 4000 ～前 3500 年），周边文化似未有达到和超过 50 万平方米的遗址。即使有，也是极个别的。

同大聚落的最早出现相一致，仰韶文化的聚落群也在早期半坡类型阶段就已产生。从陕西省半坡类型遗址分布图中，可见当时至少已有下列聚落群：户县群，有半坡类型遗址 5 处；渭南东南群，遗址 5 处；礼泉北侧泾河支流下游群，遗址 6 处；淳化群，遗址 8 处；白水洛水支流（包括县北境）群，遗址 9 处；合阳西侧黄河小支流群，遗址 7 处等。在这些半坡类型聚落群中，还有很多未确定文化类型的仰韶文化遗址，因而上述半坡类型聚落群的聚落可能比已知的多。此外，在渭河流域、洛河中游、丹江上游等地区，都存在仰韶文化遗址群，遗址密集、群内遗址大都尚不知文化类型，其中不少遗址群已发现 2～4 处半坡类型遗址。如果全部遗址的文化类型都予以确定，肯定还会有不少早期聚落群，证明在仰韶文化早期前段不仅产生了聚落群，而且较为普遍。而这时的周边文化，聚落稀疏，聚落群的产生是很久以后的事。例如海岱区在胶东半岛的白石文化晚期（约当公元前 5000 年后期）才产生个别小聚落群，但似未向前发展；而和晚期白石文化大体同时的晚期北辛文化，已知遗址还不到 40 处，分布于环泰沂山地带的 20 余个县市区，基本上是一县一处，仅有个别县市发现 2～4 处，充其量只能存在几个雏形聚落群。其后的大汶口文化早期（公元前 4200～前 3700 年）只是在环泰沂山地带存在一些小聚落群 [1]。至于新乐文化、马家浜文化、河姆渡文化、汤家岗文化、大溪文化，同北辛文化的发展水平大体相当，可见仰韶文化早期的社会发展进程比周边文化的社会发展进程快得多。尽管这一阶段全国各区的文化大都在独立发展，区间联系较少，但就全国新石器文化的结构与发展态势来说，已在形成重瓣花朵式的结构，仰韶文化已经明显地处于全国新石器文化的"花心"地位。

中期仰韶义化，承袭早期文化的发展势头，得到快速发展，达到了鼎盛期，分布范围向四面显著扩展，给予周边文化以重要影响，如东面在山东的腹心地区也见其文化因素，甚至可能已有其族类进入该地区。这一阶段聚落与聚落群的数量和规模都明显超过早期。聚落方面已由前文所述陕西、河南的情况见其一斑。聚落群方面，新近许顺湛先生据《中国文物地图集·河南分册》把河南境内的仰韶文化遗址分为 37 群，各群有聚落 5～40 处，其中拥有 20 处聚落以上的群体 14 处，绝大部分（10 群）在三门峡市与洛阳市地区 [2]。因河南仰韶文化遗址尚有三分之一没有在地图上标示，所以其聚落群和大中等聚落都应多得多，许多群体的规模将更大。巩启明先生也指出，这阶段在豫西南鄂西北、嵩山周围、豫西、晋西南、北洛河中游、关中和陇东等地区，都存在由数十处或一百多处遗址构成的聚落群 [3]。诚然，

[1] 张学海：《山东史前聚落时空关系宏观研究》，《苏秉琦与当代中国考古学》，科学出版社，2000 年。
[2] 许顺湛：《河南仰韶文化聚落群研究》，《中原文物》2001 年第 5 期。
[3] 巩启明：《从考古资料看仰韶文化的社会组织及社会发展阶段》注 1，《中原文物》2001 年第 5 期。

文物普查资料有很大局限性，据此划分的聚落群和群内聚落数肯定和实际会有所出入，但普查成果已基本或初步反映了史前文化遗址的分布状况。据现有资料分析，陕西境内仰韶文化中期聚落群少说也有五六十群，河南境内也应有 50 群左右，山西、甘肃的仰韶中期遗址估计和河南接近，聚落群数也应相近。因此，仰韶文化中期聚落群估计将达 200 群左右，其中已有超大规模的聚落群。而此时海岱区的大汶口文化，聚落群基本上处于产生与初期发展阶段，在这阶段的晚段才出现急速发展的势头，但到公元前 3000 ～ 前 2600 年的大汶口文化晚期阶段才有约 40 群，其中含 20 处聚落以上的大中等群不过 6 群，群内聚落最多的为 41 处，只有一群，遗址也只有约 500 处，而此时已晚到龙山时代前期。大约自仰韶文化中期晚段以后才先后产生了大汶口、野店、焦家、傅家、陵阳河等面积 30 ～ 82 万平方米的大遗址，遗址面积除大汶口为 82 万平方米外，其余均在 50 万平方米以下，聚落总体发展水平很难和仰韶文化相比。此时的红山文化、崧泽文化、大溪文化的聚落发展水平大都未超过大汶口文化；马家窑文化遗址虽然较多，但和仰韶文化难以相比。中期仰韶文化正处在高速发展的繁荣时期，在全国新石器文化中的"花心"地位已十分突出。

晚期仰韶文化，发展势头有所减弱。但其分布范围、聚落和聚落群的数量，仍然远大于、多于周边文化，其"花心"地位并未动摇，只是相对而言没有了原先的明显优势，发展速度似乎不如周边文化那样快速。这仅仅说明历史发展的不平衡性。这种历史发展的不平衡性，不能轻易改变在漫长发展过程中自然形成的中国史前文化的地缘关系。仰韶文化占有大中原地域的地缘优势，拥有周边文化所不及的人口、聚落和聚落群，使它所处的"花心"地位异常稳固。

史前聚落群产生后，规模不断扩大，逐渐把各史前文化的大部分聚落囊括其中，而成为聚落存在的主要形式。其突出特征有三：一是聚落群始终或长期处在一个特定的地理小区间内稳定向前发展，群内聚落逐渐增多，密度增大，群体范围亦相应扩大。但是群体数量、群内聚落与群体范围并非都无止境地增长。二是群内中心聚落由不明显到明显，规模逐渐扩大，许多大中等聚落群的中心聚落面积都在数十万平方米以上乃至超过百万平方米，个别还达到数百万平方米，成为地区性的政治、经济、文化中心。三是随着聚落的增多和中心聚落的突出化，群内聚落产生分化，出现了大、中、小各等级的聚落，进而发展成金字塔形等级结构，塔尖是中心聚落，塔身是为数不多的中级聚落，塔基是占绝大多数的小聚落。史前聚落群的这些基本特征和存在形式，证明它们是当时占主导地位的社会实体，群内中心聚落和中小等级聚落之间必定存在着垂直隶属关系，从而明确无误地反映出史前社会发展到了一个新阶段。

　　史前聚落群所代表的社会实体究竟是什么呢？不久前笔者在《从部落到古国——论史前聚落群体的性质与中华国家的诞生》一文中提出：就其发展全过程而言，聚落群体前后期的性质不同。前期是成员较多，是发展到了高级阶段即最后阶段的部落，这里主要指那些聚落众多的大中等群体而言；后期阶段的聚落群体绝大部分是古国，但那些聚落很少的小群体仍是部落。实际上，史前文化聚落群体的产生、发展及其性质的转化都不是整齐划一的，前后期之分只根据某些群体性质的最早转变而定，以中华国家、中华文明的诞生为分界线。用一句话来概括，就是史前聚落群体经历了从部落到国家的发展过程。

　　马克思、恩格斯的国家理论，主张国家由部落发展而来，符合中国实际。中国是个历史极其漫长而从未间断的文明古国。中国部落制必定经历了由低级到高级直至消亡（转化为国家）的完整发展过程，但其基本状况和具体发展进程还完全不为我们所知。部落至少由两个以上氏族组成，具有一定规模的较古老的部落还可能包含了胞族这一层次；部落以血缘纽带来维系，有神圣的固定的领地。中国的部落都是农业部落，决定了其领地的相对稳定性，不可能频繁迁徙。部落诞生之初，因成员少，聚落不多，未必有明显的聚落群，或者只是个雏形聚落群。随着人口繁殖，新家族、新氏族不断衍生，聚落相应增多，形成较明显的聚落群，部落超过了初始阶段，一个聚落群就是一个部落。群内聚落继续增多，中心聚落迅速发展，这一过程伴随着聚落的分化和等级结构的产生与发展，进而发展成金字塔形等级结构，该部落也就走到了尽头，即跨入文明的门槛，国家呼之欲出。这一阶段的大中等聚落群是发展到高级阶段、最后阶段的发达部落，群内处于塔尖位置的中心聚落是部落中心，为数不多的处在塔身位置的中级聚落应是些胞族与大氏族或老氏族，处在塔基位置的绝大多数的小聚落是小氏族、新氏族与家族，国家将首先从这些大中等聚落群中脱颖而出。其标志是：群内聚落已经呈"都、邑、聚"性质的金字塔形等级结构，或者说中心聚落已经是原始城市，群内形成了城乡分离的格局。

　　群体聚落"都、邑、聚"金字塔形等级结构，体现了群体内已形成垂直的行政管理体系。居于塔尖位置的部落中心已是都城；处在塔身位置的中级聚落（原先的胞族与大氏族）跟着转化为相当于邑的中级管理组织；处在塔基位置的小聚落（小、新氏族与家庭）是基层社会组织。中心聚落具有都城性质，可以从具有礼仪性质的大建筑、王墓性质的大贵族墓葬和较高的文化总体水平等来确定。如果中心聚落已具都城性质，那么，其所在群体就是个国家（古国）。因为群内聚落等级结构的发展，是和生产力的进步、私有制的发展相伴的，在这一发展过程中不断冲击、腐蚀着原始共产制与平等原则，氏族社会的基础在不断瓦解，阶级社会的基础与秩序在不断构建之中，而当群内聚落发展成金字塔形等级结构时，表明新的社会分层秩序已完全取代了昔日的平等原则，植根于原始共产制的氏族社会，已被建立在私有制基础上的阶级社会所取代。所以，当群体的中心聚落已具都城性质时，部落已转化为国家。

史前城包括一般的城和原始城市，在已知的史前城中只有极少数是原始城市。中国的城，应产生于公元前 5000 年前后，最早的城是由土围、环壕聚落转化来的，战争的出现是这一转化的标志。原始社会的城基本上是氏族居地、部落的中心，因而不是单纯意义上的城堡。这阶段的城，可以称为原始城，是城的产生和初期发展阶段。原始城市是初期的城市，它的产生需要具备更高的经济与社会条件，其中已越过第二次社会大分工、手工业有了突出发展、人口向中心聚落集中、城已较为多见、社会关系分化深刻化诸项，是必备的条件。作为原始城市，必须具备三个要素，即：是一个政治中心；存在手工业者阶层，是一个较突出的手工业技术中心；拥有数千人以上人口，居民具有多种社会身份，其中有相当比例的非体力劳动人口。这样的原始城市只能伴随阶级社会的产生而产生，它是史前地区性的政治、经济、文化中心，但首先是所在聚落群体的政治、经济、文化中心，也就是国都。因而原始城市的出现，标志着国家已经诞生，其所在的聚落群体就是一个国家实体。至于城乡分离的进程，随着城的产生就已起步，但只有到原始城市的诞生、群体的中心聚落已是城市时，才能和群内的中小聚落之间形成比较典型的城乡分离格局。城乡分离是阶级社会的基本特征之一，并贯穿始终 [1]。

所以，群体聚落"都、邑、聚"金字塔形等级结构的确立、原始城市的诞生和城乡分离格局的形成，是史前聚落群体已由部落转化为国家的重要标志，可作为探索中华国家起源、中华文明起源的基本标准，在考古学上具有可操作性。

史前聚落群体经历了由部落到国家的发展历程，得到了古文献的印证。古文献每称五帝时代有万国，《尚书·大传》说商初有三千国，周初尚有一千七百余国。《尚书·大传》又说周代分封诸侯国有三等，一等"方百里"，其次"方七十里"，再次"方五十里"，此外还有不能达于天子的附庸国。《史记·五帝本纪》记载周初齐、鲁、唐叔之封都是"方百里"，先秦诸子说灭夏前的商汤也是"方百里"或"方七十里"。这些记载具有可信性，而周代的分封制度很可能反映了五帝时代国家的一般规模。上述的"里"是周里，折合成千米，前三个等级诸侯国的面积各约为 1400、700 和 350 平方千米。三个等级诸侯国的面积分别和龙山时代的大、中、小三种聚落群体的面积大体一致。当时的聚落以聚落群和零星散布两种形式密布于神州大地，与上述文献记载相参证，那些具有一定规模的龙山时代聚落群只能是国家。而零星散布

---

[1] 张学海：《中国城的起源与原始城的发现》《论山东地区的龙山文化城》《对推进文明起源研究的几点意见》，《张学海考古论集》，学苑出版社，1999 年。

的聚落以及规模很小的聚落群则是小部落、独立氏族和家庭，万国实际上包括了所有这些古国、部落和氏族，并非全是国家。国家由部落发展而来，而龙山时代的聚落群体虽然不少是当时新产生的，但大部分都由仰韶时代的某个群体或某二三个相邻群体发展而成，证明仰韶时代的聚落群总体上都是部落，史前聚落群体的发展贯穿了从部落到国家的历程。

史前聚落群的出现，意味着氏族社会产生了裂口（仰韶文化是个例外），迈出了向文明过渡的步伐。所以，研究史前聚落群的产生、发展、变化过程，就能有效地解决中华国家、中华文明的诞生过程，把握各史前文化的社会发展进程及其在中华国家诞生和中华文明形成过程中的地位。当然，这一研究要以文化区系框架为基础，结合文化来研究，但单一的文化研究并不能有效地恢复消失的历史。历史研究的中心内容是社会与国家，聚落则是社会的分子、文化的载体，人类是在自己的居地上繁殖后代、创造自身的文化和历史的。尽管聚落考古早在 20 世纪 50 年代就已开始，但 20 世纪中国史前考古的中心任务是解决文化区系类型问题，聚落考古处于起步阶段，只限于对个别聚落址的大面积或全面揭露。这些重点解剖的聚落和周围聚落的关系，以及它们属于聚落群的哪个等级，代表其文化的哪一类，并非全是清楚的，所以其典型性不免受到局限。学科发展至今，对区域、文化谱系和重要聚落时空关系的发展变化，特别是对聚落群体的产生演化过程的研究，已成为聚落考古应当首先解决的突出课题。其中对仰韶文化的聚落时空关系与聚落群体的研究，尤其重要。

仰韶文化发现于大中原，聚落群出现最早，发展过程最长，群体数量最高，并且拥有规模最大的聚落群体和中心聚落，因而诞生文明的基础也就较为雄厚，文明的诞生应不会滞后。当公元前 4000 年前后到公元前 3500 年的仰韶文化中期阶段，周边文化的聚落群大都才开始产生，基本上处于初期发展阶段，仰韶文化的聚落群已经历了早期发展阶段而进入蓬勃发展时期，在关中、豫西、洛河中游、晋西南和陇东等地出现了大规模的聚落群体和超大中心聚落。所以从聚落层面考察，仰韶文化的"花心"地位是明确的。

仰韶文化发展为龙山时代文化。龙山时代早期，有的周边文化稍失光芒，多数则更为耀眼，各自向大中原方向推进。晚期大汶口文化西进至豫东，在豫中、豫北也发现了大汶口文化墓葬，陶寺文化中亦明显可见大汶口文化的因素。良渚文化的影响也抵达中原。屈家岭文化进入豫南地区，甘青文化给予关中西部地区文化以强烈影响，同时北方文化也在南下。随着周边文化向大中原推进，中原地区进一步显示出文化与民族熔炉的作用，这可能和龙山时代的历史发展态势密切相关。在距今5000 年前后，以黄帝为代表的炎黄部族和以蚩尤为代表的东夷部族，在河北西南部的巨鹿一带发生"涿鹿之战"，东方部族大败，蚩尤被杀，黄帝在穷桑"登帝位"，也就是被参战各方拥戴为盟主，产生了划时代的大联盟，开创了五帝时代。这个联盟是以炎黄、东夷部族为主体，包括黄河流域和北方地区的北半中国的联盟。该联盟的性质是古国联盟，但包括了大量部落、氏族在内。五帝是这个联盟的五位盟主，他们首先是各自国家的领袖，然后被推举为联盟盟主，而仍为其国君主。五帝之中除了帝舜，均属炎黄集团，可见五帝时代中原势力仍起主导作用。涿鹿之战前后的黄帝可能在冀鲁豫交汇地带活动，后来南迁。颛顼在濮阳，史无异辞。帝喾所属未详。帝尧在晋西南襄汾，已得到考古学初步证明，唐国可能在这一带一直延续到西周初年。舜是有虞国君，但非开国之君，有虞属东夷之国，参照早期文献与考古资料，有虞可能活动在鲁西阳谷、梁山一带，和颛顼东西为邻[1]。这个联盟和长江势力集团长期对峙，抑制了南方势力向中原推进，而在联盟内部则为文化交流、民族融合提供了极有利的历史环境，也许这便是龙山时代东、西、北三边文化明显深入大中原地区的历史背景。实际上，夏禹很可能也是一"帝"，是这一联盟的最后一位盟主。夏国处于伊洛地区，该地区自仰韶文化中期开始就是个极重要的古文化中心，人多势众，聚落密集，有很多大规模的聚落群体和十分突出的中心聚落，龙山时代应已建立了若干古国，其中包括夏国。禹是龙山时代末期的夏国君主，他成为联盟盟主，说明这时夏国已经崛起，禹在联盟中早有影响。作为盟主，禹领导联盟成功治理了洪水，取得了对三苗集团斗争的彻底胜利，威势大振，顺势扩大国土。启承父业，继禹威烈，大力开疆拓土，既是顺理成章之举，亦属历史发展之必然。启的大力兼并，导致联盟瓦解，五帝时代（古国时代）的终结，中国历史跨入夏商周三代时期。三代不同源，但它们的先祖均处于大中原地域，同是上述这个联盟的成员，所以正是这个联盟为三代文明奠定了坚实基础，使中原地区在中华整体文明中的"花心"地位更为稳固，"花心"愈来愈大。

　　重瓣花朵般多元一体结构的新中原中心论，形象地描绘了中国历史发展的基本态势和独特道路，从历史文化传统上解释了中华民族何以具有如此强大生命力、向心力、凝聚力和包容性，像滚雪球般越滚越大，在漫漫历史长河中滚滚向前而不可阻挡。尽管因历史发展不平衡规律的作用，"花心""花瓣"各自的发展时有快慢、高低之别，并非都同步直线发展，但占有"花心"地位的中原地区在距今7000年以来的大部分时间里，都是中国历史和中华整体文明的最重要的中心，是文化与民族融合的最主要的大熔炉。正是"花心"与"花瓣""花瓣"与"花瓣"之间的互动作用，培育出光彩照人的中华文明之花。20世纪中国考古学的巨大成就，已把

[1]　张学海：《东土古国探索》《论龙山文化景阳岗类型》，《张学海考古论集》，学苑出版社，1999年。

旧中原中心论送进了历史，中华文明起源的多中心论成为考古、历史学界的主流认识。新中原中心论的提出，将促使学术界对众多文明中心的相互关系、各自在中国历史进程中的地位和贡献进行深入探索，使我们能够准确把握中国历史和中华民族的具体发展道路与基本特征。

原载《中原文物》2002 年第 3 期

鲁西两组龙山文化城址的发现
及对几个古史问题的思考

　　20 世纪七八十年代山东的文物普查，在鲁西聊城地区的徒骇河上游，先后发现了以茌平县和阳谷县为中心的两个古遗址群。其中都包含着大汶口文化、龙山文化、岳石文化和商周时期的遗存。1994 年 11 月，聊城地区文物研究所在配合阳谷县景阳冈公园工程的钻探中，发现景阳冈龙山文化遗址有夯筑城垣，接着在城内又发现有大型夯筑台址。12 月下旬，对景阳冈龙山文化城的夯筑台址和阳谷县的王家庄、皇姑冢，东阿县的王集，茌平县的教场铺、大尉、三十里铺（乐平铺）、尚庄等龙山文化遗址又作了勘察。这些遗址都有挖沙坑、取土坑或有水渠通过，大部分坑壁、渠壁上暴露着龙山文化城垣的断面遗存，略作钻探，多能得知大体范围。包括景阳冈遗址在内，共发现了 8 座龙山文化城址。这 8 座龙山文化城址，分南北两组。

　　（一）南组3城

　　即阳谷县景阳冈、皇姑冢和王家庄龙山文化城，以景阳冈龙山文化城为中心（图一）。

　　1.景阳冈龙山文化城

　　位于阳谷县东南 18 千米张秋镇景阳冈村周围。城平面近似椭圆形，两端较窄，中部弧形凸出，南北长约 1150、北端宽约 230、南端宽约 330、中部最宽处约 400 米，面积约 35 万平方米。地面已无城垣遗迹，地下城垣保存完整。城址东北角现有南北向水渠穿过，从水渠西壁可见耕土下即有岳石文化城垣残基，其外侧被东周城垣残基打破。岳石文化残垣下压龙山文化城垣,其顶部到水渠底高 1 米余，渠底已见水，无法钻探，估计渠底以下还会有数米以上的城垣。水渠壁上暴露的龙山文化城垣内侧夯层向里倾斜，夯层较厚，不规整，城垣外壁陡直。打破内侧城垣的灰坑，属于龙山文化中晚期。在南、西、北三面城垣的中部，均有一缺口，未知是否是城门（图二）。

　　城内中部有大小两个夯筑台址。大台呈圆角扁长方形，方向与城平行，南北长

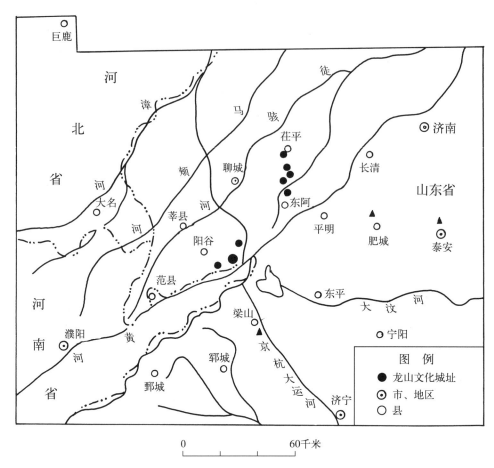

图一　鲁西两组龙山文化城址分布图

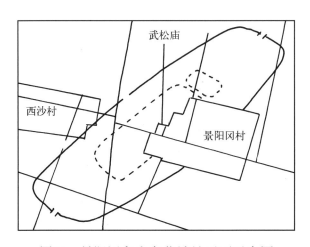

图二　景阳冈龙山文化城址平面示意图

约520、两端宽175米左右，台址面积约9万余平方米，原由西南向东北倾斜，西南部最高处高出地面约3米，即俗传武松打虎的景阳冈。1969～1975年，逐渐由东向西取土，村子随着向西推进。1976年，大规模挖土填沟，台址地表以上部分基本上被削平。今仍保留着原高度的残台址的地方，只有中部武松庙基处和村西南的一部分。原台址高约5～6米，但似有多层台面，估计台址是逐步加高的。此台址基本上用生黄面沙土筑成，但在台址西南部的前沿夯土中，可见龙山文化遗物，知台址经过扩建。小台在大台东北15米处，呈东西向的圆角长方形，东西长约130、南北宽约60米，面积约8000平方米，原来和大台一样高出地表，1976年与大台同时削平。在台址与城垣之间，有丰富的文化堆积，基本上都在地表下2米余。

2. 皇姑冢龙山文化城

在景阳冈龙山文化城西南8千米处，位于阳谷县南7.5千米皇姑冢叶街村东，平面也呈东北—西南向的扁长方形，南北长约400、东西宽150米，面积约6万平方米。1973年，中国科学院考古研究所山东队曾在城内高埂堆处做过试掘，发现有后岗一期遗物。目前暴露的堆积，主要属龙山文化时期。

3. 王家庄龙山文化城

在景阳冈龙山文化城东北10千米，位于阳谷县阿城镇王家庄西北，已被东周阿故城（汉东阿县城）所压，阿古城城垣东南角即筑于龙山文化城东南垣之上。在一条东西向水渠的北壁与阿故城东垣相对的部位，可见用生黄面沙土筑成的城垣，并有上下层之分。上层夯层较规整，层厚约8厘米。下层难辨夯层。下层城垣被一小灰坑打破，坑仅残存坑底，深不到20厘米，所出16片陶片，只有两片龙山文化陶片，其余全是大汶口文化陶片。据此，城的始建年代当不晚于龙山文化早期。因城内黄河淤积深达2.3米以上，且不到2米即见地下水，钻探困难，龙山文化城的范围未详，估计面积在3～4万平方米。

（二）北组5城

即茌平县的教场铺、大尉、乐平铺（三十里铺）、尚庄和东阿县的王集龙山文化城，以教场铺龙山文化城为中心（见图一）。

1. 教场铺龙山文化城

位于茌平县南乐平铺教场铺村的西北，北距茌平县城20、西南距汉茌平故县所在地高垣墙约6千米。城的平面呈横长方形，钻探所了解的龙山文化堆积的范围，东西约1100米（西面到仇陶村中部），南北约300米，面积约33万平方米。如加上城垣宽度，估计城的面积达40万平方米左右。地面已无城垣遗迹，探知地下东垣宽30米。夯土特征有二：西半部10余米用生黄面沙土筑成，土质纯净，较松软，当为龙山文化城垣；东半部城垣为黑黄色细花夯土，质坚硬，应晚于龙山文化时期。其他三面城垣湮埋较深，未细探。城内有两个东西并立的夯筑台址，东台东西约100、南北约160米，面积约1.6万平方米；西台东西长约800余、南北宽约160米，面积约14万平方米。两台间隔约70米。东台东部因挖沙受到破坏，据断面和在坑底的钻探，知台高6米，台址高出现地表1米余，其上还有1米左右的晚期堆积，形成一个大堌堆，由东向西呈漫坡状。城内中部地面有丰富的商代后期陶片，周、汉陶片随处可见，堌堆断面有汉石匣墓，挖沙坑偶见大汶口文化陶片，并有特大型的龙山鸟首形鼎足。

2.王集龙山文化城

在教场铺龙山文化城东南约3千米处，位于东阿县城以北、王集村西到村南一带。平面呈圆角长方形，东北一西南向，南北长320、东西宽120米，面积约3.8万平方米。地面不见城垣遗迹，地下城垣范围清楚，用生黄面沙土筑成，难辨夯层。城址地面隆起，龙山文化堆积原高于现地面，已受到破坏。地面见有商周陶片，断崖有汉墓暴露。

3.大尉龙山文化城

在教场铺龙山文化城东北3千米处，位于茌平县乐平铺镇东南。地面原有较大堌堆，现其北部大半因挖沙而破坏殆尽，东北部也成了鱼池。堌堆南部残存的面积已不到1000平方米，高约3米，上部属历史时期堆积，可见商周陶片和汉墓，底部为龙山文化堆积。城址东北角、西北角断崖上均暴露有城垣遗迹，龙山文化城垣用生黄面沙土筑成，土质纯净。西北角见有黑黄色细花夯土城垣，土质坚硬，当晚于龙山文化时期。龙山文化城垣范围未作钻探，据龙山文化堆积分布范围，东西约150、南北约200米，面积约3万平方米。

4.乐平铺（三十里铺）龙山文化城

在教场铺龙山文化城东北6千米处，位于乐平铺北街东南，平面近似圆角方形，东西约200、南北约170米，面积3万余平方米。地下城垣范围清楚，城垣西南角仍如坟丘般高出地面，其他部分地面均已不见。在城址东部取土坑的断面上和穿过城址中南部的东西向水渠的北壁，均暴露有东城垣，系用生黄面沙土筑成，夯土纯净，不辨夯层。南垣中部探出一缺口，似为城门。因挖土和平整土地，城址上部堆积已被挖掉。因地下水位高，无法深探，现存堆积厚度不详。

5.尚庄龙山文化城

在教场铺龙山文化城以北19千米处,位于茌平县城西南尚庄村东。北垣呈直线，西垣中部外凸，南垣呈弧形，东垣未探出，但位置大体可定。现城址的西南角、东北角各有挖土坑，断面均暴露有城垣。龙山文化城垣用生黄面沙土筑成，夯土纯净，难辨夯土层。东北角还见晚期城垣,时代未详。龙山文化城址面积约3万余平方米,地面显著隆起。1975、1976 年在西南部两次试掘，发现有大汶口文化、龙山文化、商周文化三期堆积。

此外，在教场铺龙山文化城东北 21 千米，有台子高龙山文化遗址，地面有高大堌堆，可能是座龙山文化城，但还需勘查证实。教场铺西南 3 千米，有迟桥龙山文化遗址，俗称孟尝君遗址。传孟尝君屯兵于此，且在教场铺练兵，故名教场铺。迟桥遗址地面也有堌堆，也可能是座龙山文化城。

综观这两组龙山文化城和这两个古文化中心的龙山文化遗址，具有如下特征。

首先，每组龙山文化城都有一座 30 ～ 40 万平方米的中心城，中心城内都有一小一大的大型夯筑台址，小台都居东，大台都在西。虽然目前还不了解台址的功能，但这种一致性已令人深思。

其次，中心城周围有若干小城，已知阳谷组有 2 座，茌平组有 4 座，实际上都可能超过此数。它们的面积大都在 3 ～ 4 万平方米，其中阳谷组的皇姑冢较大，约 6 万平方米，这是组群中的二级城。

第三，这两个古文化中心，一般的龙山文化聚落数量较少，茌平古文化中心约 30 余处，阳谷古文化中心更少，这比黄河以东地区的许多古文化中心的龙山文化遗址少得多。诚然有些龙山文化遗址可能被黄河淤积湮埋而未露，但这一带已知的龙山文化遗址的堆积，原都高于现地表，深埋未显的未必很多。一般聚落较少，可能反映了人口向城邑集中；频繁的战争和水患，可能是促使人口集中的重要因素。

第四，这两个古文化中心的范围都不大。据龙山文化遗址的分布范围，茌平古文化中心东北到西南未超过 40 千米，阳谷古文化中心东北到西南约 20 千米。孟子说周初齐、鲁之封"方百里"，当时的附庸国仅 50 里，分别和这两个古文化中心的范围大体相当。综上，可知茌平、阳谷这两个古文化中心，在龙山文化时代已形成"都、邑、聚"的金字塔形三级社会结构。中心城是"都"，二级城是"邑"，还有一批一般的聚落。其范围大体相当于周初的诸侯国和附庸国。如能证实中心城的大小台址是宫殿和宗庙基址，就能肯定是两个古国。这可能是一种脱胎于部落的古国。对研究黄河文明、中华文明的形成，中国国家的产生，中国早期国家的形式和国家发展的进程等重大史学与理论课题，无疑具有极其重要的意义。

茌平、阳谷所在的聊城地区，属《禹贡》兖州之域，汉为东郡地，处于冀、鲁、豫三省交汇地带的东部。冀鲁豫交汇地带是黄河中、下游和华北东北三方文化最先接触、交融的中心区，是中国古史演进的一个极其重要的舞台，五帝时代的一些重大历史事件都发生在这里。该地区曾是蚩尤、少昊族的活动范围，有学者认为涿鹿之战可能发生在该地区北部的巨鹿县一带。区内的古濮阳县是古史的帝丘，颛顼之墟。文献记载，陶唐氏的火正阏伯、夏王相、夏伯昆吾、商先公相土、卫成公等，都曾居于此。20世纪以来，在这一地区已有磁山文化、后岗一期遗存、仰韶文化大司空类型和蛤壳摆塑的龙虎鹿、大汶口文化、河南龙山文化后岗类型、山东龙山文化城子崖类型、下七垣文化等一系列重要的考古发现。如今又发现了成组的龙山文化城址，不仅显示出古济水西岸的茌平、阳谷一带，曾是古史上一个极重要的政治中心，而且为冀鲁豫交汇地区在上古史上的特殊地位，增添了一项十分宝贵的新物证，自然也引起我们对上古史的一些问题的新思考。现把对蚩尤和涿鹿之战、穷桑、虞舜的地望以及五帝封泰山等问题的新认识写出来，以就正于学术界的同仁。

（一）关于蚩尤的地望和涿鹿之战的发生地

蚩尤，高诱注《战国策·秦策》、马融《经典释文·吕刑下》都说他是九黎君长，自清末以来，学者几乎都以蚩尤属于苗蛮集团。徐旭生在《中国古史的传说时代》一书中，根据文献，对蚩尤的族属和地望作了详细考证，认定蚩尤九黎族属于东夷集团，活动于冀鲁豫三省交汇地带，证据充足，令人信服。徐氏虽未明确指出蚩尤居于何地，但注意到了汉代人对蚩尤的传说和秦祀兵主蚩尤，都在山东西部的东平一带，在太昊后人的封国范围内。按《史记·封禅书》记秦祀东方八神将说：“三曰兵主，祀蚩尤。蚩尤在东平陆监乡，齐之西境也。”又《汉书·地理志》东郡寿良县自注：“蚩尤祠在西北涑上”，涑应是沬，沬为济古文，沬上就是济水附近。此祠应当就是秦祭蚩尤的地点，地当在今东平县西北的黄河岸边。《封禅书》又说：“八神将自古而有之，或曰太公以来作之。”可见东方八神之祀，由来久远，或许起自史前的东夷集团，也未可知。蚩尤虽战败被杀，但无疑是东夷集团的英雄，战死而受到本族的祭祀，是情理中事。而同族祭祀蚩尤的地方，最有可能是在他原来的居地附近。开始只是祭祀有业绩的祖先，后来才演化成战神之祀。寿良，西汉属东郡，东汉光武帝避叔父赵王良讳改寿张，属东平。据《元和郡县图志·河南道六·郓州》寿张县条和《大清一统志·山东兖州府》古迹条，汉寿良故城在梁山县梁山以北约18千米的寿张集，本是春秋良邑，卜辞的良地。县境主要在今黄河南岸，后来因黄河泛滥冲毁县城，县治北移至今阳谷寿张镇，1964年县撤销，地分归阳谷、东阿和台前县。阳谷县，本隋析东阿县阳谷亭所置。阳谷古文化中心的大汶口、龙山文化遗址，集中于县东北到县南一带，属汉东阿县境，南与汉寿张县邻接。寿张县还有蚩尤墓的传说。《五帝本纪集解》引《皇览》说：“蚩尤冢在东平郡寿张县阚乡城中，高七丈。民常十月祀之。”文献记载与考古资料相互参证，推测古济水两侧、今东平、东阿、阳谷、台前、梁山等县一带，曾是蚩尤族的中心地区。

蚩尤和炎帝、黄帝属同一时代。据徐旭生考证，炎黄是华夏集团的两个分支，起自陕西西部的黄土高原，不知什么时候向外迁徙。炎帝一支沿黄河南岸向东发展，到达豫北、豫东北一带；黄帝一支自黄河北岸沿中条山、太行山到达北京一带，乃至远到燕山以北。先是到达豫东北一带的炎帝族和东夷集团的蚩尤族发生冲突、争斗，炎帝族战败，求救于黄帝，黄帝与蚩尤大战于涿鹿之野，杀了蚩尤。这一事件，最早见于《逸周书·尝麦篇》，但说战于涿鹿的是蚩尤与赤帝（即炎帝）。《五帝本纪》《盐铁论·结和》和先秦有关记载，都说涿鹿之战的双方是黄帝与蚩尤。而涿鹿之战的发生地在哪里，一直聚讼未决。

涿鹿之战的地望，史学界大体有北、中、南三说。北说在涿县或涿鹿县，前者在北京市西南，今河北涿州市；后者在北京市以西桑干河北岸。南说在彭城。《太平御览·州郡部一》引《帝王世纪》说："黄帝都涿鹿，于《周官》幽州之域，在汉为上谷。而《世本》云：'涿鹿在彭城南'，然而上谷本名彭城。"《路史》《续汉书·郡国志》上谷郡涿鹿注、王应麟《地理通释》都引《世本》，主涿鹿在彭城（《郡国志》《地理通释》引《世本》彭误作鼓）。此彭城实为宋之彭城，即今徐州市，并非汉代"上谷本名彭城"。中说在今河北南部的巨鹿县一带。徐旭生《中国古史的传说时代》（第95页）说："如果从九黎的地望猜测，或在河北南境今巨鹿县一带，也很难说。巨、涿古音虽不同部，但音近，可互转。"徐氏说这仅是一个推测，以备今后工作的参考。但这一猜测很有道理。涿鹿之战是华夏和东夷部族集团之间的战争，主战场应在冀鲁豫交汇地区，参加战争的华夏集团有黄帝和炎帝两支，东夷集团有蚩尤、太昊、少昊各支。先是蚩尤大败炎帝，炎帝"九隅无遗"[1]，地盘尽失。东夷集团大概控制了冀鲁豫交汇地带。此时的黄帝可能活动于燕山南北一带，势力强盛，在同族系的炎帝遭受惨败以后，就南下讨伐蚩尤。战争可能持续了相当时间，终在涿鹿之野杀了蚩尤。当时黄帝未必能深入蚩尤控制范围以内很远，所以涿鹿之战发生在蚩尤控制范围的北境附近、河北南部巨鹿县一带的可能性最大。

（二）关于穷桑的地望

穷桑也称空桑，在古史传说时代是个很重要的地方。古文献不乏穷桑或空桑的记载。例如：

《左传·昭公二十九年》："少昊氏有四叔，曰重、曰该、曰修、曰熙，实能金木及水。使重为句芒，该为蓐收，修及熙为玄冥。实不失职，遂济穷桑。"杜预注："地在鲁北。"

《山海经·北山经·北次三经》空桑之山郝疏引《启筮》："蚩尤出自羊水，以伐空桑。"

《吕氏春秋·古乐》："帝颛顼生自若水，实处空桑，乃登为帝。"

[1]　（晋）皇甫谧撰，（清）宋翔凤、钱宝塘辑，刘晓东校点：《逸周书·尝麦篇》，辽宁教育出版社，1997年。

《淮南子·本经》："舜之时，共工振滔洪水，以薄空桑。"高诱注："空桑在鲁地。"

《史记·周本纪正义》："《帝王世纪》云：'炎帝自陈营都于曲阜。黄帝由穷桑登帝位，后徙曲阜。少昊邑于穷桑，以登帝位，都曲阜（《太平御览·皇王部》引，下多"故或谓之穷桑帝"七字）。颛顼始都穷桑，徙商丘。'穷桑在鲁北。或云：穷桑即曲阜也。"

这穷桑或空桑，和黄帝、蚩尤、少昊、颛顼、共工、舜等著名人物密切相关，至今却不明何处。郝懿行据《山海经》说空桑有三地[1]。一在青、兖间，一在赵、代间，一在莘、虢间。实际上，《山海经》有明确记载的空桑之山只是两处。一见于《东山经·东次二经》，一见于《北山经·北次三经》。我们要找的空桑，似应在《东山经》空桑之山附近。

首先，《山海经·东山经》说："《东次二经》之首曰空桑之山，北临食水。"食水者，"《东山经》之首曰樕螽之山，北临乾昧，食水出焉，而东北流注于海。"此食水应在青、兖之地。空桑之山在食水南，是知作为居地的空桑，不在西部青州，就在中部兖州之域。又《山海经·海内经》："黄帝妻雷祖，生昌意。昌意降处若水，生韩流。韩流……取淖子，曰阿女。生帝颛顼。"郭璞注引《世本》说："颛顼母，浊山氏之女，名昌璞。"郝懿行疏："《大戴礼·帝系篇》云：'昌意取于蜀山氏之子，谓之昌仆氏，产颛顼。'郭引《世本》作浊山氏，浊、蜀古字通，浊又通淖，是淖子即蜀山氏也。"吕思勉《读史札记》说："然则蜀山氏之蜀，乃涿鹿、独鹿之单呼，其字可作浊，亦可作淖；乃望文生义，附会后世之蜀地，岂不谬哉？"吕说可信。但证之考古资料，涿鹿、涿县所在的北京市以西到西南一带，古文化遗存不多，而河北南部则有丰富的古文化。这里分布着磁山文化、仰韶文化、龙山文化，是重要的古文化分布区。这里的巨鹿县与涿鹿音近，可互转，前说涿鹿之战可能发生在这里。古蜀山氏或许在巨鹿县一带，也难说。而"颛顼实处空桑"，那么此空桑应离巨鹿不远。

其次，《海内经》说"黄帝妻雷祖，生昌意。昌意降处若水。"王箓友《说文释例》说若即桑字，那么若水也就是桑水。此桑水应在兖州之域。兖州古代盛产蚕桑，桑林很多。《禹贡》："桑土既蚕。"《礼记·乐记》："桑间濮上之音。"都可证明。因而有"兖州桑土之野"之称。桑水可能是流经"兖州桑土之野"的一条河流。汉东郡辖境一带，可能是"兖州桑土之野"主要的蚕桑产区，桑水流经该地区，也说不定。桑水和蚕桑产地有关系的另一证据，是嫘祖发明养蚕的传说。《路史·后纪五》："黄帝元妃西陵氏曰儽祖，以其始蚕，故又礼先蚕。"嫘祖之子"昌意降处若水"，若水即桑水。那么嫘祖，实际上是黄帝族，也应当居于桑水或附近。所居属于蚕桑产区，

---

[1]　（清）郝懿行疏：《山海经·北山经·北次三经》，巴蜀书社，1985年。

所以也就有了嫘祖发明养蚕的传说。此传说可以说明黄帝、嫘祖的居地是蚕桑产区。他们的孙子"帝颛顼"生于若（桑）水，实处空桑。空桑与桑水或有关系。颛顼又由空桑徙商丘，即帝丘濮阳，是知空桑应离濮阳不远。

穷桑与少昊氏关系密切，少昊有穷桑帝的别号。《帝王世纪》："少昊邑于穷桑，以登帝位，都曲阜。"曲阜是少昊之墟，是知穷桑离曲阜也不能太远。

第四，《淮南子·本经》："舜之时，共工振滔洪水，以薄空桑。"知空桑是个地势低下，易遭水患的地方。

那么，和巨鹿、濮阳、曲阜都不很远，地势低下而有水患之虞，而且和古兖州的蚕桑产区有密切联系的穷桑会在哪里呢？和这些条件相符合的，唯有山东西部的聊城地区和河南的台前、范县，山东的鄄城、郓城县一带。今在该地区的茌平、阳谷发现了两组重要的龙山文化城，尤其是茌平组龙山文化城，城址更多，中心城的规格更高。1975、1976 年对其中的二级城尚庄龙山文化城进行了试掘，出土了一些颇有气魄的龙山文化陶器，说明茌平一带在当时是个极为重要的政治、文化中心，推测茌平可能就是古穷桑所在。

聊城地区地当汉东郡的东北境，古兖州的中部地段，地势低洼，是著名的黄河冲积区。茌平县位于聊城地区的东部，古遗址集中分布于县境的东北到西南部，向南延伸到东阿的北部和南部。教场铺龙山文化中心城在县南 20 千米，西北距河北巨鹿县、西南距河南濮阳县、东南距山东曲阜市各 130 千米左右，都不太远。少昊氏可能先居于此地，所以少昊氏有"穷桑帝"之称，后来少昊迁到了曲阜。迁曲阜之前，和居于今阳谷一带的蚩尤，实南北毗邻，所以蚩尤有"伐空桑"的举动。蚩尤伐空桑，实际上是伐少昊。此时的蚩尤可能已是东夷集团的大首领，也可能在伐少昊之后成为东夷的大首领，而统率东夷集团与炎、黄进行了斗争。《逸周书·尝麦篇》记载："昔天之初，□作二后：乃设建典，命赤帝分正二卿，命蚩尤于宇（宇于）少昊，以临四方，司□□上天未成之庆。蚩尤乃逐帝，争于涿鹿之河（阿），九隅无遗。赤帝大慑，乃说于黄帝，执蚩尤，杀之于中冀，以甲兵释怒。……乃命少昊清司马鸟师，以正五帝之官，故名曰质。天用大成，至于今不乱。""赤帝"就是炎帝。蚩尤是九黎之长，"命蚩尤宇于少昊"，是说天帝命蚩尤居住在少昊氏的居地，也就是少昊族迁曲阜前的穷桑，反映出蚩尤已成为东夷集团的大首领。接着就是蚩尤赶走炎帝族，黄帝杀蚩尤，前后过程很清楚。当时的太昊族，可能活动于泰山、黄河间。黄河东岸的东平县，有太昊后人的封国宿和须句，而泰山以南 20 余千米的大汶口文化遗址，是大汶口文化时期一个极其重要的政治、文化中心，其规模之大，文化内涵之丰富和发展水平之高，早为考古界所瞩目，也许就是太昊氏的居地。蚩尤、太昊、少昊可能是活动于山东西部、黄河两岸的三个强盛的东夷部族，处于东西北三方斗争的战略要冲地区。所以他们都参加了涿鹿之战，结果都战败被杀。《盐铁论·结和》："轩辕战涿鹿，杀两曎、蚩尤而为帝。"两曎即两昊，即太昊、少昊，指两族的首领。黄帝杀了蚩尤和两昊的首领，制服了东夷集团，占领了穷桑，成为黄河中下游集团公认的首领，而成为"帝"。其后，一方面扶持了一位叫清的人为少昊族的新首领，统率少昊、蚩尤旧部，少昊族大概就在这时迁到了曲阜。估计太昊族也可能是在这时南迁的。另一方面，黄帝又合鬼泰山（《韩非子·十过篇》）。泰山本是东夷集团的神山，黄帝此举虽不无耀武东夷之意，但也是盟主的职责。涿鹿之战后，黄帝族可能就在冀鲁豫交汇地区定居下来，而以穷桑为大本营，该地区进入一个文化融合和族群重组迅猛发展的时期。黄帝后裔的颛顼高阳氏是该地区后来出现的一个重要的新部族。颛顼"后徙商丘"。此商丘即帝丘濮阳，在穷桑即茌平教场铺龙山文化城西南 130 千米左右。五帝时代的冀鲁豫交汇地区，是东西北三方文化激流汇集的漩涡。高阳氏处于这样的文化背景下，文化和社会都会得到较快的发展，而处于领先地位。颛顼在宗教上采取了"绝地天通"的措施[1]突出地反映了这一点。不仅黄帝、蚩尤、少昊、颛顼都曾居于穷桑，而且虞舜也可能建都于此（详后）。此外，还有伊尹生于空桑的传说，推测也是此地。

考穷桑或空桑，在古济水西岸、徒骇河上游的茌平县一带．有关古史传说就能得到比较合理的解析。

（三）关于虞舜的地望

舜的传说流传极广，遍及山东、河南、河北、山西、陕西、湖南、浙江等广大地区。古书关于舜的出生地、都邑和葬地的记载，紊如乱丝，说的比较系统似可信据的是孟子和司马迁。《孟子·离娄下》说："舜生于诸冯，迁于负夏．卒于鸣条，东夷人也。"《公孙丑上》又说：舜"自耕稼陶渔，以至为帝。"《五帝本纪》说："舜，冀州人也。舜耕于历山，渔雷泽，陶河滨，作什器于寿丘，就时于负夏。"《史记》的"耕于历山"，就是《孟子》的"耕稼"；"渔雷泽，陶河滨"，就是《孟子》的"陶渔"；"就时于负夏"，就是《孟子》的"迁于负夏。"《管子·版法解》《墨子·尚贤中、下》《尸子》《吕氏春秋·慎人》《书传》《淮南子·原道训》等，都有相关内容的记载，必有根据。但是，孟子说舜是东夷人，司马迁则说是冀州人，说法不同。按孟子说舜生于诸冯、是东夷人时，是和说文王生于歧周、是西夷人对举的，应比较可信。东夷之人，也就是东土之人。但舜出生的诸冯在东土的什么地方，并不清楚，还有一个寻找舜都的问题。探寻舜的出生地和都邑，后者更重要。两者可能是一地，也可能是两地。但在当时的历史条件下，即便是两地，也不会相距太远。由于古代同名异地、

---

[1]　《尚书·吕刑下》，中华书局影印《十三经注疏》本，2009年。

同地异名的现象很普遍，因此，在缺乏确凿文献记载的情况下，只有依据考古资料，对有关文献记载进行梳理，才有可能得出正确或近似的结论。茌平、阳谷两组龙山文化城址的重要发现，说明这里存在着两个重要的古国，会是什么古国呢？参证有关虞舜的文献记载，以及茌平组龙山文化城的规模、气势，推测茌平古国应是虞国，教场铺龙山文化城是虞舜之都[1]。根据如下：

1. 据初步勘察，两组龙山文化城的中心城教场铺和景阳冈龙山文化城，水位以上的城垣属于龙山文化中期到夏初（水位以下还有更早的城垣），虞舜所处的时代约当龙山文化后期，两者的年代一致。

2. 教场铺和景阳冈龙山文化城面积大，城内都有两个大型夯筑台址，气势宏伟，而且周围各有若干小城。尤其是教场铺龙山文化城，面积近 40 万平方米，城内大台址近 14 万平方米，周围的二级城多达 4 座以上，这与虞舜的显赫地位相适应。诚然，山东东部五莲县的丹土遗址，也是一处大规模的、极其重要的龙山文化遗址，可能是座龙山文化城，而且北临传为舜出生地、诸冯所在的诸城县，为什么不说舜居丹土呢？这是因为教场铺位于冀鲁豫交汇地带，处于东方集团西进的前沿。五帝不过是黄河流域一些强盛部族或古国的首领，并非以后的帝王天子，他们的威名之所以流传后世，和他们处于两大集团斗争的前沿地区有关。当然，还有下列文献作依据。丹土遗址偏居鲁东南海隅，不是舜的都邑是无须多讨论的。

3.《五帝本纪》所说的"舜耕于历山，渔雷泽，陶河滨，作什器于寿丘，就时于负夏。"勾勒了有虞氏的一个活动范围。只要确定历山、雷泽、河滨、寿丘和负夏的大致地望，也就知道了有虞氏的大体活动范围。

历山，各地叫历山的地方不少，当以濮州雷泽县的历山为是。《五帝本纪·正义》引《括地志》云："濮州雷泽县有历山、舜井，又有姚墟，云舜生处也。"《元和郡县图志·河南道七·濮州》雷泽县："历山，在县北十六里。《史记》曰：'舜耕于历山。'"又说："姚墟在县东十三里。舜生于姚墟。"按隋开皇六年置雷泽县，本为汉成阳县，因县北雷夏泽而得名，治所在鄄城东南，金贞元二年废入鄄城县。历山、姚墟应在今鄄城东南境一带。

雷泽，即《禹贡》雷夏泽。《史记·夏本纪集解》说："郑玄曰：'雍水、沮水相触而合入此泽中。'《地理志》曰：'雷泽在济阴城阳县西北。'"《正义》说："《括地志》云：'雷夏泽在濮州雷泽县郭外西北。雍、沮二水在雷泽西北平地也。'"知雷夏泽约在今鄄城东境、郓城西北一带，黄河的南岸。

---

[1] 随着对鲁西两组龙山文化城址认识的深化和对舜的活动范围的明朗化，笔者观点已经改变，认为阳谷龙山文化古国是虞舜之国，景阳冈龙山文化城可能是舜都，请参阅本文集《东土古国探索》《论龙山文化景阳冈类型》两文。

河滨，河即黄河。黄河之名似起自东汉，西汉以前河为黄河专称。郑杰祥《商代地理概论》据卜辞地名，考定商代后期黄河下游的部分河道，大致由今河南省郑州市以北向北流经淇县东南，又东经浚县南，至濮阳县西南故县村西，北折经今濮阳市北，东北流至大名市东南，经鲁西北、河北，流入渤海。据《史记·河渠书》，黄河河道自夏至于西汉初，并无大变化。估计唐虞时代的黄河，基本上也是这个走向，在茌平、阳谷以西不很远。沿河滨随处可以烧制陶器，不必固定在某一地。

寿丘，皇甫谧说在鲁城东门以北，似无异说。鲁城在今曲阜市，鲁城周围已无寿丘遗迹。鲁城西距鄄城约 130 千米。

负夏，《五帝本纪集解》引郑玄说："负夏，卫地。"推测负夏因雷夏而得名，负夏义如负海。果真为此，那负夏应在雷夏泽附近。

值得注意的是，在鄄城、郓城一带，有更多的舜的传说。这一带正与阳谷古文化中心接邻，北距教场铺龙山文化城不到 100 千米，本属蚩尤、少昊和颛顼的活动范围，在考古文化上属于大汶口文化、龙山文化分布区，与孟子说舜是东夷人相吻合。

4. 《国语·鲁语上》说："有虞氏禘黄帝而祖颛顼"，"商人禘舜而祖契。"三者的相承关系，说明他们曾先后同处于一地，所以在族源上有着传承关系。前已说过，黄帝族南下打败东夷集团后，就定居于冀鲁豫交汇地区，与原黄河中下游地区的族群共处，而以穷桑为大本营，冀鲁豫交汇地区揭开了文化融合和族群重组的新篇章。颛顼高阳氏是黄帝族的分支，也可能是以黄帝族为核心在该地区形成的新部族。颛顼"始都穷桑，徙商丘。"穷桑在茌平，商丘就是帝丘濮阳，是颛顼之墟，知颛顼高阳氏是以冀鲁豫交汇地带的汉东郡辖境为中心的部族，与东夷集团的少昊族东西相邻，关系密切。少昊、颛顼族不仅都曾居于穷桑，而且《山海经·大荒东经》还有"少昊孺帝颛顼"的记载。孺，郝解为孺养，就是说少昊氏曾养育过颛顼。《尚书·吕刑》还记颛顼"乃命重、黎绝地天通。"《史记·历书》："乃命南正重司天以属神，命火正黎司地以属民。"重是少昊氏的四叔之一。以上足见颛顼、少昊族关系的密切。至于商族，当起源于太行山东麓，河北南部到豫东北一带。这一地域有着丰富的先商文化，商先公先王的活动，大都在这一地域。商人始祖契，《尚书·汤誓伪传》《史记·殷本纪》《诗·商颂谱》都说契封于商。王国维、吕思勉认为即今商丘县[1]。但此商丘是周封微子于宋以后才有的名，本是卜辞的宋地，这一带属于二里头文化和岳石文化的分布区，契未必活动在这里。古帝丘又称商丘，即颛顼之墟濮阳，也许就是契居的商，所以又有商丘之称。濮阳在漳河南，漳河流域是先商文化漳河型的

---

[1] 王国维：《观堂集林·说商》，中华书局，1959年；吕思勉：《读史札记·说商》，上海古籍出版社，1982年。

中心。契迁蕃。近人丁山说："汉常山郡薄吾县，战国时谓之番吾，亦作蒲吾，在今平山县境，即蕃。"[1]有认为蕃在山西永济县[2]。据河北南部有丰富的先商文化的事实，蕃似应在河北境内。契子昭明居砥石，丁山认为在今河北隆尧、柏乡、宁晋诸县间[3]。昭明子相土居商丘，即帝丘濮阳。《左传·僖公三十一年》："卫迁于帝丘。卫成公梦康叔曰：'相夺予享。'公命祀相。宁武子不可，曰：'杞鄫何事？'"《御览·皇王部》引《世本》说："相徙商丘，本颛顼之虚。"《史记·郑世家》：'迁阏伯于商丘。'《集解》引贾逵云："商丘在漳南。"《汉书·地理志》："东郡治濮阳县，卫成公自楚丘徙此，故帝丘，颛顼墟。"古以商丘、帝丘为一地，在汉濮阳县，治所在今县西南的故县村。岑仲勉《黄河变迁史》、郑杰祥《商代地理概论》认为即"相土之东都。"商族六世祖冥，《国语·鲁语上》说"冥勤其官而水死。"商人祖契而郊冥。知冥所居必不出水患严重的兖州之域。冥子王亥，《山海经·大荒东经》曰："王亥托于有易、河伯仆牛，有易杀王亥，取仆牛。"郭璞注引《竹书》曰：殷王子亥宾于有易而淫焉，有易之君绵臣杀而放之。是故殷主上甲微假师于河伯以伐有易，灭之，遂杀其君绵臣也。"《楚辞·天问》也记有此事。王国维指出，三书所记实为王亥、王恒、上甲微三世之事。王氏以为有易当在河北易水一带。邹衡先生指出，古易水有南北之分，今河北滹沱河当是古北易水，漳河为古南易水，并根据河北南部和漳河流域大量存在的先商文化，和文献关于漳河一带广泛流传河伯娶妇的传说，得出结论说："南易无论是指滹沱，还是指漳河，都是先商文化漳河型的中心分布地区，因此我们认为先商时代有易的地望，应在滹沱河与漳河之间。"[4]又《路史·国名记》说："郼，上甲微居。"知王亥、上甲微时期，商族以漳水流域为活动中心。汤始居亳，亳地当以郑州商城说为是。综上，知商人祖先主要活动于河北南部、河南东北的太行山东麓、黄河沿岸，其活动范围基本上覆盖了颛顼高阳氏的中心活动区。那么时代界于颛顼和商人之间，有着先后相承关系的虞舜的地望与颛顼、商人先祖的活动范围，必定有密切联系。茌平、阳谷两组龙山文化城，以及集中了更多虞舜传说的雷夏泽周围，属于汉东郡辖境，正好与颛顼的中心活动区一致。《左传·昭公八年》说："陈，颛顼之族也。"陈为舜后，是知有虞出自颛顼高阳氏，两者有着共同的活动范围，证明有虞与颛顼确有传承关系。目前我们还不清楚聊城地区是否属于先商文化的分布范围，但至少可以说是先商文化的紧邻和交错地带吧。因此，我们就有充分理由推测茌平教场铺龙山文化城，是虞舜之都。

[1] 丁山：《由三代都邑论其民族文化》，中研院《历史语言研究所集刊》，1935年第五本，第一分册。
[2] 郑杰祥：《夏史初探》，中州古籍出版社，1988年，第97页。
[3] 丁山：《由三代都邑论其民族文化》，中研院《历史语言研究所集刊》，1935年第五本，第一分册。
[4] 邹衡：《夏商周考古论文集》，文物出版社，1980年。

5.《淮南子·本经》说："舜之时，共工振滔洪水，以薄空桑。"高诱注："共工，水官名也，柏有之后，振，动也。滔，荡也。欲雍防百川，滔高堙庳，以害天下者。薄，迫也。空桑，地名，在鲁地。"从这条文献和高诱的注中，知空桑是个易遭水患，地势低下的地方。共工氏是个古老的氏族，徐旭生考共工氏在汉共县即今河南辉县。该地正处于黄河进入下游的最初河段的西岸，是开始产生水患的地段。黄河自青海高原奔腾而下，到达豫北平原，在郑州市西北北拐，进入下游，水势变缓，从黄土高原冲刷下来的大量泥沙，迅速沉淀淤积，又承源自太行山东流的河水，水量大增，汛期极易泛滥成灾，首当其冲的就是兖州之域。共工、鲧、禹治水的传说，主要在兖州。共工处于黄河流经兖州的上游河段，茌平龙山文化城所在的聊城地区，当中部兖州之域，处于共工氏的下游，所以共工氏能利用洪水来危害穷桑。据《淮南子》等书记载，共工氏和颛顼、帝喾都有斗争。此条文献则说"舜之时，共工振滔洪水，以薄空桑。"似乎既反映出此时的共工和虞舜是相邻而敌对的部族，同时又隐含舜居空桑之意。

综上五点证据，说茌平古文化中心曾为虞舜所居，教场铺龙山文化城曾是虞舜之都，似比其他各说的理由更充分。在古雷夏泽周围，即约当今郓城、鄄城和范县一带，集中了较多的舜的传说。又河南东部的虞城县，旧有舜子商均居地之说（徐旭生以为即舜所都）。虞城西南方的淮阳，是太昊之墟，陈建都于此，陈为舜后。这些踪迹似乎反映出舜的后人，可能已逐步南迁。

（四）关于五帝封泰山

《史记·封禅书》说："管仲曰'古者封泰山禅梁父者七十二家，而夷吾所记者十有二焉。昔无怀氏封泰山，禅云云；虙羲封泰山，禅云云；神农封泰山，禅云云；炎帝封泰山，禅云云；黄帝封泰山，禅亭亭；颛顼封泰山，禅云云，帝俈封泰山，禅云云；尧封泰山，禅云云；舜封泰山，禅云云……皆受命然后得封禅。"《正义》释封禅说："此泰山上筑土为坛以祭天，报天之功，故曰封。此泰山下小山上除地，报地之功，故曰禅。"《五经通义》说："易姓而王，致太平，必封泰山，禅梁父，何？天命以为王，使理群生，告太平于天，报群神之功。"封禅应由原始社会祭祀天地山川的活动发展而来，《五经通义》说的封禅，已是文明社会的事。王者通过封禅，表明自己的王权授于天，借天神以巩固自己的统治，这是封禅的目的。因此，这种封禅的出现，是进入文明社会的重要标志。原始社会祭祀天地山川，所祀的是自己氏族、部落境内的灵山大川。五帝时代，古国、部族林立，互不隶属，更无受命，五帝并非后来的帝王。而过去占优势的说法是，黄帝都涿鹿，颛顼居濮阳，帝喾都亳，尧都平阳，舜都蒲坂，都远离泰山。那么五帝的封泰山是事实吗？现在看来，至少黄帝、颛顼、帝舜很可能在泰山进行过祭祀活动。他们都曾居过的穷桑，应在茌平县。这里位于华北平原的中部东沿，南、西、北三面全是一望无垠的平原，只有相距 70 千米的泰山雄峙东面，大概早就是东夷集团崇拜的神山。在"国之大事在祀与戎"[1] 的古代社会，黄帝、颛顼、舜在他们的势力范围内祭祀泰山，是理所当然的事。《韩非子·十过篇》记黄帝东巡泰山，《封禅书》记舜祭泰山，应该都是事实。《封禅书》说："岁二月，东巡狩，至于岱宗。岱宗，泰山也。柴，望秩于山川。遂观东后。东后者，诸侯也。合时月正日，同律度量衡。修五礼，五玉三帛二生一死贽。"《封禅书》所记，本于《尚书·舜典》。舜是东夷人，可能是东夷集团的首领，都于茌平，东临泰山。所以舜柴祭泰山，望祭东方山川，完全可以理解。至于《封禅书》说舜祭泰山以后，接着南巡狩、西巡狩、北巡狩，祭祀了衡山、华山、恒山和嵩山，就未必全是事实。连秦始皇都未能做到一下子巡狩四方，祭祀五岳，虞舜是无法做到的。不过，五帝类似春秋五霸，五霸是春秋时期的五位诸侯盟主，五帝可能是古国时代黄河中下游地区五位古国、部族的盟主，所不同的只是上面没有一个象征性的周天子。因此，黄帝、颛顼、帝舜不仅可以就近祭泰山，他们也可以祭祀境外的名山。同样，帝尧也可以在东方祭祀泰山。这从尧"合和万国"[2]"禹会诸侯于涂山，执玉帛者万国"[3] 的记载中，也能想象得出。

在结束本文之前，再就对两组龙山文化城是两个古国遗迹的推测，作点补充说明。国家是阶级统治的工具，国家的产生，又是管理日益复杂的社会公共事务的需要，同时也是抵御入侵，保障社会生产的正常进行，捍卫人民生命财产安全的要求。冀鲁豫交汇地带，具有国家产生的充分条件。首先，该地区是黄河中下游和北方三势力集团最先接触与争夺的焦点，部族战争频繁。传说的蚩尤与炎帝的斗争，黄帝与蚩尤的涿鹿之战，都发生在这一地带。这些战争是不同族团的战争，延续时间长，战争规模大而激烈，而且还有水患的因素在起作用。"滔高埋库"，以邻为壑，随时都能触发部族战争。频繁、激烈的战争，特别是不同族团的战争，给予了原始氏族制度以巨大的冲击，成为国家产生的催化剂。其次，该地区自古就是水患最严重的地区，尤其是河济之间的兖州之域。共工以水行霸，洪水的传说和鲧、禹、四岳治水的故事，主要在古兖州地域。水患是该地区比战争更具威胁的、经常存在的严重问题。要想解决洪水泛滥和大范围的水患，就需要疏通河道，修筑堤防，进行统一规划，上下游的部族共同实施；需要组织大量的劳动力，统一指挥。所有这一切，氏族社会的原则是根本无法解决的。治理水患的需要，是促使该地区由原始向文明过渡的基本因素之一。正是为应付频繁的战争和消除经常存在的洪水威胁，促使该

[1]　《左传·成公十三年》，中华书局影印《十三经注疏》本，2009年。

[2]　（汉）司马迁：《史记·五帝本纪》，中华书局，1959年。

[3]　《左传·哀公七年》，中华书局影印《十三经注疏》本，2009年。

地区氏族社会迅速瓦解，有可能较早地出现职业军队，出现城，较早地产生国家。基于上述分析，即便现在还不知道教场铺和景阳冈龙山文化城中大小夯筑台址的功能,也不妨大胆地说它是两个古国之"都"。假如教场铺龙山文化城果真是虞舜之都，那么有虞确是个东夷古国，虞舜已处于文明时代了。

原载《华夏考古》1995 年第 4 期

论山东地区的龙山文化城

　　城的出现，是人类社会发展的重要里程碑。目前我国最早阶段的城，是四座第六千年期的城，即湘北澧县城头山大溪、屈家岭文化城[1]，郑州市北郊西山仰韶文化城[2]，鲁中南滕州市西康留大汶口文化城[3]，鲁西阳谷县王家庄大汶口、龙山文化城[4]。其中西山城与王家庄城的城垣建筑技术表明，中国城的产生当在距今第七千年期[5]。降到第五千年期，我国城已发展到一个新阶段。处于这一阶段的龙山时代城，数量剧增，规模扩大，出现了数十万平方米的大城，乃至成百万平方米的超级大城，城形成了不同等级，产生了原始城市。截至 1997 年 5 月，已在山东、河南、内蒙古、湖北、湖南、四川等地，发现了数十座龙山时代城，其中黄河中下游地区共发现 19 座，而黄河下游的山东地区占 14 座。山东地区的龙山文化城，不仅发现数量较多，半数的规模也较大，而且有龙山文化城组，具有一定的典型性。它对龙山文化城的建筑技术、类型、性质与功能以及中国文明的形成和中国早期国家的形态等重大史学与理论课题的研究，具有极其重要的意义。现就山东地区龙山文化城的发现作概括介绍，对有关问题进行探讨。以往笔者介绍过的有关资料以及对有关问题的观点与提法，凡与本文不符者，均以本文为准。

---

　　[1]　湖南省文物考古研究所、湖南澧县文物管理所：《澧县城头山屈家岭文化城址调查与试掘》，《文物》1993年第12期。简报定此城为屈家岭文化城，距今4800年。新的地层资料证明是大溪、屈家岭文化城，始建年代距今6000年前，见《中国文物报》1997年第32期。

　　[2]　张玉诗、杨肇清：《新石器时代考古获重大发现》，《中国文物报》1995年第36期。报道据当时的层位关系，定城建于秦王寨文化时期，距今4800～5300年前。《中国文物报》1996年第7期公布1995年十大考古发现时，似据新地层资料改作"城兴建于仰韶文化庙底沟类型时期，废弃于秦王寨类型时期"。仰韶文化庙底沟类型或庙底沟期，约距今6000～5500年前，因此城当兴建于距今5500年前。据笔者考察，此城版筑城垣以前还有堆筑城垣，城兴建的年代可能相当早。

　　[3]　山东省文物考古研究所薛故城勘探队、滕州市博物馆探查。参见《中国城的起源与原始城的发现》，《张学海考古论集》，学苑出版社，1999年。

　　[4]　1994年12月考查王家庄遗址时，发现该遗址是座龙山文化城。1995年12月再次探查，发现城始建于大汶口文化早期。参见《中国城的起源与原始城的发现》，《张学海考古论集》，学苑出版社，1999年。

　　[5]　张学海：《中国城的起源与原始城的发现》，《张学海考古论集》，学苑出版社，1999年。

一　山东地区龙山文化城的发现

　　1985 年，在配合益（都）羊（口）铁路工程中，在寿光县孙家集镇边线王村北，首先发现了龙山文化城（图一，13）。因挖土破坏，仅残存两个城圈的基槽，地面城垣和筑城时的地面都已不存，城内堆积也只在东北、东南部有少许残存。城内圈平面近圆角方形，东西、南北各约 100 米，面积约 1 万平方米，东北两面正中有门，宽约 10 米，西、南面本来也应有门，已被挖土破坏。外圈平面近不规则的方形，面积 57000 余平方米，东、西、北三面有门，东、北门与内圈东北门对应，南面被村子所压，应有门。所有门都作城垣缺口式，门道下为原生土，隔断城垣基槽，门道和门外路土都已无存，未见特殊结构。基槽草率，口大底小，口宽 4 ～ 6、局部宽达 8、深 2 ～ 3 米。基槽壁上有不规则的狭窄台阶，或平或倾斜，可能在挖基槽时用于倒土和上下。槽内夯土用龙山文化堆积夯筑，夯层厚 5 ～ 15 厘米，夯痕不清。在外圈基槽夯土中发现人、猪、狗等骨架，是否属奠基，不能肯定。基槽夯土中夹杂大量龙山文化陶片，内圈陶片的年代属海岱龙山文化中期，外圈陶片略晚，知先有内城，后来城作了扩建，因城内东南部有外城时期的灰坑压着内城东面基槽的层位关系，知外城建成后，内城城垣已被夷平。据《泗水尹家城》龙山文化的分期，估计小城的建造年代在距今 4300 年前 [1]。

　　1990 年上半年，在章丘市城子崖遗址的复探、试掘中，发现城子崖遗址下层是座龙山文化城（图一，10）；中层为岳石文化城，即《城子崖》报告所谓"黑陶文化期城"；上层是春秋城，即前书所称"灰陶文化期城"。城子崖龙山文化城，北垣弯曲，中部呈弧形显著外突，其余三面城垣平直，城东西 455、南北最大距离 540 米，面积约 20 万平方米（图二）。城垣由堆筑、版筑结合筑成，拐角呈弧形。解剖北垣东段的探沟显示，此处城垣的外壁近直壁，高约 7 米；内壁呈小斜坡形，水平长 4、高 2.5 米；墙基宽约 14、城顶宽 7 米。城垣似沿断崖或河崖上筑，筑前先将崖头以里的十余米地面挖成向外倾斜的缓坡，然后沿断面开始夯筑，达到崖头时，夯筑范围扩展到缓坡面上，继续堆筑成两面坡形的墙身。其夯土层外陡内缓，内部夯土层很不规整。然后再贴外坡自下而上版筑出厚 1 ～ 2 米余的外部城垣，夯土层较规整。层厚 2 ～ 3 厘米，夯窝浅弧底形，直径 2 ～ 3 厘米。土湿时在平、剖面上都极难分辨夯层与夯窝，土干后上下夯土层之间往往出现裂缝，可见弧底夯窝。堆筑城垣一般筑到 10 余厘米至 20 ～ 30 厘米厚时，经较多夯筑，因而夯土层面坚硬，上下层的土色又往往有差异，故易判别。乍看夯层很厚，实则其中包含着许多不规

---

　　[1]　山东省文物考古研究所：《前进中的十年——1978～1988年山东省文物考古工作概述》，《文物考古工作十年》，文物出版社，1990年。发掘资料未正式发表。

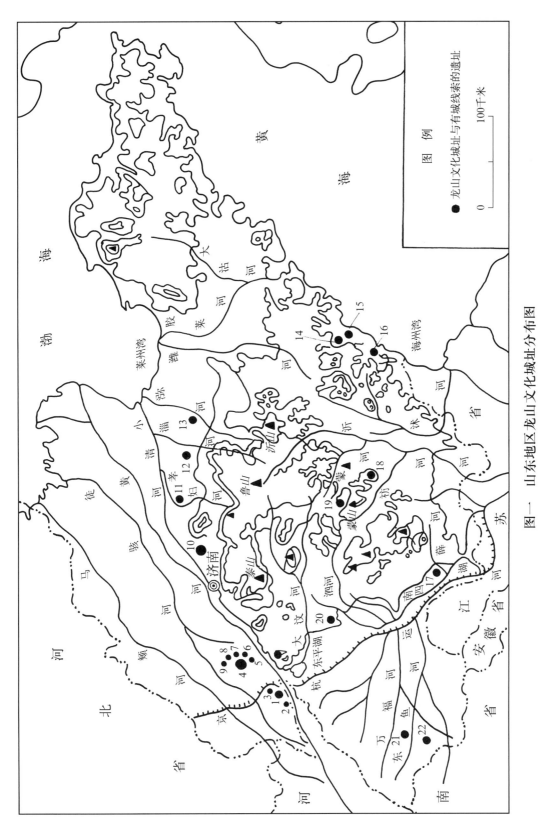

图一　山东地区龙山文化城址分布图

图例

● 龙山文化城址与有城线索的遗址

0 ▬▬▬▬ 100千米

1. 景阳冈城址　2. 皇姑冢城址　3. 王家庄城址　4. 教场铺城址　5. 前赵城址　6. 王集城址　7. 大尉铺城址　8. 乐平铺城址　9. 尚庄城址　10. 城子崖城址　11. 丁公城址　12. 田旺城址　13. 边线王城址　14. 丹土城址　15. 两城城址　16. 尧王城址　17. 尤楼城址　18. 古城遗址　19. 吕家庄遗址　20. 西吴寺遗址　21. 仿山遗址　22. 春墓岗遗址

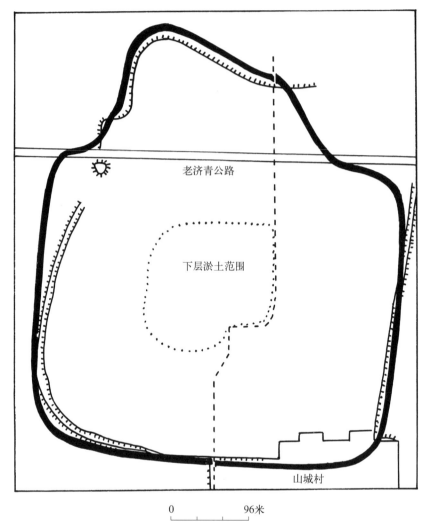

老济青公路

下层淤土范围

山城村

0　　　　96米

图二　城子崖龙山文化城址探测平面图

整的小夯层。东垣南端探沟显示的城垣结构大致相同,外侧残高约3米,外壁近陡直。南垣西段和北垣中段的探沟表明,筑城时这两地似为漫坡,都是先挖沟,从沟底内侧上筑,从外侧取土,至沟口夯筑范围向沟里地面扩展。地面未作特别处理,其上的夯土层由内向外下斜。城垣外部已无存,当如北垣东段探沟所示,用版筑筑成陡直的外壁。取土沟深3米左右,它起到了降低城外地面、增高外侧城垣的作用。西垣北端探沟显示,此处城垣依河崖修筑,上部毁坏严重,已失原貌,结构当和北垣东段同。城筑成后,不断沿城垣两侧进行修筑,有时是局部修葺,有时是大规模修筑。后者都只将城根堆积略作清理或挖个不大的弧底基槽,然后依墙壁上筑,所以城垣不断加厚增高,晚筑城垣的墙基,一般都高于早筑的墙基,城内地平面也逐渐增高。

城子崖龙山文化城已发现南北门，两门之间有道路连接。南门已被山城村小学教室所压，从教室后面的断崖上可见门里的道路是一般土路，上下有数层，包括岳石文化期路土在内，东西摆动宽近 30 米。城垣缺口外有夯筑斜坡，长约 12 米，在小学西墙外的坡西沿做了清理，沿上有南北向墙基，墙东有房子遗迹，当为门卫之类建筑遗迹。斜坡中间即为门道，已在小学院内，未能清理，详情不得知。东西两面未见城门，城东西临河，估计没有东西门。

城内未作试掘，探知中部有约 1 万平方米的淤土，当属水池或经常积水所致。连接南北门的道路，经水池东沿、东南角折向南沿东部，南通南门。估计城内有环城路，北部外凸部分地下似有大型建筑基址。城内龙山文化遗存覆盖了全城，厚者达 3 米多，薄者 0.5 米左右，一般沿城垣内侧保存了较厚的龙山文化堆积，城顶亦常见房址和灰坑[1]。

1991 年秋，在山东大学实习基地丁公遗址，发现了山东地区第三座龙山文化城（图一，11）。城位于邹平县苑城乡丁公村东，孝妇河上游地区，平面呈圆角方形，面积约 11 万平方米。城垣堆筑而成，东垣以里 20 余米处发现一段与现东垣平行的龙山文化早期城垣，知城始建于龙山文化早期，至少在东面有过拓宽。目前尚未发现城门，因亦属台城，城门形制、结构应和城子崖城相似[2]。

1992 年 3 月，在复查临淄田旺遗址（原称桐林遗址）中，又发现龙山文化城（图一，12）。城位于临淄区路山乡田旺村东北，平面呈圆角竖长方形，面积约 15 万平方米，现遗址上的十字路沟打断城的东、北垣，路沟断面上可见倾斜的城垣夯土层。城属台城，现遗址高出周围地面 1～3 米，未作系统的钻探、试掘。1981 年在相当于北垣内侧中部的试掘中，在一直径 3 米的圆坑内出土了以 7 鼎、3 甗、4 鬶、3 平底盆四类器为主的一组龙山文化中期后段的陶器。鼎、鬶的形态、大小基本一致；甗、盆形制基本一致，大小相次，其中的大甗高 116 厘米，为迄今最大的龙山文化陶甗。以上应是一组陶礼器，圆坑为祭坑。目前所知城的年代属海岱龙山文化中晚期，遗址下层有晚期大汶口文化[3]。

1994 年上半年，在滕州薛国故城勘探试掘中，在郭城东南部的西周春秋城中，发现了龙山文化城。城位于滕州市官桥镇尤楼村东南，薛河故道以西（图一，17），平面呈方形，东西、南北各约 100 米，面积 10000 平方米，周围有壕沟围绕[4]。但此城未发现明显的城垣，据景阳冈龙山文化城大台址的结构，似属龙山文化城中的

[1] 山东省文物考古研究所1989～1992年城子崖遗址钻探、试掘资料。资料未发表。

[2] 山东大学历史系考古教研室：《邹平丁公遗址发现龙山文化城》，《中国文物报》1992年第2期。

[3] 1992年3月山东省文物考古研究所临淄工作站探查，1981年该站在该遗址的试掘。资料均未发表。

[4] 山东省文物考古研究所薛故城勘探、试掘资料。山东省文物考古研究所薛故城勘探队：《薛国故城考古又获重要成果》，《中国文物报》1994年第25期。

夯筑台址。

1994 年 11 月，在配合阳谷县景阳冈开发工程的钻探中，发现大规模的景阳冈龙山文化城。同年 12 月下旬，在对阳谷与茌平、东阿两个聚落群中包括景阳冈龙山文化城在内的部分龙山文化遗址，进行了考查，发现了两个龙山文化城组共 8 座城。南组阳谷组三城，北组茌平、东阿组五城，两组中各有一座大型的中心城，其余除一座达 6 万平方米以外，均属 3 ～ 4 万平方米的小城[1]。

北组中心城教场铺龙山文化城，位于茌平县南 20 千米乐平铺镇教场铺村西北（图一，4），平面呈圆角横长方形，龙山文化遗存范围东西约 1100、南北约 360 米，城面积约 40 万平方米。城内有大小两座大型夯筑台址，小台临近东垣，面积约 16000 平方米，东面呈陡坡状与台东的地面成弧形连接，估计西北两面也当如此。台东地面平整，经加工，已见两层地面。大台址在小台以西约 70 米，面积达 10 余万平方米。地面城垣已不存，探知地下东垣基宽约 15 米。在教场铺中心城以北 19 千米有尚庄龙山文化城（图一，9），平面呈圆角方形，面积 3 万余平方米；教场铺城东北 6 千米有乐平铺龙山文化城（图一，8），平面略作横长方形，面积 35000 平方米左右，南面中部发现一门；教场铺城东北 3 千米余有大尉龙山文化城（图一，7），平面约呈竖长方形，面积 3 万平方米左右；教场铺城东南 3 千米余有东阿县王集龙山文化城（图一，6），平面呈圆角长方形，方向东北到西南，面积约 37000 平方米。

南组中心城景阳冈龙山文化城，位于阳谷县东南张秋镇景阳冈村周围，黄河北岸（图一，1）。平面呈扁椭圆形，方向东北到西南，中部外鼓，东北到西南长 1150、东北端宽约 230、西南端宽约 330、中部最宽处约 400 米，面积约 39 万平方米。城垣南西北三面中部有缺口，当为门；东面因村子所压，未详（图三）。龙山文化晚期城垣外壁平直，因发现和外壁平行与垂直的夯土块交接痕，知外侧 1 米余的城垣系版筑。其内是夯土层向城内倾斜的堆筑城垣。西垣缺口北侧城垣的夯土，同样有同城垣平行的版痕，知城垣宽非一版筑成，城垣缺口两侧的墙应是直壁或斜壁。龙山文化中期以前的城垣已在水位以下，建筑方法不详。城内中部偏北也有大小两座大型夯筑台址。大台址面积约 9 万平方米，已知西北面呈大漫坡形，台址中心部位的武松庙下，仍保存了台址原高，从东断面可见四层互相叠压的台面，上层台面至台基底高 5 米余。在西南部残台断面则见六层以上的活动面，除上部的两层以外，均属龙山文化。下层活动面下有深厚的龙山文化堆积，应是早期台前的堆积，知台经多次扩建。始建台址用生黄面沙土筑成，活动面下的龙山文化堆积，即是早期台址西南坡前的堆积，因知大台址应是大型宫室基址。小台址紧临大台东北面，新近

---

[1]　张学海：《鲁西两组龙山文化城址的发现及对几个古史问题的思考》，《张学海考古论集》，学苑出版社，1999 年。1997 年聊城地区文化局文研室又在东阿县发现了前赵城，茌平城组现为六座龙山文化城。

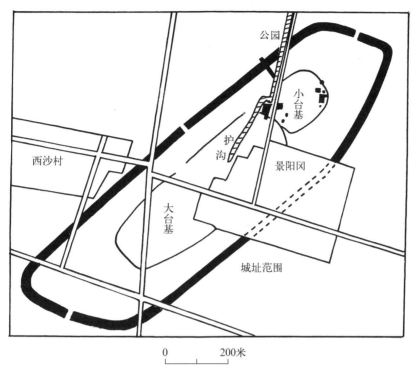

图三　景阳冈龙山文化城址平面图

的试掘证明面积已超过 10000 平方米。在西北面地表下 3 米以上已暴露三级台阶，上层台阶的台面及其东的中心台址都已削平，小台形制当为阶梯形，同样经过多次扩建。始建的台址用生黄面沙土筑成，应和大台同时建造，一直并存。在西面已揭露的三级台阶上，均挖有不少坑。而当小台中心部位的台基，不见有灰坑打破，估计中心台面上可能有大型建筑。在西面第二级台阶有的灰坑坑底有完整的羊骨架，台址西南角第一次扩建的夯土下出有人头骨[1]。1979 年聊城地区博物馆曾在台址东北面约当二级台阶上，清理了一个直径 3 米的规整圆坑，坑底有一具完整的牛骨架，出土了 20 余件龙山文化陶器，陶瓮等器体形宏大，3 件陶甗形态基本一致，大小相次，坑当为祭坑。因知小台应是座祭祀遗迹。

　　景阳冈龙山文化城东北 10 千米，有王家庄龙山文化城（图一，3）。城垣东北角至西南角部分已查明，被战国阿城东南角两侧的东、南垣所压；西北角和西垣因修筑阿城时在城内挖土，已遭严重破坏，尚未找到，但大致位置可以确定。城平面呈东北到西南的圆角扁长方形，南北约 360、东西 120 米以上，面积约 4 万平方米，

　　[1]　张学海：《鲁西两组龙山文化城址的发现及对几个古史问题的思考》，《张学海考古论集》，学苑出版社，1999 年；山东省文物考古研究所：《山东阳谷县景阳岗龙山文化城调查发掘简报》，《考古》1997 年第 5 期。1995 年 12 月、1996 年 5 月，笔者现场考察。

始建于大汶口文化早期，延续到龙山文化时期，龙山文化城垣堆筑而成 [1]。

景阳冈龙山文化城西南 8 千米，有皇姑冢龙山文化城（图一，2）。城的平面呈东北到西南的圆角扁长方形，南垣与东垣呈弧形连接，拐角极不明显；城西南部如弹头形，西南端甚窄。其南北长约 495、东西宽约 150 米，面积约 6 万平方米。中部地面上有隋唐塌堆，其下为龙山文化夯筑台址，台址有上下层 [2]。

1995 年上半年，在鲁东五莲县丹土遗址探出了龙山文化城。城位于潮河镇丹土村周围，平面呈不规则圆角方形，面积约 25 万平方米 [3]（图一，14）。

此外，兖州西吴寺、蒙阴吕家庄、费县古城、定陶仿山、曹县春墓岗等遗址，也已发现龙山文化城的线索。

山东地区自 1984 年发现首座龙山文化城，至 1994 年底鲁西龙山文化城组的发现，先后整 10 年。当发现城子崖、丁公龙山文化城后，笔者推测山东地区数十个史前文化中心龙山文化时期的中心居址，大都会是龙山文化城，田旺、教场铺、景阳冈、丹土这些中心居址龙山文化城的发现，证明这一推测大致不误。当 1994 年上半年发现了面积仅 1 万平方米的尤楼龙山文化城后，联系首次发现的边线王龙山文化城也未超过 6 万平方米，而章丘古文化中心龙山文化聚落群中的六七处二级遗址，面积在 3～6 万余平方米，其中大的约与边线王城相当，比尤楼城则大得多，因而推测龙山文化聚落群中的二级遗址可能也有城址，即一些龙山文化聚落群可能存在龙山文化城组。结果果然在茌平、阳谷两个龙山文化聚落群中发现成组的龙山文化城。因此，现在似可以预言：山东地区龙山文化聚落群中的中心聚落，大都是城址。这些聚落群中的重要者，如泰山北麓山前平原、淄河中游、淯河中游、泗河上游、薛河下游、沂河中游、沭河上游、鲁东南沿海等聚落群，都可能存在龙山文化城组。如果运用大遗址勘探试掘方法进行系统探查，证实这一点将不会很困难。

二　山东龙山文化城的类型与城垣建筑技术

上述 14 座龙山文化城，可分为两种类型，一种是通常的城，另一种是台城，以后者占多数。

通常的城是指有直立城垣、城垣内外地平基本一致、以城垣缺口为城门门道的城。目前能确认的只有一座边线王城。城垣挖有斜壁沟形基槽，两侧地平一致，外

[1]　张学海：《中国城的起源与原始城的发现》，《张学海考古论集》，学苑出版社，1999年。

[2]　1994年12月考查，发现皇姑冢遗址是座龙山文化城，1995年12月再次探查，基本上查明了城的大体范围。

[3]　山东省文物考古研究所1995年上半年丹土遗址钻探资料。

侧未见沟壕。城门位置预先规划，门道下为原生土，隔断基槽，门道内外未见特别设施。因基槽口宽仅 4～6 米，城垣自不能过宽。上述现象说明城垣应是直立的墙，这种直立的城墙只能用版筑。地面以上城垣已不存，版筑方法不详。据景阳冈、城子崖城城垣的建筑技术，估计基本上承袭西山仰韶文化城的版筑技术。西山城城垣用方块版筑，在基槽内逐层、逐段夯筑，墙身两侧基槽留有一定空间，两壁逐板内收成小台阶形，尚未出现桢，稳固夹板应采用斜支撑，用作支撑的棍棒下端即支在基槽的内外壁上。夯土版块一般长 1.5～2 米，目前所见最大的版块不过长 3.5、宽 1.5 米。墙宽由三版筑成，拐角加宽至五版。版筑技术仍比较原始[1]。城子崖岳石文化期的城垣内侧，仍用槽内逐板内收的方法版筑，墙壁成小台阶形，知仍未用桢固板[2]。边线王城间于西山仰韶文化城与城子崖岳石文化城之间，城垣版筑技术应不会更进步。

台城，顾名思义是台形的城。外观高墙耸立，内看如土围围绕城周围，城垣内侧成缓坡，或只有矮墙。墙基不在同一地平上，内高外低，高差悬殊。一般仅在城垣外侧挖斜壁沟或半斜壁沟形基槽，或不挖基槽。由于城的地面内高外低，决定了城门门道必然是斜坡形。城子崖始建的龙山文化城，内外地平高差可达 5 米以上，在城垣缺口外修筑了斜坡形的门道，是座比较典型的台城。除城子崖以外，已知丁公、田旺、景阳冈、教场铺龙山文化城，都是台城。

这些台城的城垣，原以为全由堆筑而成。堆筑城垣很难形成陡直的墙壁，推测要对外壁作再处理，削成平直。现知城子崖、景阳冈城的城垣，均由堆筑、版筑相结合筑成。城垣外侧一小部分用版筑，外壁近陡直；其内的城垣用堆筑，内侧成小缓坡。景阳冈的城垣是先在外侧版筑，后在其内堆筑；城子崖城则是先筑成外陡内缓的两面坡形墙身，然后再贴外坡版筑了自下而上宽 1～2 米余的城垣。景阳冈城西城门城垣缺口两侧的墙身全用版筑，由两版以上筑成，应是为了缺口两壁的规整和耐久。版筑技术显然承袭了西山城垣的版筑技术，但陡直的墙壁和较大的夯土版块，说明龙山文化城垣版筑技术已有重要改进。这种版筑、堆筑相结合的城垣建筑技术，提高了筑城的效率和城垣质量，在同样宽度的墙基上可以筑成更高大的城垣，而外壁保持平直而耐久，是城垣建筑技术的一大进步，满足了在当时生产力条件下普遍筑城和修筑大规模城的需要，可能代表了龙山文化城垣的主要建筑技术。同时，用单一的版筑和堆筑法来筑城也在使用，但可能不占主导地位。

龙山文化台城一般都有环城沟壕，主要由取土筑城而形成，实质上是取土沟。积水时也就成了壕沟。但这种壕沟内侧与城垣外壁成一体，墙基易受浸蚀，且易淤

[1] 张学海：《中国城的起源与原始城的发现》，《张学海考古论集》，学苑出版社，1999年。
[2] 张学海主编：《纪念城子崖遗址发掘六十周年国际学术讨论会文集》扉页图版，齐鲁书社，1993年。

积。北方地区也不常年积水，淤积后还常常在其上修筑城垣，因此很不稳定，和晚期的比较稳定的护城河不同，还不是后来的城垣、城河相结合，共同构成防御体系的那种城壕，只是城壕的滥觞。

龙山文化台城在当时来说，有着明显的优点。首先，能适应不同地形，因地制宜，依托河崖、沟崖和利用取土沟，加高城垣外壁的高度，而保持平直的外壁，使难于攀登；成小斜坡形的内壁，把城顶与城内地面连成一体，任何部位都可上下城顶，而且城顶也可居住，便于瞭望、防御，这种类似后来坞壁的台城，显然具有较强的防御能力。其次，台城因能更好地适应和利用不同的地形，营筑起来比较省力、省时，因此既能大批地筑城，又能营建大规模的城。它是龙山时代正在普遍筑城和要求营筑更大规模城的时代的产物，是史前城的一个发展阶段，而不是城的产生阶段。当然，台城毕竟还不是完全成熟的城，它的一个明显缺陷是城内地面不平，周围隆起，中部相对低洼，容易积水，而且不易排泄，城子崖城中部有池塘或经常积水，就是显例。

山东龙山文化台城和版筑、堆筑相结合的城垣夯筑技术，可能代表了黄河、长江流域同期城的主要类型与主要的城垣建筑技术，处于承前启后的阶段，在我国城与筑城技术发展史上占有重要的一页。

三 山东龙山文化城的不同等级

在鲁西两个龙山文化城组发现之前，已看出山东龙山文化城中有不同的等级。其中城子崖、丁公、田旺龙山文化城，具有较大的面积，处于所在聚落群的中心地位，是一级龙山文化城。边线王龙山文化城早期阶段的面积只有1万平方米，扩建以后也不到6万平方米，不是所在淄河中游龙山文化聚落群的中心聚落，同前三城显然不是一个等级，似可称为二级龙山文化城。龙山文化城存在不同等级，从全国范围看更为清楚。但这些龙山文化城都分散在各地，在黄河长江流域的同一聚落群中未发现两座以上的城，因此互相关系并不清楚，所反映的龙山文化城的等级关系还不够典型。当1994年12月在阳谷、茌平两个古文化中心各发现了龙山文化城组之后，山东地区龙山文化城的两个等级已毋庸置疑。阳谷组的景阳冈和茌平、东阿组的教场铺城，不只规模较大，而且城内都有两座宏伟的夯筑台址。它们在各自城组和聚落群的中心地位，清楚不误，显然是两座一级龙山文化城。阳谷组的王家庄、皇姑冢龙山文化城，面积只有景阳冈中心城的十分之一与六分之一；茌平、东阿组的王集、大尉、乐平铺、尚庄城，面积在3～4万平方米之间，不到教场铺中心城面积的十分之一，它们在城组和聚落群中都不占中心地位，显然是另一个等级的城，即二级城。此外，丹土龙山文化城因有 25 万平方米的面积，又处于鲁东沿海龙山文化聚落群的中心地位，无疑是一级城（随着认识的深化，可能是座二级城，待查）。尤楼城的情况还不明朗，等级未明。如此，已知山东的 14 座龙山文化城，除尤楼城情况不明以外，城子崖、丁公、田旺、丹土、教场铺、景阳冈等 6 座龙山文化城，属于一级龙山文化城；边线王、尚庄、乐平铺、大尉、王集、王家庄、皇姑冢等 7 座龙山文化城，是二级龙山文化城。

一级龙山文化城不仅具有较大的规模，更重要的它是一个龙山文化聚落群的中心。这种龙山文化聚落群当是一个龙山文化古国，有的或是个部落。因而一级龙山文化城是古国的政治中心，具有"都城"性质，或是部落和部落联盟的中心。由于古国和部落的实力不同，决定了一级龙山文化城的规模、内涵也很不一样。在上述 6 座一级龙山文化城中，教场铺、景阳冈城规模宏大，气势宏伟，反映了它们是两个强盛龙山文化古国的统治中心。相比之下，城子崖、丹土城无论是规模还是内涵，都略逊一等，而田旺、丁公城的规模则更小。当时，古国和部落都不是长期稳定不变的，当一个古国和部落被兼并以后，原来的一级城就会失去一级城的地位，降为二级城。这种变化很复杂，从考古上不易弄清楚这种变化。但依据是否是聚落群的中心及城的规模来区分龙山文化城的等级，将有助于对龙山文化城性质、功能、地位和龙山时代社会性质的认识。

龙山文化二级城，一般说来规模要比一级城小得多，尤其他不是古国主要的政治中心，但又明显高于村落，因而具有"邑城"的性质，应是古国二级行政权力所在。由于山东地区龙山文化城已形成不同等级，联系龙山文化聚落群中大批一般聚落的存在，反映出当时的社会已形成"都、邑、聚"的等级结构。这一点下文还要继续论述（笔者按：本文所说一二级城是就聚落群而言，本集《山东史前聚落时空关系宏观研究》一文所论龙山文化城的等级，是就全区而言）。

四   有的龙山文化城是原始城市

20 世纪 80 年代中，苏秉琦先生提出了"古文化古城古国"的著名观点，具有深远的理论与实践意义[1]。原始文化展现到最后阶段，出现了城，城的发展，为原始城市与国家的诞生准备了重要条件。由于创造和推动原始文化发展的氏族与部落，有着牢固的血缘纽带的维系；以及在当时的生产力状况下，人们的生存与繁衍在很大程度上有赖于有利的自然生态环境，因而氏族与部落（这里主要指农业部落）

---

[1] 苏秉琦：《辽西古文化古城古国——试论当前考古工作重点和大课题》，《华人·龙的传人·中国人——考古寻根记》，辽宁大学出版社，1994年。

都在一个相对稳定的空间长期发展，而形成许多原始文化地区中心，在考古遗迹上表现为许多遗址集中区，或称之为聚落群。这些史前文化地区中心或聚落群中的重要者，大概都经历了古文化、古城、古国的逻辑发展过程。据文物普查资料，知山东地区最晚到大汶口文化中晚期，已形成数十个聚落群，其中大部分都是地区古文化中心，它们的文化持续不断地发展，一直延续到历史时期。从理论上说，这些古文化中心都应有一部古文化，古城，古国史。事实上山东已知的 14 座龙山文化城以及 5 座已有龙山文化城线索的遗址，分属 12 个地区古文化中心，证明山东的史前文化地区中心，在龙山文化时期已普遍存在城。

　　城和城市不同。城是泛称，包括城市，但城市不能概括全部城。城市是晚于城出现的，城发展到一定阶段产生了城市。这里的城市是指原始城市或者说早期城市，区别于一般的城，而不指以商品经济为基础的、特定含义的城市。原始城市不是简单的城与市的结合，它的基本特征可以用马克思、恩格斯的话来概括："城市本身表明人口、生产工具、资本、享乐和需求的集中。"[1] "这些城市中的资本是自然形成的资本；它体现为住房、手工劳动工具和自然形成的世代相袭的主顾……这种资本和现代资本不同，它不是以货币来计算的，而是与所有者的完全固定的劳动直接联系在一起的、完全不可分割的，因此它是一种等级的资本。"[2] 马、恩对城市特征的上述概括，应可适用于我们所探讨的原始城市。上述资本的集中，意味着手工业生产者的集中，手工业者阶层的存在。享乐和需求的集中，反映出社会财富的积聚、贫富分化、社会分化的深刻化，以及占有他人劳动产品的剥削阶级和权力统治的存在。因此，原始城市的出现必须具备必要的经济和社会条件。这就是原始农业和手工业已有较大的发展，社会财富日益丰富和积聚，交换有了初步发展；贫富分化、社会分化已相当深刻，出现了富有阶层和贫困阶层，形成了剥削阶级与被剥削阶级；人口迅速增长，聚落增多，规模扩大；城已比较普遍，而且形成了不同等级。只有在这种经济、社会条件下，才能产生原始城市。而作为原始城市，必须具备下列要素，即：一、是个政治权力和行政管理中心；二、存在着手工业者阶层，是个手工艺技术中心；三、人口相对集中，居民数量可观，比如达到 3000 人左右，居民具有多种社会身份。这些要素，可从城或聚落的规模、它在地区古文化中心的地位（等级）、文化内涵、遗物所反映的综合工艺技术水平、有无宫室建筑与礼仪性建筑以及墓葬资料等的分析中得知。一般来说，只有地区的政治、经济、文化中心，才能同时具

---

　　[1]　马克思、恩格斯：《德意志意识形态》，《马克思恩格斯全集》第 3 卷，人民出版社，1960 年，第 57 页。

　　[2]　马克思、恩格斯：《德意志意识形态》，《马克思恩格斯全集》第 3 卷，人民出版社，1960 年，第 59 页。

备这些要素，所以，最早的城市应该就是地区的政治、经济、文化中心。当我们探讨原始城市的时候，应当着重对那些重要史前聚落群的中心城或中心聚落进行考察。众所周知，以山东为中心的海岱地区，在第七千年纪后期，已开始形成以晚期北辛文化、大汶口文化、龙山文化为特征的海岱文化区。至第六千年纪后期，这里的许多大汶口文化聚落群，已出现如泰安大汶口、邹县野店、滕州西康留、广饶傅家、章丘焦家等大型中心聚落，反映了人口的增长和逐渐集中。这时手工业与农业已经分离，并得到迅猛发展。在农业上值得指出的是，大汶口文化末期龙山文化早期阶段玉牙璋的发现。这种主要用于祭天、拜日、祈年的玉礼器，由耒耜演化而成。耒耜成为祈年的礼器，表明它早已在大汶口文化的农业生产中占据着重要的地位，似可说明大汶口文化已是耜耕农业 [1]。在手工业方面，大汶口文化遗址大汶口文化早期后段精美的陶、石器，就已是当时全国同类器最杰出的代表之一。此后手工制作技术水平不断进步，直到龙山文化晚期，手工艺技术综合水平一直名列前茅。当时贫富分化正在急剧发展，大汶口文化遗址大汶口文化早中期之交、距今约 5700 年前的 M2005 已有葬具，随葬了包括 58 件精美陶器在内的 100 余件随葬品 [2]；而傅家遗址所清理的大汶口文化中期偏后的 200 座墓，绝大部分墓穴仅能容身，其中约三分之一有器物的墓不过 1～3 件陶器，个别器物最多的也不过 5～7 件陶器 [3]；和傅家墓葬大体同时的江苏新沂花厅大汶口文化中期墓，则反映出当时社会上层已流行人殉 [4]。由此可见大汶口文化中期以来，贫富分化、社会分化急剧发展之一斑。基于大汶口文化早中期的总体发展水平和王家庄、西康留大汶口文化早期、中期城的发现，估计当时城已不是个别现象。综上所叙，可知早中期的大汶口文化，已为城市的产生准备了条件，大汶口文化晚期应已出现原始城市。

　　一个比较显明的例子是大汶口遗址，其晚期阶段已是座原始城市。首先，晚期大汶口文化大汶口遗址具有数十万平方米的规模，自北辛文化晚期以来，已经历了一千余年持续不断地发展，人口必已相当可观，居民的成分已远非单一的农业人口。其次，大汶口墓地已见一部分手工业者或手工业家庭家长之墓，墓地随葬的陶、石、玉、骨、牙器制作之精美，令人叹为观止。证明大汶口有一个技术精湛的手工业者阶层，手工业中的陶器、玉石器、骨牙器的制作已实现了专业化，是大汶口文

---

[1]　张学海：《牙璋杂谈》，《南中国及相邻地区古文化讨论会论文集》，香港中文大学中国考古与艺术研究所编，1994年。

[2]　山东省文物考古研究所1978年大汶口遗址发掘资料。此墓年代依据郑笑梅先生意见。

[3]　山东省文物考古研究所1986年清理。山东省文物考古研究所：《前进中的十年——1978～1988年山东省文物考古工作概述》，《文物考古工作十年》，文物出版社，1990年，发掘资料未正式发表。

[4]　南京博物院花厅考古队：《江苏新沂花厅遗址1987年发掘纪要》，《东南文化》1988年第2期；考古编辑部：《中国文明起源研讨会记要》，《考古》1992年第6期。

化独占鳌头的手工业技术中心。再次，墓地随葬品总量丰富多彩，出现了白陶、骨牙雕嵌等新工艺，反映了手工业生产的惊人发展，折射出农业的快速增长和交换的发展，也表明社会财富空前丰富。又次，极少数墓十分富有，拥有了大部分陶器（包括几乎是全部的白陶），全部的骨牙雕嵌等最珍贵的手工艺品，有的还有玉铲等礼器，说明晚期的大汶口文化大汶口遗址，有一个凌驾于社会之上的富有的权贵集团。以上说明晚期大汶口文化大汶口遗址已具备了原始城市的基本要素，已是座原始城市[1]。虽然尚未发现城垣，但这可能是以往还没有找城的意识和缺乏这方面的田野考古知识之故。即便没有城垣，也是座城市。城垣只是外壳，关键在于是否是地区的政治、经济、文化中心。而中晚期的大汶口文化大汶口遗址是整个大汶口文化最突出的政治、经济、文化中心，这早就是考古界的共识。它为龙山文化时期城市的存在提供了确凿的实证。

　　承袭大汶口文化的海岱龙山文化，无论是社会经济、社会分工和社会关系分化，都比大汶口文化有了更显著的发展。仅就大汶口文化中期后段开始到龙山文化时期社会经济迅猛发展、空前繁荣这一点来看，就足以说明海岱龙山文化时期经济与社会的巨大变化。这时聚落激增，规模扩大，内涵极为丰富，城已普遍存在，形成了等级等现象所反映的人口急剧增长、经济飞速发展和社会的深刻变化，已远非大汶口文化中晚期可以比拟，说明龙山文化时期已具有城市产生、发展的更充足的条件，估计一些重要的龙山文化中心城，都已发展成原始城市。

　　例如城子崖龙山文化城。笔者曾在《城子崖与中国文明》一文中，论证了城子崖龙山文化城是座原始城市。一方面它具备原始城市的基本要素（人口、手工业队伍、技术水平等），是泰沂山北侧西段主要的政治、经济、文化中心；另一方面，它和本区内数十处龙山文化村落之间所反映的城乡分离、城乡差别的格局，已十分清晰，因而已是座原始城市[2]。

　　同样的情形在鲁西茌平古文化中心，有更加明显的反映。这里的中心城教场铺龙山文化城，面积达40万平方米，是城子崖龙山文化城的两倍，人口也应超过城子崖城。城内存在宏伟的宫室基址和礼仪性建筑基址，证明是个重要的政治中心。其下的二级城尚庄龙山文化城，出有上乘的陶器，如红褐色双鋬瓮类器，制作精美，器形雄伟，堪称古陶珍品，说明尚庄城具有高超的制陶水平。尚庄城面积只有教场铺中心城的十分之一，由此可以推知教场铺城会有更高的手工艺技术水平。在教场铺城所在的茌平史前文化中心以北的大片鲁西北地区，不见大规模的龙山文化遗址，所以教场铺龙山文化城应是鲁西北地区一个突出的政治、经济、文化中心，它

[1] 张学海：《城子崖与中国文明》，《张学海考古论集》，学苑出版社，1999年。
[2] 张学海：《城子崖与中国文明》，《张学海考古论集》，学苑出版社，1999年。

和茌平龙山文化聚落群中已知 20 余个村聚之间，存在清楚的城乡分离的格局，所以教场铺龙山文化城也是座原始城市。

城乡分离的格局在阳谷古文化地区中心也很清楚。这里的中心城景阳冈，是泰山西南麓汶河流域和鲁西地区主要的政治中心，今后的发掘将会证明它可能是该地区的经济、文化中心，因此也应是座原始城市。类似的情况，在鲁中南的薛河流域，鲁西南的万福河流域，鲁东南的沂、沭河流域，鲁东南沿海，鲁中北弥、淄河流域等地区都存在，龙山文化时期这些地区都应有各自的政治、经济、文化中心，也就是原始城市。

五　山东龙山文化城是古国实证

古国是"高于部落之上的、稳定的、独立的政治实体"，是原始文化发展的逻辑结果。原始文化在氏族、部落的载体内长期发展，当达到了氏族社会不能承受时，国家脱胎而出。苏秉琦先生用"古文化古城古国"概念，对原始文化与古城、古国之间的逻辑关系，给予了精确的表述，为古国问题的研究指明了科学方向。

古国首先在那些先进的原始农业部落诞生，因此我们应当从这些部落入手，对其文化发展进程进行系统考察，探索古国的诞生。山东地区在大汶口文化晚期存在的数十个原始文化中心区或聚落群，大致反映了当时部落的分布状况。每一原始文化中心区或聚落群，大体上就是一个或几个部落，或是部落联盟。其中社会进程发展较快的，如泰安大汶口、章丘焦家、广饶傅家、莒县陵阳河等部落，在距今五千年前后的大汶口文化中晚期之交或稍早，可能已向国家过渡。到龙山时代，许多原先的大汶口部落已转变为古国。

这种脱胎于农业部落又高于部落的古国，有着金字塔形的等级社会结构。处于塔尖位置的是作为古国统治中心的城或原始城市，即古国之"都"，居住着古国的统治集团。因此应有宫室基址和礼仪性建筑基址，城内或城外应有他们的墓葬，还会有首先是满足他们需求的手工业者阶层。处于塔基地位的是一批村落，主要从事农业，是古国的社会与经济基础。由于脱胎于部落，血缘纽带关系在社会生活中仍起着重要作用，这些村落很可能是族居的，实行着族葬。这种金字塔形的社会结构，其塔尖上的城或城市，塔基部分的村落，反映了城乡分离的形成。城一出现，就开始了城乡分化的进程，但初期阶段的城乡分化并不是明显的，只有形成了地区的政治、经济、文化中心，产生了原始城市，社会形成了等级结构，城乡分离才能最终完成，而成为国家社会的一个重要特征。"物质劳动和精神劳动的最大的一次分工，就是城市与乡村的分离。城乡之间的对立是随着野蛮向文明的过渡，部落制向国家的过渡，地方局限性向民族的过渡而开始的，它贯穿着全部文明的历史。"[1] 因此，城市的出现，城乡的分离，是国家诞生的标志。古国社会的这种等级结构和城乡分离，是社会经济、社会分工、社会关系分化的发展，已超越氏族社会阶段的重要尺度。因此，笔者认为只需要从是否已形成等级社会结构，是否产生了城市和实现了城乡分离这两方面进行考察，就可以确定是否已进入国家社会。这两方面的情况大都是可以从考古上找到证据的。基于这种认识，笔者曾认定城子崖龙山文化城所在的章丘地区是一个龙山文化古国，而且可能已发展成方国，以其都城城子崖城为代表，称为城子崖龙山文化古国。

该古国所在的泰山北麓地区古文化中心，有陶新石器文化的出现可早到距今8500 年前的西河文化，是目前山东地区最早的史前文化中心。区内古文化自西河文化开始，经中晚期北辛文化、大汶口文化、龙山文化、岳石文化直到商周汉代。这里已知有 5 处西河文化遗址，12 处大汶口文化遗址，至大汶口文化中期，出现了面积达数十万平方米的中心聚落焦家遗址，可能已是城。1994 年元月，遗址西部一批墓葬遭盗掘，追回的部分玉器有数件大汶口文化中晚期的玉钺和玉铲，应是玉礼器 [2]。至龙山文化时期，聚落已激增至 40 余处，分布范围扩展，东抵长白山西南麓，东北至长白山西北麓，南达泰山北麓谷地，北临白云湖南，西面范围不明，可能到济南历城区东境一带，南北约 32、东西约 30 千米。这些聚落已有三个等级。一级即城子崖龙山文化城，面积 20 万平方米，碳 -14 测年的最早数据为 4565 ± 130 年（树轮校正值），是座原始城市。二级聚落有黄桑院、马彭、马安庄、季官庄、牛官庄、小坡遗址等六七处，面积 3 ～ 6 万平方米，其中可能有城址。其余 30 余处都是三级遗址，面积数千至一二万平方米。显然，龙山文化时期这里已形成类似"都、邑、聚"的金字塔形等级社会结构，城子崖龙山文化城相当于"都"，二级聚落相当于"邑"，三级聚落是村聚（图四）。同时城子崖龙山文化城和大批村落，把城乡分离状况清晰地展示于世，证明龙山文化时期，这里已是个古国 [3]。

荏平、阳谷两个史前文化地区中心龙山文化城组的发现，为龙山文化古国的存在提供了更加有力的新佐证。荏平古文化地区中心的范围，包括荏平县东北到西南部，聊城市东部，东阿县北、中部，处于徒骇河上游地区。已知这里的原始文化始于大汶口文化，已发现大汶口文化遗址 6 处，其中心聚落可能是教场铺或尚庄遗址。到龙山文化时期，聚落已达 30 余处，分布范围东西约 25、东北到西南约 45 千米，"都、

---

　[1]　马克思、恩格斯：《德意志意识形态》，《马克思恩格斯全集》第3卷，人民出版社，1960年，第56页。

　[2]　资料现藏章丘市博物馆。

　[3]　张学海：《城子崖与中国文明》，《张学海考古论集》，学苑出版社，1999年。

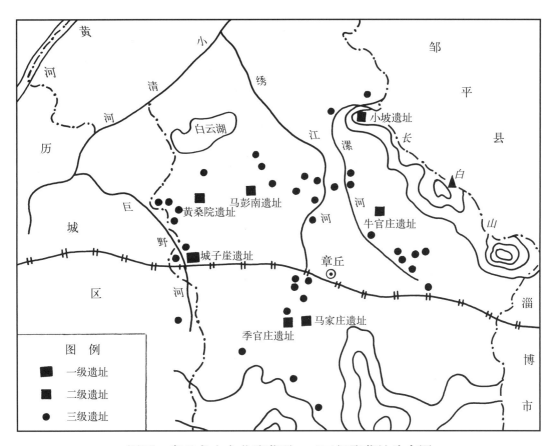

图四　章丘龙山文化聚落群一二三级聚落址分布图

邑、聚"的等级社会结构，比城子崖古国更加典型。中心城教场铺龙山文化城，规模宏大，城内宏伟的大小台址，应是宫室和礼仪性建筑基址，而小台很可能是宗庙遗迹。《左传·庄公二十八年》："凡邑，有宗庙先君之主曰都。"所以教场铺龙山文化城应是座"都城"。已知的4座二级城（现为5座），虽然都是小城，但据尚庄城具有非同一般的文化内涵和高超的制陶水平，可知它们都是"邑城"。其余的聚落基本上都是数千平方米至1万多平方米的村落（图五）。"都、邑、聚"的等级社会结构和城乡分离的格局，已很清楚，所以这里也是个龙山文化古国，可称为教场铺龙山文化古国。

　　阳谷史前文化中心的范围，包括阳谷东南部，南跨金堤河与黄河，领有河南台前县全境和范县东境，以及山东梁山、郓城县的北部，鄄城县东北部和东平县西南部地区，位处泰山西支山前平原古济水西侧，东西穿越该地区的黄河河道是清咸丰五年以后才形成的。原始文化始于大汶口文化早期，已知大汶口文化遗址4处，龙山文化聚落也只有19处，这是因为许多遗址已被黄河淤积湮埋和毁坏之故，实际

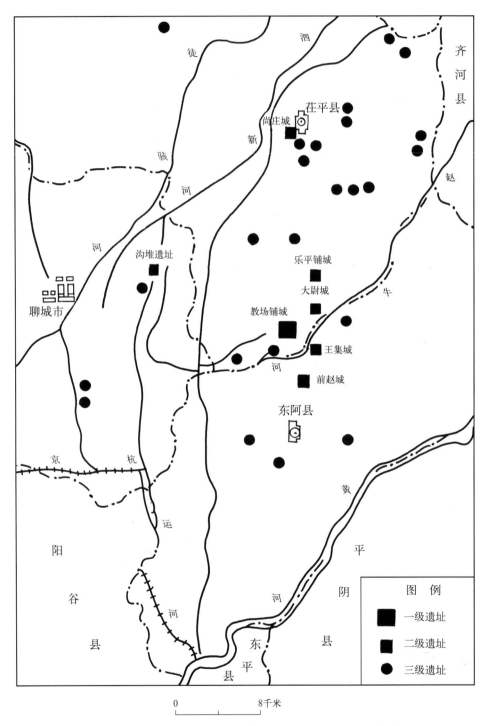

图五 茌平、东阿县龙山文化聚落群一二三级聚落址分布图

上龙山文化聚落比这要多得多。已知聚落虽不多，分布范围却很大，东北到西南约 80、东西宽 35 千米。中心城景阳冈也有宏大的规模，城内有宏伟的宫室基址和宗庙遗迹，知是座都城。这里也已发现两座"邑城"，同样存在一批村落，"都、邑、聚"的等级社会结构也很清楚。而且从景阳冈中心城的规模、气势来看，它很可能是大汶河流域和鲁西地区的政治、经济、文化中心，是座原始城市，所以阳谷古文化中心龙山文化时期也是个古国，不妨称为景阳冈龙山文化古国。

以上列举了以城子崖、教场铺、景阳冈龙山文化城为代表的三个龙山文化古国，由于海岱龙山文化的发展水平大体一致，故透过这三个古国，可知许多龙山文化的地区中心（聚落群）都应进入国家社会，海岱龙山文化已属于古国时代。

原载《文物》1996 年第 12 期；后收入《张学海考古论集》，学苑出版社，1999 年

环壕聚落·土围聚落·城堡·早期城市

环壕聚落、土围聚落、城堡、早期城市，四者既相联系又不相同。随着旧石器时代向新石器时代过渡，先民们由穴处逐渐移居山坡、河旁台地和山前平原，拓宽了居住空间，但也失去了洞穴的天然屏障。为了防御野兽的侵扰和家畜的走失，先民们在聚落周围开挖沟壕，以作护卫，于是出现了环壕聚落。距今 8000 年前后的山东小荆山遗址和内蒙古兴隆洼遗址已有环壕，可见环壕聚落出现甚早。

先民们在挖聚落环壕时，将挖出的土放在沟壕两侧，在实践过程中逐渐意识到堆放在沟沿上的土堆，达到一定的高度，就可以起到加强沟壕的护卫功能。于是把挖出的土集中放在沟壕内侧沟沿，以增大、加高土堆，和沟壕结合起着护卫作用，这就产生了土围聚落。既然土围聚落是从挖聚落环壕的活动中顺理成章地产生，两者之间就不会有漫长的间隔。估计我国在距今七八千年间，应有土围聚落的存在，只要在今后的田野工作中加以注意，将会发现土围聚落。土围聚落的产生，并不意味着完全取代环壕聚落，两者可能并存，也可能同时体现在同一聚落上。它们的功能基本上相同，主要都是防御野兽的侵扰和防止家畜的走失。由于未经夯实的堆土，松散而多缝隙，易被雨水冲走和滚落，容易淤塞沟壕，必须夯实才能保持相对稳定的高度，起到护卫作用。起初这种夯实土围的方法，不过是边堆边夯而已，进而可能发展成逐层堆筑的方法。这种逐层堆筑的土围墙，和后来城堡的堆筑城垣，已没有什么区别。事实上土围聚落与初期城堡的区别，仅仅在于它们的功能不同，而不是外形。前者主要是防御野兽侵扰和防止家畜走失的设施；后者则是一种军事设施，是抵御敌人侵犯，保卫人民生命、财产安全的防御工程。城堡只能伴随战争的出现而出现，两者是人类社会发展到特定阶段的双胞胎。人类社会并非一开始就有战争，原始群时期人类互相残食和后来的部落格斗、猎首等现象，并不是战争。原始社会的战争无例外地都是掠夺性战争，其目的是为了掠夺财富、人口和争夺有利的生存空间。因此。只有产生了剩余劳动后才能出现严格意义上的战争。随着战争这一怪物的出现，土围聚落也就向城堡转变。最初的城堡是由土围聚落转变来的。黄河中下游地区处于第七千年纪的前大汶口文化、前仰韶文化时期的诸文化，剩余劳动产品都已有一定的发展，当时已存在部落战争，自然也应存在城堡。这也就是说，中国城堡的出现应在距今六七千年间，并不比西亚、北欧地区晚。巴勒斯坦的耶利哥城，年代超过 1 万年，当时该地区还没有出现陶器，恐怕只能算作土围聚落，还不是城堡。进入第六千纪，黄河中下游地区的生产力水平有了明显的提高，劳动产品空前丰富，贫富分化急剧发展，部落战争也更加频繁，城堡可能已比较普遍，估计许多部落中心特别是处于不同族团交汇地区的那些部落的中心，可能都已有城堡。湘西北城头山、豫北西山和鲁中南西康留三座城堡的发现，有如一叶知秋，预示着大溪文化、仰韶文化和大汶口文化城将陆续面世。这时城垣的建筑技术，也取得了惊人的进步。原先土围聚落的围墙和初期城堡的城垣，大概都采用堆筑法筑成。西山仰韶文化城堡在先用堆筑法筑城后，进而改用先进的方块版筑法营筑。这是目前版筑城垣最早的一例，其年代可上溯到距今 5500 年左右。这一出乎意料的重大发现，不仅显示出第六千纪的黄河中下游地区的城堡可能已比较普遍，而且也间接地证明了我国城堡的出现应在距今六七千年间。

　　早期城市与城堡不同，通常所称史前时期的城或古城，实际上包括城堡与早期城市在内，应予区分。更不能把这些城笼统地称为城市。城堡和早期城市是不同的概念，它们的性质、功能有别。城堡主要是一种军事设施，虽然许多城堡可能比一般聚落具有较高的经济、文化发展水平，包含了最初意义上的城乡分离，但城乡差别并不十分明显。早期城市或者说原始城市，则是区域的政治、经济、文化中心，虽然它的军事功能比一般的城堡更重要，但它在政治、经济、文化方面的地位与作用，远非一般城堡可以比拟，它的出现标志着城乡分离的实现。这种早期城市，不能简单地用城与市的结合来表述。它的基本特征正如马克思、恩格斯所概括的："城市本身表明人口、生产工具、资本、享乐和需求的集中。"（《德意志意识形态》）马、恩在这里所说的资本，是自然形成的资本。它体现为与所有者的完全固定的劳动直接联在一起的住房、手工劳动工具和自然形成的世代相袭的主顾等等，而不是表现为货币形式的现代资本。依据马、恩所说的精神，结合考古发现和周代城市的特征，似可对中国史前时期的原始城市提出如下四项标准。一、人口相对集中，居民达 3000 人以上，居民具有多种成分；二、存在手工业者阶层，具有高于一般的手工艺技术水平，是区域的手工业生产中心；三、是个政治权力中心和行政管理中心；四、区内具有明显的金字塔形等级社会结构，处于塔尖地位。具备了以上标准的就是早期城市。一般来说，只有区域的政治、经济、文化中心，才能具备这些条件。所以说早期城市基本上都是区域的政治、经济、文化中心。因此我们可以用"区域的政治、经济、文化中心"这一概念来概括早期城市或原始城市。以此去衡量城头山、西山、西康留和许多龙山文化城，它们显然不是早期城市，而海岱地区的晚期大汶口文化遗址和城子崖、教场铺、景阳冈等龙山文化城，都是各自所处小区乃至更大范围的政治、经济、文化中心，它们已是我国最早的城市。

早期城市应首先出现于那些经济和社会发展水平较高的农业部落，这些原始部落的中心可能早就是城堡，当它发展到成为一定区域的政治、经济、文化中心时，也就转变为早期城市。也就是说，早期城市是由一部分城堡顺理成章地发展而成。目前黄河中下游、长江中下游地区的考古资料表明，早期城市的出现可能在距今5000年前后。在当时的历史条件下，早期城市都应有城垣，没有城垣护卫的早期城市可能在历史时期存在，但毕竟是个别的。早期城市出现后，主要起防御作用的城堡，仍在继续发展。已发现的龙山文化城，多数不属于区域的政治、经济、文化中心，其地位约当周代的邑城和附庸国居地，属于城堡性质。

城堡的产生，既以剩余劳动的出现和初步发展为前提，无疑是文明的重要因素，但并不意味着国家的诞生和文明的形成。早期城市的出现，则标志着国家的诞生和文明时代的开端。

原载《中国文物报》1996 年 4 月 21 日

中国城的起源与原始城的发现

一

城是人类社会发展到一定阶段的产物，城的产生是以剩余劳动产品的产生与初步发展为前提的。城作为设防的居住址，具有自身的产生、发展过程。自更新世之末先民逐渐告别洞穴、移居平地以后，人类失去洞穴的天然屏障，居地的防御体系大概经历了栅栏与篱笆、沟壕、土围、城垣等发展阶段，城垣是从聚落土围转化来的。笔者曾在《浅谈中国早期城的发现》等文中，对城的产生过程做了推测："最早的城可能从土围聚落转变而来，土围聚落又从环壕聚落中产生。先民们在挖聚落环壕时，把挖出的土堆放在沟壕两侧或一侧，逐渐领悟到沟沿的堆土达到一定的高度便可同沟壕共同起到防御作用，于是产生了土围聚落。开始一个聚落的土围与环壕可能同时存在，而以环壕担负主要的防护功能。渐渐地土围的防护作用突出起来，而沟壕的防护功能降为辅助地位，这就产生了比较典型的土围聚落。此后土围越堆越高大，建造技术也不断改进。土围必须夯实，否则干燥后的土块容易散落和易被雨水冲溃，不能保持应有的高度而起到防护作用。夯实土围的方法，开始大概是边堆土边夯实，堆土不分层，逐渐发展到分层夯实，这也就是堆筑法。这种堆筑的土围和初期的堆筑城垣，并无区别，因此不能从外形上区分何者是土围聚落，何者是城。区分两者的标准只能是它们的社会功能。环壕、土围聚落的主要功能，是防御野兽侵扰，防止家畜走失，在特定地区还有防御水患的作用。城，作为设防的居址，是抵御敌人侵犯、保卫人们生命财产安全的军事设施。因此，只有出现了战争，才能有城，城是伴随着战争的出现而产生的。以掠夺财富、人口和有利生存空间为主要目的的原始战争，是随着剩余劳动产品的出现与初步发展而产生的，当生产力还处于一个劳动力的劳动产品仍不能养活自己或仅足以勉强维持自己生存的状况下，就不可能有战争。战争只能在出现了剩余劳动产品并有了初步发展以后，才会出现。一旦出现了战争，环壕、土围聚落也就向城转化。考古资料证明，距今 8000 年前后的内蒙古兴隆洼遗址和山东小荆山遗址已有环壕，西安半坡遗址有围沟，临潼姜寨遗址亦有环壕。这些经过全面揭露或大规模发掘的史前遗址，都发现了环壕，可见距今七八千年前，环壕聚落可能相当普遍，土围聚落想必也不少，只因以往全面揭露的遗址很少，又因岁月遥远，保存不好，所以至今尚未发现较完整的土围聚落。进到距今 7000 年以后，生产力有了明显提高，当时像中原地区的仰韶文化，海岱地区的北辛文化、大汶口文化，长江中下游地区的汤家岗文化、大溪文化、河姆渡文化、崧泽文化等所反映的，剩余劳动产品都已有一定水平的发展，应该已出现了严格意义上的战争，土围聚落也就逐渐转化为城。因而中国城的产生，应在第七千年期，它是由土围聚落转变而来的。"[1] 这一推测已得到湖南澧县八十垱环壕土围聚落的初步证明。

八十垱属彭头山文化聚落，位于澧县城北约 20 千米的梦溪镇五福村东，地处澧阳平原北部边缘澧水之阳，海拔高约 30 米，周围地势开阔平坦。遗址北西南三面有宽阔的古河环绕，河宽约 100 米，自北而南，迂回东流入湖沼，遗址地势由西向东倾斜，西部高于东部约 1.8 米，东面为数百米宽的开阔地，开阔地东为湖沼。聚落的东南西三面有沟壕与围墙，沟墙北接古河，沟墙系逐步挖筑，最终形成封闭性聚落的。其"南北最长约 200、东西最宽约 160 米，总面积约 3 万平方米。""最早开凿的是遗址东部与南部的壕沟，后来才不断将疏浚拓展壕沟的土堆筑在沟的内侧，从而逐步形成了与沟并行的围墙。遗址西部围墙修筑的时间最晚。已发现的壕沟上宽约 4、下宽和深约 2 米；围墙底宽约 5、顶宽约 2、高 1～2 米。在遗址的西墙还发现一个供出入口的豁口，由内向外用河卵石铺成阶梯状。"[2] 该遗址的彭头山文化，可分早中晚三期。据报道，沟墙产生于中期。

上引为 1998 年第 10 期《中国文物报》的新报道，有关数据同前此发表的发掘简报不尽一致，可能工作有新进展。但两者都认为八十垱聚落沟墙非同时建造，挖沟在先，筑墙在后。《简报》介绍八十垱聚落东南面曾两次挖沟，先挖了沟 10，后又挖了沟 7，并断定："开凿沟 7 之前是没有墙。应该是先有沟 7 的开凿，随之才有墙的出现，或者至多只能说二者是同步进行的。"[3] 这样，《简报》就把八十垱聚落围墙的修筑时间，定在了沟 10 之后，并把墙体分为主墙和附墙两部分，认为附墙是沟 7 三次清淤时的堆积，用以加固围墙[4]。细审《简报》发表的沟墙平剖面图，这一结论未必符合实际，对地层现象的释读可能有误（图一、二）。实际上，沟 7 是在沟 10 淤积后基本上在沟 10 原位上开挖的，先后两次挖沟，都和筑墙同步进行，围墙应分两期。在挖沟 10 时，利用挖出来的土方修筑了第一期围墙，即所

---

[1] 张学海：《浅谈中国早期城的发现》，《长江中游史前文化暨第二届亚洲文明学术讨论会论文集》，岳麓书社，1996 年。

[2] 裴安平：《澧县八十垱遗址出土大量珍贵文物》，《中国文物报》1998 年 2 月 8 日第一版。

[3] 湖南省文物考古研究所：《湖南澧县八十垱遗址发掘简报》，《文物》1996 年第 12 期。

[4] 湖南省文物考古研究所：《湖南澧县八十垱遗址发掘简报》，《文物》1996 年第 12 期。

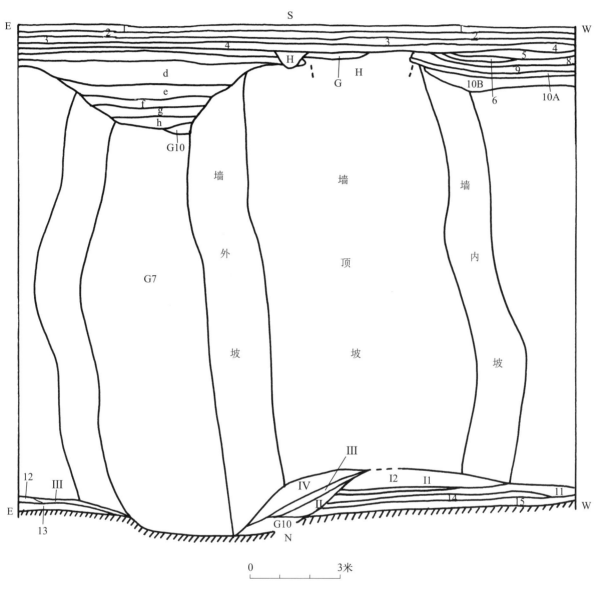

图一　八十垱围墙、围沟平、剖视图

（引自《文物》1996年第12期）

谓主墙，沟 10 与第一期围墙共同起着护卫、挡水、排水等作用。当沟 10 淤积后，又在淤积面上挖了沟 7，利用挖出来的土在第一期围墙外侧加宽了围墙，这加宽的围墙属于第二期修筑的墙体，并不是附墙，它和第一期围墙共同构成第二阶段的围墙，同沟 7 共同发挥着护卫聚落的作用。因此两次挖沟都曾修筑与加宽了围墙，围墙始建于挖沟 10 时，挖沟、筑墙一开始就是同步的。八十垱聚落是座比较典型的

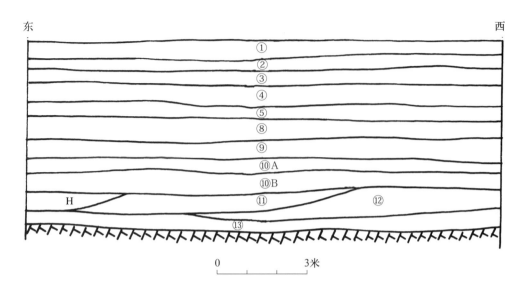

东　　　　　　　　　　　　　　　　　　　　　　　　　西

0　　　　　3米

图二　八十垱遗址T1北壁剖面图

(引自《文物》1996年第12期。第⑫层应是围墙，第⑪层应是围墙内坡上的堆积)

环壕土围聚落，并非先是单纯环壕聚落、后来才发展为环壕土围聚落的[1]。不过这是就聚落中期阶段而言，据报道，聚落早期阶段的面积最大，早期是否存在单纯的环壕还不清楚。即使没有，也证明八十垱聚落中期已产生聚落环壕。

据《简报》环壕土围平剖面对应图,加宽以后的第二阶段的围墙,墙基宽约7.5、高约0.5～2米。与第二阶段围墙共存的沟7,沟口宽4、沟底宽1.5、深约1.5～2米;围墙呈两面坡形,内坡极缓,仅20度,外坡也不陡,不过30度左右,环壕、围墙属浅沟矮墙型。这种浅沟矮墙显然无法有效抵御敌人的侵袭,但环壕足以防御野兽侵扰,防止家畜走失,对儿童、家畜的安全起到重要的保障作用;而围墙则明显具有挡水功能。聚落位处古河阶地,西高东低,西南部比东部高出近2米,南西北三面有宽达100米的古河环绕,迂回东流,先修的围墙恰好建在低洼的东南面。墙虽不高,但高出环沟外侧地面约2米,周围地形开阔,尤其是东面低洼而有湖沼,易于排洪,如不是特大洪水,这一高度已足够保证聚落无虞。所以修建此围墙的初衷是为了挡水,而使聚落免遭水淹始终是此围墙的基本功能,故无需把围墙筑得很高。实际上八十垱聚落正处在壕、墙并重,各自发挥不同功能的阶段,既非单一的环壕聚落,也还不是典型的土围聚落,似可称为环壕土围聚落,处于从环壕聚落到土围聚落的过渡阶段。以往对聚落防御体系的这一阶段,只是推测,八十垱环壕土围聚落的发现,首次提供了一个极其宝贵的实例。它的发现证明我国在约距今8000年,已产生聚落围墙,虽然还不是典型的土围聚落,但挖沟的土方已集中用来修筑和加

---

[1]　张学海：《城起源研究的重要突破》，《考古与文物》1999年第1期。

宽沟壕内侧的围墙，表明围墙作为聚落新防御设施的地位正在确立，其发展趋势已不可逆转。随着围墙防御能力的加强，将不可避免地产生以围墙防御功能为主的土围聚落，尤其是在北方干旱地区。当然，设防聚落必定经历了土围聚落阶段，是总体而言，实际上聚落土围并未完全代替环壕，环壕聚落一直延续到龙山文化时期，山东桓台史家龙山文化环壕聚落就是个重要例证。聚落围墙的出现可能是为了防水，和环壕一起各自发挥护卫聚落的功能，但即使是一二米高的矮墙，除了挡水以外，也将加强环壕的防卫能力，提高聚落的总体防卫态势。墙越高，聚落防卫能力越强，所以不仅环壕聚落多半迟早会修建围墙，而且围墙产生以后，不断加宽增高围墙也是势所必然，以至成为聚落主要的防御设施，终于产生了土围聚落。估计长江、黄河流域在第七八千年纪应有较普遍的土围聚落。

八十垱环壕土围聚落的重要价值，还在于从围墙的修筑方法上为城的起源提供了宝贵实证。它那挖沟建墙同步、沟墙结合、沟壕内壁和围墙外坡连成一体、沟壕淤积后继续沿外墙根挖新沟、利用新挖出的土方在旧墙外坡加宽围墙、而新沟内壁又和新墙外坡成一体的建筑方法，已开了城头山大溪文化早期城等原始城城垣建筑技术的先河。这些原始城的城垣大都用堆筑法筑成，一般是边挖土边在内侧地面上堆筑城垣，城垣筑成后，其外侧的取土沟就成了城壕。城壕内壁也就是城垣外壁的底部，两者成一体。由于土垣易损而城壕易淤，因而经常对城垣进行修筑。如在外侧修筑，新筑墙基往往部分压住了城壕淤土。如是大规模修筑，取土沟就可能外移而形成新城壕。不断的修筑，导致城垣逐步加宽增高，城壕也时而局部、大部乃至全部位移。这种堆筑城垣的方法，是和八十垱挖沟建墙及修筑围墙的方法一脉相承的。由于初期城垣的建筑方法和土围聚落围墙的建筑方法完全相同，所以土围聚落的围墙和初期的城垣形体完全一致，无法区别，我们不可能从外表确定何为土围聚落，何为城，只能依据社会功能加以判别。焦点是何时出现了战争而使土围聚落转化为城。考古资料表明，第七千年纪的仰韶文化、北辛—大汶口文化、汤家岗—大溪文化、河姆渡文化等，生产力已达到相当水平，剩余劳动产品已有初步发展，战争应已出现，土围聚落也就转化成原始城。要之，我国在距今8000年左右发明了聚落围墙，产生了环壕土围聚落，八千年期应有较普遍的土围聚落，七千年期出现了原始城，它是从土围聚落转化来的。下面就来介绍已发现的几座5000年前的原始城。

二

首先说明，笔者把史前城分为原始城和早期城两大期。前者基本上属于原始社会的城，后者属于文明时代初期，主要是龙山时代或古史传说之五帝时代的城。本文只介绍原始城。

目前我国已确认或基本肯定的原始城，有城头山大溪文化城、王家庄大汶口文化城、西山仰韶文化城、西康留大汶口文化城四座。半坡遗址很可能也是座仰韶文化城，就此先作分析。

1. 半坡遗址

位于西安市以东6千米浐河东岸的二级阶地上，面积约10万平方米，呈南北长、东西较窄的不规则圆形，自1954～1957年共进行了5次发掘，发掘总面积达10000平方米。房子、窖穴等遗迹集中于聚落中部，约占30000平方米。此中心区外围有一条深宽各约5～6米的大围沟环绕，大围沟以外，遗址北部是氏族公共墓地，东边有陶窑（图三）[1]。

大围沟平面呈南北长的不规则圆形，残存自北面到东南部部分，长约300米，略呈弓形，其余部分已不存。大围沟东北角呈圆弧形，东南角略呈直角，各部分形制基本一致。沟形上宽下窄，北部一段上口宽约6～8、底部1～3、深5～6米。中腰以下。坡度较大，断面如漏斗形。靠居住面一边沟壁坡度较大，沟口比外壁高出约1米。发掘报告认为："这种情况有两种可能：一种是由于自然形势的缘故；另一种是挖沟时将掘出的土堆积在内口沿，以便于防卫。"在大围沟东面，还有一条较宽的洼沟，沟内堆积比较简单（图三、四）。

大围沟环绕居住区，沟深而宽，内壁较陡，无疑是护卫聚落的环壕，这一点发掘报告已经指明。围沟挖于早期，证明早期的半坡聚落是座环壕聚落。沟口内侧高于外侧1米，既然"可能是挖沟时将掘出的土堆积在内口沿，以便于防卫"，那么只要证明确属人工堆积，就将证明早期半坡聚落是处土围环壕聚落，其土围本来可能更高大。大围沟在使用过程中自然形成了下半部3米左右的堆积，可见大围沟在相当长的时间发挥了作用。

大围沟上半部的堆积是围沟废弃以后形成的，属于半坡聚落晚期阶段的堆积。尤其最晚的灰土堆积层，包含物丰富，可分两小层。"下面一小层是灰黄色土层，质松软，包含物多，堆积不太厚（约0.2～0.8米），分布宽，在靠居住区一边与晚期堆积层次相连起来。"（《西安半坡》第57页）证明半坡聚落晚期，大围沟确实已经废弃。于是便出现了一个问题：大围沟废弃以后，半坡聚落还有没有防御设施？因半坡聚落的繁荣期在晚期，按常理晚期不能没有防御设施，那会是什么样的防御设施呢？要找出答案，我们的目光毫无疑问会首先落在大围沟外侧的洼沟上。

---

[1]　中国科学院考古研究所：《西安半坡》，文物出版社，1963年。半坡遗址资料均引此书，不另注。

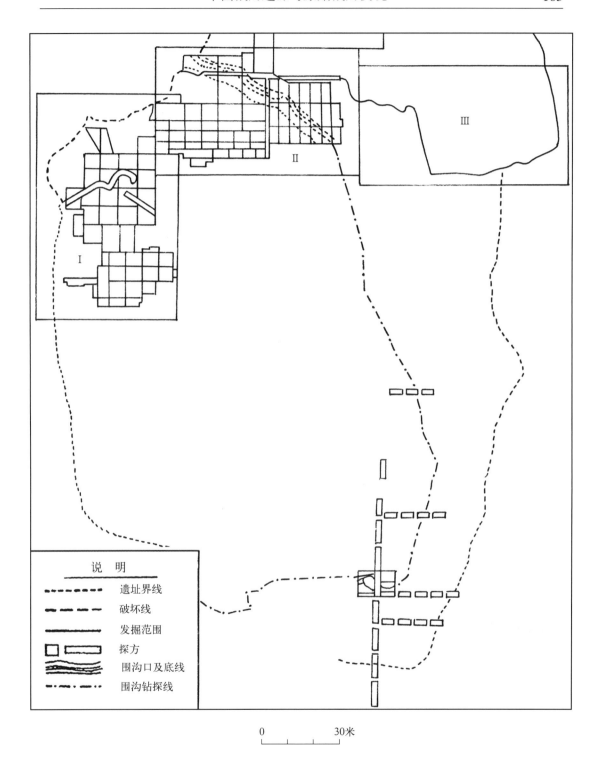

说　明

‒‥‒‥‒‥‒	遗址界线
‒ ‒ ‒ ‒	破坏线
━━━━	发掘范围
▯ ▭	探方
〰〰〰	围沟口及底线
‒·‒·‒·	围沟钻探线

0 ├──┼──┤ 30米

图三　半坡遗址范围与发掘坑位图
（引自《西安半坡》）

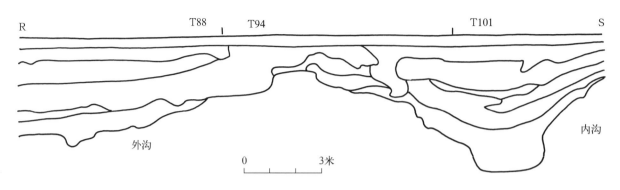

图四　半坡遗址大围沟（内沟）与洼沟（外沟）剖面图
（引自《西安半坡》）

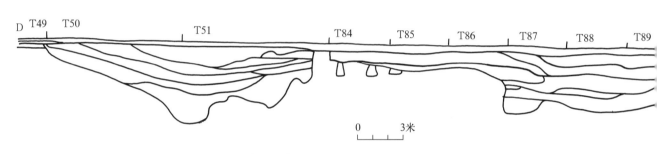

图五　半坡遗址北部大围沟、洼沟相对位置与层位关系图
（引自《西安半坡》图五四东西剖面图D—T）

　　洼沟在大围沟外侧不到 10 米，比大围沟还要宽，图五的层位关系表明至少其上半部堆积晚于大围沟，它会是替代大围沟的环壕吗？否！此洼沟虽比大围沟宽，但较浅，大敞口，沟壁坡度大，大底近平，易于上下，且无积水痕迹，不具防御功能，因而绝不是护卫聚落的环壕。但应该是一种防御体系的遗迹，这种防御体系就是城垣。墙基就坐落在围沟、洼沟之间，而在外侧取土筑城，形成了取土沟，并具有城壕的作用，即此洼沟（图五）。城筑成后，洼沟内壁将和城垣外壁连在一起，构成一个倾斜面，增高了外侧城垣。城垣内侧将成缓坡状，很可能部分压在大围沟之上。围沟自上而下的第二层堆积，"是灰褐色硬土层，它是沿着沟的外沿的一条带状堆积，长 20 多、宽 5 米左右。这种土质特别坚硬，质较纯，内夹杂文化物很少，间或有红烧土碎粒。厚 0.1～0.8 米，部分达到 1 米。这层堆积中间凹下，外边高起，这种情况可能是由于晚期塌陷所致。在 T108、T101 几个部分，有因下陷而龟裂的现象。至于这种土质，怎样形成，有何用途，颇费解释"（《西安半坡》第 57 页）。现在看来，这层硬而纯、外边高起、能产生龟裂的土，应该是城垣墙基内侧残存的

夯土，证明半坡聚落晚期确实筑了城，城垣内侧也的确部分压在围沟之上，从而同洼沟一起为城垣的确切位置，提供了依据。城垣筑成后，随着时间的推移，内坡、外沟都将逐渐形成堆积，尤其是内坡和内城根更加如此。围沟最晚的那层含丰富遗物的灰土层，就是城建成以后形成的堆积。洼沟的第二种性质与功能，还可能是城垣基槽，但两侧未发现取土沟，这种可能性似比较小。

综上，可知半坡聚落早期阶段是处环壕聚落或土围环壕聚落，晚期阶段已发展为城，城的建造可能在距今 6500 年左右，是目前中华第一城。

2.城头山城

位于湖南省澧县县城西北车溪乡南岳村东南，处于洞庭湖西北岸澧阳平原的中部地区。城平面呈圆形，外沿直径 325 米，面积 8 万余平方米，地面仍存残垣，四角残高距护城河水面约 3.6～5 米，城垣四面中部有门，东西门与南北门基本对称。已知东门门道及门外的路面用卵石铺垫，宽 15 米（图六）。解剖城垣西南角的探沟显示，城垣基本上用黄胶泥堆筑而成，夯土紧密坚硬，夯层倾斜不规整，层

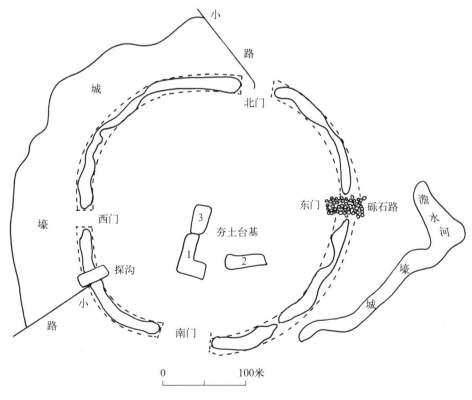

图六 城头山大溪文化城址平面图

（引自《文物》1993年第12期）

厚 10～30 余厘米。夯窝呈不规则椭圆形，一般长径 7、短径 6、深 3 厘米，系用卵石作夯具筑成。城垣断面呈两面坡形，内坡较陡而短，上有 1 米余厚的屈家岭、石家河文化堆积；外坡较缓而长，可能为城垣倒塌、水土流失所致。城垣外围有城壕，壕宽 35 米左右，内侧壕壁贴墙，近陡直；城壕局部利用了自然河道，其余部分当为取土筑城所形成。调查试掘简报据城垣内坡的层位关系，定城为屈家岭文化早期后段，年代距今 4800 年 [1]。1996 年 12 月，湖南省文物考古研究所对城垣再次进行解剖，获重大突破，确认城垣至少经过四次以上修筑，并非一次筑成。第一期城垣在底部居中，呈两面坡形，基宽约 10、高约 3 米。以后又分别在第一期城垣的外侧与内侧修筑，最后一次修筑则把此前的城垣完全包压在下面。一次次修筑，使城垣墙基越来越宽，墙身不断加高。由于直接叠压第一期城垣的地层，属大溪文化早期偏晚阶段，故知城头山城始建于距今 6000 年，一直延续到石家河文化时期 [2]。

3. 西山城

确认于 1995 年，位于郑州市北郊 23 千米邙山余脉的河旁台地上。城平面略近圆形，西墙北段残存约 60、北墙残存约 230 米，中部略向外弧凸，目前其余部位的城垣尚未发现，东垣可能已不存在，估计城的面积约 3 万平方米。城垣西北角墙基宽约 11、此处残墙顶宽 8 米。现存城垣最高处约 3 米，其城顶宽约 5～6 米。城垣用方块版筑法筑成，夯筑时先挖出平底基槽，然后在槽底筑一层夯土基，再在夯土基上逐层夯筑墙身，夯土基宽于墙身底层 1.8 米，墙身逐版内收，墙壁也就成了台阶形。每版内收约 20 厘米，应是夹版的厚度。墙身夯土版块大小不一，一般长 1.5～2 米，目前所见最大的版块长 3.5、宽 1.5 米；最小的版块长约 1.5、宽 1.1 米；夹板宽 30～60、一般宽 40 厘米。现存墙身宽由三版筑成，西北城角加宽至 5 版。墙身两侧的版块较坚硬，夯层一般厚 4～5 厘米；中间的版块较软，夯层一般厚 8～10 厘米。夯窝圆形弧底，深约 0.3～0.5 厘米，似已使用束棍夯。城垣外侧存有筑城时的取土沟，宽 5～7.5、深约 4 米。内侧亦有沟，北墙西段内沟宽自 5 米渐减到 1.2 米，此沟未必全是取土沟，主要应是基槽内侧留出的空间，这一点将在后文讨论。城始建于仰韶文化庙底沟类型期，约距今 5500 年前。该城版筑城垣之前似有堆筑城垣，如能证实，建城的年代可能相当早 [3]。

[1]　湖南省文物考古研究所等：《澧县城头山屈家岭文化城址调查与试掘》，《文物》1993 年第 12 期。

[2]　《城头山为中国已知时代最早古城址》，《中国文物报》1997 年第 32 期。

[3]　张玉诗、杨肇清：《新石器时代考古获重大发现》，《中国文物报》1995 年第 36 期 1 版。报道据当时的层位关系，定城建于秦王寨文化时期，距今 4800～5300 年前。《中国文物报》1996 年第 7 期公布 1995 年十大考古发现时，似据新地层资料改作"城兴建于仰韶文化庙底沟类型时期，废弃于秦王寨类型时期"。仰韶文化庙底沟类型或庙底沟期，约距今 6000～5500 年前，因此城兴建于距今 5500 年前。据笔者考察，此城版筑城垣以前还有堆筑城垣，城兴建的年代可能相当早。

4.王家庄城

位于山东省阳谷县阿城镇王家庄村西、黄河北岸，压在汉东阿故城东南隅之下。东阿故城上承田齐阿邑，20世纪70年代前，东南北三面地面残垣尚存，今只存城垣东南角，长近200米；以及北垣的三处断垣，其余部分都已挖平。以往就知这里是处大汶口、龙山文化遗址，在阿城东南角两侧的夯土墙上，夹杂大量大汶口、龙山文化陶片，20世纪70年代在东南城角北面不到百米处挖水渠时，也曾挖出许多大汶口文化陶片。1994年12月笔者在这里考查，在阿城东南角残垣北端正前方10米的水渠北沿断面上，发现了早期夯土墙被一灰坑残底打破的层位关系，灰坑出土的16片陶片，有一两片黑陶似属龙山陶片，余皆为大汶口文化陶片，因而定为龙山早期城，但觉得很可能早到大汶口文化时期，因时间紧，黄河淤积深，地下水位高，当时只对城的范围做了大略探查，未作细探。1995年12月上半月再次勘查，基本上查明了大汶口、龙山文化城自东北角到西南角城垣的位置。东北角在阿故城东南城角残垣北端以北约140米略偏东处，西南角在阿故城东南城角残垣西端以西约52米稍偏南处，阿城东南城角两侧的东、南垣，大致压在大汶口、龙山文化城的东、南垣上，使后者大体上保存了修筑阿城前的高度。西北角与西垣则因建阿城和东阿县城时在城内大量挖土，大概已所存无几，已在水位下，未能找到，但大略位置可以确定。城平面呈圆角扁长方形，东北到西南向，南北长360米左右，东西120米以上，面积约4万平方米。在阿城东南角残垣北端以北的东墙上，共开3条探沟。T1位于阿城东南角残垣北端正前方10米的水渠北沿，即1994年冬发现早期城垣处，系切的水渠北沿。所切断面东西长35米，底部宽约1米，地层堆积有四大期。一期属现代沟沿小道的路基；二期属汉代，为城根夯土块和一般文化堆积；三期属战国居住堆积；四期为淤沙，仅存于中部东段。三、四期堆积下即是早期夯土墙遗迹。夯土墙在探沟的中与东部，总宽25米，西面已到边，东面也基本上到边。城垣全由生土筑成，夯土纯净，不含杂质，但西、中、东段的夯土特征有别。西段8米为红褐面沙筑成，湿时松软，干后坚硬不散，夯层不规整，弯曲不平如线一般的深褐色夯层面，清晰可见，在接近中部城垣时，夯层趋向规整，夯层面也明显增厚。此段城垣在探沟内最高达1.5米，西面最高处距现代路面约0.5米。底部由西向东下斜，压在自然淤沙上，似属筑城时在内侧留出的基槽的填土，仅经轻微加夯。中段城垣夯土宽约10米，夯层规整，层厚6～8厘米不等，夯层上部2～3厘米左右十分坚硬，红褐色；下部为黄沙土，以沙的成分为主，较松软。夯窝细小密集，似用束棍夯筑。东段夯土宽约7米，泥的成分大，含沙少，质坚硬，色浅黄，因接近水面，土湿，夜晚土冻，白天化冻，泥泞不堪，难刮清断面，和中部城垣夯土的明确界限与层位关系，尚未清楚 [1]。

在中段城垣的西端，有一遗迹似灰坑底，压于城垣夯土之上，并打破城垣，编号 H11。直径约 1.3 米，坑内上部有两层烧烤成的硬面，硬面上粘满灰白色草木灰粉末。上下硬面上均有一薄层黑灰堆积。上层硬面中部在黑灰层下还夹有一小层圆形的灰白色草木灰，厚不到 1 厘米。黑灰层中夹有少量红烧土块、蚌壳、兽骨（有的经烧烤）和陶片。因堆积规整，知此坑未经扰乱，似属城顶内侧的一个烧坑遗迹。下层硬面下的堆积主要是淤土，坑底呈浅弧形，中部有圆形浅洞，洞底距坑口 30 余厘米。黑灰层中出土的陶片，器形有红顶钵、小口双耳红陶壶、夹蚌盂形灰陶鼎、夹蚌折腹垂底鼎、夹砂椭圆柱形鼎足、红陶三足钵凿形小足等，时代风格一致，属大汶口文化早期，年代约距今 6000 年前后，为其下的城垣提供了确凿的层位关系。

T2 位于 T1 以南 8 米、水渠南侧，紧临阿城东垣外侧，面积 2 米 ×7 米。在探沟底西部发现龙山红褐沙土夯土，东向下斜叠压着中部的另一种黑沙土龙山夯土，后者基本上已在水位下。T3 位于 T1 以北约 40 米，面积 2 米 ×24 米。地表下 0.5 米即暴露城垣。西部为黄沙土龙山文化城垣，东部为黄褐土战国城垣，后者局部叠压着龙山文化城垣的外侧。T2、T3 的龙山文化城垣均因水位高不能下挖，未见到大汶口文化城垣。但三条探沟证明阿城东垣南端之下的城垣属于大汶口、龙山文化时期，知王家庄遗址是座大汶口、龙山文化城址，大汶口文化城的始建年代可早到距今 6000 年。

5. 西康留城

位于山东省滕州市官桥镇西康留村北。1992 年初夏，配合引水渠工程在遗址北沿做了小型试掘，在 T2、T3 的北部，发现了大汶口文化夯土遗迹 [2]。夯土东西残宽约 6.35、方内暴露 3.14 米，北面伸出方外，残高 0.8～0.93 米。夯土残存 5 层，层厚 5～25 厘米不等，夯土层不平整。探方的地层共 6 层，第 3 层为汉代堆积，4～6 层为大汶口文化遗存。夯土在 5 层下出现，打破 6 层与生土，被开口于 5 层下的 H4 打破。H4 东西残长 9 米余，北面伸出方外，坑底凹凸不平，最深处距坑口 1.4 米，坑内堆积有 6 层。夯土遗迹的层位关系实际上应在 H4 下、6 层上。简报把探方的大汶口文化遗存统归为大汶口文化晚期，约与《邹县野店》第五期相当，距今 5000 年左右。同时指出各层器物有早晚差别，如第 4、5 层大量存在的饰竖沟槽的宽扁平鼎足、镂孔豆成弧面台阶形的圈足等，绝不见于第 6 层；而第 6 层的横断面

---

[1] 继 1994 年 12 月发现城址以后，1995 年 12 月借发掘景阳冈龙山文化城之便，再次对王家庄城址进行探掘，探掘资料未发表。

[2] 山东省文物考古研究所等：《山东滕州市西康留遗址调查发掘简报》，《考古》1995 年第 3 期。

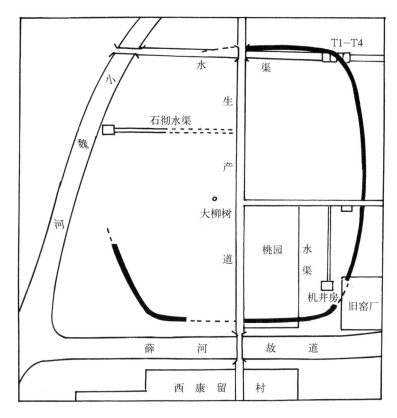

图七　西康留大汶口文化城址探查平面示意图

呈半圆形的鼎足、H4下层拐角处有三角形凹槽的镂孔豆圈足，与上述鼎足、镂孔豆圈足有发展关系，知H4下层与第6层的年代早于第5、4层。H4与第4、5层的堆积共厚1.5米以上，这一点也足以说明H4下层的年代早于第5、4层，而夯土遗迹在H4之下，故其年代应已在距今5000年前。在当时这是最早的大汶口文化夯土，其性质如何，令人关注。1994年初夏，因继续探掘薛故城之便，对西康留遗址进行了探查，探出了一座大汶口文化城（图七）。东垣长约180米，略外弧；南垣约长160米；西垣南段探出约45米，偏向西北；北垣东半探出约76米；西北部城垣尚未找到，但城平面轮廓已较清楚，应呈不规则方形或五边形，南北最长约195米，估计面积35000平方米左右。上述夯土遗迹是东北角西端的城垣，应是城垣内坡[1]，而其上的H4，长达9米，且仍伸出探方以外，而且其上下层的遗物有早晚，所以不是灰坑，应该是城垣内坡上的两层堆积，因受探方限制，误判为灰坑。因该处城垣仅露内坡的很少部分，墙身在北面探方以外，原本高于现地面，所以第4、

　　[1]　山东省文物考古研究所等：《山东滕州市西康留遗址调查发掘简报》，《考古》1995年第3期。

5 层实际上也是城垣内坡上的堆积。也就是说，城垣东北角内坡上有 4 层大汶口文化堆积，依次应为第 4、5、6（H4 上层）、7（H4 下层），压于城垣内坡下的 6 层，应属第 8 自然堆积层[1]。4～6 层遗物大体一致，年代距今 5000 年左右；7 层遗物较早，年代自然已在 5000 年前，所以西康留城是座 5000 年以前的城。因城垣内坡夯土层厚薄不一，不规整，由外向内倾斜，知城垣内侧系堆筑而成。外部城垣未详。

　　上述 5 座原始城，其中半坡城目前仅是笔者的推测，但依据八十垱环壕土围聚落和山东龙山文化城资料，对半坡聚落大围沟和洼沟功能、性质所做出的分析，相信不至于谬误。城头山、西山城都已做了大量工作，基本情况已较清楚，只是西山城的年代可能相当早。西康留城 1997 年滕州市博物馆又做过复探，是城无疑。王家庄城虽只经初步探查，但城垣夯土特别典型，层位关系十分明确，判断不至于有误。在 1995 年冬刚发现时，还是首座早到 6000 年的城，是孤例。现在已有年代相同的城头山城、年代更早的半坡城，况且西山城的年代肯定超过 5500 年。它们分布于黄河中下游到长江中游的广大地区，分属仰韶、大汶口、大溪三支文化，充分证明了我国的城产生于第 7000 年纪。当时不仅有许多像半坡那样重要的环壕、土围聚落转化为原始城，而且可能有直接修筑的城，尤其是第 6000 年期的仰韶、大汶口、大溪、崧泽、红山文化的中心聚落，可能存在许多原始城。只要思路明确，方法对头，把握史前城址的基本特征，相信 5000 年前的原始城将不断面世。

三

　　综观这些原始城，可以初步指出以下几点：

1. 这些原始城的城垣建筑技术主要有两种

　　一种是堆筑法。这种堆筑法起自土围环壕聚落围墙的修筑，堆筑聚落围墙和堆筑城垣，基本方法并没有原则区别，只是城垣比围墙高大，堆筑难度自然就要大些，具体操作方法必会有改进。而长期实践经验的积累，堆筑技术肯定也会不断进步，例如放土、夯具的改进，夯土质量的增强，墙壁坡度的加大等。这种堆筑城垣的基本程序与特点是，首先确定城垣的位置，估计原始城一般不处理墙基，半坡、城头山城都未处理墙基，然后在墙基外侧一定范围内挖土修筑城垣。城垣的修筑，可能先在墙基中部堆成两面坡形的土堆，夯实，然后在两侧交互堆土上筑，夯层均倾斜，成一片片，大小不一，面积都不大，互相交错，各片夯层和同一层夯层厚薄都不一致，每层夯层一般都是由下向上逐渐加厚，实际上这是堆筑法的必然结果。也还可

---

[1]　山东省文物考古研究所等：《山东滕州市西康留遗址调查发掘简报》，《考古》1995 年第 3 期。

能存在夯土不分层的边堆土边夯实的原始堆筑法。这种堆筑技术筑成的城垣，两壁不可能很陡直，尤其内壁可能基本上呈漫坡状，但城头山大溪早期的城垣，断面近似弧顶等腰三角形，后来成不等腰梯形。城垣筑成后，外侧的挖土范围就形成沟壕。沟壕内壁和城垣外壁成一体，沟逾深，外侧城垣逾高，防卫能力愈强。如果沟内积水，也就具有一定的城河的功能，当然，这同后来稳定的护城河不一样，不能称此种沟壕为护城河。这种堆筑城垣，容易水土流失，沟壕也容易淤积，需要经常进行修葺。修葺增筑城垣，多在外侧也在内侧进行，视地形而定，从而使城垣逐步增宽加高。取土一般在外侧，当进行大规模修筑时，也就形成了新的沟壕。这种沟壕不仅容易淤积，而且位置也是不稳定的。这种堆筑法是原始城的基本建筑方法，半坡、城头山、西山早期城、西康留城均用此法修筑。

原始城的第二种筑城技术，是方块版筑法，目前仅见于西山城。其工序与特点是先挖基槽，然后在基槽内上筑，基槽两侧留有空间，城垣夯土版块很小，大小不一，墙壁成台阶状内收，内外侧都有"沟"，说明当时尚未使用桢，即固板的立木（桢的出现是在此后很晚的事）。当时可能采用斜支撑的办法来稳固夹板，支撑夹板的棍木下端，就支在两侧的基槽壁上。城垣两侧的沟特别是内沟，本是基槽两侧留出的空间，筑城时用以采取斜支撑办法稳固夹板的。内沟随筑随填，所以清理出的板痕清晰如新。内沟一般来说不是取土沟，虽然有时也在内沟里取土，它是当时解决支撑夹板的一种方法。取土主要是在城垣外侧，取土后形成的外沟虽还不是后来的那种城壕，但在积水时和淤积之前，可以起到沟壕的作用，加强城垣的防护能力。这种版筑技术仍处于比较原始的阶段，费时费工，也不可能把城垣筑得很高。但是，城垣版筑技术的出现，无疑是城垣建筑技术的革命性进步，它可以用较窄的墙基，较少的土方，筑成高耸直立的城墙，实际上开了城垣版筑技术和我国古代土建基本技术的先河。但西山版筑技术并非刚刚产生，王家庄城十分规整的城垣夯土层，证明城垣版筑技术可能产生于距今 6000 年左右。该城规整匀称，层厚 6～8 厘米，采用束棍夯筑成的城垣夯土层，显然不是堆积技术的产物。堆筑而成的城垣夯土层，厚薄不一，不平整，只有使用夹板才有可能产生匀称规整的夯土层，说明王家庄城可能已使用版筑。即使尚未采用版筑，也已在呼唤版筑技术的诞生了。因为只有采用夹板来挡土，才能用匀称规整的夯土层，把城垣、围墙、土台等土质建筑物筑到一定的高度。从而证明我国版筑技术的发明，可能已具有 6000 年的历史。这一建筑技术史上的重大发现，使我们在考察龙山文化城垣的建筑技术时，认识上出现了飞跃。此前我们一直认为龙山文化城垣均用堆筑法筑成，并未采用版筑技术，表现了筑城技术的原始性，城自然也只处于刚刚产生不久的原始阶段。现在知道龙山文化城基本上由堆筑、版筑技术结合筑成，城子崖、丁公、田旺、景阳冈、孟庄等龙山文化城，都是如此。同时也采用单纯的堆筑技术和版筑技术来筑城，但不占主导地位。后者如边线王、王城岗城，面积不大，但都有不宽却比较深的基槽，槽内自下而上比较规整的夯土层，层层叠压，地面城垣虽均已不存，但采用版筑技术筑城可想而知。结合版筑、堆筑技术来筑城，不仅大大提高了筑城的效率，使大量筑城和修筑大规模的城成为可能，而且可以修筑较高、较陡直的城垣，使城垣的防卫功能倍增，是城垣建筑技术的飞跃，正同龙山文化城所处的社会发展阶段相适应。

2.原始城的性质

原始城都是部落和强盛氏族的中心，当时只有它们能把自己的中心居地建成城，因此不应把原始城称为城堡，当然更不能称城市。城堡是军事性的防御堡垒，不是政治、经济、文化中心，城的出现虽然和战争密切相联系，但最早的城，也必定是部落或氏族的中心。它的出现，意味着最初意义的城乡分离的开始，寓含着重要的社会意义，不仅仅是军事意义。因此，史前时期的城和单纯的军事城堡是不同的，不能因为史前城都具有防御作用，或因为规模比较小，或因处于城的初期阶段，就称之为城堡。

原始城不是城市是很明确的。史前城市或者说原始城市，是地区的政治、经济、文化中心，它的产生意味着城乡分离的进程发展到一个新阶段，标志国家的诞生和文明时代的开端，因而需要更高的经济与社会条件，它可以由原始城发展而来，但当城仍处于原始城的发展阶段时，不可能同时存在原始城市。原始城市的产生，也标志着原始城向早期城的过渡，它是城发展到早期城（龙山时代城）阶段的重要条件之一。因此，既不能把原始城称为城堡，更不能称为城市，而应当称某文化城，或泛称原始城与早期城，后者可称龙山时代城，简称龙山文化城，或统称史前城。上述原始城的发现，把我国城的产生提前到第七千年纪中叶，这对深入认识龙山时代城的性质，无疑具有极其重要的意义。

3.这些原始城的发现，也使我们对史前社会的发展进程与文明起源获得了新认识

学术界曾经把龙山文化时期看作军事民主时期，把龙山文化城看成我国城的产生阶段，并作为龙山文化属于军事民主时期的依据之一。城作为战争的产物，当它已比较普遍时，作为军事民主时期的依据之一没错。问题在于以往我们并不了解我国城起源于何时，不知道有5000年以前的城。上述五座原始城的发现，证明我国城产生于第七千年纪，其中半坡、城头山、王家庄三城的年代都在距今6000年左右和以前。而且王家庄大汶口文化城似已采用版筑，西山仰韶文化城的版筑城垣，即使以公布的年代为准已早到距今5300年，没有长期的实践，版筑技术是不可能产生的。版筑技术如此早地出现，既反映了我国城的起源很早，也预示了五六千年阶段城已比较普遍，从中可以想象到部落战争的频仍。频仍的部落战争，给予氏族社会以巨大的冲击，加速了氏族社会的解体，氏族社会已走到末期，即军事民主时期，这从黄河中下游地区第六千年期的墓葬资料得到了证明。这时期的仰韶文化、大汶口文化墓葬资料，尤其是大汶口、野店等墓地，反映出大汶口文化中期（B.C.3700 ～ B.C.3000 年）贫富分化、社会分化已在急剧发展，为大汶口文化中期已属军事民主时期提供了确凿的证明。

　　这在司马迁《五帝本纪》中也有反映。《五帝本纪》曰："轩辕之时，神农氏世衰，诸侯相侵伐，暴虐百姓，而神农氏弗能征。于是轩辕乃习用干戈，以征不享，诸侯皆宾从。而蚩尤最为暴，莫能伐。炎帝欲侵陵诸侯，诸侯皆归轩辕。轩辕乃修德振兵，治五气，艺五种，抚万民，度四方，教熊罴貔貅貙虎，以与炎帝战于阪泉之野。三战，然后得其志。蚩尤作乱，不用帝命。于是黄帝乃徵师诸侯，与蚩尤战于涿鹿之野，遂禽杀蚩尤。而诸侯皆尊轩辕为天子，代神农氏，是为黄帝。"古籍都以神农之世与轩辕之时前后相承。轩辕之时是个"诸侯相侵伐"的时代，显然是军事民主时期。神农之世是个"民知其母，不知其父；与麋鹿共处；耕而食，织而衣，无有相害之心"的时代，无疑是母权时代。考古资料证明黄河中下游地区母权制向父权制的过渡约在第七千年期初叶，所以神农之世大体属于距今 6000 年以前的一个时代。接着是诸侯相侵伐的"轩辕之时"，约从距今 6000 年以后到涿鹿之战为止。轩辕之时部落战争频仍，越演越烈，炎黄阪泉之战，轩辕蚩尤涿鹿之战，不过是影响特别深远的两次战争。涿鹿之战可能发生在 5000 年前的某时。涿鹿之战后，"诸侯皆尊轩辕为天子……是为黄帝"，中国古史进入五帝时代，这已是中国文明史的古国时代。此后的战争已在新的社会条件下进行，城也发展到一个新阶段，数量更多，规模更大，形成了数个等级，出现了原始城市，中国历史已在文明史的范畴向前发展。应当说，上述五座原始城的发现，使这一认识得到了充实，相信随着五六千年期原始城的不断面世与研究的深入，将逐步对此形成共识。

　　原载《张学海考古论集》，学苑出版社，1999 年

从考古发现谈鲁西南地区
古史传说的几个问题

鲁西南地区古属《禹贡》兖州之域，自战国汉魏以来，就有尧、舜、莘、汤的传说。周武王封弟振铎于曹，都陶，即今定陶县。陶城是春秋战国时期著名的交通、商业城市。越国范蠡"以为陶天下之中，诸侯四通，货物所交易也"[1]，隐名经商，号称陶朱公。该地区是春秋诸侯争霸、战国群雄角斗的重要舞台。奠定了晋文公侯伯地位的城濮之战，就发生在曹县一带。秦益封宣太后之弟穰侯魏冉于陶。汉置济阴郡，治定陶，济阴是当时人口密度最大的郡国之一[2]。可见鲁西南地区在古史发展中的重要地位。由于文献缺佚，历代行政区划和地名更改纷繁，河道变迁无常，不仅商以前的历史扑朔迷离，就是周以后的史事、史地也不很清楚，甚至曹都陶城的位置，至今也未能确指。现以古遗址普查资料为基础，结合文献，对尧舜关系、有莘地望、汤都北亳等古史传说，发表管见，以作引玉之砖。

一　鲁西南地区古遗址的分布

20世纪七八十年代，对鲁西南地区先后进行了两次系统的文物普查，基本上掌握了地面有迹可寻的古遗址。其中的绝大部分史前和商周遗址，都成群地集中分布于古大野泽、菏泽以南地区。据其分布状况，约可分为五群。

第一群，位于巨野县东南部和西南部、成武县东北部和西北部以及菏泽市极东南隅一带。包括巨野东南的大义、葛店、昌邑、营里，西南部的陈集、王平坊、张表等乡镇，菏泽东南沙土镇的东南隅，成武东北部的大田集、桃花寺，西北部的伯乐集、宝峰集、南鲁集、汶上集等乡镇，处于万福河中游两侧，分布范围东西约36、南北约15～25千米。其中龙山文化可分两组，即巨野东南、成武东北为一组，

---

[1]　（汉）司马迁：《史记·货殖列传》，中华书局，1959年。

[2]　劳幹：《两汉郡国面积之估计及口数增减之推测》，中研院《历史语言研究所集刊》，第五本第一分册。

巨野西南、成武西北为一组,两组之间约距 10 千米。此群遗址包括大汶口文化 1 处,龙山文化 11 处,岳石文化 4 处,商代文化 20 处,西周文化 5 处,东周文化 26 处(图一;表一)。

第二群,位于成武东南部、金乡西南部、单县北境与西北境,以及单城镇周围。包括成武东南部的白浮图、孙庙,金乡县西南部的吉术、兴隆、司马,单县的芦墓、李新庄、徐寨、十里铺、单城、孙淄等乡镇,处于东鱼河中游和万福河支流沙河中游地区。范围东西、南北各约 20 千米。此群遗址包括大汶口文化 1 处,龙山文化 9 处,岳石文化 4 处,商代文化 21 处,西周文化 7 处,东周文化 23 处(图一;表一)。

第三群,位于成武县南半部和曹县县城东北至西北一带,包括成武的城关、苟村集、郜鼎集、孙寺、天宫庙、九女集、智楼,曹县县城东北方的侯集、安仁集、普连集和县城西北方的倪集、莘冢集等乡镇,处于东鱼河南侧、万福河支流沙河上游和安济河上游地区。范围东西约 45、南北约 16 千米。此群遗址包括大汶口文化 2 处,龙山文化 15 处,岳石文化 2 处,商代文化 21 处,西周文化 2 处,东周文化 21 处。龙山文化又可分为东西两组。东组集中于成武镇周围,共 8 处;西组 7 处,分布于曹县城关镇东北方到西北一带,两组最近遗址的间隔约 18 千米(图一;表一)。

第四群,位于定陶县城周围、县南部与西南部,菏泽市南与西南部,东明县东南部,以及曹县北与西北境和上述三县的接境地带。包括定陶邓集、城关、东王店(西南部)、南王店、力本屯、张湾,菏泽市佃户屯(东南部)、金堤、大黄集、二郎庙(极西南部),东明大屯、马头、东明集、胡庄,以及曹县北境的青岗集,西北境的韩集、桃源集等乡镇,基本上处于东鱼河北侧和上游地区。范围东西约 48、南北约 16 千米。此群遗址包括大汶口文化 2 处,龙山文化 21 处,岳石文化 5 处,商代文化 21 处,西周文化 3 处,东周文化 22 处。龙山文化可分东西两组。东组 10 处,分布于定陶邓集、城关周围、县南境和曹县北境,以邓集为中心;西组 12 处,分布于定陶西南的力本屯,曹县西北的韩集、桃源集,菏泽南部的大黄集,东明东南的大屯、佃户屯一带,以力本屯周围为中心(图一;表一)。

第五群,位于菏泽市区周围,市北部偏西和东明北部一带,包括菏泽市区、辛集、白虎集、小留、吴店、贾坊,东明北部的武胜桥、海头、菜园集、城关等乡镇,处于万福河上游北侧、黄河以东地区。范围东西约 40、南北约 20 千米。此群遗址包括龙山文化 12 处,岳石文化 2 处,商代文化 9 处,西周文化 3 处,东周文化 14 处。龙山文化可分东西两组。东组 7 处,分布于菏泽市区周围和市北部偏西;西组 5 处,集中于东明东北部(图一;表一)。

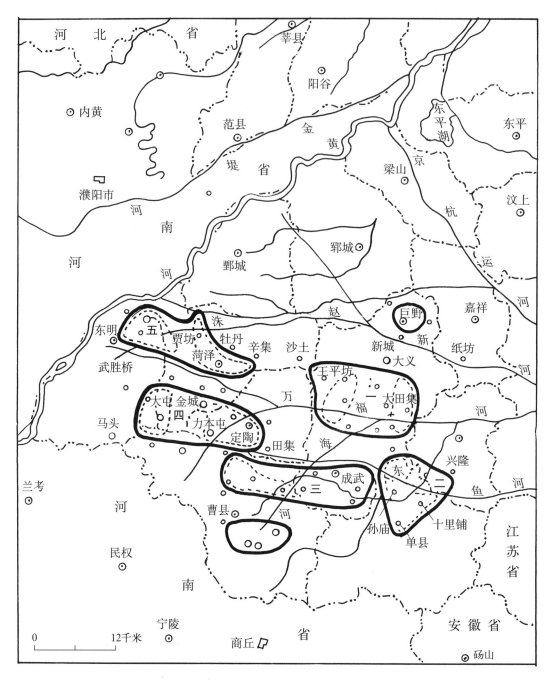

图一　鲁西南地区先秦遗址群分布图

此外，巨野县东北部的城关镇周围，有一组 6 处先秦遗址，其中有 1 处龙山文化遗址。

曹县县城东南方与西南方的安蔡楼、大义集、阎楼店、郑庄等乡镇，分布着高集、孟庄（"伊尹墓"）、土山集村北、土山集村西（"汤庙"）、陈楼寨（"亳邑"）、"莱朱墓""箕子墓"等遗址遗迹。土山集西、北和"伊尹墓"3 处遗址，为 1995 年新发现，地貌隆起，地面均无遗物可寻，知这一带尚有一些地貌明显隆起的地点，如柳河集东南、王春庄西北、"莱朱墓""箕子墓"等地，都是古遗址。陈楼寨遗址在县城以南村东，地表隆起，俗称"黑鳖盖"，是康熙《曹县志》所称亳城所在。这组古遗址的内涵与年代，目前还不清楚，与曹县县城东北到西北一带的古遗址相距不远，有可能属于同一群。

另在鄄城、郓城、梁山县北部，自黄河以东至东平湖以西 70 余千米的地段，散布着 9 处龙山文化遗址和商周遗址，位于古雷夏泽以北，似另成单元。

目前在古大野泽周围，今单县南大半部，曹县南境与西南部，东明县西南大部，都未见古遗址；和上述三县接境的河南东部的虞城、商丘、民权、兰考诸县，也只见零星散布的史前遗址，不见古遗址群。鲁西南地区属黄泛平原，海拔一般在 35～55 米，可能有不少古遗址特别是史前遗址已被湮埋，但整群古遗址都因湮埋而未露的可能性不大。因此，上述古遗址群已大致反映出鲁西南地区古文化的时空概况。尽管有少数古遗址的群属乃至有的群的划分未必准确，各群中的大汶口文化、岳石文化、西周遗址也显然比实际数字少得多，文化区系类型也未完全清晰，但上述古遗址群已勾勒出鲁西南地区古文化与古史发展的轮廓，反映了古文化发展的时空框架，应无大问题。特别是五群中的九组龙山文化遗址，空间范围比较明确，组与组的间隔一般在十余千米，其中以第四群的两组龙山文化遗址数量最多，而且都有较大规模的遗址，应是当时该地区最主要的中心。第三群中的西组（曹县境内）龙山文化遗址，数量虽较少，但也有大型遗址，目前已知该地区规模最大的龙山文化文化遗址，都在此三组遗址中。这就为有关考古与古史课题的研究，提供了比较可靠的科学基础。

表一　鲁西南地区先秦遗址群一览表

群组号	群位置	遗址名称	文化内涵及时代						遗址位置
			大汶口	龙山	岳石	商代	西周	东周	
一	巨野东南部与西南部，成武东北与西北部，菏泽极东南隅，万福河两侧地区	西侯楼遗址	√	√		√		√	巨野昌邑乡西侯楼村西
		张楼遗址		√		√		√	巨野大义镇张楼村东南
		姜村遗址		√		√		√	巨野章缝镇姜村南
		塉堆寺王庄遗址		√	√			√	成武大田集镇塉堆寺王庄
		田塔村遗址		√		√		√	成武大田集镇田塔村东
		刘林遗址		√		√		√	成武大田集镇长村李庄
		祖师庙遗址		√				√	成武大田集镇祖师庙村东
		记河寺遗址		√	√	√	√	√	成武汶上镇记河寺东
		罗汉塉堆遗址		√				√	成武汶上镇党楼南
		长山地遗址		√		√		√	巨野陈集乡西龙山集
		塉堆寺遗址	√			√		√	巨野王平坊乡后马海东北
		左塉堆遗址				√	√	√	巨野张表乡毕庄东
		玉皇塉堆遗址				√		√	巨野张表乡张表东北
		玉皇庙遗址				√		√	巨野张表乡马台子张庄
		曹寺遗址			√	√			菏泽沙土镇曹寺村北
		南鲁遗址			√	√		√	成武南鲁集乡南鲁集西
		皇玉丘庙遗址				√	√	√	成武伯乐集乡
		后郭庄遗址				√		√	成武伯乐集乡后郭庄南
		马寺遗址						√	成武宝峰乡马寺东
		李村遗址				√	√	√	成武桃花寺乡李村北
		于楼遗址				√		√	成武大田集镇于楼村西北
		黎庙遗址						√	成武大田集镇黎庙村东
		四刘庄遗址						√	成武大田集镇刘庄村东
		冯桥遗址			√	√		√	巨野营里乡冯桥村南
		葛店遗址				√	√	√	巨野葛店乡葛店村西北
		塉堆张遗址				√		√	巨野昌邑乡塉堆张庄
		后昌邑遗址				√		√	巨野昌邑乡后昌邑村

群组号	群位置	遗址名称	文化内涵及时代						遗址位置
			大汶口	龙山	岳石	商代	西周	东周	
二	成武东南部，金乡西南部，单县西北与北境一带	黑堌堆遗址	√	√		√	√	√	成武白浮图乡董庄东北
		高堌堆遗址		√	√	√		√	成武白浮图乡高堌堆村东
		洪龙庙遗址		√	√	√		√	成武孙庙乡袁庄村西南
		高乡店遗址		√				√	单县李新庄乡高乡店村
		后牛楼遗址		√			√	√	单县徐寨乡后牛楼村南
		马堌堆遗址		√	√	√		√	单县徐塞乡马塞村西北
		李堌堆遗址		√		√		√	单县芦墓乡李堌堆村
		孙堌堆遗址		√		√		√	单县十里铺乡赵阁村东
		张堌堆遗址		√	√	√		√	单县孙溜乡樊楼村
		李园遗址				√	√	√	单县李新庄乡北刘庄西
		簸箕金堆遗址				√	√	√	单县单城镇大刘庄南
		初楼遗址				√		√	单县徐寨乡初楼村
		大朱庄遗址				√		√	单县徐集乡大朱庄东北
		吴堌堆遗址				√			单县单城镇吴堌堆西北
		王庙遗址				√		√	单县李新庄乡王庙东南
		李河遗址				√		√	成武白浮图乡李河南
		老庙台遗址				√		√	成武白浮图乡李河西南
		朱集遗址				√		√	成武孙庙乡朱集南
		岳庄遗址				√		√	成武孙庙乡岳庄西南
		石佛集遗址				√		√	金乡吉术镇石佛集东
		孔庄堌堆遗址				√		√	金乡吉术镇孔庄西
		周堌堆遗址						√	金乡司马乡周堌堆村
		小张湾遗址						√	金乡兴隆乡小张湾村
		徐寨遗址				√		√	金乡兴隆乡徐寨村西北

群组号	群位置	遗址名称	文化内涵及时代						遗址位置
			大汶口	龙山	岳石	商代	西周	东周	
三	成武南半部，曹县东北境到县城东北与县城西北一带，东鱼河南侧，沙河与安济河上游地区	晏堌堆遗址		√		√		√	成武郜鼎集乡晏堌堆村北
		张吕堌遗址		√		√		√	成武郜鼎集乡张吕庄北
		刘庄遗址		√	√	√		√	成武郜村乡刘庄村北
		小台遗址		√		√			成武九女集乡东关村东
		大台遗址		√		√			成武九女集乡东关村东
		张庄遗址		√		√		√	成武成武镇张庄
		文亭山遗址		√		√		√	成武成武镇西北
		田堌堆遗址		√				√	成武九女集乡田堌堆村西
		梁堌堆遗址		√		√		√	曹县侯集镇梁堌堆村西北
		郗堌堆遗址	√				√	√	曹县普连集镇郗庄东南
		普连集遗址		√		√		√	曹县普连集镇普连集村北
		牛店遗址		√		√			曹县普连集镇牛店村东北
		邰堌堆遗址		√		√		√	曹县莘冢集乡邰堌堆村西
		莘冢集遗址	√	√	√	√		√	曹县莘冢集乡莘冢集村内
		春墓冈遗址		√		√		√	曹县倪集乡冈西村东北
		大石楼遗址						√	曹县安仁集乡大石楼村
		王堌堆遗址				√		√	曹县安仁集乡王堌堆村
		青山堌堆遗址						√	曹县安仁集乡小石楼村
		苗庄遗址						√	成武天宫庙镇西黄庄
		满堌堆遗址						√	成武天宫庙镇西黄庄
		大张庄遗址				√		√	成武智楼乡大张庄东
		庵堌堆遗址				√		√	成武九女集乡曹楼北
		刘庄户遗址			√	√			成武镇胡张庄东北
		孔楼遗址				√		√	成武郜村乡孔楼村西
		孙寺遗址				√		√	成武孙寺乡孙寺村
		白云寺遗址				√	√		成武郜鼎集乡前刘坊村北

群组号	群位置	遗址名称	文化内涵及时代						遗址位置
			大汶口	龙山	岳石	商代	西周	东周	
四	定陶县城周围，县南境与西南境，菏泽市南与西部，东明东南部，曹县北与西北境和上述三县接境地带	何楼遗址	√		√	√	√	√	定陶邓集乡何楼南
		官堌堆遗址		√	√	√		√	定陶邓集乡姜楼南
		仿山遗址		√		√		√	定陶邓集乡仿山北
		堌堆刘遗址		√		√		√	定陶城关镇堌堆刘南
		崔庄遗址		√		√		√	定陶城关镇崔庄北
		梁王台遗址		√	√	√		√	定陶东王店乡贾楼西
		大李遗址		√		√		√	定陶南王店乡大李村
		燕陵遗址		√		√		√	曹县青岗集乡江海村西
		安丘堌堆遗址	√	√	√	√			菏泽市佃户屯乡曹楼东
		刘城遗址		√		√	√	√	菏泽市金堤镇刘城西
		左山寺堌堆遗址		√		√		√	定陶力本屯乡南郭庄南
		兴华寺堌堆遗址		√		√			定陶力本纯屯乡南郭庄南
		安陵堌堆遗址		√				√	曹县韩集镇孙庄东北
		刘庄遗址		√		√		√	定陶张湾乡刘庄东
		安陵西遗址		√	√	√		√	菏泽市大黄集乡安陵西
		塔堽寺遗址		√		√		√	菏泽市大黄集乡塔堽寺北
		常冈庙遗址		√		√		√	曹县桃源集乡常冈庙西北
		青丘堌堆遗址		√		√	√	√	菏泽市二郎庙乡西范村东
		曹堌堆遗址		√		√			菏泽市二郎庙乡曹庄东
		窦堌堆遗址		√		√		√	东明胡庄乡杨楼东
		荆台遗址		√		√		√	东明县东明集镇荆台村内
		朱冈寺遗址		√		√		√	东明马头乡东冈寺西
		西寺遗址						√	东明大屯乡丁嘴村西
		八庙台遗址						√	菏泽市二郎庙乡李庄南
		长堽堌堆遗址						√	

群组号	群位置	遗址名称	文化内涵及时代						遗址位置
			大汶口	龙山	岳石	商代	西周	东周	
五	菏泽市区周围市北部偏西和东明北部一带	坡刘遗址		✓		✓		✓	菏泽市辛集镇坡刘庄南
		风嘴山遗址		✓	✓			✓	菏泽市区西郊农校内
		接官厅遗址		✓		✓	✓	✓	菏泽市区北城铲湾村
		袁堌堆遗址		✓	✓	✓	✓	✓	菏泽市白虎集乡袁堌堆西
		平堌堆遗址		✓		✓	✓	✓	菏泽市小留镇洪堂村北
		胡庄遗址		✓		✓		✓	菏泽市吴店乡胡庄东
		大桑庄遗址		✓				✓	菏泽市贾坊乡大桑庄西北
		牛王店遗址		✓		✓		✓	东明武胜桥乡张楼西北
		来庄遗址		✓				✓	东明海头乡来庄东
		东台遗址		✓		✓		✓	东明菜园寺乡东台寺西北
		庄寨遗址		✓		✓		✓	东明菜园寺乡庄寨村北
		小东湖遗址		✓		✓		✓	东明城关镇北关
		长堌堆遗址						✓	菏泽市贾坊乡赵庄西南
		芦堌堆遗址						✓	菏泽市牡丹乡芦堌堆村东
	曹县县城西南到东南组	"莱朱墓"遗址							曹县阎店楼镇
		土山集村西遗址		✓		✓	✓	✓	曹县阎店楼镇土山集村北
		王春庄遗址							曹县店楼镇王春庄西北
		陈楼寨遗址							曹县阎店楼镇陈楼寨东南
		"箕子墓"遗址							曹县青山乡
		孟庄遗址							曹县大义集乡孟庄西
		高集遗址							曹县安蔡楼乡高集
	巨野东北境组	麒麟台遗址		✓	✓			✓	巨野夏官屯乡陈胡庄东北
		堌堆庙遗址				✓		✓	巨野城关镇堌堆庙东南
		冯堌堆遗址				✓	✓	✓	巨野丁官屯乡冯堌堆西南
		齐鲁会盟台遗址				✓		✓	巨野城关镇大李庄西北
		咸邱蒙遗址						✓	巨野新城乡常堂村东南

二　关于尧舜传说所反映的史实

在鲁西南地区的鄄城和定陶一带，古有不少尧舜的传说。例如，《史记·货殖列传》：

> 昔尧作於成阳，舜渔於雷泽，汤止於亳。

《汉书·地理志》也有记载，仅文字稍异。"作於"《地理志》作"作游"。师古注：

> 作游者，言为宫室游止之处也。

《汉书·地理志》济阴郡成阳县自注：

> 有尧冢灵台。《禹贡》雷泽在西北。

《后汉书·郡国志》同。

《史记·五帝本纪》：

> 尧崩，三年之丧毕，舜让避丹朱于南河之南。

《正义》：

> 《括地志》云："故尧城在濮州鄄城县东北十五里。"《竹书》云："昔尧德衰，为舜所囚也。"又有丹朱故城，在县西北十五里。《竹书》云："舜囚尧，复偃塞丹朱，使不与父相见也。"

《五帝本纪正义》又说：

> 《括地志》云：尧陵在濮州雷泽县西三里。郭缘生《述征记》云：城阳县东有尧冢，亦曰尧陵，有碑是也。

《五帝本纪集解》：

> 《皇览》曰：尧冢在济阴城阳。刘向曰：尧葬济阴，丘垄皆小。《吕氏春秋》曰：尧葬谷林。皇甫谧曰：谷林即城阳。尧都平阳，於《诗》为唐国。

《太平御览·皇王部》引《续述征记》曰：

> 城阳有尧冢，自汉晋二千石乃丞尉，刊名甚众。尧即位至永嘉三年，二千七百二十有一载，记于尧碑。

今本《竹书纪年》：

> 尧八十九年，作游宫于陶。九十年，帝游居于陶。一百年帝陟于陶。

《汉书·地理志》济阴郡定陶县臣瓒注：

> 尧初居唐，后居陶，故称陶唐氏。

《元和郡县图志·河南道七》曹州济阴条所记同。

《后汉书·郡国志》济阴郡定陶县：

> 本曹国，古陶，尧所居。

《太平寰宇记》：

尧都陶。

是知汉魏晋唐宋人都信鄄城有尧城，成阳有尧陵，尧还曾在成阳作过游宫。汉鄄城县即今鄄城县，汉县治在今县城北 15 千米的旧城镇。汉成阳晋改城阳，北齐废，隋又在此置雷泽县，因雷夏泽得名，金贞元二年入鄄城县，治所在鄄城县东南境。按今地理推之，尧城应在今鄄城县北境，靠近黄河。尧陵当在鄄城东南境。同时该地区的定陶也有尧城、尧冢的传说，还有好些传说说尧曾活动于定陶。上引《竹书纪年》、班固、臣瓒、司马彪、袁子、乐史说尧或都、或居、或游、或避于陶，说法虽不同，但尧曾活动于定陶这一点是一致的。定陶位于鲁西南地区中南部，鄄城位于该地区西北、黄河东南岸，两地南北相距约 75 千米。

鄄城一带同时也存在许多虞舜的传说。不仅在上述尧的传说中好些都与舜相联系，而且也有许多舜独自的传说。例如，《孟子·离娄上》：

舜生于诸冯，迁于负夏，卒于鸣条，东夷人也。

《史记·五帝本纪》：

舜，冀州人也。舜耕于历山，渔雷泽，陶河滨，作什器于寿丘，就时于负夏。

《史记正义》引《括地志》曰：

濮州雷泽县有历山舜井，又有姚墟，云舜生处也。

《淮南子·原道训》高诱注：

历山在济阴城阳也。一曰济南历城山也。

《元和郡县志·河南道》濮州雷泽县条：

历山，在县西十六里。《史记》曰：舜耕于历山。

又说：

姚墟在县东十三里，舜生于姚墟。

关于舜的耕渔陶作，许多古籍均有记载。《孟子·公孙丑上》："舜自耕稼陶渔，以至为帝。"《孟子》的"耕稼"，就是《史记》的"耕于历山"，"陶渔"就是《史记》的"渔雷泽，陶河滨"，"迁于负夏"，就是《史记》"就时于负夏"。《管子·版法解》《墨子·尚贤》中、下篇、《书传》《尸子》《吕氏春秋·慎人》《淮南子·原道训》等，都有类似的记载，应可信据。按"渔雷泽"的雷泽，即《禹贡》雷夏泽，在唐雷泽县郭外西北，约在今鄄城东南境。"负夏"，愚意似得名于雷夏泽。"负夏"义同负海，果真如此，则负夏应在雷夏泽附近，似不出今鄄城、郓城县境，郑玄说是卫地似可信。可见鄄城一带是虞舜的活动区。

鄄城县隔黄河与河南接境，处于冀鲁豫交汇地区。该地区历来是东西方势力集团交接、争斗的地区，同时存在尧舜的许多传说，尤其是尧舜敌对关系的那些传说，一反儒家尧舜禹禅让说，令人深思。这些传说，可能反映了当时黄河流域以尧舜为代表的东西方势力集团曾在这一带发生过大争斗，似更接近历史的真实。

依照我们现有的古史知识，知道《五帝本纪》所说五帝同出一源，前后相承，以及尧舜禹的举贤禅让，并非事实。五帝说起于战国后期，当时就有不同的五帝说。古时帝王之称和周秦以后不同，称帝称王并无严格区别。称帝者也不限于五，《管子·侈靡篇》就说"故书之帝八"，称帝以五为限是受了五行说的影响。"五帝"或"八帝"并非后来的帝王天子，他们不过是五帝时代黄河中下游地区一些强盛古国的首领和联盟的盟主，分属不同的部族集团。但除帝喾所处的时代不很清楚以外，黄帝、颛顼、尧、舜的先后时间顺序还是可信的。尧舜也可能先后衔接。这些情况，徐旭生《中国古史的传说时代》讲得详细，可参阅。

陶唐氏和有虞氏，各为华夏族团和东夷族团的古国，尧、舜是两国的著名领袖。尧都平阳，顾炎武《历代宅京记》说在山西平阳府临汾县，是晋西南地区的古国。舜都地望，历来众说纷纭，或说在山西西南的蒲坂[1]，或在汉上谷一带[2]，或在河南东部的虞城[3]，近又有主张在河南淮阳的[4]，都不足为信。1994年底，在鲁西的茌平与阳谷两处古文化中心，各发现了一组龙山文化城址。茌平组的中心城教场铺龙山文化城，面积达40万平方米，城内有大小两个夯筑台址，大台址夯土基10余万平方米，小台址约16000平方米，已知中心城周围有5座3～4万平方米的二级城。阳谷组的中心城景阳冈龙山文化城，面积约39万平方米，城内大台址夯土基约9万平方米，小台址10000以上平方米，已知中心城周围有两座二级城。这两个古文化中心龙山文化时期的范围，约1100和2800平方千米，史前时期的遗存属于大汶口文化、山东龙山文化和岳石文化，知这两组龙山文化城是两个东夷古国的遗存[5]。笔者曾认为虞舜可能在茌平教场铺龙山文化古国，现在觉得更可能在景阳冈龙山文化古国境内[6]。

先是陶唐氏在尧时最为强大，尧就成为本集团的大首领，其权威也被东方集团所承认，因而具有盟主的地位与影响力。这时东西方集团和睦相处，一些著名邦国的首领在尧的主持下，经常会聚，共商诸如治理洪水、征讨不顺、抵御入侵、进行重大祀典等大事。尧的这种盟主地位，使他能经常来到东方，定陶和鄄城都处于东

[1]　（汉）司马迁：《史记·五帝本纪集解》引皇甫谧说；又《正义》引《括地志》说，中华书局，1959年。

[2]　（汉）司马迁：《史记·五帝本纪集解》引皇甫谧说；又《正义》引《括地志》说，中华书局，1959年。

[3]　徐旭生：《中国古史的传说时代》第86页注1，科学出版社，1960年。

[4]　王树明：《帝舜传说与考古发现诠释》六、七节，台北《故宫学术季刊》第九卷第四期。

[5]　张学海：《鲁西两组龙山文化城址的发现及对几个古史问题的思考》，《张学海考古论集》，学苑出版社，1999年。

[6]　张学海：《东土古国探索》，《张学海考古论集》，学苑出版社，1999年。

方势力集团的前沿地带，尧可能常到两地。尤其是定陶位处大中原之中，很可能是尧东来经常驻足和盟会的地点。尧到成阳也可能是因为成阳东北有东方集团的重要古国有虞氏。尧舜所处的时代约当龙山文化后期。定陶县城东北至西北邓集乡东南一带（当即古陶地）和县境西南隅的陶丘周围，是鲁西南地区龙山文化时期最主要的中心；鄄城、郓城、梁山北部，即汉成阳县西北至东北一带，存在 9 处龙山文化遗址（大部似属阳谷古文化中心）；以及阳谷、茌平两组龙山文化城址的发现等事实，似可为上述推测提供一定的依据。随着尧年事渐高，影响力渐退，而东方的有虞在舜的领导下，正在强盛，舜就成了东方集团的大首领，不像以前那样听命于尧。于是矛盾迭起，进而兵戎相见，尧晚年可能有伐舜的举动，双方就在鄄城一带展开战斗。尧可能由定陶北上伐舜，定陶当时即便不属尧直接占有，也定有尧的重要与国；也可能由濮阳东进伐舜，濮阳是陶唐氏火正阏伯的居地。舜则南下拒敌于国门之外，成阳之野成了双方的战场。成阳东北距可能是舜都的景阳冈龙山文化城约 60 千米；西距濮阳、南距定陶县城约 40 千米与 70 千米，地势平坦，适合进行大规模的史前战争。双方的斗争可能延续了一定时间，有过多次战斗，设想不战时尧就居于陶，也合情理。最终舜胜尧败。《竹书纪年》："昔尧德衰，为舜所囚。"《韩非子·难三篇》："舜逼尧，禹逼舜，汤伐桀，武王伐纣。此四王者，人臣弑其君也，而天下誉之。察四王之情，贪得人之意也（顾广圻说：人字衍）；度其行，暴乱之兵也。然四王自广措也，而天下称大焉；自显名也，而天下称明焉。"当时"万国"林立，既无统一，也无隶属，只有强弱之分，没有君臣名分，无所谓"臣弑君"和"暴乱之兵"；尧是否真的为舜所囚所杀，我们不清楚。但尧晚年和舜互相攻伐，双方的争斗以舜胜告终，舜、禹、汤、武王之成为"帝"或"王"，靠的是本人的才能与本国、本族的实力，其中免不了诉诸干戈，则是事实，也是古史发展的一般规律。

　　尧舜的斗争，实质上是华夏和东夷集团的斗争，是昔日以炎黄与蚩尤所代表的这两大族团的斗争在新的历史条件下的重演。那次大争斗的主要战场可能在河北西南部，失败者是东夷势力集团，其首领蚩尤被杀，黄帝成了大英雄，被后人尊为"帝"。这次却是东夷势力集团的胜利，它的大首领舜取代尧成为盟主，舜也被后人尊为"帝"。舜死后，夏禹代替了舜的地位，被称为"大禹"。夏代初年，东西方矛盾又趋激化，太康失国，羿代夏政，夏国祚中断了数十年，直到少康中兴以后，东夷集团才渐渐臣服于夏。但终夏一代的大事，是夏夷关系，夏人东境始终未扩展到今山东境内，东西方势力的斗争也并未在夏代告终。总之，鲁西、鲁西南地区有关尧舜的传说，可能反映了被儒家禅让说掩盖了两千年之久的一段古史真实，证明了鲁西南地区在中国古史发展中的重要地位。

三　关于有莘氏的地望

有莘氏是个重要古国，和夏鲧、商汤都有婚媾关系。有莘，文献有许多记载。例如：《大戴礼·帝系》："鲧娶于有莘氏之子。"《史记·夏本纪索隐》："《系本》：'鲧取有莘氏之女，谓之女志，是生高密。'宋衷云：'高密，禹所封国。'"《墨子·尚贤中篇》："伊挚，有莘氏女之私臣，亲为庖人，汤得之，举以为己相。"《史记·殷本纪》："伊尹名阿衡，欲奸汤而无由，乃为有莘氏媵臣，负鼎俎以滋味说汤。"（按《墨子》《孙子兵书》、孔安国等均说伊尹名挚，阿衡为官名）《左传·昭公元年》："商有姺、邳。"是知虞夏商皆有莘国。有莘氏，《吕氏春秋·本味篇》作有侁氏，《汉书·古今人表》《外戚传叙》作有娎氏。侁、姺字同，莘、侁、娎，字相通。

关于有莘的地望，旧有两说。《春秋舆图》、高士奇《春秋地名考略》说在曹县西北莘冢集，《括地志》说在汴州陈留县东五里。据春秋城濮之战形势推之，古莘国地望当以《春秋舆图》说近是。《左传·僖公二十八年》记载：

二十八年春，晋侯将伐曹，假道于卫，卫人弗许。还，自南河济，侵曹、伐卫。……

晋侯围曹……三月丙年，入曹……

子玉怒，从晋师，晋师退。军吏曰："以君辟臣，辱也；且楚师老矣，何故退？"子犯曰："师直为壮，曲为老，岂在久矣？微楚之惠不及此，退三舍辟之，所以报也。背惠食言，以亢其仇，我曲楚直，其众素饱，不可谓老。我退而楚还，我将何求？若其不还，君退，臣犯，曲在彼矣。"退三舍。楚众欲止，子玉不可。

夏四月戊辰，晋侯、宋公、齐国归父、崔夭、秦小子慭次于城濮，楚师背酀而舍……

子玉使斗勃请战，曰："请与君之士戏，君冯轼而观之，得臣与寓目焉。"晋侯使栾枝对曰："寡君闻命矣。楚君之惠，未之敢忘，是以在此。为大夫退，其敢当君乎？"

既不获命矣，敢烦大夫，谓二三子："戒尔车乘，敬尔君事，诘朝将见。"

晋车七百乘，韅、靷、鞅、靽。晋侯登有莘之虚以观师，曰："少长有礼，其可用也。"遂伐其木，以益其兵。

己巳，晋师陈于莘北，胥臣以下军之佐当陈、蔡。子玉以若傲之六卒将中军，曰："今日必无晋矣。"子西将左，子上将右。胥臣蒙马以虎皮，先犯陈、蔡。陈、蔡奔，楚右师溃。……栾枝使舆曳柴而伪遁，楚师驰之，原轸、郤溱以中军公族横击之。狐毛、狐偃以上军夹攻子西，楚左师溃。楚师败绩。子玉收其卒而止，故不败。

晋师三日馆、谷，及癸酉而还。甲午，至于衡雍，作王宫于践土。

公元前 632 年，晋文公拟借道于卫而伐曹。此时卫都楚丘，在今河南滑县东。曹都陶，旧说在今山东定陶县西北或县西南。按今定陶西北境未发现古遗址，曹都不可能在此。定陶西南部的古陶丘周围，虽有比较集中的古遗址，但汉定陶城不在这里，恐也非曹都所在。在县城西北的邓集乡东南部一带，有集中的先秦遗址，这里在龙山文化时期是鲁西地区最主要的中心，汉定陶故城就在这里，为汉初梁国王都，后为济阴郡郡治。秦汉置县一般都因先秦都邑，故曹都应在定陶县城西北，紧邻县城，在卫都楚丘西南约 105 千米，故晋有借道之议。三月丙午，晋军攻入曹都。在头年冬，楚军已围宋（河南商丘县），晋入曹，楚军撤宋围跟踪而至，晋军退避三舍，履行晋文公即位前流亡于楚时许下的诺言。四月一日，晋、宋、齐、秦联军退驻城濮，晋文公登有莘之墟观看军队的演练。次日，晋军列陈于莘墟以北，双方展开战斗，楚军溃败。晋军驻扎了三日，就地食用楚军的粮草，于四月六日班师，二十七日到达衡雍（河南原阳县），在践土作王宫朝觐周襄王，呈献俘获。楚军统帅令尹子玉自杀，晋文公成了霸伯。《左传》记此战甚详。据晋军"退三舍"而"次于城濮""晋侯登有莘之虚以观师""晋师陈于莘北"的传文，知"有莘之墟"是城濮南面不远的一个制高点，城濮与曹都的距离仅三舍之遥。古时一舍三十里，三舍九十里。周代一里约当今四分之三里，九十里约为今七十里。如果走的不是直线，两地的距离就更近。只要知道晋军退撤的方向，就可参证考古资料确定城濮的大体位置。当晋文公决定退三舍之际，存在两种可能。一是按照当时君退臣也应该退的礼规，双方罢兵回师；另是楚军继续追踪，双方就要开战。晋文公开始可能按第一种可能决定退兵路线，同时也考虑到第二种可能，何况晋文公本来就希望与楚见高低，因而可能向西南方向退却。因为宋在曹南，晋、秦在曹西面较远，如果双方罢兵，回师方便。而且定陶西南地势较高，由曹都经陶丘向西南，可能古有交通干道；北和西北面则有济水与菏泽，大军撤退困难；当时也不能南向退撤，因为楚军就由南而来。所以晋文公只能向西南方向退撤。但楚军继续跟踪，于是晋文公又转向东或东南，驻扎于城濮，准备迎战楚军。今曹县县城西北的莘冢集遗址，旧说就是晋文公所登的"有莘之墟"。不过该遗址下层虽有大汶口文化、龙山文化和岳石文化，但上层有东周、汉代的夯筑基址，春秋时期似属一个城邑，不是古国之墟。在该遗址西南约 3 千米处，有春墓岗遗址，地面原有三个大堌堆，东北、西南一线排列，首尾距离约千余米，是曹县一带龙山文化的中心遗址，可能是有莘之墟。莘冢集说不定就是城濮（图二）。据传文，莘墟在城濮南不远，晋军大概由曹都先退向西南，又折向东南，抵达城濮（莘冢集遗址），驻扎在城濮西南城外、莘墟（春墓岗遗址）的北面。驻扎后即进行了操演，翌日就在莘墟北面列阵，大概就在营地前摆开了阵势。楚军则据

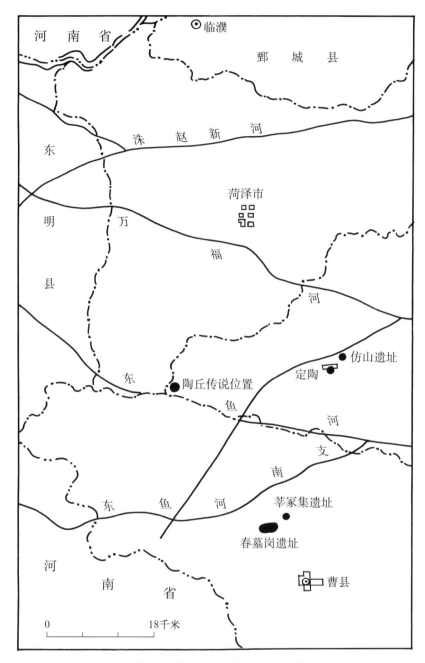

图二　莘墟、曹都与春秋城濮位置推测图

险驻扎。今春墓岗遗址稍偏东北的曹、定陶两县接境地带，有燕陵堌堆、大李堌堆遗址，原规模甚大，北距曹都、西南距春墓岗遗址各约 12 千米，楚军可能就驻于这一带，与晋军南北对峙。晋将胥臣以下军先击陈、蔡之军，击溃楚右军。同时，中、上军以计谋联合击溃了楚左军。莘冢集与曹都的直线距离约 24 千米，如果晋军是按上述路线先向西南退撤，转而折向东南，就够三舍路程。以上推测如果不误，那么城濮就在曹县县城西北的莘冢集，春墓岗遗址应是有莘之墟。古莘国确在曹县，前述第三群遗址中的第二组龙山文化遗址（曹县境内）和这一带的夏商遗址，就是有莘国的遗存。现有资料表明，鲁西南地区的史前文化是大汶口文化、山东龙山文化和岳石文化，目前尚未发现二里头文化和下七垣文化，也未见二里冈下层的早商文化，今后如无变化，就将证明史前时期的鲁西南地区是东夷集团的势力范围，有莘是个东夷古国。文献记载，鲧娶有莘氏之女生禹，传说莘国是夏的诸侯，似为夏在东方的重要与国。但夏末，有莘似已转向商人，与商汤通婚。据今本《竹书纪年》记载，外壬元年，"邳人姺人叛。"河亶甲五年，"姺人入于班方，彭伯、韦伯伐班方，姺人来宾。"知莘商关系一度破裂，后来又臣服于商。莘国之灭，可能在西周初年，当时灭国很多，《孟子·滕文公》说，周公灭国五十；《逸周书·作雒解》谓成王东征，凡所征熊、盈族十有七国。莘国可能灭于此时，国灭，地归曹、宋。此外，春秋时期有多个地点都称莘，如《左传》桓公十六年、成公二年之莘，是卫地，在今山东莘县北；庄公十年之莘为蔡地，庄公三十二年之莘为虢地。这些称莘的地点和古莘国是否有关系，已不得而知。

四　关于汤都北亳或景亳问题

《书序》："汤始居亳，从先王居。"亳都何在？亳有几处？两千年来聚讼不止，至今尚未一致。目前，亳都地望问题的讨论，学术界的注意力集中于郑州商城和偃师商城。但此前曹县北亳为汤都亳说，曾为许多学者所接受，在亳都地望的讨论中，也需对北亳或景亳问题做出符合实际的回答。为此需要对亳都问题的研究，作一历史的回顾。最早指出亳都具体位置的是司马迁。《史记·六国年表》说："夫作事者起于东南，收功实者常于西北。故禹兴于西羌，汤起于亳，周之王也以丰镐代殷，秦之帝用雍州兴，汉之兴自蜀汉。"这里显然认为亳在西方。许慎《说文解字》具体指出："亳，京兆杜陵亭也。"徐广从之。地在今西安市东南。东汉的班固、郑玄则主张亳在河南偃师。《汉书·地理志》河南郡偃师县自注："尸乡，殷汤所都。"《书序》孔疏引郑玄说："亳，今河南偃师县。有汤亭。"是知两汉学者对亳都地望的看法虽不同，但在他们的脑海中，亳是一地。西晋皇甫谧据《尚书·立政》"三亳阪尹"之文，提出了三亳说。认为殷有三亳，二亳在梁国，一亳在河南。"谷熟为南亳，即今都也；蒙为北亳，即景亳，汤所盟地；偃师为西亳，即盘庚所徙者。"唐李泰《括地志》进而指明："宋州（河南商丘县）谷熟县西南三十五里南亳故城，即南亳，汤都也。宋州北五十里大蒙城为景亳，汤所盟地，因景山为名。河南偃师为西亳，帝喾及汤所都，盘庚亦徙都之。"臣瓒又以汉薄县为汤都，杜预则说蒙亳是汤都。北亳、景亳、薄县、蒙亳，实指一地，在今山东曹县南境。至清末，人们对亳都的讨论都未跳出南亳、北亳、西亳说，关中杜亳说则少有遵从。清末以后，王国维力主汤都亳在汉山阳郡薄县，列举春秋宋之亳邑，汤邻葛和汤经略北方韦、顾、昆吾为证，使北亳说影响大增[1]。其后，傅斯年、吕思勉、徐旭生诸先生皆从王说[2]，几成定论。但 20 世纪 50 年代，岑仲勉先生又提出新说，认为上述之亳"皆与商代之亳无关"，汤都亳应在河南内黄县[3]。看来仅凭文献已无法真正解决亳都的地望问题。

中华人民共和国建立以来，有关两方面的重要考古发现为亳都的讨论提供了全新的基础。一方面是黄河中下游地区二里头文化、下七垣文化和岳石文化三支夏代阶段考古文化的发现；另方面是 20 世纪 50 年代与 80 年代初期，先后发现了郑州商城与偃师商城。依据坚实可靠的考古资料，学术界探寻亳都的注意力已集中在郑州商城和偃师商城上。北亳说因没有考古资料作依据，并未受到多大注意；南亳说更是如此，说明学术界已把考古资料作为讨论的基础，这方向无疑是正确的。但北亳问题不解决，多少会影响亳都地望问题的解决。兹就偃师商城、郑州商城和北亳（景亳）的性质发表浅见。

偃师商城位于县西部，南临洛河，北望邙山，面积为 190 万平方米，建于二里冈下层文化早段，延续到二里冈上层文化时期。城内有大型建筑群基址，其中居于南部的一组夯筑基址，面积 4 万余平方米，周围环绕墙，南面正中有门，发掘者推测，"它很可能是一处宫城性质的建筑"[4]。此城确有都城的规模，但决非汤始建的亳都。因为偃师商城所处的伊洛平原是夏王朝的腹心地区，灭夏前的汤怎能在此建都？伊洛平原为夏人的中心统治区，有着文献与考古资料的证明。这方面的文献记载如：《逸周书·度邑解》记武王说："自洛汭延于伊汭，居阳无固，其有夏之居。"《国语·周语上》伯阳父曰："昔伊洛竭而夏亡，河竭而商亡。"《史记·孙子吴起列传》吴起说："夏桀之居，左河洛，右泰华，伊阙在其南，羊肠在其北，修政不仁，汤放之。"等等，都说得很明确，已基本上确认为夏文化的二里头文化，在伊、洛河流域和汝、

[1] 王国维：《观堂集林·说亳》，中华书局，1959 年。

[2] 傅斯年：《夷夏东西说》，《庆祝蔡元培先生六十五岁论文集》，中央研究院历史语言研究所，1935 年；吕思勉：《吕思勉读史札记上·释亳》，上海古籍出版社，1982 年；吕氏以为汤盖兴于关中，战胜攻取，则在薄县；徐旭生：《中国古史的传说时代》第 86 页注 1，科学出版社，1960 年。

[3] 岑仲勉：《黄河变迁史》，人民出版社，1957 年。

[4] 中国社会科学院考古研究所河南二队：《1984 年春偃师尸乡沟商城宫殿遗址发掘简报》，《考古》1985 年第 4 期。

颖河上游地区，有着密集的分布。其中的二里头遗址，范围达数百万平方米，含有大型宫室建筑基址，出有精美的青铜器与玉器，许多学者以为就是夏都遗址[1]，考古资料与文献记载完全一致。偃师商城与二里头遗址隔河相望，近在咫尺，夏桀怎容人在肘腋之下营建反对自己的基地？偃师商城不是灭夏前的亳都，是很清楚的。此城虽有王都的规模，但主要遗迹只是城垣、城门、道路和大型建筑基址，至今未发现大型墓葬和手工业作坊遗迹。论者认为其主要功能是军事方面的，应是汤灭夏后，为控制夏人旧部和西、北方的势力，在夏人统治中心区建立的军事重镇，有如西周初年营建的成周和居殷八师，具有行都的性质，但不是王国首要的政治中心。这个首要的政治中心，仍然是灭夏前建的亳都。《书序》："伊尹去亳适夏，既丑有夏，复归于亳。"《吕氏春秋·慎大》："伊尹奔夏三年，反报于亳。"《逸周书·殷祝解》："汤放桀而复亳。"这些记载，既说明汤在灭夏前后都居于同一个亳，也证明亳不在夏人统治中心区。商人起源于夏人东北方，南下西进灭夏，亳都自然应在夏王朝的腹心地区伊洛平原以东，最可能的是两地之一，即郑州商城或曹县北亳。前者有考古资料为依据，应该就是汤都亳城。

　　郑州商城位于河南北部黄河南岸的郑州市区，平面近方形，面积达 300 万平方米，南郊外有一夯土墙呈弧形护卫，两端伸向东北与西北，不与东西城垣连接。城始建于二里冈下层早期，繁荣于二里冈上层文化时期。城内东北部有大型宫室建筑基址，新近又发现了二里冈上层时期的宫墙和供水设施[2]，并有冶铜、制陶、制骨作坊址，出土过青铜重器，是座商代王都，毋庸置疑。只是始于何王，意见不一。一派学者肯定是汤都亳，另一派认为是仲丁隞都。仲丁为商代第 11 王，已进入前商后期，与郑州商城的建城年代不符；况且隞都只是仲丁及其弟外壬两王之都，据《历代帝王年表》，首尾不过 23 年，而且仲丁死后，诸弟争位，国内混乱，不可能有如此宏伟的规模，隞都说恐难确立。郑亳说者从考古资料、文献方面列举了许多证据，可参见邹衡先生《汤都郑亳考》《郑州商城即汤都亳说》[3]和郑杰祥先生《夏史初探》第六章，不赘。据今本《竹本纪年》记载，帝癸（夏桀）十五年，"商侯履（汤）迁于亳"。亳是汤灭夏的基地，郑州商城为汤都亳，与汤灭夏的战略总方针相吻合。商人起源于河北西南部太行山东麓，活动于冀南、豫东北地区，逐渐进到豫北，在汤之前正在强大，至汤时谋划灭夏。郑州商城西临夏人的统治中心区，战略地位重要，在此建立灭夏基地，就能更好地展开灭夏斗争，实现灭夏的战略目

---

[1]　邹衡：《夏商周考古学论文集》，文物出版社，1980年，第167~173、228页；郑杰祥：《夏史初探》第七章对二里头遗址遗存的分析；中国社会科学院考古研究所：《新中国的考古发现与研究》，第219页，认为二里头遗址是都城遗址，但认为是汤都西亳。

[2]　曹晓敏、宋国定：《郑州商城考古又有重大收获》，《中国文物报》1995年7月30日第一版。

[3]　邹衡：《夏商周考古学论文集》，文物出版社，1980年，第192页；《文物》1978年第2期。

标。综观汤灭夏的谋略和步骤是，首先建立灭夏基地亳都，然后东向经营，继而向北经略，终而西向灭夏。孟子说汤首伐以葛开始。葛传说在河南宁陵西，宁陵在郑州东偏南150余千米[1]。汤灭葛以后，接着和东方势力会盟。今本《竹书纪年》："商会诸侯于景亳。"《左传·昭公四年》《尚书大传》均有："景亳之命。"景亳之盟，可能主要是和鲁豫皖苏交汇地带的东方势力会盟，景亳可能在曹县境内（详下）。景亳会盟后，汤巩固了东面，并联合东方势力把矛头指向了北方。"韦顾既伐，昆吾夏桀。"[2]韦在河南滑县，顾在范县，昆吾在濮阳县，都在郑州东北方[3]，汤灭三国后，就势一举灭桀。灭桀后，又在东西两翼采取措施，巩固王国政权。在西翼的二里头夏都之旁，营建军事重镇；在东翼继续采取军事行动，进一步巩固东方，从而奠定了有商一代王业的根基。从郑州商城的地理位置、年代、规模和夏末商初的政治、军事形势综合考察，郑州商城最有可能是汤都亳，而且是商代早期前十王的都城，直至仲丁迁隞。

郑州商城宏大的规模，是逐步形成的。汤在世时，全力进行灭夏和巩固国家的斗争，其中包括灭夏后营建有都城规模的军事重镇偃师商城和在东方继续用兵，而且汤灭桀后连续七年大旱[4]，因此，势难同时在亳都大兴土木。汤死后相继即位的外丙、仲壬，各只在位三和四年；太甲即位三年，又因暴虐不明，被伊尹流放于桐宫，而且当时王国政权并未巩固，所以也不能在亳都大事建设。亳都的大兴营筑，只有在太甲以后，"诸侯皆归殷，百姓以宁"[5]之后才有可能。有认为郑州商城始建于南关外期[6]，繁荣于二里冈上层文化时期，但学者已指出南关外期未必是商文化，即使如此，此说还是提出了郑州商城建城年代会否更早的问题。城内宫室基址叠压、打破关系复杂，新近发现的宫城城墙和宏伟的供水设施，属于二里冈上层文化期；

[1] 古代名葛之地有许多，参见邹衡：《夏商周考古学论文集》，文物出版社，1980年，第200页。汤所伐之葛地望有异说，本文从宁陵旧说。

[2] 《诗·商颂·长发》，中华书局影印《十三经注疏》本，2009年。

[3] 韦、顾、昆吾的地望也有不同意见。邹衡先生主韦在郑州，顾在黄河北岸的原阳、武陟一带，昆吾在新郑、密县一带，见《夏商周考古学论文集》。一般认为"韦顾既伐，昆吾夏桀"记叙了汤征伐的顺序，应是汤在郑州建立亳都、灭葛和景亳会盟以后的事。如依邹说，则必先灭顾，再渡黄河灭韦，然后建立亳都，与文献未安。综观汤的经略，确有先东，再北，后西向灭桀的部署。昆吾所居本有旧许与濮阳两说。《左传》昭公十二年，楚灵王说"昔我皇祖伯父昆吾，旧许是宅"。此在河南许昌。《左传》哀公十七年，"卫侯梦于北宫，见人登昆吾之观"。杜注："卫有观，在古昆吾氏之虚，今濮阳城中。"此在河南濮阳县。昆吾可能先居旧许，后迁濮阳。《国语·郑语》史伯对郑桓公说："昆吾为夏伯矣。"濮阳地处夏东北境，正宜处异姓方伯。顾韦分别在昆吾东西，汤盖先去其东西翼，而后灭之。是知三国地望旧说与商夏斗争的军事、政治形势相吻合。

[4] 今本《竹书纪年》，国家图书馆出版社影印《〈竹书纪年〉研究辑刊》本，2010年。

[5] （汉）司马迁：《史记·殷本纪》，中华书局，1959年。

[6] 陈旭：《郑州商文化的发现与研究》，《中原文物》1983年第3期；郑杰祥：《夏史初探》，中州古籍出版社，1988年，第272页。

南郊外那道弧形夯土墙，夯窝较城垣稀疏而略大 [1]，也可能筑于二里冈上层文化期。其主要功能应是防洪，实是一道堤坝，用以护卫南郊的手工业作坊和亳都。这些事实，说明郑州商城有着较长的使用时间，并在二里冈上层时期进行了大规模的建设。这些应成为郑州商城是汤都亳的证据之一，而不是反证。

　　曹县北亳，目前还只有文献记载。商代亳都究竟是一处，还是同时有几处，尚难定论。但不仅三亳说包括北亳在内，就是一亳二亳说者，也有认为在北亳和包括北亳的。二亳三亳说者颇有主张北亳是汤始居之亳，商代的第一都。亳分南、北、西，虽起自皇甫谧，但臣瓒已说汉山阳郡薄县是"汤所都"。李泰《括地志》所指在宋州（河南商丘县）北五十里者，应当就是薄县故城。晋废薄县，地归梁国蒙县，故又有蒙亳之称。王国维考汉薄县即春秋宋之亳邑，亳邑、薄县、蒙亳实为一地，在山东曹县南境，学术界并无异议。但亳作为宋的宗邑，并不能证明就是汤的亳都。按周武王灭纣，以纣子武庚奉商祀，封蔡叔、管叔加以监督。武王崩，管蔡与武庚叛周，周公杀武庚、管叔，流放蔡叔，封纣兄微子于宋，以继商祀。宋以亳为宗邑，《左传》哀公十四年有明确记载。此亳并非汤的亳都。宋都梁国睢阳，即今河南商丘县，应是卜辞的宋地 [2]，未必是契所居的商。周人多称宋为商，左襄九年传的商人，即宋人；昭公八年传的商卫即宋卫，可知今河南商丘，也就是宋丘，是宋国之墟，如同安阳商都之称殷墟。《左传》襄公九年、昭公元年阏伯、相土所居的商丘，是帝丘濮阳，系颛顼之墟，并不是今商丘县，把春秋经传的商丘说成今商丘县，是杜预以后的事。今商丘是周封微子于宋以后才有的名称。此商丘实即宋丘，与契、相土所居的商无关。宋的亳邑，只是宋国的宗邑，并非汤的亳都。

　　皇甫谧、李泰都说北亳又称景亳，因景山得名。今山东曹县东北的梁堌堆遗址，即《水经注·济水注》的景山，当地尚知景山之名，西南距汉薄县故城约23千米，是处台形遗址，已受严重破坏。现残台高出地面3米左右，台顶平坦，地面部分北部为东周、汉代修筑，南面暴露龙山、夏代夯土，周围有不少两周陶片和东周、汉瓦残片，未作科学探掘，范围、形制不明。此地本是处古遗址，景山之名系汉人的附会。景山见于《诗·鄘风·定之方中》："升彼虚矣，以望楚矣，望楚与堂，景山与京。"序称："《定之方中》，美卫文公也。卫为狄所灭，东徙渡河，野处漕邑，齐桓公攘戎狄而封之，文公徙居楚丘，始建城市而营宫室，得其时制，百姓说之，国家殷富焉。"狄人伐卫和齐桓城楚丘，见于《春秋左传》闵公二年与僖公二年。景山在楚丘之旁。楚丘，郑玄、司马彪、杜预、郦道元都说在山东成武县西南。《水经注·济水注》曰：黄沟枝流，俗称界沟，"北迳元氏县故城西，又北迳景山东，《卫

　　[1]　据河南省文物考古研究所郑州商城工作站陈列室城垣、郭城夯土标本。
　　[2]　郑杰祥：《商代地理概论》，中州古籍出版社，1994年，第191页。

诗》所谓'景山与京'者也……又北迳楚丘城西，《郡国志》曰：成武县有楚丘亭。杜预云：楚丘在成武县西南，卫懿公为狄所灭，卫文公东徙渡河，野处漕邑，齐桓公城楚丘以迁之。"此说实因《毛诗正义》误释漕为卫之东邑而引出的误解。漕或作曹，为卫下邑，在今河南滑县南。卫都楚丘不在成武，而在滑县东，前人早已定论。《郡县志》说：隋置楚丘县，属滑州，后改卫南，本汉濮阳县也。《春秋左氏传地名补注》卷二楚丘条："《舆地广记》：'开德府卫南县，本楚丘。卫文公自曹邑徙此，按今省入卫辉府滑县。'《一统志》：'卫南故城，在滑县东六十里。'"《诗地理考》同。知卫都楚丘在滑县东，本为汉濮阳县地，与曹邑邻近。《元和郡县志》说："滑州白马县，本卫之曹邑。"白马故城在滑县南十里。又《左传》僖公二十八年，晋文公拟借道于卫而伐曹；《地理志》："齐桓公更封卫于河南曹、楚丘，而河内殷墟更属于晋。"都证明卫都楚丘在滑县，不在成武，景山自然也应在那里。《寰宇记》："景山在澶州卫南县东南三里。"《九域志》：开德府有景山、楚丘。按宋崇宁间升澶州为开德府，治濮阳，两书所指为同一景山。卫南县即楚丘，后省入滑县，是知景山在今滑县东、楚丘东南，曹县之景山系附会，《舆地广记》已经指明。

景亳因景山得名，也是皇甫谧的揣测，两者本无关系。《毛诗正义》释景山为大山，卫诗中两见景山。《定之方中》的景山，在殷墟以南的滑县；《殷武》"陟彼景山"的景山，在河内安阳一带。如景亳因景山而名，就应在滑县或安阳，不应在曹县。景亳是汤会盟之地。今本《竹书纪年》："昆吾氏伐商，商会诸侯于景亳。遂征韦，商师取韦。遂征顾。"《尚书大传·汤誓》："景亳之命，费昌於御。"景亳会盟应是事实。但皇甫谧把景亳说成北亳，是凑合他三亳说的杜撰。尽管如此，景亳作为汤的会盟地，最有可能在曹县一带。夏末，商人虽较强盛，但只是个小国。《墨子·非命上》说："古者，汤封于亳，绝长继短，方地百里。"《荀子·王霸篇》："汤以亳，武王以鄗，皆百里之地也。"又《议兵篇》同。《管子·轻重甲篇》则说："夫汤以七十里之薄，兼桀之天下。"孟子也有汤以七十里之薄，起而灭桀之说。《淮南子·泰族训》也说："汤处亳，七十里。"与《尚书大传·盘庚》所说古时分封诸侯，封地最大的不过百里，其次七十里，再次五十里的情形相符。可见灭夏前的商，疆域不可能很大。汤以区区"百里"或"七十里"的小国，想要取代占地方千里、已有五百年国祚的夏桀，就必须争取东方势力的支持。此时汤已在豫北郑州建立亳都，西面是夏人统治中心伊洛平原，东面是夏人东境和东夷集团的势力。夷人势力集团的向背，本来一直影响着夏王国的安危，此时则关系着汤经略王业的成败。汤为免遭东西夹击的危险，实现西向灭夏的大目标，就必须首先扫除夏人东境的力量，争取东方势力集团的支持。灭葛属于前者，景亳会盟则属后者。景亳之盟是和东方势力集团、可能主要是和鲁豫苏皖交汇地带的势力会盟。由于汤居亳之前，已纳曹县境内的莘国之女为妇，相辅伊尹又来自有莘，可知商莘关系之密切，有莘可能在促成景亳会盟中发挥了重要作用，所以景亳很可能就在曹县境内。但究竟在曹县何地，是否就在汉薄县故城，尚待今后工作。但位于曹县东境、同城武西南境邻接的景山（梁堌堆遗址），属于附会，古人早已指出。景亳会盟是汤灭夏总谋略中关键的一环。如果没有这次会盟的成功，汤就难免陷入腹背受敌的困境，不能迅速灭亡夏桀。据今本《竹书纪年》记载，汤于夏桀二十八年会盟景亳，随即北伐韦、顾、昆吾，并就势一举灭夏，首尾仅四年，其势如破竹，兵锋之锐可想而知，这不能不说是景亳会盟的结果。

概括本节，商人起自河北西南部的太行山东麓，活动于冀南、豫北一带，逐渐南下，至汤时在黄河南岸的郑州建立了灭夏基地亳都。灭夏之后，即在夏王朝的腹心区营筑了具有行都性质的军事重镇偃师商城，王国的主要政治中心，仍在郑州亳都，直至仲丁迁隞。景亳，是汤灭夏前与东方势力集团会盟的地点，尽管臣瓒、杜予说是汤都，但皇甫谧、李泰都只说是汤会盟地，未说汤都，瓒、杜说未可据，其地应在山东曹县境内。目前鲁西南地区尚未发现下七垣文化和二里冈下层时期的早商文化，而菏泽安丘堌堆存在二里冈上层早段商文化叠压岳石文化的层位关系，表明该地区的岳石文化延续到早商时期。因此在南关外文化类型中存有某些岳石文化的因素，如陶器中的甗、卷沿鼓腹盆、鼎等和岳石文化相似，乃至二里冈文化期也有岳石文化的因素，就不足为奇。这不过是相邻文化的相互影响问题。除非今后在曹县、商丘一带发现集中的先商、早商文化，或确认这一带的岳石文化属于先商文化，并找到相应的早商城址，否则，汤都北亳说就不是事实。只因还未进行系统、深入的考古工作，这一带的文化区系类型问题并不完全清楚，也不知汉薄县故城和宋亳邑的确切位置、规模与内涵，以及这一带是否有相应的早商城址，因此还不能最终做出结论。对这些问题做出确凿的回答，将有利于商人起源和亳都地望研究的深入与解决，无疑应成为该课题研究的重要工作方面。

通过对以上鲁西南地区先秦遗址和几个古史传说的粗略分析，似乎使该地区的历史及其在古史发展中的地位，比较清楚了一些。文中对一些古史问题发表了管见，旨在贯彻"百家争鸣"精神，未揣浅陋，敬祈学界批评指正。

原载《中原文物》1996 年第 1 期；后收入《张学海考古论集》(略有修改)，学苑出版社，1999 年

东土古国探索

　　古文献每称黄帝尧舜时有万国，五帝时代是个古国时代，这是我国历史的拂晓期。"国家是文明社会的概括"[1]，国家的诞生标志文明史的开端。中国文明起源研究，实质上是中国国家起源研究。目前这方面的研究主要还是宏观的分析讨论。为了阐明中国文明的形成，必须探索具体的古国。海岱地区是东夷部族的活动中心，商人称此为人方，周人则叫东土，在中国文明和中华民族文化的形成上占有重要地位。探索该地区国家的诞生，对中国文明起源研究具有重要的意义。笔者曾在一些文章中对东土古国做过探讨，但有关见解分散于各文，有的见解已有所更新，而且又发现了重要的新资料，故就东土古国的几个问题再作讨论。

一　东土国家的出现

　　国家社会的本质特征是私有制、阶级、等级结构和公共权力。国家的基本职能是实施政治统治，对复杂化的社会实行有效的管理以及组织对外战争、防御外敌入侵、保障社会安宁和人民生命财产的安全。政治统治一般是结合行政管理的实施而实现的。世界各地区各民族国家的产生和发展进程，具有各自的特点。笔者曾提出："管理社会公共事务，协调内部社会各阶级、各阶层、各集团之间利益的冲突，组织指挥外部战争的需要，是中国国家产生的主导原因。"[2]原始社会晚期，随着生产力水平的不断提高，社会经济迅速发展，导致社会分工的扩大和社会关系的变化。私有制产生，手工业、农业走向分离，劳动产品日益丰富，社会财富不断积聚，并向少数家庭集中，促使私有制迅速巩固和发展；私有制的迅速发展，导致贫富分化、社会分化日趋严重，氏族内部出现了富有的和贫穷的家族与家庭，逐渐形成了不同利益集团，进而产生了阶级；与此同时也出现了氏族、部落内部贫富之间和不同利益集团之间的矛盾、对立与冲突；这种矛盾与冲突不断扩大与激化，其中许多矛盾随着阶级的产生而演化成阶级矛盾与阶级对抗。

[1]　恩格斯：《家庭、私有制和国家的起源》，《马克思恩格斯选集》第4卷，人民出版社，1972年。
[2]　张学海：《城子崖与中国文明》，《张学海考古论集》，学苑出版社，1999年。

这一社会变化是和人口的迅速增长相联系的。随着社会经济不断发展，人口迅速增长，聚落增多，规模扩大，氏族部落及其规模也相应增加与扩大，从而在更大范围引发更多的矛盾、冲突和社会问题。例如，需要在更大范围更频繁地划分耕地，而氏族部落增多，意味着有利的可耕地渐渐缩小，使本来不是问题的分配耕地成了问题，有些氏族占有优良的耕地，另一些氏族只能分到贫瘠的土地，从而造成氏族之间经济发展的不平衡，诱发部落内部的不满，导致冲突增多。同时氏族部落数量与规模的发展，也使社会防治水患、兴修水利的总频率大增，增加了引起冲突的机会。为获得有利的生存空间，氏族部落常要迁徙，这常常会引起冲突。占有和保卫有利生存空间，也就成了氏族冲突和部落战争的重要原因。所以人口增长、氏族部落增多及其规模的扩大，加速了氏族社会的分化瓦解。因此，一定数量的人口，是原始社会向国家社会过渡的必要条件。在人口还很稀少、部落规模不大、周围有着广阔的回旋空间、与外界相对隔离的情况下，国家是不可能产生的。

上述社会变化，加上大范围的兴修水利、治理水患和应付频繁的部落、部族战争，使社会生产、社会生活日趋复杂化。面对复杂化了的社会状况，氏族社会的法则已不能适应，需要采取新的管理机制对社会实行有效的管理，国家应运而生。这一发展变化，在大汶口文化有着清楚地反映。

大约距今 6500～6200 年前，海岱地区初步形成了以晚期北辛文化为特征的文化共同体，至大汶口文化中期（约距今 5700～5000 年前），某些先进的大汶口文化部落贫富分化、社会分化已十分明显。一个突出的实例是大汶口遗址以 M2005 为中心的一组墓。M2005 约距今 5700 年前，墓穴长 3.6、宽 2.45 米，有葬具，随葬了陶器、石锛、石斧和其他骨、角、牙器共 104 件，其中陶器 58 件，器形有细柄觚形杯、高柄环、红陶三足盆、三足钵、钵形豆、鼎、壶等，制作极其精美。三足盆、三足钵、钵形豆等，分别盛有牛头、猪头、猪下颌和肢、蹄，置于四周熟土二层台上；一组骨器整齐地放在死者身旁。这是已知全国最早的新石器文化大墓。在该墓东北 10 厘米，有一无头男性墓，仅有墓穴容身，别无他物。该大墓东南侧有一墓，内埋 5 颗人头与一男性骨骼，系二次葬，也无随葬品。该大墓东近 3 米是座 6 岁儿童单人葬，随葬了三足觚形环、鼎、豆、彩陶釜、彩陶器座等 38 件陶器及绿松石等饰件 [1]。当时的一个儿童竟有如此之多的随葬品，这是前所未见的。这儿童显然是大墓墓主的子女，大墓两侧的男性成人墓可能是他的仆从，而 5 颗人头应是他生前猎首或参战的成果。这组墓明显地反映出如下的事实：首先，贫富分化已很明显，有的家庭已很富有，不只家长、就连夭折的儿童也享有丰富的随葬品，

[1] 大汶口遗址1978年发掘资料，存山东省文物考古研究所。参见郑笑梅：《东方文明的曙光》，《纪念城子崖遗址发掘六十周年国际学术讨论会文集》，齐鲁书社，1993年。

说明私有制已经巩固。其次，人与人的关系已发生本质变化，产生了依附关系。如果大墓两侧的成年男性原是战俘，那么已把战俘作为家内奴隶，家长奴隶制已在运行。第三，随葬陶器已不仅仅是带往阴间的生活用品，而具有礼器的涵义。第四，综上三点可知氏族内部已存在与氏族对抗的"特殊的显贵家庭"（恩格斯语）。因墓葬反映社会现象具有滞后性，这组墓所反映的社会现象不可能突然产生，所以大汶口部落的这种社会变化可能早已出现。此后贫富分化、社会分化的势头急剧发展，一发而不可收。在大汶口文化中期阶段的墓地，如《大汶口》早中期墓、《邹县野店》第四期墓所反映的，富有家族与贫穷家族的分野明显可见，两者分别埋葬，互不相混。而属于中期后段鲁中北地区傅家遗址的 201 座墓，仅处于遗址南部 100 平方米的范围内。墓成三层叠压，墓穴浅小仅能容身，约 2/3 的墓只有墓主，别无他物；约 1/3 有器物的墓，绝大部分只有 1～3 件陶器，最多的不过 5～7 件，也仅有数墓 [1]，可能是处贫民与奴隶墓地，由此可知当时贫富分化、社会分化已极其深刻。稍后的一个重要信息出自与山东接境的江苏新沂花厅遗址。1987、1989 年在这里发掘的 62 座大汶口文化中晚期墓中，在 10 座大墓中有 8 墓共殉 18 人，各墓殉 1～5 人不等，殉人中有小孩和青壮年男女 [2]，证明当时社会上层已流行殉葬。此时应已存在阶级，东土的氏族社会正向阶级社会过渡。

上述社会变化发生在距今 6000～5000 年前的大汶口文化早中期阶段，这阶段的聚落从一个侧面反映了当时社会的巨大变化。距今 6000 年前后的大汶口文化早期，聚落还很少，大概还只有雏形聚落群，未见大型中心聚落。到了中期，已知有数百处聚落址，形成了数十个聚落群，出现了许多大规模的中心聚落，例如泰山以南大汶河中游宁阳县东北聚落群，已知 9 处聚落遗址，内有数十万平方米的大汶口中心聚落；连同宁阳县西南、兖州县北部聚落群，共有聚落址 26 处。鲁中南薛河下游滕州市东南部聚落群，有 36 处遗址，内有 20 万平方米的西康留聚落址，中期后段已是座城；连同滕州市中部、东北部聚落群，共 60 余处聚落址。泰山北麓山前平原章丘市北部聚落群，已知 12 处聚落址，内有 40 万平方米的焦家聚落址。这说明大汶口文化中期，因社会经济的迅速发展，人口已急剧增长，一方面聚落、氏族、部落不断产生；另一方面，人口正向一些聚落集中，出现了大规模的中心聚落。群内聚落已出现等级，中心聚落与一般聚落可能已有从属关系。而人口向中心聚落集中，特别是中心聚落已是城时，将意味着各氏族、胞族成员出现杂居，使原有的

---

[1] 山东省文物考古研究所1986年配合博（兴）潍（坊）公路拓宽工程，对傅家遗址的清理，资料存山东省文物考古研究所临淄工作站。

[2] 南京博物院花厅考古队：《江苏新沂花厅遗址1987年发掘纪要》，《东南文化》1988年第2期；《考古》编辑部：《中国文明起源研讨会纪要》，《考古》1992年第6期。

氏族法则难以适应，为公共权力的产生作着准备。

　　值得强调的是，大汶口文化早中期已有城。目前已在山东西部阳谷县发现大汶口文化早期的王家庄城[1]，在鲁中南滕州市发现中期的西康留城[2]。而郑州西山仰韶城和湘北城头山大溪文化城的年代，分别距今 5500 年前和 6000 年[3]。这四座城显示出 5000 年前的大汶口、仰韶、大溪文化城已不是个别现象。城是原始社会发展进程的重要标志，它的出现与发展，表明部落战争日趋频繁，城乡分离的进程正在运行，已在呼唤着国家的诞生。这些原始城还不是城市，一般也不是国都（城的出现并不标志国家的诞生，原始城市的产生才是国家诞生的标志），但它们是氏族、部落、部落联盟的中心，其中许多将发展成古国都城。就是说，城在国家出现以前已经比较普遍。以往我们把原始社会向文明社会过渡的时期，称为军事民主时期。这时期一个突出的社会现象，就是频繁的部落、部族战争，应该存在许多城。所以虽然不能把城与国不加分析地简单相联系，但是把城已较多地存在作为军事民主时期的重要标志，将可以成立。不仅是这四座早期城，而且山东地区龙山文化城的普遍发现和龙山文化城组的存在，都说明大汶口文化中期的许多中心居址可能也是城，证明当时已处于军事民主时期。这一点还可以从司马迁《五帝本纪》的记载得到证明。《五帝本纪》说：

　　　　轩辕之时，神农氏世衰。诸侯相侵伐，暴虐百姓，而神农氏弗能征。于是轩辕乃习用干戈，以征不享，诸侯咸来宾从。而蚩尤最为暴，莫能伐，炎帝欲侵陵诸侯，诸侯咸归轩辕。轩辕乃修德振兵，治五气，艺五种，抚万民，度四方，教熊罴貔貅䝙虎，以与炎帝战于阪泉之野。三战然后得其志。蚩尤作乱，不用帝命。于是黄帝乃徵师诸侯，与蚩尤战于涿鹿之野，遂禽杀蚩尤。而诸侯咸尊轩辕为天子，代神农氏，是为黄帝。天下有不顺者，黄帝从而征之，平者去之。

　　古史传说，多以神农氏、轩辕氏先后相承，神农在三皇之末，黄帝居五帝之首，虽说三皇"若明若暗"，五帝"若有若无"，但史前考古的成就，使我们相信五帝确有其人其族，不妨把神农与黄帝看作两个时代的代表。《庄子·盗跖篇》说："神农之世卧则居居，起则于于，民知其母，不知其父，与麋鹿共处，耕而食，织而衣，无有相害之心，此至德之隆也。然而黄帝不能致德，与蚩尤战于涿鹿之野，流血百里。"又《商君书·画策》曰："神农之世，男耕而食，妇织而衣，刑政不用而治，甲兵不起而王。神农既没，以强胜弱，以众暴寡，故黄帝作为君臣上下之义，父子

[1] 张学海：《中国城的起源与原始城的发现》，《张学海考古论集》，学苑出版社，1999 年。
[2] 张学海：《中国城的起源与原始城的发现》，《张学海考古论集》，学苑出版社，1999 年。
[3] 张学海：《中国城的起源与原始城的发现》，《张学海考古论集》，学苑出版社，1999 年。

兄弟之礼，夫妇匹配之合，内行刀锯，外用甲兵。"由此可知神农代表着母权制时代，而黄帝则代表了父权制时代。根据现今的研究成果，黄河流域母权、父权时代的交替大约在距今 6200 年前。黄帝时代，"诸侯相侵伐"，"以强胜弱，以众暴寡"，部落、部族战争频仍激烈。《逸周书·尝麦篇》所记蚩尤与赤帝（即炎帝）的战争，上引《五帝本纪》说的黄帝、炎帝阪泉之战，黄帝、蚩尤涿鹿之战，都是激烈的部族大战，蚩尤、黄帝、炎帝都是各自部落联盟的大首领和军事首长，说明当时正处在军事民主时期。而黄帝是在涿鹿之战杀了东方集团的领袖蚩尤以后，"诸侯咸尊轩辕为天子"始称黄帝的。皇甫谧说黄帝由穷桑"登帝位"，实际上就是黄帝在穷桑被推为盟主，于是出现了黄河流域、北方地区大半个中国的联盟。这是划时代的大事件，标志着"诸侯相侵伐"的军事民主时期的结束，一个新时代的开端。涿鹿之战大约发生在 5000 年前大汶口文化中期晚段，结合前文对大汶口文化早中期社会发展变化的分析，证明大汶口文化中期正处在军事民主时期。由上所叙，可知东土自私有制出现到国家的诞生，走过了近千年的历程，约在距今 5000 年前的大汶口文化中期之末进入古国时代，即文明时代。涿鹿之战和黄帝在穷桑"登帝位"，是东土实际上也是中国文明史开端的标志。

二 东土古国举例

在介绍这些古国之前，先就笔者确认这些古国的依据，也即从考古遗存中判断古国的基本条件做出说明。这些基本条件是：（1）具有范围明确的一定规模的聚落群。古国须有地盘和一定数量的人口。（2）聚落群内的聚落具有"都、邑、聚"的金字塔形等级结构。古国必须有统治中心，即国都，一般是城。判别都城主要看该城规模大小，是否处于群内的中心地位，有无殿堂与礼仪性建筑和大贵族墓，以及经济发展水平。邑相当于群内的中级聚落址，其中也有城，是古国二级行政管理机构所在。聚是村落，是群内小等级的聚落址，大都应有古国的基层社会组织。（3）原始城市的存在，聚落群内具有比较明显的城乡分离格局。原始城市是地区的政治、经济、文化中心，必然是个古国都城，古国都城并非都是原始城市。这三条关键是后两条，因为等级社会结构和城乡分离是国家社会的基本特征，原始社会并不具备这些特征。符合后两条之一的考古遗存就是古国。在不很明显的考古遗存中，虽然可能是古国，但从考古上是不容易被确认的。

笔者在《城子崖与中国文明》《试论山东地区的龙山文化城》等文中，对大汶口、城子崖、教场铺、景阳冈四个古国已有所论，这里仅作概括介绍和某些补充。

1. 大汶口大汶口文化古国

属大汶口文化晚期，位于泰山以南徂徕山西南的大汶河中上游地区，以宁阳县东北部到东南部为中心，聚落群已知有 9 处遗址，集中在大汶河南岸的宁阳县，在大汶河北岸的泰安市郊区和肥城县南部各只有一处，似因调查工作尚未深入之故。聚落群范围东西长约 40、南北宽约 8 千米，其肥城南部地区就是著名的春秋鲁国汶阳田所在（图一，1）。群内遗址有三个等级。一级遗址即国都大汶口文化遗址，总面积达 82 万平方米。二级遗址有张家围子、郈邑遗址两处，面积分别为 5 万、12 万平方米。其余是三级遗址，面积在 2000～6000 平方米 [1]（图二）。

国都大汶口文化遗址，位于泰安市郊区大汶口镇西南和宁阳县磁窑镇堡头村西北，北距泰山主峰玉皇顶 35 千米，本在汶河北岸，今被汶河割为两部，估计作为国都阶段的面积达 50 万平方米左右，是大汶口文化遗址中规模最大的一处。《大汶口》发掘报告表明，其中期阶段手工业与农业已经分离，存在手工业者阶层，产品丰富多彩，各种质地的稀世手工艺珍品众多，雄辩地说明它是整个大汶口文化乃至全国同期文化独占鳌头的手工艺技术中心。手工业生产的空前发展，折射出农业达到了前所未有的水平，为商品交换的发展创造了前提。总体来看，这里经济繁荣，社会相当富有，财富迅速积聚；同时贫富也急剧分化，少数人占有了大部分社会财富。《大汶口》报告这阶段有 5 座大墓，仅占这阶段墓的 20%，但占有 61% 的随葬陶器，包括全部的白陶以及所有的玉骨牙质手工艺瑰宝。其中 10 号女性成人墓、126 号少年墓，随葬品尤其丰富，而且全墓地仅有的两件精美玉礼器——玉铲，也为这两墓分享，墓主应是王族成员。上述情况说明，晚期大汶口文化遗址已是大汶口文化首屈一指的政治、经济、文化中心，是座原始城市，是个古国都城。它位处大汶口文化重要分布区的大汶河中游，北对东方神山泰山的地理位置，表明它是大汶口文化的一个重要古国 [2]。

2. 城子崖龙山文化古国

位于泰山北支山前平原，以章丘市北半部为中心，包括济南市历城区东部一带（图一，2）。中心区是目前海岱地区新石器文化一个地区中心，有陶新石器文化的出现可早到 8500 年前。这里已发现西河文化遗址 5 处，北辛文化晚期遗址 3 处，大汶口文化遗址 12 处，龙山文化遗址 43 处。后者几乎全在章丘市境内，西部的历城区仅有两处，应有许多尚未发现。龙山文化遗址的分布范围，东抵长白山西麓，南达泰山北麓谷地，西到济南市历城区东境，北面在白云湖、小清河以南。因古济水济南以下水道与原小清河流向大体一致，故遗址群原本北临或北近济水，是

---

[1] 20世纪80年代山东文物普查资料。

[2] 张学海：《城子崖与中国文明》，《张学海考古论集》，学苑出版社，1999年。

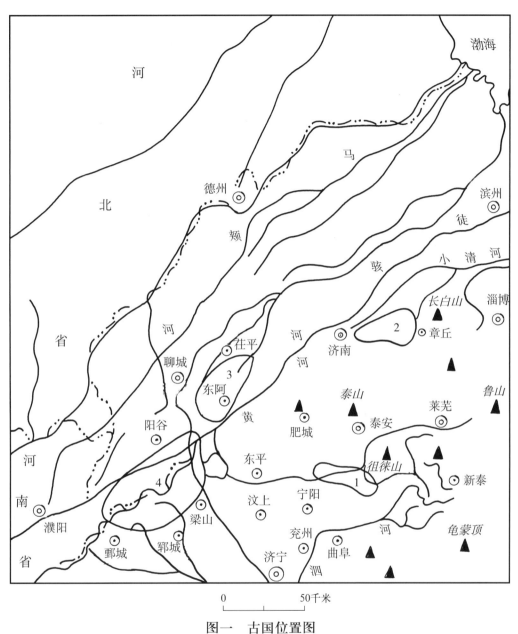

图一 古国位置图

1. 大汶口 2. 城子崖 3. 教场铺 4. 景阳冈

济水下游的一个龙山文化古国。其范围，东西约30、南北约32千米，面积约1000平方千米，周围有宽广的空白区与山地。群内龙山文化遗址有三个等级。一级遗址即国都城子崖城，面积20万平方米。二级遗址有黄桑院、马彭、马鞍庄、季官庄、牛官庄、小坡等六七处，面积3～6万余平方米。其余的是三级遗址，面积各数千至两万余平方米。

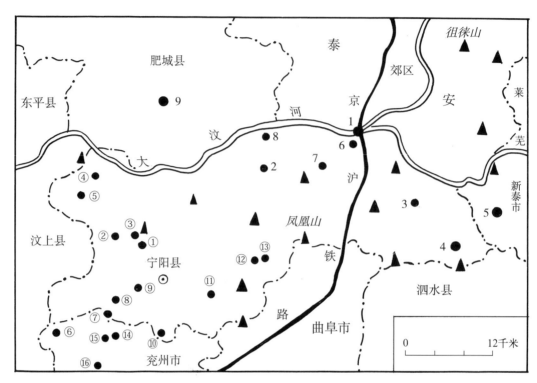

图二　大汶口古国遗址分布图

1. 大汶口遗址（国都）　2. 张家围子遗址　3. 郕邑遗址　4～9. 路家庄、田村、后海子、枕河、董家崦、蝎子城遗址　①～⑯. 大汶口古国西南邻的大汶口文化聚落群。尚有兖州市北部2处未标，群内遗址有三个等级，一级遗址即①李家阁遗址，面积20万平方米

　　国都城子崖城，位于章丘市西部龙山镇龙山村东北，巨野河东岸。1930、1931年首次发掘，1989～1993年进行了系统钻探与试掘。笔者曾从城的规模、城内人口的数量与成分、手工业技术的高超水平、井的普遍使用和区内城乡分离的格局等方面作了分析，证明它是泰沂山脉北侧西段乃至更大范围的政治、经济、文化中心，是座原始城市，因而是座都城。二级遗址具有邑的地位，大者面积达6万余平方米，可能也是城。大批三级居址则是村落。因而群内已形成"都、邑、聚"的金字塔形等级社会结构，而且区内存在清晰的城乡分离格局，群体范围明确，是龙山文化古国无疑。就其范围而论可能已是个方国[1]。

　　3.教场铺龙山文化古国

　　位于山东西部黄河西侧、徒骇河上游地区。此段黄河又称大清河，原是济水古道，所以是济水下游西侧的龙山文化古国（图一，3）。境内已知大汶口文化聚落6处，龙山文化居址31处。龙山居址大多数在茌平县西南部、东阿县北、中部和聊

　　[1]　张学海：《城子崖与中国文明》，《张学海考古论集》，学苑出版社，1999年。

城市东部，少数在茌平东北部。分布范围东北至西南约 45、东西约 25 千米，面积 1100 余平方千米，除西南境和景阳冈古国的界限不很明确以外，其余各面都有宽阔空地。1994 年 12 月在这里发现了包括 1 座中心城和 4 座二级城的龙山文化城组，清晰地反映出"都、邑、聚"的金字塔形等级社会结构。处于塔尖位置的是教场铺中心城，位于茌平县南境乐平铺镇教场铺村西北，面积约 40 万平方米，城内中部偏东有大小两座宏伟的夯筑台址。小台居东，面积约 16000 平方米；大台在西，面积 10 余万平方米；两者间隔约 70 米。中心城内的这种大型夯筑台址，通常都会是宫殿建筑群与礼仪性建筑基址。《考工记·匠人》记载："匠人营国，面朝背市，左祖右社。"据此推测大台址应是宫殿建筑群基址，小台址则是祖，即宗庙基址。《左传·庄公二十八年》说："凡邑，有宗庙先君之主曰都，无者曰邑。"可知教场铺城是座都城。其余四城是王集、乐平铺、大尉、尚庄城，其中只有尚庄城与教场铺城的距离达 20 千米，其余都在 6 千米以内。这四城面积都只有 3 ~ 4 万平方米，城内也未发现大型建筑基址，与中心城不能同日而语。但又明显高于一般居址，其中经试掘的尚庄城的陶器气势雄浑，证明这四座城属于邑城，应为古国二级管理机构之所在。其余的龙山文化居址，踏查面积只有 1000 ~ 10000 多平方米，除个别可能是城以外，都是村落，"都、邑、聚"金字塔形等级社会结构已十分典型，显然是又一个龙山文化古国 [1]。

4.景阳冈龙山文化古国

位于山东西部徒骇河上游，与教场铺古国南北相邻（图一，4）。境内已知大汶口文化遗址 4 处，龙山文化遗址 19 处。龙山文化遗址分布在阳谷县东北到西南部，梁山、郓城、鄄城三县北半部，内含河南台前县全境及范县东部，分布范围东北到西南约 80、东西约 35 千米，面积约 2800 平方千米，是泰山西支山前地带、济水西岸的龙山文化古国。今境内被黄河分为南北两部，此段黄河是清咸丰五年（1855 年）河决河南铜瓦厢后形成的新河道。自汉武帝时河决瓠子以来，黄河泛滥决口，经常淹没这一带，估计已有许多史前遗址被湮埋和冲毁，加上挖土破坏、村庄占压等原因，故现见大汶口、龙山文化遗址不多。据万历于慎行《兖州府志》、康熙《重修张秋镇志》、光绪《重修寿张县志》等书记载，在本区内明代东阿县西北半平原上，"平地小山，三五错峙，状如布棋"；寿张县有"九岭十八堌"；张秋镇有许多以山为名的地点。清末以前，这一带众多称某某山、堌、堌堆、冈、岭的地点，除少数确是自然山冈和古墓以外，大都是史前遗址，鲁西南黄泛区的情形便是如此。今除景阳冈（沙堌堆）、红堌堆（红沙堌堆）等遗址以外，均已不存和不明所在，知境

---

[1] 张学海：《鲁西两组龙山文化城址的发现及对若干古史问题的思考》，《张学海考古论集》，学苑出版社，1999年。

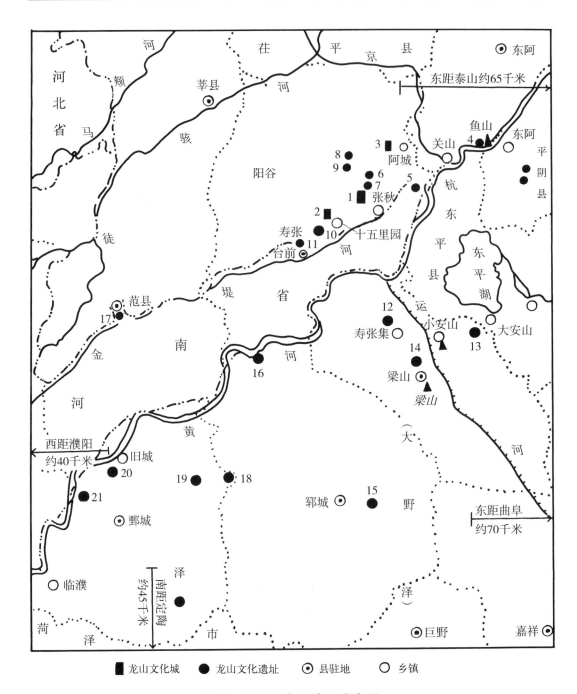

图三　景阳冈古国遗址分布图

1. 景阳冈都城遗址　2. 皇姑冢邑城遗址　3. 王家庄邑城遗址　4. 鱼山祭台　13. 青堌堆遗址　5~12、14~21.
村落遗址（内应含有相当于邑的二级遗址。平阴县西南、郓城县东南未编号的3处龙山文化遗址未归入）

内龙山文化遗址原本比现知 19 处多得多。群内已发现了包括一座中心城和两座二级城的龙山文化城组，典型地反映出"都、邑、聚"的等级社会结构（图三）。

中心城景阳冈，位于阳谷县东南张秋镇景阳冈村周围，面积达 39 万平方米，城内中部偏北也有大小两座宏伟的夯筑台址，同样是小台居东，大台在西。小台面积 1 万多平方米，原高出地面约 3 米，1976 年削平。新近在小台西沿试掘，得知西沿呈阶梯形，台阶上灰坑众多，有的坑出羊骨架；1979 年在小台东北沿曾清理过一个祭坑，内有一具完整的牛骨架，出土 20 余件龙山文化陶器，其中有 3 件甗，形制一致，大小相次 [1]。小台中部偏西有村民取土形成的约 50 米长的断面，全是纯净的黄沙土夯土，不见灰坑打破，与西沿台阶上密布灰坑的现象迥然有别，知小台中部台面上原有大型建筑。大台面积约 9 万平方米，东北紧临小台，现地面台址仅在中南部有少许残存，其余部分均已夷平。台址上有一个近 200 米长的南北断面，笔者观察到残存的地面台址仍保存着原来的 4 层台面，每层厚 20 厘米左右，有的台面有火烤痕迹。其北不远的断面，夯土呈中部高起向两面倾斜状，地面台址虽已削去，但仍可看出其上原有建筑。可知大台是大型建筑群基址，各单体建筑在大台上各有高起的基础，并不建在一个大平面上，说明大台址是宫殿建筑群基址。新近的发掘证明，大小台址同时存在，都曾多次扩建 [2]。中心城内大小台址并存，本身就说明大台址最可能是宫殿建筑群基址，而小台址是宗庙基址，祭坑的存在也为小台址的性质提供了重要线索。因此景阳冈龙山文化城是座都城，这也为教场铺中心城是都城提供了佐证。

两座二级城是王家庄与皇姑冢城。前者在景阳冈中心城东北 10 千米，是座大汶口、龙山文化城，面积约 37000 平方米；后者在景阳冈西南 8 千米，面积约 6 万平方米，这是两座邑城。其他遗址都未探查，而且有大批遗址已被湮埋与毁坏，但现有龙山文化遗址分布范围比教场铺古国大得多，所以邑城、村落都不会比后者少，群内都、邑、聚的等级社会结构同样已很明显。

东土的龙山文化古国可能已很普遍，已知山东地区的龙山文化遗址约有 1300 处，绝大部分分属 30 余个大小遗址群。举一反三，估计那些大中型龙山文化遗址群都将和城子崖、教场铺、景阳冈古国一样，具有都、邑、聚的金字塔形等级社会结构，因而都是龙山文化古国，其中一部分可能已发展为方国。

---

[1]　1979年山东省聊城地区博物馆清理，资料存聊城市文化局文物局。

[2]　笔者现场考察和山东省考古所1995年冬、1996年春发掘资料；参阅《鲁西两组龙山文化城址的发现及对若干古史问题的思考》，《张学海考古论集》，学苑出版社，1999年；《景阳岗遗址发掘简报》，《考古》1997年第5期。

三　古国的疆域

古代国家没有固定的疆域，古国更是如此，但都会有个比较稳定的中心区。根据古籍记载和史前遗址的分布状况综合考察，可知古国时代古国的范围是很小的。

古文献每称五帝时代有万国。《五帝本纪》说：黄帝"置左右大监，监于万国"。帝尧时"百姓昭明，合和万国"。《夏本纪》说：帝舜时，"众民乃定，万国为治"。《左传·哀公七年》载："禹会诸侯于涂山，执玉帛者万国。"《吕氏春秋·离俗览》："当禹之时，天下万国。"至商周时期国仍很多，如《尚书大传·汤誓》记载："汤放桀而归于亳，三千诸侯大会。"《洛诰》记："天下诸侯之悉来，进受命于周，而退见文武之尸者，千七百七十三诸侯。"是知商初会于亳的就有3000国，周初受命于周的仍有1700余国。这些数目特别是万，并非确指，但可知五帝时代邦国之多，不知其数，即使去掉一半也是个惊人之数。邦国如此之多，其地盘之小可想而知。古者有所谓"百里之国""七十里之国""五十里之国"，还有不足五十里的附庸国，分封诸侯就是这四等。古文献一致记载灭夏前的汤，仅有地方七十里或方百里。这可能大致反映了古国时代的情形。周里约当今四分之三里，那么大国的面积为1400平方千米左右，其次700平方千米左右，小国约350平方千米上下，分别相当于今山东省的中等县、小县和半个小县的面积，而附庸国也就一两个到数个乡镇那么大。如此看来，上举城子崖、教场铺、景阳冈古国都是很大的古国，也许是些方国了。

古国的疆域，还可从它的母体部落的范围来考察。古国是脱胎于农业部落的政治实体，当一个部落向国家转化时，主要是社会形态的转变，即由原始氏族社会转变为以私有制为基础的阶级社会。这一转变并不意味着地盘的扩展，也不说明其军事力量一定强于部落。尽管战争对国家的诞生起着催化作用，军事力量强的部落可能先建立国家，具有军事优势的古国其疆域可能大些，但在当时的历史条件下不可能很大。古国疆域的大小不仅受军事力量制约，还取决于经济发展水平、人口多寡、历史环境和国家机器的强弱等诸多因素。我们之所以把五帝时代称为古国时代，一方面是因为当时的国家还是比较原始的国家，国家机器正处于发展、完善之中，一个国家还不可能管理辽阔的地域，国家只能是小范围的；另一方面，大量的原始小国和众多的部落氏族相混杂（两者即所谓"万国"），血缘纽带关系和氏族社会的旧观念仍在强烈地起着作用，这些古国与部落的根本差别在于有无公共权力，而不是疆域大小。国家诞生之初，一个国家的疆域和一个部落的范围，将不会有多大差别。因此我们可以从5000年前后的部落来了解古国的大致范围。

众所周知，氏族社会末期的农业部落，都有相对稳定的范围，部落周围一般都有隔离地带，部落成员不会很多。恩格斯概括了易洛魁人的状况说："绝大多数的美洲印第安人，都没有超过联合为部落的阶段，他们的人数不多的部落，彼此由广大的边境地带隔离开来。"[1] 这应当也是古代世界氏族社会的一般状况。由于氏族社会依靠血缘纽带来维系和人们对有利地理环境的依赖，人口又不很多，所以一个农业部落都会在一个有利的生存空间稳定居住，在考古遗存上表现为聚落群。因此那些范围明确的遗址群，一般就是一个部落的遗存，遗址群的范围大致就是一个部落的范围。因此，大汶口文化中期，分布在环泰沂山脉与胶东山地的山前平地、山间盆地、河谷平地和沿海河口地带的三四十个聚落群，大体上反映了大汶口文化大部分部落、氏族的分布状况。其中大中等遗址群的范围都在 200～700 平方千米，小群范围不超过一二百平方千米。少数地区大汶口文化遗址很多，分布范围较广，可能存在大部落、亲缘部落或部落联盟。这些大部落或部落联盟，可能是首先向国家过渡的。当它们向国家转化时，疆域未必就跟着拓展。而疆域的扩展，一般也是在原部落占地的基础上扩展的，大汶口文化聚落群发展到龙山文化时群内遗址剧增、范围明显扩大的事实，清楚地说明了这一点。起初因人口增长而使古国疆域扩大，可能是主要形式；通过兼并略地而扩大地盘，大概是次要的，从黄帝到大禹都说有万国，即可说明。通过以上分析，知古国的疆域并不大。这也是我之所以把具有一定规模的聚落群作为探寻古国的一个基本条件的理由。

四　五帝是黄河流域古国联盟的盟主帝舜出自东方集团

既然五帝时代是个古国时代，五帝自然是古国联盟的盟主，而不是部落联盟的大首领，尽管这个联盟也包括许多部落在内。据文献记载，黄帝族起源于陕西北部黄土高原，史称黄帝都涿鹿，《舆地志》说后迁有熊，谯周说黄帝是有熊国君，皇甫谧认为有熊在新郑。一种意见以为黄帝族由陕西西北部沿渭河、黄河北岸、太行山麓，迁到了北京乃至燕山以北地区，后又南下[2]。事实已难确考，但黄帝族总不出黄河中游、华北北部地区。帝颛顼都帝丘，即今河南濮阳县，在古黄河的东、南岸。皇甫谧说帝喾都亳，在今河南偃师县。帝尧都平阳，或说都唐。前者在山西临汾，后者多认为在河北唐县、望都一带。帝舜，皇甫谧说"舜所都，或言蒲坂，或言平阳，或言潘"。前两地分别在山西永济与临汾，潘在河北涿鹿一带。古史所传五帝居地都不离黄河中下游和华北北部地区，而且治理洪水和征伐三苗是尧舜禹时期的两大业绩，洪水主要发生在古兖州之域，可能还有淮河流域；三苗居于两湖地

[1] 恩格斯：《家庭、私有制和国家的起源》，《马克思恩格斯选集》第4卷，人民出版社，1972年。
[2] 徐旭生：《中国古史的传说时代》第二章，科学出版社，1960年。

区，那么五帝是黄河流域、北方地区古国、部落联盟的盟主，是很清楚的。

据文献记载，五帝除帝喾以外，都和东土势力有密切关系。黄帝自不必说，涿鹿之战就是他代表的炎黄部族和蚩尤代表的东夷部族的大战。不仅战争可能发生在离东夷势力范围不远的巨鹿县一带[1]，黄帝战胜后取得盟主地位（"登帝位"）的穷桑，也在山东西部的某地。徐旭生先生关于蚩尤为东夷部族的大首领、蚩尤族活动于冀鲁豫三省交汇地区的考证，为我们提供了打开那段古史迷宫的一把钥匙[2]。当然，冀鲁豫交汇地区是个大范围，蚩尤应有自己的中心居地。笔者曾依据考古资料与古史传说，考蚩尤族的活动中心应在冀鲁豫交汇地区东南部的山东一方，即后来的景阳冈龙山文化古国境内，很可能就在阳谷县一带[3]。笔者原先以为穷桑可能在茌平、阳谷一带，现在看来穷桑更可能在阳谷县境。杜预、张守节都说穷桑在鲁国北部，后者还记录了穷桑即曲阜的异说。《史记·周本纪正义》引《帝王世纪》曰："黄帝由穷桑登帝位，后徙曲阜。少昊邑于穷桑，以登帝位，都曲阜（按《太平御览·皇王部》引此，下有'故或谓之穷桑帝'之文）。颛顼始都穷桑，徙商丘。"接着张守节就说："穷桑在鲁北。或云：穷桑即曲阜也。"总之，穷桑在鲁国境内可信，而在鲁国北境更近事实。穷桑是东方集团前沿地带一个极重要的据点，和少昊、颛顼后来的居地以及涿鹿之战的发生地都不应该很远。又《淮南子·本经》说："舜之时，共工振滔洪水，以薄空桑。"空桑即穷桑，知穷桑还是个低洼易受水患之地。今景阳冈龙山文化古国的都城景阳冈城，东偏北距泰山主峰玉皇顶约100千米，东偏南距大汶口古国的中心大汶口文化遗址约95千米，东南距少昊之墟曲阜市约105千米，西南越大野泽、雷泽距定陶县城（古陶地）约120、西偏南距颛顼之墟濮阳县约100、西北距可能是涿鹿之战的发生地巨鹿县约150千米。这一带地处泰山西麓与鲁西平原的结合部，古济水西侧，冀鲁豫交汇区山东一方，属于大汶口文化的重要分布区——大汶河分布区的前沿地带，与仰韶文化东西为邻。此地又是黄泛区，自汉武帝时河决瓠子以来，黄河泛滥决口经常煙没这地区，且有济水为患，自古就是水患重灾区。这些都与穷桑的地理条件很吻合，穷桑应在这一带。当时的情形可能是，黄帝取得涿鹿之战的胜利，杀了蚩尤和太昊、少昊族的首领（据《盐铁论·结和篇》记载），接着来到这个东方集团的前沿据点，被拥戴为盟主，出现了黄河流域北方地区的联盟，后来黄帝族或其一支可能南迁。而出自黄帝族的颛顼，《吕氏春秋·古乐》说他"生自若水，实处空桑"。《帝王世纪》则说他"始都穷桑，徙商丘"。

---

[1]　徐旭生：《中国古史的传说时代》第二章，科学出版社，1960年。

[2]　徐旭生：《中国古史的传说时代》第二章，科学出版社，1960年。

[3]　张学海：《鲁西两组龙山文化城址的发现及对若干古史问题的思考》，《张学海考古论集》，学苑出版社，1999年。

商丘即帝丘濮阳。而颛顼和少昊关系密切,《山海经·大荒东经》说:"少昊孺颛顼。"郝懿行解孺为乳养之乳,即少昊氏养育过颛顼。颛顼又以少昊氏的四叔之一重为南正,"司天以属神",为颛顼掌管宗教大权。这些记载说明颛顼与少昊都曾居于穷桑的传说未必是子虚乌有,至少表明他们曾是紧邻。这不仅为穷桑在景阳冈龙山文化古国境内的阳谷县一带提供了佐证,也说明黄帝、颛顼和东方势力的密切联系。

至于帝尧,不仅尧有居陶(鲁西南定陶县城东北一带)的传说,《史记·货殖列传》《汉书·地理志》都有尧游于成阳的记载,汉成阳县治在鲁西南鄄城县东南与菏泽市接境地带。成阳、鄄城还有尧陵、尧城的传说,西汉魏晋时尧陵盛极一时,汉祭尧陵十分隆重,士大夫拜谒、立碑络绎不绝,至赵宋还置守陵户守护。又《系本》《大戴礼》《史记》等书均记尧以二女娥皇、女英为舜妻,知尧舜互通婚姻(下面就要说明舜属东夷集团),可见尧和东土势力同样有着密切关系。

虞舜的地望,自古说法纷纭。按舜都蒲坂,或都平阳、都潘的传说,有虞应是冀州地区的古国,属炎黄集团。司马迁曾说舜是冀州人。徐旭生先生认为有虞属东夷集团,他在《中国古史的传说时代》中,把我国史前部族划分为华夏(炎黄)、东夷、苗蛮三大集团,同时指出还可细分出三个亚集团。他的古代部族分野说和考古学文化区系框架基本相符,虽然后者表明中国古代部族集团不止是三个或六个,但这三大部族集团是最重要的集团。他认为三个亚集团之一,是介于华夏与东夷集团之间的颛顼高阳氏、有虞氏、商人的宗教集团。这是否是宗教集团,还可以商榷。但他据《国语·鲁语》有虞氏祖颛顼,而商人禘舜的记载,指出三者有渊源关系,说他们居于炎黄集团与东夷集团之间,他们的文化全是一种混合而较高的文化,却是很有见地的看法。只是当时考古学文化区系框架远未形成,并受王国维契居商丘、汤都亳在汉薄县(今山东曹县南境)说的影响,所以他认为商丘以东的虞城县,是自虞幕到舜的居地,并非舜子商均所居;商均居于商丘,商均的商即因于商丘之商,后来的夏王相、商祖契全都居此地。并认为两地离颛顼所居濮阳都不远,足以证明舜居虞城。徐先生指出虞舜不在山西、河北很对,但说有虞在豫东虞城仅据虞城之名和商均居虞城的传说推测,说商均之商因于商丘,同样是揣测。况且商丘也不是现在的商丘县,先秦古籍中的商丘、帝丘是一地,即汉东郡濮阳县,今仍为县,现商丘是周封宋以后才有的名称。虞城为舜子商均所居,今天虽不能肯定,但也不能否定,况且商人并不起源于鲁西南、豫东地区。虽然如此,徐先生关于颛顼、有虞、商人三者有渊源关系,介于炎黄、东夷集团之间,居地应相近的思考,确实可以作为我们探寻有虞地望的一条途径。

颛顼居濮阳,并无疑义。这从颛顼和少昊氏的密切关系也可以得到充分证明。商族起源于河北西南部的太行山东麓,商族先祖以漳河地区为活动中心,约处于冀鲁豫交汇地区的西部地带，基本上也已成定论。而濮阳在漳河以南很近，处于冀鲁豫交汇地区的南部，商族先祖和颛顼高阳氏的活动范围实际上互有重叠。那么介于两者之间、有着渊源关系的有虞氏居地，自然应与他们的居地邻近，不应远离他们的活动区。

梳理虞舜居地杂乱的文献记载，孟子和司马迁的说法不仅比较充实，而且他们所勾勒的虞舜早期的活动范围恰好也和冀鲁豫交汇地区部分重叠和紧邻，应非偶然巧合。《孟子·离娄》说："舜生于诸冯，迁于负夏，卒于鸣条，东夷之人也。"《五帝本纪》曰："舜，冀州人也。舜耕于历山，渔雷泽，陶河滨，作什器于寿丘，就时于负夏。"两人除对舜是何地人的看法相左以外，其余各项可以互补。舜的耕渔陶就时之地，《管子·版法解》，《墨子·尚贤》中、下篇，《吕氏春秋·慎人》，《淮南子·原道训》等书都有记载。《尚书大传》还有"贩于顿丘，就时负夏"的说法。这些较早的记载都未说舜都蒲坂、平阳或潘。上述地点的出生地诸冯、卒地鸣条不能确知。知雷泽即《禹贡》雷夏泽，在汉成阳县郭外西北，当今山东鄄城县东南境。成阳有历山，即今鄄城县东南部的历山庙，是处龙山文化遗址。舜不必专耕于历山，况且今称历山的地点有许多，大都是后人附会，历山对确认舜的地望并不重要。河滨即黄河滨，当时的黄河大概经濮阳西、北折向东北，由鲁西北进河北，在天津南入海，就近沿河到处可烧制陶器。寿丘，皇甫谧说在曲阜鲁城东门以北。顿丘，作为春秋卫邑，在河南浚县西；作为西汉县，县治在河南清丰县西南；西晋、北朝为顿丘郡治，就在雷夏泽西北不远。而《尚书大传》系西汉伏生弟子编撰，所指顿丘更可能是当时的县，不会指春秋卫邑。负夏，又见于《国语·齐语》，书中记录了齐桓公"筑葵兹、晏、负夏、领釜丘，以御戎狄之地"的霸业，只是以往均把四城标点成"筑葵兹、晏负、夏领、釜丘"的双音地名，上海古籍出版社1978年版《国语》作了更正。此负夏和舜所迁或就时的负夏应是一地。参证春秋前期狄人长期活动于齐、鲁、卫、晋之间，狄人侵邢、灭卫，齐桓公迁邢存卫的史实，负夏应是华夏与戎狄交接地带的一个冲要之地，应在卫国东北境到北境的某地，离顿丘不该很远。负夏也许因雷夏泽得名，义同负海，果真如此，就应靠近雷夏泽。至于《淮南子·本经》所说"舜之时，共工振滔洪水，以薄空桑"，把舜与空桑联称，含有舜居空桑之意。这和《吕氏春秋·古乐》所说"颛顼生自若水，实处空桑"，信息相通。空桑即穷桑，应在景阳冈古国的阳谷县一带。如此就勾勒出东南到曲阜，南到鄄城东南境，西北到古黄河边，东北大体至济水西岸，以春秋卫国东部地区为中心的一个地理区间。景阳冈龙山文化古国恰好在大野泽、雷夏泽以北的该区间东部，冀、鲁、豫交汇地区东南部的山东一方，和处于南部河南一方以濮阳为中心的颛顼高阳氏东西为邻，也靠近商人先祖的活动中心漳河地区。即便我们目前还不能完全肯定景阳冈龙山文化古国就是虞国,但说虞国地望不出上面勾勒的地理范围,是综合分析西汉以前比较可信的文献记载得出的结论,并有重要考古发现的支持,理由更为充分。这地区属东西北三方文化的交融地带,早先梁山青堌堆[1]和新近景阳冈遗址[2]的发掘表明,这里受河南龙山文化较强的影响,但仍属海岱龙山文化体系,证明有虞是东夷古国,孟子说舜为东夷人是正确的。当然这主要是从文化的角度说的。我原先以为教场铺古国可能是虞国的思考[3],并不正确。

五帝不同源,黄帝、颛顼、帝喾、帝尧也不先后相承。他们的身份类似春秋五霸,是古国时代古国、部落联盟的盟主。只因他们所处的时代刚从原始社会进入阶级社会不久,身上还保留着浓厚的部落酋长、部落联盟大首领那种半人半神身份,所以被称为帝。当时的帝就是神,不光《五帝本纪》的五帝是帝,少昊、丹朱、羿、夏王等也都可以称帝。而且存在不同的五帝说,孔安国、宋衷就是把少昊列为五帝之首的,所以不能把五帝和后来的帝王天子相混同。五帝首先是各自国家的贤能君主,然后才成为黄河流域、北方地区古国、部落联盟的大首领的。作为盟主,他们对中华古文明的推进,对后来中华民族和民族文化的形成,做出了影响深远的贡献。正是五帝和这个联盟,为夏商周文明的形成,创下了坚实的基础,他们是中华民族列祖列宗最早的祖先。

原载《华夏考古》1997年第1期;后收入《张学海考古论集》(略有修改),学苑出版社,1999年

[1]　中国社会科学院考古研究所山东队:《山东梁山青堌堆发掘简报》,《考古》1962年第1期;吴秉楠、高平:《对姚官庄与青堌堆两类遗存的分析》,《考古》1978年第6期。

[2]　1995年冬、1996年春,山东省文物考古研究所对景阳冈遗址进行了发掘,旨在了解大小台址形制、层位和性质,以确定该城的性质。主要在小台西南沿与大台东北沿之间进行了发掘,出土了丰富的龙山陶片,与南面不远的梁山青堌堆的遗存很接近,与西面的后岗类型关系很密切,但主流仍属海岱龙山文化体系。见《考古》1997年第5期,景阳冈遗址发掘简报。

[3]　张学海:《鲁西两组龙山文化城址的发现及对若干古史问题的思考》,《张学海考古论集》,学苑出版社,1999年。

论莫角山良渚文化古国

　　继 20 世纪 30 年代初在山东省历城县龙山镇城子崖遗址（今属章丘市）发现龙山文化以后，30 年代中在浙江省余杭县良渚镇也发现了黑陶文化，被称为浙江龙山文化或杭州湾龙山文化，50 年代末改称良渚文化。良渚文化以太湖流域为中心，主要分布于杭嘉湖、宁绍平原、苏南东部与上海西部地区，其影响所及则北达江淮、苏北乃至鲁南地区，西南到达广东北部，是对当时和以后我国古史发展都有重要影响的一支史前文化。目前已发现遗址、墓地数百处，绝大部分集中于太湖的南、东、北三面，形成了以莫角山、雀幕桥、草鞋山、寺墩遗址等为中心的若干聚落群[1]。其中莫角山聚落群已知遗址墓地 60 余处，分布于余杭县西部的瓶窑、安溪、良渚三镇内，以西南部的瓶窑最多，几占半数，北部的安溪次之，东部的良渚最少，约 10 处[2]。群体占地近 34 平方千米，天目山余脉环绕遗址群的南西北三面，东连杭嘉湖平原（图一）。调查发掘资料表明，群内聚落已形成“都邑聚”金字塔形等级结构，因而莫角山良渚文化聚落群是个古国，良渚文化最晚在中期已进入文明时代。

　　“国家是文明社会的概括”[3]，国家的诞生是文明社会、文明史发端的根本标志。笔者已提出用典型史前聚落群“都邑聚”金字塔形等级结构和原始城市、城乡分离的标准，探索国家的诞生，即从聚落变化的视角去考察特定空间的聚落群和考古资料，以确认具体的国家及其诞生过程。这两项标准是基于对“古文化古城古国”学科理论的理解和实践这一理论的体会而提出的。1981 年，已故著名考古学家苏秉琦先生正式提出“考古学文化区系类型”理论，标志“学科发展的阶段性变化的转折点”[4]。1985 年先生又提出“古文化古城古国”新概念，作为“把考古学文化区系类型的理论转化为实践的中心环节”。“古文化是指原始文化“古城指城乡最初分化

---

[1]　陈杰奇：《太湖地区良渚文化时期的古环境》，《东方文明之光》，海南国际新闻出版中心，1996年。

[2]　陈杰奇：《太湖地区良渚文化时期的古环境》，《东方文明之光》，海南国际新闻出版中心，1996年；费国平：《浙江余杭良渚文化遗址群考察报告》，《东南文化》1995年第2期；近两年浙江文物考古研究所良渚工作站有新发现。

[3]　恩格斯：《家庭、私有制和国家的起源》，《马克思恩格斯选集》，人民出版社，1972年。

[4]　苏秉琦：《辽西古文化古城古国》，《华人·龙的传人·中国人》，辽宁大学出版社，1994年。

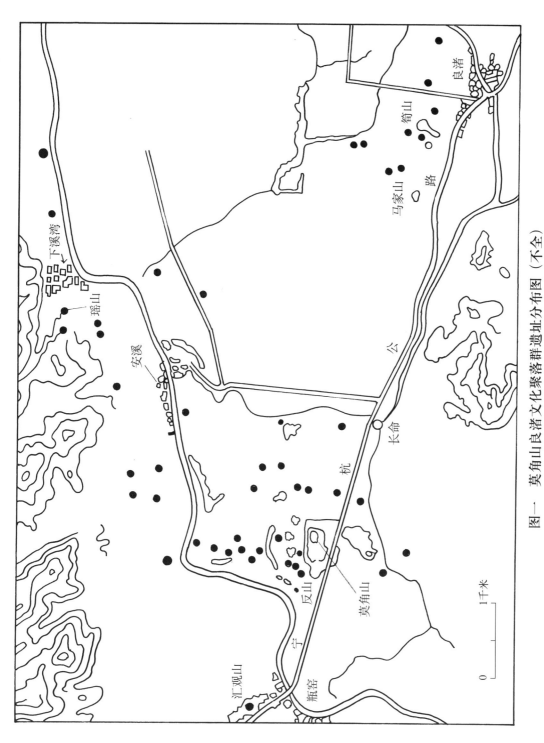

图一 莫角山良渚文化聚落群遗址分布图（不全）

（引自《东方文明之光——良渚文化发现60周年纪念文集（1936—1996）》费国平文，海南国际新闻出版中心、1996年）

意义上的城和镇"。"古国指高于部落之上的、稳定的、独立的政治实体。"[1]先生强调："三者应从逻辑的、历史的、发展的关系理解，它们联系起来的新概念是：与社会分工、社会关系分化相应的、区别于一般村落的遗址、墓地在原始社会后期、距今四五千年间或五千年前的若干个地点已找到了线索。再明确一点说，现在提出把"古文化古城古国"作为当前考古工作的重点与大课题，目的是把原始文化（或史前文化）和中国古城古国联系起来的那一部分加以突出，这将有利于本学科比较顺利的发展。"[2]

　　从先生的阐述中，领会到"古文化古城古国"概念的核心是文明起源，是要把文明起源作为当前学科的重点与大课题来对待，通过突出同古城古国相联系的那部分史前文化和古城、古国的研究，阐明三者的逻辑发展过程，即中国古史由原始向文明过渡的过程。同古城相联系的史前文化主要是距今七千年尤其是六千年以后的古文化。在第七千年纪，首先在那些先进的氏族部落中心产生了城，第六千年城有了初步发展，其中相当部分将发展成古国都城，所以古城可以作为文明起源研究的切入点和突破口。古国则是文明形成的标志，只有确认具体的国家实体，才能证明一个地区进入了文明社会，因此应当把国家起源作为文明起源研究的出发点和归结。国家是脱胎于部落又高于部落的政治实体，探索具体的国家的诞生，无疑应当从那些包含着部落到国家逻辑发展过程的典型地区和典型资料入手，典型史前聚落群就具备这种条件。典型史前聚落群，是指那些空间范围明确、中等规模以上、具有六千余年以来连绵不断的较高发展水平的史前文化的聚落群。这种史前聚落群构成大文化区之中的小区（地区）古文化中心，蕴含着系统的古文化古城国史，集中、典型地反映了古文化古城古国的逻辑发展过程。在它们进入文明之前，一般是个部落或部落联盟，是古国的母体；当转化成古国之初，疆域将和部落范围大体相当，疆域的拓展一般是在部落范围的基础上拓展的。因此当这些群体内的社会具有国家社会的本质特征，即形成了私有制、阶级、等级结构、城乡分离和公共权力时，就证明国家已经诞生。而典型史前聚落群聚落"都邑聚"金字塔形等级结构和原始城市、城乡分离现象，集中反映了群体内已存在国家社会的本质特征。这一标准实际上是要采用典型解剖方法，突出国家社会本质特征，对特定空间（可能先是一个部落，后为一个古国）的聚落时空关系演变进行系统考察，以了解由原始到文明的过渡，确认具体国家的诞生。"都邑聚"三者，关键是都。"都"作为古国的统治中心，在当时一般都会是城或原始城市。确认城是否都城，依据它的规模，是否具有群体的中心地位，有无殿堂、礼仪性建筑和大贵族墓葬，以及较高的物质文化总体水平

[1]　苏秉琦：《辽西古文化古城古国》，《华人·龙的传人·中国人》，辽宁大学出版社，1994年。
[2]　苏秉琦：《辽西古文化古城古国》，《华人·龙的传人·中国人》，辽宁大学出版社，1994年。

而定。初步研究证明，这是实践"古文化古城古国"理论，探索国家诞生的有效途径和研究方法，具有较强的可操作性，所证明的国家实体具有说服力。用这一标准和方法对各大文化区的典型史前聚落群进行考察，将能确认一批古国或找到许多古国的重要线索；同时也将使我们了解工作的薄弱环节，明确用力点，获得事半功倍的成效，把中国国家起源、文明起源课题的研究不断推向前进。

下面就来考察莫角山良渚文化聚落群。该群已知的 60 余处遗址包括 10 余处墓地，分布范围近 34 平方千米，遗址集中、范围明确，因大都未作科学探查，目前只能依据遗址踏查面积来分析。群内聚落自然不会同时建立，但绝大部分都发现早中期的鱼鳍形鼎足和喇叭形柄镂孔豆，只有很少数发现中晚期的 T 形鼎足，中晚期遗物在踏查中本来更容易发现，却仅见于很少遗址，说明这些遗址基本上构成了早中期良渚文化的一个聚落群，因而可以对其等级结构进行分析。遗址踏查面积表明，聚落已存在明显的等级。一级遗址一处，即莫角山遗址，面积近 30 万平方米；二级遗址 9 处以上，面积 3 ～ 9 万平方米；三级遗址 40 处以上，其中 1/3 都未超过 5000 平方米 [1]。群内聚落已形成三四个等级，面积越小，聚落越多；面积越大，聚落越少；最大的仅一处，形成了典型的金字塔形等级结构，问题在于是否是"都邑聚"的金字塔形等级结构，下面试作分析。

处于塔尖位置的一级聚落址莫角山遗址，是该群的中心聚落，也是良渚文化早中期规格最高的中心聚落和规模最大的遗址之一，严文明先生在《良渚随笔》[2] 一文中推测可能是同城子崖龙山文化台城一样的台城。1996 年秋，笔者在参加纪念良渚文化发现 60 周年国际学术讨论会时，见到莫角山遗址是处平面呈横长方形的规整的台形大遗址，高出周围地面 1 ～ 2 米到 5 ～ 6 米，遗址中部偏北有三台鼎立，极像座台城，遂建议刘军所长进行探查，加以验证。1999 年元月应刘军所长邀请和滕州市博物馆的四位探工再到余杭，同浙江文物考古研究所良渚工作站的芮国跃、胡继根、方向明、赵晔等同志一道，对莫角山遗址做了四天粗略探查，果然是座台城（图二）。遗址周围地下城垣保存完整，墙基总宽 30 ～ 40 余米，应是多次所筑。北垣中段偏东有路沟，西剖面底部可见清晰的由内向外倾斜的夯土层，夯土用生土筑成，土色黄褐、白、黑不一。在城垣东南角 104 国道北侧的断面上，可见用夯土块羼杂红烧土（似为建筑垃圾）筑成的夯土。1987 年配合 104 国道工程的发掘，也在此处以西发现 100 余米长的同样的夯土，最厚达 0.5 米，其下系人工

---

[1] 费国平：《余杭良渚遗址群概况》，《文明的曙光》，浙江人民出版社，1996年。近两年浙江文物考古研究所良渚工作站有新发现。

[2] 严文明：《良渚随笔》，《文物》1996年第3期。

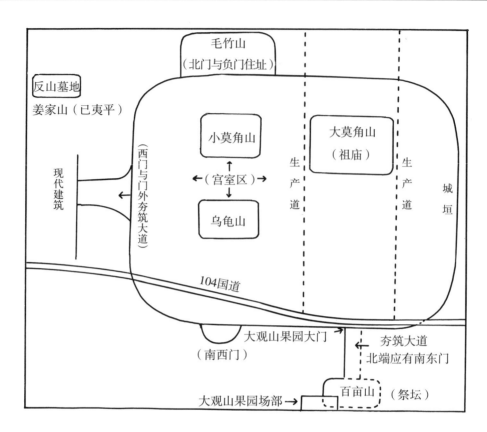

图二　莫角山城址基本布局推测示意图
（非发掘资料，仅供阅读本文参考，请勿引用）

堆积的土，深 7 米不到底[1]，两者应属东南城角和南垣东段内侧加筑的城垣。其下的人工堆积土，应是堆筑的早期城垣，深 7 米不到底，说明始筑南垣外侧高在 7 米以上，内侧应是缓坡状。探查发现，在南北垣西段各有一块夯土自城垣外沿向外突出，应是西城的南、北门所在。"北门"外突部分今称毛竹山，山上修竹成林，山东西约 170、南北残宽 100 米，山北紧挨陈家弄村，村民挖掉了山北沿而形成断面，断面底部暴露参差不齐的红胶土生土，其上为夯土，含碎陶片和红烧土颗粒，表土下有不厚的良渚文化层，反映了毛竹山系依土丘修筑的台形遗址，可能不是一次筑成。引人注目的是，此遗址面积之大远超台城城门之所需，显然是依托城门的居住址。那么在这里居住的是些什么人呢？农业人口、手工业者还是军队？毛竹山是否已开了"北关"的先河？是否具有"市"的性质？这一在史前城中仅见的布局，其性质、功能实在令人深思！在西垣中段外侧也有夯土向西延伸，已探出 100 米长，

[1]　发掘者胡继根同志于1999年元月在现场向笔者介绍。

西端北临姜家山（近年已夷平），山北便是著名的反山墓地，疑西门外有夯筑干道。城圈范围以墙基外沿计，东西约 600、南北约 450 米，面积约 27 万平方米，但台城面积应以城顶外沿计，面积应略小于 27 万平方米。

城内中部偏北有三台分居东西，东面一台，西面两台。东台俗称大莫角山，横长方形，面积近 1 万平方米，高约 3 米，东距东垣约 100、北距北垣 30 余、地下夯土基向东延伸约 60 米，北接北垣内坡，向南延伸 100 米开外，其中部地下似有夯土一直延伸到南垣。居西两台南北相对，北台称小莫角山，南台称乌龟山。小莫角山面积约 1500 平方米，残高 1～2 米多，和大莫角山东西相望，两者相距约 80 米，地下夯基相连，北面也和北垣内坡衔接；南距乌龟山约 40 米，夯基连接；西距西垣约 70 米，地下夯土向西延伸 50 米开外。乌龟山残存面积约 300 平方米，残高 2 米左右。三台周围地下夯土范围总计达 10 余万平方米。20 世纪 90 年代初期曾在大莫角山西南原长命印刷厂厂门内发现了 9～13 层夯土层，是在未经居住过的高低不平的地面上夯筑，夯土坚硬，夯窝清晰[1]。在小莫角山东南、乌龟山东北不远处，曾发现南北三排大柱洞，排距 1.5 米左右[2]。这次探查又在小莫角山东南、南北生产道西侧果园新挖出的粪坑壁上，观察到耕土下即为夯土，厚约 70 厘米，用黄褐生土筑成，表面 16～20 厘米系用纯灰沙筑成，坚硬有如原始水泥，应是当时的地面，其下的黄褐夯土是地基，夯土下为细泥面沙质沉积土，土色由浅黑变深黑，探至 2 米不到底。沙筑地面在大小莫角山台址的东南西三面普遍存在，以细灰沙地面为主，有的地方是用基岩风化成的黄褐沙筑成，沙粒粗细不匀。乌龟山周围未及探查，估计也会有沙质地面。

上述现象反映出莫角山台城北部有一组大型建筑群，大小莫角山与乌龟山台址是该建筑群的三座高台建筑基址，是建筑群的主体建筑，其周围还应有许多建筑，上述三排大柱洞已提供了证明。以三座高台建筑为中心的如此宏伟的建筑群，显然是殿堂、礼仪性建筑，其中的大莫角山台址应是"祖""社"之类建筑遗迹，探查中的一项重要发现为此提供了证明。我们在开始探查前一天的元月 11 日下午，围绕莫角山遗址转了一圈，最后在 104 国道驻足南望，见路南不远有土冈耸立，同大莫角山台址南北相对，立即令笔者联想到祭坛，遂问浙江同行是否是台址，说是未做过调查。我们即来到跟前，先在东南角粪坑下探，未见夯土，即冒雨沿山腰便道西行至西南角，又见一旧粪坑，在其东壁稍微一刮，即显露向下倾斜的夯土层，看

[1]　杨楠等：《余杭莫角山清理大型建筑基址》，《中国文物报》1993年10月10日；赵晔：《莫角山遗址纵横谈》，《文明的曙光》，浙江人民出版社，1996年。

[2]　杨楠等：《余杭莫角山清理大型建筑基址》，《中国文物报》1993年10月10日；赵晔：《莫角山遗址纵横谈》，《文明的曙光》彩版叁，浙江人民出版社，1996年。

来是座堆筑台址。欣喜之余，继续绕山前行，山南已被大观山果园场部和职工宿舍所占，职工告知土冈名百亩山。数日后进行了探查，证实百亩山确是人工堆筑台址。台址依王坟山东北麓堆筑，西侧底部为红胶生土，西南部坐落在王坟山东北麓上，王坟山现为平顶大台地，未知原貌是否如此，未作探查。费国平告知百亩山原呈东西长方形，和大莫角山形似，20 世纪 50 年代被劈成东西两半，中间修筑了水泥道，为果园场部出入道，东半上部夷平成果园，西半山顶现高于路面 5 米左右，上建果园水塔，在顶部下探约 1 米见夯土，现西北两面均呈斜坡形，未明原来是否逐级内收。台址北距 104 国道南沿约 80 米，道南有大观山果园大门，进门的水泥路基下全为良渚文化夯土，知百亩山台址和南垣之间原有夯筑大道连接，连接处应有南东门，门内也应有干道直通大莫角山台址。大莫角山、南东门、百亩山台址及其间的干道，构成莫角山台城东城的南北中轴线，证明大莫角山台址极可能是"祖""社"一类建筑遗迹，百亩山台址则是南门外的祭坛。

西城的小莫角山、乌龟山、北门与门外毛竹山、南门与门外突出部分，也南北成一线，似构成西城的南北轴线。小莫角山、乌龟山及其周围的夯土应是宫殿基址。

探查中在城内东北角、东垣中段内侧、南垣内侧、西垣中段内侧都发现一般文化堆积，说明沿城垣内侧有一般居住区。但成片的夯土遗迹几占全城面积的一半，所以城内一般居民可能不很多，尤其不会有很多农业人口，因为聚落群占地仅 34 平方千米，而聚落十分密集，好些聚落都在城外 0.5 千米以内。这些聚落的成员自然在负城地带耕作，因此莫角山城内将不会有许多农业人口，这对判断该城的性质无疑具有重要意义。

当然，数天的粗略探查只能提供一些初步情况，但由于莫角山遗址是处相当单纯的良渚文化遗址，仅在东西垣两侧有些零星的汉以后遗存，良渚文化遗址、遗迹保存相当完好，而且遗存大都距地表很浅，所以探查提供的情况比较可靠。大规模的城、宏大的宫殿、礼仪性建筑群、规整特殊的布局以及城内缺乏农业人口等，已表明莫角山台城是座都城。同时，台城外围的反山、汇观山、瑶山诸高台墓地，也为其都城的性质提供了重要证明。

反山墓地位于莫角山台城西北约 100 米，是人工堆筑的长方形高台墓地，东西90、南北 30、原高 6 米以上，目前只发掘了西部的 1/3。发掘部分中部有方形祭台，台南共埋 11 墓，分南北两排，据认为南排为男性，北排属女性（图三）。墓可分等级，南排居中的 M12 和北排居中同 M12 对应的 M22 规格最高。M12 真玉礼器齐全，有琮、璧、钺、半圆形冠饰、三叉形器、冠状饰等，在"琮王""钺王"等 4 件（组）玉器上共饰 20 个标示特殊身份的带羽冠完整神徽，可见墓主的至尊地位。M22 有玉璧、冠状饰、镯、璜、环、玉串饰、嵌玉漆器、嵌玉象牙器、陶器等，无玉琮、玉钺，

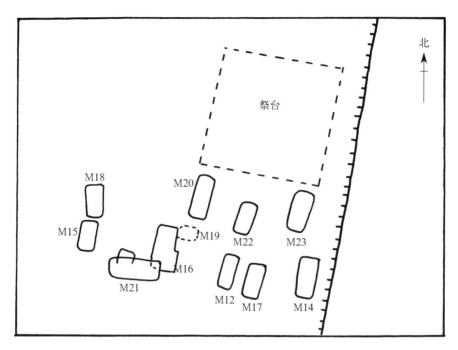

图三 反山墓地已发掘墓葬墓位图

（引自《东方文明之光——良渚文化发现60周年纪念文集（1936~1996）》陆建芳文，海南
国际新闻出版中心，1996年）

但玉器装饰也有带羽冠神徽。两墓墓主被认为是"君王"与"王后"之流。M14、
M16、M17、M20、M23 均出很多器物，其中 M14 共出 260 件（组），超过 M12，
也有琮、璧、钺、半圆冠饰、三叉形玉重器，且有石钺 16 件；M20 有玉器 170 件
（组），以单件计达 511 件，内有玉钺 1 套，石钺 24 件。墓主均为大贵族，但玉器
都不饰神徽，生前地位应稍逊 M12 与 M22 墓主，当属王族成员。M15、M18 墓坑
小而浅，偏居西南隅，器物少，墓主地位较低，但后者有玉琮，前者有透雕神徽的
冠形饰，是所出最精美的冠形饰，说明墓主也非一般平民。M19 无墓坑，器物最少，
或疑为殉葬者。墓地年代距今 4800 年或稍早[1]。目前尚不知未发掘的大部分是否都
以这种方式埋有墓葬，如是，那么埋葬顺序是由西而东还是由东而西，或者由中间
向两侧埋葬？这对深入认识反山墓地及良渚文化大贵族埋葬制度将有重要意义，但
目前我们还无法讨论。

　　汇观山墓地在莫角山城西北约 2 千米的山丘上修整而成，面积约 1600 平方米，
中有竖长方形砂石祭台，周围环绕灰土，墓地周围砌有石礅，已发现残墓 3，完

---

　　[1] 浙江省文物考古研究所：《浙江余杭良渚墓地发掘简报》，《文物》1988年第1期；陆建方：《良渚文
化墓葬研究》，《东方文明之光》，海南国际新闻出版中心，1996年。

整墓 1，即 M4。墓长 4.75、宽 2.6 米，墓圹之大居良渚文化墓葬之冠，棺椁齐备，随葬品 250 余件（组），有琮、璧、钺、三叉形器、冠状饰等玉重器，仅钺就有 48 件 [1]。

瑶山墓地在莫角山城东北 4 千米余的小山上，修整山顶堆筑成台形墓地，中有略呈竖长方形的红土祭台，台周围也围绕灰色土，灰色土以外的南西北三面为黄褐斑土，西北缘以砾石砌成石磡。墓地面积 400 平方米，南半埋 12 墓，也分南北两排（图四）。南排居中的 M12 规格最高，被毁后收回的玉器仍达 370 件（组），内有琮、钺、半圆形冠饰、三叉形器等，玉琮也有稍作简化的神徽。北排以紧临祭台西沿的 M11 器物最丰，有认为是 M12 的配偶。其他墓葬除 M1、M5 地位较低以外，均属略低于 M12 的大贵族 [2]。瑶山墓地同反山墓地埋葬情况很相似，只是瑶山墓地不出玉璧，未知何故。

这些高台墓地都有竖长方形的祭台。现有资料表明，死者均埋于台南、南半部和台两侧，不埋于祭台北面。虽然瑶山墓地有三墓打破祭台南部一小部分，但并未整墓埋在祭台中，说明墓地是以祭台为中心的。已有论者指出祭台是墓地的祭台，用以祭祀亡灵与祖先，是墓地的重要组成部分，并非墓地利用了废弃的祭坛 [3]。这些带祭台的高台墓地，营建耗时费力，墓内随葬玉器丰富，其规格与气派只有莫角山台城的主人们能与之相当，主要墓主们生前显然是莫角山殿堂的拥有者，正如有人已经指出的那样，这些带祭台高台墓地是王陵。反山 M12 与 M22，瑶山 M12 与 M11 是这两座王陵的"君王"与"王后" [4]。这两座王陵中的王和王妇以外的大墓墓主，可能是掌握军政大权、有的或许还掌有神权的王族成员，是王者的子弟之流，又有君臣之义。确切地说，这些王陵是以逝王、王妇为中心，包括王族中地位最高成员及他们的配偶的墓地。他们生前都住在莫角山城内，构成统治集团的核心，死后仍埋在一起，享受祭祀，从而为莫角山城是都城提供了有力的证明。

九处以上 3 ～ 9 万平方米的二级聚落址，可细分为两等，其中最小的 3 万平方米的茅庵里、姚家墩、石塘桥和 4 万平方米的官庄，面积仅为莫角山台城的 1/9 和 1/7；较大的 5 ～ 9 万平方米的朱村坺、荀山塔下、庙前、横圩里、钟家村遗址等，以庙前最大，也不过只有莫角山城的 1/3。但即便是小等级的二级聚落，也比三级

---

[1] 《良渚文化考古又一重要发现，余杭汇观山发现祭坛及大墓》，《中国文物报》1991年8月11日；陆建方：《良渚文化墓葬研究》，《东方文明之光》，海南国际新闻出版中心，1996年。

[2] 《良渚文化考古又一重要发现，余杭汇观山发现祭坛及大墓》，《中国文物报》1991年8月11日；陆建方：《良渚文化墓葬研究》，《东方文明之光》，海南国际新闻出版中心，1996年。

[3] 陆建方：《良渚文化墓葬研究》，《东方文明之光》，海南国际新闻出版中心，1996年。

[4] 严文明：《良渚随笔》，《文物》1996年第3期；《良渚文化考古又一重要发现，余杭汇观山发现祭坛及大墓》，《中国文物报》1991年8月11日；陆建方：《良渚文化墓葬研究》，《东方文明之光》，海南国际新闻出版中心，1996年。

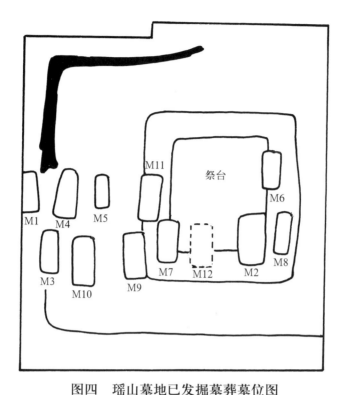

图四　瑶山墓地已发掘墓葬墓位图
（引自《东方文明之光——良渚文化发现60周年纪念文集（1936～1996）》
陆建芳文，海南国际新闻出版中心，1996年）

聚落大得多，它们在群体中第二等级的地位，将大致反映它们具有"都"下"邑"的地位。史前聚落规模大小，通常同聚落人口和在群体内的地位成正比。莫角山群体中的二级聚落介于中心聚落和基层聚落之间，承上启下，至少在那些规模较大的二级聚落中，将存在莫角山群体社会的二级管理机构。在山东阳谷、茌平两个龙山文化聚落群中，相当于这一级的聚落已发现 7 座城，可以说是典型的邑城[1]。莫角山群体的二级聚落中是否也有城或者具有环壕之类防御设施，值得注意。如果得到证实，二级聚落中有些具有邑的地位就能得到更好的证明。

在 40 余处三级聚落中，面积可分 20000 ～ 10000、10000 ～ 5000、5000 平方米以下三个层次，后两者占绝大多数。这些三级聚落是村落无需多言。

综上可知，莫角山良渚文化聚落群聚落的等级结构，并不是最初的聚落分化，聚落分化已相当深刻，形成了"都邑聚"金字塔形等级结构。莫角山台城是都，二级聚落中不少是"邑"，三级聚落是村落。这种聚落金字塔形等级结构，是社会分层秩序和等级结构的缩影，集中反映了莫角山聚落群的社会已存在私有制、

---

[1]　张学海：《东土古国探索》，《张学海考古论集》，学苑出版社，1999年。

阶级和公共权力这些国家社会的本质特征，因而是个国家，可称为莫角山古国。国都莫角山城的宏大殿堂居住着古国的最高统治者君王，都城外围有他们死后的陵墓；都城以下有若干"邑"，应设有古国的二级行政管理机构；"邑"下有数十处村落，构成古国的社会基础，应有许多以宗族为基础的基层社会组织。这些村落经营以犁耕稻作农业为核心的农业经济，构成古国的经济基础。古国的中心统治区约 34 平方千米，实际控制范围可能大得多。莫角山城垣、殿堂尚未深入试掘，年代未详，但反山、瑶山、汇观山诸墓地的年代大致属良渚文化中期，反山已挖墓葬约距今 4800 年或稍早，证明莫角山古国约诞生于距今 5000 年，同大汶口文化的大汶口古国 [1]，同属目前最早的中华古国之列，而莫角山古国的资料更丰富、更典型，因而更具说服力。

相信雀幕桥、草鞋山、寺墩等良渚文化聚落群，群内聚落都将具有"都邑聚"金字塔形等级结构，它们都应是古国，良渚文化存在着古国群（在那些聚落等级结构不很典型的聚落群中，也可能有古国，不过这从考古遗存上是很难确认的）。各地良渚文化的发展水平并无明显差别，所以由莫角山古国可以证明良渚文化中期已进入文明时代。这是个古国时代，约当中国古史传说的五帝时代。不应把整个良渚文化看成一个国家，形成了所谓君王、公侯、强宗、基层宗族的等级隶属体系，夏商时期是否有这种等级体系都很难说。良渚文化可能存在古国联盟，其中最强盛的古国一般就是盟主国。强盛之国因时而变，盟主国先后将有所更替。现有资料表明，良渚文化中期莫角山古国最为强盛，应是当时的盟主国。后来寺墩古国兴起，气势煊赫。据报道，寺墩遗址面积达 90 万平方米，中部有面积约 8000 平方米、高 20 米的圜丘形祭坛。祭坛周围是大贵族墓地，墓地以外是居住区，祭坛和聚落各有河道（应是环壕）围绕。祭坛已和反山、瑶山、汇观山的墓地祭台不同，似为位于都城中心的宗庙基址。外河可能是城壕遗迹，其内侧应有城垣，寺墩很可能是座大规模的台城，是都城 [2]。寺墩的规模是莫角山城的三倍多，其拥有真玉玉琮 33 枚、玉璧 24 枚的 M3 [3]，也非莫角山古国的王者墓能比，这是寺墩古国的王墓，古国的兴盛似已超过莫角山古国。因而可能形成了以寺墩古国为中心的古国联盟，良渚文化也发展到一个新阶段。良渚文化中期向北挺进，是其中心北移、寺墩古国在靠近长江南岸崛起的历史背景。类似的情形也发生在长江中游地区。该地区八千年前就出现了环壕土围聚落，六千年前产生了城，屈家岭文化晚期、石家河文化早期阶段的

[1] 张学海：《东土古国探索》，《张学海考古论集》，学苑出版社，1999年。
[2] 车广锦：《玉琮与寺墩遗址》；南京博物院：《江苏武进寺墩遗址第四、五次发掘》，均载《东方文明之光》，海南国际新闻出版中心，1996年。
[3] 南京博物院：《1982年江苏常州武进寺墩遗址的发掘》，《考古》1984年第2期。

城已发现 6 座以上 [1]，其中面积超过 100 万平方米的天门石河超级大城，表明在天门一带形成了屈家岭、石家河文化的最高中心，其位置也在屈家岭文化分布区的北部，靠近汉江，屈家岭文化主要也是向北发展的。长江中下游地区的这一现象，并非偶然巧合，它反映了五帝时代南北势力集团长期对峙的局面。长江下游随着寺墩古国的兴起而成为良渚文化的主要中心，太湖南岸光辉不再，逐渐衰落。莫角山古国境内良渚文化晚期遗存贫乏，大概就反映了这种历史变化。至于良渚文化的衰落，似同长江中游石家河文化的衰落一样，其主要原因可能蕴藏在当时南北势力集团的激烈斗争中，主要是外部社会因素造成的。自然环境的巨变，比如大规模的海浸等，会给社会发展带来严重影响，但很难圆满解释良渚文化的衰落。这已不属本文范围，当另作讨论。

原载《张学海考古论集》，学苑出版社，1999 年

---

[1]　王红星：《长江中游地区早期城址管窥》，《长江中游史前文化暨第二届亚洲文明学术讨论会论文集》，岳麓书社，1997年。

论龙山文化景阳冈类型

一　地理位置、工作进程与研究现状

山东省东平湖、黄河一线以西以北的鲁西鲁西北地区，和冀南、豫东北相邻，属华北平原的一部分，当《禹贡》兖州之域。其南有古大野泽、雷夏泽，虽非天堑，但对南北交通造成一定的阻隔，对古文化的发展有一定的制约。大野泽、雷夏泽以北今为济宁市西北部菏泽市北部的梁山、郓城、鄄城诸县，河南省台前、范县，山东聊城市、德州市和滨州市，后者临渤海。境内属徒骇河、马颊河水系，古时尚有漯水等河道，均自西南而东北流入渤海。迄今区内已发现 80 余处龙山文化遗址，分属四个群（组）。自西南而东北为阳谷梁山群、茌平东阿群、禹城济阳群、乐陵庆云组。此外阳信、惠民县散布着数处龙山文化遗址，聊城市西北部也有个别发现[1]（图一）。这些遗址基本上沿徒骇河水系分布，只有偏处东北近海的乐陵庆云组处于马颊河两侧。无棣县和滨州市以东均未发现龙山文化遗址，同其相邻的河北沧州地区东南部也未见龙山文化遗址，估计这一带当时尚未成陆，或属沿海滩涂，不宜居住。

这四个龙山文化聚落群（组），以西南部的阳谷梁山群和中部的茌平东阿群遗址最多，范围最大。阳谷梁山群已知遗址 21 处，以阳谷东南部为中心，南达梁山、郓城中部，西到范县县城、鄄城西北部一带，北至阳谷县东北境，东抵东平湖西岸，占地约 2800 平方千米。见于记载的黄河泛滥决口屡屡淹没这一带，今黄河分群体为南北两部，但此段河道系 1855 年（咸丰五年）河决铜瓦厢后所形成，估计历次黄泛已冲毁、淹埋了群内许多遗址。该群已发现一组三座龙山文化城，均在阳谷境内，其中景阳冈城面积 38 万平方米，是该群体的中心。皇姑冢城和王家庄城分居其西南与东北，各为 6 万和 4 万平方米，是两座二级城[2]（图二）。茌平东阿群已知遗址 32 处，以茌平西南部、东阿北部为中心，分布范围约 1500 平方千米。群内已

---

[1]　山东省文物普查资料；参阅张学海：《山东史前聚落时空关系宏观研究》，《张学海考古论集》，学苑出版社，1999年。

[2]　张学海：《论山东地区的龙山文化城》《东土古国探索》，《张学海考古论集》，学苑出版社，1999年。

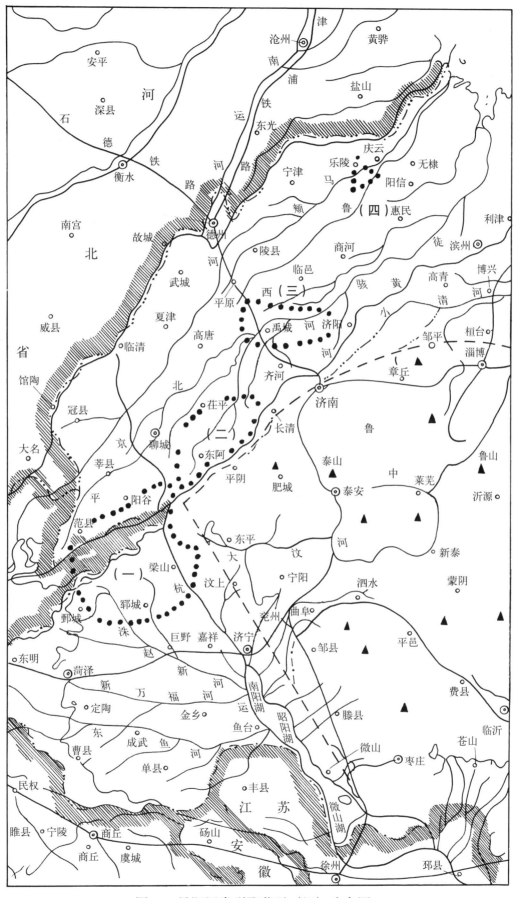

图一　景阳冈类型聚落群（组）分布图

（一）阳谷、梁山群　　（二）茌平、东阿群　　（三）禹城、济阳群　　（四）乐陵、庆云组

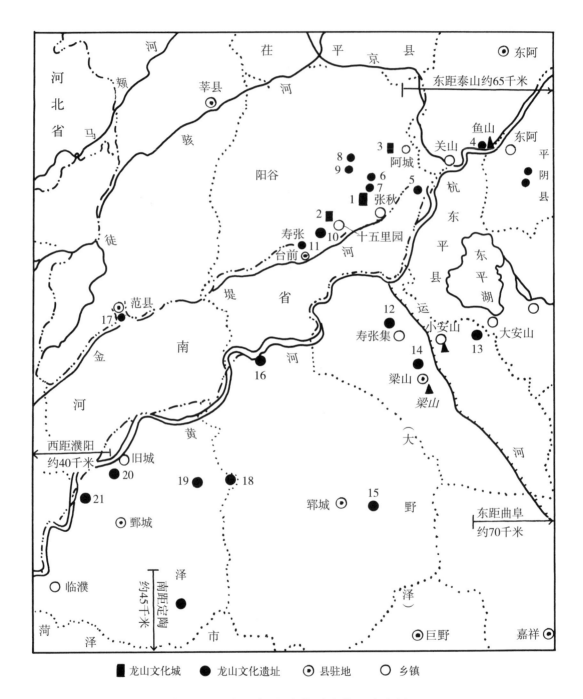

图二 阳谷、梁山聚落群聚落址分布图

主要遗址为 1. 景阳冈城 2. 皇姑冢城 3. 王家庄城 4. 鱼山祭台 13. 青堌堆遗址
（平阴县西南和鄄城县东南3处未编号的遗址，未归入本群内）

发现一组 6 座龙山文化城。中心城教场铺城位于荏平西南境，面积约 16 万平方米，其余 5 座二级城 3 座在荏平县，2 座在东阿县城以北，除前赵城面积为 5 万余平方米，其余均在 3 ～ 4 万平方米之间，分布于中心城的东南、东北和正北，居正北的即尚庄龙山文化城 [1]（图三）。禹城济阳群已发现龙山文化遗址 17 处，基本上分布于禹城中部、齐河北部和济阳西部，其中 9 处在禹城，5 处在济阳，占地东西约 50 千米，目前对该群了解较少 [2]。乐陵庆云组遗址 5 处，其中 4 处在乐陵市以南，1 处在庆云县西南境，该组遗址跨马颊河两侧，是山东内陆最靠北的一组遗址 [3]。这些群（组）原有聚落肯定更多，但应已反映了它们原来规模的差别，即东北半的群（组）规模小于西南半的聚落群，这似乎反映了本区的龙山文化是由徒骇河上游的鲁西地区沿河向中下游发展的，由泰山北侧越济水抵达徒骇河中下游的可能性不大。因此本区龙山文化的中心在鲁西地区，区内各群（组）应有较近的亲缘关系。

本区龙山文化的发掘工作，始于 1960 年中国科学院考古研究所山东队对梁山青堌堆遗址的试掘 [4]，试掘面积仅 72 平方米。遗址位于阳谷梁山聚落群的东南缘、梁山城东东平湖西南岸，规模宏大。此后区内发掘工作长期停顿，直至 1975 年以后才陆续对荏平东阿群的尚庄、南陈庄、李孝堂遗址，禹城齐河群的邢寨汪遗址，阳谷梁山群的景阳冈遗址等，进行了发掘与试掘 [5]。但只有尚庄遗址和景阳冈遗址的发掘规模较大，而发表了正式发掘报告的只有尚庄遗址，其材料也比较丰富。但是上述遗址分属区内三个主要龙山文化聚落群，既有中心聚落、中级聚落和基层聚落，也有城址和不设防的聚落址，区内龙山文化的面貌、聚落状况和本区龙山文化的地位等问题，已比 20 世纪 80 年代以前清晰许多，不仅可以对区系类型作进一步研究，而且可以对其族属、社会发展阶段和有关古史问题进行探讨。

自青堌堆遗址试掘以来，对本区龙山文化时期遗存的认识，经历了非龙山文化到龙山文化的曲折过程。自 20 世纪 70 年代晚期到 80 年代中期，基本上以非龙山文化说为主，其中定性又不全同。70 年代晚期有人首先把青堌堆龙山文化时期遗存归入鲁西南、豫东的造律台类型，并以青堌堆类型之名代之，认为此类型与先商

[1]　参阅张学海：《论山东地区的龙山文化城》《东土古国探索》，《张学海考古论集》，学苑出版社，1999 年；孙怀生：《东阿前赵龙山文化城址》，《鲁西文博论丛》，齐鲁书社，2000 年。

[2]　山东省文物普查资料；参阅张学海：《山东史前聚落时空关系宏观研究》，《张学海考古论集》，学苑出版社，1999 年。

[3]　山东省德州市文物管理室：《山东乐陵、庆云古遗址调查简报》，《华夏考古》2000 年第 1 期。

[4]　中国科学院考古研究所山东发掘队：《山东梁山青堌堆发掘简报》，《考古》1962 年第 1 期。吴秉楠、高平：《对姚官庄与青堌堆两类遗存的分析》，《考古》1978 年第 1 期。

[5]　山东省文物考古研究所：《荏平尚庄新石器时代遗址》，《考古学报》1985 年第 4 期；山东大学历史系考古专业等：《山东省荏平县南陈庄遗址发掘简报》，《考古》1985 年第 4 期。陈昆麟等：《山东荏平县李孝堂遗址的调查》，《华夏考古》1997 年第 4 期。德州地区文物工作队：《山东禹城县邢寨汪遗址的调查与试掘》，《考古》1983 年第 11 期；山东省文物考古研究所等：《山东阳谷县景阳岗龙山文化城址调查与试掘》，《考古》1997 年第 5 期。

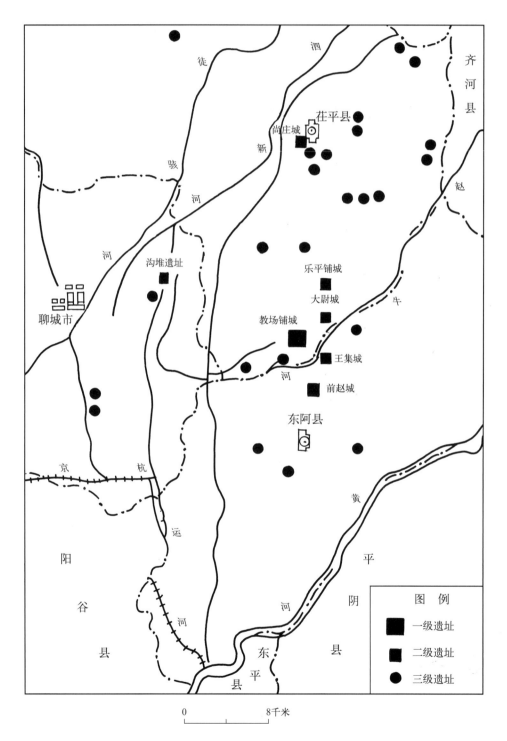

图三 茌平、东阿聚落群聚落址分布图

文化有关 [1]。80 年代早期有学者提出造律台类型（又称王油坊类型）是支独立的考古文化，其北界在河南濮阳以东到山东东平一线，赞同前说把梁山、郓城、鄄城一带的龙山文化归属其内，认为该文化可能是有虞氏文化 [2]。另一些学者则把鲁西地区归入后岗二期文化，或称河南龙山文化与中原龙山文化，认为典型龙山文化未达鲁西地区 [3]，有的甚至认为中原龙山文化已超越鲁西地区，东达泰山 [4]。也有学者于 80 年代即提出龙山文化说，认为龙山文化西界在大运河一线，青堌堆遗址、尚庄遗址都在运河以东，虽受后岗二期文化的影响，从总体上说仍属龙山文化体系 [5]。80 年代中期以后，这一观点逐渐成为主流，基本上形成了共识。但是大运河分割了阳谷梁山聚落群，并非龙山文化的西界。西界应在偏西的徒骇河上游，约在台前、范县未划河南之前的鲁豫接境一带。目前对鲁西鲁西北地区龙山文化的定性虽然已基本取得共识，但在类型归属上并不完全一致。多数论者归为目前六类型之一的城子崖类型，有的则把青堌堆遗址从本区分出，归入尹家城类型，认为尹家城类型西界在京杭运河和南四湖西侧 [6]。实际上青堌堆遗址位于鲁西湖群以西，济水以东，大野泽以北，属于阳谷梁山聚落群，有人曾指出其下层遗存的面貌更近似城子崖类型 [7]。如按目前多数人对城子崖类型的划分，青堌堆遗址及大野泽、雷夏泽以北的梁山、郓城和鄄城县的龙山文化，应属城子崖类型的鲁西区。

鲁西龙山文化的分期研究是和类型研究同时进行的。目前经过发掘试掘的青堌堆、景阳冈、南陈庄、李孝堂、尚庄和邢寨汪遗址，基本上都属于龙山文化晚期，或称后期更明确。这并不说明该地区只有后期龙山文化。龙山文化承袭大汶口文化，阳谷王家庄大汶口文化早期遗址和尚庄遗址丰富的大汶口文化晚期遗存，说明至少鲁西地区的龙山文化是由当地大汶口文化发展来的，应当存在早期龙山文化，景阳冈遗址的堆积已提供初步证明。该遗址潜水位约 2 米左右，其上遗存发掘简报定为相当于《泗水尹家城》Ⅳ～Ⅵ段，即龙山文化后期。潜水位以下至少尚有 1 米以上堆积未发掘，而且该遗址曾采集到个别大汶口文化陶片，说明未发掘部分应含有龙山文化早期遗存。当然不排除龙山文化时期不断有同类迁入，其东邻大汶河流域龙山文化遗址稀疏，少于大汶口文化遗址，就可能反映了有许多龙山文化人西迁到鲁

[1] 吴秉楠、高平：《对姚官庄与青堌堆两类遗存的分析》，《考古》1978 年第 1 期。
[2] 李伯谦：《论造律台类型》，《文物》1983 年第 4 期。
[3] 高广仁等：《典型龙山文化的来源、发展及社会性质初探》，《文物》1979 年第 11 期；杨锡璋：《黄河中游的龙山文化》，《新中国的考古发现与研究》，文物出版社，1984 年，第 68～75 页。
[4] 中国社会科学院考古所安阳工作队：《1979 年安阳后岗遗址发掘报告》，《考古学报》1985 年第 1 期。
[5] 严文明：《龙山文化与龙山时代》，《文物》1981 年第 6 期。
[6] 栾丰实：《海岱地区考古研究》，山东大学出版社，1987 年，第 272 页。
[7] 韩榕：《试论城子崖类型》，《考古学报》1989 年第 4 期；徐基：《山东龙山文化类型研究简论》，《纪念城子崖遗址发掘六十周年国际学术讨论会文集》，齐鲁书社，1993 年。

西地区。至于徒骇河中下游的龙山文化聚落群（组），均未见大汶口文化，如果它们确实是由鲁西龙山文化沿河而下的，年代就有可能稍晚于鲁西龙山文化，是否存在龙山文化早期遗存还不好说。

鲁西、北地区龙山文化的分期，目前仍只能依据尚庄遗址发掘报告。报告分尚庄遗址史前遗存为三期，第一期为晚期大汶口文化，第二、三期基本属互相衔接的后期龙山文化，韩榕、栾丰实曾先后作了分期研究。韩榕分城子崖类型为早晚两期，各期又分前后两段，以尚庄第二期文化代表晚期前段，第三期文化代表晚期后段[1]。栾丰实分海岱龙山文化为早晚两阶段六期10段，早晚期阶段各占前后三期，细分尚庄龙山文化遗存为4段，基本上每段一期，当总分期的第5～10段，从第三期后段开始到第六期。约处于公元前24世纪中期到公元前2000年，前后延续约350年[2]。尚庄是鲁西北地区目前所见最早的龙山文化遗址。景阳冈遗址尚未发表系统发掘资料，还无法进行具体分期；其余遗址的发掘资料都比尚庄晚，时跨也短得多。因此尚庄龙山文化的上述分期，代表了鲁西鲁西北地区龙山文化分期研究的阶段成果。

40年来鲁西鲁西北地区龙山文化考古已获显著成绩，但因处于黄泛平原，地下水位高，工作难度较大，其间对该区注意不够。随着20世纪90年代中期区内众多龙山文化城址的发现和景阳冈城的发掘，本区龙山文化的重要性初露端倪，引起人们的关注。景阳冈遗址的发掘，不仅展示了黄河流域迄今规模较大、规格最高的龙山文化城，也显示出其文化面貌和青堌堆、尚庄龙山文化基本一致，而同黄河以东的城子崖类型有明显差异，表明鲁西鲁西北地区的龙山文化具有自身特色，应和城子崖类型相分离，自成类型。此类型可以由该区龙山文化最主要的中心景阳冈城为代表，称为龙山文化景阳冈类型。

二 景阳冈类型的基本特征

（一）陶器

构成景阳冈类型的基本特征，首先表现在陶器方面。该类型陶器特征如下：

1. 陶系

以夹砂与泥质灰陶占绝对优势，黑陶很少。黑陶大都是黑皮陶，黄胎或灰胎；胎表皆黑，表面光亮的典型黑陶不多。城子崖类型的灰陶比重也较大，但不如景阳冈类型那样占绝大优势，城子崖、丁公、田旺等龙山文化城址的典型黑陶，要比景

---

[1] 韩榕：《试论城子崖类型》，《考古学报》1989年第4期。

[2] 栾丰实：《海岱地区考古研究》，山东大学出版社，1987年，第232页。

阳冈类型多得多。景阳冈类型红陶数量相对较多，白陶极少见。

2.纹饰

景阳冈类型流行篮纹、方格纹，绳纹也较多见，尤其晚期绳纹显著增多。饰拍印纹陶器的比重比城子崖类型大。

3.造型风格

景阳冈类型陶器流行收腹、底径较小的小平底和直腹大平底，有的小平底如同假圈足。多见粗圈足，少见细高圈足。盛行桥形双横宽把和提篮式双把。

4.器类器形

景阳冈类型陶器器类虽和其他地区龙山文化基本相同，但各类器数量多寡、器形形态有别。例如鼎、鬶较少见，鼎类器主要是浅盆形鼎，罐形鼎不多（尚庄遗址鼎、罐形鼎、鬶均多见，是个例外），鬲也很少见。城子崖类型则相反，罐形鼎、鬶盛行、鬲较多，浅盆形鼎比重较小。景阳冈类型流行拍印篮纹、方格纹和绳纹的中口小平底罐，素面中口罐较少见，前者有许多代替鼎而为炊器，富有特征性，城子崖、尹家城类型中的同类器应受其影响。流行肩部或上腹置桥形双横宽把的瓮和提篮式双把红陶瓮，后者小口、广肩、假圈足式小平底，腹饰数道绳索状堆纹，晚期的把手亦作绳索状，造型别致，制作精美，极具特征，仅尚庄遗址就出有18件。目前区外似仅在西吴寺遗址有所发现，而形态稍异，显然是受前者影响而制作的器形。景阳冈类型常见卷沿鼓腹盆（或称盂），城子崖类型很少见。景阳冈类型流行敞口斜腹与侈口直腹大平底盆，大平底或微凹，少见小环足大平底盆与环足皿（尚庄遗址例外）。景阳冈类型杯类器以筒形杯为主，或单把，或无把，偶见觚形单耳杯，基本不见双耳杯。景阳冈类型有大口子口罐，似不见于城子崖类型。后者近似青铜罍的精美典型黑陶罍和超大型拍印纹灰陶瓮，不见于景阳冈类型。景阳冈类型至今未见蛋壳陶高柄杯，亦未见陶片。城子崖类型虽少见完整器，但蛋壳黑陶片已一再发现，论者解释完整器少是因发掘的墓葬少，因为蛋壳陶高柄杯是具有一定社会地位的墓主的随葬礼器。这一解释虽同样适用于景阳冈类型，但考虑到蛋壳陶工艺在山东东部地区最发达，远处鲁西鲁西北地区的景阳冈类型很可能没有这种工艺，而成为自身陶器的一项重要特征。

由上所叙，已见景阳冈类型陶器同城子崖类型有明显差别。以往主要依据尚庄龙山文化遗存把鲁西鲁西北地区归属城子崖类型，尚庄龙山文化确实和城子崖类型比较接近，仅据尚庄遗存是可以大体归入城子崖类型的。但尚庄遗址不是鲁西鲁西北地区龙山文化的典型代表，它和景阳冈、青堌堆龙山文化遗存有一定差异，起先有人把尚庄和青堌堆分别归属后岗二期文化或造律台类型，就看到了它们之间的差别。景阳冈遗址发掘后，不仅证明和青堌堆龙山文化遗存比较一致，而且也看到尚庄遗存总体面貌更接近景阳冈龙山文化遗存，所以尚庄应归属景阳冈类型。它所表现出的较多的城子崖类型的因素，应是受到了后者更强的影响，也不能排除曾有一部分来自城子崖类型的龙山人和原居民杂住。

（二）景阳冈类型有较多的蚌器

青堌堆出有蚌镰、刀、镞，并出不少淡水厚壳蚌蚌壳，而其发掘面积仅有 72 平方米。尚庄出土蚌器 99 件，由多瘤丽蚌、短褶矛蚌、剑状矛蚌和褶纹冠蚌等制成，器形包括铲、镰、刀、锯、凿、镞，其中刀 52 件，铲 19 件，镰 15 件，有的灰坑还有成堆的蚌壳。景阳冈遗址少见蚌器，可能是因为发掘区在大小台址交接处，属于宫殿礼仪建筑区，而非一般居住区之故。

（三）景阳冈类型的城有自身特色

目前在景阳冈类型中发现城址最多，共两组 9 座城。阳谷组 3 座（景阳冈、皇姑冢、王家庄城），平面均作东北到西南向的圆角扁长方形，中部微凸，两端略收，其中皇姑冢城尤其，平面几成圆头梭形；茌平东阿组的前赵、王集城也作东北、西南方向，城圈虽未完全探明，但形制可能同前三城一致，西南距阳谷组的王家庄城约 40 千米，是茌平东阿组最西南的两座城。它们从东北到西南的方向可能因依河流流向建城有关，但中部微凸，两端略收的扁长形平面，在其他类型中的龙山文化城和全国龙山时代城中未见，显然构成景阳冈类型城的一个特征。再是两组城的中心城均有宏大高台建筑基址。阳谷组中心城景阳冈城的中部偏东北，东西并立大小夯筑台址各一，大台址居西，面积约 9 万平方米，最上层的台面至台基底约 5 ~ 6 米，台底超过当时地面较深；小台址居东，紧挨大台址，面积超过 1 万平方米，大小台址的性质应是宫殿与宗庙建筑基址 [1]。茌平东阿组的中心城教场铺城，面积约 16 万平方米，仅为景阳冈城的一小半大，城中也有大小台址东西并立，也略偏东北，同样大台居西，小台居东，大台面积宏大，小台面积约 7000 平方米，其东面挖沙坑的断面显示自台面至台基底高约 5 米余，也超过当时地面较深 [2]。说明两者规模虽然悬殊，但是具有相同的主要建筑及其布局，反映了中心城似已有定制。目前在全国龙山时代城中，只有浙江余杭莫角山良渚文化中心城的高台建筑基址可以与之相匹。在龙山文化王油坊类型的定陶仿山遗址、曹县春墓岗遗址也有类似宏大高台，但尚未确认是城址。龙山文化其他类型的聚落群的中心城，例如城子崖、丁公、田旺城等都未见这类宏大台址，即使原本也有高台建筑基址，其布局也不可能和景阳

[1] 张学海：《鲁西两组龙山文化城址的发现及对几个古史问题的思考》《论山东地区的龙山文化城》，《张学海考古论集》，学苑出版社，1999年。

[2] 张学海：《鲁西两组龙山文化城址的发现及对几个古史问题的思考》《论山东地区的龙山文化城》，《张学海考古论集》，学苑出版社，1999年。

冈、教场铺城相一致。中心城的这一格局，应构成景阳冈类型城的又一特征。

（四）景阳冈类型有其西邻后岗二期文化的较多的因素与影响

由于两者东西紧邻，所以景阳冈类型具有相对较多的后岗二期文化的文化因素和影响。例如在陶器方面，后岗二期文化拍印纹发达，以绳文为主，篮纹、方格纹次之，晚期方格纹增多，景阳冈类型中较多的绳纹、方格纹，晚期绳纹呈增长趋势，显然是受到了后岗二期文化的影响。篮纹虽然可能是承袭大汶口文化以来的文化因素，但是景阳冈类型的篮纹要比龙山文化其他类型多。景阳冈类型常见圜腹、腹最大径在中部、平底稍大的中口拍印纹灰陶罐，同腹最大径在上部，下腹急收成小平底的龙山文化中口罐有别；尚庄、南陈庄的曲腹盆，腹明显外折，不见于城子崖、尹家城类型；尚庄所出的罐形方格纹灰陶斝，仍为王油坊类型以外的龙山文化唯一的一件，斝是后岗二期文化的代表性器物；景阳冈类型的上述器物都源于后岗二期文化。此外尚庄、南陈庄均见以石灰敷抹地面的"白灰面"房屋，景阳冈遗址小台址西斜坡曾局部用石灰涂抹，这里未发掘一般居住区和一般住房，今后将有可能发现白灰面建筑。白灰面建筑流行于后岗二期文化，一定程度地影响了景阳冈类型。

上述四方面的特征，使古大野泽以北的鲁西鲁西北地区的龙山文化同城子崖类型相区别，同《兖州西吴寺》龙山文化遗存的区别似更明显，因此应和城子崖类型相分离，自成类型。鉴于龙山文化其他类型的产生都同该文化的产生同步，而且本区也已发现较发达的大汶口文化，因此景阳冈类型也可能随着龙山文化的产生而产生，一开始就是她的一个地方类型。

三　景阳冈类型的族属

类型，作为考古学的概念，既被用以称呼未正式定名的考古学文化，也用来表示某种考古学文化的地域差异。如果对类型概念进行科学界定，似应以后者为准。按照"考古学文化区系类型"的理论，"区是块块，系是条条，类型则是分支"[1]。或者说区是文化区或文化圈，系是文化谱系，类型是文化区内的文化小区，大圈圈中的小圈圈。文化区或文化圈内居民使用着同一文化，构成一个文化共同体，也就是一个族团。文化小区（类型）则是该族团的分支。史前考古学一般只把文化作为区分族属的标志，而不考虑血缘，例如不以姓氏来区分，事实上也无法按血缘、姓氏来区分。因为在古族的发展过程中，伴随着不断组合、重组过程，一个族团的族源从来不是单纯的，愈往后发展族源愈混杂。海岱文化区的文化是东夷族团的文化，

[1]　苏秉琦：《关于考古学文化的区系类型问题》，《文物》1981年第5期；又载《苏秉琦考古学论述选集》，文物出版社，1984年。

北辛（后期）、大汶口、龙山、岳石文化是其文化谱系。《后汉书·东夷传》说："夷有九种。"就是说夷族有许多分支。自大汶口文化晚期到龙山文化之末的千年间，其分布范围达 20 余万平方千米，估计龙山文化时期人口约有 40 万左右，应存在不少分支。龙山文化至少可分为七个类型，包括新分出的景阳冈类型，就是说当时夷族至少有七个分支。实际上有的紧邻的分支在文化上可能完全相同，因而有的类型可能不止一个分支。尽管如此，如同以文化来区别族团一样，以类型来区分其分支在没有可靠文献记载的情况下，在理论上是不存在问题的。因此地方类型研究是深化考古学文化族属研究的重要基础。在此基础上，参证文献，可以确认有些地方类型包含的具体氏族与国别。根据较古的记载和历史地理学，龙山文化景阳冈类型可能是以有虞氏与有鬲氏为代表的文化，试作阐述。

有虞氏的杰出领袖是舜。虞舜居地古来众说纷纭，传说流传甚广，涉及山东、山西、河北、河南、陕西、湖南和浙江等广大地域。20 世纪二三十年代以来，学者对舜的居地时有研究，以豫东虞城说[1]和晋西南永济说[2]为主。80 年代以来又有豫东淮阳平粮台龙山文化城是舜都说[3]。早年吕思勉认为尧舜禹踪迹在古兖州之域[4]，对舜来说应较近事实。只是"河济惟兖州"，地域过于辽阔。虞城县虽占兖州之边，但和先秦汉初文献记载不符，也缺乏足够考古资料的支持。李伯谦造律台类型为有虞氏文化说，地跨豫州、兖州之域，北部属兖州，把该类型的北界定在河南濮阳以东到山东东平一线，包括景阳冈类型的最南部地区，实际上触及舜的中心活动地，因而把虞舜居地研究向前推进了一大步[5]，只是地域过大。舜是司马迁《五帝本纪》的最后一帝，处于龙山文化后期。目前许多学者认为五帝时代是个古国时代，笔者曾提出五帝是黄河流域、北方地区古国（包括许多氏族部落在内）联盟盟主。作为古国联盟盟主，五帝首先是各自国家的杰出领袖，类似春秋五霸，但当时还没有中央王权，没有天子。五帝时代邦国林立，号称"万国"。无数的古国、部落、氏族分布于中华大地，说明他们的地盘绝不会很大。即便到了夏末的商汤，仍然只有方七十里或方百里之地，估计五帝们的国家也不过如此而已，大小不至于有很大出入，绝不会大到一个地方类型的范围。一个地方类型可以是某一著名氏族或国家为代表的文化，但不是该氏族和国家的范围。史前考古文化的地方类型一般都包

---

[1] 《史记·五帝本纪正义》引谯周说，禹以虞封舜子，为宋州虞城县。《陈杞世家索隐》同。徐旭生在《中国古史的传说时代》（科学出版社，1960年，第86页注1）中说自幕至舜居虞城县，商均及其后人居商丘。

[2] 《帝王世纪》说舜或都蒲坂，在今山西省最西南的永济市境内；《水经·瓠子河注》《水经·河水注》同，为后来许多学者所遵从。

[3] 自1980年在淮阳发现平粮台龙山文化城以后，有些学者认为是舜都。淮阳虽是舜后裔陈所都，但陈为周初新封，而且该城规模仅属目前最小的第四等龙山文化城，和虞舜的国力、影响极不相称。

[4] 吕思勉：《吕思勉读史札记上·唐虞夏都邑一》，上海古籍出版社，1982年。

[5] 李伯谦：《论造律台类型》，《文物》1983年第4期。

含不少古国、部落与氏族，如果聚落资料较为系统，通过分析其时空关系、存在形式和聚落群聚落的等级结构，就可以对这些古国、部落和氏族有所了解。初步研究表明，龙山文化的大中等聚落群大都是古国，因此舜的中心活动区只能是某一类型的一个聚落群的范围。笔者曾考虞舜的活动中心在古兖州之域的山东西部地区，即本文所论龙山文化景阳冈类型西南部的阳谷梁山聚落群一带[1]，今日仍觉理由比较充分。

首先，先秦、秦汉文献记载舜的活动地点大都在这一带。《孟子·离娄》下篇说："舜生于诸冯，迁于负夏，卒于鸣条，东夷之人也。"《管子·版法解》："舜耕历山，陶河滨，渔雷泽。"《墨子·尚贤》中篇同（按渔雷泽，《御览》《玉海》引《墨子》作濩泽。《墨子闲诂》以为《墨子》自作濩泽，和他书作雷泽者不同。《吕思勉读史札记》认为文字虽不同，地望不必就相异）。《御览·皇王部》引《尸子》说："其田历山也……其渔雷泽也……。"《吕氏春秋·慎人》："舜耕于历山，陶于河滨，钓于雷泽。"《尚书大传》："贩于顿丘，就时负夏。"《淮南子·原道训》："昔舜耕于历山……钓于河滨。"《史记·五帝本纪》："舜耕于历山，渔雷泽，陶河滨，作什器于寿丘，就时于负夏。"又《货殖列传》说："尧作游成阳，舜渔于雷泽。"并为《汉书·地理志》所本。《孟子·公孙丑》上篇所说舜"自耕稼陶鱼，以至于帝"，实即《史记》之"耕历山，陶河滨，渔雷泽"。《离娄》下篇的"迁于负夏"，即《史记》之"就时于负夏"。《初学记》引《尚书大传》也有"舜耕于历山"之语，则《尚书大传》说到了历山、顿丘、负夏三地。是知汉武以前人对舜活动于历山、雷泽、河滨和负夏的看法相当一致，而伏生说的顿丘和雷泽弥近，司马迁说的寿丘离雷泽也不很远，应较可信。确定上述地点所在，便知舜的活动中心区。至于皇甫谧说舜或都蒲坂或都平阳，不见于上述文献，是后出的说法，并不可信。

历山，《淮南子》高诱注说在济阴城阳，一说济南历城山。《括地志》说雷泽县有历山、舜井。《元和郡县志·河南道》七雷泽县："历山，在县北十六里，按汉成阳县晋改城阳，隋开皇年间置雷泽县，因县北雷夏泽得名，金贞元间废入鄄城县，雷泽县治约在今鄄城极东南境。上述历山应为地名，非山名，今鄄城东南境仍有村称历山庙，且有处龙山文化遗址。全国各地称历山者甚多，当在汉成阳县为是，其余都属后来附会。舜不必专耕于历山，但反映了成阳一带曾是舜的活动地。

雷泽，郑玄说是《禹贡》雷夏泽，为兖州泽。《地理志》师古曰："雷泽在济阴城阳西北。"《括地志》："雷夏泽在濮州雷泽县郭外西北。"当今鄄城县东南境。

河滨，即黄河滨。这时的黄河应流经汉濮阳县西，今濮阳市北，东北流经鲁西

[1] 张学海：《论山东地区的龙山文化城》《东土古国探索》，《张学海考古论集》，学苑出版社，1999年。

北馆陶县进入河北，东北流入渤海。其濮阳到馆陶段在鄄城县西北不远。

负夏，郑玄说是卫地，以往不知方位。《国语·齐语》记有齐桓公"筑葵慈晏负夏领釜丘，以御戎狄之地"的霸业，早先都把所筑之城标点为葵兹、晏负、夏领、釜丘的双音名，上海古籍出版社1978年版《国语·齐语》更正为葵兹、晏、负夏、领釜丘四名，此负夏就是舜所迁或就时的负夏。参证春秋前期狄人长期活动于齐、鲁、卫、晋之间，狄人侵邢、灭卫的史实，知负夏是华夏和戎狄交接地带的一处冲要之地，应在卫国北境或东北境，和下文的顿丘不会很远。

顿丘，有卫邑和汉县之别。卫邑顿丘在河南浚县西，汉县顿丘县治在河南清丰县城西南，西晋、北朝为顿丘郡治，就在雷夏泽西北不远，清丰县和山东鄄城县接境。《尚书大传》系汉初伏生弟子编辑，所指自应是汉代地名。即便是卫邑顿丘，也在鄄城以西不是太远。

寿丘，《五帝本纪》集解引皇甫谧说在鲁东门之北，鲁城在今曲阜市区。舜作什器于寿丘，仅见于太史公所说，不知有何据，但鲁城在雷泽以东不是很远。

上述地点构成了南自鄄城东南境，西北到古黄河边，由下文可知东抵今黄河、东平湖一线，大致占春秋卫国东部地区的舜的中心活动区。景阳冈类型的阳谷梁山聚落群正处于该区域内，占地宽广，其中心聚落景阳冈龙山文化城面积接近40万平方米，城内有宏伟的大小高台建筑基址东西并立，和虞舜的地位相称，雷泽、顿丘就处于该群体的西南缘，所以阳谷梁山聚落群应是有虞氏的遗存。

其次，舜和穷桑有密切的关系。《淮南子·本经》说："舜之时，共工振滔洪水，以薄空桑。"高注："共工，水官名也，柏有之后。振，动也。滔，荡也。欲雍防百川，滔高堙庳，以害天下者。薄，迫也。空桑，地名，在鲁地。"空桑即穷桑。把舜和空桑相联系，含舜居空桑之意，并知空桑是个地势低下易受水患之地。空桑或穷桑，高诱说在鲁地，是个大范围；左昭二十九年杜注说"地在鲁北"；《史记·周本纪》正义引《帝王世纪》同，又说"或云穷桑即曲阜也"。按穷桑应在鲁国北部，不在曲阜。因曲阜地处泗河上游，南东北三面有丘陵环绕，地势较高，没有水患之虞。笔者曾考穷桑在鲁国西北境的阳谷县一带，不出阳谷梁山聚落群范围。此地属黄泛区，地势低下，处于黄河下游，共工是个著名氏族，处于黄河中游的河南温县一带，所以能利用洪水威胁穷桑。

五帝时代的穷桑，是东方集团前沿的一个重镇，和黄帝、蚩尤、少昊、颛顼、共工、舜等著名古史人物有密切联系。例如，《左传·昭公》二十九年："少昊氏有四叔，曰重，曰该，曰修，曰熙，实能金木及水。使重为句芒，该为蓐收，修及熙为玄冥。世不失职，遂济穷桑。"《山海经·北山经·北次三经》空桑之山郝疏引《启筮》："蚩尤出自羊水，以伐空桑。"《吕氏春秋·古乐》："帝颛顼生自若水，实处空桑，乃登为帝。"上引《淮南子·本经》："舜之时，共工振滔洪水，以薄空桑。"《史记·周本纪》正义引《帝王世纪》："黄帝由穷桑登帝位，后徙曲阜。少昊邑于穷桑，以登帝位，都曲阜。颛顼始都穷桑，徙商丘。"均可证明。黄帝由穷桑登帝位，不见他书，不知皇甫谧所据。据《五帝本纪》黄帝是在涿鹿之战杀掉东方集团首领蚩尤之后"登帝位"的，涿鹿地望尚无共识，徐旭生以为可能在河北西南部的巨鹿县一带，较近事实。巨鹿东南临东方集团，黄帝战胜后继续南下，抵达东方集团前沿重镇穷桑，被双方拥戴为盟主的可能性很大，皇甫谧说黄帝在穷桑登帝位颇合情理，似非臆言。徐旭生考蚩尤为东夷集团的英雄，活动于冀鲁豫交汇地区，对传说时代古史做出了重要贡献。作为涿鹿之战东方势力的代表人物，依据考古学文化区系框架，蚩尤族无疑居于该地区的山东一方，即山东西部地区。该地区存在大汶口文化，又秦祀东方八神在东平祀兵主蚩尤，太史公说八神之祀甚早，"莫知起时"，应可证明蚩尤族居于山东西部，很可能蚩尤就居于穷桑。不仅《启筮》说"蚩尤出自羊水，以伐空桑"，而且《逸周书·尝麦解》明确记载："命蚩尤于宇（应是宇于）少昊。"是说让蚩尤居于少昊族之地，就是少昊迁曲阜之前所居的穷桑之地。少昊先曾居于穷桑，上举左昭二十九年传说得很清楚，没有理由怀疑其可信性。所以不能据"命蚩尤于宇少昊"的记载，说蚩尤就是少昊，也不能证明蚩尤居于曲阜。《山海经·大荒东经》有"少昊孺颛顼"的记载。郝懿行解释为少昊氏曾乳养过颛顼，不知皇甫谧说颛顼始都穷桑后徙商丘是否本此经，但知此说早已有之。是则皇甫谧说少昊于穷桑登帝位，都曲阜，颛顼始都穷桑徙商丘，皆有所本。前文已指出他说黄帝在穷桑登帝位颇合情理，后徙曲阜则未必是事实。如此皇甫谧说黄帝、少昊、颛顼之所邑所徙所都，基本上是可信的。他们都曾居于穷桑，后来少昊迁于曲阜，颛顼迁于濮阳，可知穷桑必在曲阜、濮阳、巨鹿之间。阳谷梁山龙山文化聚落群正处三者之中，占地广阔，群体的中心景阳冈城是迄今黄河流域规模最大、最宏伟的龙山文化城之一，虽未敢断言就是穷桑，但说舜时的穷桑在该群范围内应最接近事实，有关古史记载大都可以得到比较合理的解释。

穷桑和舜的关系，以往论者很少注意，其实穷桑是涉及五帝时代历史的一个很关键的地点，其地望在阳谷梁山龙山文化聚落群内，还可由下一点得到进一步证明。

第三，阳谷梁山龙山文化聚落群为有虞氏遗存的另一依据是，颛顼、舜和商人的族源关系。左昭八年传史赵对晋侯曰："陈，颛顼之族也……自幕至于瞽瞍无违命，舜重之以明德，置德于遂，遂世守之。及胡公不淫，故周赐之姓，使祀虞帝。"杜注："陈祖舜，舜出颛顼。"《史记·陈杞世家》和《大戴礼·帝系》分载其事。又颛顼出自黄帝，故《国语·鲁语》上篇说："有虞氏禘黄帝而祖颛顼"；又说"商人禘舜而祖契"，则商人和舜亦同源。大凡具有共同族源的氏族，初始或在一地，或紧邻。

日久有的举族或其分支迁离故地，也有许多全族或部分始终生活在祖居地，随时而变。颛顼既始都穷桑后徙商丘（濮阳），则先后以冀鲁豫交汇地区的山东一方与河南一方为中心。商人先祖活动于漳河地区，以冀鲁豫交汇地区的河北、河南方面为中心，包括了先前颛顼族后来的活动中心。那么该地区山东一方的阳谷梁山龙山文化聚落群最可能是有虞氏。三者起初的中心区紧邻，并有所重叠，在文化上必然有着千丝万缕的联系。龙山文化景阳冈类型和后岗二期文化关系密切，你中有我，我中有你，为此提供了重要证明。而后者充斥着大量前者的因素，雄辩地说明东方影响力的强大，和有虞氏的日益强盛、舜之成为盟主正相适应。

遂，舜后，左昭三年传称虞遂。《史记·陈杞世家》索隐说在夏代，左昭八年传杜注认为："盖殷之兴，存舜之后而封于遂。""盖殷之兴"语意不确定，杜预也是大概而言。遂究竟起于夏还是始于商尚不能定。如起于夏，遂、思、商均都当夏代，似说明夏之时舜祀未断，《陈杞世家》"或失或续"的说法未必正确。有虞有大功于夏，少康得以复国中兴，有赖于虞思的恩惠，夏王未必会翻脸灭虞，况且舜的影响也不会迅速消失。虞遂成了舜的继承者后，"世世守之"，至胡公满周武王改封于陈，使奉舜祀。但遂国仍存在，至鲁庄公十三年（公元前681年）为齐所灭。遂地在山东宁阳县西北，和肥城县接境，西距龙山文化的阳谷梁山聚落群约50千米，为该群体势力所及，甚至可能就是它的后院，从而为该群体是有虞氏提供了重要证明。一种可能，遂是舜的直系，后来稍稍东迁，但仍临有虞故地。另一种可能是，遂原本是居于有虞故地东部的舜的一个旁支，后来直系衰微，遂兴起而代之，实情如何，时下还难说清。假定遂果真为商初所封，商人禘舜，既以遂奉舜之祀，所封之地很可能是舜故地或临近故地。总之，遂位于宁阳县西北与肥城县接境处，为龙山文化的阳谷梁山聚落群体是有虞氏提供了重要旁证。

第四，上述有虞氏地望，使少康复国前的流亡路线得到了合理解释。据左襄四年传、哀元年传、《帝王世纪》等记载，夏王相时，后羿代夏，不修民事，娱于田猎，摈弃贤良，信用奸妄寒浞。浞杀羿及其子而自代，取羿妻妾，生子浇与殪，使浇伐灭斟灌与斟寻，封浇于过，封殪于戈。先是相失国，依于二斟氏（《太平御览》八十二引《纪年》说："后相即位，居商丘。"《水经注·巨羊水》注、《汉书·地理志》注、《路史·后记》十三均引《纪年》说："相居斟灌。"）过浇灭二斟，遂灭相。相妻有仍氏之女后缗刚有孕，逃归有仍，生少康。少康长为有仍牧正，浇欲杀之。少康逃奔有虞，为庖正，有虞之君虞思以二女为少康妻。居于纶邑，有方十里之田，民五百人，发奋经营，收集夏民，遂灭过、戈，恢复夏统，史称少康中兴。史书记叙这段历史颇详，大同小异。但有关史地未能确考，尤其是大都把有虞定在河南最东部的虞城县，致使少康逃亡的路线难以理解。忖度有穷后羿既代夏政，五子曾待于洛汭，寒浞承袭有穷，并未迁徙，那么有穷在河洛一带，斟寻在鄩师，斟灌在范县，戈在宋、郑间，有仍在济宁县的说法，应该接近事实。说过在胶东半岛西部的掖县（今莱州市）西北近海，则过于偏东，不可信。或疑过在河南太康，虽无确证，总比掖县说近情理。有虞在虞城县西南也不足信，因为少康既避过浇威胁，离之愈远愈安全，不应反而投向敌人身旁。实际上有虞在山东西部，虞思是舜以后的直系君主，当时的有虞可能仍有实力，且其地离过、戈更远，又曾和夏同姓斟灌氏紧邻，必有夏遗民，本来的关系可能就比较友好，故少康自有仍北奔有虞，远离过、戈，受到虞思的礼遇，得以立足纶邑，建立复国的基础。

左襄四年传还说，羿被杀时，羿臣"靡奔有鬲氏"，"靡自有鬲氏收二国之烬（遗民），以灭浞而立少康。少康灭浇于过，后杼灭豷于戈，有穷由是遂亡"。《史记·夏本纪》正义引《帝王世纪》曰："初，夏之遗臣曰靡，事羿。羿死，逃于有鬲氏。收斟、寻二国馀烬，杀寒浞，立少康。"有鬲氏故地，齐为鬲邑，汉置鬲县属平原郡，《后汉书·郡国志》平原郡鬲县注："夏时有鬲君，灭浞立少康。"北齐废入安德县，《续山东考古录》说汉鬲县故城在德州东南 25 里，当今德州市德城区东南境，南距景阳冈类型的禹城济阳聚落群西北沿不过 20 余千米，如果该群以北的平原、武城、德州、陵县一带今后不出现包含相当数量遗址的龙山文化聚落群，那么禹城济阳群就应是有鬲氏。古地历经沧桑，不必拘泥于数十百余里，志书说古地在今某处本都大概而言，是否正确及其准确位置需要考古学的检验与证明。况且有鬲氏作为古国或部落，不仅有都城或部落中心，而且有一定的地盘和民众，还会有相当数量的聚落。如今德州市及周围各县未见一处龙山文化遗址，今后发现聚落群的可能性极小，唯东南不远的禹城济阳群已发现 17 处龙山文化遗址，基本上分布于徒骇河南侧，北侧仅在禹城县的十里望、大程乡各发现一处，但该聚落群的北界可能更靠北，以该群当有鬲氏实和文献相符。有鬲氏应历唐虞到夏。其居地约当汉平原郡西南部，地近有虞、斟灌和昆吾所处的东郡地区，而在郑州、太康东北老远，难攻易进，战略优势明显。少康之所以逃奔有虞不仅是远离威胁，更重要的想必是和正在有鬲作着灭浞准备的靡相呼应，靡在少康复国中扮演了重要角色。如果有虞是在河南虞城县，少康之奔就成南辕北辙，难以成事。史书记载少康中兴始末大同小异，基本史实可信。以往由于过、戈、有虞地望不确定，有鬲地望也未得到考古证明，遂使夏初这一大事件的某些关键之处难以解释。今知有虞实在山东西部，有鬲在其东北不远，对这一事件的始末就获得较前具体、合理的认识。

既然有虞氏和有鬲氏分别处于景阳冈类型的西南部与东北部，自然就可以说该类型是以有虞氏、有鬲氏为代表的文化。所谓代表是因为该类型还有别的氏族和国家。如果该类型东北部的群体是由西南部、中部群体的分支沿徒骇河而下发展来的猜测正确，那么虞、鬲不仅同文，而且同源同种。

四　景阳冈类型的社会发展阶段

总体而言，龙山文化的社会已是阶级社会，属于古国时代，但仍有众多部落与氏族和大量古国杂处，这从目前所知 1300 处以上龙山文化聚落址的分布状况看得清楚。这些聚落址中的大部分以聚落群的形式分布于龙山文化圈内，其余的则零星散布于群体之间和边缘地带。这些聚落群可分大中小三个等级，小群有聚落 10 处以上到 20 余处，中等群聚落 30 处左右到 50 余处，大群聚落 60 处左右到 90 余处，个别超大群聚落达 170 处，大中等群一般占地 1000 平方千米到 2000 余平方千米。群内聚落基本上都形成了"都邑聚"金字塔形等级结构，反映了群体的社会存在上下隶属关系，是个等级社会。而且基本上可以肯定这些群体的处于塔尖位置的中心聚落大都是城，有些还是原始城市，同处于塔基位置的基层聚落形成明显的城乡分离的格局。结合墓葬具有特大型墓、大型墓、中型墓、小墓和赤贫墓五个等级所反映的贫富分化和社会分化的极其深刻性；住房可分高台基建筑、低台基建筑、平地建筑、半地穴式建筑等多种类型，以及农业、手工业的长足进步，已充分说明这些群体的社会已完全丧失平等原则，而属于等级分明的阶级社会。因它们各有相对稳定的、明确或基本明确的地理区间，其中许多都由大汶口文化聚落群（组）发展而成，按平均一聚落以 250 人计，各群体有人口数千到一二万人，又各有中心聚落，因此这些聚落群大都是古国。这些龙山文化古国类似西周分封的方百里之国、七十里之国、五十里之国和附庸国，西周封国有些就是从大汶口文化古国经龙山文化古国一直发展下来的，例如鲁中南南部地区的薛国，鲁东南的莒国可能也是。当然龙山文化时期古国、部落、氏族林立，互不隶属，还没有商周时期的中央王权，充其量不过存在大范围的联盟盟主，如尧舜禹之辈。而那许多零星散布于聚落群之间和边缘地带的龙山文化聚落，与群体距离较远，难以归入周边的群体；有的地方虽较集中，也不过数处以上，不足 10 处，还未形成群（当然有的可能是小群），人口总和自然不多，凭现有资料难以看作古国，应是些氏族和小部落。上述龙山文化古国、部落和氏族，构成五帝时代中华"万国"的重要部分。

具体到景阳冈类型，似以古国占主导地位。笔者曾按照聚落群聚落"都邑聚"金字塔形等级结构和群内城乡分离格局的标准，证明西南部的阳谷梁山聚落群、中部的茌平东阿聚落群是两个龙山文化[1]，现在看来东北部的禹城济阳群可能也是龙

---

[1] 张学海：《论山东地区的龙山文化城》《东土古国探索》，《张学海考古论集》，学苑出版社，1999 年。

山文化古国，惠民阳信县的龙山文化遗址和乐陵庆云组，时下还难说清。

阳谷梁山聚落群现知遗址虽只有 21 处，但分布范围达 2800 平方千米上下，是占地最大的龙山文化聚落群之一。群体处于黄泛区，屡经黄河泛滥之害，当时黄河流经群体西北，今横跨群体的河段系清咸丰年间河决铜瓦厢时所形成，许多遗址已被冲毁、淹埋和村庄占压，从明万历于慎行《兖州府志》、清康熙《张秋镇志》的记载，可知原来这一带古遗址多如"布棋"，其中必有很多龙山文化遗址，估计原来是个大规模的龙山文化聚落群，这从其中心是座高规格的龙山文化城和群体的特大范围就可推知。由于遗址淹埋较深，地面所见范围都是堆积的最高部位，大都非遗址真实面积，因此也就无法分析群内聚落的等级结构。所幸群内已发现由中心城和 2 座二级城组成的城组，较典型地说明了群内聚落具有"都邑聚"金字塔形等级结构。

这三城均在阳谷境内。景阳冈中心城位于县东南境张秋镇景阳冈（东沙）村周围，面积 38 万平方米；2 座二级城王家庄与皇姑冢城分处景阳冈城东北和西南各 10 千米与 8 千米，面积各为 4 万平方米和 6 万平方米。景阳冈城中部偏东北、东西并立的大小台址，面积分别为 9 万平方米、1 万余平方米，曾如丘岭遮挡着村子西北面，俗传为梁山好汉武松打虎的"景阳冈"。20 世纪 70 年代后期才被大规模平整，仅存大台西南部的武松庙基部分，且仍保存了原来的台面，距现地面约 2 米，大台址应为宫殿建筑群基址。70 年代初聊城文物部门曾在小台址东北沿清理一个圆形祭坑，坑底有具完整牛骨架，出土 20 余件龙山文化陶器，内有 3 件甗，大小相次[1]；90 年代中在小台址西沿的试掘，显示西沿呈台阶形，而非坡面，为小台址是祭祀建筑遗迹提供了线索[2]。宫殿建筑群基址与祭祀建筑基址东西并立，证明景阳冈中心城是座都城。已知大台址前沿和沿城垣内侧龙山文化遗存相当丰富，大台西南沿取土坑曾存有"土笋"，高 3 米余，中下部 2 米余全为龙山文化堆积，其下探至近 1 米出水，龙山文化堆积仍不见底；在城的东北角、南垣内侧、大台西南方和城西南隅的水渠断面，均见龙山文化堆积，分别距地表 0.5～2 米显露，足以说明城内居民众多，并主要居住于大小台址以南以西和城垣内侧，突出了大小台址是宫殿和礼仪性建筑群基址的性质。

2 座二级城的平面、方向均和中心城一致，但面积只占中心城的 1/9 与 1/6 许，又在同一聚落群内，其属群体的邑城的性质甚明。该群体的邑城和相当于邑的中级

　　[1]　资料未发表，现存聊城市文物管理委员会。
　　[2]　山东省文物考古研究所等：《山东阳谷县景阳岗龙山文化城址调查与试掘》，《考古》1997 年第 5 期。景阳冈遗址调查、试掘简报未报道小台形制，可参阅张学海：《东土古国探索》，《张学海考古论集》，学苑出版社，1999 年。

聚落，自然不会只有两处，群体东南缘的梁山青堌堆遗址就是一处大规模的龙山文化遗址，肯定是相当于邑的中级聚落址，也许是城址。中级聚落自然不都是城，但其中有不少城。这些群体内的二级城面积虽小，显然高于一般聚落，况且其所处遗址的范围往往大于城，就是说城外也往往同时住人，从而对群体内的中级聚落处于邑的地位做出重要证明。

综上，知阳谷梁山聚落群聚落具有较典型的"都邑聚"金字塔形等级结构。群体的中心景阳冈城不仅是景阳冈类型，而且是更大范围主要的政治、经济、文化中心，因而是座原始城市。原始城市的产生是国家诞生的重要标志。因此，阳谷梁山聚落群是个古国，可称为景阳冈龙山文化古国，其占地之广和都城的高规格，同舜的地位相称。

茌平东阿聚落群，群内聚落"都邑聚"金字塔形等级结构更为典型。该群已知的 32 处聚落址分布范围约 1500 平方千米，群内有一组由中心城和 5 座二级城组成的城组。中心城教场铺城位于茌平县最南境教场铺村西北，面积约 16 万平方米，城内偏东也有大小台址东西并立，同样大台居西，小台居东，是座都城。5 座二级城围绕其东南和北面，面积均在 3～4 万平方米之间，除最北的尚庄城和中心城相距约 19 千米，其余 4 城均在 3～6 千米，是些邑城。其余聚落址基本上是村落遗址。除群体的西南境和阳谷梁山群界限不很清楚以外，东南面临古济水，西、北面有宽广空间，范围基本明确，是景阳冈类型的又一个古国，可称为教场铺龙山文化古国。从占地范围和都城规模来看，国力应逊于景阳冈古国，但该国邑城众多，引人注目，发展水平不会很低。

禹城济阳群目前共发现龙山文化遗址 17 处，可分东西两组，西部禹城组 11 处，包括齐河西北部的华店、南北乡各一处；东部的济阳西部组 6 处，包括齐河东北境的表白寺乡一处。分布范围东西约 50 千米，禹城组南北约 20 千米，济阳组南北约 10 千米。目前只做过调查，仅对禹城邢寨汪遗址做过试掘，对群内遗址状况了解甚少，既不知中心聚落，也未发现城，难以分析其社会发展阶段。但是该群既然可能是有鬲氏，目前群体占地已达 800 平方千米上下，很可能也是个古国。

至于乐陵、庆云组，目前只发现 5 处龙山文化遗址，其中 4 处在乐陵境内。该组处于马颊河两侧，应该和东南方阳信、惠民东部的零星遗址一起濒临龙山文化时期的海岸，如果今后在乐陵东南、庆云南部、阳信境内和惠民北部这一范围继续发现龙山文化遗址，也就构成一个聚落群，很可能是个古国。但是目前只能把乐陵、庆云组看作一个部落，阳信、惠民县的若干零散聚落是些氏族。以上分析证明龙山文化景阳冈类型总体上已处于阶级社会，属于中华文明史的古国时代。

总括全文，鲁西鲁西北地区的龙山文化自成一个地方类型，可称为景阳冈类型，该类型已处于古国时代，其中包括有虞氏、有鬲氏两个古国，并代表了该类型的文化。从而证明景阳冈类型在龙山文化和虞夏时期具有十分重要的地位，曾对当时的历史发展给予了重大的影响。因此应当加强工作，以便为中华文明史研究和重建中国古代史做出贡献。本文作为运用考古资料探索古史的一种尝试，对考古与文献资料作了初步综合，方法与结论是否可取，期盼学者批评指正。

原载《考古学研究（五）：庆祝邹衡先生七十五寿辰暨从事考古研究五十年论文集》，科学出版社，2003年

试论莒地古文化古城古国

　　莒地，约指沭河、潍河上游以东的鲁东南近海沿海地区，包括莒县、沂水、沂南、临沭、日照、五莲、诸城、胶南等县市，春秋时期上述各地全部或部分属春秋莒国版图。《汉书·地理志》谓周武王封少昊之后嬴姓兹与其于莒，都计斤，春秋称介根，其地传说在胶县（今胶州市）西南，尚未确认。春秋时迁于莒，至公元前431年楚简王灭莒，再未迁都，志书称都城为位于今莒县城区东部的莒故城。经初步探查，仅见汉城，尚未发现春秋城，春秋莒都尚待确认。卜辞多见商王伐虘（莒），证明晚商已有莒国，周初可能迫于周人强大军威而臣服于周，时当成王东征之际，不应为武王所封[1]。此莒国自应是少昊氏之后嬴姓之国。春秋时莒君已变成曹姓，《国语·郑语》云："曹姓邹、莒。"曹系祝融八姓之一，《世本》亦载莒出自帝颛顼后裔陆终之第五子安，安为曹姓始祖。春秋邾公鈃钟铭自称"陆终之孙邾公鈃"，莒太史申鼎铭曰："□安之孙莒太史申"，可证上述记载属实。《世本》又记莒自纪公以后为己姓，同《左传·文公七年》称莒女为戴己、声己一致。己姓也属祝融八姓之列，但不知莒君何以变姓。孙敬明以为己为氏，非姓，可备一说[2]。要之，莒国君统有出自少昊之后嬴姓和出自颛顼之后曹姓、己姓的不同记载，金文已证明春秋莒君的君统，西周晚商时期仍是个谜。如果《地理志》等书记载可靠，那么周代莒国君统先后曾有变异。莒国是否演出过"田氏代齐"一样的历史剧？或者《地理志》等书记载不实？殊难确考。历史的主体是人民，社会与国家是历史研究的基本内容，文献缺佚，统治者的姓氏世谱不明，仍可依据考古资料逐步揭示社会与历史的发展进程。莒地偏处鲁东南沿海，属夷族大后方，区内有繁荣发达的大汶口文化、龙山文化，具有自身的古文化古城古国史，有着从原始到文明的完整过程。这里国家的出现约在距今5000年前，区内的东夷古国可能和商周莒国有直接承袭关系，即非如此，后者也不能脱离本地的历史和文化传统。因而探索莒地古文化古城古国史，不仅是莒地历史研究，也是莒国史研究的重要课题。古文化、古城、古国三

---

　　[1]　周武王灭纣二年去世，未及东图。成王继位，用公辅政，始大举东向用兵，这从《逸周书·作雒》《尚书·费誓》《荀子·儒效》《王霸》等文献和金文《小臣来毁铭》《▨方鼎铭》等可知，莒臣服于周受封，自应在周公平定东土之时。

　　[2]　孙敬明：《莒史缀考》，《东夷古国史研究（二）》，三秦出版社，1990年。

者分开不是新课题，把三者联系在一起，既是考古学新概念，也是学科的新重点和新课题。本文将首先概括介绍莒地的古文化，然后再来探索莒地的古文化古城古国问题。

一　莒地古文化

　　莒地是我国较早进行考古工作的地区之一，1936 年日照两城镇遗址的发掘，发现龙山文化。1957 年发现的莒县陵阳河遗址，实际上是最早发现的大汶口文化遗址。20 世纪六七十年代在该遗址采集与出土的大汶口文化陶尊文字，吸引了众多学者的目光，一时掀起了研究热潮[1]。1975 年日照东海峪遗址揭示的"三叠层"，提供了大汶口文化向龙山文化过渡的首例地层依据，证明两者属同一文化谱系[2]。80 年代的文物普查，再获一系列重大成果，发现了数十万年前的沂水南洼洞、日照秦家官庄等旧石器早期遗址与地点[3]，10 万年以后的沂水湖埠西、莒南烟墩山、日照竹溪北沟、竹丝南沟、丝山、丝山西沟、奎山、虎山和胡林村地点[4]，在沂水、莒县、莒南、日照、临沭等地发现一批 2 万年到 1 万年左右的细石器文化遗址与地点[5]，北辛文化晚期遗址也见于莒县、临沭等地，大汶口、龙山文化遗址则成群或零散地分布于全区的山前平原、河谷地带，说明莒地和鲁东南地区一起，是中国文化的发祥地和中华古文明的中心之一。

　　目前包括莒地在内的鲁东南地区尚未发现近万年以后、6500 年以前的遗址，这并不意味着该地区的古文化与历史中断了数千年。笔者曾多次谈到鲁中南地区发达的"沂沭细石器文化"，理应顺理成章地发展出该地区的有陶新石器文化，1989年在临淄区后李官庄发现的后李文化，似为此提供了线索。后李文化年代约当距今

　　[1]　苏兆庆：《莒县文物志》，齐鲁书社，1993年；山东文物考古研究所：《山东莒县陵阳河大汶口文化墓葬发掘简报》，《史前研究》1987年第3期；唐兰：《中国奴隶社会的上限远在五六千年前》《再论大汶口文化的社会性质和大汶口陶器文字》，《大汶口文化讨论文集》，齐鲁书社，1981年；王树明：《谈陵阳河与大朱村出土的陶尊文字》，《山东史前文化论文集》，齐鲁书社，1986年。

　　[2]　山东省博物馆等：《一九七五年东海峪遗址的发掘》，《考古》1976年第6期。

　　[3]　徐淑彬等：《山东省沂水县南洼洞发现旧石器》，《考古》1985年第8期；临沂地区文管会等：《山东日照秦家官庄发现旧石器》，《考古》1985年第5期。

　　[4]　临沂地区文管会等：《山东沂水县晚期旧石器、细石器调查》，《考古》1986年第11期；员晓枫等：《山东莒南发现的石制品》，《人类学学报》1989年第1期；尤玉柱等：《山东日照沿海发现的旧石器及其意义》，《人类学学报》1989年第2期；徐淑彬等：《山东日照竹溪村发现的旧石器》，《人类学学报》1989年第3期。

　　[5]　临沂地区文管会：《山东临沂县凤凰岭发现细石器》，《考古》1983年第5期；韩榕：《临沂市青峰岭细石器遗存》，《中国考古学年鉴·1985》，文物出版社，1985年；山东省文物考古研究所等：《山东郯城马陵山细石器遗存调查报告》，《史前研究》1987年第1期；胡秉华：《临沂、临沭、郯城、日照细石器遗址》，《中国考古学年鉴·1984》，文物出版社，1984年；苏兆庆：《莒县文物志》，齐鲁书社，1993年。

8200～7600年前，其文化因素曾为后来半岛地区白石文化、鲁中南地区北辛文化和江苏苏南、淞沪地区马家浜文化所吸收。这一事实显示后李类型的发源地和中心分布区很可能在鲁东南地区，后来有一支北上到达泰沂山北侧中段山前地带，建立了后李等聚落；另一支南下跨越长江和当地文化融合成苏南地区的马家浜文化，留在鲁东南地区的则吸收了裴李岗文化因素，发展成北辛文化[1]。无论如何鲁东南地区绝不可能有数千年的文化中断，整个沂蒙山南侧地区北辛文化早期遗址（公元前7500～前6800年）也不会只有目前的一处北辛遗址。填补鲁东南和鲁中南地区三千年左右的文化空白，建立较系统的文化序列与文化谱系，是鲁东南、鲁中南和海岱地区史前考古的一大课题。课题的基本解决，将为我国史前考古提供新旧石器时代过渡、二万年以来史前文化连绵发展的又一典型地区，说明包括莒地在内的鲁东南地区在我国史前考古与史前史研究方面，具有多么重要的潜在意义。

自6500年以后，莒地已发现连续不断的史前文化。其中6500年到6200年阶段的北辛文化晚期遗址发现不多，也未作必要的发掘，详情未明。6200年以后到4600年阶段的大汶口文化遗址已发现近60处，其中包括三个聚落群。第一群，处于莒县中南部沭河以东五莲山西侧山前平原，群内已知遗址41处，是山东境内遗址最多的大汶口文化聚落群。第二群，位于第一群以北包括莒县极东北境的东莞，沂水东北部的马站、杨庄，诸城西南境的贾悦、枳沟，五莲西北部的中至诸乡镇，处于沭河、潍河源头地区，群内遗址6处，且很分散，但处于同一地理小区。该区龙山文化时期存在中等规模的聚落群，因而应是莒地另一大汶口文化聚落群，群内有些大汶口文化遗址可能被龙山文化以后遗址所压未暴露。第三群，位于五莲山东南侧，处于五莲中南境、日照中北部付疃河流域，遗址5处，其分布状况和分群依据同第二群[2]（表一）。此外，莒南、临沭、诸城北部等地还有少数零散遗址。区内大汶口文化遗址实际数量自然要更多些，有些尚未发现，有些则已消失不存，但已知遗址已基本反映出区内大汶口文化遗址的分布和大汶口文化的发展状况。三群中的第二、三群都属最小的大汶口文化聚落群。也许日照、五莲、诸城、胶南四县市交汇地区的两城河、潮河、吉利河流域还有个聚落群，也将是个小群，知大汶口文化中晚期莒地只有莒县中南部这一主要中心。其中经过发掘的陵阳河、大朱村、杭头遗址，以出陶尊文字而闻名。在北部第二小群的沂水马站遗址，采集到与陵阳河遗址相同的陶尊，诸城前寨出土了与陵阳河一致的陶尊文字，此群应和第一群有密

---

[1] 张学海：《西河文化初论》，《张学海考古论集》，学苑出版社，1999年。

[2] 山东省20世纪80年代文物普查资料。张学海：《山东史前聚落时空关系宏观研究》，《张学海考古论集》，学苑出版社，1999年。

切关系，很可能由第一群派生而出。第三小群也可能是由第一群发展过去的，其中日照市的东海峪遗址年代在大汶口文化晚期偏晚，表明大汶口文化到达鲁东南沿海之时，已临近向龙山文化转化。莒地的大汶口文化是以莒县中南部为中心，逐步向北向东发展的。

龙山文化时期，莒地史前文化发展到了顶峰，聚落迅猛增长，已发现龙山文化遗址 160 处，基本分属四个聚落群，区内的三个大汶口文化聚落群，此时都发展成规模更大的龙山文化聚落群。龙山文化一群，由大汶口文化一群即莒县中南部群发展而成，群体范围西扩至沂南极东部、沂水东南部乃至沂水西北部的诸葛、泉庄乡，群内已知龙山文化遗址 77 处（莒县 52，沂水 17，沂南 8 处），中心分布范围东西约 32、南北约 48 千米。龙山文化二群，由大汶口文化第二群即以沂水、莒县、诸城、五莲交汇地区为中心的群发展而成，群体范围包括沂水县东北半部、莒县极东北部、诸城西南中南部、五莲北部，已知龙山文化遗址 33 处（沂水 12，莒县 5，诸城 12，五莲 4 处），分布范围东西约 60、南北约 20 千米。龙山文化第三群，由大汶口文化第三群即五莲、日照付疃河流域群发展而成，群内遗址 13 处（五莲中南部 6 处，日照中北部、东南沿海 7 处），分布范围南北约 40、东西约 20 千米，尧王城、东海峪遗址属此群。龙山文化第四群是莒地新出现的聚落群（现群内仅见个别大汶口文化遗址），位于日照极东北部两城镇，五莲东南境叩官、潮河镇，诸城东南部，胶南中南部近海沿海地区，遗址约 41 处，集中分布于南部两城河、潮河、吉利河、横河流域，而两城、潮河、叩官三乡镇占了一大半，两城、丹土遗址在其内。此群可能本是两群，即以两城、潮河、叩官三乡镇为中心的南部群，遗址近 30 处；胶南西南部的横河以东到东北胶南县城周围地区的遗址为北部群，遗址 10 余处；目前还不能肯定，暂作一群[1]（表一）。

莒地龙山文化属两城类型。该类型约处沂蒙山东南、尼山以东，以鲁东南地区沂沭河流域为中心，北包鲁东胶州、崂山、青岛市区等地，南含江苏淮北东部地区，是龙山文化的主要地方类型之一。除莒地的四个龙山文化聚落群以外，尚有临沂东部沂沭河中游群、临沂西部、费县东北半部、平邑北半部沂河中游、祊河流域群、沂南东部、临沂北境、莒县西南端沂河上游群、苍山南半部、枣庄东南部群，此外北面的诸城中北境、高密南境、胶州西南境似有一小群，其东的胶州东北部、青岛市区尚有少数遗址，不足 10 处，未作群体对待；南面的临沭、郯城及同其接境的江苏赣榆、东海、新沂也应有两三个小群，总计约达 11 群之多，仅在山东境内就有遗址 450 处以上，占山东境内龙山文化遗址总数的 1/3 强。其中临沂西部费

---

[1] 山东省20世纪80年代文物普查资料。张学海：《山东史前聚落时空关系宏观研究》，《张学海考古论集》，学苑出版社，1999年。

县平邑群，遗址最多，达 91 处；莒县龙山文化群其次，遗址 77 处 [1]。莒地龙山文化遗址的发掘，始于 1936 年对两城镇遗址的发掘，中华人民共和国建立以来又先后发掘了日照东海峪、尧王城、胶州三里河、诸城呈子、临沂大范庄等遗址 [2]。陶器以占优势的黑陶为特征，其中的精品陶质细腻，里表漆黑，表面光亮可鉴，制作精工，极为优美，尤以蛋壳高柄杯、薄胎器皿如单耳、双耳杯、豆、盒、罍、鬶等堪称古代手工艺瑰宝。盛行鬶类器和蛋壳高柄杯。鬶呈红、白、黄三色，突出于黑陶之中，格外醒目。蛋壳高柄杯胎薄如蛋壳，或饰细弦线、波纹与竹节纹，又常间以多姿多色的镂孔，玲珑剔透，轻如布帛，精美绝伦，令人叹为观止。陶器以素雅光洁取胜，不尚浮华，有装饰者纹饰皆简练，多为弦纹、压印纹、篮纹、划纹与堆纹。尧王城、东海峪遗址的房子常用土坯砌墙，东海峪多见方形地面住房，成排排列，各房均有隆起的夯筑基础，四面有坡形"散水"，各房"散水"之间形成排水凹沟，建房技术先进。东海峪遗址常见石棺墓，墓中大凡有蛋壳高柄杯随葬，显然高于土圹墓。

龙山文化的后续文化岳石文化，莒地发现不多。在龙山文化一群范围内仅莒县较多，也只有 10 处遗址，区内其他各县市都很少见。诚然岳石文化遗址应比已发现的多，但恐怕超不过区内的大汶口文化遗址。龙山文化高度发展的制陶工艺，这时也黯然失色，文化处于严重衰落期 [3]。这不限于莒地，整个岳石文化都如此。

以上概略介绍了莒地史前文化的发展概况，知该地具有几十万年的文化根系，1 万余年的文明起步，虽然目前还有很大一段文化空白，但不是莒地文化的中断，随着考古工作的逐步深入，将逐渐填补这一空白。莒地和鲁东南西部地区一起，是中国文化一个重要的发祥地。

---

[1]　山东省20世纪80年代文物普查资料。张学海：《山东史前聚落时空关系宏观研究》，《张学海考古论集》，学苑出版社，1999年。

[2]　尹达：《中国新石器时代》，三联书店，1955年；山东省博物馆等：《一九七五年东海峪遗址的发掘》，《考古》1976年第6期；昌潍地区文管组等：《山东诸城呈子遗址发掘报告》，《考古学报》1980年第3期；临沂地区文管会：《日照尧王城龙山文化遗址试掘简报》，《史前研究》1985年第4期；中国社科院考古所：《胶县三里河》，文物出版社，1988年；临沂文管组：《山东临沂大范庄新石器时代墓葬的发掘》，《考古》1975年第1期；《山东临沂市后明坡遗址试掘简报》，《考古》1989年第6期。

[3]　山东省20世纪80年代文物普查资料。

表一 莒地大汶口、龙山文化聚落群一览表

文化	序号	聚落群山系流域	遗址数	分布范围（县市区乡镇）	备注
大汶口文化	一	莒县东南部群。五莲山西侧山前平原，沭河上游。	41	莒县南部：城阳、峤山、店子、大石头、龙山，中楼、寨里、陵阳、长岭、小店；东部：桑园、招贤；沂南东北部：张家哨。	桑园、招贤4处，偏居群体东北，自成一组。陵阳河、大朱村、杭头遗址属此群。有北辛遗址1处。
大汶口文化	二	沂水莒县诸城五莲群。五莲山西北麓，沭河、潍河源头区、上游。	6	沂水东北部：马站、杨庄；莒县东北端：东莞；五莲西北部：中至；诸城极西南：积沟、贾悦。	前寨、闫家同属此群。
大汶口文化	三	五莲日照群。五莲山东侧。付疃河流域。	5	五莲县中南境：街头；日照市中部高兴、东港。	尧王城、东海峪遗址属此群。
龙山文化	一	莒县沂水沂南群。五莲山西侧。沭河沂河上游。	77	莒县除极东北库山、龙王庙、东莞，极西南部大官庄、金墩、夏庄六乡镇以外的绝大部分乡镇52处；沂水东南部沂水镇、许家湖、四十里堡、三十里堡、姚店子为主，包括龙家圈、武家洼、西北境诸葛、泉庄计17处；沂南极东部蒲旺、大王庄、张家哨8处。	有沂南大王庄乡龙角庄子一级遗址，含莒地大汶口文化一群。
龙山文化	二	沂水莒县五莲诸城群。沂山东南麓五莲山西北麓丘陵河谷地带。沭河潍河源区上游。	33	沂水县高桥镇到卞山一线以北地区12处；莒县东北端东莞、库山5处；五莲西北、中北部4处；诸城西南、中南部12处。	呈子遗址属此群。含大汶口文化第二群。
龙山文化	三	日照五莲群。五莲山东侧付疃河流域。	13	五莲县中南境洪凝、街头、王世疃6处；日照中部北部近海沿海的高兴、虎山、东港、丝山、河山7处。	有尧王城一级遗址，已发现龙山文化城垣线索。东海峪遗址属此群。含大汶口文化第三群。
龙山文化	四	日照胶南五莲诸城群。五莲山东翼河谷沿海地区。两城河、潮河、吉利河、横河等流域。	41	日照东北端两城镇约16处；五莲县东南境叩官、潮河7处；诸城东南部吉利河上游4处；胶南近海沿海地区14处。	有一级遗址两城、丹土遗址，均为龙山文化城址，前者城址范围未详，后者25万平方米。此群可能分属南北两群。南群内可能存在大汶口文化小聚落群。

二 莒地古文化古城古国

古文化古城古国是考古学新概念、新课题。1985 年已故著名考古学家苏秉琦先生提出"辽西古文化古城古国"概念，实质上提出了当前考古工作的一大重点和一个大课题。先生指出："古文化是指原始文化。""古城指城乡最初分化意义上的城和镇，而不必专指特定含义的城市。""古国指高于部落之上的、稳定的、独立的政治实体。""三者应从逻辑的、历史的、发展的关系理解，它们联系起来的新概念是：与社会分工、社会关系分化相应的、区别于一般村落的遗址、墓地在原始社会后期、距今四、五千年间或五千年前的若干个地点已找到了线索……现在提出把'古文化古城古国'作为当前考古工作的重点与大课题，目的是把原始文化（或史前文化）和中国古城古国联系起来的那一部分加以突出，这将会有利于本学科比较顺利的发展。"[1] 这里所说的古文化不是指全部原始文化或史前文化，而只指和中国古城古国相联系的那一部分，大体上就是距今 7000 年以后阶段的史前文化。因为中国的城在此后产生，而社会分工、社会关系分化的发展是和农业、手工业的发展，两者的分离相适应的，是 6000 年以后的事。恰好莒地已发现 6500 年以后连绵不绝的史前文化，在 6000 年到 4000 年的关键阶段，文化繁荣发达，因而提供了考察古文化古城古国课题的的一个理想地区。

古文化古城古国课题的核心是文明起源，它要回答我国由原始进入文明的具体进程和何时进入文明。无论学者对文明一词如何解释，文明起源作为考古学、史学大课题，应当明确界定在中国文明史的开端，即文明社会或阶级社会或国家社会的诞生上，一部文明史就是一部阶级社会史，与原始社会史相对应。"国家是文明社会的概括。"（恩格斯语）国家的诞生是进入文明时代的根本标志。中国文明起源研究，实质上是中国国家起源研究。国家的诞生，标志中国文明史的开端。国家必然具有这样那样的文明要素，但如以文字、青铜、城市这文明三要素，或再提出礼仪性建筑、统一宗教等因素，用以探索国家的诞生，并从全国范围收集证据加以论述，已证明很难奏效，必须确定探索国家诞生的新标准。笔者已提出用典型史前聚落群"都邑聚"金字塔形等级结构和原始城市的标准，探索我国国家的诞生，以找到一批最早的国家，确认我国文明史的开端 [2]。

国家脱胎于部落，是高于部落的稳定的政治实体，因此应当从国家的母体部落入手，采取典型解剖的方法，探索国家的诞生。典型史前聚落群，先是一个部落或

[1] 苏秉琦：《华人·龙的传人·中国人——考古寻根记》，辽宁大学出版社，1994年，第76页。
[2] 张学海：《城子崖与中国文明》《试论山东地区的龙山文化城》《东土古国探索》，《张学海考古论集》，学苑出版社，1999年。

部落的中心区，后是一个古国或古国的中心区。当群内聚落尚未形成"都邑聚"金字塔形等级结构时，表明社会分化尚不深刻，仍处在原始社会；当群内聚落形成金字塔形等级结构时，就说明群体的社会已形成金字塔形多级结构和分层秩序。这种社会结构是阶级社会（或称国家社会、文明社会）的基本特征之一，原始社会当然不会存在金字塔形等级结构，因此这种具有"都邑聚"金字塔形等级结构的典型史前聚落群，就是一个古国或古国的中心区。原始城市不同于一般的史前城。我国城产生于第七千年纪，这些原始城是氏族、部落的中心，不表示国家的诞生。原始城市的出现则要晚得多。原始城市意味着人口、手工业者、非货币形式的资本、享乐和需求的集中，它的产生需要更高的社会经济条件。原始城市必须具备三个要素：一、是个政治中心；二、人口相对集中，例如达到 3000 人左右，居民具有多种成分，尤其非农业人口和非体力劳动人口占有一定比重；三、存在手工业者阶层，是个手工艺技术中心。一般来说只有地区的政治、经济、文化中心才能具备这些条件，因此可以概而言之，原始城市是史前时期地区的政治、经济、文化中心。原始城市的出现，表明由城的产生而启动的城乡分离、城乡对立进程发展到更为深刻的新阶段。而城乡分离、城乡对立是阶级社会的又一突出特征。原始城市一般都是城，有的也未必有城垣，有无城垣关系不大。但这种原始城市必定是古国的都城，因此原始城市的出现，标志国家的诞生，其所在的聚落群必然是个古国或古国的中心区 [1]。采用这两项标准，也就是要运用典型解剖，从一种新的视角即从国家社会基本特征方面去考察中国国家的诞生过程。它具有较强的可操作性，能有效地在各大文化区找到一批最初的古国，解决国家起源、文明起源课题，确认我国文明史的开端。在对一个典型史前聚落群进行考察时，无需两者具备，两者居一就是国家。下面就来考察莒地的典型聚落群。

山东史前聚落群首先产生于半岛白石文化晚期。现有资料表明，山东内陆的北辛文化似未产生聚落群。大汶口文化早期（B.C.4200～B.C.3700 年），可能在薛河流域、泗河上游、古汶河流域、淄河中游、白浪河上游、沂河上中游、沭河上游等地，各自产生了聚落群，但群体规模很小，群内聚落不多。其中沭河上游的聚落群就是莒地大汶口文化第一群，即莒县中南部群。大汶口文化中晚期（B.C.3700～B.C.2600年），山东境内大汶口文化聚落群已近 40 群。其中规模最大的一批都分布于上述各流域，而莒县群则是聚落数量最多的一群，群内遗址达 41 处。分布于城阳、峤山、店子、大石头、龙山、中楼、寨里、陵阳、长岭、小店、桑园、招贤和沂南张家哨等乡镇，其中 39 处在莒县境内，内店子乡有 7 处，陵阳乡 6 处。群体范围东北到

[1] 张学海：《论山东地区的龙山文化城》，《张学海考古论集》，学苑出版社，1999年。

西南约 48、东西约 24 千米，面积 1100 平方千米，是处典型的大汶口文化聚落群，也是莒地唯一典型的大汶口文化聚落群。

聚落群的产生、发展过程，伴随着中心聚落、聚落分化和分层秩序的产生、发展过程。大汶口文化早期这方面的情形还不很清楚。大汶口文化中期，许多大中等聚落群都已出现大规模的中心聚落，例如滕州西康留、邹县野店、宁阳大汶口、章丘焦家、广饶傅家、莒县陵阳河遗址等，同时群内聚落也分化成大中小诸等级。目前尚不知莒县大汶口群中期和晚期阶段各有多少遗址，但早期阶段的遗址只是很少数，不妨暂把该群遗址作为大汶口文化中晚期阶段的一个群体，依据踏查资料考察其聚落等级结构，虽然这不是准确的结论，但可以了解聚落分化的大体情况。

这一考察既应有统一标准，又可就某一群体单独进行分析。笔者在《山东史前聚落时空关系宏观研究》一文中，曾把大汶口文化遗址区分为四个等级：一级遗址面积 20 万平方米以上；二级遗址 10 万平方米以上，不足 20 万平方米；三级遗址 3 万平方米以上，不足 10 万平方米；四级遗址不足 3 万平方米。以此标准衡量莒县大汶口文化聚落群的遗址，知有三个等级。一级遗址一处，系陵阳河遗址，面积 40 万平方米。二级遗址缺。三级遗址 21 处，其中店子乡略庄遗址、寨里乡前牛店遗址均为 9 万平方米；另有 6 万平方米的遗址 7 处；5 万平方米的 3 处；其余 9 处为 4～3 万平方米。四级遗址 14 处。群内虽未见二级遗址（实际上未必没有），但如果把三级遗址中的 9 万和 5、6 万平方米的遗址视为两个等级，把 4 万平方米以下的归为一个等级，则有四个等级。一级 1 处，二级 2 处，三级 10 处，四级 28 处，其金字塔形等级结构已很典型[1]。尽管地面踏查所确定的遗址面积，一般都不是准确数据，因而各等级的遗址和数量肯定有出入，但所反映的金字塔形等级结构将是事实。证明该聚落群的社会最晚在大汶口文化晚期阶段已进入阶级社会，应已建立国家。这从群内陵阳河、大朱村、杭头遗址的发掘资料可以进一步证明。

处于塔尖位置的陵阳河遗址，整体状况尚不清楚，但已先后发掘了大汶口文化晚期墓 60 余座，包括大中小三种类型。大小型墓分区埋葬，大中型墓埋于遗址北部，小型墓埋于遗址中部或偏南。大墓均有木椁，随葬品丰富，以陶器为主，流行酒器，大墓酒器约占大墓随葬品总量的 1/3。大墓均有筒形厚胎大尊，晚期大尊大多刻一图形文字，已见七种 13 字，即所谓大汶口文化陶尊文字。1979 年发掘的 6 号大墓，墓长 4.5、宽 3.8 米，有木椁，随葬品 206 件，陶器形大质佳，内有全套酿酒器，并随葬 21 件猪下颌，迄今为大汶口文化墓葬中随葬品和随葬猪下颌最多的墓。小墓墓圹一般长 2 米多，宽 1 米左右，随葬器物 10 件左右，最少的 7 件。墓葬反

[1]　苏兆庆：《莒县文物志·古遗址》，齐鲁书社，1993年。

映出贫富分化的深刻性，但未见赤贫如洗者[1]。这有两种可能，一是陵阳河是个中心聚落，总体来说比较富足；二是已发掘的墓不是最下层社会成员的墓，那些最贫困者可能另有墓地。参证呈子[2]、傅家墓地[3]的资料，后者的可能性也许更大，也可能两种情况同时存在。

群内第三等级的大朱村、杭头遗址，面积各6万平方米。大朱村1979年发掘了大汶口文化晚期墓31座，可分三组，墓葬亦有大中小之别，随葬品悬殊，一般20件左右，多的40～50件，最多达70件，少者仅数件，个别墓无随葬品。大墓也有筒形大尊，刻字者共6件[4]。1983年对杭头遗址做过试掘，也发现一件刻有安柄石斧图像的陶尊，或释为"斤"[5]。大朱村、杭头遗址的规格明显低于陵阳河遗址，但都出刻字陶尊，显然要高于第四等级的遗址，将可代表未经发掘的第二、三级遗址，说明莒县大汶口文化晚期聚落群的等级结构，是"都邑聚"金字塔形等级结构。陵阳河遗址相当于"都"，大朱村、杭头等12处二、三级遗址是"邑"（"邑"达12处过多，其中有些可能是四级遗址），四级遗址是村落，莒县大汶口文化聚落群无疑是个国家，不妨称之为陵阳河古国。不仅群内聚落"都邑聚"金字塔形等级结构和墓葬所反映的贫富分化、社会分化的深刻性，而且还有众多陶尊文字给予证明。陶尊文字虽仅一尊一字，但综合所出群内已出10余种20余字，既有象形，也有寓意字，其中的 ⚞ 字分别见于诸城前寨和蒙城尉迟寺遗址。前者尚在北面不远的莒地大汶口文化第二群内，后者则远在西方的安徽淮北，说明莒地应已存在超越文字萌芽阶段的原始文字[6]。其中的一部分单字被刻于陶尊，随葬于大墓，似属氏族、家族的标记，或具有后来姓氏、堂号的意义。这种陶尊大概是氏族首领、家族长用以祭祖、祈年之类活动的礼器，其形制的一致性，表明社会已形成统一的宗教意识，用以随葬，有如后来的青铜礼器。群内所出陶尊文字之多，既有象形，又有寓意，且都规规整整地刻于陶尊外壁，有的还涂朱，有的一再见于群体以外的不同地点，

[1] 苏兆庆：《莒县文物志·古遗址》，齐鲁书社，1993年；山东文物考古研究所：《山东莒县陵阳河大汶口文化墓葬发掘简报》，《史前研究》1987年第3期；王树明：《陵阳河墓地雏议》，《史前研究》1987年第3期。

[2] 昌潍地区文管组等：《山东诸城呈子遗址发掘报告》，《考古学报》1980年第3期。

[3] 1985年山东省文物考古研究所配合公路工程在傅家遗址南部北路沟100平方米范围，清理大汶口文化中期晚段墓201座，墓成三层叠压，约2/3无随葬品，有随葬品的墓一般也只有1～3件陶器，最多的5～7件陶器，也未超过10座。可见贫富分化、社会分化之深刻。

[4] 山东省文物考古研究所：《莒县大朱村大汶口文化墓葬》，《考古学报》1991年第2期。

[5] 山东省文物考古研究所：《山东莒县杭头遗址》，《考古》1988年第12期。

[6] 苏兆庆：《莒县文物志》，齐鲁书社，1993年；山东文物考古研究所：《山东莒县陵阳河大汶口文化墓葬发掘简报》，《史前研究》1987年第3期；唐兰：《中国奴隶社会的上限远在五六千年前》《再论大汶口文化的社会性质和大汶口陶器文字》，《大汶口文化讨论文集》，齐鲁书社，1981年；王树明：《谈陵阳河与大朱村出土的陶尊文字》，《山东史前文化论文集》，齐鲁书社，1986年。

都说明当时应已存在原始文字，陶尊刻字是其中一些单字，具有固定的形音义，为一定地域的大汶口人所知晓，而不仅仅是些徽记。虽然文明的形成不必非有文字不可，但是文字的产生无疑是文明的重要标志。

陵阳河的系统资料尚未发表，上限年代未明。大朱村墓地资料的上限年代为距今 4800 年，证明陵阳河古国的产生不可能晚于距今 4800 年，实际上可能产生于 5000 年前，这从其他地区大汶口文化的社会发展进程可以推知。野店、大汶口、傅家等中心聚落，大汶口文化中期已经实现了社会第二次大分工，贫富分化、社会关系分化在迅速发展，富有者与贫穷者已分区埋葬[1]。大汶口文化遗址距今 5700 年前的以 M2005 为中心的一组墓，证明当时不仅已出现严重的贫富分化，而且已存在家内奴仆和人身依附关系[2]；而位于陵阳河古国南面不远的江苏新沂花厅遗址，自大汶口中期晚段开始，社会上层人物已流行人殉。20 世纪 80 年代晚期在该遗址发掘的 10 座大汶口文化中晚期大墓，8 座有人殉，共殉 18 人，多者一墓殉 4～5 人[3]。人殉已如此普遍，证明大汶口文化中期晚段花厅的社会已是阶级社会。而大部大中等聚落群都出现于大汶口文化中期，群内聚落比较明显的等级结构也产生于中期。综合上述现象，可以断定距今 5000 年前后的大汶口文化中晚期之交，社会出现了质变，这时大部分大中等聚落群已由原始社会过渡到阶级社会，建立了国家。其中少数几个规模最大的聚落群正如花厅人殉现象所表明的，可能在 5000 年前的大汶口文化中期晚段进入阶级社会，其中包括莒县聚落群。所以陵阳河古国应诞生于 5000 年前，莒地是我国最早进入文明时代的地区之一。

龙山文化时期，聚落迅猛增长，山东境内已发现龙山文化遗址近 1300 处，是已知山东境内大汶口文化遗址的近三倍。聚落群的规模和群内聚落的等级结构得到了迅速发展，大部分聚落群都已发现大规模的中心聚落，群内聚落具有十分典型的"都邑聚"金字塔形等级结构，因而都是古国，有的已发展成方国。莒地自然不能例外。

莒地的四个龙山文化聚落群，除第三群是个小群以外，其余三群都是大中型聚落群，具有典型性。在分析各群聚落等级结构之前，先说明龙山文化遗址各等级的标准。综观龙山文化遗址的规模，笔者曾分为五个等级。一级遗址面积 30 万平方米以上，其中包括一些 40 万、50 万乃至 100 万平方米的遗址，因是地面踏查资料，非准确面积，目前难于细分，统归于一级遗址。二～五级遗址，依次相当于大汶口

[1] 山东省文物考古研究所等：《邹县野店》，文物出版社，1984 年；山东省文物管理处、济南市博物馆：《大汶口——新石器时代墓葬发掘报告》，文物出版社，1974 年。

[2] 山东省文物考古研究所：《大汶口续集——大汶口遗址第二、三次发掘报告》，科学出版社，1997 年。

[3] 南京博物院：《1989 年江苏新沂花厅遗址的发掘》，《东方文明之光》，海南国际新闻出版中心，1996 年。

文化一～四级遗址。如此，莒地龙山文化一群的 77 处遗址具有四个等级。一级遗址 1 处，为沂南大王庄乡龙角庄子遗址，面积 35 万平方米。二级遗址缺。三级遗址 3 处：莒县薄板台遗址 12 万，沂南蒲王 10 万，后王家哨 15 万平方米。四级遗址 34 处，内 9 万平方米的遗址 5 处，6 万平方米左右的遗址 9 处。五级遗址 42 处。该群属少数大规模龙山文化聚落群之一，群内遗址的踏查面积与实际面积可能有较大出入，群内本应有二级遗址，三级遗址数量也会更多。如果我们不用统一标准来衡量，单就群内遗址规模来考察，群内遗址可分五个等级。一级遗址 35 万平方米，1 处；二级 15 万平方米，1 处；三级 10 万平方米左右，7 处；四级 5～6 万平方米，9 处；五级 4 万平方米以下，59 处 [1]。群内遗址金字塔形等级结构已很典型，只是二、三、四级遗址的级差较小。一级遗址龙角庄子遗址位置偏西，可能不是中心聚落。因为该群遗址绝大部分（52 处）集中于莒县南半部，说明莒县南半部是该群的分布中心，本属莒地和整个大汶口文化最大聚落群的中心区，并发展成最大的龙山文化聚落群之一，其中心聚落理应在莒县境内。莒县南半部自北辛文化晚期以来，经历了两千年的发展历程，到龙山文化时期出现了如此之多的聚落，其中心聚落的规模多半会超过龙角庄子遗址，必然是个城，而且群内可能有成组的城，这从目前山东龙山文化城的资料来看，几乎是肯定的事实。龙角庄子遗址虽然未必是中心聚落，如果面积基本符合实际，肯定是个城，应是群内的一个"邑城"。

　　莒地龙山文化第四群，已知遗址 41 处，有五个等级。一级遗址 2 处，为日照两城、五莲丹土遗址，前者 100 万、后者 37 万平方米。二级遗址 1 处，系日照两城镇大界碑遗址，面积 27 万余平方米。三级遗址 3 处。四级遗址 19 处。五级遗址 16 处。一级遗址丹土已探出龙山文化城，面积约 25 万平方米 [2]。两城遗址也发现了城垣，目前范围未明 [3]。两城遗址总面积达 100 万平方米，应是本群的中心聚落，城可能要大于丹土龙山文化城，是都城。丹土则是"邑城"。丹土龙山文化城和两城龙山文化城相距 7 千米余，两者仅隔一丘冈，并无天然险阻，不可能是另一群的中心，所以应是"邑城"，隐示本群也可能存在龙山文化城组。其"邑城"的规模已达 20 余万平方米，可见本群发展水平之高，这或许和海上交通有关。

　　莒地龙山文化第二群，已知遗址 33 处，群体范围内的莒地大汶口文化二群只有遗址 6 处，群内龙山文化遗址是大汶口文化遗址的五倍多。聚落的急剧增长，必然伴随着聚落分化的深刻发展，群内聚落已达到 33 处以上，如此规模的龙山文化聚落群，群内聚落都已形成金字塔形等级结构，因缺部分遗址面积的资料，一时不

[1] 山东省20世纪80年代文物普查资料。其余龙山文化聚落群同此，不另注。
[2] 山东省文物考古研究所1995年勘探。
[3] 中美两城地区联合考古队：《山东日照市两城地区的考古调查》，《考古》1997年第4期。

便查核，详情暂略。

以上三群都具有金字塔形等级结构，其社会性质都是阶级社会，是三个龙山文化古国。在第一群范围内早在5000年前已出现陵阳河古国，此时已发展成莒地规模最大的龙山文化古国，也是龙山文化少数规模最大、人口众多的古国之一。龙山文化第四群的都城两城遗址，总面积达100万平方米，城的规模想必相当宏大。其邑城丹土城面积25万平方米，是现知山东境内10余座龙山文化邑城中规模最大的一座，也远远超过了一些龙山文化古国都城的规模，证明两城古国也是个重要的龙山文化古国。龙山文化第二群所代表的古国，处于沭河、潍河源头和上游地区，自然地理条件较差，国势也将逊于莒县和两城龙山文化古国。至于龙山文化第三群，已知遗址虽只有13处，但其中心聚落尧王城遗址面积达48万平方米，已发现城垣线索，估计城的规模也将相当可观。尧王城、东海峪具有先进的建房技术。尧王城流行土坯砌墙，室内地面亦铺土坯；东海峪住房普遍建在地面上，房基夯筑隆起，墙外四周有缓坡形"散水"，以泥块叠墙，墙厚而规整，房子成排排列，而且流行石棺葬，石棺墓通常随葬蛋壳高柄杯。该遗址所出陶器制作精美，工艺水平并不比两城遗址多么逊色，而其面积只有5万平方米左右，充其量相当于邑，表明该群聚落虽少，但并不是个发展滞后的群体，且有大规模的中心聚落尧王城，肯定也是个龙山文化古国。龙山文化时期，莒地已由一个大汶口文化古国发展成四个龙山文化古国。

<h1 style="text-align:center">三</h1>

总括全文，莒地具有数十万年的文化根系，1万余年的文明起步，五千余年的文明史。约在5000年前的大汶口文化中期晚段，首先在莒县境内诞生了陵阳河古国，这是莒地唯一的大汶口文化古国，当时莒地其他地区仍处在氏族社会，散布着一些氏族或小部落。陵阳河古国诞生以后，经历了500年左右的历程，发展成以莒县中南部为中心的大规模的龙山文化古国，同时在其北面河谷地区和东面沿海地区也出现了两城、尧王城等龙山文化古国，莒地出现了龙山文化古国群。莒地以莒县为中心由原始进入文明和文明初步发展的历史进程，证明莒县与莒地是中国东土文明的一个重要中心，这一历史进程也是中国东方古史发展的缩影，莒县与莒地对解决我国文明起源、文明初步发展和中国早期国家的形态等重大史学与理论课题，具有重要意义。大汶口文化晚期和龙山文化时期，考古界称为龙山时代，约当中国古史传说时期的五帝时代。龙山文化下限年代距今4000年左右，约在夏王少康时期，岳石文化约起自王杼时期，莒地作为中华古文明的中心之一，一直延续到夏代初年。

随着少康中兴，夏人征服东夷，东夷势力走向衰落，莒地虽偏处东海，也在劫未免，但莒地仍存在东夷国家，"山高皇帝远"的地理条件，可能有利于其逐渐恢复元气。至于夏代莒地有几个东夷古国，其中是否就有莒国，已见于卜辞的晚商莒国是否就在莒地，目前尚难回答。但可以确认，西周初年莒建国于莒地，直至战国早期灭于楚，始终是鲁东南地区的主要诸侯国，一个见于经传的屡屡兴风作浪、时而和鲁、齐大国抗衡的国家。何以如此？追本求源，莒地灿烂辉煌的史前文明，源远流长的历史文化传统，无疑是个重要原因。

原载《莒文化研究文集》，山东人民出版社，2002 年；后收入《张学海考古论集》，学苑出版社，1999 年

莒史新探

经传所见之莒国，是山东东南部的主要诸侯国，莒县莒故城一向被认为是春秋莒都。莒和齐、鲁成鼎足之势，国力虽逊于齐、鲁，却相当活跃，时而与大国抗争，战国中期为齐威王所灭，其文化发展水平颇高而具特色。杜预《氏族谱》说，周武王封少昊之后兹与期于莒，嬴姓。《汉书·地理志》琅邪郡莒县下自注："莒子起于计斤，后徙此。"《水经·淮水注》则说莒起于纪鄣。纪鄣在江苏连云港市赣榆县东北境，近海；计斤即春秋介根，都说在胶州市西南，两地东北、西南相距 120 千米以上。班固、郦道元的所谓"始起"，当指周武王的分封，其实卜辞已屡见伐莒，说明至少晚商已有莒国，此莒与周代之莒无疑是一国，可见汉魏人已不知莒真正起于何时何地，有关文献不足为凭。按山东春秋时期的政治地缘和情理分析，莒在春秋争霸的形势下虽有明显发展，但作为鲁东南地区主要国家的地位并不在春秋时期才形成。商王所伐的莒应在鲁东南地区，卜辞有时称为"莒方"，既一再被伐，说明晚商的莒就已是该地区的主要方国，直至灭亡，其地区的首要国家的地位未变。鲁东南地区既是东夷的大后方，又是东夷部族的主要发祥地之一，这种人文地理背景下的晚商方国莒国，必然是个东夷之国，她之成为该地区的主要东夷之国同样不会起于晚商，应有更长的历史。作为该地区的主要东夷国家，她将继承本地区文明的主要成果，并主要代表了该地区的东夷文明，因此我们可以通过考察鲁东南地区文明与国家的诞生发展过程及其主要代表来探索莒国的历史发展线索。本文将主要依据考古资料对此进行探索，对拙文《试论莒地古文化古城古国》[1] 提到的有关问题作进一步论证。

鲁东南地区位于泰沂山脉的东南侧，东临黄海，泰沂山脉最东一支的五莲山自东北到西南坐落在该地区的东部，区内山地、丘陵、平原交错，河流纵横，以沂河、沭河为主，分别发源于鲁山、沂山南麓，属淮河水系。鲁山石灰岩溶洞发育，区内属暖温带季风区大陆性气候，为古人类与先民生息繁衍提供了良好的自然环境。在20 世纪 80 年代的全国文物普查中，在沂河流域等地发现了沂源猿人头盖骨化石和沂水上崖洞等旧石器早期洞穴遗址与旧石器地点，距今约三四十万年；发现了成百

---

[1] 张学海：《张学海考古论集》，学苑出版社，1999年。

处细石器地点与遗址，年代约从 2 万年到万年以里。此前已发现距今 10 万年以内的沂源千人洞遗址和 3 万年左右的新泰智人牙齿。证明该地区存在长达数十万年的旧石器时代，是我国古人类生息繁衍的中心之一，并具有明显的由沂河源头逐渐沿河而下到达平原的趋势。但在细石器文化以后至北辛文化之末的 3000 余年间，文化还是空白，这将不是文化断层。因为 20 世纪 80 年代晚期以后，在泰沂山北侧山前地带自东而西相继发现了后李文化、西河文化、长清月庄一期遗存和张官一期遗存，前两的年代从距今 8500 年前后到 7000 年以前与 7000 年左右，后两的年代约当 7000 年左右到北辛文化中期阶段，而早就发现的泰沂山脉西南侧的北辛文化，年代早到距今 7500 年，就是说环泰沂山山前地带的其他方面都已发现 7000 年以前的有陶新石器文化，不可能唯独自然地理条件更为优越的东南侧地区却存在数千年的文化大断层，今后无疑将会逐步填补目前的文化空白。

自北辛文化晚期以后，鲁东南地区已形成晚期北辛文化、大汶口文化、龙山文化、岳石文化连绵不断的文化体系，而沂沭河流域大汶口、龙山文化遗址多而密集，似已成为当时最主要的分布中心，为我们考察鲁东南地区文明与国家的诞生提供了重要基础。以下将从史前聚落群的产生、发展、变化进行考察，以史前聚落群体聚落"都邑聚"金字塔形等级结构的视角和标准，论证该地区国家的诞生与发展。

依据目前海岱文化主要是山东地区的聚落时空关系资料，聚落群是在聚落产生以后很久很久才出现的。目前的资料表明，海岱地区聚落群首先出现于胶东半岛的白石文化晚期，当时山东内陆的北辛文化尚未见聚落群，已发现的三四十处北辛文化遗址稀疏地分布于环泰沂山山前地带的 20 余个县市区，基本上一县市一处，仅有数个县市发现 2～4 处，充其量当时只能出现刍形聚落群。大汶口文化早期的遗址情况了解不多，未能确指是否产生了聚落群，估计此时应已存在一些小聚落群。大汶口文化中期，聚落群的数量和群体的规模都得到了迅速发展，至大汶口文化中晚期之交山东境内的聚落群已近 40 群，而成为当时聚落存在的主要形式。群内有聚落 5～41 处不等，其中聚落在 11 处以上的大中等群体 14 群，内有聚落 26 处以上的大群 5 群。除了这些聚落群以外，仍有大量聚落零星散布于各群体之间和文化区的边缘地带，远离群体，难以归入某群。综观大汶口文化中期的聚落群，总体来说群内聚落不多，基本上未形成"都邑聚"金字塔形等级结构，说明社会分化还不很严重，社会分层秩序尚不明显，表明这时的聚落群仍处在早期发展阶段。其中的大中等聚落群，笔者认为是些成员较多，发展程度较高的部落，而那些小聚落群和零散聚落则是大量的小部落、氏族和家族。国家将首先从那些大中等聚落群体、即发展程度较高的部落中诞生。由于历史发展的不平衡性，部落向国家过渡是陆续发生的，并不是整齐划一的，因此众多的早期国家必然和大量的部落、氏族共存，正是这些国家和部落、氏族共同构成五帝时代的"万国"。五帝时代中华"万国"林立的记载和当时聚落以聚落群和零散分布的两种形式存在于中华大地的情景十分一致，说明当时"万国"林立的记载接近史实，并非神话，只是这"万国"中包含了大量的国家、部落和氏族。其中的国家是早期国家，国土很小，"万国"本身和夏末的汤仅有地"方百里"或"方七十里"，齐鲁之封均为"方百里"等记载足以证明。这些早期国家的人口约有数千人到一二万人，国家机器当然也不会是很完善的，这些都表现了早期国家的原始性，所以我们称之为古国。古国就是早期国家、原始国家。这里古国不指一般意义的古代国家，而是代表中华国家的早期阶段，这是我国已故著名考古学家苏秉琦先生首先提出的。古国既首先由人口较多、发展程度较高的部落发展而来，而聚落较多的聚落群就是这类部落，它们的开始出现不会早过距今6000年前后，到大汶口文化中期得到较明显的发展。因此聚落群的出现标志原始社会开始进入瓦解阶段，它撕开了原始社会的一大裂口，迈出向文明过渡的步伐，它的发展将逐渐送别原始社会，迎来一个新社会——阶级社会。海岱地区这个由原始向文明的过渡阶段，大约经历了1000年左右，系统考察大汶口文化大中等聚落群的产生、发展、变化过程，将可以把握由部落到国家诞生的过程，确认一批古国。

现在我们就来考察鲁东南地区的大汶口文化聚落群。该地区现知有8个大汶口文化聚落群，即：苍山南部群，聚落19处；平邑北部群，聚落31处；临沂西部群，聚落15处；临沂东部群，聚落7处；临沂北境、沂南东南部群，聚落6处；莒县东南部群，聚落41处；沂水、莒县、诸城、五莲的潍河源头群，聚落6处；日照、五莲的付疃河流域群，聚落5处。其中大致属于春秋莒地的主要是后四群，只有莒县东南部群是个大群，而且是已知大汶口文化聚落群体中聚落最多的一群，其他三群均属最小的聚落群，暂可勿论。

莒县东南部大汶口文化聚落群，位于五莲山西侧，沭河中游的低山、平原地区，聚落集中于县城周围到莒县东部、南部偏东的城阳、峤山、店子、大石头、龙山、中楼、寨里、陵阳、长岭、小店、桑园、招贤等乡镇，而以店子乡、陵阳镇最多，前者7处，后者6处。群体东南两面为五莲山，西、北面有广阔地区未见大汶口文化遗址，群体范围明确，占地约700平方千米。目前还不知该群体何时产生，估计不应晚于大汶口文化中期，发展成聚落最多的一群则应在大汶口文化晚期，即属于距今5000～4600年的聚落群体，现按晚期群体分析。群内聚落已由中心聚落、中级聚落和三级小聚落构成金字塔形等级结构[1]。

[1] 张学海：《山东史前聚落时空关系宏观研究》，《张学海考古论集》，学苑出版社，1999年。本文各群聚落的等级均按中心聚落、二级（中级）聚落、三级聚落三个等级来划分，和前文以及《试论莒地古文化古城古国》一文中划分更细的等级不同。

处于塔尖位置的中心聚落陵阳河遗址，位于陵阳镇驻地。遗址东北到东南有丘陵环绕，西南和西面连接莒县中部平原。2000 年 10 月笔者趁参加莒文化研讨会之机，和莒县博物馆苏兆庆、张建平、刘云涛诸同仁共同进行了考察，得知遗址总面积确为 50 万平方米，而非原先报道的 15 万平方米，文化遗存主要属大汶口、龙山文化，大汶口聚落主要在遗址东、中部，面积在 30 万平方米以上，龙山文化主要在遗址西部。陵阳河自东而西穿过遗址中部，乡民告知河仅有百来年的历史，原为一步可跨的小水沟。在遗址东沿南段、庙北村东头约 40 米的陵阳河北崖，暴露大汶口文化夯土，东西宽约 16、残高约 0.5 米，筑于基岩上，向北延伸 150 米被陵阳粮库所压，应为大汶口文化城垣遗迹。庙北村隔河南对大庙村，村东南紧挨凤凰岭西头，岭西头系一近圆平顶的岩石山岗，面村的北坡缓矮，南坡颇陡而深，东南遥对马髻山主峰，宜于用作祭台，家住村东南头的老支书告知，道光年间发大水，冲掉半个凤凰岭，所冲之处即在该村东南村头的山岗东北坡一带，应是东垣南头，不然再大的山洪也不能冲毁岩石山岗。今村中仍有四五十年到百余年的土坯墙老房，土坯每每含大汶口文化陶片，当时村民大都在邻近打坯建房，知大庙村坐落于遗址的东南隅，遗址南依山岗，庙北村村东的城垣应向南延伸和大庙村南的山岗连接，共长约 400 米，初步证明陵阳河大汶口文化聚落是座城。在遗址西沿集西头村西的陵阳河南侧，发现龙山夯土，越河经西北场村西被村子所压，共长 100 余米，呈西南东北走向，应是陵阳河龙山文化时期的西城垣，初步证明龙山文化时期的陵阳河仍是座城。陵阳镇原有 12 个村子，号称"十二陵阳"，上述各村均在其内，今已完全连成片，形成一个大镇，几乎占压了整个遗址，仅东南角与西南角有少许仍属村头耕地，也已被山洪冲毁和晚期破坏，城的总体情况已无法搞清。所幸 20 世纪 60 年代到 1979 年曾累计清理了 60 余座大汶口文化晚期墓，可窥陵阳河大汶口文化城内涵之一斑。

这批墓葬包括大中小墓三类，大小型墓已分区埋葬，大墓在遗址北部，小墓在中部偏南，大墓均有木椁，随葬品丰富，以陶器为主，盛行酒器随葬。其中最大的 79M6 号墓，墓穴长 4.5、宽 3.8 米，木椁，随葬品 206 件，内有全套酿酒器和 21 件猪下颌，为迄今器物和猪下颌最多的大汶口文化墓。大墓均有厚胎筒形大口尊，偏晚的大口尊大多刻一图形文字，已见 7 种 13 字。小墓墓穴一般长 2、宽 1 米左右，随葬品 10 件上下，最少的 7 件。墓葬反映了贫富分化的深刻性，但未见赤贫如洗者，这很可能是未发现，也可能反映了作为中心聚落总体上比较富裕。从遗址的规模、城的线索、大墓和文字分析，陵阳河中心聚落已具有都城的性质。二级遗址 12 处，面积 5～9 万平方米，其中略庄、前牛店遗址各 9 万平方米，大朱村、杭头遗址各 6 万平方米，1979 年在大朱村遗址发掘了 31 座大汶口文化晚期墓，亦有大中小之别，随葬品多寡不同，多者 40～50 件，最多的 70 件，一般 20 件左右，少者仅数件，个别墓无随葬品,大墓也有筒形大口尊,刻字者共 6 件。1983 年在杭头遗址的试掘,也发现一件刻有带柄石锛图像的大口尊,论者释为"斤"字。由上可以看出这些二级聚落的总体水平远低于陵阳河中心聚落,但无疑高于一般小聚落,其中不少应具有"都"下的"邑"的性质。三级聚落 28 处,面积都在 4 万平方米以下,相当于村落。证明该群体聚落的"都邑聚"金字塔形等级结构已相当典型。尽管由于地面踏查提供的遗址面积不是准确的聚落面积,按踏查面积确定的二级聚落数量嫌多,三级聚落中的有些面积也嫌大,因而所定的二三级聚落的规模与数量和实际将有出入,但所反映的聚落金字塔形等级结构已毋庸置疑,表明社会已形成分层秩序,加上墓葬贫富严重分化所反映的私有制的完全确立和文字的存在,证明大汶口文化晚期该聚落群已是个古国,约诞生于 5000 年前后。这是春秋莒地唯一的大汶口文化古国,也是当时为数不多的海岱地区最早的国家之一。为表述方便,称为陵阳河古国。

春秋莒地的其余三个大汶口文化聚落群,均是只有五六处聚落的小群,估计各群人口约 1000 人左右,不可能是古国,它们仍是些部落。但到龙山文化时期,春秋莒地的四个大汶口文化聚落群无例外地得到了显著发展,并产生了新聚落群。

这时,直接承袭陵阳河古国的龙山文化聚落群体,已发展成大规模的聚落群体,聚落增至 77 处,群体范围扩大到莒县全境(极东北部与极西南境除外),包括沂水东南部和沂南最东部,占地约 2500 平方千米。聚落绝大部分在莒县,共 52 处,沂水县占 17 处,沂南县 8 处。群内聚落"都邑聚"金字塔形等级结构比陵阳河大汶口文化聚落群更加典型。中心聚落段家河遗址面积约 100 万平方米;二级聚落 8 处,面积 35 万到 10 万平方米左右,其中沂南龙角庄遗址 35 万,后王家哨 15 万平方米,其余均为 10 万平方米左右;三级遗址 67 处,面积 6 万平方米以下,其中有 9 处 5～6 万平方米,其余都在 4 万平方米以下。它不仅是春秋莒地聚落最多的龙山文化聚落群体,也是龙山文化聚落群体中数个最大规模的群体之一,如按每个聚落平均 250 人计,人口约有 2 万,这种龙山文化大聚落群体无疑都是古国,但要做出证明必须确定具有都城性质的中心聚落。原来只知群内的龙角庄遗址面积为 35 万平方米,却处于群体西缘的沂南东境,这里本无大汶口文化聚落群,龙山文化遗址也很少,龙山文化遗址主要集中于莒县,因此龙角庄遗址不像是该群体的中心聚落,中心聚落应在莒县境内,最可能在原大汶口文化聚落群范围内。莒县博物馆的同行虽知薄板台、段家河遗址是一处龙山文化遗址,但考虑到保护责任公布为两处遗址,而且面积都很小,所以文物考古界一直不知莒县境内有大规模的龙山文化遗址,使该聚落群是龙山文化古国缺乏必要的证据。2000 年 10 月我们考察了薄板台—段家河遗址,初步确定是该龙山文化聚落群体的中心聚落,现称为段家河遗址。

段家河遗址位于莒县东南境龙山镇薄板台、段家河村之间，遗址自薄板台村南向南延伸至段家河村西南，段家河村坐落遗址东部，遗址南北、东西各约 1000 米，面积约 100 万平方米，主要属龙山文化。遗址西北面有丘陵环绕，西南面开阔，东临段家河古河道，今河自北而南穿过段家河村东的遗址东边缘，系晚近的新河道，为山间小溪。遗址以东约 8 千米，龙山南北屹立，构成聚落的天然东屏障，山东为五莲、日照县，山地宽广，属五莲山中段。龙山北端的主峰桥子山，海拔 656 米，属莒县最高山，由段家河村北东望，三峰如笔架突起，形胜颇佳，桥子山和段家河村北裸露于地面的基岩东西相望，基岩当遗址东北角，疑其上可能筑有祭坛，如得到证实，将为遗址的性质提供重要证据。段家河东岸地形低于西岸 2～3 米，在段家河村东北不远的河东岸，有南北略长的不高的土丘，承包了这片土地的段家河的一户村民已平整成缓坡形耕地，但丘顶尚有长 20 余、宽约 2、高约 0.5 米的一段未平整，断面显示清晰的龙山文化夯土，知是段夯土墙遗迹，略呈西北、东南方向，俗称此处为"城头"。城头东侧为水沟，才修成二级鱼池，清淤时在沟底挖出大量黑淤泥，内含大菱角、朽木等物，淤泥被作为土肥覆盖在附近的菜地上，下级鱼池西崖北部有清晰的夯土墙基，其内侧为基岩，知墙贴基岩上筑，系"城头"的东南端，北距"城头"北端约 50 米，水沟实为城壕遗迹，俗称水沟处为"城口"。越过鱼池，有土岭向南延伸，长百余米，上栽苹果树，岭外侧坡大而成深涧，应为段家河古道，内侧成漫坡而与今段家河河滩连接，在内坡南北端钻探，地下均见夯土，知土岭亦为夯土墙遗迹，俗称土岭为"城子"。自"城头"北端到"城子"南端长约 300 米，在城头南端与城子北端之间有段拐弯，城子南端逐渐倾斜而成宽广河滩，山洪并冲毁了段家河村南的大片地段，夯土墙走向已不可知。此段夯土墙当遗址东北沿和东沿北部，显然是段城垣垣基，虽因下起雨而未能查找北垣、西垣位置，但已可肯定段家河遗址是座龙山文化城，遗址规模之大想必城的面积亦不会很小。段家河遗址的规模目前只有两城遗址与之一致，是陵阳河古国都城陵阳河遗址的两三倍，聚落也远远超过该古国的聚落，这种最大规模龙山文化聚落群的最宏大的中心聚落是都城将不成问题。龙山文化时期，陵阳河古国已发展成更大规模的段家河古国，不仅段家河、陵阳河遗址是城，龙角庄遗址的规模表明可能也是城，古国内将存在包括中心城与二级城的成组的城。

同时，沂南东南、临沂极北、莒县极西南、莒南极西北部的大汶口文化聚落群（聚落 6 处），发展成已有聚落 49 处的中等龙山文化聚落群，内有沂南葛沟遗址面积近 100 万平方米，临沂张家寨里遗址面积 75 万平方米，未详何为中心聚落。沂水东北、莒县极东北、诸城西南、五莲西北部的潍河源头大汶口文化聚落群（聚落 6 处），也发展成有 33 处聚落的中等龙山文化聚落群体，中心聚落未详。五莲、日照付疃河流域的大汶口文化聚落群（聚落 5 处），发展成已知有 13 处聚落的龙山小群，聚落虽少，中心聚落尧王城遗址的面积却达 52 万平方米，也已发现城垣线索，在其东北濒海的东海峪遗址，有成排的低台基方形房子，石棺墓大凡有蛋壳陶高柄杯，属于二级聚落址，说明该群体社会发展未必滞后，估计应有更多的聚落。这时还在日照极东北、五莲极东南、诸城东南和胶南东南部一带出现了龙山文化聚落群，已知聚落 41 处以上，中心聚落两城遗址约 100 万平方米，和段家河遗址同属目前仅有的两处最大的龙山文化遗址，内涵极其丰富，曾出刻纹玉斧、大玉刀等玉礼器，也已发现城的线索；在其西北仅七八千米的五莲丹土遗址，已证实是座大汶口文化晚期到龙山文化时期的城，大汶口阶段城的面积 16 万平方米，龙山文化时期此城进一步扩大，很可能该群也有成组的城，但群内仅见个别大汶口文化遗址，未见聚落群，充其量也只能存在大汶口小聚落群。由上已见龙山文化社会迅猛发展之一斑。这些龙山文化聚落群体已知的中心聚落规模宏大，且都是城，均已具备都城性质，群内聚落都具“都邑聚”金字塔形等级结构，因而都是龙山文化古国，春秋莒地已由唯一的陵阳河大汶口文化古国发展成 5 个龙山文化古国的古国群，而以莒县为中心的段家河古国为首，龙山文化时期的莒县仍是该地区文明的主要中心 [1]。

龙山文化发展为岳石文化，岳石文化约当公元前 2000～前 1200 年左右，约属夏王杼到商代后期前段的东夷文化，但其消失年代东西悬殊，鲁西南地区最早结束，半岛地区最晚消失，鲁东南地区估计应消失于后商早期阶段，约在盘庚迁殷以后不久消失。岳石文化既然大约产生于王杼时期，那么少康到禹应处龙山文化的最后百年，即处于公元前 21 世纪。但春秋莒地的这些龙山文化古国是否都延续到早夏尚是个问题，因为和鲁中南、鲁西南的龙山文化相比较，鲁东南地区少见前者最晚阶段的龙山文化。然而鲁东南地区既是夷族的大后方，又是东夷文化的大本营之一，按情理该地区的龙山文化古国应和龙山文化相终始，其下限延续到夏初，也许山东西部龙山文化的演化轨迹不能概括整个龙山文化，究竟如何，还需深入研究。

山东境内岳石文化遗址只发现 300 处左右，比大汶口文化遗址少得多，固然因岳石文化长期混合于龙山文化之中，直至 20 世纪 80 年代初才被析离，因此在 80 年代的文物普查中可能仍有许多岳石文化遗址混同于龙山文化遗址，但岳石文化遗址比龙山文化遗址少得多，岳石文化比较于龙山文化存在突然衰退现象，也是事实。这一事实应当是少康中兴，夏人征服东夷，海岱地区人文环境出现了剧变，导致东夷文化发生突变的反映。尽管如此，东夷只是受到了重创，人口剧减，大量聚落被毁或放弃，并未被消灭，夏王朝的东界始终未越鲁豫接境一带，并未向东推进，东夷地区自然仍会有许多国家，文献也不乏夷人朝觐夏王的记载。当时山东西部地区

[1] 张学海：《山东史前聚落时空关系宏观研究》，《张学海考古论集》，学苑出版社，1999 年。

有曹县的有莘，阳谷、梁山一带可能有虞，禹城、济阳一带可能有鬲，章丘有谭或先谭之国，曲阜一带有皋陶，滕州有薛等主要东夷国家。山东东部离夏人更远，将存在一些东夷国家可想而知，而春秋莒地的龙山文化古国即非全部也将大部发展为岳石文化国家。

综观鲁东南地区的岳石文化遗址，目前以莒县发现较多，苏兆庆《莒县文物志》发表了 10 处遗址，作者告知这仅是比较单纯的岳石文化遗址，有些不以岳石文化遗存为主的遗址不在内，例如陵阳河、三角汪村东南遗址等，估计段家河古国的龙山文化遗址中可能还含有不少岳石文化聚落址。其他县市和龙山文化古国范围内都只见个别或数处岳石文化遗址，有的则一处不见，自然也不会是事实。目前我们只能依据莒县有较多的岳石文化遗址，推测春秋莒地岳石文化时期的主要中心仍在莒县，以待今后验证。

莒县的岳石文化遗址以城阳镇的塘子遗址最大，面积 15 万平方米，附近有马庄、桃园、三角汪东南、三角汪西北多处遗址，均在沭河以西的平原地区，在县城东关和县城东北到西北一带不远。居东北的塘子遗址北部已受窑场破坏，2000 年 10 月我们在东北隅的取土场西边发现夯土遗迹，夯土如生土，其上残存稀薄而零碎的文化遗存，夯土似为一处建筑基址，东面已挖掉，西面尚未到边，如果原本是处规模颇大的夯土建筑基址，聚落面积确实有 15 万平方米，甚至更大，塘子就可能是莒县岳石文化的中心聚落，为这里存在岳石文化国家提供了初步证据。由于目前还不能肯定塘子遗址是否中心聚落，莒县已知的岳石文化遗址毕竟不算多，而且都未做过发掘，不知这里岳石文化的发展轨迹，是否包含了岳石文化的全过程，鲁东南其他县市和龙山文化古国范围的岳石文化就更加不清楚了。因此岳石文化时期的情况，成为当前探讨鲁东南地区文明与国家的发展过程和莒国史的一大难点。必须先做好基础工作，摸清岳石文化遗址的"家底"，确定有哪些聚落群及其中心聚落，再对典型聚落群的典型遗址进行发掘，才有可能前连该地区的史前文明，后接晚商、西周的国家，特别是莒国。目前只能一般性地推理该地区将有一些岳石文化国家，但就莒县来说还是有一定的考古资料作依据的，存在岳石文化国家基本上是可以肯定的。

以上大略论述了春秋莒地国家的诞生和初期的发展，莒县是该地区文明的主要中心，在这里首先诞生了 5000 年的该地区唯一的大汶口文化国家陵阳河古国，发展为该地区首要的龙山文化国家段家河古国，莒县相对较多的岳石文化遗址表明这里有个岳石文化国家，可能仍是该地区文明的主要中心。在当时的历史条件下，三者最可能是同一国家，顺理成章，一脉相传，并发展到晚商。即使其间发生过"易宗别主"，也可能如寒浞取有穷，田氏代齐那样，国家与文明都在继续。卜辞所载晚商的虘与敱方即莒国，基本上可以确定是鲁东南沂河以东地区的强国，晚商时期在南四湖、泗河以东到沂河以西地区，存在奄、薛（曾称邳，即上邳）、邾、徐、费、颛臾等国，临沂的鄅可能也起于商，区内有大面积的山地、丘陵，所以已不能再容纳一个较强的莒国，莒理应在沂河以东地区。该区的莒县，四面环山，中间丘陵、平原、洼地交错，沭河自北而南纵贯全境，有 24 条 10 千米以上的支流汇入沭河，属暖温带季风区大陆性气候，构成古代社会发展相当优越的地理单元，既是鲁东南东部地区史前文明的主要中心，又是春秋莒国的腹心区，因此晚商莒国最可能在莒县，她的地区强国地位很可能是由陵阳河古国一脉相传的。当夏人征服东夷时，这里也受到打击，人民因被杀和逃散而大幅减少，但夏人的征伐是短期军事行动，并非长期占领。当夏军压境时，可以臣服，也可进入山地或稍稍外迁避其锋芒，回旋余地极大。夏军撤退以后，即可回故地，重整家园，休养生息，逐渐恢复元气。到商后期大概已经强盛起来，和其他一些东夷强国一起构成商王朝的威胁，而莒国处于海隅的地理位置，有可能成为夷人反商的重要后盾。因而商王一再伐莒，旨在摧毁危及王国安全的敌对势力，并非一般的开疆拓土。所谓莒起于计斤或纪鄣，说明商王的征伐在军事上达到了目的，逼莒离开了赖以起家、发展的根据地，但王国并未因此而巩固，在压制了东夷势力之际，却被"西夷"周人所取代。

至于莒究竟是由莒县迁于计斤还是迁于纪鄣，目前还难定，但迁于纪鄣的可能性也许更大。纪鄣在江苏赣榆县东北境，五莲山东南侧，濒海，春秋时属莒之东南边邑，鲁昭公十九年齐人伐莒，莒子奔纪鄣，可能就有纪鄣曾是莒故都之因素。纪鄣城址仍在，年代未详。在赣榆县城西南今有村庄名大莒城与小莒城，东西相距约 1.5 千米，尚有城垣遗迹，如能查明此城与纪鄣城的年代与内涵，将可确定哪是纪鄣城，并为莒是否迁于纪鄣提供重要线索。成王东征，《孟子·滕文公》下篇有周公"驱飞廉于海隅而戮之"的记载，此海隅应是山东、江苏接境一带的滨海地区，纪鄣即在其中。成王乘灭商之势，兵锋锐利，莒方新迁，国小力单，只能臣服，得到认可而得以留存，这可能就是周武王封莒的历史背景，实际上应在成王时。西周晚期，王室衰弱，莒偏于海隅，鞭长莫及，乘机迁回莒县老家，国力渐强，而成为活跃于春秋历史舞台的一个诸侯国。

莒迁回莒县后，国都并非莒县城区的莒故城。此城面积近 25 平方千米，有内外城，内城面积 3 平方千米，这一规模比当时齐、鲁的都城大得多。春秋齐都临淄城面积不过 12 平方千米上下，战国早期在西南郊另建宫城与春秋城衔接，总面积不过约 16 平方千米；鲁都曲阜城面积只有 10 平方千米，薛都薛城仅一平方千米左右。古代国都的规模和综合国力成正比。《管子·权修》说："地之守在城，城之守在兵，兵之守在人，人之守在粟，故地不辟，则城不固。"又《八观》曰："夫国城大而田野浅狭者，其野不足以养其民；城域大而人民寡者，其民不足以守其城。"《管子》虽非春秋著述，但反映了当时齐国的经济、政治、军事思想，莒虽非"小国寡民"之国，也只是个春秋三等诸侯国，地窄人少，国力无法与齐鲁相比，较薛稍强，其都城规模充其量也只能稍大于春秋薛都，恐难以和齐鲁之都城相提并论。近20年前莒故城地面城垣仍较长，今内城南垣大部尚在，断面均只见战国、汉代夯土，未见春秋夯土，内城南垣中段外侧有明刀铸址，郭城东北隅东关五街北有西汉半两、五铢钱铸址，内城西南角外造纸厂一带有西汉制陶遗址，因而已可初步断定莒故城是战国田齐的莒邑和汉城阳王王都，而非春秋莒都。春秋莒都很可能是钱家屯遗址。

钱家屯遗址位于莒故城西北城角以外约1千米，苏兆庆先生曾多次对笔者提起可能是座城址，并认为城阳可能因处此城之南而得名，如同陵阳因处城阳王刘章陵墓之南而得名，但钱家屯是否城址一直未能证实。2000年10月我们共同考察莒县若干重点遗址时，首先考察了钱家屯遗址，证实是座城址。该城址东距县城西边的南北公路200余米，西临柳清河，平面呈竖长方形，南北约1400、东西约700余米，面积约1平方千米，城垣规整，城角方拐。东南城角压在钱家屯村西北部下，向西经潘家屯村村南在村西100余米处北拐，是为西南城角。村西头至西南角处村民辟成小断崖，外侧为水渠，应为城壕遗迹，在西南角以东数十米处钻探，地下有城垣夯土。由西南角向北至三角汪村西南头，原来地貌如地堰高起，今仍微隆，外侧即柳清河，已淤塞成耕地。在西南角以北近200米处钻探，地下不深即见夯土，深褐色而夹黑土，含龙山文化细碎陶片，似曾挖取龙山文化堆积夯筑（此处城垣以东有龙山文化遗址）；三角汪村西南头有机砖窑，窑场西南的取土坑西边挖掉了西城垣，断面显露城垣夯土，黄褐色，坑西沿有便道北通和村内最西的村道连接，此便道、村道均在西垣北段墙基上；村道北端和村内最北的东西向村道交接，交接处当西北城角之中，西北城角的外角约在交接处以西20米处的东西村道北侧。东西村道在北垣墙基上，在其东头钻探，约0.5米见夯土。其前为池塘，池塘东即桃园，东北城角在池塘以东约300余米处，当桃园东南方。东垣位置地形平坦，地面已无城垣痕迹，但城壕今仍为水渠，渠边植杨树一行，村民记忆犹新，指出水渠原为河道，南流至钱家屯村西拐。城内西南部有龙山文化遗址，西北部偏东曾出岳石文化陶甗，陈列于县博物馆，应有岳石文化遗址。西北部地貌明显隆起，在窑场西南取土场的南壁显示深厚的东周堆积，可能反映西北部有大范围的东周遗存。东南城角外侧有大片墓地，1982年发掘了50座墓，年代属西周晚期到春秋，以春秋墓为多。根据墓地和西北部大片东周堆积以及城的规整平面，判断钱家屯—三角汪城主要是西周晚期和春秋城。此城约1平方千米的面积和位于莒故城西北角外的位置，表明应是莒回迁莒县以后的都城，城的年代证明回迁的时间应在西周晚期。莒故城则是齐人灭莒以后所筑，和即墨、阿城等同属田齐"五都"之列，故规模如此之大，西汉又被用作城阳王王都。说城阳因处钱家屯城之阳而得名，比之因在齐长城以南而名更近理，莒县的齐长城在县城以北约 45 千米的箕山上，说城阳因此得名过于牵强。钱家屯城究竟始筑于何时，原先是否还有早期的城，也值得注意。总之，钱家屯城关系莒回迁莒县的时间及都城所在，值得进行系统勘探试掘。

　　概括上文，莒国是个诞生于 5000 年前的具有 3000 年历史的东夷古国，始起于莒县，并基本上以莒县为中心，商末西周时期虽一度迁于赣榆，但西周晚期又迁回了莒县。初都莒县陵阳河大汶口文化城，继而都段家河龙山文化城，夏商时期的都城未详，也应在莒县境内，商末迁于赣榆东北的纪鄣或西南的大莒城、小莒城村一带，西周晚期迁回莒县后，建都于县城西北的钱家屯城，直至灭亡。莒国的诞生，标志鲁东南东部地区文明的诞生，也是东夷文明诞生的主要标志之一，而且基本上是鲁东南东部地区的主要国家，春秋时期更成为整个鲁东南地区诸侯国的首领，而活跃于当时的历史舞台。在莒国 3000 年的历史中，都城基本上在莒县境内，莒县因此而成为先秦时期该地区文明的主要中心，并在以后很久保持着鲁东南地区主要政治、经济、文化中心的地位。诚然，说莒由陵阳河、段家河、莒县岳石文化国家一脉相传，在很大程度上还是推理猜测，实际上这些国家可能不是同一国家，即便是同一国家，也可能有过"易宗别主"，即使如此，但从国家和文明的发展过程来说，莒国无疑是该地区先秦国家的最高发展阶段，继承了该地区史前文明以来的主要成果，把该地区的文明推向一个新水平，这是毫无问题的。因此上文已大略勾勒出莒国历史的时空框架，为研究其社会、经济和文化及其在东夷文明和中华古文明中的地位提供了初步的基础。

　　就考古学文化而言，莒文化具有族、国家、地域和文化的不同概念，四者因时而异，因此不能简单地说莒族、莒国、莒地的文化就是莒文化，这方面和齐、鲁、燕、晋、秦、楚、吴、越文化具有共同点，区别在于莒是小国，基本上在鲁东南地区，一度超出，也未远离，且时间不长，因而其文化的发展变化不如上述大国文化那样错综复杂。还需说明，莒地是包含莒族之地和莒国之地的不同内涵的，开始前者的范围可能比后者大，更难以把握，况且古族的演化十分复杂，不如国家的范围相对容易大体确定，这里拟把莒地界定在莒国之地，使两者基本一致，以便于对文化的研究。假定莒确是由陵阳河、段家河古国一脉相传的，那么以陵阳河遗址为中心的大汶口晚期聚落群的文化，就是最初的莒国、莒地文化和莒族文化的集中代表，该群体大汶口中期以前的文化是最直接的先莒文化，周边的大汶口文化虽然可能和莒文化一致，但只是东夷文化的一部分，可能是莒族（应是东夷族的一个分支）文化，却不是莒国、莒地文化，实际上是否真的完全相同必须做出深入研究。同理以段家河遗址为中心的龙山文化聚落群的文化，是第二阶段的莒国、莒地文化和莒族文化的主要代表之一，它是龙山文化两城类型的一部分，但不能说两城类型都是莒文化，因为两城类型包含了众多龙山文化古国。夏商西周时期的莒文化情况就比较复杂，因为目前我们还不能确定这时期的莒都所在和国土范围，无法说得很具体，只能说如果夏代和商前期的莒仍以莒县为中心，那么莒县的岳石文化就是莒文化，不然就是鲁东南地区岳石文化的某一部分，晚商时期的莒文化已不是岳石文化，而可能是莒县晚商时期的文化，或者是鲁东南地区晚商文化的某一部分。西周时期莒已经外迁，因此首先要确定外迁之地，特别是这时的都城，但即使确定了外迁之地和都城，也不能说那里的文化就是莒文化，这要看那里的本地文化是否和莒文化相同，如果不同，就要看莒是采用了当地文化还是保留了自身的固有文化，如果是后者，开始阶段就将存在不同的文化，在基本融合以后才是莒文化，但这已是新阶段的莒文化。春秋时期，莒的疆域已比较明确，国都虽不是莒故城，但紧临莒故城，考古资料也比较丰富，对莒文化的某些方面如墓葬、青铜器、陶器等都有一定的认识，大体上可以说自沂河流域的沂水、沂南、临沂以东地区春秋和战国前期的文化是莒文化，其中包括一些和莒文化相同的小国文化。

以上主要从理论上对莒文化的概念做了说明，这里的前提是莒国时空范围特别是各阶段都城的确定，因为都城集中反映了莒文化的特征和发展水平，这当然需要长期细致的工作与研究过程。实际上由于莒是鲁东南地区的国家，虽然一度迁到纪鄣或计斤，基本仍属鲁东南文化小区，文化不至于有很大差别，而鲁东南沂河流域以东地区的大汶口文化特征是比较一致的，可能存在大汶口文化的地方类型，并发展为以鲁东南地区为主要分布区的龙山文化两城类型，鲁东南地区的岳石文化也可能构成自身的地方类型，作为文化的地方类型，它所包含的聚落群（古国或部落）的文化可能有所差异，但差异不会很大。因此，假如莒确实起于莒县大汶口文化聚落群，并一直传至东周，那么早、中期的莒文化肯定是莒县的晚期大汶口文化、龙山文化和岳石文化，同该地区上述文化的总体特征基本一致，并相互影响。如果莒只起于晚商，从卜辞所见此时的莒颇为强盛，或称"莒方"，或许地盘已不限于莒县，所以鲁东南地区的岳石、龙山、大汶口文化可视为广义的先莒文化，而莒文化是鲁东南地区晚商西周文化的某一部分。到春秋时期莒文化扩大了范围与影响，以其辉煌跻身于齐、鲁、薛文化和其他地域文化之中，相互交流影响，为中华民族文化的形成做出自身的贡献。

在研究莒文化时有两个问题必须注意。一是莒文化的概念问题，必须首先明确什么是莒文化，概念不清就难有成效。二是要弄清莒国的时空范围，了解其自兴到亡的大致地望、疆域和都城的变化过程，在此基础上对其文化进行探讨，才有可能较准确地掌握莒文化的发展过程和阶段性变化。莒文化无疑具有较长的发展过程，东周莒文化只是最晚阶段的莒文化。只有从总体上进行考察，系统把握其发展变化过程，才能对莒文化在东夷文化、东夷文明和中华古文化、古文明中的地位做出历史的恰当的评价。近年来莒文化的研究取得了重要成绩，但也应当指出一些文章在上述两个问题上存有缺陷。固然目前我们对莒文化在中华古文化、古文明中的重要地位认识仍很欠缺，但也不能凭空扩大、拔高莒文化。种种迹象表明莒是个重要的东夷古国，如果莒初起于陵阳河大汶口文化古国的推测得到证实，那么莒国不仅是最早的东夷古国和中华古国之一，而且它那高超的制陶工艺、发达的酿酒业和陶尊文字等也证明莒文化一开始就处于全国前列，到春秋时期仍然保持着特色，青铜器独树一帜，构成一支地域文化。但中华古国林立，古国时代的莒只是远离中原的一个东夷古国，不说全国范围，就从东夷部族来说，当时的爽鸠氏、季荝、有虞、皋陶、薛、有莘等都是见于经传的著名的东夷古国，对古史发展的影响比莒有过之而无不及。春秋的莒，综合国力不能和齐、燕、晋、秦、楚国相提并论，文化也不能与之相比拟。这并非否定莒国和莒文化的历史地位，恰恰相反，我以为莒国史与莒文化是个值得认真研究的重要课题。其目的是对莒国与莒文化在东夷文明和中华古文明的历史地位给予恰当的评价，为东夷文明和中华国家的诞生与早期发展提供一个典型的实例，以促进古史研究；同时也是为了更好地发掘莒县的历史文化遗产。毕竟像莒县这样一个文物众多，具有 5000 年文明史的文物大县，文物是一项难能可贵的特殊资料，发展的一大优势，认清这些文物的历史科学价值，给予有效保护，科学的利用，无疑将对建设社会主义新文化，促进经济与社会的发展，推进城市化与文明化，产生重要影响。

　　本文在加深莒县文物与历史的认识方面有所进展，而对莒国时空框架的见解更多的是推理猜测，意在引起争鸣，深化莒国史研究，并为考古工作提供参考。莒史研究的逐步深化，无疑有赖于考古工作的发展。

　　原载《莒文化研究文集》，山东人民出版社，2002 年

豫西北地区国家起源初探

豫西北地区指郑州、长葛一线以西，平顶山、栾川一线以北的河南省西北部地区。其西连陕西省东南境，北接山西省南境，地处伏牛山北侧，黄河、中条山以南，西部为黄土高原，东部为平原，区内有索河、沁河（下游）、北汝河（上游）、伊河、洛河、涧河、西涧河等众多河流，除北汝河为淮河支流，均属黄河水系。该地区属仰韶文化中心分布区东部的一部分，沿河分布着大量仰韶文化中晚期和龙山时代的聚落址，构成众多聚落群，拥有不少宏大遗址，说明当时人口众多，文化繁荣，其社会发展进程和国家的诞生将不会滞后。据文献记载，夏族发祥于这里的伊、洛河地区，约在公元前21世纪初叶建立夏王朝，当时这里的考古文化属中原龙山文化王湾类型末期。夏王朝的建立并非中原和我国国家的诞生，据一些学者研究，海岱、下江、燕辽区的国家约诞生于距今5000年前后，仰韶文化中心分布区聚落的数量、聚落群的产生和宏大的聚落，都远多于、早于这些地区，因而其社会发展进程绝不会比这些地区迟缓。探索该地区国家的诞生，不仅有助于探讨夏国的缘起及早期的发展，而且将从一个极其重要的古文化中心提供我国国家起源、文明史开端的信息，极具代表性与学术价值。国家诞生是一个民族进入文明时代的根本标志，是历史研究的核心课题之一，涉及一系列问题。下面拟就我国国家的母体、早期国家的版图和国家诞生的标志问题发表浅识，并借以考察豫西北地区国家的诞生。

一

（一）诞生国家的母体

在探索我国国家起源时，首先要确定国家由什么发展而来，以便从其母体考察国家的诞生过程，确认具体的国家，避免漫无边际地泛泛而论。目前对我国国家的前身有两种基本观点，一种观点认为国家由部落发展而来，另一种观点则主张部落经酋邦而发展为国家，酋邦是国家的直接母体。系统考察我国史前聚落时空关系的发展变化，可知我国国家更可能由部落直接发展而成，那些首先发展到高级阶段的部落将率先发展成国家。所谓高级阶段的部落，是指领地较大，成员较多，内部组织比较完整，包含着若干胞族、众多氏族的部落。这些部落拥有众多的聚落，氏族社会法则决定了这些聚落集中于不大的地理区间，彼此邻近，在考古遗存上表现为大型和中大型的聚落群。史前聚落时空关系表明，新石器时代中期（公元前5000年以前），各大区的聚落都稀疏散布，未见在一个特定地理小区间集中了5处共时聚落以上的聚落群。公元前5000年以后的新石器时代晚期，首先在仰韶文化早期的半坡类型产生了一批小聚落群，到中期的庙底沟类型阶段，出现了大批拥有二三十处聚落以上的大中型聚落群。这时周边的海岱、甘青、下江、两湖等区也先后产生了聚落群，比之仰韶文化要晚得多[1]。各大区聚落群产生后，数量与规模都迅速发展，逐渐把各史前文化的大部分聚落包括其中，而成为聚落存在的主要形式，形成大中小的不同层级。同时也还存在许多零星散布的聚落，成为当时聚落存在的另一种形式，一种次要的聚落存在形式。史前聚落群无论大小，一般都有明确的范围，基本上始终或长期在一个特定地理小区间发展，大部分群体的聚落逐渐增多，占地范围相应扩大，其中的大中型聚落群都先后产生了突出或明显的中心聚落，群内聚落逐渐分化成不同层级，进而形成金字塔形层级结构，中心聚落当塔尖位置，若干中级聚落当塔身，绝大多数小聚落当塔基。这些特征说明它们是当时社会占主导地位的稳定实体。这些社会实体在国家诞生以前无疑是部落，是部落的一个发展新阶段，而非酋邦。其中的大型和中大型聚落群，就是发展到高级阶段的部落，将率先发展成国家，因而是我们探索国家起源的主要对象。下一点将做出进一步证明。

　　（二）早期国家的版图

　　了解我国早期国家的一般规模，将使我们能够从恰当的地理范围去探索具体的国家实体。这本来只能在把握了早期国家形态以后才能回答，但古文献有许多这方面的记载，说明我国早期国家的版图甚小。这些记载具有可信性。

　　诸多古籍都说五帝时代有"万国"。《史记·五帝本纪》曰：黄帝"置左右大监，监于万国，万国和。"又说尧时，"百姓昭明，合和万国"。《左传·哀公七年》载："禹会诸侯于涂山，执玉帛者万国。"国家如此之多，知其国土很小。《汉书·地理志》说：黄帝"方制万里，画野分州，得百里之国万区。"明确提出黄帝时的国家是"百里之国"。说国家都由黄帝所建，均为百里之国，只是班固的臆想。五帝时代的国家是逐渐诞生的，国土有大小，方百里之国是当时的大国。灭夏以前的汤，有关文献一致记载仅有地方百里或方七十里，周初齐、鲁、唐叔之封均为方百里，都是大侯，楚初封时也是方百里。而《孟子·万章》下篇说，大国地方百里，次国地方

---

[1]　张学海：《新中原中心论》《山东史前聚落时空关系宏观研究》，《张学海考古论集》，学苑出版社，1999年。

七十里，小国地方五十里，还有"不能五十里，不达于天子，附于诸侯"的附庸国，《尚书大传》《汉书·地理志》等书都有类似说法。说的是三代列国的情形。三代列国主要由五帝时代延续下来，新封者不多，西周新封国似未过百。说明方百里、方七十里、方五十里就是五帝时代国家的一般规模。这里的里是周里，折合成公制，方百里约为1400平方千米，方七十里约700平方千米，方五十里约350平方千米，分别和黄河流域龙山时代（约当五帝时代）的大中小三类聚落群体的面积相仿，只有少数大群体的面积在二三千平方千米之间，那些最小的聚落群的面积在一二百平方千米以下，从而印证了这些文献记载。

古文献还提供了先秦国家随时递减的信息。五帝时代有万国，夏禹时也是万国。夏王朝的建立，出现了空前的大国，但国土始终未超越中原地区，而且畿内仍有许多小国，《礼记·王制》说有方百里、七十里、五十里之国93国，全国范围国家仍难胜计。至商初减至3000余国，周初仍有1800国，春秋还有1200国，顾栋高《春秋大事表列国爵姓及存灭表》收国209国，至战国晚期只剩下了七雄，秦始皇统一全国，首创中华大帝国。中国幅员辽阔，早期国家极多，愈演愈少，到大一统的过程，符合历史发展大趋势，可不必拘泥具体数字。国家的上述发展过程，苏秉琦先生概括为古国、方国、帝国的中国国家发展三部曲。其中的古国是早期国家、原始国家，大体相当于夏代以前五帝时代的国家，号称万国。

万国如同万家、万民，是说国家极多，并非确数，这早已是共识，但尚需作些说明。首先所谓万国并不全是国家。如今许多学者都认为五帝时代是我国国家的诞生阶段。由于历史发展的不平衡性，不可能所有部落都同时发展成国家。部落的发展进程也是不平衡的，不仅其产生有先后，发展有快慢，领地有大小之别，而且史前部落和大量不属于部落的氏族共存，率先发展成国家的只能是少数首先达到了高级阶段的部落。其余的大量部落要在以后逐渐发展为国家，不少部落可能未曾建立国家就已被吞并。不过从黄帝到夏禹都说有万国，被吞并的部落、氏族似乎不很多。兼并是随着文明的发展愈演愈烈的，文明初期可能还不很激烈。因此五帝时代是个国家、部落、独立氏族并存的时代，数目极多，难以胜计，互不隶属，故古人以万国称之，古人并没有国家、部落、氏族之分。此说可由龙山时代的聚落时空关系得到证明。其次，从龙山时代聚落的数量及其时空关系（分布特点）考察，万国说不是神话，但当时真正的国家并非多得难以胜数。龙山时代的聚落当以万计，以聚落群和零星散布的两种方式而存在。笔者把一个特定地理小区间同时存在5处以上聚落看成一个聚落群体，如此当时黄河、长江流域的大部分聚落是以聚落群的方式组合在一起的，群体的数目并非完全不可知，估计全国总数不能过千，其中可主要按群内聚落的多少分为多个层次，上文已指出除了那些很小的群体以外，都是国家，所以依据当时聚落群的数目，便可得知当时大体上有多少国家。参证文献，有些国家还可以确定是什么国。零散分布的聚落，或者单个聚落孤单存在，或者两个、三四个聚落成组存在，离周围的聚落群较远。成组的聚落有些可能本是小聚落群，只是有的聚落可能已经消失或尚未发现。但它们大都位于自然条件较差之处和边缘地带，人口有限，故其中包含的聚落群也将不多。这些零散聚落在黄河、长江流域和北方地区虽只占聚落总数的小部分，但数量大大超过聚落群。它们的文化、社会发展水平不可能和大中型聚落群同步，其性质只能是小部落和氏族，有的孤单聚落可能还是家族居地，不可能是当时的国家。其中许多可能在以后发展成小国，但一般不是在五帝时代。尽管在整个五帝时代国家都在不断诞生，但当时发展成国家的可能主要是那些成员较多的大中等部落，像《吕氏春秋·慎势》说的那种"海上有十里之诸侯"，即使真是国家，也决不会在文明早期阶段的黄河、长江流域诞生。当这两河流域的文明日益发展，国家愈来愈多，许多邻近的小部落与氏族难免被兼并，有幸未被兼并的部落、氏族特别是僻远的部落与氏族，在两河文明的影响下及其自身的发展，摈弃了氏族制，先后进入文明。这是历史发展不平衡性法则决定的，中国幅员辽阔，历史发展的不平衡性十分明显。综上，可知五帝时代万国说近乎史实，万国包括当时全部的国家、部落和独立氏族在内，其中国家只占很少数，绝大多数是部落与氏族。所以我们只能采用典型解剖方法，从各大文化区选择一批典型的史前大中型聚落群来探索国家的诞生。

（三）国家诞生的标志

史前或者说新石器时代晚期的大中型聚落群，大都经历了从部落到国家的发展历程，那么国家诞生的标志是什么呢？从部落到国家，主要是社会形态和社会管理机制的转变。即原始共产制转变成私有制，氏族社会转化为阶级社会，氏族制的平等原则为社会分层秩序所取代，氏族社会的习惯法变成垂直的行政管理体系，产生了公共权力，在一定条件下有的部落中心发展成早期城市。而群内聚落发展成"都邑聚"金字塔形层级结构，或者群体的中心聚落已是早期城市，社会形成城乡分离的格局，这两者都集中反映了这种变化，并在考古上具有可操作性，因此可以作为探索国家诞生的两项基本标志。在前一标志中，关键是"都"，即群体的中心聚落具有都城的性质，这可以从其规模、殿堂性质的大建筑基址、王墓性质的大贵族墓葬和高于一般聚落的文化总体水平等来确定，其中许多是城，包括一些早期城市。后一标志的关键是早期城市的界定。早期城市不同于一般史前城，依据马克思、恩格斯所论，它意味人口、生产工具、资本、享乐和需求的集中。这里的资本主要体现为住房、劳动工具和世代相袭的主顾等，而不是货币。由此可以概括出我国早期城市的三个要素：1.是个政治中心；2.是个比较突出的手工业中心，存在手工业者阶层;3.拥有相当数量的人口,居民包含多种社会身份,非体力劳动人口占一定比重。这种早期城市只能在第二次社会大分工以后、伴随阶级社会的诞生而产生。其要素决定了在它诞生之初必然是一国之都,但早期国家的国都大部分不是早期城市。当群内的中心聚落是早期城市而非一般的城时,群内社会城乡分离的格局也就发展到比较典型的阶段。社会金字塔形层级结构、分层秩序以及城乡分离是阶级社会的特有现象和基本特征,并贯穿其始终。两者有其一便是国家。

在探索中国国家起源时,上述三个问题是首先应当明确的。此外上文已经提到的历史发展不平衡性规律问题也必须注意。中国幅员辽阔,全国各地、各大文化区以及省级行政区内的历史发展步伐并不整齐划一,各地部落的产生、发展,部落向国家的转变,远非同步,关键是要在各大区找到一批最早的国家,以确定我国文明史的发端。这就需要在全面考察史前聚落群的基础上,针对新石器时代晚期的那些可能最早诞生了国家的聚落群体,采用新方法、新标准进行解剖,把握我国国家的诞生过程,确定一批最早的国家实体,包括其国都、国土、聚落、人口、文化、经济、社会和族系等基本状况,对我国国家诞生做出较有说服力的证明。在此基础上就能对我国国家起源及早期国家的形态进行概括,上升到理论。近 10 年来,笔者发表了 10 余篇论文 [1],围绕上述思想观点各有侧重地做了申述,有兴趣的读者可参阅,本文仅作概括叙述,为下文的分析和结论提供依据。

二

根据《中国文物地图集·河南省分册》,豫西北地区内包含 10 处遗址以上的仰韶文化聚落群体共 17 群。需要说明的是,据说河南目前约有仰韶文化遗址 1200 处,地图集公布的为 800 处,因而豫西北地区这类仰韶聚落群可能不止 17 群,有些群体的聚落址也可能更多。此外,目前仰韶文化遗址的时间段大都不详,遗址面积都是地面踏查的数据,许多还是不同时代遗址的总面积,和仰韶文化聚落的真实面积可能有一定出入,这无疑将影响我们的分析。但是,豫西北的仰韶文化遗址主要属中晚期阶段,农业文化的聚落具有相对稳定性,而且仰韶文化的人口和聚落总体上是不断增长的;踏查面积虽非准确数据,但除了少数遗址以外,大部分遗址所处的大中小的层级不至于有很多错乱。因此可以选择仰韶文化晚期的聚落群,暂把群内

[1]　张学海:《城子崖与中国文明》《中国城的起源与原始城的发现》《试论山东地区的龙山文化城》《山东史前聚落时空关系宏观研究》《东土古国探索》《对推进文明起源研究的几点意见》《论莫角山良渚文化古国》《试论莒地古文化古城古国》《莒史新探》《论东夷文明的诞生与发展》《新中原中心论》,《张学海考古论集》,学苑出版社,1999年。

遗址都看作仰韶晚期，依据普查的面积数据定其层级，求得近似的结论，待今后获得群内聚落的面积、时间段等系统全面的科学基础资料以后，再做出修正。

目前豫西北的 17 个仰韶文化聚落群体，依群内遗址数可分为大小两个层级。小群有遗址 10 ～ 20 处，计 8 群；大群有遗址 21 ～ 33 处（表一）。此外还有若干个群内遗址不到 10 处的小群，以及许多零散分布的遗址，上述聚落群基本上都沿河流分布，群体占地以最大四至匡算，约从 200 ～ 1300 平方千米，这只是个约数。这些仰韶文化聚落群基本上都发展到龙山时代（只有最西的灵宝一带的群体属中期，其中少见仰韶文化晚期遗址，可能没有直接发展为这里的龙山文化聚落群），群内龙山文化遗址有增有减，增减幅基本上在 5 处遗址以下，最多未超过 7 处。龙山时代的群体范围多数有所扩大，个别群体成倍扩展，但亦有缩小者，这和海岱区龙山文化聚落群的聚落一般都比大汶口文化时期多得多，占地面积显著扩大的情形颇为不同。这些聚落群仰韶与龙山文化时期的聚落数目虽然差不多，但在多数群体内两者大多不在同一地点，多数甚至绝大多数的龙山文化聚落都是新建立的，只有个别群体的大多数龙山文化聚落承袭了仰韶文化聚落，何以如此，是否含有社会变革的深层原因，值得注意。现以偃师、巩义嵩山北麓群，伊川伊河中游群，孟津、新安、洛阳涧河中游群为例，考察群内聚落的层级结构，探索国家的诞生。为此把仰韶文化遗址分为特大、大、中、小四个层级。特大遗址，面积 40 万平方米以上。大遗址，面积 20 ～ 39 万余平方米，再分为 30 ～ 39 万余平方米、20 ～ 29 万余平方米两小级，前者称大型偏大遗址，后者称大型偏小遗址。中等遗址，面积 10 ～ 19 万余平方米。小遗址，面积 9 万余平方米以下，再分 4 ～ 9 万余平方米，不足 4 万平方米以下两小级，分别称为小型偏大、小型偏小遗址。依此标准进行分析。

（一）偃师、巩义嵩山北麓群

群体位于偃师县南部与东北部，巩义市西半部，处于嵩山北麓偏西的伊河、洛河下游和伊洛河地区。群内现有仰韶文化遗址 28 处，其中偃师县 13 处，不包括县南境大口乡的寨湾南遗址（属伊川群，面积 50 万平方米）和县西北部佃庄、蔡庄乡的 3 处遗址（属孟津、洛阳东部群）；巩义市 15 处，市东境小关、米河乡的北城岭、口头遗址偏东较远，未归入，群体四至最大距离东西约 39、南北约 33 千米，占地约 1300 平方千米。群内聚落已形成明显的层级。

特大遗址：1 处。为巩义市滩小关遗址，面积 40 余万平方米。

大遗址：3 处。均在偃师县，为郑窑、灰嘴、酒流沟遗址，面积依次为 30 万、28 万、20 万平方米，基本上属大型偏小聚落。

中等遗址：4 处。为偃师县高崖、宫家窑，巩义市赵城、水地河遗址，除高崖遗址为 12 万，其余均为 10 万平方米。

小遗址：20 处。其中小型偏大者 4 处，其余都是偏小的聚落，面积仅为数千到 2 万平方米。群内聚落具有典型的金字塔形层级结构。

该群体的中心聚落尚未明确，一般不出 4 处特大与大遗址之中。其中滩小关遗址虽是处特大遗址，但偏于巩义市极东北的群体东北缘；偃师酒流沟遗址则在县西南境的群体西南缘，均太偏群体中心区，未必是中心聚落。郑窑、灰嘴遗址位于偃师东部缑氏乡以南，当群体南部之中，南北相距 3 千米，居北的郑窑遗址面积 30 万平方米，年代主要属仰韶和商，灰嘴遗址则属仰韶、龙山和商，且面积略小，所以郑窑遗址是仰韶文化时期的中心聚落的可能性更大。

该聚落群发展到龙山时代。龙山文化时期的群体范围与仰韶文化时期大致相仿，现有龙山文化遗址则略少于仰韶文化遗址，为 25 处。其中偃师县 15 处，巩义市 10 处。半数以上的龙山文化聚落是新建的，和仰韶文化遗址重叠的只有 11 处。群内特大遗址一处，为巩义市西境芝田乡的稍柴遗址，面积 100 万平方米，文化堆积 2～4 米，主要属中原龙山、二里头文化。大遗址 2 处，为偃师灰嘴、酒流沟遗址，面积各 28 万、20 万平方米。中等遗址 2 处，为偃师高崖遗址、巩义水地河遗址，前者 12 万、后者 10 万平方米。其余 20 处均为小遗址，面积最大的偃师掘山遗址也只有 4 万平方米，其余皆在 2 万平方米以下。如果遗址面积接近龙山文化聚落面积，则群内的大中型聚落少于仰韶文化时期，聚落两极分化更为突出。稍柴遗址无疑是这时的中心聚落，已由仰韶文化时期的中心郑窑遗址向东北移动约 18 千米，其规模之大说明人口已大量向中心聚落集中。

值得注意的是，该群体西北部之最西的汤家沟遗址（纯仰韶文化遗址）和西邻孟津县东部、洛阳市东北部、偃师西北境洛河北侧群之最东的白村遗址（含仰韶、龙山文化）之间，仅约隔 14 千米，如果其间的偃师县城、尸乡沟商城遗址、大批大汉墓以及蔡庄乡驻地等可能压有或曾破坏了一些仰韶、龙山文化遗址，就说明该群和孟津、洛阳、偃师（西北境）群本是一群。后者中未见特大与大遗址，仅有中小遗址，也许是个证明。后者有仰韶文化遗址 17 处，内有中等遗址 3 处（孟津老城遗址 10 万、洛阳唐寺闾遗址 15 万、塔湾遗址 10 万平方米），其余全是小遗址；龙山文化遗址 21 处，内有中等遗址 2 处（洛阳塔湾、黑王遗址，均 10 万平方米）。两群合计仰韶文化遗址 45 处，龙山文化遗址 46 处，最大距离东西约 54、南北约 33 千米，面积约 1800 平方千米。二里头遗址、尸乡沟商城居其中。二里头遗址在偃师县城西南洛河南侧，东距稍柴遗址约 20 千米，东北邻近尸乡沟商城，商城东偏南距稍柴遗址约 15 千米。所以无论是一个还是两个聚落群体，偃师、巩义群都十分值得关注。

（二）伊川伊河中游群

以伊川县为中心，包括偃师、登封、汝州、汝阳县的局部边境，位于嵩山西麓和熊耳山东北麓之间的伊河中游地区，东北和上一个群体相邻。现有仰韶文化遗址 31 处。其中伊川县 24 处，东面登封县西边境一处（颍阳乡颍阳遗址），南面汝州市西北境一处（临汝镇乡上庄遗址），汝阳县北境 4 处（内埠乡柳沟遗址，蔡店乡下蔡店、纸房、铁炉遗址），北面偃师南边境一处（大口乡寨湾南遗址）。遗址最大距离东西约 38、南北约 28 千米，面积约 1100 平方千米。伊河经伊川县西南部、中部北流进入偃师县，和两侧的众多支流构成叶脉状水系，遗址大多散布于各支流和伊河两侧，尤其是东南部的白降河和南部的杜康河地段有较多分布。群内聚落具有明显层级。

特大遗址：1 处。为偃师寨湾南遗址，面积 50 万平方米，含商文化，位于群体东北缘。

大遗址：2 处。为伊川土门、马回营北遗址。前者面积 30 万平方米，单一仰韶文化遗址，位于群体中部。后者面积 20 万平方米，还含龙山文化，可能只是处中等遗址，位于群体西南部。

中等遗址：4 处。均在伊川境内。叶村遗址面积 12.50 万平方米，文化内涵单一，位于群体东部。上庄遗址 15 万平方米，文化内涵单一，在群体南缘东端。申圪垱、曹沟遗址，各 17.50 万、10.50 万平方米，均含龙山文化，位于群体北部。

小遗址：24 处。有 3 处小型偏大者，其余基本上都是 2 万平方米以下的偏小遗址。

中心聚落应是群体中部的土门遗址，寨湾南遗址规模虽大超土门遗址，但偏居群体东北缘，且含商文化，未必是特大仰韶文化遗址和中心聚落。即使如此，群内聚落金字塔形层级结构也很典型。

该群体发展到龙山时代。龙山文化遗址稍有增加，现有遗址 40 处，占地范围略有扩大。群内有特大遗址一处，为群体中部的白元遗址，面积 80 万平方米。大遗址一处，为群体西南部的马回营北遗址，面积 20 万平方米（含仰韶文化）。中等遗址 5 处，其中 3 处在群体北部，即申圪垱、曹沟、南寨遗址，面积各 17.50 万、10.50 万、14 万平方米；另两处叶村、白沙遗址在群体东部，面积 12 万、10.50 万平方米。小遗址 34 处，内有小型偏大者 7 处，其余均为 4 万平方米以下的小型偏小遗址。中心聚落无疑是白元遗址，在仰韶文化时期的中心聚落土门遗址西南约 5千米的杜康河西岸。在 40 处龙山文化聚落址中有 21 处和仰韶文化聚落址重叠，属重叠较多的群体之列。

（三）孟津、新安、洛阳涧河中游群

位于孟津县西南部、新安县南部，包括洛阳市西北郊的小部地带，处于涧河中游地区，东邻孟津东部群（该群可能和偃师、巩义群同为一群）。群内现有仰韶文化遗址32处。其中新安南半部18处（不包括北半部的遗址），分布于涧河及其北侧支流金水河和南侧支流磁河沿岸；孟津西南部11处（县北境黄河南岸的遗址不在内）；洛阳西北郊3处。占地范围东西约41、南北约19千米，面积近800平方千米。群内聚落层级结构如下。

特大遗址：2处。群体东部的杨沟遗址面积75万平方米，单一仰韶文化遗址，文化堆积2米，位于孟津西南部常袋乡西南；高平寨遗址面积45万平方米，含龙山文化，位于新安西南境铁门镇以东，当群体西部。

大遗址：1处。即群体东北沿的寺河南遗址，面积22.50万平方米，含龙山文化，位于孟津县城关镇西南。

中等遗址：3处。两处为群体中部的王府庄、下村遗址，面积各12万、10万平方米，均含龙山文化，在新安县东部的五头乡；另一处横水遗址，面积15万平方米，单一仰韶文化遗址，位于孟津西边境马屯乡以西，在群体最北边。

小遗址：26处。其中小型偏大者6处，王湾遗址在其内；其余为小型偏小遗址，内有不少遗址只有一两千、数千平方米。

杨沟遗址无疑是群体的中心聚落。群内聚落具有典型的金字塔形层级结构。

该群体发展到龙山时代。现有龙山文化遗址29处，略少于仰韶文化遗址，群体范围亦略有缩小。群内有特大遗址2处，一是群体东部的菠萝窑遗址，位于孟津西南部常袋乡西南，面积75万平方米，堆积1～3.50米，单一龙山文化遗址；另是群体西部的高平寨遗址，面积45万平方米，含仰韶文化。大遗址2处，系群体东部的太阳河、寺河南遗址，面积各35万、22.50万平方米，位于孟津城关镇西南，太阳河遗址为单一龙山文化遗址，寺河南含仰韶文化。中等遗址3处，其中寨坪遗址16.80万平方米，在群体东部的洛阳市西北郊；王府遗址12万平方米、下寺遗址10万平方米，均含仰韶文化，位于群体中部的新安五头乡。小遗址22处，内有小型偏大者7处，其余为小型偏小遗址。中心聚落是菠萝窑遗址，在仰韶文化时期的中心聚落杨沟遗址西南约4千米。龙山文化聚落中有20处和仰韶文化聚落重叠，占2/3，是两者重叠较多的一个群体。

这三个聚落群，是豫西北地区的大型史前聚落群体。如果偃师、巩义群和孟津东部群本是一群，至少就是河南地区拥有聚落最多的仰韶文化聚落群，群内聚落超过了大汶口文化聚落最多的聚落群，三者围绕洛阳市的东西北三面，具有下列共性：1.群体范围明确，具有稳定的不大的地理空间。2.这三群都可能产生于仰韶文化中期，群内中、晚期仰韶文化、河南龙山文化（庙底沟二期文化、王湾三期文化）一脉传承，发展为二里头文化。3.最晚到仰韶文化晚期后段，群内聚落都已明显分化，聚落产生了特大、大、中、小多个层级，前三类聚落不多，各群合计各为 6、7、8 处，各群的小聚落都占绝大多数，而且大多是 4 万平方米以下的小型偏小聚落，群内聚落都形成了典型的金字塔形层级结构。4. 三群都有规模宏大的中心聚落，仰韶文化时期的中心聚落面积各为 30 万平方米（偃师郑窑遗址）、30 万平方米（伊川土门遗址）、75 万平方米（孟津杨沟遗址），龙山文化时期则各为 100 万平方米（巩义稍柴遗址）、80 万平方米（伊川白元遗址）、75 万平方米（孟津菠萝窑遗址）。这些共同特征说明它们是同一族系三个毗邻的稳定的史前社会实体。本文第一部分已指出这种社会实体在其前期是发展到高级阶段也即最后阶段的部落，后期则是古国，它们经历了由部落到国家的转变过程。转变为国家的标志是群内聚落形成"都邑聚"金字塔形层级结构，或者中心聚落是早期城市、社会形成城乡分离的格局。前一标志的关键是中心聚落具有都城的性质，后一标志的关键则是早期城市的界定。目前还不知这三群仰韶文化时期的中心聚落郑窑、土门和杨沟遗址，是否已具有都城性质或是早期城市，不能肯定群内聚落的金字塔形层级结构是否已是"都邑聚"的金字塔形层级结构，因而不能明确回答国家正要诞生还是已经诞生。不过，群内聚落金字塔形层级结构的典型化，说明群内聚落产生了垂直隶属关系，社会分层的新秩序正在或已经取代氏族制的平等原则，凌驾于社会之上的公共权力正在或已经产生；宏大的中心聚落则从另一个角度反映了当时的社会变化。中心聚落的宏大规模说明其人口众多，人口向中心聚落集中，必然导致居民社会身份的多样化和杂居，不断冲击氏族社会的习惯与原则，使其愈来愈不能适应社会的变化，呼唤着新的管理机制，同时也改变着部落中心的性质，一旦产生了公共权力，出现了垂直的行政管理体系，就意味完成了部落中心向政治中心的质变，成为古国的都城。因而当史前聚落群体的聚落形成了比较典型的金字塔形层级结构时，处于塔尖的中心聚落、塔身的中级聚落和塔基的小聚落，各自基本上就具有都、邑、村落的性质，就是说这种聚落的金字塔形层级结构基本上就是"都邑聚"式的，即使开始两者之间可能尚有一定距离，但就古代社会的进化而言，这不过一步之遥。因此，虽然目前还不能肯定郑窑、土门、杨沟遗址是否已具都城性质，但据这三个群体聚落金字塔形层级结构的典型性，至少可以得出它们正处于国家诞生的前夜的结论，当然不能排除已跨进国家门槛的可能。由于聚落面积和时间段的不确定性，目前无法确定群内聚落的这种层级结构究竟何时开始形成，但不会很早就已产生，很可能形成于仰韶文化晚期晚段。因为群内聚落金字塔形层级结构的典型化，是和群内人口、聚落发展到足够数量相关联的；群内人口、聚落不多，聚落也可以有简单的层级，但不可能形成典型的金字塔形层级结构。从聚落群的产生、群内聚落出现分化到聚落金字塔形层级结构的典型化，其间有个较长的发展过程。因此推测这三个聚落群体聚落的金字塔形层级结构形成于仰韶文化晚期晚段，将接近史实。仰韶文化的下限年代距今 5000 年，证明这三个国家诞生于距今 5000 年前后，有可能诞生于五千年以前的一二百年间。如果今后能逐一查明群内仰韶、龙山文化聚落的准确面积、时间段及文化遗存的基本状况，就能准确把握群体、中心聚落、城和聚落层级结构的产生、演变过程，进而对中心聚落、中小级聚落中的代表性聚落进行必要的工作，那时就能掌握这三个部落向国家过渡的具体进程和国家诞生的准确时间。具体田野工作方法请参阅拙作《对推进文明起源研究的几点意见》和《论构筑史前考古新模式》[1]。

以上着重考察了伊、洛河地区的三个主要史前聚落群，初步得出了它们在距今 5000 年前后发展成古国的结论。伊洛地区是夏王朝的统治中心，这里的考古文化自仰韶文化庙底沟类型至二里头文化一脉传承，应可证明夏人发祥于该地区。当这三个聚落群体还处于部落阶段时，其中应有一个是夏部落，并在距今 5000 年左右建立了夏古国（早期夏国），至公元前 21 世纪初叶，夏启建立了夏王朝。夏王朝的重要标志之一很可能是国土的空前扩张，把许多古国、部落并入版图，首当其冲的自然是周边的古国和部落，包括这三国中的另两国，标志古国时代的结束，夏国和中国国家发展到一个新阶段。聚落群作为史前晚期聚落存在的主要形式，似乎在二里头文化时发生了变化，其中似少见范围明确、聚落较集中的聚落群，也许反映了夏王朝版图内原先的那些古国界限的消失。确否，尚需深考。在整个龙山时代，聚落主要是以聚落群的形式组合在一起的，证明古国的国土是以部落领地为基础的，国土的扩大一般只是由原部落领地向周围或某方面延伸，扩幅很有限，包括上述三群。这三群占地仅有 800～1300 平方千米，即使偃师巩义群和孟津东部群是一群，也只有 1800 平方千米。无论其中哪一个是夏国，都说明早期夏国很小。所以我想夏王朝的出现，首先意味着夏国版图的迅速扩大，将另文阐述。那么这三国究竟哪个可能是夏国呢？据《史记·夏本纪》正义说："《汲冢古文》云：'太康居斟寻，羿亦居之，桀又居之。'《尚书》云：'太康失邦，兄弟五人须于洛汭。'此即太康居之，为近洛也。"巩义偃师群龙山文化时期的中心聚落稍柴遗址，位于巩义西境与偃师接境处，其地理位置、规模、文化内涵和文献均可印证，而且二里头遗址、尸乡沟商城都在群体西面很近，很可能就在群体之中，如果稍柴遗址作为该龙山文化古国的都城一直延续到二里头文化，就将证明该群体是夏古国和夏部落。否则，即使稍柴遗址曾是夏朝某阶段的都城，也不能直接做出证明，因为夏朝的都城可以是

[1] 前文均见张学海：《张学海考古论集》，学苑出版社，1999年；后文见河南省文物考古研究所：《华夏文明的形成与发展——河南省文物考古研究所建所五十周年庆祝会暨华夏文明的形成与发展学术研讨会论文集》，大象出版社，2003年。

被兼并了的古国的都城。而且《夏本纪》有禹避舜子商均于阳城之说，皇甫谧有禹都平阳，或在安邑，或在晋阳的说法，意见分歧，所以目前无法确指哪是早期夏国。但是，结合文化区系类型框架、豫西北史前聚落时空关系或聚落"条块"框架和较为可靠的文献记载综合分析，夏古国、夏部落似最有可能在上述三群之中。在探索夏族、夏国的缘起上，这也许已向前跨了一步。

表一　豫西北地区史前聚落群一览表

编号	名称	地理位置	群内遗址数		备注（遗址面积单位：平方米）
			仰韶	龙山	
1	郑州荥阳索、须河流域群	郑州市西北部，荥阳东北部（荥阳崔庙乡楚家济、翟沟遗址未归入），龙山文化时期扩至新郑北部。	26	32	两者重叠9处。仰韶文化时期占地约850平方千米。附近有裴李岗文化遗址。
2	温县沁阳漭河中游群	温县西部（7处），沁河以南、猪龙河以北的沁阳县南半部（6处），西至孟县东边境（1处）。	14	17	仰韶文化时期占地约340平方千米。孟县极东部有裴李岗文化遗址。
3	孟县漭河流域群	以孟县西半部为中心（12处），包括沁阳西南边境（3处）、济源县东南境（1处）。	16	27	仰韶文化时期占地200余、龙山文化时期约540平方千米。义井龙山文化遗址45.50万。
4	宝丰郏县汝河流城群	宝丰中部、东北境（4处），郏县西南境（2处）。	6	17	两者重叠2处，内有郏县太仆遗址70万，应主要属龙山文化。
5	汝州汝河上游群	汝州市汝河北侧，市区以东、以北和西北部。	20	13	仰韶文化时期似可分东南、西北两组，前者的阎村遗址出"鹳鱼石斧图"陶缸，洪山庙出"男性生殖器图"陶缸。两组范围各有4处裴李岗文化遗址。龙山文化时期可能和第4群同为一群，煤山遗址在市区西。
6	偃师巩义嵩山北麓群	偃师南部、东北部（13处），巩义市西半部（15处），嵩山北麓偏西，伊河、洛河下游和伊洛河流域。	28	25	仰韶文化时期占地约1300平方千米，偃师郑窑遗址30万，含龙山文化。巩义稍柴遗址100万，属龙山、二里头文化。
7	伊川伊河中游群	以伊川县为中心，包括登封、汝阳、汝州、偃师同伊川县的接境地带。	31	40	仰韶文化时期占地约1100平方千米。伊川土门仰韶文化遗址30万，白元龙山文化遗址80万。
8	嵩县北部伊河上游群	嵩县东北、西北部（17处），包括栾川县东北部小部分地区。			仰韶文化时期似可分东西两组，老樊店遗址50万，属仰韶、龙山文化。

编号	名称	地理位置	群内遗址数		备注（遗址面积单位：平方米）
			仰韶	龙山	
9	孟津偃师洛阳洛河下游群	孟津东部（10处），偃师伊河北侧西境（3处），洛阳洛河北侧东北郊（4处）。	17	21	最大的遗址洛阳唐寺闸15万，属仰韶、龙山文化。本群可能和第6群同为一群。
10	孟津新安洛阳洛河中游群	孟津西南部（10处），新安南部（18处），洛阳极西北部（3处），涧河中下游地区。	32	29	仰韶文化时期占地约500平方千米。孟津杨沟仰韶文化遗址、菠萝窑龙山文化遗址各75万，东南、西北紧邻。王湾遗址在群体东南沿。
11	宜阳洛宁洛河中游群	宜阳县西半部、洛宁县东半部的洛河中游地区，包括渑池县极南部（6处），龙山文化时期扩至陕县极东南境。	33	28	最大仰韶文化遗址水兑52万，最大龙山文化遗址禄地48万，含商文化；另有苏羊遗址40万，属仰韶、龙山文化。
12	卢氏县洛河上游群	卢氏县中部洛河流域。	21	25	仰韶文化时期占地范围近500平方千米，龙山文化时期有所缩小，遗址更集中。最大仰韶、龙山文化遗址祁村湾24万。另有涧北仰韶文化遗址22.40万。
13	义马渑池陕县涧河上游群	仰韶文化时期以渑池西部为中心（17处），包括义马市（5处），基本上在涧河北侧。龙山文化时期扩至陕县东边境¹（4处）。	22	26	最大仰韶、龙山文化遗址仰韶遗址30万。
14	三门峡陕县青龙涧、苍龙涧河群	三门峡市西南半，陕县中北到西北部，青龙涧河、苍龙涧河流域（陕县西北边原店镇的3处仰韶文化遗址、2处龙山文化遗址可能属第15群，暂归此）。	33	33	最大仰韶文化遗址三门峡杨家沟75万，最大龙山文化遗址小交口240万，在前者东北近4千米。三里桥40万、庙底沟24万、人马30万，尚有7处10～20万的遗址，内有单一仰韶、龙山文化遗址各一处，遗址规模突出。
15	灵宝东北部涧河下游群	灵宝县城东北、坝底河以东的大王、北坡头、阳店、川口诸乡镇。	22	18	占地约300平方千米。川口、三圣遗址各70万，五帝村45万，吉家湾30万、中河30万、孟村27万，三圣、五帝村、中河三处仰韶、龙山重叠。
16	灵宝东部西涧河流域群	灵宝县城以南、涧河东侧以西的尹庄、苏村、朱阳诸乡镇。	16	16	最大仰韶文化遗址南村60万，最大龙山文化遗址米阳50万。
17	灵宝中北部群	焦村、西阎、阳平、程村诸乡镇。	12	7	最大仰韶文化遗址北阳平95万，最大的龙山文化遗址不到8万。龙山文化时期可能和第18群同为一群。

编号	名称	地理位置	群内遗址数		备注 （遗址面积单位：平方米）
			仰韶	龙山	
18	灵宝西北部群	灵宝故县、豫灵镇，西至陕西潼关县太要镇东边境（1处）。	10	5	最大仰韶文化遗址东双桥80万。最大龙山文化遗址柿圪塔64万，含商文化。

注：1.依据《中国文物地图集·河南省分册》初步划分，未经实地考察.难免有错，供参考与方家修正。

2."地理位置"栏括弧内的遗址数除个别指出是龙山文化遗址外，均为仰韶文化遗址。

原载《华夏文明的形成与发展——河南省文物考古研究所建所五十周年庆祝会暨华夏文明的形成与发展学术研讨会论文集》，大象出版社，2003年

张学海考古文集

（下）

张学海　著

文物出版社

论东夷文明的诞生与发展

距今第七千年纪后期，在泰沂山脉周围的近山地带诞生了东夷族。随着时间的推移，其活动范围逐步向远山平原推进，至距今5000年前后，已基本上占有今山东全境，进而南抵淮河，西南到达豫东，占地达20余万平方千米。她那自具特色的文化构成考古学的海岱文化区，形成北辛文化（后期）—大汶口文化—龙山文化—岳石文化连绵不绝的文化谱系，前后长达三四千年。从中已可比较清晰地看到东夷族团的文化、人口、经济和社会发展变化的进程，尤其是自大汶口文化中期到龙山文化之末阶段，文化持续快速发展，总体水平处于前列，某些领域占据了领先地位，加上相对较多的文献记载，遂使该地区成为目前研究中华文明起源的一个理想地区。

一

文明的诞生或者说文明起源，开启了人类文明的历史。中华文明起源研究，无疑要回答我国文明史的开端。其根本标志是什么？恩格斯说："国家是文明社会的概括。"国家的诞生就是文明的诞生，是文明史的开端，国家诞生是文明诞生的根本标志。探索东夷文明的诞生，就要探索东夷国家的诞生；要证明东夷文明的诞生，就必须找到最早的东夷国家实体。我国古史传说，黄帝时有"万国"。《史记·五帝本纪》说：黄帝"置左右大监，监于万国"。尧舜禹时期仍有万国。例如《五帝本纪》说，帝尧时，"百姓昭明，合和万国"。《夏本纪》说，舜时，"众民乃定，万国为治"。《左传·哀公七年》记载："禹会诸侯于涂山，执玉帛者万国。"《吕氏春秋·离俗览》："当禹之时，天下万国。"是则五帝时代是个"万国"时代，包括大禹时期在内。禹可能也是一"帝"。五帝和禹实际上是黄河流域、长城地带这一北半中国古国联盟的盟主，类似春秋五霸，只是当时还不存在象征性的天子。这一联盟当然包括许多部落、氏族在内，正是这许多古国、部落和氏族的总和构成了"万国"。万国只是"国家"多得不知其数之意，比《尚书大传》所说商初的"三千诸侯"多得多。国家、部落、氏族如此之多，各自占地之小不言而喻。截至1996年底，全国县级行政建制为 2141 个，包括省级直辖市的区在内，总数不超过 2400 个，比商初的三千诸侯少得多，遑论五帝时代的万国了，由此可知当时的国家国土是很小的。至春秋时期"小国寡民"之国仍很多，今日的县境常有多个国家，例如山东滕州市有薛、滕、小邾三国。古者有"百里之国""七十里之国""五十里之国"和不足五十里的附庸国，古文献一致记载夏末的商汤，仅有地方七十里或方百里，《孟子·万章》记周初齐鲁之封，地各方百里（所谓方者，古人已指出均系取长补短之意，大概而言，并非方方正正的一块地盘）。周里约当四分之三市里，方百里约为 1400 平方千米，方七十里约为 700 平方千米，方五十里约为 350 平方千米，分别相当于今山东省的中等县、小县和半个小县的面积，而附庸国可能只有一两个乡镇大小。五帝时代国家的大小也将大体如此，超过方百里的大国将是极少数。问题在于这需要考古学给予证明，而近 10 年前考古学并未确认五帝时代的具体国家，如果不找到一批具体国家，也就无法证明五帝时代是个古国时代。近 10 年来，笔者以海岱文化区系框架和山东史前聚落时空框架为基础，从典型史前聚落群聚落"都邑聚"金字塔形等级结构和群内原始城市的诞生、城乡分离格局的新视角，对大汶口、龙山文化的聚落做了宏观考察，发现五帝时代的东夷族团存在古国、部落、氏族林立的局面，从而从一个重要方面证明五帝时代有"万国"的记载近于史实，而非神话。但所谓"万国"，包括大量部落、氏族在内[1]，《汉书·地理志》把万国都说成百里之国，绝非事实。

　　考察山东地区 1 万余年以来史前聚落时空关系的发展变化，获得两项引人注目的结果。一是聚落的分布状况。距今 10000 余年到距今 6000 年前，聚落始终建立在两个环山地带即山东内陆的环泰沂山地带和半岛的环胶东丘陵地带，离山一般都未超出 20 千米，远山平原基本上荒无人烟。距今 6000 年前后的大汶口文化早期，向前推进的势头仍不很明显。大汶口文化中期（约距今 5700 ~ 5000 年），聚落快速向远山平原扩展，至晚期已遍及鲁西北地区以外的山东全境。但已知的山东境内约 500 处大汶口文化遗址，大部分仍分布于环泰沂山的近山地带，而且在东南侧的沂沭河流域，东北侧的潍河、白浪河流域，西南侧的薛河、荆河流域，西侧的汶河、泗河流域，形成了五片聚落分布中心区。发展至龙山文化时期，聚落迅猛发展，已知山东境内的约 1300 处龙山文化遗址，基本上遍布了山东全境，目前仅鲁西北德州市的西北部和鲁北滨州市的东部地区尚未发现，后者濒海，当时可能尚未成陆。龙山文化聚落的主要分布中心，基本上延续了上述大汶口文化聚落的中心分布区，只有泰山西侧汶泗流域的中心分布区，龙山文化时期已西移至鲁西地区。同时在鲁东沿海地区、泰沂山北侧偏西地区和鲁西南南部出现了次一级的分布中心。至岳石

　　[1] 张学海：《东土古国探索》《试论营地古文化古城古国》《山东史前聚落时空关系宏观研究》，《张学海考古论集》，学苑出版社，1999年。

文化时期，聚落骤然减少，已发现的遗址仅约 300 处[1]。二是聚落存在的形式。处于距今 6000 余年以前的北辛文化、白石文化、西河文化、后李文化的聚落，均稀疏地分布，没有形成聚落群。约和北辛文化晚期相当的半岛的晚期白石文化，有的地方聚落比较集中，似已开始产生聚落群。大汶口文化早期可能出现了雏形聚落群；大汶口文化中期聚落群迅速发展，晚期已达 40 余群。群内各有聚落 5 处以上到 41 处，可分三等。小群有聚落 5～10 处，中等群有聚落 11～20 处，大群有聚落 28～41 处。以小群为多，大、中等群约共占三分之一，大群仅有 4 群。大、中等群都分布在环泰沂山近山地带，基本上分属上述五片中心分布区。大、中等群都产生了中心聚落，群内聚落形成金字塔形等级结构。有的中心聚落如泰安大汶口、章丘焦家、广饶傅家、莒县陵阳河、滕州西康留和邹城野店等已超出本群体而成为地区的中心，或者正向此目标前进，其中大汶口、野店聚落在大汶口文化早期就已脱颖而出。大汶口文化早期已出现城，已发现阳谷王家庄城。中期城有西康留城，五莲丹土城属晚期。而大汶口聚落晚期阶段已发展成原始城市，是目前最早的原始城市[2]。进入龙山文化时期，聚落群得到显著发展。一方面在某个或某两个大汶口文化聚落群体的基础上发展成大规模的聚落群体，另一方面在大汶口文化的空白区或者仅有零星聚落的地方产生了聚落群，已知群体达 30 余处，虽略少于大汶口文化聚落群，但群体规模却远远超过大汶口文化聚落群。小群有聚落 10～20 处，中等群有聚落 30～50 处，大群有聚落 60～90 处，个别群体聚落多达 170 处（可能是两个群体，但难分界限）。群内大都存在中心聚落，群内聚落基本上都具有金字塔形等级结构。城已十分普遍，估计绝大部分群体的中心聚落都是城，而且有的群体内已发现二级城，群内出现了成组的城。作为地区的政治、经济、文化中心的原始城市，也得到明显发展[3]。与大部分大汶口、龙山文化聚落以聚落群形式而存在的同时，仍有大量聚落零星散布于群体之间和文化区边缘地带，远离周边的群体，难以归属其内。

上述新石器时代早期以来的史前聚落时空关系的发展变化，勾勒了山东地区史前史的发展轮廓。显示出大约在距今 6000 年以前，人口稀少，聚落稀疏，活动地域狭窄，人们对山地有着强烈的依赖，在和大自然的斗争中缺少自由，历史发展较为缓慢，社会只能是原始社会。距今 6000 年以后，情况发生了显著变化，生产力持续快速发展，人口迅速增长，聚落不断涌现，活动舞台迅速向远山平原推展，明显地加快了历史发展的步伐，原始社会发展到一个新阶段，其突出的标志是大汶口

[1] 张学海：《山东史前聚落时空关系宏观研究》，《张学海考古论集》，学苑出版社，1999年。
[2] 张学海：《东土古国探索》《山东史前聚落时空关系宏观研究》《城子崖与中国文明》，《张学海考古论集》，学苑出版社，1999年。丹土大汶口文化城，见《中国文物报》2001年1月17日。
[3] 张学海：《山东史前聚落时空关系宏观研究》《论山东地区的龙山文化城》，《张学海考古论集》，学苑出版社，1999年。

文化早期聚落群的出现和迅速发展。

聚落群产生后，便相对稳定在一个地理区间向前发展，群内人口不断增长，聚落日渐增多，群体范围逐渐扩大。大汶口文化中晚期的大、中等聚落群，占地一般在一两百平方千米到六七百平方千米，龙山文化大、中等聚落群一般占地则达1000～2500平方千米。假定一个包含30处聚落的大汶口文化聚落群，每个聚落平均以200人计，该群体则有6000人左右。由于大汶口文化中期的聚落群体聚落已有初步的等级，可分为中心聚落、中级聚落和小聚落三个层级，说明中心聚落和中下层聚落已有隶属关系，反映出群体的社会已产生了等级，动摇了平等的原则，并将很快消亡。与此同时，私有制得到了发展，这从大汶口、野店、花厅、陵阳河、傅家等中心聚落的墓地所反映的贫富分化、社会关系变化之深刻性得到了充分证明。群体的社会成员已分属不同等级，既有富者与贫者，也有体力劳动者和非体力劳动者，劳动者也有了分工，有的主要从事农业，有的主要从事手工业，社会成员的社会地位发生了变化，人与人的关系已不再是平等的，产生了从属关系，原始社会正在瓦解。所以聚落群的出现，撕开了原始社会的一大裂口，敲响了原始社会的丧钟。它的发展将送别氏族社会，迎来一个新社会阶级社会。因此，系统考察聚落群的产生、发展、变化过程，将可从中获得由原始向文明过渡、文明诞生和国家诞生的重要信息。当然，这一切都是以生产力的长足进步、社会经济的空前发展为前提的。有关大汶口、龙山文化时期生产力和社会经济的持续快速发展，到龙山时代总体发展水平已居全国前列的事实，已有较多的研究，为考古、古史学界所熟悉，在此用不着多费篇幅来阐述；而主要考察社会经济的发展变化，也不易对原始社会的瓦解和文明的诞生做出令人信服的论证。因此，探索文明的诞生或文明起源，需要确定一个具有普遍意义的科学标准。文字、城市、青铜器曾被作为文明三要素用于探讨文明起源，实践证明所谓文明三要素并不具备普遍意义，尤其很难有效解决中华文明的诞生问题。根本标准只能是国家的诞生，国家是文明的集中体现。过去曾有"考古不能挖出国家"的说法，其实这只是学科的发展水平问题。当今的中国考古学既可以了解一个国家的诞生过程，也能找到大批最初的中华古国，这里的关键在于对史前聚落群的产生、发展、变化过程的系统研究。

聚落群在大汶口文化中期和龙山文化时期成为主要的聚落存在形式，它们和大量不成群的零星聚落共同分布于全文化区，这和古史传说五帝时代"万国"（古国、部落、氏族）林立的局面十分一致。当时的国家虽然很小，但再小的国家也必有一定的国土，一定数量的人口，成群的聚落和统治中心，这些因素虽非国家的本质特征，却是那时国家必不可缺少的条件，不然何以成其国。大汶口文化晚期的少数聚落群和龙山文化的绝大部分聚落群，就具备了这些条件，所以它们是早期国家。那些不成群的零星聚落，不具备上述条件，不排除有的可能属于某国的边缘聚落，但它们大都处于自然条件较差的山地以及文化区的边缘地带，所以总体上应是些氏族与小部落。从理论上分析，历史发展具有不平衡性，不仅是中华大地，就是一大文化区进入文明的步伐都不是整齐划一的，所以当时的"万国"，实际上包含着大量的氏族、部落在内。必须强调指出的是，并非聚落群一出现就是国家。在聚落群出现后的一定阶段，群内聚落较少，聚落等级结构仍不发达时，应是个部落；当群体有了较多的聚落，群内聚落发展成比较典型的"都邑聚"金字塔形等级结构，或者群体内产生了原始城市、形成了城乡分离的格局时，就说明国家已从部落脱胎而出。因为聚落群体聚落"都邑聚"金字塔形等级结构所反映的等级社会和城乡分离格局，都是阶级社会的特征，而且贯穿全部文明的历史，平等的原始社会是绝不会有此现象的。

"都"是聚落群体的中心聚落，有的还是地区的中心，在大汶口、龙山文化的中心聚落中已有很多是城。目前已发现西康留、丹土大汶口文化城，前者始于中期，后者属晚期。龙山文化的中心聚落已知有 7 座城，有些已发现城的线索。中心聚落是否已发展成都城，需要根据其规模、有无宫殿礼仪性建筑与大贵族墓葬，以及高于一般聚落的文化总体水平来确定。"邑"是群体的中级聚落，规模远小于中心聚落而大于基层聚落。龙山文化的此类聚落可能也有不少城，目前已在鲁西的两个群体中发现了 7 座"邑城"，规模都很小。此外丁公城位于其群体的西缘，面积为 11 万平方米，属于第三等级龙山文化城的最小者，也许是座"邑城"（其群体的二级城）；边线王城开始仅有 10000 平方米，后来扩大到 57000 平方米，属第四等级的龙山文化城，肯定是座"邑城"。"聚"是群体的基层聚落，是村落，规模虽小，数量却占绝对多数，明显地构成了群体的社会基础。史前聚落群体聚落的"都邑聚"金字塔形等级结构，也许可以用今日一个县的县城、乡镇和村庄去想象，应已存在隶属关系，说它是国家，其理由较为充分。

我国在距今 6000 年前就出现了城。尽管城的出现便启动了城乡分离的进程，但只有诞生了原始城市，才能最终形成城乡分离的社会格局。马克思、恩格斯说："城市本身表明人口、生产工具、资本、享乐和需求的集中……这些城市中的资本是自然形成的资本；它体现为住房、手工劳动工具和自然形成的世代相袭的主顾……这种资本和现代资本不同，它不是以货币来计算的，而是与所有者的完全固定的劳动直接联系在一起的、完全不可分割的，因此它是一种等级的资本。"[1] 根据马、恩的论述，笔者曾提出中国原始城市的三要素，即：①是个政治权力与行政管理中心；

---

[1] 马克思、恩格斯：《德意志意识形态》，《马克思恩格斯全集》第3卷，人民出版社，1960年，第57～59页。

②存在手工业者阶层，是个手工艺技术中心；③人口相对集中，居民具有多种社会身份。原始城市的产生需要比城的产生具有更高的经济社会条件，这种原始城市一般都是史前时期地区的政治、经济、文化中心。原始城市的这种性质，决定了它必然是个史前国家的国都，它所在的聚落群体就是个古国。所以城市诞生是国家诞生的标志，无需再考虑文字、青铜等其他因素。实际上国家的诞生必然伴有这种那种文明因素，但是如果只把文字、城市、青铜三者作为文明诞生的标志，实践已证明难有成效。因为三者既非人类进入文明的普遍标志，也很难在同一小区的同期遗存中发现，而且文字即便有所发现，也很难迅即形成共识。所以应当把国家诞生作为文明诞生的根本标志，国家集中体现了其所在地区的文明。私有制、阶级、等级结构、城乡对立和公共权力是国家的本质特征和突出现象，某地区已存在这些社会特征和社会现象，就说明已是国家。典型史前聚落群"都邑聚"金字塔形等级结构和原始城市、城乡分离这两方面，较为全面地反映了这些社会特征与社会现象，以这两项标准对一些较典型的史前聚落群的产生、发展、变化过程进行系统考察，就能把握一批国家的诞生过程，确认一批最早的国家实体，对中华文明的诞生和我国文明史的开端做出较近史实的回答。

二

以上述视角与标准对山东地区史前聚落时空关系尤其是聚落群的演化进行考察，得知东夷族团由原始向文明的过渡主要在大汶口文化中期，即距今5700～5000年阶段（一般把大汶口文化中期的上限界定在距今5500年，但是大汶口文化遗址以 M2005 为代表的那组墓，表明当时社会已发生重大变化，此墓年代约距今5800年或稍后，据此笔者把大汶口文化中期上限的年代定在距今5700年）。这阶段聚落群体正处于迅速产生与初步发展阶段，群体规模不大，群内聚落较少，中心聚落不够突出，发展水平较低，聚落等级结构还不典型，虽然在这阶段的晚期，有些聚落群的聚落产生了金字塔形等级结构，但目前还不能指出哪个群体的聚落已经形成"都邑聚"金字塔形等级结构，因此，国家基本上尚未诞生。但是既然在这阶段的晚期有些群体的聚落已初具金字塔形等级结构，那么离国家的诞生就只有一步之遥了。因此大汶口文化中期基本上属于以往所说的军事民主时期。如果中国古史确实有个酋邦阶段，就属酋邦时期。不过目前尚不能肯定我国是否有此阶段，所以似仍可暂称军事民主时期，或者就称原始社会末期，代表由原始向文明的过渡阶段。

进入大汶口文化晚期（距今5000～4600年），聚落群在数量和规模上都得到了显著发展。在环泰沂山地带的莒县东南部、临沂西部、苍山南部、平邑北部、滕州东南部、滕州中部及东北部、邹城西部、泗河河谷地段、曲阜南部、宁阳东部、宁阳西部与兖州北部、章丘北部、临淄西北部与广饶西南部、临淄东南部、寿光西南部、青州中部与昌乐最北部、昌乐南部等地，都产生了较为典型的聚落群，其中有 12 群的聚落达 15 ～ 41 处，其内 20 处聚落以上的有 7 群，各群原有聚落都可能更多些。产生了陵阳河、花厅、小城后、西康留、野店、大汶口、焦家、傅家等一批大规模的聚落，面积都在 20 万平方米以上，有些达到了三四十万平方米。出现了城，已发现西康留大汶口文化中期城和丹土大汶口晚期城，估计城已不是个别现象。产生了原始城市，例如大汶口聚落晚期已是座原始城市。那些聚落较多的群体，不仅出现了大规模的中心聚落，也产生了若干中级聚落，其地位相当于群体的"邑"，其余都是小聚落，面积大多在 2 万平方米以下，构成了群体社会的基础，表明群内已具有比较典型的"都邑聚"金字塔形等级结构，所以这些聚落群体已是些国家，证明东夷文明诞生于距今 5000 年。

东夷文明诞生后，经历了大汶口文化晚期阶段，到龙山文化时期达到了高峰。龙山文化时期，生产力取得了长足的进步，社会经济繁荣，农业发展到了一个新水平，以陶、石、玉器制作业和建筑业为代表的手工业取得了突出的成就，同时产生了冶铜业。墓葬葬具出现了重椁和器物箱。占卜的兴起和玉"牙璋"的相继发现，表明宗教发展到了一个新阶段。伴随经济的繁荣，人口迅猛发展，聚落剧增，聚落规模有了显著的发展。目前所知约 1500 处龙山文化聚落可分为六个等级，最大者面积为 50 ～ 100 万平方米，分布范围达 20 余万平方千米。按每处聚落平均以 250 人计，人口达 40 万人左右。城已十分普遍，已发现 18 座城（含淮阳平粮台城），另外在 7 处遗址中发现城的线索，城产生了四个等级，一等城面积在 30 万平方米以上，四等城面积在 6 万平方米以下。原始城市也有了明显发展。原先的大汶口文化聚落群这时发展成大规模的聚落群体，同时新出现了许多龙山文化聚落群，群内有聚落 10 ～ 91 处，个别群体多达 170 处，大、中等群占地一般都达 1000 ～ 2500 平方千米，个别群体接近 3000 平方千米。假定一个有 50 处聚落的群体，每个聚落平均以 250 人计，则有 12500 人。这时大部分群体的聚落都形成了典型的"都邑聚"金字塔形等级结构，证明龙山文化的古国无论在数量、国土、人口、经济与社会发展水平等方面，都大大超过了大汶口文化古国，东夷文明发展到了一个高峰，成为中华古文明的一个重要地域文明。现举例进一步说明东夷国家的诞生和发展过程。

1. 薛国

薛是鲁中南南部地区的主要东夷古国，战国中期灭于齐。滕州薛故城一向被认为是春秋薛都，自 1986 年春至 1994 年夏陆续进行了"四有"勘探试掘，在故城东南部发现一座小城，城垣周长约 2750 米，面积为一平方千米多，初步确定是西周初年以后的薛都；地面所见大城则是田齐靖郭君田婴与孟尝君田文父子的采邑城。薛故城位于滕州市以南老薛河西岸，和处于东岸的前掌大遗址隔河相望，相距约 1 千米。自 1982 年起中国社会科学院考古研究所对前掌大遗址进行了多次发掘，已知遗址规模宏大，面积约为 300 万平方米，已发现多片夯土遗迹，东南缘发现夯土墙，先后清理了一批堪当方伯和大贵族的墓葬，无疑是后商薛都所在，知后商、周代的薛都仅一河之隔。雷学淇《竹书纪年义证》（见范祥荣《古今竹书辑校订补》，1957 年出版）卷三十八论薛史，称薛本居薛城，后迁邳，即下邳，在江苏邳县东北，又迁上邳，在薛城西不远，前掌大遗址与薛故城应该就是后商以后的薛城。《左传·定公元年》记薛宰说："薛之皇祖奚仲居薛，以为夏车正，奚仲迁于邳，仲虺居薛，以为汤左相。"这话出自薛宰之口，应可信据。知奚仲和仲虺都曾居于薛，此薛地应该就在前掌大、薛故城一带。仲虺和汤同时，仲虺前后的薛文化是岳石文化；奚仲和夏禹同时，夏禹约处于公元前 21 世纪前半期，此时的薛文化为最后百年的龙山文化。在薛故城小城（周代薛都）东半部不仅有岳石文化，而且还发现了重要夯土建筑遗迹，薛故城东南部和前掌大遗址北部都存在龙山文化，而且在薛故城还发现了龙山文化城，说明至少从龙山文化晚期到岳石文化晚期，即从夏初到商前期，前掌大、薛故城一带确是个重要地点，如果今后能够确定这处龙山文化城和遗址的范围，以及查明岳石文化遗址的范围与性质，将能确定是否是奚仲与仲虺所居之薛地。奚仲所迁和仲虺所居的邳，《左传·昭公元年》及《左传·定公元年》杜注说在下邳县，《汉书·地理志》东海郡下邳县颜师古注引应劭说"邳在薛"，后迁下邳。《说文·邑部》也说在鲁国薛县，《水经·泗水注》亦同，并引《晋书地道记》说"仲虺城在薛城西三十里"。此应是奚仲、仲虺或迁或居之邳，即上邳[1]。卜辞有"不"和"子不"，"子不"也许是下邳，是另一国，奚仲迁下邳未必有其事。

　　滕州东南部的薛河流域有细石器文化，最早的有陶新石器文化为北辛文化，已发现 4 处遗址，其中的北辛遗址可早到距今 7500 年。至大汶口文化中期晚段后，薛河中游出现了大规模的聚落群，群内聚落达 36 处，占地 500 余平方千米，聚落址有四个等级。一级聚落 2 处，内有中心聚落西康留，面积为 20 万平方米，中期晚段已是城，城的面积约为 36000 平方米；第二、三级聚落 6 处，四级小聚落 28 处，群内聚落"都邑聚"金字塔形等级结构已较典型，因而已是个国家，证明薛河流域国家诞生于距今 5000 年。

　　该大汶口文化聚落群发展成滕州龙山文化聚落群，龙山文化聚落完全覆盖和

---

[1]　郑杰祥：《商代地理概论》，中州古籍出版社，1994 年，第 162～164 页。

超出了薛河中游与滕州中部及东北部的大汶口文化聚落群，形成宏大的龙山文化聚落群体，聚落约达 90 处，大部分集中在薛河流域，即使实际上仍为两个聚落群体，也已清楚地看到龙山文化时期该地国家的显著发展。因前掌大、薛故城、仲虺城（上邳）均在薛河流域龙山文化聚落群内，而奚仲处于该群体末期，所以这就是薛国。说明薛国是由薛河中游大汶口文化古国直接发展而来的，薛建国于距今 5000 年，是最早的东夷古国和中华古国之一，而且可能始终以薛河流域为中心，自兴而亡近三千年，对研究东夷文明的诞生与发展，以及夷夏、夷商、夷周关系具有十分重要的意义。退一步说，奚仲是薛国始祖，也只能说明薛河流域国家的国君族姓有过变化，不能改变该地区文明诞生、发展的进程。

2. 莒国

杜预《氏族谱》说，周武王封少昊之后兹与其于莒，嬴姓。《汉书·地理志》琅邪郡计斤下自注："莒子始起此，后徙莒。"计斤即春秋介根，在胶州市西南，莒县莒故城被认为是春秋莒都。战国早期莒灭于楚，或说为齐所灭。郦道元则说莒起于纪鄣，纪鄣在连云港市赣榆县西北，近海。如依文献，莒建国于周初，起初不在莒县。其实卜辞已见莒，说明至少商后期已有莒国，大概周初臣服于周而得到周王的认可。古籍记载春秋时期莒颇为活跃，好惹是生非，每每与大国抗衡，是鲁东南地区的主要国家，考古资料表明其文化发展水平颇高且有特色，并以沭河上游的莒县为中心。而莒县是鲁东南地区最早最主要的史前文明中心，也许莒原本起于史前莒县地区，如同滕州之薛由那里的史前古国直接发展而来。

莒县也已发现细石器文化，但现知最早的有陶新石器文化属北辛文化末期，大汶口文化早期可能产生了雏形聚落群，到晚期已在县东南部发展成聚落最多的大汶口文化聚落群体，聚落达 41 处，占地约 700 平方千米。中心聚落陵阳河遗址总面积约为 50 万平方米，以大汶口、龙山文化为主，大汶口晚期聚落偏东，面积为 30 万平方米以上，2000 年 10 月笔者和莒县博物馆同仁考查该遗址时，在遗址东缘南段的陵阳河北岸发现了长约 150 米的大汶口城垣墙基，初步证明是座城。遗址已被陵阳镇所压，未追踪城垣，城的面积不详。1979 年以前在该遗址共清理了 60 余座墓葬，贫富分化严重，最富者均有木椁，随葬品丰富。例如 79M6，墓长 4.5、宽 3.8 米，有木椁，随葬品 206 件，陶器体大质优，内有全套酒器，且有 21 件猪下颌，是随葬器物和猪下颌最多的大汶口文化时期的墓葬。贫者墓圹一般长 2、宽 1 米，随葬器物 10 件左右。该遗址已累计出土陶缸图形文字七种 13 字，为学术界所关注。目前所见遗存均属大汶口文化晚期，但仅对墓地做过小规模试掘，远未掌握遗址的全面情况。二级遗址有大朱村、杭头、略庄、前牛店等 9 处，面积为 6～9 万平方米。1979 年在大朱村发掘了 31 座大汶口文化晚期墓，也有大、中、小之别，随葬品悬殊，多者 40～50 件，最多的 70 件；少者仅数件，个别墓空无一物。大墓中有 6 座出陶缸文字。杭头墓有的也出陶缸文字。可见这些中级聚落社会经济发展水平明显低于陵阳河聚落,但贫富分化同样已很严重。其余 31 处聚落除有两处为 5 万平方米外,均在 4 万平方米以下。尽管普查提供的聚落面积一般均非确切面积,但已反映出群内聚落具有典型的金字塔形等级结构,社会已形成分层秩序,因而以陵阳河遗址为中心的大汶口晚期聚落群已是个国家,证明鲁东南地区国家在距今 5000 年时首先在莒县东南部诞生,陵阳河遗址是其都城。

龙山文化时期,该国聚落增至 77 处,占地约 2500 平方千米,国土扩大到莒县中、南部,沂水县东南部和沂南县最东部地区,中心聚落（都城）由陵阳镇东移至龙山乡段家河村周围。段家河遗址（原分成段家河、薄板台遗址）面积约为 100 万平方米,主要属龙山文化。遗址三面环山,南面开阔,东临段家河（今段家河由北而南穿过遗址最东部）,龙山南北屹立于遗址以东约 8 千米,构成聚落的天然东屏障。2000 年 10 月我们也对该遗址做了考察,在其东北沿发现长约 300 米的龙山文化城垣残基,证明是座城,遗址规模之大想必城亦不会很小。中级聚落 8 处,面积为 9～35 万平方米（其中沂南龙角庄遗址 35 万平方米,后王家哨 15 万平方米,蒲王 10 万平方米,其余均 9 万平方米）。三级聚落 68 处,其中有 9 处为 6 万平方米,其余绝大部分都在 3 万平方米以下。群内聚落"都邑聚"金字塔形等级结构和社会分层秩序较之大汶口文化晚期有了明显发展,是鲁东南地区龙山文化古国群的首要古国。

龙山文化发展为岳石文化,岳石文化约当夏王杼到殷墟早期,但消失年代自西而东相当悬殊,在山东西部约在前商后段消失；在鲁东、半岛地区约在后商早段消失。在上述古国范围内,目前虽只发现 10 余处岳石文化遗址,但已属鲁东南地区已知岳石文化遗址最多的地区,实际上应该更多些,说明这里的龙山文化古国将延续到夏商时期,夏商王朝的疆域均未达该地区也是旁证。当然,要证实这一点就必须找到堪当都城的岳石文化中心聚落,这有待下一步的工作。卜辞的莒最可能在鲁东南地区,而商王一再伐莒说明莒是个地区大国,从考古资料得知以莒县南部为中心的古国是鲁东南地区的主要国家,因此她很可能就是莒国。她诞生于大汶口文化晚期,晚商时期受商王所逼,可能迁徙。说莒起于计斤或纪鄣,大概是所迁之地,汉魏人已不知莒起于何时何地。史家都说计斤即春秋介根,在胶州西南,这一带仅见个别史前遗址,今后也未必会发现聚落群,夏商遗址也不多,如莒确曾居于此,肯定是由别处迁来的。纪鄣在江苏赣榆西北,近海,这一带有零星北辛、大汶口文化时期的遗址,龙山文化遗址不到 10 处,充其量只是个小聚落群,不可能直接发展成莒国。这里有些商周遗址,春秋时地属莒,很可能在晚商时莒曾迁于此,周初臣服于周,得到周王的承认,这或许就是周武王封莒的历史背景。约在西周后期,莒又迁回始兴之地莒县，其国都可能是莒故城西北角外的钱家屯城，而非莒故城。

钱家屯遗址东南距莒故城西北角仅约 1 千米，2000 年 10 月我们考察时发现是座城址。地下城基完整，平面呈竖长方形，城垣规整，城角呈直角，面积约 1.4 平方千米。城内西南部有丰富的龙山文化堆积，北中部有岳石文化堆积，西北部有丰厚的东周堆积，东南城角外有大规模的墓地，1982 年发掘了 50 余座墓葬，年代自西周晚期到春秋，以春秋墓为主，估计城的年代与墓地相当。据其位置、面积和形制，最可能是春秋莒都。至于莒故城，面积达 25 平方千米，有内外城，内城面积达 3.5 平方千米，总面积比战国后期的"五里之城，七里之郭"的超大城还要大，也远远超过齐鲁故城的面积，与莒这个春秋三等诸侯国的国力、地位很不相称，所见城垣断面的夯土均属战国至汉代，不可能是春秋莒都，应是战国田齐的莒邑和西汉城阳王王都。

把莒的建国和莒县大汶口文化晚期的陵阳河古国直接联系起来，仍有待于今后进一步的工作来证明。但从目前鲁东南地区的考古成果、文献记载以及薛的建国史等综合分析，这一推测很可能是事实。因此莒也将是诞生于距今 5000 年前后的东夷与中华古国，鲁东南地区的晚期大汶口文化和龙山文化两城类型是以莒国为代表的文化，而以陵阳河、段家河为代表的大汶口、龙山文化聚落群的文化，就是最早的莒文化。她的陶缸文字，发达的制陶业尤其是蛋壳陶工艺，发达的酿酒业等，表明当时莒文化的发展水平居于全国前列，对中华文明做出了不可磨灭的贡献。直至春秋时期，莒国和鲁东南地区的青铜器仍独树一帜。

3. 齐、纪、莱国中心区

西周时期齐、纪、莱三国的中心区位于泰沂山北侧的淄河、弥河、白浪河地区，齐偏西，纪偏东北，莱偏东南，三国疆域互有交错。《左传·昭公二十年》记晏子说齐地的沿革依次是爽鸠氏、季荝、逢伯陵、蒲姑和齐，杜预说爽鸠氏是少昊氏司寇，季荝为虞夏诸侯，代爽鸠氏者，逢伯陵是殷诸侯。如此爽鸠氏、季荝均当五帝时代，至少处于大汶口文化晚期到夏代。纪、莱两国均起于西周以前，但不知起于何时。纪、莱均为姜姓，逢和齐亦姜姓，该地区是个姜姓集中区。姜姓是炎帝之后，其中的一部分很早就已进入山东北部，因此可以设想纪、莱建国可能很早。即便纪、莱晚起，但该地区是东夷文明的又一重心，从史前聚落群聚落"都邑聚"金字塔形等级结构的视角去考察，国家诞生于距今 5000 年左右，和薛、莒的中心区大致同步。

最晚到大汶口文化晚期，该地区已形成五个聚落群，即昌乐南部群，聚落 16处；青州中、东部和昌乐最北部群，聚落 28 处；寿光西南部群，聚落 18 处；临淄东南部与淄河中游群，聚落 10 处；临淄西北部与广饶西南部乌河中游群，聚落 9 处。以上五群共有聚落 81 处，占山东境内已知大汶口文化遗址的近五分之一，仅次于沂、沭河流域的中心区。其中前三群位于沂山东北侧的淄河、白浪河流域，共有遗址62 处，占该地区已知遗址的绝大多数，表明当时该地区的重心在东部的青州、昌乐与寿光一带，即主要在西周纪、莱的中心区内。目前对这三个大汶口文化聚落群体了解不多，未知其中心聚落，但既是大汶口文化晚期的一个主要分布中心区，其社会发展进程将不会低于前述薛、莒中心区，而且该地区西部的资料也证明了这一点。西部的临淄东南部群目前还不知其中心聚落。而临淄西北部广饶西南部群的中心聚落是广饶傅家遗址，其面积达 30 万平方米以上，1985 ～ 1996 年共清理了 500余座大汶口中晚期墓，其中半数以上仅有可容身的浅穴，毫无器物，其余一般也只有一两件陶器，只有极少数墓有 5 ～ 8 件器物，应属社会下层墓地，说明贫富已分区埋葬，社会分化十分严重，其晚期阶段应已属阶级社会，但群内已知聚落仅 9 处，即使把临淄东南部群算在内，也只有 19 处，由此证明该地区东部的三群此时应已建立国家。

龙山文化时期，该地区东部的三个大汶口文化聚落群已发展成特大的龙山文化群，群内已知聚落达 170 处，按平均每个聚落 250 人计，人口达 42500 人，从晚商西周时期这里主要属纪、莱的中心区来看，实际上可能仍属两三个龙山文化群体，但已分不出群体的界限，似已出现古国疆域交错的现象。目前已在寿光西南部发现边线王龙山文化城，约当中期阶段的城的面积为 10000 平方米，晚期扩大到 57000平方米，反映了人口的迅速增长，但也只是个最小等级的四等龙山文化城，属于本群体的二级城（邑城），表明该群应存在成组的城。此时西部的一个或两个大汶口文化聚落群也发展成中等龙山文化聚落群，已发现聚落 30 余处，中心聚落田旺龙山文化城的面积约为 15 万平方米，包括城东的墓地与遗址，总面积约为 50 万平方米，在北城垣内侧曾清理一个圆形祭坑，直径 3 米，出土由 7 鼎、3 甗、4 鬶、3平底盆组成的一组陶礼器，鼎、鬶的形态及大小各自基本一致，甗、盆形态各自一致，大小相次，其中的大甗高达 116 厘米，为迄今所见最大的龙山文化陶甗。已知此城的年代属龙山中晚期，并延续至岳石文化时期，遗址下层有晚期大汶口文化。这些大、中等龙山文化聚落群体是些古国已无需多言。

以上初步分析了该地区文明诞生于距今 5000 年左右，爽鸠氏、季萴是该地区史前文明的主要代表，似不应看成该地区甚至更大范围的唯一国家。夏商西周时期先后或同时以逢伯陵、薄姑、纪、莱为代表，继承并发展了这里的文明，终于在东周时期孕育出灿烂的齐文化。

4. 谭国中心区

谭，应是个东夷古国，为齐桓公所灭。史家一般主谭在济南以东的章丘市，有说城子崖遗址的上层城址即谭城。其面积约为 18 万平方米，基本属于春秋城，

1996 年在东城外偏北发现一片同期遗址，似属东郭，城是否为春秋谭都尚不能肯定。

该地是海岱文化和东夷文明的又一中心，距今八九千年间就产生了西河文化，此后古文化连绵不绝，约在大汶口文化中期产生了聚落群，已知聚落虽只有 12 处，但分布较集中，范围明确，中心聚落焦家遗址总面积达 40 万平方米以上，历经晚期北辛文化和大汶口文化全过程，大汶口文化遗存丰富，是济南和鲁西北地区规模最大的中心聚落，其规模大体相当或超过陵阳河、傅家、西康留等古国的中心，有的中期墓还出有玉、石钺，说明大汶口文化晚期阶段应已建立国家。估计群内尚有不少遗址未发现，已知遗址大多分布于章丘西部，地理上与其浑然一体的历城区东境不见一处遗址，就是证明。

龙山文化时期，这里聚落剧增至 43 处，仍都在章丘境内，只有一处在历城东境，群体占地约 1000 平方千米，中心聚落城子崖遗址是座城和原始城市，面积为 20 万平方米，遗存极其丰富，鬲、鬶、黑陶罍、特大型拍印纹陶瓮等器物精美且透露着雄伟之气。群内有 6 处中级聚落址，其余 30 余处是面积在 3 万平方米以下的小聚落。聚落"都邑聚"金字塔形等级结构和城乡分离格局十分典型，显然是个古国。

这里已发现 20 余处岳石文化遗址，是已知龙山文化聚落群体内发现岳石文化遗址最多的一个。中心聚落城子崖岳石文化城承袭龙山文化城，其晚期城垣贴龙山文化城垣内侧修筑，面积约为 18 万平方米。章丘地区岳石文化约结束于前商晚段，表明此前该古国一直以章丘西部为中心。后商西周时期，这一带少见遗址，而章丘北部的宁家埠乡一带常见该阶段的遗存，其中以王推官庄遗址规模较大，年代自晚商到战国。也许商人在前商晚段到达济南，在东郊的大辛庄建立了重镇或方国，城子崖一带受其威胁，遂稍稍北迁，提出这一假设，待今后验证。两周之际，城子崖再度建城，此城或是谭国邑城，或是都城。上述说明谭国很可能也是诞生于大汶口文化晚期的东夷古国，即使谭国晚起，无疑也是济南东部地区文明发展进程的一个阶段，春秋中期以后才融于齐。

5. 大汶口古国与有虞氏

在泰沂山西侧宁阳县东部地区，有个大汶口文化聚落群，目前虽只发现 9 处遗址，但中心聚落大汶口遗址是迄今规模最大的大汶口文化遗址，总面积达 80 余万平方米，估计大汶口文化晚期阶段的面积在 50 万平方米以上，原在大汶河北岸，后被汶河分为南北两半。该遗址自北辛文化晚期一直延续到龙山文化时期，是考古学界公认的大汶口文化最突出的政治、经济、文化中心，笔者曾论证过它的晚期阶段是海岱地区最早的原始城市，证明该群在大汶口文化晚期已发展成国家[1]。估计群内尚有许多遗址未被发现，如大汶河北岸的泰安市郊区仅见一处大汶口文化遗

---

[1]　张学海：《城子崖与中国文明》《东土古国探索》，《张学海考古论集》，学苑出版社，1999 年。

址，大汶河东岸莱芜、新泰市和宁阳县的接境地带，自然地理条件颇优越，也只见个别遗址，均不合情理，过少的遗址和宏大的中心聚落也很不相称。如果和宁阳西部、兖州北部群（遗址 17 处）本是一群，则有遗址 26 处，但目前两者有一定间隔，如不能填补这一空间，似不宜归为同一群体。因而该群体聚落的"都邑聚"金字塔形等级结构并不典型，但依据原始城市的诞生同样可以证明该群体晚期阶段是个国家。

龙山文化时期，宁阳县的遗址未超过 10 处，而在大汶口古国范围内只有数处龙山文化遗址，不大可能存在中等以上的聚落群，说明大汶口古国并未在当地向前发展。这时在其西面的鲁西地区出现了阳谷、梁山和茌平、东阿两个龙山文化聚落群，似解析了大汶口古国的发展去向。阳谷、梁山聚落群是个很重要的龙山文化聚落群体，不仅占地接近 3000 平方千米，其中心聚落景阳冈城面积亦达 38 万平方米，城内中部有大小台址东西并立，面积分别为 9 万、1 万平方米，应是宫殿和礼仪建筑台基，是已公布的黄河流域规模最大、规格最高的龙山时代城，该群体处于东夷集团的前沿，和中原集团接壤，显然是个极重要的古国。笔者在《东土古国探索》《论龙山文化景阳冈类型》[1] 等文中，论证了该国是有虞氏，如果得以确认，就将证明大汶口古国和有虞氏有直接联系。事关古史的一个重大问题，非三言两语说得清，将作专文论述。

6. 有莘氏

有莘，古籍多有记载。《史记·夏本纪》《索隐》引《系本》说："鲧取有辛氏女，谓之女志，是生高密。"又引宋衷云："高密，禹所封国。"《左传·昭公元年》："商有姺、邳。"姺即莘，《吕氏春秋·本味》作侁，《汉书·古今人表》《外戚传叙》均作娎，知有莘最晚起于唐虞，延续至商代，可能灭于周初。《春秋舆图》、高士奇《春秋地名考略》说，莘城在曹县县城西北的莘冢集。据《左传·僖公二十八年》晋楚城濮之战的形势推之，莘冢集遗址应是城濮，其西南 3 千米余的春墓岗遗址可能是莘墟 [2]。

在曹县县城东北方与西北方不远，共有 7 处龙山文化遗址，在县城东南方到西南方一带也有高集、孟庄（伊尹墓）、土山集村北、土山集村西（汤庙）、陈楼寨（亳邑）、莱朱墓、箕子墓等遗址，已知汤庙是一处龙山文化和商周遗址，龙山文化遗存已在潜水位以下，说明这一带的黄河淤积沙土可能淹埋着不少龙山文化遗址，因此估计在曹县县城周围约 15 千米这一范围，将有一个龙山文化聚落群，其中心聚落就是县城西北倪集乡岗西村的春墓岗遗址。该遗址地面上原有三个大台址，自东

---

[1] 张学海：《张学海考古论集》，学苑出版社，1999年。

[2] 张学海：《从考古发现谈鲁西南地区的几个古史问题》，《张学海考古论集》，学苑出版社，1999年。

北向西南一线排列，首尾达千余米，20 世纪 50 年代修公路时挖掉东台，而后中台亦夷平。1996 年笔者考察该遗址时在村前水池的东南沿和沿上树林被雨水冲刷的地面上，看到了清晰的龙山文化和商代夯土，其西不远的地面上有许多龙山与商代陶片，未见西周夯土与遗物，此夯土遗迹属中台东部，知台址始筑于龙山文化时期，商代有过修筑。西南方仍有孤台屹立，如土冢，为西台。该遗址规模宏大且有三台址，类似景阳冈龙山文化城，极可能是座龙山文化城，显然具有都城性质，证明曹县县城周围一带有个龙山文化古国。参证文献，应是有莘氏。春墓岗遗址的东台或中台应即城濮之战前夕晋文公所登的"有莘之墟"。

　　目前这一带只发现莘家集和郜堌堆两处大汶口文化晚期遗址，从鲁西的阳谷县有大汶口早期遗址，皖北蒙城周围有较多的大汶口晚期遗址分析，曹县一带的晚期大汶口文化遗址也应该比较多，但目前难以确定当时是否已建立国家。鲁西南地区龙山文化的后续文化是岳石文化，至今未见二里头文化遗址，初步证明夏代的有莘继承着东夷文化。该地区的岳石文化较早地被商文化所取代，菏泽安丘堌堆资料表明商文化约在二里冈上层期前后段之交进入该地区，形成了商文化安丘堌堆类型，有莘文化融于其中。

　　上举六例，可见东夷文明诞生、发展之大略。夷族在距今 5000 年左右的大汶口文化中晚期之交，首先在环泰沂山地带建立了一批国家，进入文明时代。这些地区的国家大都延续到东周时期，其中有的一脉相传，如薛国，莒、谭可能也是；齐国腹心区的爽鸠氏、季萴、逄伯陵和薄姑也未必全是不同国家的更替；有的虽一脉传承，但地望一再变迁，如宁阳东部的大汶口古国可能发展成鲁西阳谷、梁山一带的有虞氏，又为夏商时期宁阳西北境的遂所继承，西周初又封遂胡公于陈，奉舜祀，遂仍存在，春秋为齐所灭。大凡夏以前，山东地区东夷古国林立，商以后大国兼并小国加剧，至春秋早期见于记载的仍以数十计。东夷虽属最早进入文明之列的中华古族，却始终未形成全区性统一国家。但东夷部族创造了辉煌的史前文明，其生产力发展水平一度处于全国前列，社会经济繁荣，在制陶业、建筑业、石玉器制造业、雕刻镶嵌工艺、酿酒业、墓葬葬具、文字、占卜乃至原始历法等诸多领域，都有突出成就，为三代文明的形成做出了重要的贡献，亦为后来的齐鲁文明奠定了基础。

三

　　东夷部族国家的诞生已如上述，对其中的史前国家我们称为古国，现再对有关的两个问题进行讨论。一是诞生了这些古国的大汶口文化聚落群的性质问题；二是晚期大汶口文化、龙山文化古国的性质问题。前者主要是这些聚落群体是部落还是酋邦，后者是这些古国是酋邦还是国家。

　　关于第一个问题，马克思主义国家学说认为国家由部落脱胎而来，这一观点为我国史学、考古学界所广泛接受。但以往的研究主要是抽象的理论上的探讨，未能对部落与早期国家的诸如领地与国土、部落中心与都城、人口数量等具体状况做出说明，因此缺少对我国的部落和早期国家的具体认识。20 世纪后半期，国外学者提出另一种理论，认为古代社会经历了游群、部落、酋邦和国家的发展阶段。酋邦具有数千人口，存在一定的等级和隶属关系。按照这一理论，国家由酋邦发展而来，部落则发展为酋邦，酋邦是部落与国家之间的一个发展阶段。近年来这一理论为国内一些学者所接受，有的学者认为中华古国时代（约当龙山时代或五帝时代，约距今 5000 ～ 4000 年）的古国和酋邦基本一致，但主张按中国的实际情况称为古国。中国是否存在酋邦阶段，我国史前期的古国是否就是酋邦，尚未展开讨论，形成共识。

　　按照这两种理论，部落无论是直接发展成国家还是经酋邦发展为国家，都将成为探索国家诞生的基础。通常会是部落个体发展为国家个体或酋邦个体，国家一般未必由部落联盟发展而成，部落联盟以若干部落个体为基础，参与联盟的部落未必是完全固定不变的。因此，要了解国家的诞生就必须首先确认一批部落。部落一般都有相对稳定的领地，部落之间有一定的隔离地带，没有隔离地带的情况是很少的。一个部落至少由两个以上的氏族或胞族组成，由于部落以血缘纽带来维系，她的发展又在很大程度上依赖于有利的自然地理环境，所以同一部落的家族、氏族和胞族的居地不仅邻近，而且基本上将在同一地方向前发展，随着部落人口的繁衍，聚落不断增多，形成了聚落群。所以史前考古遗存上的早期聚落群，是些人口较多、发展水平较高的部落，一个聚落群体的范围就是一个部落的领地或中心区。依据目前海岱地区聚落时空关系资料，聚落群首先出现于胶东半岛地区的白石文化晚期，约距今 6000 余年前。此时山东内陆的北辛文化尚未见聚落群，已发现的三四十处北辛文化遗址稀疏地分布于环泰沂山地带的 20 余个县、市，大多一县、市一处，仅有几个县、市发现 2 ～ 4 处遗址。至大汶口文化早期仍不能确切指出有哪些聚落群，但估计这时可能已在少数地方出现或正在产生小聚落群。自大汶口文化中期以后，聚落群在数量与规模上都得到迅速发展，目前所知约 40 个聚落群体在大汶口文化中晚期之交大都已经出现，其中具有 11 处聚落以上的大、中等聚落群约有 15 群，内有 28 ～ 41 处聚落的大群有 4 群。这些聚落群或在某一群的基础上，或在不到两三群的基础上发展成大规模的龙山文化聚落群。说明东夷部落约在距今 6000 年前发展到一个新阶段，而在距今 5000 余年前部分大汶口文化部落首先达到最高阶段，即将首先发展成国家。系统考察这部分部落（即大型与中等偏大的聚落群）产生、发展、变化的过程，就能把握从部落到国家的进程，确认一批早期国家。假如龙山时代的古国是酋邦，同样证明大汶口文化早中期的聚落群基本是部落，因为酋邦由部落发展而来，正是这些大汶口文化中期的聚落群直接发展成龙山时代的"酋邦"。但是，如果把史前聚落群不分早晚都看成酋邦，就将意味着酋邦都是由只有零星聚落的小部落发展而来，东夷的部落（一定程度上可以代表整个中华的部落）都是人口极少、未曾充分发展的部落，这不可能是事实。所以笔者认为聚落群的早期阶段是些人口较多、较发达的部落，代表了部落的高级阶段，而不是酋邦。

关于第二个问题，即大汶口文化晚期、龙山文化时期的古国是国家还是酋邦问题。笔者认为这些古国是早期国家，而非酋邦，主要依据是这些古国已具备国家的基本特征。首先，所有制是私有制，而非原始共产制，墓葬资料证明贫富分化已十分严重。其次，聚落"都邑聚"金字塔形等级结构，墓葬和住房的清晰等级，表明社会已是阶级社会，存在多个等级，社会已形成分层秩序，可以想象存在着垂直的管理体系，即相当于都的中心聚落是古国的政治、经济、文化中心，规模宏大，人口相对集中；相当于邑的若干中层聚落，应有承上启下的中层管理人员；大量的小聚落是农村，从事农业，构成古国的社会基础，应有基层管理人员或结合宗族进行管理，因而具有类似今日的县、乡镇和村庄的三级管理体系。再次，中心聚落大多是较大规模的城，其中有些是原始城市，如大汶口、陵阳河、城子崖、景阳冈遗址等，同古国内的村落形成了明显的城乡分离、城乡对立的格局。其实海岱地区私有财产的产生，城的出现，并由此而启动的城乡分离的进程，都可追溯到大汶口文化早期，到古国的诞生已走过了约一千年的历程，其间社会发展变化之大是完全可以想象的，而且已得到许多考古资料的证明。这些古国具有数百平方千米到约两三千平方千米的国土，人口有数千到一两万人，和灭夏以前的汤，西周时期的"方百里""方七十里""方五十里"之国，没有什么本质上的区别，只有发展程度上的差异，而且后者有些就是由这些古国直接发展下来的，如薛国；有些则先后替代，如爽鸠氏、季蒍、逢伯陵、薄姑和齐之以临淄地区为中心先后更替。这些古国的政体目前还不清楚，从文献记载知设有一定的职官，并知薛、虞始终为同一族姓统治，前者基本上以滕州为中心，国号前后基本未变；后者地望虽有变化，国号也先后称虞与遂，遂为舜后，均为有虞族系之国，西周初年又分出了一个陈国。因此这些古国是早期国家。早期国家的疆域不可能很大，人口自然也不会很多，国家机器也不是很完善的，这些都表现了早期国家的原始性，所以称为古国。我们所说的古国就是早期国家，也就是原始国家。这里古国不是泛指古代国家，而是指国家的早期阶段，这一观点是由我国著名考古学家苏秉琦先生首先提出的。古国既已具备国家的基本本质特征，就不能因为国土很小和具有原始性而说它们是酋邦。中国是否存在酉邦时期尚待深入研究，即使存在这一阶段，也应当大约在距今 6000～5000 年的大汶口文化早期与中期阶段，不会是龙山时代或古国时代。

　　归结全文，东夷族是最早建立国家、进入文明的中华古族之一。约自距今 6000 年左右开始了由原始向文明的过渡，至距今 5000 年前后的大汶口文化中晚期之交，位于环泰沂山山前地带中心区的一部分部落首先脱胎为国家，进入文明时代。到龙山文化时期，更多的部落为国家所取代，国家也得到了明显的发展，其文明水平处于全国前列，并给予周边地区尤其是中原和辽东半岛地区以较强影响，尽管东夷部族始终未建立大范围的统一国家，但其高度发展的史前文明为三代文明的产生做出了重要贡献。其文化曾最先和中原文化互相融合，共同构成中华早期历史文化的主体部分，其族类也在商周时期逐渐和中原族团融合成春秋的华夏族。考古资料和文献记载都证明早在距今 6000 年前后开始，东夷族团和炎黄族团的关系就日趋密切，文化互相影响，到黄帝时，开创了以五帝为代表、以炎黄和东夷集团为主体的北半中国古国联盟的五帝时代，随后进入夏代。因此东夷文明的诞生与发展进程，将在很大程度上反映黄河流域文明的诞生、发展历程。深入研究中原与海岱文明的历程，就可以把握黄河流域早期文明的历程，中国文明的诞生与初步发展问题的一大半也就得到了基本解决。

　　原载《古代文明（第一卷）》，文物出版社，2002 年

再论东夷文明的诞生与发展

　　山东是我国最早开展考古工作的地区之一。20 世纪的中国考古学证明，以山东为中心的海岱地区是一个重要的古文化区，是中国文化、中华文明的主要发祥地和发展中心之一，该文化区的主人是古夷族团。已知山东地区具有三四十万年的旧石器时代，有着发达的细石器文化，有陶新石器文化早到距今 8500 年以前，而距今 6500 年以后的晚期北辛文化、大汶口文化、龙山文化的东夷文化体系，文化区系与聚落时空关系演变都已比较清楚，加上有较多的文献记载，已有可能对东夷文明的诞生与发展进行探索。笔者曾在《古代文明》第一卷发表《论东夷文明的诞生与发展》一文，表达了对此问题的基本认识，现就有关问题再作论述。

　　文明诞生是经济基础、上层建筑与意识形态综合作用的结果，是不平等的阶级社会取代平等的无阶级社会。实践证明所谓文明三要素很难成为探索文明起源的基本标志，即使对社会经济的发展做出系统考察，也难以准确回答文明的形成，因此必须确定一种有效的可以操作的科学标志。恩格斯指出："国家是文明社会的概括。"国家作为一定经济关系与阶级社会的产物，集中体现了所在地区的文明及其特征，因此国家诞生是文明形成的根本标志。只有找到一些最早的国家实体，才能有效证明文明的形成。从这一意义上说，中华文明起源研究实质上是中国国家起源研究，至少两者密不可分。没有比国家的诞生更能有效证明文明的形成。

　　探索最早的国家实体，必须从国家的前身或者说国家的母体入手，目前学术界仍未就中国国家的母体取得一致认识。但古文献记载中国古时的国家极多，而国土很小，不过周里方百里、方七十里、方五十里而已，西周初年分封诸侯国也不过如此。而当今有两种国家起源的著名理论，一是恩格斯的学说，国家由部落或部落联盟发展而来；另是塞尔维斯的学说，国家由酋邦发展而成。中国国家无论是由部落还是由酋邦发展而来，一般都只能由某个、某二三个紧邻部落或酋邦发展成一个国家，不会由很多部落或酋邦发展成一个国家，国家诞生之初都是小国，不可能有广袤的国土，这从古文献记载和西周初封齐、鲁、唐叔、楚时的封土都是"方百里"，灭夏前的汤也是"方百里"或"方七十里"可知。如此看来，各大文化区都将包含许多部落或酋邦，包含许多早期国家。这些部落或酋邦和国家将从聚落分布形态上得到一定的反映，通过系统考察一大文化区聚落时空关系的发展变化，将可确定国家的母体是部落还是酋邦，找到一批最早的国家，对文明的形成做出回答。

山东地区史前文化经历了从多元到单一文化的发展过程，单一文化的基本形成，反映了古夷族团的诞生。同时史前聚落则经历了稀疏分布到成群分布的演变，体现了社会组织的演进。

目前海岱地区主要是山东，距今 8500～6500 年的西河—后李文化、月庄类型和早中期北辛文化的区系还不很清楚，聚落总计不到 20 处。其中西河类型 7 处，后李类型 3 处，月庄类型 2 处，北辛文化早期聚落 1 处，相当于北辛文化中期阶段的聚落约四五处。海岱地区距今 6500 年以后的晚期北辛文化、大汶口文化、龙山文化的文化区系问题已相当清晰。粗略统计，距今 6500～6200 年的北辛文化晚期聚落址约 50 处；距今 6200～4600 年的大汶口文化聚落址共约 500 处，但尚不知早中期阶段聚落址的大致数目。距今 4600～4000 年的龙山文化聚落址约 1500 处以上。承袭龙山文化的岳石文化，聚落骤然剧减，虽尚无准确统计数字，但目前所知海岱区岳石文化遗址少于大汶口文化遗址。尽管这些数字存在误差，而且各文化的遗址有些已经消失，有些可能尚未发现，但已反映出自北辛文化晚期以来 2500 年中聚落持续快速增长的事实。得知在北辛文化中期以前，山东与海岱地区的文化具有多元性，约在北辛文化中期阶段，山东内陆的文化逐渐融于北辛文化，晚期北辛文化已成为山东内陆的单一文化，并给予半岛地区的白石文化以影响，表明以晚期北辛文化为标志的古夷族团登上了历史舞台，并迅速发展壮大，在其发展过程中创造了繁荣发达的大汶口、龙山文化，其聚落形态也相应发生重大变化。

目前，山东地区距今约 7000 年以前的聚落址，几乎都在泰沂山北侧地带，南侧地带只有一处北辛遗址。这阶段的聚落很少，分布稀疏，一个聚落周围有着宽广的土地，生活资源充足，它们各自应当是独立的。尽管在章丘市胶济铁路以北东西约 10、南北约 16 千米的范围内，集中了 5 处西河类型遗址，但其中的摩天岭与绿竹院遗址紧邻，原本可能是同一聚落；小荆山与小坡遗址南北相距也只有约 1 千米，尚不知是共存还是前后期的聚落，但这里至少曾同时存在 3 个聚落，也可能是 4 个聚落，像是个聚落组。不过西河类型年代约处距今 7000 年以前，其总人口与聚落都很有限，很难说如此古老文化的这些聚落已经联合成某种社会组织（笔者以前曾推测它们在某个时候可能已联合成部落，仅是推测）。稀疏分布的聚落，表明这时期新产生的聚落大都是远离母聚落的，说明这时期聚落之间的联系并不密切，聚落之间的亲缘关系似乎比较淡薄。但就聚落个体而言，却非如此。初步资料证明，这时期的聚落布局规整，秩序井然，以血缘关系凝聚在一起。例如章丘西河遗址是一处西河类型聚落，面积 10 余万平方米，西北两面临西河，在其东北部和东南部各有一组房子，都有 20 座左右（东北部一组因烧砖大多破坏），南北相距约 70 米，其间的地层堆积简单而纯净，不见居住痕迹与文化遗物。房址均半地穴式，圆角方形，面积约 20 平方米到五六十平方米不等，室内地面和墙壁修整平整，有的略经火烤，灶址以条石成正三角支撑，有灶的房子都是三灶或两灶在一起，不见单灶者；尚存房门道的房址门都在南面。这些房子基本没有打破关系，只有个别房子稍有叠压现象，显然这两组房子各自是一个母系家族。遗址北部因先前挖土彻底破坏，不知其详，中西部未发掘，一般来说，人们会首先靠河居住，所以西北部临河地带应当有更早的家族，随着人口的繁殖逐渐扩展到聚落的东北部与东南部；还应有窑场、墓地等，聚落中部可能有广场，因而是个至少包含四个家族的母系氏族居地。陕西姜寨下层聚落更为清楚，在聚落中部的广场周围分布着 5 组房子，每组房子各有 20 余座，每组中都有一座大房子，所有房子的房门都面向广场，聚落外围有 5 处墓地，有窑场，是个拥有 5 个家族的母系氏族，未必是胞族。虽然这是仰韶文化聚落，但同属黄河流域，将可以说明海岱地区聚落的性质。证明海岱区这阶段的聚落都是血缘性的族居地，基本上都是氏族，各自构成独立的经济实体和社会组织，这阶段的社会是氏族社会。不排除在这阶段的晚期可能产生了胞族，如有的两个聚落十分靠近，显然是两个近缘氏族，有可能是胞族，但也可能仅是两个近缘独立氏族，现在还难以说清。

至距今 6500 ～ 6200 年的北辛文化晚期阶段，聚落出现快速增长势头，已知北辛文化晚期聚落址约 50 处，是其前 2000 余年已知聚落址的 3 倍，分布于环泰沂山地带的 20 余个县市区，大多每一县市区只有一处，基本上仍呈零散分布状态。但在滕州、章丘、青州等地出现了聚落组，即在这些地方的特定地理小区间同时存在三四个北辛文化晚期聚落，说明聚落时空关系与聚落分布形态出现了显著变化。聚落组归根到底是由组内的一个老聚落发展成的，例如滕州薛河流域聚落组是由北辛聚落发展成的，它不仅是滕州而且是目前泰沂山南侧地区最早的有陶新石器文化聚落，迄今唯一的北辛文化早期聚落址，上限年代约距今 7500 年。老聚落人口繁殖，派生出新聚落，新聚落继续产生，大多未远离母聚落（当然仍有远离母聚落的），因而形成了聚落组，所以聚落组的聚落具有"母子""祖孙"关系。而且聚落组大都先后发展成聚落群，也就是同一地理小区间同时存在 5 处以上聚落，聚落组实际上是聚落群的雏形阶段。它的出现，表明产生了高于独立氏族的社会组织，换言之，聚落组的聚落（氏族）已联合成一种更高的新组织。这种高于氏族的新组织无疑是部落，聚落群的特征也给予了证明。

聚落群是大汶口、龙山文化时期聚落存在的主要形态，具有三个基本特征。一是具有明确、稳定、不大的地理范围，始终或长期在同一地理小区间发展。二是大型聚落群和一部分中等群都先后出现了明显的中心聚落，其规模十分突出，文化内涵丰富。三是随着中心聚落的明朗化，群内聚落规模出现分化，产生了等级，以致群内的中心聚落、中级聚落与小聚落形成金字塔形层级结构，中心聚落当塔尖，为数不多的中等聚落相当塔身，占绝大多数的小聚落相当塔基。聚落群的上述特征表明，它是当时占主导地位的稳定的社会组织。这种社会组织和聚落组所体现的社会组织是相同的。因为聚落群都由聚落组发展而来，聚落组是聚落群必经的雏形阶段，组、群之间只是聚落多少之差，并无性质之别，所以聚落组与聚落群都是部落，从聚落组到聚落群说明部落在发展。如果说聚落组作为部落的产生阶段还不够典型，那么聚落群阶段的部落已经很典型了。

但是，聚落群并非始终是部落，绝大部分聚落群在其发展过程中都先后发生了质变。虽然目前我们还不能详尽描述海岱聚落群的发展演变过程，但已知道其大致发展阶段和大体在何时开始发生质变。

估计海岱区主要是山东地区，聚落群很可能产生于北辛文化之末，当时的青州、滕州等地可能已出现小聚落群。聚落群产生后，约经历了大汶口文化早期大约五六百年以上的早期发展阶段。因大汶口文化早期人口不多，聚落在逐渐增长，聚落数量有限，因而聚落群在逐渐产生和缓慢发展，估计只有少数小群，更多的还是聚落组。在距今5700年前后，大汶口文化进入中期发展阶段，随着人口与聚落的快速增长，聚落群在数量与规模上也得到快速发展。这时环泰沂山地带的一部分群体先后发展成大型和中大型聚落群，这部分聚落群包括章丘群、宁阳群、曲阜南部群、泗水泗河河谷群、邹城西部群、滕州中部东北部群、滕州东南部薛河流域群、平邑北部群、苍山南部群、临沂西部群、莒县南部群、昌乐南部群、青州东部昌乐北部群、寿光西南部群约10余群[1]。目前所知这些群体大都包含了16～41处大汶口文化遗址，虽然其中有的可能只是大汶口文化早期聚落址而未延续到中期，但仅是个别现象；有些是大汶口文化晚期的聚落，而非中期阶段的聚落，但在群内一般不占很大比例，况且许多聚落群内肯定还有些遗址尚未发现和早已消失，所以这些大中型聚落群基本上反映了大汶口文化中期晚段聚落群体的大致规模，属于这阶段的主要大汶口文化聚落群体。它们无例外地分布于环泰沂山及其浅山地带，没有一处在远山平原上。它们的中心聚落较早的明朗化，并得到突出的发展。目前已经确认的章丘群焦家聚落、宁阳群大汶口聚落、邹城西部群野店聚落、滕州东南部群西康留聚落、莒县南部群陵阳河聚落，规模大，文化内涵丰富，文化总体水平高。焦家聚落实际上是由北辛文化晚期的董东聚落发展起来的，大汶口聚落则由北辛文化

---

[1]　张学海：《山东史前聚落时空关系宏观研究——苏秉琦学术思想在山东考古的再实践》，《张学海考古论集》，学苑出版社，1999年。

晚期直接发展而来，焦家、大汶口、野店作为各自群体的中心聚落，从大汶口文化早期就已脱颖而出；西康留、陵阳河目前所知遗存虽然较晚，但各自的聚落群是两个最大的大汶口文化聚落群，群内其他聚落址都比西康留、陵阳河小得多，而且两者都已发现大汶口文化城垣线索[1]，迄今的发掘面积很小，可能未碰到较早的遗存，其年代不会晚于大汶口文化中期。和中心聚落较早地明朗化的同时，这部分大中型聚落群体的聚落也较早地出现分化，产生了不同等级，至距今 5000 年左右的大汶口文化中晚期之交，群内的中心聚落、中级聚落和小聚落之间已形成金字塔形层级结构，表明这些聚落群体的性质率先发生了质变，其余的群体则在其后陆续发生质变。

聚落群体的这种质变意味着什么？它意味部落转变为国家。因为群内聚落的这种金字塔形层级结构基本上具有"都邑聚"层级结构的性质，塔尖的中心聚落已转化成都城，若干处于塔身地位的中级聚落相当于都以下的邑，绝大多数处于塔基位置的小聚落是村落，群内聚落已形成垂直的隶属体系。它反映出群体内已产生了公共权力，社会形成金字塔形分层秩序，当时墓葬与建筑的类似层级结构也给予了证明。社会的这一巨变，是生产力、私有制和社会经济发展综合作用的结果。北辛文化晚期生产力的进步，导致私有观念的产生，大汶口文化初期大汶口等聚落的墓葬已出现随葬陶器的数量已有所差别，说明私有制已伴随大汶口文化的产生而登上历史舞台，并得到快速发展。进入大汶口文化中期，私有制已势不可挡，导致贫富分化愈演愈烈，社会急剧分化，这在大中型聚落群体尤其是它们的中心聚落中表现特别明显。至大汶口文化中期之末，私有制已在这些群体中深深扎根，尤其在它们的中心聚落已取代了原始共产制。私有制的发展反过来促使生产力的持续高涨，进入大汶口文化中期，生产力已跃上新台阶，手工业迅速发展，工艺技术不断提高，产品日益丰富，陶、石、骨牙器的制作愈来愈精美，社会财富不断积聚，经济文化日臻繁荣，人口与聚落快速增长。大汶口聚落的墓葬表明存在大汶口文化中期后段的手工业者，说明当时已进行着第二次社会大分工，而从大汶口文化进入中期后私有制、手工业和部分中心聚落的迅速发展势头以及陶器石器的精美程度综合分析，第二次社会大分工可能在大汶口文化中期前段就已启动。至大汶口文化中期后段，大汶口、焦家、野店等中心聚落已得到突出的发展，表明正为早期城市的产生做着准备，这些中心聚落的群体正处于城乡分离的进程中。至距今 5000 年左右的大汶口文化中晚期之交，有的中心聚落已发展成早期城市，而成为所在地区主要的政治、

---

[1] 张学海：《中国城的起源与原始城的发现》《莒史新探》，《张学海考古论集》，学苑出版社，1999年。

经济、文化中心，最明显的莫过于大汶口聚落[1]。实际上史前早期城市无例外的都是国都，所以城市产生标志国家的诞生，但只能证明国家已经诞生，不能提供具体的国家实体。上述一系列重大变化，说明长达 700 年左右的大汶口文化中期阶段，正处于新旧社会的交替阶段，部落在逐渐瓦解，国家在部落的母体中渐渐孕育，当一个部落（聚落群体）的中心与中小聚落形成"都邑聚"式金字塔形层级结构时，即表明国家已脱胎而出。换言之，群内聚落"都邑聚"金字塔形层级结构标志国家的诞生，可作为探索早期国家的基本标准。依据这一标准，将能确定许多早期国家，绘制出一大文化区乃至全国的近乎史实的政治版图，了解各国的国都、国土、聚落、人口、文化、经济、习俗和族系等具体情况，获得早期国家诸多方面的认识。

　　这一国家诞生的标志，关键是都城的确定，即部落中心已转变成都城。考古界通常依据其规模、殿堂性质的大建筑基址、王墓性质的显贵墓葬和高于一般的物质文化总体水平来确定都城。早期国家的都城大都是由部落中心直接发展成的，采用大遗址探掘方法对中心聚落进行适当的钻探与调查性发掘，将可用较短时间获取这些资料而确认都城，并得知在何时转变成都城。部落向国家过渡，集中体现在部落中心向政治中心即国都的转变上，并首先实现了转变。虽然我们还不清楚这一转变的具体演进过程，但可以做出推测。估计私有制的发展是这一转变的基础，人口不断向中心聚落集中是催化剂，管理机制的改变是实现转变的标志。大汶口文化中期的大型和中大型聚落群，几乎都有一个规模宏大的突出的中心聚落，例如大汶口、野店、西康留、陵阳河（应产生于大汶口文化中期）、傅家、焦家聚落等，其面积大都远超群内的其他聚落，其人口当然也比其他聚落多得多。显然这并非这些中心聚落原住氏族人口自然繁殖的结果，而是人口不断向中心聚落集中所致。迁入者主要是手工业者及其家庭成员，农业人口束缚于土地是不能随意迁徙的。迁入者属于外氏族成员，不能融于中心聚落的原住氏族中，因而将渐渐形成不同于族居的外来手工业者的聚居区。聚居区的居民分属众多不同的氏族，不能按氏族原则来管理，只能按聚居区或行业进行管理，这样就在中心聚落出现了不同于氏族法则的新的管理办法。这对部落社会是一大冲击，也是私有制的发展促使氏族制瓦解的一个重要体现。而且这种手工业者聚居区有可能形成最初的"市"。《世本》"神农作市"的传说，说明我国市的出现很早。市的产生推动手工业加速发展和商品交换的发展，并促使某些中心聚落向早期城市迈进。中心聚落的人口基数比其他聚落大得多，绝对人口增长数自然大大超过其他聚落，而且外来人口继续不断进入中心聚落，聚落因而逐步扩大，但不能无限扩大，特别是当中心聚落是一座城时。这势必导致杂居，

　　[1]　张学海：《城子崖与中国文明》《论山东地区的龙山文化城》，《张学海考古论集》，学苑出版社，1999年。

杂居的发展破坏了原住氏族的族居，原住氏族也无法坚守氏族法则了，于是便在整个中心聚落采用管理新办法，对其实施分区管理。一旦采取了这一措施，就宣告中心聚落氏族制的消亡，实现部落中心向政治中心的转变，标志国家与文明的基本诞生。

随着中心聚落管理机制的改变，便产生了公共权力。部落酋长转变成行政首脑，具有了君王的地位，无论称呼什么。他和其助手或者部落议事会之类组成最初的朝廷——政府。原先的氏族、胞族长老可能仍然任职，但已非其胞族、氏族的代表，而是他那居住区的长官，是一种社会公职。大型和中大型聚落群所体现的部落，内部应该具有氏族、胞族、部落的完整组织体系，尽管部落内部实行民主原则，但三者的管理范围、职权毕竟不同，这种部落内部实际上具有三个层次。当部落中心转变为政治中心，公共权力产生后，新的管理机制将顺理成章地被推行到全部胞族与氏族，胞族、氏族或早或迟都将转变成该国的中层与基层组织，形成垂直的都、邑、聚式的行政管理体系，最终完成部落向国家的过渡。这种早期国家的中下层尤其是基层管理机构的长官，可能更多地是由头人、长老来担任的，利用宗族血缘关系实施政治统治曾长期存在于中国古代社会。由上所述可知，国家的诞生不是通过暴力而实现的，而是顺理成章、自然而然地诞生，是社会分工、经济关系发展到氏族制无法承载时，自上而下地改变管理机制的产物，这和人口繁殖，聚落增多，人口、聚落密度大增密切关联。人口快速增长，聚落日益增多，人口不断向中心聚落集中，从一个至关重要的方面体现了社会复杂化的进程。率先转变成国家的部落，都是成员与聚落众多的大部落和中大型部落。总之，整体而言，聚落群先是部落，后是国家，其发展过程贯穿了从部落到国家的历程。

概括以上所论，海岱地区在距今6500年以前是氏族社会，其后进入部落社会。部落社会经历了北辛文化晚期、大汶口文化早期共七八百年的早期发展阶段，在距今5700年前后大汶口文化进入中期阶段时发展到晚期阶段，这时少部分部落先后迈出向文明过渡的步伐，并在距今5000年左右的大汶口文化中晚期之交，其中的大汶口、西康留、陵阳河等若干部落率先过渡到国家，标志东夷文明的诞生，海岱地区进入古国时代。海岱地区的史前社会是沿着氏族、部落、国家的道路发展的，这和恩格斯的理论基本一致。但海岱区的国家不是阶级矛盾不可调和的产物，基本上也不是由部落联盟发展而成，而是直接脱胎于部落。海岱史前社会的发展道路，也印证了苏秉琦"古文化—古城—古国"学说。这里的古国是指高于部落的稳定的政治实体，是由部落直接发展成的早期国家，笔者的前述观点实际上是将此学说实践于海岱区的心得，证明"古文化—古城—古国"学说是考古学探索中国文明起源的科学理论。至于塞尔维斯的群队、部落、酋邦、国家的史前社会演进模式，并不符合中国东部地区，恐怕也未必适用其他主要文化区。

　　前面已经论述了海岱史前社会是按氏族、部落、国家的道路发展的，不存在酋邦时期。尽管大汶口文化中期阶段的那些大型和中大型聚落群所体现的部落，颇似酋邦，实际上不是酋邦而是发展到最后阶段的部落，处于瓦解阶段即向国家与文明过渡阶段的部落。新旧社会的交替，是个从量变到质变，从渐变到突变的过程，旧社会不会猝死，新社会不会一夜之间自天而降。大汶口文化中期的这部分聚落群正处在量变、渐变阶段，其变化相当迅速，不存在一个相对稳定时期，至距今5000年左右终于发生质变，过渡到国家，所以在它们发生质变之前是处于瓦解阶段的部落，不是酋邦。如果把这些部落说成酋邦，将无法说明酋邦是如何从这些部落中孕育的，这些酋邦又如何孕育出国家，酋邦和国家都将骤然降生，没有孕育期，同历史唯物主义原理不符。那么古国是否是酋邦呢？海岱区的古国都诞生于距今5000年左右以后，其诞生虽前后参差不齐，但都体现为大汶口文化晚期和龙山文化时期的聚落群，的确有把这个时期看成酋邦时期的，虽然没有明说这阶段的聚落群就是酋邦，但有人认为古国和酋邦相一致。实际上大汶口文化晚期的少数聚落群，生产力已跃上又一个新台阶，而龙山文化大部分群体的生产力已发展到史前巅峰，社会经济达到空前高水平，社会分工得到引人注目的发展，贫富分化和社会分化已十分深刻，社会形成金字塔形的分层秩序，城已十分普遍，其中包括一些早期城市，在其所在群体已形成比较典型的城乡分离的社会格局，这些现象说明这些聚落群体的社会已是阶级社会，即使依据塞尔维斯的学说它们也已经是国家，总不能因为都是"小国寡民"，就说是酋邦吧！酋邦论者认为，"酋邦是属前国家时期的。但在政治权力的结构上，它却可以同国家归入同一种范畴，即人类学家所称的'集中的政治制度。'"[1] 认为酋邦首领具有分配土地，在成员中征兵役，控制社会剩余产品、物资和资源，有的还有生杀予夺之权诸多权力，而且这种权力是不受成员制约的，人们相信他的这种权力是"神灵赐予"的，总之"同典型部落社会的首领相比，酋邦首领的权力要大得多，他'一般是一个实权人物'"[2]。据此有的学者问道："如此集权的酋长，和集中专制国家的国王又有何区别，为什么不将酋邦划入国家范畴？"[3] 对此发问相信读者都会产生共鸣。中国是否存在酋邦这一"前国家时期"，应当认真研究。这必须是依据自身的资料，通过一定的实例，对部落的产生发展过程，部落怎样发展成酋邦，酋邦又如何发展为国家做出论证。但分析海岱区资料的结果，证明本区不存在酋邦时期。海岱史前社会具有典型性，在相当大程度上可以代表中

[1] 谢维扬：《中国早期国家》，浙江人民出版社，1995年，第175页。
[2] 谢维扬：《中国早期国家》，浙江人民出版社，1995年，第73页。
[3] 张忠培：《关于中国文明起源与形成研究的几个问题》，《中原文物》2002年第5期。

国史前社会的发展历程。

海岱地区自距今 5000 年左右开始进入古国时代。海岱古国时代和考古学的龙山时代、史学的五帝时代大体相当，属于东夷早期文明时代。东夷文明植根于环泰沂山脉肥沃的山前平地与近山平原，逐渐向远山平原推进。由于东北面临海，南面和西北面分属淮河、黄河下游，地势低洼，不利耕作，所以主要是向西发展，因而在文明诞生不久的大汶口文化晚期即出现了"逐鹿中原"的现象，夏代初年更演出了后羿"因夏民而代夏政"的历史剧，为夏代文明的产生发展做出了重要贡献。总观东夷早期文明，目前可以初步指出下列若干特征：

1.东夷早期文明是农业文明，粟作、稻作混合农业文明

近 10 余年来相继在若干龙山文化遗址发现了稻谷，包括泰沂山北侧的临淄田旺遗址 [1] 和半岛的栖霞杨家圈遗址，而在连云港藤花落龙山文化城不仅发现许多稻谷，而且发现利用城壕种植水稻的稻田，另有引水渠、水口等遗迹，从这里的岳石文化稻田采取撒播种植，可知龙山文化时期的藤花落也以撒播种植水稻。据裴李岗文化已经种植水稻，估计大汶口文化后期很可能已在种植稻谷。在临沂大范庄、海阳司马台等遗址出土了曾被称为牙璋的玉礼器，前者年代属龙山文化之初，有可能早到大汶口文化之末。这是一种前端分歧后端有柄的扁平长条形玉礼器，类似耜，所以有的学者称为刀形端刃器、双歧端刃器或称耜形器，源于耜，是礼天祈年的礼器，其说可信 [2]。耜这种农具和挖土工具转化为祈年的礼器，说明海岱区的农业早已是耜耕农业，可能主要使用木耜，不像河姆渡文化大量使用骨耜，实物未能保存下来。自大汶口文化中期以后，手工业的持续快速发展也折射出农业具有较高的生产率与发展水平。手工业及其专门化的发展是以农业生产率的提高，能够源源不断地提供手工业劳动力为前提的。同时大汶口文化中期以来人口与聚落的快速增长，大中型聚落群的产生，以及它们的中心聚落的突出发展，也反映出农业的高度发展水平。民以食为天，刀耕火种的低水平原始农业，或者主要依靠采集与渔猎获得基本食物，是不能促使人口持续快速繁殖的，也不可能在许多小区间集中了众多的聚落。自大汶口文化中期以来，聚落由山前平地、近山平原迅速向远山平原扩展，既表明种植粮食和饲养家畜特别是猪，已成为保证生存发展的基本手段，也反映出农业的迅速发展。正是农业的迅速发展孕育出东夷文明。

2.东夷早期文明具有繁荣发达的手工业

自大汶口文化中期开始，手工业就在持续快速发展，很快取得了领先地位。首先是制陶业得到突出发展，制作水平高超，工艺先进，大汶口文化晚期已在推广快

---

[1] 靳桂云等：《山东临淄田旺遗址植物硅酸体研究》，《考古》1999年第2期。
[2] 王永波：《关于刀形端刃器的几个问题》，《故宫文物月刊》1994年第一二卷三期。

轮制陶，龙山文化已普遍使用快轮。陶器种类纷繁，器形优美，早在大汶口文化中期之初的陶器，例如大汶口文化遗址 2005 号墓的鼎、豆以及稍后的太阳纹彩陶豆、彩陶壶、三足高柄杯等都很美观，令人赏心悦目，已在同期各文化的陶器中脱颖而出。而龙山文化的陶器已把实用性与艺术性完美地结合在一起。其蛋壳黑陶高柄杯，胎薄如蛋壳，轻如纸制，制作工序十分复杂，采用匣钵烧成。取水煮水器袋足鬶，造型源于鸟禽，喙夸张为长短不一的流，直腹或横腹下接三袋足，重心稳固，又能扩大承烧面积，造型别致优美而实用，其色泽分别呈红、黄、白色，在黑陶器群中格外醒目。黑陶中的精品，里表全黑如漆，质硬似瓷，光泽明亮，十分优雅美观，和蛋壳黑陶高柄杯与大部分陶鬶一起，堪称古陶艺术珍品，龙山文化制陶业已在全国独占鳌头。石器制作也有很高水平与悠久的渊源，早在距今 8000 年前后的西河类型的石器，通体磨光者就已占相当比例，磨制石斧和大汶口文化前期石斧已难分伯仲。至大汶口文化时期，不仅石器基本上都通体磨光，器形规整，磨制精工，器类增多，而且石锛等工具已大中小型成系列。制玉是石器制作的升华，海岱区玉器制作历史虽然较短，但精湛的石器制作技艺为制玉提供了基础。三里河遗址出土的玉腕饰表明大汶口文化晚期已在制作玉器，而大汶口文化遗址两件玉斧的精美程度，则说明当时的切割、琢磨与抛光技术已达很高水平。龙山文化两城遗址的双面兽面纹扁平玉斧，纹饰纤细繁缛流畅；西朱封出土的玉冠饰与玉簪，器形特高长，造型独具匠心，极其精美，实为旷世瑰宝，不知情者恐怕都会说成东周玉器；还有西朱封、两城、丹土等遗址出土的多孔大玉（石）刀，长达数十厘米到 50 厘米左右，器形扁平而厚薄均匀，刀背厚未超过 1 厘米，可见龙山文化的制玉工艺已后来居上，代表着当时全国制玉工艺的最高水平。大汶口文化中期偏晚，出现骨牙雕刻镶嵌绿松石工艺。大汶口遗址大汶口文化晚期的雕花牙梳和镶嵌绿松石的骨牙雕筒已很精美，龙山文化时期更在玉器上镶嵌绿松石，例如西朱封玉冠饰的璜形冒部透雕成兽面，而在两面的双目位置镶嵌了绿松石粒，格外传神。东夷早期文明具有比较先进的建筑业。住房大都已建在地面上，较早使用了低台基与高台基，较早使用土坯砌墙、铺地，西部地区还烧制石灰，用石灰敷抹室内地面。大汶口文化时期已在筑城，龙山文化城已十分普遍，以堆筑与原始版筑相结合筑城为主，主要属于台城。台城对地形有更大的适应性，具有更高的筑城效率，因而可以普遍筑城和修筑大规模的城，是在新的历史条件下对原始的方块版筑法的改进，而且龙山文化的版筑大都属于长方块版筑，版长一般是方块版筑的二三倍，已比方块版筑进步。龙山文化的纺轮无论是数量、质量还是式样，都为大汶口文化无法比拟，说明龙山文化的纺织业在长足发展。龙山文化纺轮大都比较轻巧、精致，以陶纺轮为主，可能反映了所纺之线比较纤细；发掘中经常发现细小光滑、针孔微小、针尖锐利的骨针，也说明麻线纤细或已有丝线。姚官庄遗址所出陶器底的布纹,一平方厘米经纬线 10 ~ 11 根,比大汶口文化器底的布纹紧密些,但仍很粗疏。垫陶器的麻布不会是纺织精品,不能代表龙山文化的纺织水平,估计东夷早期文明的纺织业水平不会很低。自 20 世纪 70 年代中期以来,在山东三里河、呈子、尧王城、杨家圈、大范庄、店子、河南栾台等近 10 处遗址发现了龙山文化冶铜遗物,分布范围自鲁东南沿海北达渤海之中的长岛,西抵豫东,说明至晚在龙山文化时期已兴起冶铜业,东夷早期文明处于铜石并用时代。以上说明自大汶口文化中期以来,东夷的手工业持续快速发展,繁荣发达,总体水平长期保持领先地位,催化了东夷文明的诞生和初期的发展。

3. 东夷早期文明,国家不断涌现

古夷族团以环泰沂山地带为大本营。距今 5000 年左右该地带的若干部落率先转变为国家,进入文明时代,例如章丘、宁阳、邹城西部、滕州东南部、莒县南部、淄河中游诸地的部落等。其他的部落主要在龙山文化时期陆续发展成国家,东夷国家的分布空间迅速扩展,至龙山文化晚期,东夷古国已遍布海岱文化区。这时在周代诸侯国的中心区或其附近,大凡都诞生了国家,例如山东的谭、遂、鲁、邾、曹、滕、薛、费、莒、莱、纪、齐等国的中心区或其附近,大都存在大汶口文化聚落群,全都有龙山文化聚落群,它们都先后经历了从部落到国家的转变过程。其中有些国家可以同文献记载的国家相印证,例如邻近德州德城区的禹城济阳龙山文化晚期聚落群是鬲国,滕州南部的大汶口、龙山文化聚落群是薛国,曹县县城周围的龙山文化聚落群是莘国,莒县东南部的大汶口、龙山文化聚落群是莒国等[1]。这些国家诞生后,国号地域基本未变,直到灭亡。现知鬲国、莘国都建于龙山文化时期,未知亡于何时;薛、莒都是五千年的东夷古国,一直延续到了战国时期。有些东夷古国例如齐鲁中心区的国家建国也很早,只是一再发生移宗别主,不同国家互相更替,但在这些地点国家并未间断。更多的古国例如纪、莱、谭、滕、费、曹国中心区以及其他地点的东夷古国,虽不知延续到何时,但估计基本不外乎上述两种情况,即有些在原地延续了很长时期,有些可能在同一地点由不同国家相互更替。当然有些古国也不免被吞并。不过弱肉强食的兼并是随着文明的发展愈演愈烈的,古国时代似乎并不激烈,这由龙山文化聚落群的状况得到了证明。龙山文化聚落群可分为两大类,一类由某个、一个半、两个和两个多大汶口文化聚落群发展成,另一类是新产生的龙山文化聚落群。后者占大半数,在前者中包含一个以上到两个多大汶口文化群体的龙山文化聚落群只有若干群。可见国家虽不断涌现,国与国之间的兼并并不激烈,只有很少数古国在建国前后曾整个或部分兼并了紧邻的小部落。

---

[1] 张学海:《论东夷文明的诞生与发展》,《张学海考古论集》,学苑出版社,1999 年。

总观东夷早期国家的形态，可初步指出以下几点：

（1）东夷早期国家都由部落直接发展而来

尽管有的龙山文化聚落群包含了两个大汶口文化群体，但这更可能是兼并的结果，未必是由大汶口文化的部落联盟发展成国家，况且不是普遍现象。因国家脱胎于部落，所以国家诞生之初的国民基本是原部落成员，除了国都，在其他聚落特别是村落中血缘纽带将长期起着作用。

（2）国土都很小，以其母体部落的领地为基础

国土范围从聚落群聚落的四至范围计算，一般从数百到2000余平方千米不等，因绝大多数聚落群周围都有一定的空地，所控制的国土自然会比聚落四至范围大，但也大不了许多。如此除一部分大国的面积稍大于古文献所谓的"方百里"之国外，大部分国家分别和方百里、方七十里、方五十里和不足方五十里的大中小国与附庸国相仿。

（3）东夷早期国家大都具有典型或较典型的都、邑、聚式层级结构

有一个突出或较突出的国都，其中已知有许多城或城的线索，包括一些早期城市。另有数量不多的中级聚落，规模比国都小得多，但显著大于那些小聚落，其中也已发现城，这些中级聚落应有中层管理机构，相当都以下的邑。无论在大中小国家中，小聚落都占绝对多数，其面积基本上都在3万平方米以下，而以2万平方米以下的小聚落占绝大多数，它们显然是村落，从事农业，构成古国的经济与社会基础，各村落应该有古国的基层组织。这些村落的居民基本上是同氏族的成员，具有共同祖先，血缘关系在村落生活中仍起重要作用。总之，东夷早期国家大都具有都、邑、聚式三级行政管理体系。

东夷早期国家的政体、土地制度与贡赋制度如何，目前还不清楚。

4.东夷早期文明，众多古国与大量的小部落、氏族共存

大汶口、龙山文化的聚落，除大部分以聚落群形态分布外，还有许多是零散分布的，单个、两个或三四个成组地分布于聚落群之间和文化区边缘地带，所处自然地理条件较差，离聚落群远，不能归入附近的聚落群，而孤单或成组地独立存在。它们各自是氏族和小部落，包括那些很小的聚落群也还是部落，其总数比古国多得多。因各自独立，互不隶属，统被古人视为国家，所以古人说当时有万国。万国只是说其多，并非确数，万国说近乎史实，但万国包括全国的全部古国、部落、氏族在内，真正的国家相对来说是个少数。目前海岱文化区的文物普查资料尚未全面发表，估计发表后龙山文化聚落群最多也只能有五六十群，即使有些聚落群已经消失，但消失的聚落群不会很多，东夷早期国家的大体数目可知，并非多得不可胜计。但独立的小部落、氏族却比国家多得多。大量的国家、部落、氏族共存，构成东夷早

期文明的一大特征。

此外，东夷早期文明崇尚占卜，以牛羊鹿骨为卜具。用"耜形器"祀天祈年。盛行饮酒之风。以蛋壳高柄杯为专用陪葬礼器，体现墓主生前一定的社会地位。流行棺椁，并趋向制度化。社会最高层的墓葬棺椁齐全，已采用重椁，并以边箱、脚箱放置随葬品。其次有椁无棺或有棺无椁，社会下层没有棺椁。玉器为社会最高层所占有，随葬玉器包括礼器与装饰品。玉礼器以钺、斧、刀为主。随葬陶器可能已礼器化，前阶段即大汶口文化晚期以鼎、豆、壶为基本组合，后阶段即龙山文化时期，则以鼎、豆、罐、鬶、盘、罍为基本组合。

目前已发现大汶口文化晚期的陶缸图文、书写在陶器上的文字和丁公遗址的龙山文化陶文，说明东夷早期文明已在使用文字。

东夷早期国家众多而国土很小，大量国家、部落、氏族共存的事实，说明东夷早期文明的原始性，但毕竟已进入文明时代，而且在一些方面取得了突出成就，对周边文化区和后来的中华文明产生了重要影响，在相当程度上代表着中华早期文明。

东夷古国时代何时结束，何时开始进入方国或王国时代，尚不清楚。从文献分析，也许舜时的虞国已是个方国。方国首先是领土比古国大得多，同时国家机器发展到新阶段，代表了文明的发展新阶段。有虞本是东夷古国，综合分析文献与考古资料，舜时的有虞最可能在山东西部的阳谷、梁山、郓城、鄄城县一带，以古大野泽、雷夏泽以北，今东平湖以西的山东西部地区为主要活动中心。该地区原有个龙山文化大聚落群，因黄河改道和河、济屡屡泛滥，冲毁、淹没了许多遗址，现存龙山文化遗址稀疏，群体范围因而也不易确定。笔者曾大体定为近3000平方千米，并无确切依据，只觉得其他龙山文化聚落群面积都较小，3000平方千米已是最大的龙山文化群体，因而没有再把南面鄄城县东南境的历山庙遗址和最西的河南范县西南部的丹朱遗址等包括在群内，而把它们看作孤单存在的遗址。实际上可能是因许多遗址已被冲毁、淹埋和压在了村庄下，致使群体外围的遗址显得孤单，况且历山庙、丹朱遗址分别和舜耕历山与舜囚唐尧、丹朱父子的传说相关，如果把西、南面这些看似孤单的遗址包括在该群内，其聚落分布范围东北到西南约104、东西最宽约80千米，面积约7000平方千米以上，地跨山东阳谷、东平、梁山、郓城、鄄城、河南台前、范县七县市。其中心聚落景阳冈遗址是一座面积达38万平方米的城，城内中部偏北有宏大的夯筑台址，群内并已发现王家庄、皇姑冢两座二级城（邑城），面积各为4万与6万平方米。该聚落群气势非同凡响，地处《禹贡》兖州的中东部，基本属汉东郡的东部地区，地当东夷势力前沿和东西方文化的交汇地带，西距颛顼之墟濮阳县约30余千米，濮阳县一带也是个中原龙山文化聚落群，两群之间隔有宽广的空白区，但景阳冈群的面积要大得多，不仅是最大的龙山文化聚落群，也为中原龙山文化聚落群所罕见，说明是个龙山文化晚期的方国。梳理有关舜的文献记载，地望与时间都相一致，应该是舜时的虞国[1]。说明虞国在舜时已发展为强盛的方国，所以舜才能继尧而成为黄河流域乃至北半中国联盟的盟主。所谓尧舜禹禅让说实无其事，这很可能是由这个联盟推举盟主之事演绎而出。舜大约处于公元前22世纪到23世纪，如果上说能够成立，就说明东夷在五帝时代之末已进入方国时代，东夷文明发展到新阶段。

　　虞夏之际东夷文明的强盛，不仅由虞舜得到了体现，而且还由有穷后羿"因夏人而代夏政"的事件得到证明。处于河洛地区的夏古国至禹时可能已发展为中原的一个方国，禹很可能也是一"帝"，曾是继舜以后的一位盟主。禹以后，东西方以益、启为代表发生了盟主之争，以益被启所杀而告终，东土势力受挫，但不久即发生了有穷后羿代夏事件。后羿为东夷人史无异词，有穷很可能是邻近夏国的东夷方国。《左传》记魏庄子说，后羿自鉏迁于穷石，因夏人以代夏政。《括地志》称故鉏城在滑州城县东10里，又引《晋地记》说河南有穷谷，盖本有穷氏所迁也。如果《括地记》所说可信，代夏前的后羿就在夏国东北不很远的滑县一带，两国相邻。因为相邻，所以后羿能够伺机逐步夺取夏的领土，最终占有夏人的发祥地，迫使夏王相逃亡，终至被灭。羿也把国都由鉏迁于河南穷石，并号有穷氏，成为显赫一时的方国，此时的有穷国土决不会比其前的夏方国小，有的古文献称羿为帝羿并不算过。至于有穷氏何在，羿是否曾居于斟鄩，斟鄩会不会是河南巩义市西境的稍柴遗址等，在这里都不成为关键问题了，即使不能很快解决，也不影响夏代初期东夷文明的强盛。不久，相之子少康依靠虞等东夷国家的支持而复国，对夏初东夷文明的强盛给予了进一步的证明。

　　少康中兴，与其子王杼相继灭掉有穷寒浞及浞子的过国与戈国，有穷灭亡。夏人继而经略东方，东夷文明失去光辉。岳石文化聚落骤减，人民流散，东夷国家大都臣服于夏，《古本竹书纪年》不乏夷人朝贡夏王的记载。但少康中兴以后的夏朝只是压制了东夷势力，迫使退回东土并臣服自己，夏人的东境基本上稳定在河南山东的接壤一带，并未深入山东地区。虽然岳石文化遗址剧减，但仍稀疏覆盖了海岱地区，并已发现城子崖、田旺等岳石文化城址，而且迄今在山东、苏北境内并未发现夏文化的二里头文化遗址，只在西部地区有二里头文化不强的影响，海岱区仍是夷人的一统天下。而且岳石文化已是青铜文化，石器得到明显发展，版筑技术接近成熟，聚落分布形态可能发生了巨大变化，集中成群分布的现象似已消失。这也许

---

[1]　张学海：《东土古国探索》《论龙山文化景阳岗类型》，《张学海考古论集》，学苑出版社，1999年。

表明宗族血缘关系的削弱，以地域为基础的国家已取代以部落领地为基础、以同部落成员为国民主体的早期国家，表明岳石文化时期东夷文明在继续发展并处于文明的新阶段，这阶段是从龙山文化晚期开始的。至夏朝晚年，东夷文明再度崛起，东夷的主要国家已不再听命于夏，《史记·夏本纪》说，"自孔甲以来诸侯多叛夏"，其中当然包括东夷国家。自孔甲经皋、发两王至夏桀，商汤起而灭夏，建立了商王朝。汤的顺利灭夏，有赖于东夷势力的支持。

商人发祥之地，旧说多以为在山东西南部，是夷人的一支。20世纪80年代以后起源于太行山东南侧冀南豫北地区的观点逐渐成为主流意见，但持旧说的学者仍然不少。商人即使不是夷人的一支，但其渊源与夷人恐有密切关系。先秦诸子都说灭夏前的汤只有"方百里"或者"方七十里"之地，一个区区小国何以能一举灭亡占有中原地区的大国夏国呢？究其原因，得到东夷势力的支持是汤获胜的决定性因素。先是汤在郑州建立灭夏的大本营亳都，即东向灭葛，继而在景亳与诸侯会盟，景亳应在鲁西南的曹县一带。从会盟的地点可知参与会盟的主要是鲁西南、皖北、苏北一带的夷人势力，自孔甲以来他们大都已和夏对立，汤通过会盟和他们结成了反夏联盟。随北向灭韦、顾与昆吾，乘势一举灭夏。据今本《竹书纪年》记载，自灭韦至灭夏，首尾仅四年，兵锋之锐可想而知。如无东夷势力的支持，岂能如此！也许汤的灭夏大军是包含东夷军队的联军，这从史载汤与有莘联姻、薛君仲虺曾任汤左相可看出点信息。这充分说明夏末商初东夷文明的复兴，再度成为举足轻重的政治力量。

商朝建立不久，即向周围大规模扩张。二里冈上层时期的商文化其影响已越过长江，东面迅速跨越微山湖与济水抵达山东滕州和济南地区，先后基本取代了该地区的岳石文化，特别是在文化中心区。至商代晚期，商文化已扩展到鲁东南和胶莱平原，但未越过潍河，鲁东与山东半岛地区至今不见商文化，其影响也微乎其微。商文化东渐是商人势力东扩的结果。商人东扩虽有扩展领土的成分，但主要不是灭国略地，而是迫使东夷国家臣服，并以其先进强大的文化融合影响土著文化，有莘、薛、奄、谭、薄姑、纪、莱、莒国等，特别是它们的都城与中心区的文化，先后都变为商文化或者商文化成为主要文化因素，但这些国家或者始终与商代或者和商代后期共存，像薛、莒、纪、莱等国都还直接延续到了春秋与战国时期，就说明商人的东扩主要不是扩展领土。虽然如此，商文化却随商人所至之处生根发展而取代当地文化或成为当地主要的文化因素，说明商文化的强盛。这一强盛的文化在其东面的发展过程，大大改变着海岱地区的人文环境。早在少康中兴后，海岱人文环境也曾发生剧烈变化，但气势较弱，时间较短，影响较小，虽然促使了龙山文化转变成岳石文化，但仍按本土的文化传统演变，夏人的二里头文化并未取代东夷的岳石文化。这次剧变则是在新的历史条件下发生的，和前一次不同，势头强，时间长，影响深远，海岱西部地区的土著文化都先后被中原商文化所取代，在中部地区商文化也逐渐成为占主导地位的文化因素。但商文化在东土的发展不是直线推进的，而呈波浪式由西向东曲折发展，其间有起有伏，有进也有退，而且在中东部地区可能存在不平衡性，在各国的都城与文化中心区，商文化因素浓郁强烈，边远乡村可能较淡薄，但即使是都城与文化中心区的文化因素也不是单纯的商文化，其中存在明显的当地文化因素，因而晚商时期薛、莒、齐、莱地的文化究竟是商文化，还是由商文化与土著文化重组成的当地新阶段的文化尚需深入研究。但自商文化开始进入山东地区并继续向东推进，无疑就在不断改变着东土的人文环境，东土文化就处于重组过程中，以族团为基础的东夷文化、东夷文明在渐渐变质，逐渐向更大人群的地域文化与文明转变，所以即使海岱区中东部地区商代晚期的文化是岳石文化以后阶段的当地文化，除鲁东、半岛地区的文化以外，已不能称为东夷文化。卜辞与史书所称这时期的夷或东夷，就东土大部分地区而言，已由原先的族团、文化、地理三位一体的概念，基本上变成地理概念。

周武王灭商，成王大举东征，东土国家或被灭或臣服于周，周在薄姑、奄地分封了齐鲁两国，东土文化和中原文化的重组与融合进程，在更新的历史条件下继续运行。周人"普天之下莫非王土，率土之滨莫非王臣"的政治理念，赋予文化民族融合以新含义和有利的人文环境。同时齐鲁的不断扩张，春秋时期鲁灭九国，齐灭十国，成为春秋十个大国中的两个，尤其齐在春秋晚期占有了整个山东北半部地区，加上频繁的争霸战争，大大加速了融合进程。夷的含义继续变化，春秋时期已演变成对文化滞后、政教相异人群的称呼，所谓"孔子作《春秋》也，诸侯用夷礼则夷之，进于中国则中国之"。在这里中国是文明之国的意思，其主体是周和西周以来新分封的诸侯国。她们又自称夏、诸夏或者华，占据着黄河中下游地区，这正是原先夏商与东夷的主要势力范围。春秋末年，随着齐的领土扩展到山东半岛，整个东土地区也都包括进中国的礼仪之国以内。紧接着齐鲁成为全国思想文化与中国传统文化最主要的中心，东土与中原终于最先融合为一体，构成中华民族及其文化最早的主体部分。东夷文明的诞生发展过程，体现了中华文明的形成发展过程，是中华古文明的重要组成部分。

原载《东方考古（第 1 集）》，科学出版社，2004 年

略说东夷史的几个问题

　　中华民族是多元的统一体。但在 20 世纪初叶以前，人们都相信夏商周三代同出于黄帝，万世均黄帝一系的旧史观。20 世纪三四十年代，有识之士提出新主张，打破了三代同源说。蒙文通《古史甄微》首先提出中国古代存在江汉、河洛与海岱民族。傅斯年接着发表《夷夏东西说》，详考了夷族居东（黄河下游）、夏族居西（黄河中游）。而后徐旭生《中国古史的传说时代》把中国古代部族分为华夏、东夷和苗蛮三大集团。华夏集团的炎帝、黄帝氏族起于陕西，一部分逐渐东迁，到达河南、山西乃至河北北部地区。东夷集团的地域，北自山东南部，最盛时可能达到山东北部，西至河南东部，西南至河南最南端，南达安徽中部，东至海；而在今江苏运河以东地区，因地势低洼潮湿，少有居民，所以未见国家存在。苗蛮集团则以湖北、湖南为中心，其西南未详，东包江西的大部分，北东部以鄂豫接境的大别山脉为界，东邻东夷集团；北西部则越南阳，进入伏牛、外方各山脉间，北邻华夏集团。徐先生认为，如果仔细分析，这三集团未尝不可以分为六部分。华夏集团本就分为黄帝、炎帝两大支，黄帝居北，炎帝居南；近东方的又有混合夷夏文化、自成单元的高阳氏（帝颛顼）、有虞氏（帝舜）、商人；接近南方的还有一部分出自华夏集团而深入南方，同苗蛮集团发生极深关系的祝融等氏族。但这是从三大集团中细分，属于三个亚集团，不能和三大集团平列。上述部族分野说，证明三代不同源，中国历史的构成极其复杂，远非万世黄帝一系那么简单，这已成为现今古史界的主流观点。但是，传说时代历史是口耳相传下来的历史，有关文献记载均为后人根据传闻追记，夹杂了大量神话、揣测与综合，时间、地点、人物常常矛盾，而学者的理解、诠释、取舍往往不同，结论自然相异。所以仅凭这些后人追记的记载来研究传说时代的历史，存在无法克服的局限性，难以形成一致的认识。事实上迄今不赞同夷夏东西说、中国古代部族三集团说者不乏其人。要想有成效地推进古史研究，逐步建立科学史前史，还是那句老生常谈：必须依赖考古学。以考古学成果为基础，参证古史传说，将逐渐实现重建史前史的目标。

　　所幸中国考古学自 20 世纪 20 年代诞生以来，已取得令人瞩目的成绩。其中于 80 年代开始形成的考古学文化区系框架，对推进史前史研究尤其具有深远影响。

考古学文化区系是考古学的基础理论之一，又是考古学的基础研究课题即考古学文化研究。其具体研究对象包括文化面貌、文化特征、文化基因与演变规律、年代分期、分布范围、文化类型、文化源流与文化谱系以及同相邻文化的关系等。率先提出文化区系类型概念的著名考古学家苏秉琦先生表述说："区"是块块，"系"是条条，"类型"是分支。块块就是文化区，文化分布的地理空间。条条是文化谱系，由互相传承的文化构成的文化链。一个考古文化区都包含地理空间和文化谱系两个基本要素，即时空要素。地理空间一般都经历了由小到大的发展过程，但表现出曲折性，有时扩展，有时收缩，在其发展过程中文化中心区也不免发生位移，这主要取决于区内与区外（相邻文化区）文化发展的水平与速度。尽管如此，文化地理空间尤其是中心文化区，都相对稳定在一大地域内。区内的文化长期连绵发展，发展速度时快时慢，文化特征表现出阶段性差异，形成多支互相传承的考古文化，构成自身的文化谱系。地理区间与文化谱系这两大要素的有机结合，形成了经久不息、后来都占有广阔地域的考古文化区。显然这些文化区内的居民各自都拥有自身的文化，各自构成一个人群共同体，也就是古族集团，或者称为部族或族团。所以考古学文化区系框架，实质上就是古代中国古族结构框架。目前的全国考古学文化区系框架，已揭示了中原、海岱、燕辽、下江、两湖、四川等六七个文化区及其文化谱系。随着考古学的继续深入发展，可能还会发现新的文化区，但已表明我国古史传说时代至少存在六七个族团。其中的中原、海岱、两湖文化区，分别和徐旭生划分的华夏、东夷、苗蛮集团的势力范围基本吻合。同时，中原、海岱文化区和中原、两湖文化区交汇地带表现出的双方文化因素的共存或双方文化的混杂，表明徐旭生先生在华夏与东夷、华夏与苗蛮之间两个亚集团的划分，是多么有见地。事实上考古学文化区系框架和徐旭生的古代部族分野说，已构成了互证。前者证明后者基本符合实际，后者证明文化区系框架确实体现了中国古族的结构，一大文化区就是一个族团的势力范围，而中原、海岱、两湖文化区的主人，各自是华夏、东夷、苗蛮集团。尽管考古学揭示的古代族团成倍地多于三集团，但考古学与古史传说共同表明这是中国古代最重要的三大族团。在考古学的草创时期，当时还只发现仰韶文化与龙山文化，而且对她们的认识还极肤浅的情况下，仅凭梳理错综杂乱、真伪难辨的古史传说，徐先生的古代部族分野说，代表了 20 世纪前半期中国史前史研究的高水平，难能可贵。但是，有关古史传说时代的文献记载，毕竟存在太多的局限性，例如古史传说中的人物与氏族寥寥无几，挂一漏万，而且族姓、世系、时代、地域大都不详，而考古学文化区系框架表明，各族团都经历了漫长的形成、发展过程，特别是华夏、东夷、苗蛮等族团都具有三四千年的悠久历史，其间的变化极其错综复杂，不可能依据既有文献记载建立较为可信的传说时代历史，这一目标的实现只能依赖考古学。在目前的全国文化区系框架中，海岱文化区的区系虽尚存有未知数，但总体来说已比较清晰，为东夷史研究提供了初步基础。笔者曾以海岱文化区系为纲，以山东史前聚落时空关系的演变为基础，结合文化，考察了本区史前社会组织的演进和文明的形成过程，发现海岱地区的古代社会是沿着氏族、部落、国家的道路发展的，在距今5000年左右诞生了国家（古国），进入文明时代。同时也考察了东夷族团的诞生、发展及其与中原人群逐步融合为最初的汉民族的过程。本文拟继续对东夷史的三个问题进行考察，以求得相关研究的进一步深入。

一　东夷族团登上历史舞台

　　考古文化区是考古学概念，与通常说的地域文化不同，尽管两者存在密切联系。既然一个考古文化区就是一个古族集团的区域，那么当该文化区形成之际，就意味该族团登上了历史舞台。现有考古文化区都有其形成发展过程，一般本区新石器文化的出现并不表示考古文化区的产生。各文化区早期的新石器文化，可能是后来文化区文化的直接渊源，也可能是文化源头之一，还可能没有直接的渊源。换言之，考古文化区是区内古文化发展到一定阶段的产物，需要具备一定的地理空间与文化谱系。现有全国的考古文化区，可能都具有"多元一体"模式。海岱地区早在距今1万年左右，就存在沂河、沭河流域的"沂沭细石器文化"和汶河、泗河流域的"汶泗细石器文化"，目前两者的文化特征差别明显，不能视为同一文化，也许渊源有自，似乎说明海岱地区的新石器文化具有不同的源头。此后海岱地区的古文化有近千年的空白，当然并不意味海岱古文化的中断。目前海岱地区最早的有陶新石器文化是西河—后李文化，分布于山东泰沂山脉北侧一带，碳-14测年的最早年代约距今8500年，而据陶器的整体发展水平与聚落规模分析，其产生时间可能早到距今9000年前，其下限年代约为距今7000年，属于新石器时代中期阶段的文化，一般称为后李文化[1]。其实，以临淄后李遗址为代表的泰沂山北侧东段的这类遗存，和以章丘西河遗址为代表的西段遗存，两者存在明显差别，目前虽不能肯定是两支亲缘文化，但至少是一支文化的两个类型，所以笔者暂称为西河—后李文化，以示两者既有共性又有区别，同时也使用西河类型与后李类型的名称，以便表述[2]。西河—

---

　　[1]　济南市文化局文物处等：《山东章丘小荆山遗址第一次发掘》，《东方考古（第1集）》，科学出版社，2004年；山东省文物考古研究所等：《山东章丘小荆山遗址调查、发掘报告》，《华夏考古》1996年第2期；山东省文物考古研究所等：《山东章丘市西河新石器时代遗址1997年的发掘》，《考古》2000年第10期；济青公路文物考古队：《山东临淄后李遗址第三、四次发掘简报》，《考古》1994年第2期；山东省文物考古研究所等：《山东潍坊前埠下遗址发掘报告》，《山东高速公路考古报告集》，科学出版社，2000年。
　　[2]　张学海：《西河文化初论》，《张学海考古论集》，学苑出版社，1999年。

后李文化的年代已比较古老，而且在鲁东南与鲁中南地区又分别存在沂沭细石器文化和汶泗细石器文化，这就不能排除西河、后李类型各有渊源。目前发现的西河—后李文化的遗址还不到 10 处，将会继续有所发现，但不会很多，分布范围也不会很大，大概中心分布区就在泰沂山北侧的山前平地一带。她很可能是海岱文化区文化的主要渊源之一，但还不是全区的统一文化，所以也不表示海岱文化区已经产生。

西河—后李文化的去向未详。在其后的文化目前有北辛文化、月庄类型和白石文化。月庄类型 20 世纪末发现于济南市西部长清区月庄遗址，现只发现月庄、张官两处遗址，两者毗邻，可能是一处遗址。其文化遗存有区别，月庄未见鼎类三足器，流行堆纹[1]；张官已有鼎，鼎足粗壮，堆纹少见[2]，所以月庄遗址年代明显早于张官遗址，更接近西河—后李文化。堆纹的流行把它和西河—后李文化的后李类型联系起来，似乎显示后李类型晚期，其影响可能已由泰沂山北侧东段扩展到西段。但目前月庄遗存和西河—后李文化的关系尚不清楚，月庄遗址的年代也未明，估计上限接近距今 7000 年。张官下层的文化遗存是否已属北辛文化范畴，目前也不能定，但有可能发展为汶上东贾柏一类的中期北辛文化，或者就是其早期遗存。以上是山东史前文化区系问题一方面的未知数。

白石文化分布于胶东半岛地区。白石村期和邱家庄期代表了该文化的早晚阶段，中间尚有缺环。年代约当第七千年的中、晚期，延续时间不到千年，在大汶口文化早期融于大汶口文化。目前，考古界对该文化的文化性质、延续时间、绝对年代以及定名等都还有不同意见，本文不准备讨论这些问题，仅就其文化来源作点推测。20 世纪晚期，在发现、研究、认识白石文化的过程中，学者主要从两方面思索其来源，一方面是从半岛当地思索，一种占主导的意见认为：山东半岛地区存在自成体系的原始文化，半岛早期的居民原本沿海岸居住，随着海平面逐渐增高，聚落被海水淹没，和海岸一起变成了大陆架。按照这种意见，山东半岛地区是山东新石器文化的源头之一，但早期的遗址都已在大陆架上。这一推测有其合理性，目前却很难证实。另一方面，是从山东内陆寻找来源，主要和山东内陆的北辛文化相联系，认为白石文化实际上是北辛文化的东扩，是北辛文化的山东半岛地方类型。如此，山东半岛原始文化的出现就比山东内陆晚得多，不是山东（海岱）地区新石器文化的源头之一。不过一个明显的事实是，白石文化早期阶段的白石村期与内陆文化关系疏远，晚期的邱家庄期则相当密切，如果半岛的原始文化是北辛文化的东扩，两者理应一开始就比较一致或者具有更多的共性。仅此一点已说明白石文化不源于

---

[1]　月庄遗址经两次发掘，资料未发表，现存济南市考古所和山东大学考古系。

[2]　张官遗址原由北京大学考古系发掘，发掘报告正在编撰中，报告编撰者燕生东现任职山东省文物考古研究所。

北辛文化而另有渊源。20 世纪八九十年代交替之际发现的西河—后李文化，为半岛原始文化的来源提供了新线索。该文化偏晚的前埠下遗址位于潍坊市寒亭区朱里镇的潍河西岸，已邻近半岛地区 [1]。两者的陶器都流行堆纹，采用云母或滑石的白色羼和料，两者的筒形圜底釜都盛行双把手与四把手，尽管把手形态有别；这已显示山东半岛与内陆的这两支文化有着内在联系。前埠下遗址的年代估计处于第八千年期中晚叶，比白石文化的开始年代早得多，这就把后者的来源指向了内陆的西河—后李文化，确切说是该文化的后李类型。也就是说后李类型可能较早地抵达半岛地区，由于生态环境的不同，原来的农耕经济类型转型成渔猎经济类型，文化差别逐渐增大，至白石村期已显示与内陆文化缺少联系，但后来又逐渐加强联系，最终和内陆文化融为一体。半岛原始文化究竟是海岱文化区的多支源流之一，还是山东内陆东部一支源流的一个弯道，一时尚难证实，这是山东地区史前文化区系问题又一方面的未知数。不过，现有资料清楚说明了距今约 6500 年以前山东半岛的文化不同于山东内陆文化，两地还不是统一的文化区。

海岱文化区系方面再一个关键性未知数，是西河—后李文化和北辛文化的关系问题。北辛文化距今 7300 ～ 6300 年，分为早中晚三期。早期距今 7300 ～ 6800 年，中期距今 6800 ～ 6500 年，晚期距今 6500 ～ 6300 年，这样的年代分期为多数人所遵循。虽然测定上限年代的碳 -14 测年数值，按树轮高精度校正表的校正值应定为距今 7500 年，学者对早中晚三期也有不同的划分，但都没有动摇海岱文化区系的总体架构，随着西河—后李文化的发现，就出现了问题。该文化的下限年代已处于第八千年的晚期，和北辛文化早期（约距今 7500 ～ 7000 年）的年代重叠，说明西河—后李文化晚期和北辛文化早期，曾各自在泰沂山北南两侧并列发展，两者不是直接传承关系。但有些学者认为两者是传承关系，原定的北辛文化早期并不是北辛文化，而是包括西河类型在内的后李文化，后李文化的下限年代为距今 7000 年左右，并直接发展成北辛文化 [2]。此说具有合理性，因为原来依据北辛遗址确定的早期北辛文化遗存的陶器、石磨盘等器物和西河—后李文化存在联系，陶器总体面貌更靠近西河—后李文化，而且北辛文化的早期遗址始终只有一处北辛遗址，原定早期北辛文化遗存是否单纯，未经更多地层的检验。不过，此说能否确立，还有待今后的工作。如能确立，就将对海岱史前文化的发展脉络和区系架构做出重要改变，把北辛文化和西河—后李文化或后李类型直接联系在一起，把海岱地区的这一文化源流

---

[1]　山东省文物考古研究所等：《山东潍坊前埠下遗址发掘报告》，《山东高速公路考古报告集》，科学出版社，2000年。

[2]　栾丰实教授把北辛文化的年代定为距今7000年左右至6100年，认为后李文化是北辛文化的主要来源之一，参阅《海岱考古研究》之《北辛文化研究》章，山东大学出版社，1997年。王永波持相同观点。

上溯至距今 9000 年前后。所以西河—后李文化同北辛文化的关系问题也就成为海岱文化区系最关键的一个未知数。

总之，目前既不知西河—后李文化是两支文化，还是一支文化的两个类型，它的年代分期也未深入研究，也不知它和其后的文化是什么关系。西河—后李文化和泰沂山北侧西翼的"月庄类型"的关系未详。"月庄类型"张官遗址下层遗存是否就是北辛文化，或者是泰山西侧北辛文化的直接前身？往东，西河—后李文化同邹平苑城文化遗存的关系也有待解决，按对北辛文化的原先认识，苑城遗存可能是泰沂山北侧北辛文化中期偏早的遗存。在泰沂山北侧的东翼，西河—后李文化的去向不明，整个胶莱平原迄今只见北辛文化晚期遗址，均在距今 6500 年以后，未发现 6500 年前的中期北辛文化，和后李类型偏晚的前埠下遗存至少可能存在七八百年以上的空缺。而半岛白石文化的上限年代充其量超不过距今 6800 年，同后李类型前埠下遗存之间也有相当长的间隔，白石文化究竟源于半岛当地还是后李类型的东扩？在泰沂山南侧地区，北辛遗址的早期北辛文化究竟是不是西河—后李文化的晚期阶段？如果是，那么北辛聚落就是个经历了西河—后李文化、北辛文化和大汶口文化的聚落址，以北辛遗址为基础而确定的北辛文化的年代架构就须作重大修正，其延续时间将大大缩短，同时证明至少在西河—后李文化晚期，该文化已抵达鲁中南南部地区。所有这些问题，说明山东地区从新石器时代中期（约距今9000 ～ 7000 年）至新石器时代晚期（约距今 7000 ～ 5000 年）前阶段的文化，是相当复杂的，并未形成单一的文化，这时山东地区的先民并不属于同一人群共同体，还没有产生统一的海岱文化区。

北辛文化中期阶段（约距今 7000 ～ 6500 年），已发现的北辛文化遗址仅 10 处左右，例如滕州北辛、济宁张家庄、汶上东贾柏、章丘埠村、王官（土地实属章丘张官村）、邹平苑城等，但文化面貌并不是很一致的。至于年代相当北辛文化中期而文化性质未明的遗址例如长清张官遗址，以及半岛地区白石文化白石村期遗址的文化面貌，和中期北辛文化的差异更为明显，说明北辛文化中期阶段，山东仍未形成统一的文化区，但已在向这一目标迈进。

约距今 6500 年,北辛文化进入晚期阶段。这阶段已知的聚落址激增至 50 余处，分布范围扩展到整个环泰沂山脉（鲁中南山地）的近山地带，离山一般不超过 20千米，文化面貌也趋向一致，而且除了北辛文化，这时期的山东内陆地区已无其他文化，说明北辛文化已成为山东内陆的统一文化。这时半岛地区白石文化晚期的邱家庄类型也大大加强了与山东内陆文化的联系，吸收了不少北辛文化的因素，以至有学者主张白石文化是北辛文化的半岛地方类型。因此，北辛文化晚期已初步形成以北辛文化为标志的海岱文化区。它可能形成于北辛文化中期阶段之末，也可能稍晚，目前不妨以北辛文化晚期开始的年代界标为准定为距今6500年左右。北辛文化先后发展为大汶口文化，白石文化的邱家庄类型也逐渐与大汶口文化相融合，大汶口文化成为海岱全区的文化共同体，海岱文化区得到了最初的重要的发展，并开始了长期持续发展的进程。在此后的发展过程中，形成了大汶口文化、龙山文化、岳石文化的文化谱系，这一谱系在海岱文化区的中心区山东地区，已十分系统缜密。

海岱文化区的形成过程，明显具有多元一体的模式。海岱新石器文化可能至少有两个乃至超过两个源头。现有资料已证明山东新石器中期的文化颇为复杂而多彩，不是单一文化单线发展的。这些文化约在新石器时代中晚期之交开始了融合的进程，大约在新石器晚期的北辛文化中晚期之交，山东内陆的文化首先融合成晚期北辛文化，其间可能吸收了西邻裴李岗文化的某些因素，但北辛文化的主要源头和主要文化因素都来自山东内陆地区，而不是来自区外。它和西河—后李文化很可能存在传承关系，但是西河—后李文化也不是北辛文化的唯一源头。这由下述事实可以得到证明：中期北辛文化不同地点的遗存有较大差别，而且在此阶段山东地区还存在不同于北辛文化的文化遗存，到了北辛文化晚期北辛文化才成为山东内陆地区文化面貌比较一致的统一文化共同体。综观海岱文化区的发展全过程，山东内陆地区始终是该文化区的中心区和大本营。因此，晚期北辛文化之成为山东内陆的统一文化，并给半岛文化以较强影响，就标志着海岱文化区的诞生，东夷族团登上了历史舞台，最初的东夷族团主要是由环泰沂山脉地带的若干人群融合成的。举一反三，其他考古文化区大概同样具有多元一体的模式。其实中华民族的主体汉族的形成也是如此，只不过主要体现为各文化区之间文化的融合。

二 东夷族团势力范围的扩展

海岱文化区总体上已相当清晰的区系框架表明，东夷族团诞生后，经历了三千余年的发展，于商代早期开始了与中原族团融合重组的进程，其文化标志自西而东逐渐消失，渐渐形成更大人群共同体的地域文化。大约至商代晚期，海岱地区西、中部的夷族已同华夏族团基本融合，东部沿海特别是半岛地区的夷族则延续到了西周、春秋时期，但已是强弩之末，无足轻重。东夷族团在漫长的历史发展过程中，始终以山东境内包括鲁苏交境地带的环泰沂山脉地区为中心，逐步扩展到山东全境，进而进入邻省地区。虽然龙山文化时期的西界尚有争议，岳石文化的分布范围还有不详之处，但总体而言，东夷族团势力范围的步步扩展以及各阶段拥有的基本地域已比较清晰。

在东夷族团诞生之初的北辛文化晚期，所发现的 50 余处聚落址全部分布于环泰沂山的山前地带，离山基本未超过 20 千米，远山平原迄今未见北辛文化晚期遗址。事实上这阶段的聚落不会很多，低下的生产力水平决定了这时的聚落只能建立在近山地区，傍山依水，不会远离山地。证明东夷族团最初的活动范围只有环泰沂山脉的近山地区，基本上全在山东境内。这些北辛文化晚期遗址，大部分布于泰沂山北侧到西南侧地带，东侧到东南侧较稀少，似乎说明初期的东夷族团是以泰沂山北侧到西南侧的近山地区为活动重心的。因西河—后李文化目前的分布范围就在泰沂山北侧的山前地带，所以东夷族团初期的活动重心既延续了西河—后李文化的活动区，又沿山脉西侧向南有所发展，主要活动区域有所扩大。这和徐旭生先生依据文献推断东夷部族在最盛时可能达到山东北部不符。

距今 6200 年前后，北辛文化发展成大汶口文化。考古界分大汶口文化为早中晚三大期，早期距今 6200～5500 年，中期距今 5500～5000 年，晚期距今 5000～4600 年。综观大汶口文化的阶段性变化及社会的演变，距今 5500 年的早中期年代界限明显偏晚，所以笔者主要依据大汶口文化遗址 M2005 这组墓的年代（约距今 5800～5700 年），把中期的开始年代提前到距今 5700 年。大汶口文化早中晚三大期的演变，体现了东夷族团发展、壮大和扩张的三个重要阶段。

大汶口文化早期，已知遗址数量未详。估计大部分北辛文化晚期的聚落都将延续到大汶口文化早期，同时也将不断产生新聚落。但大汶口文化早期的总体发展水平不高，文化与人口在缓慢地发展，聚落并没有快速增长，所以大汶口文化早期的聚落不会很多。但这阶段长达 500 年左右，其末期时的聚落无疑要比北辛文化晚期的聚落多得多。其分布范围尚在山东境内，山东内陆的聚落基本上仍集中于环泰沂山山前地带，但西面已越过今黄河（此段黄河为济水故道），在今鲁西平原的阳谷县已发现这时期的王家庄等遗址，北面则跨黄河、徒骇河抵达鲁北平原的阳信县，县内小韩遗址已南距泰沂山北侧山根达七八十千米。鲁西北的地形由西南向东北微倾，黄河、徒骇河、马颊河等河流，均由西南而东北流入渤海，这里当属古"九河"区域的组成部分，虽还不知阳信的早期大汶口文化遗址是由鲁西沿古河而下抵达河口地区，还是直接由泰沂山北侧北迁的，但这是目前山东内陆地区最靠北的大汶口文化遗址。这和鲁西平原的王家庄遗址等一起表明，尽管大汶口文化早期聚落还不很多，而且山东内陆的这些聚落大都集中于环泰沂山的近山地带，但有的聚落（应为氏族的载体）已远离山地。另一方面，随着山东内陆的北辛文化发展为大汶口文化，大汶口文化即加速融合半岛地区的晚期白石文化，使之成为大汶口文化早期的半岛地方类型。同时，大汶口文化还融合了江苏连云港地区的大伊山类型。于是大汶口文化成了海岱地区唯一的文化共同体。海岱文化区完全形成，其地理空间比晚期北辛文化时期显著扩大，表明东夷族团得到初步的发展壮大，为下一步的持续快速发展奠定了基础。

距今5700年前后，大汶口文化进入中期发展阶段。系统而丰富的资料表明，大汶口文化于此时开始了长期持续快速发展的进程，生产力不断进步，农业、手工业迅速发展，手工业总体发展水平很快超过了其他同期文化，取得领先地位。与此相适应的是人口与聚落的快速增长。虽然尚无大汶口文化中期聚落的准确数字，但已知的500余处遗址中，纯属大汶口文化早期和晚期的遗址是少部分，大部分是由早期延续到中期和在中期阶段先后建立的聚落址。中期的聚落主要分布于泰沂山脉和胶东山地的周围地区。而在环泰沂山地区，聚落分布密度显著增大，聚落群的数量与规模快速发展，在由泰沂山向周围辐射的小清河、淄河、淄河、潍河、沭河、沂河、泗河、大汶河诸流域的特定区间，正在或者已经形成大汶口文化的分布中心，聚落集中。尤其是鲁东南沭河上游的莒县、沂河中游的临沂市和苍山县，鲁中南沂河支流祊河上游的平邑县，泰沂山东北侧淄河中游、白浪河上游的青州、寿光、昌乐市，泰沂山西侧大汶河中游、泗河上游的宁阳、曲阜、兖州市与泗水县，鲁中南泗河支流薛河中下游的滕州市诸地，聚落更为集中，构成了大汶口文化中期的若干主要分布中心。与此同时，黄河以西鲁西平原的茌平、东阿、阳谷县地区，也成为大汶口文化新的分布区。估计中期阶段的大汶口文化可能已扩展到鲁西南平原地区，该地区与鲁西平原连成一片，与鲁中南山地虽有鲁西湖群阻隔，但并非天堑，大汶口文化自北而南，自东而西均可进入，只是鲁西南地区属黄泛沉积平原，自古水患严重，迄今只见个别大汶口文化晚期遗址。不过大汶口文化中期阶段虽可能已有东夷氏族进入该区，但不会是大汶口文化的重要分布区。至于徒骇河以北的鲁西北地区，虽在大汶口文化早期就存在阳信小韩氏族，但可能基本上不是大汶口文化分布区。综观大汶口文化中期，东夷族团的发展是以生产力的提高、经济的持续发展、人口与聚落的快速增长以及社会的急剧变化为基本特征的，主要不是势力范围的扩大。东夷势力范围的显著拓展，是大汶口文化晚期阶段的突出特征。

约距今5000～4600年的晚期大汶口文化，超越山东与江苏北境的根据地，大举西进，占有了安徽淮北和河南东部的商丘、周口市地区，甚至还零星地进入河南北部地区，颇有逐鹿中原之势。此时东夷集团的势力范围已远远超出了海岱地区，面积达到20多万平方千米，东夷集团进入鼎盛时期，这时期一直延续至龙山文化之末的夏代初年。

关于龙山文化的区界仍有不同意见，主要是对介于龙山文化与中原龙山文化之间的王油坊类型的文化归属尚未达成一致认识。王油坊类型先曾被归入中原文化区系，是中原龙山文化的一种类型。后来颇有学者主张归为海岱文化区系，是龙山文化的一个类型。鉴于王油坊类型主要分布于淮河以北的苏鲁皖豫交汇地区，该地区距今5000年以后存在着晚期大汶口文化—王油坊类型—岳石文化的文化序列，王油坊类型前后的文化都属海岱文化，况且商周时期的淮夷主要在安徽淮河流域一带，徐戎的中心区则偏东北，在洪泽湖西北的苏皖交汇地区，曾北延至山东境内。如此看来，虽然王油坊类型含有黄河中下游地区文化的因素，有时中原龙山文化因素还较强些，但并非整个龙山文化时期都如此，因此按照系统分析法，王油坊类型应属龙山文化的一个类型，不应归入中原文化区系。也就是说，王油坊类型的主人主要是东夷集团，龙山文化时期东夷集团的势力范围，其西南面同大汶口文化晚期基本一致，大概因夏王朝的崛起才逐渐退缩。

目前所知龙山文化的西界，约在徒骇河源头地区的范县西部。范县原属山东，后来划给河南省，成为河南插入山东的狭长地段。龙山文化西界正当山东与河南两省的交界地带，西邻后冈二期类型。该类型一向被定为中原龙山文化的类型，也有学者认为是中原地区一支独立的考古文化，曾有人认为其东面直抵泰山或黄河，涵盖了泰山或黄河以西的山东西部地区。随着对龙山文化认识的不断深入，至20世纪90年代已基本明确鲁西、鲁北地区是龙山文化的分布区，而且存在一个有别于城子崖类型的景阳冈类型[1]。同时得知龙山文化与后冈二期类型有着密切联系，双方都含有较多对方的文化因素，而且后冈二期类型所含龙山文化的因素更浓郁[2]。据《左传·襄公四年》，后羿自鉏迁于穷石，因夏民而代夏政。《史记·夏本纪》正义引《括地志》："故鉏城在滑州韦城县东十里。"其地在今豫北滑县一带。滑县在濮阳西南，卫河的东岸，已在后冈二期类型分布区内。如果上述文献记载可靠，那么龙山文化的西界可能已到豫北卫河一带。提出这个问题，以供今后验证。

徐旭生的中国古代部族分野说，在华夏与东夷集团之间分出的亚集团即颛顼、有虞与商人，大致包括后冈二期类型与王油坊类型的主要范围。他说颛顼的活动中心在河南极北部的濮阳一带，有虞在河南极东部的虞城、商丘一带，汤也起于商丘，基本上依据旧说。但商人起于山东西南部的观点，迄今在考古上不见踪迹，恐怕不是事实。目前的主导意见是商人起于太行山东南侧的冀西南、豫北地区，汤都亳是郑州商城。至于虞舜的地望，笔者曾对有关传说作过梳理，勾勒出一个地理区间，结合考古资料，觉得虞舜的地望最可能在山东西部的阳谷、梁山、郓城、鄄城包括穿插其间的河南台前、范县等地[3]。这地区有个龙山文化大聚落群，其中心聚落是宏大的阳谷景阳冈龙山文化城，面积近40万平方米，在黄河流域仅次于山西襄汾

---

[1] 张学海：《论龙山文化景阳岗类型》，《张学海考古论集》，学苑出版社，1999年。

[2] 栾丰实：《城子崖类型与后冈类型的关系》，《海岱考古研究》，山东大学出版社，1997年。

[3] 张学海：《东土古国探索》《论龙山文化景阳岗类型》，《张学海考古论集》，学苑出版社，1999年。

的尧都陶寺城。景阳冈东南距少昊之墟曲阜约 100 千米，西距颛顼之墟濮阳约 100 千米，东北临近夏代早期的有鬲氏（后羿代夏，寒浞杀羿，羿的大臣靡逃奔到鬲国，不久少康由有仍逃至有虞，合力灭寒浞，恢复夏统），东距虞舜子孙的遂国也不远（《左传》："舜置德于遂"）。这比舜居豫东、晋西南等各种说法理由充分得多。山东西部的上述区间只是虞舜的中心区，实际活动范围应该更大。《尚书大传》说舜"贩于顿丘"，其地已西处今豫北清丰县西南，说明虞舜活动区的西面已进入豫北地区。实际上，颛顼、有虞、商人（先祖）的活动区是紧密连接且互有重叠的。颛顼在河南极北部偏东，当三者之中，但从有关文献分析，颛顼很可能是由鲁西一带西迁豫北的。有虞在山东西部，西面进入河南东北境，地跨两省，而主要在山东境内，西与早先西迁的颛顼紧邻。商人先祖主要活动于太行山东南侧的豫北、冀西南一带，在三者中偏西，其活动区的东部也可能与原颛顼的活动范围重叠。总之，颛顼、虞舜、商人先祖先后活动于泰沂山脉西麓到太行山脉东南麓之间以鲁西、豫北为中心的不大的地域内，分别以其中、东、西部为重心，三者活动区的连接和互有重叠，虽未必肯定就有共同的族源，但处在那个时代的同地域的氏族更可能具有共同的族源，而且《国语·鲁语》还有有虞祖祭颛顼而商人禘祭舜的记载，《左传·昭公八年》也说"陈颛顼之族"，陈为舜的后人。可见徐旭生上述亚集团的划分基本符合史实，但该集团是以鲁西、豫北为活动中心的。他说该亚集团的血统与文化是交互错杂的，"文化全是一种混合而较高的文化"，也已得到考古学的初步证明，但是否是个宗教集团还很难说，也不可以笼统地归属于华夏集团。因鲁西的龙山文化是属于海岱文化区系的，如果虞舜的地望确在鲁西，那就证实了孟子的说法：舜是东夷人。司马迁说是冀州人，错了。后冈类型所含龙山文化的因素，多于后者含有前者的文化因素，说明这里双方的居民相混杂，文化在交融，同时也反映了东夷势力在这方面的挺进，东夷文化在文化融合中发挥着更强的作用。在东夷族团及其文化发展的历史长河中，当她的活动范围基本上还只限于环泰沂山脉的近山地区，尚未和其他族团紧密接触时，血缘、文化都是比较单纯的（但炎帝族的一支很早就进入泰沂山北侧的淄、弥河流域，而融于夷族），随着活动范围的逐步扩展，西、西南、南和东北面都和相邻族团有了密切接触，出现了鲁西豫北、皖北豫东、鲁南苏北、胶东半岛北面沿海与辽东半岛地区双方文化的交融地带，人民杂居。由于东夷族团主要是向西推进的，所以在西与西南面和华夏族团的文化交融、人民杂居现象就特别突出。又因自大汶口文化晚期至龙山文化之末，东夷文化的发展水平总体上要高于华夏族团，所以在两者文化这两方面的交融地带，东夷文化可能占有主导地位，至少影响力不低于华夏文化，所以龙山文化晚期的豫北东部地区，很可能属东夷集团的势力范围，尽管一般居民中有许多华族人。因此古人说有穷后羿所居的鉏在滑县一带很可能是事实，实际上后羿是就近伺机而取夏，很难想象他是由东夷腹地孤军深入而夺取夏人的发祥地河洛地区的。龙山文化晚期的东夷势力正处于最强盛时期。

少康中兴后，东夷势力稍稍退缩，但海岱地区仍是东夷最后阶段的文化——岳石文化的一统天下，夏族的二里头文化在海岱地区几乎没有什么影响，仅在山东西部偶见其文化因素，夏人的直接统治区始终未能深入山东地区。自商代早期后段开始，商人势力及其文化大举东扩，山东西部包括中部偏西地区的岳石文化被商文化所取代，中部偏东的周代齐国中心区和鲁中南的薛地以及鲁东南地区，也形成了商代晚期的当地新文化，内含浓郁的商文化因素（有学者认为是商文化）。但商人始终没有越过潍河，几乎不见商文化对山东半岛地区的影响，半岛的岳石文化延续了较长时间，而在商代末年发展成夷人的珍珠门文化。上述事实表明，自商代早期后段开始，夷族及其文化进入了同中原族群与文化的重组、融合时期，至商代晚期，夷族在主体上已失去其文化特征，正处于与中原族群形成更大人群共同体的进程中，仅有少部分龟缩于半岛海隅，已是强弩之末。

周取代商以后，周王朝在山东分封了齐、鲁等国，东土与中原的融合进程在新的历史条件下得到继续。约自西周中期开始，半岛的夷文化不断受到山东内陆文化的影响，文化差异逐渐缩小。约在春秋末年，半岛地区纳入了齐国版图，东夷作为古代中国东部重要的族团与政治势力最终完全退出历史舞台。

概括以上所述，东夷族团发祥于山东环泰沂山山前地区，并始终以环泰沂山地区为大本营，逐渐向远山平原发展，并扩展至山东周边省份。因东北面临海，南北两面有淮河与古黄河，地洼多水患，不宜生息，故主要是向西发展，在最强盛的龙山文化晚期，西面到达豫北，西南进抵豫东，南面可能越过淮河。随着夏王朝的崛起，逐渐退回海岱地区。自商代早期开始了与中原融合的进程，约在春秋末年，最终和中原相互融合成一体，首先构成了中华民族的主体汉族的核心部分。海岱文化区系框架所揭示的这一东部历史进程，虽然详情还有不少未明之处，但其发展脉络已比较清楚，加上对山东地区古代社会组织演进和文明诞生与发展的了解，中国东部地区古史发展的轮廓已相对明朗化。

三　对太昊、少昊的推测

太昊、少昊均为古帝之属，被视为东夷族团的人文始祖。自汉以后，太昊与伏牺合二为一，成了太昊伏牺氏，较早的文献并非如此。徐旭生以为太昊与伏牺原不是一人，合二为一是后人综合的结果，其说比较可信。传说大迹出于雷泽，华胥履之而生伏牺，雷泽在鲁西南鄄城县南部。而太昊为东方之帝，故而好事者合二为一，以与黄帝轩辕氏、颛顼高阳氏之类相协调也不无可能。《盐铁论·结和》说："轩辕战涿鹿，杀两暭、蚩尤而为帝。"暭即昊，两暭即太昊、少昊，两个部落或古国，杀两昊指杀其首领，是知太昊、少昊、蚩尤与黄帝都曾同时，但并非只存在于黄帝时。因古人对地名、氏族名、人名（氏族首领）常常不分，同一名称可以指居地、氏族（部落）及其首领。氏族部落名是比较稳定的，其中心居地就未必始终如一，而其首领则代代更替，较古老的氏族部落都有数不清的首领。因此当以族名代表地名（中心居地）时，未必是同一地点（即同名异地，名随族迁），代表其首领时更不是同一人。这一点对理解太昊、少昊的传说，关系颇大。从《盐铁论·结和》篇中，我们只知道太昊、少昊部落（或古国）的首领与蚩尤和黄帝曾经同时，三人站在和黄帝敌对的一方，战败后一起被黄帝所杀，并不知太昊、少昊部落的源流，被杀的两昊首领是否就是具有古帝人格的太昊与少昊。太昊、少昊在记载中有时同时存在，有时是先后之人，也未知究竟。《礼记·月令》疏曰："东方生养，元气盛大，西方收敛，元气便小，故东方之帝，谓之大暭，西方之帝，谓之少暭。"依此太昊少昊是并存的，与《盐铁论·结和》篇相应，只是一为东方之帝，一为西方之帝。不过这是天帝，不足为据。《左传·文公十八年》疏引谯周说："金天氏，能修大暭之法，故曰少昊也。"这里的太昊、少昊则为先后之人。总之，如果太昊少昊是东夷族团的两位始祖，两名英雄人物，两人是同时还是先后之人，文献记载存在矛盾，难以适从。现据海岱文化区的考古资料，提出一些推测，以助思考。

太昊、少昊可能是环泰沂山地区两个很早的母系氏族。太昊实即大昊，少昊实即小昊，两者可能存在派生关系，小昊氏族出自大昊氏族。这是由西河—后李文化的发现得到的启迪。前面已经说过，这一新石器时代中期的文化，是目前海岱地区最早的有陶新石器文化，基本上分布于泰沂山北侧地区，可分为西河、后李两个类型，分处泰沂山北侧的西段与东段，也许是两支亲缘文化。无论是同一文化的两个类型，还是两支文化，可能各自都由一个始祖氏族逐渐发展而来。但这两个始祖氏族有派生关系，产生时间有先后。早产生的是大昊氏族，从大昊氏族衍生出小昊氏族。它们出现的时间都很早，因为西河类型早期遗存的碳-14测年数值已达距今8500年，就是说较晚一支的始祖氏族产生的年代也应在此以前。目前尚不知西河与后李类型何时产生，谁先谁后，间隔有多长，因此无法确知大昊、小昊分属哪个类型，但随着考古工作的不断深入，这是可望得到解决的。西河、后李类型的年代古老，当时人口不多，已发现的聚落很少，社会处于母系氏族社会阶段，世系以母系计算，而太昊、少昊作为东夷族团的始祖更可能是男性，不可能在母系氏族社会阶段产生，所以两昊起初只能是两个古老氏族。这时东夷族团尚未登上历史舞台。

北辛文化中期（约距今7000～6500年），山东地区的若干文化正处于相互融合时期，一个包括整个环泰沂山地区的新的文化共同体即将诞生，私有观念已经产生，母系氏族社会开始向父系氏族社会过渡，随着距今 6500 年前后北辛文化进入晚期阶段，形成了环泰沂山地区的北辛文化共同体，东夷族团登上历史舞台，私有制初步建立，父权制已在取代母权制，世系开始由父系计算，这以后才有可能出现男性领袖人物。太昊、少昊这两位古帝，很可能是古老的太昊、少昊氏族进入父系氏族社会以后各自的著名首领，在整个东夷族团中拥有重大影响，也许具有东夷集团盟主的地位。据笔者研究，海岱地区私有制、父权制的确立，部落的产生以及东夷族团的出现，都在北辛文化晚期，因此作为古帝的太昊、少昊的出现不能早于距今 6500 年。此前的太昊、少昊是两个古老的母系氏族，不是两位英雄人物。这两个古老氏族在其漫长的历史发展中所繁衍的后裔，以及他们的文化西河—后李文化，可能构成东夷族及其文化的中坚分子与重要因素。初登舞台的东夷族团，其成员即使不是全部也可能相当多数属于两昊氏族的直系与旁系后裔，两昊氏族是他们的共祖。两昊氏族也可能是率先发展成部落的东夷部落，而且可能是两个重要的东夷部落。此后的太昊、少昊有时指部落，例如"太昊之墟""少昊之墟"的太昊、少昊；有时指这两个部落的首领，《盐铁论》所记被黄帝杀掉的两昊，就指太昊、少昊部落或者古国的首领；有时还指居地，例如《逸周书·尝麦解》"命蚩尤于宇少昊"，是说命蚩尤居于少昊部落之地，此少昊代表地名，"于宇"是"宇于"之倒误，即居于之意。但太昊、少昊可能主要是氏族、部落的名称，原本可能是两个有亲缘关系的古老的母系氏族，太昊氏族早于少昊氏族，但都具有悠久历史，长期并列存在，由母权制共同发展为父权制，由氏族发展为部落，乃至共同进入文明时代，因而是海岱地区与东夷集团的两大族系。少昊氏族虽出于太昊氏族，但两者血缘渐行渐远，后来可能构成两个互通婚姻的氏族。因此，早期的东夷族团，其主体在血缘上可能同两昊氏族存在着渊源关系。这种祖先的传承关系，通过口传耳闻，代代延续，久而久之，太昊、少昊氏族自然而然地演化成太昊、少昊两个人，成为东夷集团的两位始祖。何时从两个氏族演化成两位始祖已不可考，但不大可能早到母权时代，而应在父权时代的某个时期。可能确实存在过两昊部落的著名领袖，但时人不称其名，而以部落名代之，部落名与其首领混同，这在当时并不会发生混乱，但却因此没有留下真名，而混同于部落名。所以太昊、少昊是东夷的人文始祖，不是两位叫太昊、少昊的英雄。

太昊，风姓，《左传·昭公十七年》说，太昊遗墟在陈，即今河南淮阳县。比较于少昊之墟曲阜，淮阳在西。但《礼记·月令》以太昊为东帝，少昊为西帝。由下文可知少昊在东夷族团出现之初就在曲阜一带，此时的曲阜一带就东夷集团的势力范围而言，虽不在西部边缘地带，但已很偏西，再往西部分已容不下太昊族，所以此时的太昊族应该在曲阜地区以东，可能在山东东部地区。论者有认为莒县陵阳河遗址所出"日月山"陶尊文字是太昊的族徽，因此认为陵阳河遗址属太昊族，虽不足为据，但鲁东南一带曾为太昊族所居合于情理。鲁东南地区不仅是"沂沭细石器文化"的分布区，也可能是西河—后李文化的后李类型之发祥地。曲阜则属鲁中南地区，太昊、少昊两族正东西为邻，也许东帝太昊、西帝少昊的传说反映了两昊曾分处东夷地盘东西部的史影。后来太昊一支逐渐西迁，到达皖北，皖北蒙城尉迟寺所出"日月山"图像陶文几乎和陵阳河如出一辙，但年代稍晚，就是大汶口文化由鲁东南西迁至皖北的有力证明，而且可能已建立国家。太昊族继续向前推进至豫东周口地区，建都于淮阳。淮阳可能是太昊族的最后居地，因而成为太昊之墟，其地望也变成曲阜地区的大西面。大汶口文化晚期由东向西推进的事实已毋庸置疑，皖北豫东的龙山文化总体上承袭大汶口文化，属于海岱文化区系也可能不成大问题，因此太昊是东夷的人文始祖，由东而西，并非由西而东。

少昊的情形比太昊要明朗些。少昊嬴姓，遗墟在曲阜。但今曲阜市境内包括西邻的兖州市、东邻的泗水县在内，虽然存在许多大汶口文化遗址，却未发现有足够规模的中心聚落址。曲阜市南面隔尼山的残丘钢山、铁山和邹城市为邻，市城以南有野店遗址，面积达 50 万平方米，是处重要的大汶口文化中心聚落址，但周围大汶口文化遗址稀少。以曲阜的北邻宁阳县为主，包括曲阜极北部、兖州北境地区，有个很重要的大汶口文化聚落群，已发现遗址 26 处以上，其中心聚落址即大汶口文化的命名遗址——大汶口遗址。遗址坐落在汶河平原地带，总面积达 80 余万平方米，原本在大汶河北岸，后来河道北移，流经遗址中部，遗址南部除 1959 年清理了 130 余座墓葬外，已无遗存。泰山在遗址北面 40 千米开外，晴朗天气在遗址上可遥望泰山极顶，遗址西面不远便是著名的鲁国汶阳田，地理位置优越。大汶口遗址自 1959 年发现以来，经过三次发掘，所获资料相当丰富、系统而珍贵，提供了诸多重要信息。已知遗址年代从北辛文化晚期不间断地延续至龙山文化时期，自大汶口文化早期即已脱颖而出，中期开始更在持续快速发展，经济繁荣，手工业发达，陶器、石玉器、骨牙雕刻镶嵌器的精美，显示生产力的高度发展，加上一批大汶口文化特大墓的存在，被考古界公认为现知大汶口文化最突出的一个政治、经济、文化中心。这说明大汶口文化晚期的大汶口聚落，已经是座早期城市。早期城市都是早期国家（古国）的都城，那么大汶口部落在大汶口文化晚期已发展成国家，进入文明时代 [1]。她从部落到国家的发展历程正当东夷族团的早期阶段，是最早的东夷古国之一，也是东夷早期历史最突出的代表。她位于大汶河中游，与南面泗河上

[1] 张学海：《城子崖与中国文明》，《张学海考古论集》，学苑出版社，1999年。

游的泗水、曲阜、兖州的大汶口文化聚落群（部落）紧邻。大汶口文化时期，泰沂山脉西侧的大汶河流域和泗河上游地区，是大汶口文化的几个重要分布区之一，区内存在宁阳、曲阜北境、兖州北境群，曲阜南部、兖州东部群，曲阜东部群，泗水群，兖州西部、济宁东北部群诸聚落群，而以北面的宁阳、曲阜北境、兖州北境群的聚落最多，中心聚落最为突出。《左传·定公四年》记载："因商奄之民，命以伯禽，而封于少昊之墟。"可知鲁国的初封地属少昊之墟。此少昊之墟实指曲阜地区，不能理解为鲁都曲阜故城，当时的曲阜地区当然也不等同于今日的曲阜市境。但周初分封诸侯，封地很小，大侯封地不过"方百里"，鲁国最初的封地大约就在今曲阜、泗水、兖州、宁阳、汶上诸县市地，正当泗河上游与大汶河流域地区，所以这地区的上述大汶口文化聚落群，应该属少昊族，包括汶河地区以北的济南市地区、以西的山东西部地区的大汶口文化在内，大概都属少昊这一支，少昊支在大汶口文化中晚期似已发展成众多氏族、部落及国家。换言之，这些大汶口文化的古国、部落与氏族都直接间接地出自古老的少昊氏族，形成东夷族团的一大分支。《左传·昭公十七年》记载郯子朝鲁时所说，少昊氏俨然是个组织十分完备的国家，政府内包含了许多以鸟为名的官职的情形，虽然未必真实，但那些以鸟为名的官职或许折射了少昊一支氏族、部落的众多。少昊氏以鸟为图腾，那些"为鸟师而鸟名"的官职，实际上只是些以各种鸟为图腾的氏族、部落，表明它们出自少昊氏族，均以少昊为人文始祖。但这众多氏族、部落并未曾联合成一大政治实体，其中许多都各自经历了氏族、部落与古国的发展历程，包括古老的少昊氏族在内。它们各有自己的名号，并没有包括在少昊氏族或部落或古国内，但少昊氏族、部落或古国可能一直是它们之中比较强盛著名的一个。此推测如果基本属实，证以考古资料，那么大汶河中游地区的宁阳、兖州北部与曲阜北部的大汶口文化聚落群，就应该是少昊部落与少昊古国，宏大的大汶口遗址先后是其部落中心与国都。假如《帝王世纪》说少昊曾以穷桑为都的说法可靠，那么大汶口文化时期的大汶口遗址就是穷桑。春秋时地属鲁，在鲁都曲阜故城北面不很远，与古人说穷桑在鲁北相符。

龙山文化时期，宁阳这个聚落群已经衰落，群内聚落稀少，国都大汶口已沦为龙山文化小村落，失去中心聚落的地位，作为大汶口文化晚期的一个主要东夷古国，这时已严重衰退。如果仍是少昊国，那么此时的少昊已经式微，无足轻重，可能正在退出历史舞台。

在宁阳古国走向式微的同时，黄河、东平湖以西的鲁西地区，兴起了景阳冈、教场铺等龙山文化古国。教场铺古国以茌平县为中心，已发现龙山文化遗址 30 余处，教场铺龙山文化城应是其国都[1]。教场铺古国的北邻有禹城、齐河、济阳古国，其

---

[1]　张学海：《论龙山文化景阳岗类型》，《张学海考古论集》，学苑出版社，1999年。

地属黄泛平原，遗址大多深埋地下，目前仅发现 17 处遗址，查证文献，该古国是有鬲氏无疑[1]。教场铺古国南邻景阳冈古国。景阳冈古国领域包括阳谷、梁山、郓城、鄄城和河南省台前、范县地，在龙山文化古国中面积最大，国都景阳冈龙山文化城面积接近 40 万平方米，在黄河流域的龙山文化城中规模仅次于山西襄汾陶寺城，位居第二，笔者认为是虞舜之国有虞氏[2]。鲁西这些龙山文化古国的地理位置表明，其族系均属少昊族。尤其是虞舜的后裔、夏商时期的遂国，都城在宁阳的西北境一带，在少昊国（大汶口古国）的西北境，表明有虞可能出自少昊，是少昊的主要承袭者。《淮南子·本经》说："舜之时，共工振滔洪水，以薄空桑。"空桑即穷桑，穷桑名似乎也随有虞的兴起移至鲁西，可能成了虞国都城或重镇。这似乎为有虞出自少昊增添了证据。同时，龙山文化后期的曲阜，据文献记载也已先后为皋陶、伯益所居。皋陶与舜、禹同时，禹荐皋陶代己为盟主，未即盟主位而死。伯益与禹、启同时，启建立夏王朝，杀益，黄河流域的华夏、东夷联盟宣告破裂。舜、皋陶与伯益都是少昊以后东夷势力的主要代表，而且都居于少昊族系的中心区，说明这时少昊已退出历史舞台。

太昊、少昊传说，是东夷史与中国史前史研究无法回避的问题，必须做出比较合理的解释，有个接近史实的认识。但因资料欠缺，获得比较真实的认识实非易事。上面的意见，基本上是些推测，缺乏证据。不避臆测之嫌，意在抛砖引玉，引起讨论，以求逐渐获得接近史实的认识。

原载《二十一世纪的中国考古学——庆祝佟柱臣先生八十五华诞学术文集》，文物出版社，2006 年

---

[1] 张学海：《论龙山文化景阳岗类型》，《张学海考古论集》，学苑出版社，1999年。

[2] 张学海：《东土古国探索》《论龙山文化景阳岗类型》，《张学海考古论集》，学苑出版社，1999年。

五帝时代社会性质浅析
——兼论部落向国家的过渡

史学、考古界称《史记·五帝本纪》记载的历史阶段为五帝时代。《礼记·礼运》对五帝时代及夏商周三代的社会状况有如下的记述：

> 大道之行也，天下为公，选贤与能，讲信修睦，故人不独亲其亲，不独子其子，使老有所终，壮有所用，幼有所长，矜寡孤独废疾者，皆有所养，男有分，女有归。货恶其弃于地也，不必为己。是故谋闭不兴，盗窃乱贼而不作，故外户而不闭，是为大同。

> 今大道既隐，天下为家。各亲其亲，各子其子，货力为己，大人世及以为礼，城郭沟池以为固，礼仪以为纪，以正君臣，以笃父子，以睦兄弟，以和夫妇，以设制度，以立田里，以贤勇知，以功为己。故谋用是作，而兵由此起。禹、汤、文、武、成王、周公，由此其选也……是谓小康。

郑玄注："大道为五帝时也。"考古资料表明，在夏代以前的确有一个大致和五帝时代相当的历史阶段，但其社会状况和《礼运》所述大相径庭。考古界相信五帝确有其人，推测五帝约当铜石并用时代，即公元前3500～前2000年间，或认为约当龙山时代，即公元前3000～前2100年。其下限年代和夏代衔接，公元前3000年的上限年代并无确据，黄帝的年代或许会稍早些。总之五帝时代基本上相当于公元前第三千年的龙山时代。弄清龙山时代的社会状况，便知《礼运》的记载是否可信，以及认为龙山时代或其后期是军事民主时期，夏王朝的建立标志中国国家的诞生与文明的形成之观点是否正确。

龙山时代因泛龙山文化而得名，实际上这时黄河、长江流域或长城地带的文化，分属众多的不同的文化谱系，各自是华夏、东夷、苗蛮、古越、古蜀等族团的文化，其中黄河中游的中原龙山文化和黄河下游的大汶口、龙山文化，分别为诸夏与东夷族文化，这些文化彼此都存在不同程度的联系。各区的文化虽非全是直线上升，各区之间也不完全同步发展，但几乎都进入了一个快速发展时期，生产力、社会经济、聚落、人口和城等都得到突出的发展，产生了早期城市，贫富分化、社会分化深刻化，许多聚落群体的社会形成了金字塔形层级结构，有的形成城乡分离的社会格局，说明这些群体的社会已发生质变。

龙山时代生产力的长足进步，突出表现在传统手工业工艺技术的改进和新兴手工业的产生。古老的石器制作业达到了顶峰，各种石材成为制作手工具的主要原料，石器大都磨制，广泛使用切割法和管钻孔法，种类增多，器形规整，各地因经济类型和文化传统不同而形成差别。良渚文化有犁铧、破土器、耘田器、半月形石刀，流行有段石锛；黄河中游以近长方梯形、双肩形石铲，下游多以舌形石铲为翻土器，形体均较轻薄、磨光、刃锋利。斧、锛、凿手工工具刃更锋利。兵器明显发展，石镞正在取代骨、蚌镞而成为主要形式，器形由扁平、圆锥形大多无铤，变成三棱形和剖面呈菱形，锋利有铤，制作精致，同样因地域有所不同；石钺更加普遍，出现了石矛。

玉器工艺可以说是石器工艺的升华。由于玉器质地优美，极具观赏性，且史前玉器多属软玉制作，不宜作为一般劳动工具与兵器，因而逐渐成为贵族集团与社会上层的专利器，成为其社会身份的指示器和装饰品。而龙山时代的社会变化和工艺技艺的进步，使玉器工艺得到了显著发展而成为一种特殊的手工艺。龙山时代的玉器以良渚文化的发现与种类最多。其中钺、琮、璧礼器占有突出地位，尤其是琮。其制作极为精工，如杭州市余杭区反山 M12 所出的矮体"琮王"，乳白色，高 8.8、射径 17.1～17.6 厘米，重 6.5 公斤，四面中槽各刻上下两神像，神像头戴长方形大羽冠，睁眼、宽鼻、阔嘴，牙齿整齐清晰，上臂平展曲肘，盘腿而坐，足作鸟爪形，通体遍刻繁缛纹饰，近似云雷纹，通高仅 3 厘米；其胸部饰兽面，呈圆目、大鼻、大嘴，嘴出獠牙状，似兽面纹胸牌；另在四个转角也都饰两个兽面纹，堪称绝代之作 [1]。江苏武进寺墩遗址 M3，出琮多达 32 件。中国历史博物馆收藏的一件琮，高达 49.2 厘米，分 19 节，形态风格和良渚文化玉琮雷同，学界认为是该文化遗物。由上可知琮在良渚文化玉器中的重要地位。良渚文化玉器之发达，品种之纷繁，制作之精工，代表了龙山时代前期制玉业的最高水平。龙山文化的玉器制作水平则为龙山时代后期制玉工艺之冠。如日照市东港区两城遗址的刻纹玉铲，高 18、厚 0.6～0.85 厘米，上部双面刻不同的兽面纹，刻纹纤细繁缛，卷曲流畅 [2]。临朐县朱封 M202 的笄形冠饰，由冒部与器身组合而成。冒部近璜形，镂孔成兽面形，镂孔边缘多刻以细线，双目部位双面镶嵌绿松石；器身作扁圆棒形，饰竹节纹，上中下又有四组明显凸起的方正突棱，上端开卯，与冒部中底套接，纹丝不动，如同整块

[1] 浙江省文物考古研究所反山考古队：《浙江余杭反山良渚墓地发掘简报》，《文物》1988年第1期。
[2] 刘敦愿：《记两城镇遗址发现的两件石器》，《考古》1972年第4期。

玉材制成，通高 23 厘米 [1]。该墓的一件大型白玉笄，笄首作抽象化人形，头上有冠，身部作上下两人弯曲连接，两侧各雕出人面，下接笄身，笄身上部又凸出一人面形，造型别致 [2]。这些龙山文化的精美玉器，已和商周的上乘玉器难分伯仲。

龙山时代制陶业的突出进步，主要体现在快轮的广泛使用和陶窑结构的改进上。陶器大都以快轮拉坯成形，既大大提高了劳动生产率，产品空前丰富，也使陶器质量大幅提升，器壁厚薄匀称，器形更加规整美观。其中以龙山文化的制陶业最为突出，工艺水平最高，陶器造型达到了实用性与艺术性的完美结合，器类、器形多达二三十种，琳琅满目，美不胜收。例如文化特征性器形陶鬶，形体千姿百态，色有红黄白之分，仿鸟喙的流有长短之别，颈有高矮之异，鋬有宽鋬、卷沿鋬、绚索鋬之变，一般以三袋足下的锥形实足根承器稳然而立，既可盛酒水，亦可煮水。著名的蛋壳黑陶杯，由宽沿杯、较高的柄和底座构成。柄常饰竹节纹和镂孔，高者一般 15 ～ 20、壁厚多在 0.5 ～ 1 毫米之间，最薄者仅为约 0.3 毫米，器重则不到 50 克，其制作过程十分复杂费工。首先要选择纯净细腻的黏土，经多次淘洗，长时间陈腐，制作前反复揉泥，以增强可塑性；然后分段拉坯，用泥浆粘接，再在陶轮上用刮刀逐渐旋落杯壁，为此必须设置刀架，旋好后再镂刻纹饰，施陶衣，最后用厚胎夹砂匣钵盛置入窑 [3]。龙山文化陶器以黑陶为大宗，发现之初曾称为黑陶文化。黑陶中的精品，胎、表一色，黑如漆，声如磬，亮如镜，可以鉴人。龙山文化陶器不仅在龙山时代制陶业中独占鳌头，也达到了古代世界制陶业的巅峰。

龙山时代的纺织业得到了明显发展，主要表现在传统的麻织品更为细密，并发明了丝织品。仰韶时代的麻布都较稀疏，较密者一平方厘米不过 12 根 ×15 根经纬线。龙山时代良渚文化的细麻布一平方厘米已达 20 根 ×30 根，甘肃永靖大何庄齐家文化麻布为 30 根 ×30 根。麻布纱线的细密化表明纺织工艺的改进，例如需要对麻纤维进行脱胶，才能纺出纤细匀称的麻纱。传说黄帝之妻嫘祖发明桑蚕，良渚文化丝织物的发现，证明我国丝织品的发明确实很早，已成为龙山时代纺织业的新品种。浙江吴兴钱山漾遗址出土了丝带、丝线和绢片，丝带由 10 股编成，每股单纱 3 根，带宽 0.5 厘米，人字形纹。绢片经纬线一平方厘米 47 根 ×47 根，已相当进步 [4]。

龙山时代的建筑业同样有显著发展，建筑技术有明显进步，房屋类型结构复杂化，发明了建筑新材料，筑城发展到一个新阶段。房屋有半地穴式、地面起建、低

[1] 中国社会科学院考古研究所山东工作队：《山东临朐朱封龙山文化墓葬》，《考古》1990年第7期。
[2] 中国社会科学院考古研究所山东工作队：《山东临朐朱封龙山文化墓葬》，《考古》1990年第7期。
[3] 钟华南：《大汶口—龙山文化黑陶高柄杯的模拟试验》，《考古学文化论集（二）》，文物出版社，1989年。
[4] 浙江省文物管理委员会：《吴兴钱山漾遗址第一、二次发掘报告》，《考古学报》1960年第2期。

台基、高台基建筑诸类型，有单间、双间、多间、排房、左右套间、前后套间、回廊式和院落建筑等形式。地面建筑已占主导地位，低台基、高台基、排房、回廊式建筑和院落，基本上属龙山时代的建筑新形式。山东日照市东港区东海峪遗址的建筑多为单间低台基建筑，夯筑台基高约 30 厘米，房内地面较低，房外四面成缓坡，构成散水 [1]。连云港藤花落龙山文化城则为成群建筑共同使用数千平方米的低台基 [2]。高台基建筑如浙江余杭莫角山城和山东阳谷景阳冈城的夯筑大台基，都是殿堂建筑群基址，台基上的高台应为建筑群中主体建筑的台基 [3]。这些殿堂建筑，房较高，开间较大，屋顶相应较高大，需要较粗壮牢固的梁架和粗大的立柱支撑，这和高大的台基一起代表了当时建筑技术的长足进步，加上土坯和石灰的发明和推广，已开了我国土木建筑传统的先河。我国城的修筑相当早，全国各地已发现的四五十座龙山时代城，表明当时已在普遍筑城。城已形成多个等级，山西襄汾陶寺城面积接近 200 万平方米，面积 20 ～ 50 万平方米的城已较多见，10 余万和 10 万平方米以下的城已相当普遍。既有城垣外高内矮的台城，也有高墙耸立的城。城垣夯筑技术除了堆筑和方块版筑，出现了长方块版筑和长方块版筑与堆筑相结合的新方法。藤花落小城采用长方块版筑，其大城和景阳冈城、城子崖城都用版筑、堆筑法相结合修筑。这种两法结合筑城的技术，据城子崖龙山文化城所显示的，系先用堆筑筑成两面坡式的墙身，再在城垣外侧用版筑筑成较规整的不很厚的城垣，加上长方块版筑的夹板通常比方块版筑的夹板要长两三倍，以及台城可以适应不同的地形，不必非是宽阔平地不可，从而在保证城垣一定质量的前提下，大大提高了筑城的效率，适应了当时生产力条件下普遍筑城和修筑大规模城的要求，体现了龙山时代筑城技术的进步 [4]。有的龙山时代城明显已有规划，最清楚的当数余杭莫角山良渚文化城。该城属台城，平面呈圆角横长方形，面积约 27 万平方米，东西城各有一条南北轴线。大莫角山台址、南东门、百亩山（南郊祭坛）和连接南东门、百亩山之间的宽阔夯筑大道，构成东城的轴线；小莫角山台址、乌龟山台址、南西门和北门（应是北西门）构成西城的轴线。这两条轴线上的主要建筑应有不同的性质，赋予东西城以不同的功能，东城为祭祀区，西城为宫殿区 [5]。类似的现象在山东景

[1]　山东省博物馆等：《一九七五年东海峪遗址的发掘》，《考古》1976年第6期。

[2]　林留根等：《藤花落遗址聚落考古取得重大收获》，《中国文物报》2000年6月25日。已清理的近40座房址分三处，偏东南的一批平地起建，西城与西南城的两批各建在公共低台基上。

[3]　《余杭莫角山清理大型建筑基址》，《中国文物报》1993年10月10日；张学海：《论莫角山良渚文化古国》，《张学海考古论集》，学苑出版社，1999年；张学海：《鲁西两组龙山文化城址的发现及对若干古史问题的思考》，《华夏考古》1995年第4期；山东省文物考古研究所等：《山东阳谷县景阳岗龙山文化城址调查与试掘》，《考古》1997年第5期。

[4]　张学海：《试论山东地区的龙山文化城》，《张学海考古论集》，学苑出版社，1999年。

[5]　张学海：《论莫角山良渚文化古国》，《张学海考古论集》，学苑出版社，1999年。

阳冈龙山文化城也有反映。该城也是台城，面积约 38 万平方米，城中部偏北东西并立大小两台址，小台居东，基础 1 万余平方米，已有迹象说明是礼仪性建筑台基；大台居西，基础约 9 万平方米，有线索表明是宫殿建筑群基址，礼仪性建筑与宫殿建筑分居东西的安排同莫角山城相类[1]。

漆木器和铜器则代表了龙山时代的新兴工艺技术。在良渚文化和中原龙山文化山西陶寺遗址的大墓中，都发现了漆木器。良渚文化漆器可辨器形者有杯、盘、觯等，一般黑地朱彩，有的嵌玉粒。陶寺出土的木器有鼓、圈足盘、长方盘、豆、案、俎、斗、匣和谷仓模型等，都已腐朽，有的遗有绘彩黑皮，应是漆器。在山东朱封的龙山文化大墓中，亦有漆木器迹象。据《韩非子·十过篇》说：尧舜曾作漆器为食器，禹则用于祭器。陶寺遗址很可能是尧都，似对韩非子之说有所印证。良渚文化的发现证明漆器早在尧以前就已发明，如果尧舜因以漆器为食器而被认为奢侈的说法可信，那应是些高档珍稀的漆器新品种。

我国约在距今 5500 年开始进入铜石并用时代，但到龙山时代后期铜的使用才较普遍。目前在山东、河南、河北、山西、内蒙古、甘肃和湖北等地都发现了龙山时代的铜器或铜块，主要是些小件手工工具、梳妆用具、装饰品与乐器，器形有锥、刀、匕、斧、镯、指环、铃、镜等，以锥、刀、匕较多见。这些铜器绝大多数是红铜，也有少数黄铜与青铜，后两种是由铜锌共生矿和铜锡铅共生矿冶炼而成，还不是合金，所以龙山时代是铜石并用时代，还不是青铜时代，铜器的使用范围很有限。但铜是人们首先认识和冶炼的金属，对中华文明的发展具有深远的影响。龙山时代铜器的普遍发现，表明一种至关重要的新工艺的兴起，为公元前 2000 年左右进入青铜时代做了准备。

以上事实证明，龙山时代生产力的总体水平已跃上一个新台阶。生产力的长足进步，大大提高了劳动生产率，产品空前丰富，社会财富快速积聚，促使生产关系急剧变化。实际上这一变化进程在仰韶时代后期已经开始。但到了龙山时代才比较突出，而和仰韶时代晚期（约公元前 5500～前 5000 年）显示出明显的区别，从中可以看到社会的巨大变化。这里略举三方面的重大变化。

一是龙山时代实现了第二次社会大分工。石器、陶器、骨器、玉器制造业已成为独立的社会经济部门；新兴的漆木器和冶铜业，包含着更高的技术含量，必须有专门的匠师；建筑方面可能存在建造高中档房屋和筑城的专业队伍，因而产生了手工业者阶层和商品生产。商品交换随着扩大，在手工业者较集中的中心聚落和某些

[1] 张学海：《鲁西两组龙山文化城址的发现及对若干古史问题的思考》，《张学海考古论集》，学苑出版社，1999年；山东省文物考古研究所等：《山东阳谷县景阳岗龙山文化城址调查与试掘》，《考古》1997年第5期。

重要聚落可能出现了集市。这也表明私有制的进一步发展和自给自足经济的一定程度的瓦解。同时第二次社会大分工的实现，手工业者阶层的产生和商品交换的扩大，为城市的产生提供了必要条件。

二是社会分化深刻化。私有制已深深扎根，贫富两极分化已异常严重。例如大汶口文化、良渚文化、屈家岭文化等属于龙山时代前期的墓葬已明显有大中小之别。大墓大都有棺椁葬具，随葬品多达一二百件，常含一些玉牙骨器工艺珍品。良渚文化的贵族墓都筑高台而葬，有的墓地还有祭坛，随葬大量玉器，琮、钺、冠饰等玉重器制作十分精工。小墓则无葬具，随葬品不过一二件到 10 件以内，有的仅有浅穴容身，毫无随葬品，由此可见贫富两极严重分化之一斑。到了龙山时代后期，贫富分化有了更为深刻的发展，许多遗址大中小墓的数量之比已呈金字塔形。例如山东呈子遗址是个只有 2 万余平方米的小村落，已清理的 87 座龙山文化早中期墓包括大中小墓。大墓 5 座，占 5.7%；中等墓 11 座，占 13%；小墓 71 座，占 81% 强，其中随葬品不超过 3 件的有 17 座，其余 54 座只有人骨，别无他物，占墓葬总数的62%[1]。山西陶寺遗址是目前最大的龙山时代城，这里发掘的 700 余座墓同样包括大中小墓。大墓随葬品异常丰富，仅占约 1.3%；中型墓随葬品不多，占约 11%；小型墓没有或只有很少的随葬品，约占 87%[2]。尽管这里大中型墓的划分是就相关遗址来说的，不是统一的标准，但许多遗址的大中小墓的数量已呈金字塔形是明确无误的。如果我们把整个龙山时代后期的墓葬看作一个大金字塔形，那么处于塔尖位置的极少数特大墓已十分令人注目。例如山东朱封遗址的 3 座特大墓是迄今最大的龙山时代后期墓，其中的 M1 重椁一棺，有北边箱和脚箱，随葬陶器中有 6 件黑陶蛋壳高柄杯，为龙山文化墓葬随葬蛋壳高柄杯最多的墓，也是商周大贵族墓棺椁制度的滥觞[3]。M203 也是重椁一棺，在棺与内椁之间及内外椁之间有精美陶器 50 件，棺内有玉钺 3、玉环 1、绿松石管形珠 5、绿松石片 95 件，内椁盖上放石、骨镞 18 枚；在有些陶器的上面和底部，在棺内和内外椁之间，有多处彩绘残迹，呈红彩、红黑双彩、红黑灰白多彩等，似说明有些陶器原来可能用彩绘木箱盛置，棺椁上也许有彩绘[4]。M202 虽只有一椁一棺，但墓的规模和随葬器物均与 M203 相当。墓长 6.68米，宽未详，椁长 4.38 米，棺长 2.64、宽 0.72 米；一侧有小边箱，内放蛋壳黑陶杯、骨匕和数十片鳄鱼骨板，在棺椁之间和棺内有大批陶器，以及石、玉、骨器和许多

[1] 昌潍地区文物管理处等：《山东诸城呈子遗址发掘报告》，《考古学报》1980年第3期。
[2] 中国社会科学院考古研究所山西工作队：《1978～1980年山西襄汾陶寺墓地发掘简报》，《考古》1983年第1期；高炜等：《关于陶寺墓地的几个问题》，《考古》1983年第6期。
[3] 山东省文物考古研究所等：《临朐县西朱封龙山文化重椁墓的清理》，《海岱考古（第一辑）》，山东大学出版社，1989年。
[4] 中国社会科学院考古研究所山东工作队：《山东临朐朱封龙山文化墓葬》，《考古》1990年第7期。

绿松石饰品，玉器中的笄形冠饰和大型白玉笄，制作精工，为迄今龙山文化玉器所仅见；棺椁之间有数片彩绘朽迹，应是彩绘木器遗迹[1]。陶寺墓地大墓的规模和葬具虽不如朱封大墓，一般墓长 3 米左右，宽 2～2.75 米，有棺无椁，但随葬品都多达一二百件，包括陶石玉器和漆木器等品类，就功能分，有炊器、饮食器、盛储器、乐器、兵器、工具和装饰品等，而且有一定放置位置。例如 M3015 棺外左侧基本放乐器、兵器和工具，右侧主要放炊器和饮食器；器形有陶灶、陶斝、陶罐、木豆、木盘、木斗、木俎、木匣、木仓模型、木鼓、石磬、石研磨盘、磨棒、石刀、石锛、石镞（达 111 件）、骨镞、玉饰、石饰和多件已不辨器形的彩绘漆木器[2]。器类和功能组合已开了商周大贵族墓的先河。

　　龙山时代极少数大墓的随葬品十分丰富，而占绝大多数的小墓没有或者只有一至数件随葬品的事实，证明极少数社会成员已占有绝大部分社会财富，占绝大多数的社会成员只占很少部分社会财富，贫富两极分化已异常严重。墓葬资料同时反映出社会分化的空前深刻化，社会分层的新秩序已取代原先的平等原则。除了墓葬资料以外，建筑和聚落存在的多个层级，以及早期城市的产生和城乡分离的形成，也对此给予了证明。

　　前述龙山时代的建筑，有半地穴式、地面起建、低台基、高台基建筑诸多层次，有单间、双间、多间、排房、套间、院落、殿堂建筑之别。龙山时代的聚落，按规模可分为大中小五六个层级。特大聚落面积超过 100 万平方米，有的达 200～300 万平方米以上；其次为 40～50 万平方米以上到 100 万平方米；再次为 20 万平方米以上到 40 万平方米；又次为 10 万平方米以上到 20 万平方米；又次 4～10 万平方米；小聚落面积不到 4 万平方米，其中大多数的面积在 2 万余平方米以下。10 万平方米以下的小聚落占了聚落总数的绝大多数，40 万平方米以上的大聚落非常少，其中面积 100 万平方米以上的特大聚落除了黄河中游地区，在其他地区都是个别的。龙山时代的聚落数以万计，以聚落群和零星散布的两种形态存在。聚落群包括了当时的大部分聚落，是当时聚落存在的主要形态，按群内聚落址的数量和占地范围，同样可以分为大中小型的不同层级。此外已知的龙山时代城也具有不同层级。超级大城面积达 100 万平方米以上，有的接近 200 万平方米；大城的面积在 20 余万到 50 万平方米，中等城面积 10 万平方米到 20 万平方米，小城面积不到 10 万平方米，数量最多。总之，龙山时代的房子、聚落、聚落群和城同墓葬一样，都已明显分化成多个层级，其大中小各层级的数量之比都呈金字塔形，相当塔顶部位的特

---

[1]　中国社会科学院考古研究所山东工作队：《山东临朐朱封龙山文化墓葬》，《考古》1990年第7期。

[2]　中国社会科学院考古研究所山西工作队：《1978～1980年山西襄汾陶寺墓地发掘简报》，《考古》1983年第1期。

大与大型偏大者只占很小数，依次递增；而相当于塔基的小型者占了绝大多数，反映了社会分化的深刻发展，社会形成了金字塔形的分层秩序。

龙山时代社会第三方面的突出变化是，早期城市的产生和城乡分离的形成。"城市本身表明人口、生产工具、资本、享乐和需求的集中"[1]，这里的资本体现为"住房、手工劳动工具和自然形成的世代相袭的主顾"[2]，而不是货币。这种资本的集中说明存在手工业者阶层。享乐和需求的集中，则必须以手工业的进一步发展、剩余劳动产品的相对丰富为前提，而且享乐是阶级社会才有的社会现象，几乎是上层社会的专利。所以享乐和需求的集中，意味社会已实现了第二次大分工，剩余劳动产品得到了明显发展，社会财富已比较丰富，社会两极分化，存在剥削阶级和统治阶层。由此可知城市是阶级社会的产物，并可以概括出早期城市的三项基本要素，即：①是个政治中心；②存在手工业者阶层，是个较突出的手工业中心；③拥有相当数量的人口，包括一定比重的非体力劳动人口。三者缺一不可。这种早期城市是一个地区的政治、经济、文化中心，一般都是城，在个别情况下也可能没有城垣设施。考古资料表明龙山时代已存在这样的政治、经济、文化中心，即早期城市。一个明显的例子是海岱区大汶口文化晚期的大汶口聚落和龙山文化的城子崖城，它们既是所在聚落群体的中心聚落，又是更大范围的所在地区的主要政治、经济、文化中心，因而各自是海岱区龙山时代前、后期的城市[3]。这种早期城市在海岱区不是个别的，在中原、长江中下游等地区也将存在，但数量毕竟不多。当时的城大部分尚未发展成城市。虽然如此，城市诞生表明其所在地区形成了城乡分离的社会格局，尤其是在各城市所在的聚落群体内。城市作为所在聚落群体的中心聚落，处于群内聚落金字塔形层级结构的塔尖位置，不仅规模宏大（反映了人口众多），物质文化总体水平较高，而且都是较突出的手工艺技术中心，它和绝大部分处于塔基位置的小聚落（农村）之间形成明显的城乡差别，它的产生开始了物质劳动和精神劳动的最大的一次分工。早期城市的产生过程，是和群内聚落金字塔形层级结构的典型化过程相一致的。

社会的上述巨变，说明龙山时代已进入阶级社会，国家已经诞生。因为社会的深刻分化、社会分层秩序和城乡分离，都是阶级社会的特有现象与基本特征，绝不会见于氏族社会。氏族社会实行平等原则，也不可能有城市，自然不会有城乡分离

[1] 马克思、恩格斯：《德意志意识形态》，《马克思恩格斯全集》第3卷，人民出版社，1960年，第57页。

[2] 马克思、恩格斯：《德意志意识形态》，《马克思恩格斯全集》第3卷，人民出版社，1960年，第59页。

[3] 张学海：《论山东地区的龙山文化城》《城子崖与中国文明》，《张学海考古论集》，学苑出版社，1999年。

现象。马克思、恩格斯指出：城市和乡村的分离，是"物质劳动和精神劳动的最大的一次分工……城乡之间的对立是随着野蛮向文明的过渡，部落制向国家的过渡，地方局限性向民族的过渡而开始的，它贯穿着全部文明的历史"[1]。就是说，随着城市诞生而形成的城乡分离、城乡对立是和国家的诞生、文明的形成同步的，所以城市诞生标志了国家的诞生。但是，城市并不是国家诞生的必备条件，许多早期国家都不存在早期城市，而且对早期城市有个如何界定、形成共识的问题，因此必须寻找城市诞生以外的普遍有效的标志，以探索国家的诞生。近 10 年来，笔者从典型史前聚落群聚落"都邑聚"金字塔形层级结构的视角，结合文化进行考察，论证了我国国家的诞生和龙山时代古国的普遍存在。

聚落群指在一个特定的地理小区间同时存在着 5 处以上聚落。它们几乎都有明确的范围，并始终或长期在本区间稳定向前发展，聚落逐渐增多，地盘相应扩大。这些史前聚落群体在新石器时代无疑是发展到了一定阶段的部落实体。目前资料表明新石器时代中期（约距今 9000 ～ 7000 年）还不见聚落群。到了新石器时代晚期，首先在陕西仰韶文化早期的半坡类型出现了一批小聚落群，其他文化区在距今 6000 年左右也先后产生了聚落群。聚落群产生以后，随着生产力的逐渐提高和人口的繁殖，群内聚落不断增多，先后产生了较明显的中心聚落，群内聚落出现分化，聚落形成多个层级，进而发展成金字塔形层级结构。考古资料表明聚落群的这一发展变化过程虽然存在不平衡性，但是总体来说是相当快速的，相对短暂的，除了仰韶文化，大约经历了七八百年。这主要是指当时那些大型和中型偏大的聚落群体说的。这类聚落群体是一批首先发展到高级阶段，也就是最后阶段的部落实体，正处于向国家（古国）过渡的阶段。这类部落只占当时无数部落的很少数，但处于时代发展的最前列。当这类聚落群体聚落的金字塔形层级结构具有了"都邑聚"性质的层级结构时，即表明它们实现了由部落向国家的过渡。

所谓群内聚落"都邑聚"金字塔形层级结构，是说处于塔尖位置的中心聚落已由部落中心转化为国都，相当于塔身的若干中级聚落具有"都"以下"邑"的性质，位当塔基的绝大多数小聚落是村落。关键是中心聚落具有了都城性质，这可以依据其规模、殿堂性质的建筑基址、王墓性质的大贵族墓和高于一般的文化总体水平来确认。部落向国家过渡，主要是所有制、社会形态和管理机制的转变，即原始共产制变成私有制，氏族社会变为阶级社会，平等协商原则让位于垂直的行政管理体系。这是个由量变到质变、由渐变到突变的过程，管理机制的转变是实现质变的重要标志，管理机制的变化可能是首先在中心聚落发生的。约在仰韶时代早期晚段，私有

---

[1]　马克思、恩格斯：《德意志意识形态》，《马克思恩格斯全集》第3卷，人民出版社，1960年，第56页。

观念已经产生，有些氏族成员已拥有自己的简单财产。到了距今 6000 年前后的仰韶时代早中期之交，产生了私有制，开始了贫富分化的进程。例如大汶口文化早期的大汶口墓地墓葬随葬品已显示出差别[1]，野店[2]、刘林[3]同期的墓葬也是如此，表明开始了真正意义上的贫富分化进程，并证明这一分化进程是异常神速的。到仰韶时代晚期，大汶口、野店墓地已见富有墓和贫穷墓分区埋葬的现象，说明产生了富有家族和贫穷家族[4]。随着私有制和贫富分化的产生与发展，氏族制也在一步步地瓦解。同这一变化密切相联系的是，手工业日益发展，手工业者、手工业家庭和手工业家族的相继出现，私有制的发展使他们逐渐摆脱氏族的控制，成为自己劳动产品的拥有者，得以自主处理产品，从而启动了第二次社会大分工的进程。这一进程同样是渐进而迅速的。资料表明这一进程在仰韶时代晚期已经启动，在大汶口文化大汶口墓地的中期墓葬中，已见手工业者或手工业家庭家长的墓[5]。这些从农业中逐步分离出来的手工业者和手工业家庭，逐渐形成手工业者阶层，他们可能主要集中在中心聚落，对氏族制构成巨大的冲击，也是私有制的发展导致氏族制瓦解的重要体现。而人口不断向中心聚落集中则对氏族制度的瓦解起着催化作用。上述大型和中型偏大的史前聚落群，几乎都有面积达二三十万平方米以上到近百万平方米的宏大中心聚落，同群内的中小层级聚落形成极为鲜明的对比，无疑说明这些中心聚落拥有相当可观的人口。这些人口并不全是这些聚落始居氏族人口自然繁殖的结果，有许多甚至可能主要是由外聚落陆续迁入的，其中可能还有部落战争中的俘虏。迁入者和中心聚落的始居氏族虽可能同族，但分属不同的胞族与氏族，一般不可能融于中心聚落的老氏族中，应自有居住区。迁入者主要是各类手工业者（农业生产者和耕地密不可分，是不能随便迁徙的），他们的迁入，不断扩大着中心聚落的手工业者队伍，形成自己的居住区。由于来自不同的氏族和胞族，也就不能用氏族原则进行管理，必须采用新办法，例如按居地和行业进行组织管理。这样中心聚落就有了两种不同性质的居住区，一是老氏族的族居区，二是外来手工业者的聚居区。同时有了相应的两种不同的管理方法。这本身就是对氏族制的重大打击，并给予氏族制的迅速瓦解以深刻的影响。老氏族和迁入者都在中心聚落生息繁衍，人口继续向中心聚落集中，其居民迅速增长，居住空间随着紧缩，聚落因而扩大，但毕竟不能

[1] 山东省文物考古研究所：《大汶口续集——大汶口遗址第二、三次发掘报告》，科学出版社，1997年；张学海：《城子崖与中国文明》，《张学海考古论集》，学苑出版社，1999年。
[2] 山东省文物考古研究所等：《邹县野店》，文物出版社，1985年。
[3] 江苏文物队：《江苏邳县刘林新石器时代遗址第一次发掘》，《考古学报》1962年第1期。
[4] 山东省文物考古研究所等：《邹县野店》，文物出版社，1985年；张学海：《海岱地区史前考古若干问题思考的提纲》，《张学海考古论集》，学苑出版社，1999年。
[5] 山东省文物管理处、济南市博物馆：《大汶口——新石器时代墓葬发掘报告》，文物出版社，1974年；张学海：《城子崖与中国文明》，《张学海考古论集》，学苑出版社，1999年。

无限扩展，尤其当中心聚落是一座城时。中心聚落人口的这种增殖趋势甚至膨胀，必然导致杂居。杂居的发展彻底冲垮了氏族族居的传统，即使是老氏族也很难用老办法进行管理了，新的管理机制应运而生。历史发展规律决定了取代氏族制法则的新机制，必然是以居住区为基础的行政管理机制，原先只用于外来者聚居区的管理办法，现在则用于整个中心聚落，对其进行分区管理了。当采取了这一管理新机制时，也就宣告了氏族制的终结，实现了部落中心向政治中心（国都）的转变，基本完成了部落向国家的过渡。

在这里部落向国家的过渡不是通过暴力实现的，而是自然而然地实现的。中心聚落管理体制的这一变化，意味产生了公共权力，部落酋长也就转变成行政首脑，不管他们称呼什么，实际上具有了君王的地位和权力，并以他为中心组成了"朝廷"（政府）。中心聚落内原先的氏族、胞族长老有的可能仍任官职，但其身份已不是本族的代表，而是一种社会公职。由于中心聚落本是部落的中心，酋长是全部落的代表，转变为行政首脑后就成了新的国家实体的代表，中心聚落的变革措施将很快被推行到整个实体，聚落群体内为数不多的中级聚落（基本上可能是些胞族）和占绝大多数的小聚落（氏族，有的可能只是个家庭）也就分别转化为邑和村落，构成该国的二级行政组织和基层组织，形成垂直的"都邑聚"式的行政管理体系。原始社会晚期的大型和中大型部落，基本上将是内部组织结构比较完整的部落，虽然部落内部实行着平等协商原则，但氏族、胞族、部落的管辖范围和权限大小不同。氏族只能处理本氏族的事务。胞族包括两个以上氏族，管理范围大于氏族。大型和中大型部落一般将有两个以上胞族，对内处理本部落事务，对外代表本部落。所以组织结构较完整的部落，内部大都存在三个层级，具有一定的隶属关系。当中心聚落转变成都城时，胞族、氏族几乎可以顺理成章地转变为邑和村的中级与基层行政组织。即便这些中下级组织的长官有许多甚至都是原来的长老、头人，但已经不是氏族制，只是利用了宗族血缘关系进行管理。宗族血缘关系在我国古代的政治生活与社会生活中曾长期发挥着重要作用。

所以当史前聚落群体的聚落形成"都邑聚"式金字塔形层级结构时，就标志国家的诞生。这一标志的关键是处于塔尖位置的中心聚落（部落中心）具有了都城性质，私有制的发展是促使其转化的基础，而人口不断向中心聚落集中是重要的催化剂。据笔者对海岱、中原、下江地区一些典型史前聚落群的初步研究，这些地区的国家都诞生于距今5000年左右[1]。证明中国具有5000年文明史，龙山时代已是文明时代。因此，仰韶时代后期或中晚期就是所谓的军事民主时期，是个"诸侯相侵伐"

[1]　张学海：《论东夷文明的诞生与发展》《论莫角山良渚文化古国》《试论豫西北地区国家的诞生》，《张学海考古论集》，学苑出版社，1999年。

（《五帝本纪》）的英雄时代。《史记·五帝本纪》所说的炎黄之间的阪泉之战和黄帝蚩尤之间的涿鹿之战，大约都发生在仰韶时代晚期。后者可能发生在距今 5000 年前不很久，徐旭生先生认为战场可能在河北省西南部的巨鹿县一带[1]。此战黄帝杀了东夷首领蚩尤，《盐铁论》说同时被杀的还有太昊、少昊族的首领。接着黄帝进到东夷集团的前沿重镇穷桑，"登帝位，是为黄帝"。在黄帝"登帝位"之前，司马迁都称之为轩辕氏，不称黄帝。穷桑，古史家大多说在鲁国北部，据笔者所考，应在山东西部的阳谷县一带，地处东西北三方文化的交汇地区[2]。黄帝在穷桑登帝位，就是在此地被拥戴为盟主，于是中华大地破天荒地出现了北半中国的联盟，开创了五帝时代，标志军事民主时期的结束，文明史的开端。

　　五帝时代是古国时代，国家极多，而规模甚小。诸多古文献均记载当时有"万国"，另一些文献则说三代列国的面积大国为方百里，其次方七十里，小国方五十里，还有不足五十里的更小国家。折合成公制，前三类国家的面积各约为 1400、700、350 平方千米。三代列国绝大多数都由五帝时代延续下来，新封者极少，就是说五帝时代国家的一般规模大体如此。考古资料证明这些记载基本可信，同时也使我们对这些记载有更准确的理解。龙山时代的聚落址数以万计，以聚落群和零星散布的两种形态而存在，聚落群的总数虽未能准确计算，但可以肯定在 1000 群以内，绝不能超过 1000 群。这些聚落群分为大中小三大类，其面积分别同上述前三类国家的面积相仿。在小群中还有部分的占地范围在一二百平方千米和不到 100 平方千米，约相当于周代的附庸国。只有极少数聚落群体的面积在 2000 平方千米以上。从而对上述文献记载的可信性和龙山时代的聚落群大多是古国做出互证。不过率先建立国家的只是那些大型和中型偏大的聚落群所代表的部落，其余聚落群（中、小部落）是随其后逐步发展成国家的，那些很小的聚落群所展示的小部落，在五帝时代可能始终未建立国家。即使当时的所有聚落群都在五帝时代先后发展成国家，五帝时代国家也不能超过 1000 国，并非多得难以胜计，根据当时聚落群体的数量，我们将可得知五帝时代国家的大致数目。至于零星散布的聚落，或一两个孤单存在，或三四个成组分布，虽只占当时聚落总数的小部分，但数量比聚落群多得多。它们基本上属于独立氏族和小部落，加上那些小型偏小聚落群所展现的小部落，氏族、小部落总数可能极多，证明龙山时代是古国、部落、氏族共存的时代。所有这些古国、部落、氏族共同构成五帝时代的万国，古人并无国家、部落、氏族之分，只要不相隶属就被视为国家。三者总数极多，难以胜计，以万国称之，表明其多，故万国说近于事实，但需知万国包括当时全部的国家、部落、氏族在内，而真正的国家并不

[1]　徐旭生：《中国古史的传说时代（增订本）》第二章，科学出版社，1960年。
[2]　张学海：《东土古国探索》，《张学海考古论集》，学苑出版社，1999年。

特别多，充其量在 1000 以内。

中国幅员辽阔，部落的产生、发展，部落向国家的过渡远非整齐划一。龙山时代属于文明时代初期，数以千计的国家、部落、氏族共存的现象，正是历史发展不平衡性的突出体现。国家只能在少数先进的部落中率先诞生，另一部分部落随后逐渐发展成国家。从部落到国家主要是社会形态特别是管理机制的变化，产生了公共权力，并不意味国土必然扩大，一般来说，其初的国土将同其母体部落的领地基本一致。"方百里""方七十里""方五十里"就是当时国家的一般规模，有些将小于方五十里，有的则大于方百里，后者是极少数。因此五帝并不是古天子，其真实身份是黄河流域、北方地区这一北半中国古国、部落联盟的盟主，但首先是各自国家的贤能君主，因其突出的能力与威望及其国家的强盛而成为盟主的。这一联盟不包括长江流域势力，相反是和长江势力集团相抗衡的。公元前 21 世纪初叶夏王朝的建立，出现了空前的大国，标志五帝时代的结束，夏国和中国国家发展到一个新阶段，苏秉琦先生称为方国阶段，也有学者称为王国阶段。但夏王朝的国土基本上局限于狭义中原地区，而且《礼记·王制》记载夏朝国土内还存在 90 余国。《王制》所说未可全信，但夏朝版图内仍存在许多小国将是事实。古文献说夏初仍有万国。至商初仍有 3000 余国，周初还剩 1800 国，春秋为 1200 国，战国晚期只剩下七雄，秦始皇统一全国，首创大一统中华帝国。自五帝时代以来，开始国家极多，随时递减，到大一统的历史，符合历史发展大趋势，可不必拘泥各时期国家的具体数目。中国国家的这一发展进程，说明夏王朝的建立并不是中国第一个国家的诞生，而只标志国家发展到一个新阶段。夏商周的国家绝大多数是由龙山时代的古国、部落、氏族延续下来和转变成的，新封者很少，据较可靠的记载，周初新封国家为 70 余国，夏商的封国应当更少。夏商周在建立王朝之前都早已建国，至少在龙山时代后期已和唐虞等国并列于黄河中下游地区。初步研究表明，该地区的部落开始向国家过渡都在距今 5000 年左右，因而这五国的诞生都有可能早于龙山时代后期。在夏人的发祥地伊洛地区存在若干重要的仰韶文化部落，它们都在距今 5000 年左右发展成国家，其中极可能有夏古国 [1]。在夷族的分布中心环泰沂山地带，存在薛、莒、虞等一系列东夷古国，同样是在距今 5000 年左右由大汶口文化部落发展成国家。薛、莒一直延续到战国时期，为齐所灭 [2]。虞国的继承者夏商时期称遂或虞遂，周初改封遂胡公于陈，奉舜祀，遂仍存在，春秋时灭于齐，陈后来被楚所灭 [3]。唐国在龙山时代后期建都于山西襄汾陶寺城，已得到考古学的初步证明，其建国时间未详，

---

[1] 张学海：《试论豫西北地区国家的诞生》，《张学海考古论集》，学苑出版社，1999年。

[2] 张学海：《莒史新探》《论东夷文明的诞生与发展》，《张学海考古论集》，学苑出版社，1999年。

[3] 张学海：《东土古国探索》《论龙山文化景阳岗类型》，《张学海考古论集》，学苑出版社，1999年。

但唐国可能在襄汾一带一直延续到周初，周灭唐，地封成王之弟叔虞，是为晋国始祖。证明五帝是各自国家的君主，不是天子，三代的国家大多是由五帝时代的古国和部落、氏族延续下来与转变成的。

以上大略阐述了龙山时代生产力的长足进步，社会发生了巨变，贫富分化、社会分化空前深刻化，社会形成了金字塔形分层秩序，城乡对立在迅速发展，已经进入阶级社会，国家在不断诞生，虽然仍存在无数的小部落和氏族，但已经不是时代的主流，所以绝不是《礼记·礼运》所描绘的那种大同社会。因而《礼运》对五帝时代的描绘不足为凭。由于当时仍存在无数的小部落和氏族，同时国家刚诞生不久并在不断诞生，不可避免地存在着氏族制的残余，偶尔有选举君主之举并不奇怪。但如果说当时的古国君主与部落酋长都由民主推举，并无确凿证据。事实是私有制和父权制早在龙山时代千余年前就已登上历史舞台，随着时间的推移，酋长渐渐变成世袭并非完全不可能，何况古国的君主。尧舜禹禅让说，不足以证明五帝时代普遍存在选贤任能的选举制。禅让说是否确有其事，自古就有异说，韩非子就说尧舜禹和汤武一样，都是靠武力获取权位的。其实尧舜禹分属唐虞夏三国的贤能君主，分处山西襄汾、山东西部和伊洛地区，既非一国之君，何来禅让？前已指出五帝和禹都是北半中国古国、部落联盟的盟主，除了当时还没有后来的天子，他们的身份有些像春秋五霸。盟主当然要经过大家推举，也必然会以本人的能力、威望及其国力为基础，禅让说可能源于此。推举盟主当然不是一国君主之间的禅让，禅让之说不可信是显而易见的。以此为依据说五帝时代是传贤不传子的公天下，夏禹或夏启变公天下为家天下，进而推断五帝或尧舜禹时代仍处于军事民主时期，夏王朝的建立标志中国国家的诞生、中华文明的形成等，自然不会是史实。夏王朝的建立，合并了中原地区的众多"小家"为夏朝的"大家"，出现了空前规模的大国，这是中华文明的重大发展，历史的巨大进步，而不是历史的倒退。

原载《中国史前考古学研究——祝贺石兴邦先生考古半世纪暨八秩华诞文集》，三秦出版社，2003 年

海岱考古与构建山东古代史

　　考古学的最终目标，在于恢复已经消失的历史。历史研究以社会与国家为核心内容。中华人民共和国成立前，中国东部海岱地区商代以前的历史还是一团混沌。这里历史的开端，社会、经济、文化的发展演变，社会组织的演进，文明的诞生与发展，古国，古族，事件，史时，史地等基本历史状况，全然不知。虽有一些记载，但多属传说，且语焉不详，真相不明，难以成为信史。随着中华人民共和国文物考古工作的蓬勃开展，实物资料不断积聚，至 20 世纪末，海岱地区的历史脉络已初步显现。得知本地区的历史至少始于数十万年前的沂源猿人。数以十计、百计的旧石器时代与细石器文化的石器地点、遗址和数以千计的有陶新石器文化遗址的发现，证明数十万年来海岱地区的历史在连绵发展。这里的人类活动起于山东鲁中南山地的腹地，此后数十万年的旧石器时代至新石器时代初期，人们几乎全在山东南部包括与山东交界的江苏北部边境地区活动。至距今 9000 ～ 7000 年的新石器时代中期，泰沂山北侧山前地带出现了若干群落。后来这里的物质文化在环泰沂山地带形成最初的海岱考古文化区，并逐渐向周围扩展，覆盖了山东全境，进而扩展到江苏、安徽北部，河南东部和河北南部地区。但文化区的重心始终在山东，而以环泰沂山地带为大本营。聚落绝大多数集中在山东境内，其文化也比周边地区繁荣发达，并首先进入了文明。因此，海岱考古揭示的历史长河，系统全方位地反映了山东古史的发展过程，而对周边省份而言，则非如此系统而全面。应当说，20 世纪海岱考古的骄人业绩，已把海岱考古研究推向历史研究的高层次，把协力重建一部前人不可能完成的山东远古上古史的光荣任务提上了日程。

　　考古学研究历史具有自己的轨道与程序，而不是简单地印证历史。1992 年国家文物局在福州召开了全国文物工作会议，讨论了制定全国课题规划问题。在会议结束前，特地请苏秉琦、俞伟超先生分别就考古学基础理论与学科发展提高问题给予指导。苏先生指出，考古学的基本任务与方法论构成学科的基础理论。俞先生强调了考古学作为研究人类历史的学科，具有自己的方法论。他在肯定考古地层学、考古类型学方法论的同时，认为考古学研究历史的方法将构成学科的另一方法论。尽管目前我们还不能对此做出科学概括，但考古学与传统史学这两门历史科学之不同是显而易明的。后者的研究基础是文献，考古学研究历史的基础则是科学发掘获得的物质文化资料。科学发掘是运用"考古地层学"原理、遵循"田野考古操作规程"进行的发掘。发掘资料必须运用"考古类型学"原理进行全面深入的整理，通过一系列分析、综合、归纳工作，以考古发掘报告的形式发表后，才能成为科学研究资料。而实物资料不会说话，所反映的社会状况、生产关系、社会变迁的诸多信息大都隐藏在遗迹、遗物背后，掌握这些信息需要一个研究认识过程。而且个案发掘资料都属某个时段或某几个时段，不能反映整个历史的进程。因此，考古学在研究历史以前必须确定考古学文化序列，构建文化区系框架，建立文化编年学，以掌握文化时空关系的演变。文化区系类型既是考古学的基础理论，又是学科基础研究大课题，涉及文化面貌、文化特征、文化基因与演变规律、年代分期、来龙去脉、分布范围、文化类型和同相邻文化的关系等诸多研究对象。与此同时还须开展聚落研究，包括典型个案聚落、聚落群和聚落时空关系发展变化研究。进而还要解决文化的族属问题，明了创造历史的主人。这些问题基本明确了，也就具备了对所在区域的历史发展进行研究的基本条件。因此考古学研究历史至少具有四五个步骤或者说四五个层次。第一步，获取物质文化资料。包括从田野发掘、整理发掘资料到编撰、发表发掘报告。而一部正式田野考古报告有其基本固定的体例、内容与要求。第二步，对考古学文化即物质文化进行综合研究，以确定区内考古学文化的年代序列与相互关系，构建文化区系框架。第三步，在第二步的基础上开展聚落考古研究。第四步，对考古学文化的族属进行研究。然后是第五步，在前述基础上开展历史研究。考古学实现自身最终目标的过程，是就各步任务的逻辑关系和学科的整体发展进程而言，实践中这些步骤尤其是前四步都不是截然分开的，也不可能截然分开，而是交错进行。但文化族属和历史发展过程研究，是学科更高层次的研究，必须以前三步的基本解决为前提。正因海岱考古的前四个层次的任务都已取得重大成果，所以已具备了开展历史发展研究的基本条件。海岱文化区是全国主要的考古学文化区之一，文化的主人是东夷族群，山东是他们的活动中心和大本营，而且前东夷群落基本上只在山东境内生息繁衍。自商代开始，东夷族群启动了与中原人群的融合进程，于春秋战国之际首先重组成汉民族。因此，山东古史的发展集中体现了中国东部地区与东夷历史的发展过程，山东古代史不仅是部地方史，也是中国古代史不可或缺的篇章。下面就山东古史研究的若干问题谈点想法。

一　关于山东考古资料的一些问题

历史是以一定的时空范围为经纬，依照时代顺序来编写的，古略近详是其特点与原则之一。地处东亚的广袤的中国很可能是人类的起源地之一，具有超百万年的历史，而位于中国东部沿海的山东地区历史至少长达数十万年。目前山东的考古资料虽尚有重大欠缺，但欠缺资料主要在约 9000 年以前的新石器时代早期和旧石器时代阶段。约自 9000 年前开始的新石器时代中期以后的资料，除开头的一段时间和在 7000 年前的新石器时代中期晚段交替时期还有不大的缺环外，大都已连接成链。尽管旧石器时代与新石器时代早期阶段的资料还存在许多空白，现有资料也很零散，但已显示出山东新石器时代的先民，极有可能是由山东旧石器时代早期的沂源猿人逐步进化来的。中国东部地区一小支古人类从猿人到今人的进化过程同山东史前历史的发展统一在一起了，这在中国恐非只有山东一地，但山东仍具有典型性。

山东沂源猿人化石产地，位于泰沂山脉中段主峰鲁山之阳的沂源县土门镇，有两个猿人个体，属旧石器时代早期，距今约 30 万年。与沂源猿人同期的遗址有南洼洞遗址，位于泰沂山脉东段主峰沂山南侧的沂水县诸葛镇，西北距沂源猿人化石出土地约 45 千米。两者相辅相成，把山东历史的开端前溯至数十万年前。山东旧石器时代中、晚期的石器地点与遗址（采用中期从 10 万年、晚期从 5 万余年开始的分期），已在沂源、沂水、日照市沿海、郯城、莒南、蒙阴等地发现，计近 20 个地点与遗址，数量大增，分布范围明显扩展，但都还集中于鲁东南地区。其中沂源上崖洞遗址与沂源猿人化石产地仅一河之隔，千人洞遗址距猿人出土地也只有 7～8 千米，沂水湖埠西地点则在南洼洞遗址以南约 20 千米，说明沂河源头与上游地区，曾是猿人与智人的共同活动区。但山东智人人口显然得到了明显增长，足迹及于鲁东南地区。接下来的细石器文化，年代当在 2～1 万年以内，处于旧新石器时代的过渡阶段，其早期属旧石器时代之末，晚期已属新石器时代早期。郯城望海楼等地点的石制品提供了连接山东旧石器晚期与细石器文化的线索，初步证明山东细石器文化（主要是鲁东南沂沭河流域的细石器文化），是由本地的旧石器文化直接发展来的。旧石器时代早中晚期的遗存和细石器文化，同处于不大的鲁东南地区（细石器文化还南扩至江苏极北境）的事实，也证明它们最可能是直接的传承关系。山东细石器文化已发现一百数十处石器地点与遗址，几乎遍布鲁东南地区，而且也出现于鲁中南地区的汶河泗河流域。目前汶泗地区的细石器文化集中分布于汶上、宁阳一带，兖州、曲阜、泗水、平邑、滕州等地也有零星发现。"沂沭细石器文化"与"汶泗细石器文化"的石器工艺与文化特征有明显差异，究竟是同一文化的两个地方类型或者年代有早晚，还是分属不同的细石器文化体系，尚是个未知数。但这对山东通史研究并不是主要障碍，关键是细石器文化遗存反映了人类自身的进化（新泰智人年代接近或已处于该文化早期，可能已是真人），反映了人口繁殖，生产力长足进步，经济模式嬗变，社会进步，活动舞台扩大，山东历史发展正处于一个承前启后的关键阶段的史实。不仅山东旧石器、细石器文化是一脉相承的，而且旧石器时代早期的沂源猿人和沂水南洼洞遗址，都在泰沂山脉中、东段主峰南侧沂河的源头与上游，海拔较高；旧石器中晚期的石器地点与遗址多处于海拔较低的沂河上中游、沭河中游和日照市沿海丘陵；细石器地点与遗址则基本上分布于海拔很低的山前平地和河流冲积平原的丘岗上，从而清楚地反映出山东古人类在经历了从猿人、智人到真人进化历程的同时，也经历了从深山逐渐沿河而下到达平原的过程。尽管距今10万年以前的旧石器时代早期的资料太少，无法得知更多信息，但10万年以后山东历史发展的脉络已露端倪。

山东细石器文化尚未展开研究，其起止年代、分期和去向等都不清楚。如果把它的下限年代暂定为距今9500年前后，估计不至于有很大误差。这和目前山东最早的有陶新石器文化西河—后李文化（笔者暂称，学者均称后李文化）尚有约七八百年的间隔，这自然不是这里历史的中断。"沂沭细石器文化"晚期可能已发明陶器，并发展出前西河—后李文化。目前西河—后李文化遗址基本上在泰沂山北侧山前地带。新近则在泰沂山南侧沂源县东南境张家坡乡北桃花坪村的一处洞穴内，发现了人头骨片，似为墓葬，其下的堆积中出有陶片和长方形石磨盘，有一器口陶片上有堆纹，头骨经现代科技测定，距今8800～8600年，属目前最早的西河—后李文化[1]。该洞穴位于"沂沭细石器文化"分布区内，从西河—后李文化西河类型陶器群的器形组合及陶器制作水平来看，早已越过陶器的初始阶段，而且其住房建筑技术先进，通体磨光的石斧等石器占有相当比例，聚落规模宏大，之前至少已经历了千年以上的发展历程，说明西河—后李文化以前应当存在山东最早的有陶新石器文化，相信发现此文化只是个时间问题。北桃花坪洞穴遗址的发现也为西河—后李文化的后李类型可能起源于鲁东南地区提供了线索。

目前的西河—后李文化属于新石器时代中期（约距今9000～7000年）阶段的文化，下限年代未详，估计在7500～7000余年之间。目前资料显示，大约以淄博市区为界，以东的泰沂山北侧东段山前地带由临淄后李遗址为代表的文化面貌和以西的西段山前地带由章丘西河遗址为代表的文化面貌，有明显差异，至少是一支文化的两个类型，也可能是两支亲缘文化。所以笔者暂称为西河—后李文化，以示其间存在差异，行文中也分别采用后李类型与西河类型来表述。在其以后的文化，中有邹平苑城类型，东有半岛的白石文化，西有长清的月庄类型（暂名），前两种的年代目前都在距今7000年以内，月庄类型的起始年代将早于7000年，各自和西河—

---

[1] 承蒙考察了现场的孙波同志告知。案：本文交稿后，孙波同志于2006年再告，该资料再经测定，年代早至距今9500年前。如可靠，应属前西河—后李文化，有可能连接了"沂沭细石器文化"，并成为后李类型的直接渊源。因资料过少，难以定论，原稿仍旧，有待获取更多资料（作者注，2007年元月）。

后李文化存在一定的间隔。其中白石文化同西河—后李文化的间隔较大，但两者的陶器似有联系，或许白石文化是后李类型进入半岛地区后，在新的自然地理条件下形成的考古学文化。月庄类型的年代未详，据陶器形态分析，和西河—后李文化西河类型的间隔已不很大。而且月庄类型的面世，既为西河类型的去向也为北辛文化的产生提供了重要线索，待发掘资料发表后，有可能取得海岱文化区系课题的新突破。

北辛文化的命名遗址滕州北辛遗址，曾被认为基本上属于北辛文化遗址，几乎包括了北辛文化全过程。依据该遗址 H501 标本的碳 -14 测年数值确定北辛文化的上限年代为距今 7300 年。此数值按树轮高精度表校正接近 7500 年，而且此标本不是该遗址最早的遗存，因此北辛遗址的上限年代将超过距今 7500 年。即使以 7500 年计，和西河—后李文化西河类型晚期的年代已有所重叠，如此两者将无直接传承关系。不过已有学者推测北辛文化应始于距今 7000 年左右，西河—后李文化和北辛文化具有传承关系，此说很可能被证实[1]。这将意味北辛遗址主要是西河—后李文化与北辛文化的遗址。就前者而言，可能属后李类型。联系沂源北桃花坪洞穴遗址的发现以及淞沪地区的马家浜文化含有后李类型文化因素的事实，有理由推测后李类型可能发源于鲁东南地区。而后有一支南下成为马家浜文化的渊源之一；另有一部分北上，生息繁衍于泰沂山北侧东段山前地带，目前这地带已发现后李、彭家庄、前埠下 3 处遗址；北上的后来又有一部分进入半岛地区，发展出白石文化。同时也不免会向西即鲁中南地区扩展，目前泰沂山南侧地区虽只发现北桃花坪与北辛两处后李类型遗址，且前者只有些许遗物，面貌不清，但年代古老，处于距今8500 年以前 9000 年以后；后者自发掘以来的绝大部分时间内，则被认为是唯一属早期北辛文化的遗址，北辛文化的来源成为海岱文化区系难以破解的谜，以至有学者不得不从区外来寻找其来源，比如认为鲁南的北辛文化主要源自中原的裴李岗文化。这种努力未必能获得积极成果[2]。愚意鲁南北辛文化应当从后李类型中探寻其主要渊源。鲁南地区距泰沂山 20 千米以内的地带，分布着大量大汶口、龙山文化遗址，其中有的可能压着后李类型遗址；这地带也可能存在已经暴露而未发现的后李类型遗址，从而把北辛遗址连接在一起。在海岱史前文化的发展过程中，曾受到区外文化主要是西邻、南邻文化的一定影响，但推动海岱中心区史前文化不断前进的主动力来自于自身，无论鲁南、鲁北的北辛文化都将承袭西河—后李文化。上述鲁南山前地带本是后李类型分布区的推测，虽然有待证实，但月庄类型的面世已大

[1] 此说由王永波、栾丰实最先提出。参阅栾丰实：《海岱地区考古研究》，山东大学出版社，1997年。

[2] 参阅张江凯：《略论北辛文化及其相关问题》，《考古学研究（四）》，科学出版社，2000年。按此文视后李文化为北辛文化恐难成立，但分析了北辛文化源于本地。

大缩小了西河类型与北辛文化之间的间隔。并有可能南向连接了汶上东贾柏、泰安大汶口、兖州小孟与王因等地的北辛文化；东向则和章丘王官遗址（土地实属张官村）、埠村、邹平苑城等北辛文化前期阶段的遗存相接，昭示泰山西北侧山前地带和西侧的汶泗地区，即今济南市、泰安市西部和济宁市北部地区曾是北辛文化的一个重要中心区。在这里，西河类型可能发展成北辛文化，北辛文化又在章丘东董、泰安大汶口、兖州王因等聚落过渡到大汶口文化，相信月庄发掘资料公布后，该地区古文化的演进轨迹将明朗化。

北辛文化流行鼎类三足器，如果把鼎类三足器的产生作为北辛文化开始的基本标志之一，其产生时间应在距今 7000 年前后，可能产生于 7000 年前，但不会前很多，所以可暂把北辛文化的开始年代定为距今 7000 年前后。如此北辛文化是新石器时代晚期前阶段的文化。如以原定北辛文化中晚期的界标 6500 年为准，暂分北辛文化为前后两大期，那么前期阶段山东地区的文化仍具多样性，尚未完全融为一体，但正处于以北辛文化为主导的融合过程中。至北辛文化晚期，山东内陆地区已基本实现了文化的融合，形成环泰沂山晚期北辛文化分布区，出现了最初的海岱文化区。距今 6200 年前后，北辛文化发展成大汶口文化，大汶口文化成为海岱全区的统一文化，海岱文化区得到早期的重要发展，并为后续的发展奠定了坚实的基础。

因此，距今 6500 年是山东与海岱地区文化及历史发展进程的一个重要时间界标。之前的文化是海岱地区（基本上是山东地区）的文化，其后则是海岱文化区的文化。海岱文化区文化的区系问题已基本清晰，虽然在文化区的空间上还有不同认识，但不涉及山东地区。在时间上，包括晚期北辛文化、大汶口文化、龙山文化和岳石文化的文化谱系，首尾长达 3500 年以上，已环环紧密相扣，没有缺环。只是岳石文化是由西而东逐渐消失的，西部消失于商代早期，胶东半岛地区的消失已晚到商末，近年龙口市楼子庄遗址的发掘为此提供了确凿的地层证据[1]。而且半岛的岳石文化只是被同体系的珍珠门文化所取代，珍珠门文化可能在春秋时期才融于齐文化。但自商代晚期以后，半岛以外的海岱地区的文化基本上都已不属原海岱文化谱系，胶东半岛只是原海岱文化区的东北隅，算不上中心区，更非大本营所在，实际上只是原海岱文化谱系的苟延残喘，但这对山东历史研究却并非不重要。

海岱文化谱系虽已环环相扣，但大汶口文化与龙山文化的交接时间尚可商榷。目前大都采用距今 4600 年为界，自此前溯至距今 5000 年属大汶口文化晚期。实际

---

[1] 中国考古学会编：《中国考古学年鉴·2003》，文物出版社，2004年，第204页。

上龙山文化的许多因素都产生于大汶口文化晚期，以往也曾有学者主张把龙山文化的开端定为距今 5000 年，主要因两者属于同一文化谱系而未加过多关注。随着考古学的发展，考古界对仰韶时代、龙山时代名称的广泛使用和历史研究提上日程，需要考虑把 5000 年作为大汶口、龙山文化的分界，以大中原的仰韶文化、海岱区的龙山文化分别代表中国考古学前后衔接的仰韶时代与龙山时代，以使龙山时代的命名更科学贴切、更加明了，文化与社会变化相一致，也便于研究与掌握。研究表明大汶口文化晚期的社会已经发生质变，苏秉琦先生曾指出 5000 年前后是中国历史的一大转变，这在海岱地区表现得十分清楚，所以把距今 5000 年作为龙山文化的开端年代较妥。诚然，已经约定俗成，改变并非容易。但科学研究总是不断前进的，包括考古学在内的更新认识、修正与否定成说的实例比比皆是，对龙山文化本身的认识过程就是个突出范例，前述把北辛文化的开始年代定于 7000 年左右又是一例，而且目前对北辛文化的时空定位还有诸多不同认识，不排除还需做出修正。总之，考古学研究在不断深化、发展，认识在不断更新，对有的定论做出修正在所难免。当然，可以采取较稳妥的方法，例如相关省份的考古学会或者全国考古学会进行讨论，形成较一致的意见。

山东新石器时代中期以来文化序列、文化区系问题的基本解决和 20 世纪 80 年代文物普查的成果，提供了聚落发展演变的诸多信息。聚落由缓慢增长到持续快速发展，环泰沂山和环胶东山地两个环山分布区的产生、演变，前者的逐步向周围扩展，聚落存在形态由孤单到成组再到成群存在的演变过程，其聚落规模的发展，中心聚落的出现和群内聚落分层的产生，城和早期城市的产生、发展等等，反映了人口繁衍，社会进步，社会组织的演进和国家的诞生等诸多信息，同文化资料一起构成历史研究的关键性基础资料。

综上所述，尽管山东地区自新石器时代早期以前的考古资料还有重大缺环，存在着许多未知数，欠缺资料自身的研究，认识还很肤浅，但约自新石器时代中期以后的资料已比较系统，缺环不大；而 6500 年以来的史前时期资料已十分系统，并做了大量研究，同时也已积累了丰富的商周两汉考古资料。因此山东数十万年以来的历史发展轨迹已露端倪，新石器时代晚期以来的历史则已比较明朗，且已显示了山东古代史在全国古史发展中的重要地位和特殊性，略远详近，已可依据考古资料着手编撰首部比较接近史实的山东先秦史。

二　关于东夷族群的实物资料

中国自古就是个多民族国家。约自西周以前数千年的中国历史，基本上由各大族群的历史构成,夏商王朝只不过是中原族群的两个分支所先后建立的国家,分别是第四千纪前后期的主要方国,因而也就代表了中国同期的历史阶段,但远不是大一统的全国性政权,当时中华大地国家林立,基本上互不隶属。这众多国家分属若干族群。据文献记载,活动于东方的族群是夷族,习惯上称为东夷。但文献记载简略,东夷族群的存在年代,分布空间与活动中心,政治、经济、文化、社会等方面的发展变化,同周边族群的关系,以及最终的归宿等基本状况,全然不明。而史家谈东夷,其分布范围往往包括从东北到江浙的广袤地域,不知何时兴起,其延续时间则很长,直到周代,这和现有考古资料不很符合。就研究古代族群的历史而言,进行古文化地理学研究,搭建考古学文化区系框架是最基本最重要的基础工作。中国考古学文化区系框架,揭示了中国古族的结构。考古学划分古族群主要依据文化共同体,而非血统。如同中华民族的多元性、包容性是她长盛不衰的重要根源之一,前中华民族各大族群的多元一体性,使她们都延续了数千年之久,各自都创造了绚丽的文化。文化区系框架中的考古学文化区,都曾是一大族群的活动范围,区内互相传承的文化构成该族群的文化谱系,与聚落资料一起反映了族群政治、经济、文化与社会诸多方面的发展变化。所以,要研究一个族群的历史,必须首先搭建考古学文化区系框架,进而确认文化区的族属,对号入座,然后才能对其历史进行研究。全国考古学文化区系框架中的海岱文化区,是个十分重要的文化区,考古界已确认它的主人就是东夷族群。由于海岱文化区文化的区系问题总体来说已很清晰,文化区的产生、逐步发展、逐渐消失的过程及其大本营与根据地都已比较明白,丰富而系统的资料也已对政治、经济、文化与社会的发展演变过程做出了不同程度的反映,因此海岱文化区的考古成果已为恢复东夷历史奠定了基础。目前资料表明,海岱文化区约自6500年前开始出现,标志东夷族登上历史舞台,其主体部分的历史长达3500年以上,是山东通史中不可或缺的一大阶段。下文将谈到在此阶段,山东地区由原始进入了文明,文明得到了初步发展,最终又迈出了同中原族群融合为汉民族的步伐。

必须强调的是,中华大地前中华民族的各大族群,都只存在于一定的历史时期,并不随其活动地域的创史而来。当东夷族群登上历史舞台之际,山东地区的历史已演绎了数十万年,所以不能动辄东夷,不可把海岱地区文化与东夷文化、海岱地区考古学文化与海岱考古文化区的文化相等同,反映东夷历史的只是海岱文化区的物质文化遗存。考古学文化区是中国考古学的概念,其文化与通常所说的地域文化不同,她是一个古族群的文化,区内先后包括了众多同文化的部落、古国与方国,还不是大一统国家的一个区域,也不是中华民族的一个地域文化,这时期离大一统的中华帝国的诞生还很早,中华民族也远未登上历史舞台。考古学文化"区系类型"之所以构成本学科的重要基础理论,就在于它揭示了前中华民族时期的族群结构和各族群的形成发展过程，阐明众流归海的中华民族形成的人文自然基础、模式与具体进程。必须把海岱文化区的资料与其前后的海岱地区资料加以区分，才不至于张冠李戴，混淆历史的主人，真正把握住东夷族群的历史。

三　山东史前社会的发展道路

山东史前社会发展模式研究，是山东历史研究的核心课题之一，也是个重大理论课题。当今，有两种关于史前社会组织演进模式的著名理论：一是由摩尔根、马克思、恩格斯为代表的原始群、氏族、部落到国家的发展模式；二是塞维斯为代表的游群、部落、酋邦到国家的发展模式。两者在研究过程中都未涉及中国的资料，中国和山东古代社会的演进是否符合其中之一或具有自己的道路，只能凭借自身资料的研究做出回答，不能采取教条主义，照本宣科。如同研究古族群的历史必须依据考古学文化区的资料一样，研究史前社会组织的演进必须以聚落资料为基础。聚落资料包括三个方面或三个层次：一是典型个案聚落资料；二是聚落群资料；三是一个地区或文化区聚落时空关系宏观演变资料。以此三者为基础，结合文化，将逐渐揭示一个地区的史前社会组织及其演进过程。聚落研究大大落后于考古学文化研究，尤其是后两个层次的聚落研究以往不为学者注意，才刚刚起步。这两方面的聚落研究，必须以清晰的系统的文化序列与文化谱系为纲，山东基本上具备了这一条件，因此已有可能推进史前社会发展进程的研究。

聚落的产生一般和农业起源与定居相联系，目前还不知山东地区的农业出现于何时，也未发现确定无疑的早期聚落址。现知最早的聚落址例如西河、小荆山遗址，属于西河—后李文化的西河类型早期，上限年代距今 8000 余年，其规模达 10 万平方米以上，连续居住达 1000 年左右，其陶器制作水平和器形的使用功能早已超越陶器的原始阶段，显然西河—后李文化早期的聚落已是十分稳定的农业聚落。聚落已得到长足的发展，说明其前必定存在着与早期农业、早期陶器基本一致的早期聚落发展阶段。此阶段的开始还难确定，最晚也应和新石器时代的开端相一致。自西河—后李文化以后，山东与海岱文化区聚落分布形态的发展变化已比较清楚。

距今 9000～4000 年的近 5000 年中，山东史前聚落分布形态经历了三大阶段的变化。第一阶段约自 9000～6500 年前的北辛文化前后期之交，聚落以孤单而稀疏分布的形态存在。其中十余处 7000 年以前的聚落全部分布于山东内陆的环泰沂山地带，基本上处在泰沂山北侧的山前平地，这阶段山东内陆的远山平原和半岛地区尚未发现聚落。已知的半岛聚落址都在距今 7000 年以后，其中年代可能接近或已处于距今第七千纪早期的 3 处白石文化早期遗址，分别分布在半岛东部的长岛、烟台与荣成。而在山东内陆地区，第七千纪前期的北辛文化早期，聚落缓慢增长，正在形成环泰沂山分布区，但聚落分布仍很稀疏。第二阶段，即约当距今 6500 ~ 6200 年的北辛文化晚期阶段，山东内陆与半岛地区的聚落已有相对较多的发现。在内陆地区形成了环泰沂山晚期北辛文化分布区，在半岛地区则产生了环胶东山地的晚期白石文化分布区。聚落的存在形态总的来说仍然呈孤单稀疏分布状态，但发生了引人瞩目的变化，出现了成组分布的聚落，即在内陆的若干特定区间例如滕州、宁阳与兖州、汶上、章丘、青州等地和半岛南北岸有的区间，同时存在三四个聚落。在这阶段之末，上述区间有的也许已产生了聚落群，即分布着 5 个以上同期聚落。第三阶段，约自 6200 ~ 4000 年，即自大汶口文化开始至龙山文化之末。这阶段约自大汶口文化中期起，聚落持续快速增长，分布范围不断扩大。至大汶口文化中期之末，聚落已扩展到除山东西北境外的山东全境。大汶口文化晚期，进而扩展到皖北、豫东并零星地进入豫北地区。与此同时，聚落分布形态发生巨变，出现了成群分布的聚落群，并迅速发展成为龙山文化聚落的主要存在形式。聚落群自身在发展过程中也在不断嬗变，群内聚落不断增多，但各群聚落的增长不平衡，因而聚落群形成多个层级：其中的大中等群体大都先后产生了明显与比较明显的中心聚落，群内聚落分化成大中小三个层级，细分有些群体的聚落可达四五个层级；同时，仍然存在大量孤单和三四个成组分布的聚落。尽管目前掌握的聚落遗址并非准确数字，在有些地区可能还有较大误差，但这 5000 年中聚落分布形态发展演变的大趋势不会根本改变。因而其间已显示出山东历史舞台的逐渐扩展，折射出生产力的不断进步，人口的繁殖，以及史前社会组织的演进。

初步研究得知，上述第一阶段的孤单而稀疏分布的聚落，大都是氏族，此阶段的社会是氏族社会。第二阶段的聚落组的产生，意味部落的诞生，此阶段是氏族社会向部落社会的过渡阶段，就史前社会发展阶段而言，自然要归于部落社会，所以距今 6500 年前后是山东氏族社会与部落社会的大致时间界标，恰好这也是东夷族开始登上历史舞台的时间。第三阶段的聚落群，先是部落，后是古国。大体来说距今约 5000 年以前的大汶口文化早中期的聚落群基本上是部落，大汶口文化晚期龙山文化的聚落群大多数是古国，山东聚落群的发展过程经历了由部落到国家的历程，其间不存在酋邦。至于龙山文化时期始终大量存在的孤单聚落、聚落组和那些很小的聚落群，仍然是些小部落与独立氏族。因此，山东史前社会是沿着氏族、部落、国家的道路发展的，与马克思主义理论基本一致 [1]。

[1] 张学海：《山东史前聚落时空关系宏观研究》《再论东夷文明的诞生与发展》，《张学海考古论集》，学苑出版社，1999 年。

四　山东地区国家的诞生与早期的发展

山东地区何时诞生国家，是山东古史研究的又一重大问题。无论对国家起源持哪种理论，国家的本质特征都是私有制、阶级、公共权力与社会分层秩序，在这方面并无原则分歧。国家是生产力与生产关系基本矛盾发展到一定阶段的产物，国家诞生是社会复杂化进程达到氏族制无法承受时的必然解脱。国家起源与文明起源实质上是同一课题，只是侧重点有所不同。恩格斯指出："国家是文明社会的概括。"国家的诞生必然伴随这样那样的文明要素，无论是否已经被发现，所以国家诞生是文明诞生的根本标志。20 世纪 90 年代以来，中国文明起源研究蓬勃发展，学术界对海岱文化区的龙山文化与大汶口文化给予了莫大关注，文化区系、生产力与社会经济、聚落形态、社会性质等有关研究，取得了突出成绩，比较一致地认为大汶口文化晚期或龙山文化已属于文明时代，就是说这时期已诞生了国家。分歧在于进入文明时代即国家诞生的具体时段有大汶口文化中晚期之交、大汶口文化晚期和龙山文化早、晚期之别。

证明国家诞生，必须确认最早的国家实体。这就要从国家的母体即晚期部落中去探寻，从其演变中确定何时脱胎为国家。文献记载的早期国家都是寡民小国，但再小的国家也有一定的领土，有都城、聚落和一定数量的国民，并在考古遗存中有所反映。部落也各有神圣的领地、部落中心、聚落（氏族与胞族居地）和数量不等的部落成员，同样会在考古遗存中有所反映。因此国家起源研究仍需以聚落资料为基础，从聚落分布形态中确定一些典型部落，从中探索国家的起源，确认一批最早的国家实体。山东新石器时代中期以来的聚落分布形态，经历了孤单分布、成组分布到成群分布的演变过程，大汶口文化与龙山文化时期，聚落群成为聚落存在的主要形式。这种聚落群具有三大特征：一是具有相对稳定的、不大的地理区间，大多数聚落群都有明确的范围，周围有相当宽广的不存在聚落的隔离地带；二是大中等聚落群都先后出现了中心聚落，其规模宏大或明显大于群内其他聚落，已做了一定发掘的中心聚落如大汶口、野店聚落等，有着很高的文化总体发展水平；三是随着中心聚落的明朗化与群内聚落的不断增多，聚落规模产生分化，形成几个层级。这些特征显示，聚落群无疑是当时众多的社会实体。因其和孤单与成组分布的聚落共存，所以它们是代表历史潮流的社会实体。从其特征与形成过程分析，它们是大大小小的部落。而聚落组是很小的部落，孤单存在的聚落基本上是独立氏族。如果北辛文化晚期聚落组的出现确实意味部落的产生（聚落组实际上是雏形聚落群），那么大汶口文化早期聚落群的出现就意味部落的初步发展。大汶口文化中期（距今 5700 ～ 5000 年），聚落群在数量与规模上的迅速发展、三大特征中后两个特征的逐渐出现，表明部落进入了高级发展阶段，这阶段的部落正为自身的消亡积聚着条件。至大汶口文化中期之末，若干大中型聚落群已拥有规模宏大的中心聚落，群内聚落分化成若干层级，这些部落即将走到尽头，约在距今 5000 年前后首先转化为国家。其中最为清晰的是泰沂山西侧的大汶口部落[1]。

研究表明，部落向国家的过渡是个渐变到突变、量变到质变的过程。这一演变过程集中体现在部落中心向政治中心即都城的转变上。生产力与私有制的发展，导致第二次社会大分工的发生与发展，以及手工业专门化的发展，促使手工业者不断向中心聚落集中，导致手工业者聚居区的出现。这些手工业者来自不同的氏族，不能按氏族原则实施管理，将采取新的管理机制，例如按居住区、行业进行管理，从而对氏族制造成重大冲击。人口继续不断向中心聚落集中，中心聚落的人口以大得多的基数快速增长，中心聚落随着相应扩大，但不能无限扩大，于是导致杂居。杂居的发展，使氏族原则逐渐失去作用，以至无法承载日益复杂化的社会，必须改变氏族习惯法，以适应社会的发展，于是对整个中心聚落实施了分区管理。一旦采取了这一措施，就宣告了中心聚落氏族制的消亡，实现部落中心向政治中心即都城的转变，意味公共权力的产生[2]。

中心聚落的演变过程，也为早期城市的诞生提供了线索。早期城市是史前时期的政治、经济、文化中心，尤其必须是个手工业中心和具有"市"的内涵。《世本》神农作市的传说，似反映了中国"市"的出现很早。"市"可能起源于中心聚落的手工业者聚居区。最早的早期城市将在那些经济、文化比较发达的中心聚落中产生，这些中心聚落一般都将是城。城市起源和国家起源是同步的，早期城市无例外地皆是都城。所以早期城市的产生标志着国家的诞生，但只能说明国家已经诞生，却不能提供具体的国家实体。只有与所在聚落群体结合，才能确认一个国家实体。况且早期国家的都城多数不是早期城市，所以用城市作为探索国家诞生的标志不具普遍意义。

在一个部落向国家的转变过程中，部落其他聚落的变化，远不如中心聚落那样清晰。最先向国家过渡的部落都是首先发展到高级阶段的部落，这些部落大都具有氏族、胞族、部落的完整组织，一般包含了三个层次。当中心聚落转变成都城、公共权力产生后，中心聚落的管理新机制将迟早被推行到全部胞族与氏族，形成"都、邑、聚"式三级垂直行政管理体系，最终实现部落向国家的转变。因此海岱文化区国家的诞生，是社会复杂化进程发展到氏族制无法承受时，由上而下改变管理机制

[1] 张学海：《论东夷文明的诞生与发展》《豫西北地区国家起源初探》《再论东夷文明的诞生与发展》，《张学海考古论集》，学苑出版社，1999年。
[2] 张学海：《再论东夷文明的诞生与发展》，《张学海考古论集》，学苑出版社，1999年。

以适应社会继续发展的历史必然，而不是由激烈的暴力催生。研究表明山东地区古代国家的诞生约在距今 5000 年前后，山东具有 5000 年的文明史 [1]。

文明史是阶级社会史，也是国家发展史。苏秉琦"古国—方国—帝国"中国国家发展三部曲，阐明了中国国家发展的历史过程。古国是早期国家，古国时代属于中华文明早期。古国、方国时代的交替时间未详，有可能在尧舜禹时期，约当公元前 22 世纪前后，最晚在夏王朝建立时，时当公元前 21 世纪初叶。依据山东龙山时代比较清晰的聚落形态与系统丰富的大汶口文化、龙山文化资料，参证文献，可知山东古国时代国家、部落、独立氏族林立。这是个国家不断涌现的时期，但仍然存在大量的部落与独立氏族，所谓"万国"，包括了全部的国家、部落与独立氏族。综合考察其中的国家，虽然其政权形式难以知晓，仍然可以对早期国家的基本形态做出初步概括，并可探索文献所记虞、莘、薛、鬲等东夷古国的地望，了解其都城、聚落、经济、文化与社会诸方面的大体状况 [2]。

公元前 21 世纪夏王朝的建立，表明中国历史已经进入方国时代。但古国、方国时代的交替可能在之前的尧舜禹时期，尧舜禹时的唐虞夏三国大概已是方国。舜是东夷人，虞国是个东夷古国。文献与考古资料相互参证，可知虞国在山东最西部的阳谷、梁山、郓城、鄄城包括河南台前、范县诸县地，其西界已进入河南极东北部，但领土主要在今山东辖境，至少虞舜时已经在这地区 [3]。虞舜和河洛地区的夏禹及晋西南的唐尧实成三足鼎立，分属东夷与华夏族群，因此不可能存在尧舜禹的禅让。禅让说可能反映了唐虞夏三国在尧舜禹时的迭兴，三人曾依次成为黄河流域国家、部落联盟盟主的核心事实，这是以考古资料为基础参证文献得出的比较合理的解析。

除了舜时的虞国，据文献记载，方国时代的山东还有夏代的鬲、莘、薛和鲁地伯益及齐地季蒯的国家，季蒯之国又被逄国所取代。商代山东新出现的方国有奄、薄姑、纪、莱等，莒也已见于晚商的卜辞。山东周代的方国则以齐、鲁、曹、薛、莒、莱、纪、谭等国为主，除前三国为周王朝新封，余皆延自商代。这只是三代时期分布于山东地区的一些主要方国，考古学文化时空框架和聚落分布形态以及新出土的青铜器表明，三代的山东还存在另外一些方国和众多寡民小国。事实上三代时期山东还是邦国林立，在秦始皇统一全国前，山东从未形成涵盖全区的统一政治实体。

截至 20 世纪末，周代齐、鲁、薛、曹、莒、谭等国的都城或统治中心区，都已基本确定或明朗化。这些地区几乎都是山东的古文化中心，自大汶口文化至西周，

[1] 张学海：《再论东夷文明的诞生与发展》，《张学海考古论集》，学苑出版社，1999年。
[2] 张学海：《东土古国探索》《论龙山文化景阳岗类型》，《张学海考古论集》，学苑出版社，1999年。
[3] 张学海：《东土古国探索》《论龙山文化景阳岗类型》，《张学海考古论集》，学苑出版社，1999年。

聚落集中，文化繁荣，都在龙山时代诞生了国家，国家不间断地延续到周代。其中有的是同一国家的发展，例如滕州的薛国；有些是不同国家的更替，例如齐国中心区由爽鸠氏、季荝、逄伯陵、薄姑和齐互相更替。而山东周代考古的进展和青铜器的不断出土，则使有些国家的地望更为明朗，或证明或纠正了前人的说法，包括发现了前所未知的国家，例如纪、莱、斟鄩、郭、鄮、邳、郳、滕、曹、逄国和以龙口市归城为都的国家等，从而获得了对山东周代历史的许多新认识。

五　东土与中原人群的逐渐融合

实际上这是东夷族群的去向与归宿问题。同东夷族群的兴起一样，东夷族群的去向与归宿也是山东古史研究不能回避的问题。既然海岱文化区的文化是东夷族群的文化，该文化区的出现表明东夷族群登上历史舞台，那么该文化区的消失无疑标志了东夷族的退出历史舞台。东夷族退出历史舞台，当然不是该族的分崩离析，也不是海岱地区文化历史的中断，而是东夷族与其他族群进行了重组，主要是和中原族群重组成新的人群共同体，其标志是东夷（海岱）文化与华夏（中原）文化的融合。这是个历史过程，始于商代早期的二里冈上层文化时期，时当公元前 1500 年前后。这时商人开始东进，势头强劲，其文化快速融合了鲁西南、鲁西和济南地区最后阶段的东夷文化——岳石文化，这些地区的夷族最先丧失了自身的文化标志，融于商人之中。接着，在商文化的强大影响下，以薛国为中心的鲁中南地区和以薄姑为中心的鲁中北地区，以及以莒国为中心的鲁东南地区，都先后形成了商文化因素浓郁，但包含着较多当地文化传统的当地晚商时期文化，显示这些地区的夷人正处于向新族群的转化中。商人未曾跨越潍河，目前资料说明商文化对半岛地区几乎不存在影响，半岛地区的夷人仍按自身的文化传统与生活方式在延续。

周武王灭商，周王在山东分封了齐、鲁等国，提出了"溥天之下莫非王土，率土之滨莫非王臣"的大一统政治理念，把以海岱地区为中心的地域称为东土，又区分为大东与小东。山东基本上属于大东地区，意为周王朝最靠东的领土，东土与中原的融合进程在新的历史条件下得到了继续，而齐、鲁在这一进程中扮演了主角。随着西周初年出现的"中国"（《何尊铭》）一词，在春秋时期转化成文明之国的意涵，夷也不再是族群的专名，而变成了文化滞后，政教不同于"中国"的族群与国家的泛称。春秋以后，齐、鲁两国尤其是齐国领土的迅速拓展，使山东文明之国的区域不断扩大，而春秋争霸战争则成了"中国化"的重要催化剂。春秋晚期，齐灵公灭莱，齐国随即拥有了半岛地区，自晚商以来一直龟缩在半岛地区的东夷族残部最终消失，整个山东北半部都成了齐这个文明之国的版图，齐的物质文化也因此迅速成为了山东的主体文化。齐文化与鲁东南的莒文化及鲁中南的薛文化虽不完全一致，但关系密切。鲁文化则与齐、薛、莒文化迥然有别。但鲁为周公元子伯禽的封国，其治国方略以周礼为本，和齐一起同属周代的文明之国，更是东土诸侯国中两个最重要的代表，这时齐鲁物质文化的差别当然已不是族群分野的标志。春秋末年，孔子在鲁国创立儒学；战国前期，齐国诞生了稷下学，齐鲁成为了中国思想文化最早的两大中心，中国传统文化两个主要的策源地，标志东土与中原基本上融合在一起，两地的人群构成了最早的汉民族。这以后的齐、鲁考古学文化是汉民族的地域文化，基本上保持到西汉早期。西汉中期以后山东物质文化逐渐趋向一致，但也不是毫无差异，这是由于文化传统、生活环境、生活习俗不同造成的，即便今日山东各地的农村，社会习俗、生活器具等仍然存在差异。

　　上述山东的考古资料及其所反映的山东原始社会的发展道路、东夷的兴起、国家的诞生与早期的发展，以及东土与中原的融合等重大问题，除考古资料是逐步积累的，其他问题都是近十余年来的新认识。尽管不是山东古史的全部主要内容，却可成为山东历史长河的一大段主干，并将随着山东古史研究的开展，愈来愈清晰。此外，"五四"运动以后一个时期古史界颇为流行的夏人、商人起于山东的观点，考古学基本上已做出了否定；蒙文通中国古代有"江汉、河洛、海岱三民族说"，徐旭生"中国古代部族分野说"和傅斯年"夷夏东西说"，则被证明基本符合史实。至于山东古史各时期的经济、社会、工艺技术和文化的研究，基本上是和山东考古工作的发展同时进行的，虽尚无专著问世，但散见于学者文章著述的成果颇丰。总之，当此新世纪之初，面对山东古史，已不再是迷雾一团，已初步显露其庐山真面目，尽管有许多部分仍在云雾之中。着手构建一部资料翔实、较为可靠的山东先秦史纲，总结 20 世纪山东考古与古史研究的成果，揭示山东 5000 年的文明史，阐述源远流长的齐鲁文明的形成过程，以及山东古史对中国历史发展的贡献，为中华 5000 年文明史提供一个重要的实例，不仅已具备了基本条件，也是对建设社会主义先进文化，繁荣哲学社会科学的一个积极回应，具有重要的历史意义与现实意义。

原载《海岱考古（第二辑）》，科学出版社，2007 年

考古学反映的山东古史演进

导语

　　山东，起先是个地理概念，指崤山或太行山以东的黄河流域地区。金代设山东东、西路，开始成为政区名称，清初置山东省，成为本省专名。

　　山东省位于中国东部沿海，黄河下游。地处我国地势的第三阶梯，海拔高度较低，地势起伏较小，除泰山等六座主峰海拔高达 1000 米以上外，大部分山地海拔都在 500 米左右，相对高度在 200～350 米。山地岩石多裸露，土层较薄，但谷地开阔，多干谷，山间盆地和河谷平原面积较大。中部山地突起，自西而东泰山、徂徕山、鲁山、沂山和崂山主峰海拔均超过 1000 米，而以泰山主峰最高，达 1524 米；西南、西北部低洼平坦，东部的半岛缓丘起伏，构成以山地丘陵为骨架，平原环绕其外，盆地交错其间的地形大势。境内水系较发达，干流长 10 千米以上的河流有 1500 条，其中在山东入海的有 300 余条。在鲁中南山丘与鲁西南平原区之间，集中了鲁西湖带，分为南北两群，济宁以南是南四湖，以北为北五湖。山东气候属暖温带湿润季风区，春秋短暂，冬夏较长，降水集中，雨季热天同时，年平均气温 11℃～14℃，由东北沿海向西南内陆递增；年均降水量一般在 600～900 毫米之间，由东南向西北递减；全年无霜期由东北沿海向西南递增，胶东和鲁北一般是 130 天，鲁西南地区可达 220 天。以上是当代山东气候的基本状况，在大汶口文化、西河类型遗址中发现现今生存于长江以南的水生动物，说明山东史前时期的气温比现在要高一些，降雨量与湿度也较大，构成相对独立的、适宜先民生息繁衍的一个地理单元。作为一个地理单元，南面还包括江苏、安徽省北部的部分地区和河南的最东部地区。地理上的相对独立性，使这里的史前文化自成体系，具有鲜明的特征，考古界称为海岱文化区。

　　从地理环境对文化产生发展的影响来说，海岱地区可大致分为三大部分，一是鲁中南山地丘陵及周围的近山平原区，二是山东半岛丘陵区，三是鲁西北鲁西南平原区。

　　鲁中南山地丘陵及周围的近山平原区，中部高，边缘低，海拔在 1000 米以上的泰山、鲁山、沂山、蒙山主峰，构成本区的脊梁。脊部两侧，海拔多在500～600米。山丘外缘的近山平原，海拔 40～70 米，地表倾斜平缓，土层深厚，富含有机质，蕴水丰富，河流都发源于山丘岭表，向四周辐射分流，形成众多宽窄不等的河谷地带，区内石灰岩分布广泛，溶洞发育，泉群众多，为古人类的生息繁衍提供了极佳的自然地理环境，也是海岱文化区的中心和东夷文明的大本营。

山东半岛丘陵区，以波状丘陵为主体，基本上由火成岩构成，除少数较高的山地外，大多数海拔在 200～300 米，坡缓谷宽，土层较厚，丘陵之间有莱阳盆地、桃村盆地等地堑断陷平原带。丘陵外缘散布沿海平原，宽数千米到 10 余千米，西连宽广的胶莱平原。半岛的中北部，自西向东有大泽山、艾山、牙山、昆嵛山和伟德山，海拔都在 700 米以上，构成半岛的南北分水岭，河流多由此向南北分流，因三面环海，气候温和湿润，自然条件比较优越。人类较早地开始在这里居住，新石器时代晚期前段的文化，自成体系，至晚段和山东内陆文化融为一体，但仍保持一定的特色。

鲁西北、鲁西南平原区，就古人文地理的角度说，主要指小清河故道以北，黄河和南四湖以西地区。本区主要由黄河、古济水泛滥冲积而成，属华北平原的组成部分，海拔大都在 50 米以下，自西南向东北微倾。鲁西北地区的马颊河、徒骇河、黄河，都自西南向东北流入渤海；鲁西南的洙赵新河、新万福河、东鱼河等河流，都自西向东流入南阳湖和昭阳湖。由于自古水患严重，不利先民耕作，古文化直到大汶口文化早期才在鲁西地区出现，人们到达鲁北、鲁西南的时间可能还要晚些。因位于海岱文化区的前沿，和西面的中原文化有着频繁的接触，史前文化带有明显的中原文化因素，在黄河流域文明初期和夏代初期的历史发展中，具有十分重要的地位。

海岱区上述三个地理小区，虽然对海岱文化的产生发展给予了一定的影响，但作为一个相对独立的地理单元，全区的生态条件接近，差异不大，以至形成海岱文化共同体，在数千年的漫长岁月中，持续稳定发展，长盛不衰，构成中国古文化、中华古文明的主要发祥地和发展中心之一，对中国古代历史的发展做出了重要贡献。

山东是我国最早开展考古工作的地区之一。1921 年，近代考古学引进我国。1928 年，清华大学国学研究所学生吴金鼎在调查章丘东平陵故城时，发现城子崖遗址。1930 年秋，中央研究院和山东省国民政府组成山东古迹研究会，对城子崖遗址进行了发掘，发现了龙山文化。这是山东考古发掘的开端，也是我国学术机构对史前遗址的首次大规模发掘，中国学者发现的第一支史前考古文化，1934 年出版了我国第一部田野考古报告专集——《城子崖——山东历城县龙山镇之黑陶文化遗址》。城子崖遗址发掘和龙山文化的发现，对中国考古学的发展产生了深远影响，动摇了当时几乎成为定论的中国文化西来说，促使对中国文化起源问题的讨论发生积极的转折，成为中国考古学史、史学史的一桩头等大事，城子崖遗址因此享有中国考古圣地的美誉。

继城子崖发掘以后，又在日照、滕县和河南东部等地发现多处龙山文化遗址，1936 年对日照两城镇遗址进行了发掘，这是继城子崖遗址发掘以后，龙山文化的又一次重要发掘。1937 年，抗日战争爆发，使刚刚起步的山东考古工作陷于停顿，在中华人民共和国成立前，山东发现的龙山文化遗址和商周遗址寥寥无几。中华人民共和国成立后，考古工作迅速恢复，山东成为科研、文物、教学部门三方考古人员的共同耕耘之地，新发现接踵而至，研究工作逐步深入，渐渐揭示了蔚为壮观的海岱文化区。

1959 年，因建津浦铁路复线，在宁阳县堡头村发现大规模新石器文化墓地。墓地属大汶口文化遗址，不久定名为大汶口文化，年代早于龙山文化。1975 年在日照东海峪遗址的发掘，获得由大汶口文化直接过渡到龙山文化的地层证据，证明两者互相传承，是同一文化谱系前后连接的发展阶段。

1978 年，在山东滕县（今滕州市）北辛遗址的发掘，发现了北辛文化。因此认识到 1974 年和 1978 年发掘的大汶口遗址下层的文化遗存，是晚期北辛文化。它直接发展成该遗址的早期大汶口文化，从地层上证明了北辛文化和大汶口文化的传承关系，把海岱文化谱系前推至北辛文化中期。

早在 1960 年，在平度县东岳石遗址的发掘，就曾发现一批不同于龙山文化的遗存，但未能和龙山文化相分离。1979 年牟平县照格庄遗址的发掘，提供了更为丰富的同类文化遗存，不久就把这类文化遗存定为岳石文化。岳石文化确立后，得知它实际上是和龙山文化同时发现的，首次在城子崖遗址发现的龙山文化就含有岳石文化遗物，早年发掘的若干龙山文化也如此，而最终把它从龙山文化中分离出来，经历了 50 年的漫长岁月。岳石文化是海岱文化谱系的最后发展阶段，它的被确认，解决了龙山文化的去向问题，把海岱文化谱系下延至商代中、晚期。

1989 年，在配合济青高速公路工程的发掘中，在淄博市临淄区后李官庄遗址发现新的文化遗存。1991 年又在章丘市龙山镇西河遗址发现相似的文化遗存。目前尚未展开研究，学者对这类遗存认识还不一致。一般认为是一种文化，称为后李文化；也有学者认为是两种考古文化，至少是一种文化的两个地方类型。本书暂称为西河—后李文化。依据 10 余个碳 -14 测年资料，确定西河—后李文化的年代大约距今 8500 年到距今 7000 年前，可能已接近距今 7000 年。这一新发现，把山东已有陶器的新石器文化提前了 1000 年，也为探索山东陶器的起源，提供了重要线索。

至此，山东地区已形成西河—后李文化、北辛文化、大汶口文化、龙山文化和岳石文化的文化序列与文化谱系。尽管西河—后李文化和北辛文化的关系还不清楚，但即使不是西河—后李文化全部，也将会有一部分直接发展成北辛文化。至于北辛文化晚期、大汶口文化、龙山文化、岳石文化的文化链，除岳石文化还有些未知数外，都已环环相扣，紧密连接。同时通过 20 世纪 80 年代的全国文物普查，也初步掌握了山东各阶段文化遗址的数目和分布范围。

北辛文化的年代，从公元前 5500 年到公元前 4200 年。晚期阶段的遗址发现约 50 处，全都在环泰沂山的近山地带，离山在 20 千米以内。大汶口文化从公元前 4200～前 2600 年，早期遗址还不多，基本上仍分布在近山地带、河谷和山间盆地；中期遗址迅速增长，开始向远山平原推进；晚期遗址已发现 500 余处，除鲁西北的大部分地区尚未发现外，已遍布全省，南达江苏北境，西南抵达安徽北部、河南东部，甚至河南北部也发现了大汶口文化墓葬，而在泰沂山周围地带，出现了五六片遗址密集区，构成大汶口文化的大本营。龙山文化的年代从公元前 2600～前 2000 年，已发现遗址 1500 处以上，分布范围比大汶口文化晚期还要大，北面可能进抵河北东南部，文化区面积达 20 余万平方千米，海岱文化处于鼎盛时期，环泰沂山地带仍是龙山文化最主要的中心。岳石文化的年代从公元前 2000 年到商代中、晚期，随着商文化的东向扩展，自西向东逐步消失。山东西部地区的岳石文化在商代早期被商文化取代，中部的薛地和西周齐地的岳石文化，约在商代中期偏晚阶段和商文化重组成当地的新文化，半岛地区的岳石文化则延续到商代晚期，约在商代末期演变成珍珠门文化。

以山东为中心的海岱文化谱系，考古界已确定是东夷族团的文化。比较系统、清晰，总体上也有相当丰富的物质文化资料，初步反映出山东远古特别是上古以来历史的发展脉络，已可对原始社会晚期以来，历史的演进和文明的诞生、发展，做出粗略的描述。

除了新石器时代中期以来的收获外，在 20 世纪 80 年代的全国文物普查中，山东还发现了旧石器时代早期的沂源猿人，数以十计的旧石器时代中、晚期遗址和石器地点，以及数以百计的距今 2 万年到 1 万年左右的细石器文化遗址和石器地点，把山东的人类足迹提前到数十万年，为海岱文化区提供了极其重要的背景资料。

一　山东旧石器时代遗存

考古学把地质年代更新世时期以打制石器为主要工具的时代，称为旧石器时代。我国旧石器时代一般分为早中晚三期。早期大约相当更新世早期和中期，约距今 180 万年到 10 万年前，这时的人类是直立人，也就是猿人。中期大约相当晚更新世早期，约距今 10 万年到 5 万余年，这时人类已进化到早期智人。晚期大约相当晚更新世晚期，约距今 5 万余年到 1 万余年，人类体质发展到晚期智人阶段，世界上三大人种已基本形成，我国境内发现的人骨化石都属于原始蒙古人种，是现代中国人的直系祖先。山东地区旧石器时代遗存的发现，比新石器时代遗存的发现晚了 30 余年。1964 年，在新泰县发现乌珠台人化石，翌年又在沂源县发现千人洞遗址，这是山东旧石器时代遗存的最早面世，但此后长期沉寂再未有新的发现。直到 20 世纪 80 年代初开始全国文物普查时，山东才又发现许多旧石器文化，包括旧石器时代早期、中期和晚期的文化，初步显示出山东漫长的旧石器时代。

（一）山东旧石器时代早期遗存

目前山东旧石器时代早期的遗存，只有沂源猿人化石和南洼洞遗址。

沂源猿人化石出土地点，位于沂源县土门镇芝芳村西北的骑子鞍山东山根，地处鲁中南山地中部鲁山之阳。山体属于粤陶纪石灰岩构造，海拔 496 米，东侧有条茨峪河自北而南流入螳螂河，螳螂河是沂河上游的一条支流。1981 年 9 月因修路露出一个洞穴，发现猿人头骨化石。同年冬和第二年进行了发掘，在南北 80 余米长的地段，共发掘了三个地点，继续出土猿人牙齿和哺乳动物化石。1 号地点即修路时发现的洞穴，现洞口为修路时劈出，高 3.2、宽 2 米，洞内堆积有五层，自上而下第三层包含猿人头骨和牙齿化石。第二、三号地点也出土了猿人牙齿。

沂源猿人化石包括一块头盖骨，两块眉脊骨，七枚牙齿和部分肢骨，至少代表两个个体。头盖骨残片包含左右两侧的大部分顶骨、少部分额骨和枕骨，可以大致复原成一个头盖。头骨的骨壁较厚，前肉点处厚 9 毫米，左星点厚 13 毫米，额骨较低平，眉脊上沟明显，眶上圆枕很发育，颅骨内面平滑，骨缝都已愈合，是个成年头骨。七枚牙齿都是恒齿，包括犬齿 1、前臼齿 4、臼齿两枚，形体比较粗壮硕大，咬合面纹理复杂，牙齿全都很健壮。沂源猿人头骨和牙齿的特征接近北京猿人，应和北京猿人属于同一直立人系统。

和沂源猿人同出的哺乳动物化石，有巨河狸、硕猕猴、棕熊、黑熊、鬣狗、变异狼、虎、梅氏犀、三门马、肿骨鹿、斑鹿、李氏猪和牛等 13 个种属，代表着温暖湿润的气候，植被属森林—草原类型。这个动物群和北京猿人动物群相似，其中的肿骨鹿、李氏野猪和巨河狸等，都是北京猿人动物群的重要成员，所以沂源猿人的地质年代属更新世中期，是旧石器时代早期的直立猿人，考古学家推断其年代大约距今三四十万年。

南洼洞，位于沂水县诸葛乡范家旺村西南山顶部，海拔 480 米，西距沂河 6.5、西北距沂源猿人发现地约 45 千米，洞口朝南，高于山下河面约 100 米，是个现高 3.6、宽约 5、进深 14 米的水平矮小溶洞。洞内的堆积已在 1958 年挖矿石时基本上挖掉，仅在洞口和深处还残留少许原来的堆积，是一种棕红色黏土堆积，和出沂源猿人化石的堆积相似，此外别无其他堆积。洞口外堆有早年从洞内运出的堆积，从中先后采集到七件石核、石片和砍砸器，以及一些哺乳动物化石，另有一件葛氏斑鹿鹿角，是在洞内残留的原生堆积中出土的。葛氏斑鹿是华北中更新世的典型动物，证明洞内的堆积属更新世中期，石器年代属旧石器时代早期，南洼洞是一处年代大致和沂源猿人相当的洞穴遗址。

沂源猿人和南洼洞遗址的发现，填补了我国直立猿人和旧石器时代早期遗存分布的山东空白，把山东的人类足迹前推到数十万年。

（二）山东旧石器时代中、晚期遗存

按照白寿彝总主编、苏秉琦主编的《中国通史》第二卷的划分，旧石器时代中期和晚期的年代大约距今 10 万年到 1 万余年，山东这时期的旧石器遗存已有较多的发现。其中人类化石有乌珠台人，遗址和石器地点已发现 20 余处。这些遗址主要分布于两个地区，一是鲁中南山地中部的沂河上游地区，二是自沭河中游以东到日照市沿海地区。两区内都包含着旧石器中期和晚期遗存，但因尚未深入研究，还不能准确加以区分。

1.乌珠台人

乌珠台人化石是一枚牙齿。1964 年春，新泰市刘杜乡乌珠台村民因找水源，在村南的石灰岩裂隙中发现，同出的还有哺乳动物化石，都是由当时的水流带至裂隙中的。这枚人类牙齿是一位少女的左下第一或者第二臼齿，有轻度磨蚀。牙齿不粗壮，无齿带，颊面基部不突出，咬合面附脊不发达，属于晚期智人，时代约距今 5 万年到 2 万年之间。同出的动物化石有马、虎、猪、鹿、牛和披毛犀，除披毛犀只生活在更新世外，其余都可能生活到全新世，地质年代应在更新世晚期。

2.沂河上游地区的旧石器中、晚期遗存

沂河上游地区，石灰岩溶洞发育，海拔不高，气候适中，不仅是猿人极佳的栖息地，也是智人理想的生存环境，目前山东旧石器时代中、晚期的两处主要洞穴遗址——千人洞、上崖洞遗址，都在这地区。

（1）千人洞遗址

1965 年发现。这是山东最早发现的旧石器时代遗址，公布资料时称为"山东一号洞"，俗称千人洞。位于沂水县土门镇以北的鲁山之阳，东南距沂源猿人化石出土地点 7.5 千米，是个粤陶纪石灰岩溶洞，洞的走向由东南向西北，再折向东北，全长约 90、高约 10、宽 10～20 米，洞顶窿窿形。洞内堆积因用做车间大部分被挖掉，北部保留了完整的剖面，堆积有四大层，共厚 8.2 米以上。最上部的第一大层，是厚约 4 米的角砾层。其次是粉沙质黄黏土层，约厚 2.6 米，又分四小层：最上是厚约 0.4 米的灰烬层；其次是粉沙质黄黏土层，厚约 1 米，这两小层都含有石器；接下来的两小层分别是红黄色粉沙质黏土层和黄色粉沙质黏土层。第三大层是石灰岩碎屑层，厚约 1 米。第四大层是粉沙质黏土层，未知厚度，分为三小层；上层是黄色粉沙质黏土；中层是黑灰烬层，厚约 0.6 米，和上层一起都含有石器和动物化石；下层是褐黄色粉沙质黏土。第二、四大层中的灰烬层，是我们的祖先烧烤食物和保存火种不灭形成的，压紧后仍相当厚，说明我们的祖先曾先后长期在洞内居住。

在千人洞采集到 38 件石器，大部分采自洞内的堆积中，少部分在洞口外的土堆中采集，土堆是施工时运出的洞内堆积。这批石制品包括刮削器 15 件，石片 10 件，石核 13 件，原料都是脉石英，均用直接打击法制作。刮削器以单刃居多，单面修制。石片有厚、薄两种，石核体形都不很大。石核台面既有天然的，也有人工打成的。同出的有野马或野驴的牙齿、猪和鹿的下颌骨，只有微弱的石化现象。野马或野驴的牙齿近似晚更新世的特征，洞内以黄色为主的粉沙质黏土，也和山东、华北的晚更新世黄土类似，说明千人洞遗址的文化，可能是跨越旧石器时代中晚期的文化，上下两个灰烬和石器，应该代表着先后两个阶段。

（2）上崖洞遗址

位于沂源县土门镇芝芳村北柏坪山的西北坡，在茨峪河东侧，和西南方向河西侧的沂源猿人化石产地相距约 0.5 千米。1981 年紧接沂源猿人的发现而发现，翌年进行了发掘。上崖洞高出茨峪河河床约 40 米，洞口朝南，全长约 1000 米。洞穴前部高大宽敞，平面呈圆形，直径约 50、高约 20 米，是旧石器时代遗址部分。洞内堆积厚约 15 米，因辟建仓库已基本上挖掉，仅南北两面有所残留。北面的堆积分为九层，自下而上第一至六层是下部堆积，分别为杂色黏土、亚黏土和粉沙质细砾层，胶结坚硬；第七至九层是上部堆积，属于更新世晚期的黄土状堆积，含有石器。发掘中共发现石制品 25 件，原料全是脉石英。器形较小，用砸击和撞击打片，以单面加工为主，双面交互修理者较少。石制品有石核、石片和工具三类。工具类型主要是刮削器、尖状器和钻，器形规整，打制和修理技术比较纯熟。无论是石料、制作技术和器形特征，都和千人洞的石器很接近，又同处一地，说明两者是同一文化。上崖洞是山东旧石器时代晚期的一处重要洞穴遗址。

此外，该地区还在沂水县湖埠西，蒙阴东部等地发现了旧石器地点。以上这些旧石器时代中、晚期的遗址和石器地点，都在沂源猿人化石产地和南洼洞遗址附近，虽然其间还有很大缺环，但已初步显示出鲁中南山地中部的沂河上游地区，在更新世最后的数十万年中，曾是古人类的生息繁衍之地，表明山东有个漫长的旧石器时代。

3.自沭河中游以东地区的旧石器时代中、晚期遗存

这一地区包括山东郯城、莒南、日照市和江苏连云港市北部地区，目前，海岱地区已发现的旧石器时代中、晚期遗存大部分在这地区，而以日照市沿海和马陵山两地最为集中。

（1）日照市沿海地区

自1983年开始，在日照市沿海一带先后发现竹溪北沟、竹溪南沟、丝山、丝山西沟、奎山、虎山和胡林村七个旧石器地点，各个地点的海拔都在20～50米之间，地层堆积大同小异，都没有发现动物化石，但在北面不远的胶南市乔家洼附近的相同地层中，出有披毛犀、真猛犸象和普氏羚羊等化石，因此，断定这些地点的地质年代属于更新世晚期。在历次调查中共采集石制品达700余件，并对其中的近500件进行了分类研究。经过研究的石制品，原料以石英岩、脉石英为主，还有燧石、火山岩和脉岩等。加工方法以撞击法为主，少数采用砸击法。类型以石片和石核占大多数，工具类制品多数用石片制成，少数用石块制成。器形以刮削器最多，砍砸器和尖状器次之，并有雕刻器、钻和矛等。石器总体形态古朴，加工简单，但石矛的制作工艺比较进步，采用砸击法和压剥法结合制成。这批石器制品的年代应有早晚，可能分别属于旧石器时代中期和晚期。

（2）马陵山地区

该地区是山东和江苏两省的一段接境地带，主要包括山东的郯城、临沭和江苏的新沂市、东海县。自1978年以来，先后在这地区发现大贤庄、望海楼、黑龙潭、小麦城等旧石器地点。

大贤庄地点，位于沭河东侧、东海县山左口乡大贤庄村南，1978年在这里的山岗上和冲沟中，采集到一批石制品，类型有石核、石片、石锤、砍砸器、刮削器和尖状器，原料主要是石英岩和脉石英。石核中有一件船底形石核。这批石器的年代主要属旧石器时代晚期，有的可能更晚些。

望海楼地点，位于郯城县东南境、大尚庄乡东南，是一处白垩纪的紫红色独立砂岩，海拔117米。1986年先后在这里采集到200余件石制品，主要采于黄褐色粉沙土层中，也有采于地表。原料主要是石英岩、脉石英和砂岩，全用直接打击法加工，类型有石核、石片和工具。各种石核和石片占了绝大多数。工具器形有石锤、刮削器、尖状器和砍砸器，其中各种刮削器占大多数。石核中有相当数量的船底形石核和少数楔形石核，刮削器中有两件拇指盖形小刮器，都是后来本区细石器文化石制品的典型类型，是后者同类石核和小刮削器的原始形态。所以望海楼石器文化的年代应属于旧石器晚期的晚段。

此外，本区还在郯城黑龙潭、小麦城、莒南烟墩山、连云港桃花涧等地，发现了旧石器地点。

山东旧石器时代中晚期的这两个分布区，文化特征并无不同，地理位置也相连接，实际上属于鲁东南地区同一体系的旧石器文化。和本地区旧石器时代早期文化相比，分布范围已明显扩展，石器制作技术有了明显进步，遗址和石器地点大大增多，除了洞穴住址，还存在旷野住址。目前资料表明，山东旧石器时代早期的直立猿人和遗址，仅发现于沂河源头和上游地区，如果山东别地不存在旧石器时代早期遗存，就说明山东或者说海岱地区的旧石器文化，起源于鲁中南山地的沂河上游地区，并始终在该地区发展，同时逐渐向东南扩展，并在鲁东南地区包括江苏连云港市北部地区在内，过渡到新石器时代，从而初步勾勒出山东旧石器时代的发展脉络。在这数十万年的漫长岁月中，我们的祖先除最后的若干万年外，基本上过着乱婚的原始群生活，以猎取野兽和采集野生果实维持生存，群与群之间没有联系，相互争斗甚至相残的现象，可能时有发生，生活之艰难可想而知。

二　山东旧石器时代向新石器时代的过渡

大约距今 1 万余年前，地球的最后一次冰期结束，地质年代进入全新世。随着地球气候的逐渐变暖，自然环境发生了变化，原始人群的生产活动也跟着改变，导致旧石器时代向新石器时代的过渡。新石器时代以经营原始种植农业与饲养家畜，使用磨光石器、烧制陶器和长期定居为基本特征。这些特征既不是同时产生的，也非一蹴而成，而是随着人类生产能力的逐渐提高逐步实现的，其间经历了一个长过程。有些考古学家称这一过程为中石器时代，作为旧石器时代到新石器时代的桥梁。中石器时代文化最为突出的特征是石器的细小化，石器制作工艺普遍采用了间接打击法，发明了弓箭等复合工具。据认为狗也是在这时期最先被饲养的。考古学的细石器文化，有些就属于中石器时代文化，但是，我国中石器时代还很模糊不清。

也有许多学者并不赞同在旧、新石器时代之间分出一个中石器时代。我国考古资料表明，旧石器时代早、中期的石器相对比较粗大，全用直接打击法制作，至旧石器时代晚期，石器出现小型化，并向细小化发展，也萌芽了间接打击技术，目前也已发现距今 1 万余年前的箭镞和陶片，水稻的栽培也很早，表明在 1 万余年前，我国旧石器时代已开始向新石器时代过渡，进入新石器时代早期。新石器时代早期是它诸多特征逐渐产生形成的时期，无需划分一个中石器时代的过渡期。目前，有的学者把我国新石器时代的开端定在公元前 1 万年，把新石器时代分为早、中、晚三期，早期自公元前 10000～前 7000 年，中期自公元前 7000～前 5000 年，晚期自公元前 5000～前 3500 年，自公元前 3500 年开始进入铜石并用时代，我国新石器时代经历了约 6500 年。这一观点，体现了 20 世纪我国新石器时代分期研究的阶段性成果，目前为考古界所遵从，也和山东新石器时代基本吻合。

20 世纪 80 年代前期，山东地区在紧接沂源猿人的发现之后，在鲁东南地区发现成百处细石器文化地点和遗址，集中分布于沂、沭河流域。80 年代末 90 年代初，又在鲁中南地区汶、泗流域发现 40 余处细石器文化地点。这些细石器文化的确切年代还不清楚，但郯城县黑龙潭地点的层位关系表明，这些细石器文化晚于本区的旧石器时代晚期遗存，学者估计年代约距今 2～1 万年左右，属于旧石器时代向新石器时代的过渡时期，其中偏晚的已进入新石器时代初期。

（一）鲁东南地区的细石器文化

1982 年夏季，在临沂凤凰岭首先发现山东的细石器文化，引起文物考古部门的关注。在此后的数年中，相继在沂河流域的沂水、蒙阴、平邑、临沂、苍山，沭河流域的莒县、莒南、临沭、郯城和江苏东海、新沂，以及山东日照等县市，发现了细石器文化，其中郯城县发现 45 处，临沂市 20 处，沂水县 19 处，三地分布最为集中。对临沂凤凰岭、青峰岭、郯城黑龙潭、白鸡窝等地点，都曾进行了发掘。鲁东南各地的细石器文化面貌相似，有的学者把鲁东南、鲁中南两地的细石器文化，定名为凤凰岭文化，另有学者则分别称为"沂沭细石器文化"和"汶泗细石器文化"。两地的细石器文化存在差异，互相关系还不清楚，本书暂且采用后者名称。

1. 凤凰岭、青峰岭和黑龙潭

（1）凤凰岭地点

凤凰岭是个高于周围地面 10～20 米的土丘，海拔 60～70 米。位于临沂城东约 12 千米的冲积平原上。岭上曾是处龙山文化村落，东周和汉代又用做墓地，破坏了龙山文化遗址和细石器的地层，并在汉墓的填土中首先发现了细石器。随后发现岭顶和周围地面散布许多细石器，和动物化石、龙山文化的陶器与磨光石器等混杂在一起，试掘中在第二层黄土中出土了个别细石器。

凤凰岭细石器制品基本上采于地表。原料主要是石英岩、脉石英、燧石和水晶。类型包括石核、石片和工具。石核有船底形石核、楔形石核、锥体形石核、棱柱形石核、扇形石核、双台面石核等种类。工具有拇指盖形小刮削器、龟背形刮削器、斧形刮削器、斜刃刮削器、石片圆刮器、小石片圆刮器、尖状器、凿形器、舌形器等。基本上采用间接打击法制作，压剥技术比较熟练，大都进行了第二步加工。船底形石核、扁体石核、锥体形石核、扇形石核和拇指盖刮削器等代表性器类，已具有固定形态。

（2）青峰岭遗址

位于临沂市东南约 20 千米，是一处漫坡形土丘，属沂河和沭河的分水岭，东距沭河约 2 千米，海拔 65 ~ 70 米，1984 年进行了发掘。遗址堆积厚达 4.3 ~ 5.3 米，发掘部位堆积分三层，各层都包含细石器。约占 1/5 以上的细石器成片密集分布，范围大小不等，有的在 1 平方米的小范围内出 70 件，有的在近 4 平方米的范围内有 150 件。还在局部范围发现了灰屑和灰烬。发掘面积仅 110 多平方米，遗址全貌尚不清楚。

这次发掘采集到石制品 3000 余件。原料主要是石英、燧石、玛瑙、水晶和变质岩。以间接打击法加工修理为主，压剥技术熟练。细石器中的船底形石核、楔形石核、锥状石核、棱柱状石核、细石叶和工具中的刮削器、尖状器、尖刮器、雕刻器、镞形器等，都见于凤凰岭细石器。青峰岭堆积的地质年代属全新世初期，绝对年代估计距今 1 万年左右，如果误差不大，已处于新石器时代初期。

（3）黑龙潭地点

位于郯城县东南境马陵山西坡，西北距县城约 20、西距沭河 4 千米，海拔 70 ~ 75 米。马陵山是鲁东南沿海五莲山向西南延伸的支脉，自东北到西南长约 50、最宽约 5 千米。沭河分马陵山为南北两段，北段最高海拔 182 米，山势陡高，南段最高海拔 125 米，山体低缓，多冲沟、坳谷，细石器地点主要分布在山南段沭河东侧的郯城县境内，山北段和接境的江苏东海、新沂境内分布稀少。黑龙潭就是山南段的一个地点。发掘部位在黑龙潭南侧，此处堆积最厚达 3 米多，分为三层。上层内含有沙层，沙层底部常有成堆的石块和石片，其中包含细石器。中层出土一部分直接打制的石器和较多的动物化石，动物种类有象、犀、牛、鹿等。下层未见石器，只有少量动物化石，石化程度较深。同时在发掘点周围的地表采集到一些细石器，和上层出土的细石器一致。中层的石器和动物属旧石器时代晚期，因而黑龙潭提供了细石器文化晚于本地旧石器时代晚期遗存的地层证据。

黑龙潭出土的细石器不多，但历次在山东境内的马陵山地区共采集到 5000 余件石制品，其中除有少量粗大石器外，都是细石器制品，面貌基本一致。原料以燧石、石英、脉石英为主，还有水晶、玛瑙、变质岩和板岩等。加工技术并用直接打击法和间接打击法，细小石器大多采用间接打击法。以单面加工为主，多由劈裂面向背面修理，相反方向的修理和双面交互修理的比较少。细石核和细石叶数量较多。细石核有船底形、漏斗形、楔形、锥形和棱柱形石核等种类，形态比较固定。细石叶窄长，有的经过第二步加工。细石器工具包括刮削器、尖状器、雕刻器和石镞等类型，其中的短身圆刮削器、拇指盖形刮削器和石镞，加工相当精致。马陵山地区的细石器，跨越年代较长，其中有些地点可能早于凤凰岭和青峰岭，因几乎都是地表采集品，目前还无法加以细分。

2. "沂沭细石器文化"的特征

据对现有资料的初步考察，沂沭细石器文化具有以下基本特征：（1）主要分布于浅山丘陵地带，有些则位于冲积平原的土丘、土岭上，海拔大都在 100 米以下，其中石器地点占绝对多数，已经明确的居住遗址极少。（2）文化遗物基本上是细石器制品，伴有少量粗大石制品，但个体已小型化。目前没有发现磨制石器和陶片。（3）细石器制品的原料主要是石英和燧石，也常用水晶、玛瑙、变质岩和板岩来制作。石英以白色脉石英占多数，燧石以黄色燧石和灰白燧石为主。石料主要采自冲沟的沙砾层中。（4）石器加工技术互用直接打击法和间接打击法，因地点和工序不同而有区别，如马陵山地区基本上用直接打击法产生石片，凤凰岭、青峰岭则基本上用间接打击法，也有不少用直接打击法修理。大多数是单面修理，有些则进行双面修理，如舌形器、小桂叶雕刻器等。（5）石制品的基本类型有细石核、细石叶、刮削器、尖状器、砍砸器、雕刻器和镞形器。其中船底形石核、楔形石核、锥体形石核、漏斗形石核和拇指盖刮削器、短身圆头刮削器等已定形化，具有代表性。沂沭细石器文化的石器，形体较短，没有长石片和带翼有铤的镞。存在体积很小的船底形、船头形、双台面小石核，以及指形、蝉形石核，可能构成沂沭细石器文化的特点之一。

3. "沂沭细石器文化"的来源

初步分析研究表明，沂沭细石器文化可能由本地区的旧石器晚期文化直接发展而来。一条明显的线索是，两者都分布于鲁东南地区，区内的沂河上、中游地区和沭河中游地区，都是两者的分布中心。已发现的山东 20 余处旧石器中、晚期遗址和石器地点，基本上分布在沂河上游、沭河中游和日照市沿海的丘陵地带，其中沂河上游仍是细石器文化的分布中心之一，但细石器文化已由沂河上游的丘陵区，扩展到沂河中游的冲积平原上，而在沭河中游的马陵山地区，则发展成本区细石器文化最主要的中心，集中分布着沂沭细石器文化约占半数的石器地点，鲁东南其他地区基本上只有零星分布。尤其重要的线索是，两者在石器制作工艺和器形上存在着联系。首先，两者的原料都是石英、燧石、水晶和玛瑙等。其次，沂沭细石器普遍采用的间接打击法即压剥技术，在本区有的旧石器晚期地点中已经出现，如日照胡林村地点的石矛，就使用了压剥技术。第三，本区旧石器晚期的石器，体形已开始小型化，石器出现向细小化发展的趋势。第四，两者石器类型也相似，都以石核、石片、刮削器、尖状器、砍砸器和雕刻器为基本类型（沂沭细石器文化理所当然的有发展、创新）。而且沂沭细石器的部分代表性器形，如船底形石核、楔形石核和拇指盖形刮削器等，在本区旧石器文化晚期都已出现，特别是郯城望海楼地点，在 200 余件石制品中有 14 件船底形石核，4 件楔形石核和 2 件拇指盖形刮削器，显然是沂沭细石器同类器形的原始形态，或者说是母型，显示出本区旧石器文化经望海楼石器阶段，发展为沂沭细石器文化的重要线索。上述两方面的线索，已初步证明沂沭河流域的旧石器晚期文化和沂沭细石器文化，具有直接传承关系。

和旧石器晚期遗存相比，沂沭细石器文化的石器地点已经显著增多，分布范围也明显扩展；燧石制品比重增大，体现了选料的进步；石器制作工艺取得突破，间接打击的压剥技术已在普及；器类器形已趋多样化和定型化，箭头和很细小石器的存在，意味已经发明了弓箭等复合工具。表明山东的石器文化发生了飞跃性的巨大变化，宣告了山东旧石器时代的结束，开创了一个新时代——山东新石器时代。

（二）鲁中南地区的细石器文化

1989～1990年，在宁阳、汶上、兖州三县发现了43处细石器地点，此外在泗水、滕州也有零星发现，这些县市分属大汶河和泗河流域。

宁阳、汶上、兖州三县市相邻，细石器分布于宁阳西部、汶上东部和兖州西北部到东北部，基本上集中在洸府河和北泉河之间的冲积平原上。此地属鲁中丘陵和鲁西平原的结合部，其间散布着台地、土岭和沙丘，细石器地点大都在这些土岭、沙丘和台地上，而在汶上县东部最集中，达20多处。调查中共采集细石器制品428件。原料以黑燧石为主，还有少数褐色、灰色燧石以及极少量石英和玛瑙，主要采自河滩的砾石。加工方法全用直接打击法，未见间接打击技术。石制品类型主要是石核、石片和工具，还有不少带有加工痕迹的石块和石屑。石片的数量最多，约占总数的1/3。工具略少于石片，器形有刮削器、尖状器、钻、斧形小石器和锯。

这批细石器和沂沭细石器在原料、加工方法和类型方面，都有明显区别。沂沭细石器的原料以石英、燧石为主，燧石主要是黄燧石和灰白燧石，多见水晶和玛瑙；汶泗细石器则以黑燧石占绝对多数，水晶、玛瑙极少见，没有石英。沂沭细石器广泛使用了压剥技术，汶泗细石器只用直接打击技术，未见间接打击的压剥技术。沂沭细石器很常见的船底形、楔形、漏斗形、锥体形细石核和细石叶，这里都没有发现，只有比较原始的棱柱形石核，也没有沂沭细石器的代表性工具拇指盖形刮削器和石镞。两者的差异十分明显，所以暂把这批细石器遗存称为"汶泗细石器文化"，以示和沂沭细石器文化相区别。

人们对汶泗细石器文化和沂沭细石器文化的差别，提出了种种推测。一种推测认为汶泗细石器时代较早，石器制作工艺还比较原始。另一种推测正好相反，认为汶泗细石器是退化阶段的细石器文化，年代晚于沂沭细石器，第三种推测认为可能是同时代的文化遗存，两者的不同是地域差异。这些推测都把沂、沭河和汶、泗河流域的细石器文化，看成同一体系的文化。有的学者扩大了观察范围，指出汶、泗细石器和河南北部旧石器时代末期的安阳小南海文化的小石器十分相似。例如两者石制品的原料都以黑燧石占绝对多数；都主要用锤击法获取石片，同时也采用了砸击法，没有使用间接打击法；都以单面交互修整为主，主要由劈裂面向背面打击，少数进行了双面交互修整；两者都未发现船底形、楔形、锥体形、漏斗形石核和细石叶，在工具类型中都以刮削器占绝对优势，有一定的尖状器，不见石镞。认为两者的关系值得深思。总之，汶泗细石器文化的来源和同沂沭细石器文化的关系问题，尚待深入研究。目前只能说它的发现，扩大了山东细石器文化的分布范围，和沂沭细石器文化共同填补了山东旧、新石器时代过渡阶段的空白，并为探索海岱地区有陶新石器文化的源头，增添了宝贵资料。

汶泗细石器地点，基本上分布在丘陵与平原的结合部，沂沭细石器文化也有不少平原上的地点和遗址，这说明采集在社会经济中的地位已经加重，可能已处于高级采集经济阶段。人们在采集野生果实，草籽和根茎外，可能已在种植某些草本植物而获得一定的食物，栽培农业因而萌芽。众多平原上的石器地点和遗址——尽管仍然大多位于土丘、土岭上——也说明人们已基本脱离穴居，而居于旷野上，聚落因而产生。不过发现的居住遗址极少，绝大多数是石器地点，说明当时的聚落还很不稳定，人们在不断流动。山东细石器文化迄今未发现陶器和磨制石器，不过，从距今8500年左右的西河类型的陶器群和通体磨光石斧、石铲的制作水平来看，陶器和石器磨制技术的发明，至少已在上千年以前，和细石器文化的下限年代已很靠近，也不能排除在山东细石器文化的晚期阶段已经发明。这时的社会，按照社会学的说法应该已处在早期母系氏族社会。由于这阶段的考古工作做得很少，迄今还没有获得一个比较完整的遗址资料，这时的氏族状况还无从说起。

前面说过，目前山东的旧石器时代遗存，全都分布在鲁东南地区，该地区也是山东细石器文化的主要分布区。两者的分布状况有一个明显的特点，就是旧石器时代早期的沂源猿人和洞穴遗址，位于群山环绕、海拔较高的沂河源头与上游地区，海拔都接近500米；旧石器中、晚期的遗存，除在沂河源头外，已向东南扩展到沭河中游的马陵山地区和沿海的丘陵地带，各地点的海拔高度也明显降低；细石器文化则已由沂河上游的丘陵区扩展到沂沭河中游的冲积平原上，以及沭河中游的丘陵边缘，形成沂河上、中游和沭河中游马陵山地区三个集中分布地，而且几乎遍布整个鲁东南地区，海拔大都降至100米以下。这一事实反映出古人类由沂河源头逐渐沿河而下，由山地渐渐移居平原的规律。这是个伴随人类自身进化和生产能力渐渐提高的过程，极其漫长。旧石器时代早期的直立猿人，生产能力极度低下，原始人群的全部经济活动是捕猎和采集，有山有水，气候适中，溶洞发育的沂河源头与上游地区，为他们的生息繁衍提供了极佳的温床。而沂沭河中游地区的冲积平原，则为晚期智人的高级采集和渔猎经济，进而经营原始农业，提供了广阔的天地。目前的发现，虽然还只是这一发展链条上的几个很模糊的环节，但这一链条既已显示，通过今后的努力，就将逐步填补缺环，把我国东部地区从旧石器时代早期到新石器时代初期的数十万年历史，比较清晰地展示于世。

三 山东氏族社会时期（? ～约公元前4500年）

社会学家把原始群和阶级社会（文明社会）之间的社会，称为氏族社会。氏族社会的社会组织普遍经历了由氏族到部落的发展阶段，本书分为两点来叙述，"山东氏族社会时期"只指部落产生以前的阶段。

氏族是以血缘为基础的人群共同体，是由原始群发展起来的社会组织，也是当时社会的经济单位。氏族基本上实行族外婚制，也称对偶婚制。这种婚姻形态由本氏族的姐妹辈同另一氏族的兄弟辈，本氏族的兄弟辈同另一氏族的姐妹辈互相通婚，是族外同辈群婚制。都由男方来到女方，或者夜来昼回，或者在女方氏族不定期居住，双方仍然是各自氏族的成员，没有改变氏族身份。在这种婚姻形态下，子女只知其母，不知其父，所以早期的氏族是母系氏族，世系以女性计算，财产由女儿继承。随着生产能力的缓慢提高，男子在生产活动中的作用渐渐增强而占据了主导地位（这经历了漫长的过程），母系氏族过渡到父系氏族。氏族实行原始共产制。氏族成员共同劳动，共同消费，人人平等，由全体成年成员共同推举族长管理日常事务，大事如血族复仇、吸收外氏族成员和迁徙等，则由全体成员共同决定。按照恩格斯的说法，"氏族在蒙昧时代中级阶段发生，在高级阶段继续发展起来，就我们现有的资料来判断，到了野蛮时代低级阶段，它便达到了全盛时代"，"直到野蛮人进入文明时代为止，甚至再往后一点，是一切野蛮人所共有的制度（就现有资料而言）。"蒙昧时代和野蛮时代分别同我国旧、新石器时代基本相当，我国旧石器时代中期是否已产生氏族，还说不很清楚，估计旧石器时代晚期，氏族已经产生。氏族发展到一定阶段，分裂出家族。这阶段的老氏族和较老氏族，一般都包含着两个以上到若干个家族。氏族的这一发展阶段是同种植农业已占主导地位，以及同此相联系的长期定居村落的存在相一致的，并基本上以村落为载体，一般地说，一个村落就是一个氏族。这阶段的氏族已属于氏族社会后期，目前我国新石器时代中期的氏族，都处于这一发展阶段：新石器时代早期的氏族，还缺乏必要的资料。

山东氏族社会后期的文化，目前有西河—后李文化，北辛文化早、中期阶段和白石文化的早期阶段。自西河—后李文化以前至沂沭细石器文化的 1000 余年间，目前还是文化空白。

（一）山东后期氏族社会的文化

依据这时期文化的发展水平，可分为前后两期。前期有西河—后李文化和早期北辛文化，后期有中期北辛文化和早期白石文化。

1.后期氏族社会前期的文化

（1）西河—后李文化

西河—后李文化是为表述方便暂时使用的名称。包括以临淄后李官庄、坊子前埠下遗址为代表的后李类型，以章丘西河、小荆山遗址下层遗存为代表的西河类型。两者既有共性，又有明显差异，考古界存在不同认识。一种观点认为两者是同一文化，称为后李文化；另一种观点认为可能是两种文化，分别称为西河文化和后李文化，也不排除是一种文化的两个地方类型。目前还缺乏深入研究，所以暂称为西河—后李文化，以示两者存在共性与差异，同时使用西河类型和后李类型的名称分别加以介绍。考古学文化的类型，一般指一支文化的地方性变体，也常指文化属性不明、尚未正式定名的考古遗存，西河类型和后李类型兼有这两层含义。如果今后证明这类文化遗存是同一种文化，无论称什么文化，都是这文化的两个地方类型；如果是两支考古文化，就可顺理成章改称西河文化和后李文化。

目前所知，西河—后李文化分布于泰沂山北侧的近山平原。后李类型偏东，目前只发现 3 处遗址，除了后李官庄、前埠下遗址，还有张店彭家庄遗址。虽然都做了不同程度的发掘，但出土资料较少，而且零碎，村落状况也不明。西河类型分布区偏西，目前也只发现 6 处遗址，其中 4 处分布在章丘西部的胶济铁路北侧和东北境（报导章丘市共发现 5 处，其中摩天岭和绿竹园实是一处，所以是 4 处），在章丘东邻邹平县县城以南，有处孙家集遗址，另一处在济南东郊盛福庄村东北。其中对章丘西河、小荆山遗址进行了一定规模的发掘，出土资料比后李类型丰富，也比较系统，对村落状况也有所了解。这两处遗址都受到砖厂取土严重的破坏，尤其小荆山遗址大部分已不存。下面分别加以介绍。

西河类型的陶器基本上是粗泥陶，也就是用未经过淘洗的泥土直接制成陶器，泥土中含细沙。陶器手制，以泥饼贴塑和泥条盘叠成形，可能使用了地模；大器形的器底、器身分开制作，对接成器。陶色以红褐色、灰褐色为主，西河遗址还有青灰陶；陶色斑驳不纯，外表和里面常常有红、灰、褐、黑、黄色斑块，这是窑温不均造成的。烧成火候较低，陶质比较松软。陶器造型古朴，以圜底器为多，流行矮圈足器，后期多见乳头足器，都安置四～八个乳头，有很少小型平底器，没有三足器，流行器口外折的叠沿以加固器口；器胎较薄，没有厚胎粗重器。器表大都不加纹饰，仅有个别陶器有细刻画纹，但叠沿下唇或口沿多用戳纹和指甲纹装饰，后期在个别器形的器腹上出现了附加堆纹。器形有圜底釜、圜底缸、高体圜底壶、圈足罐、圈足碗、圜底或圈足甑（匜形器）、圜底或平底盆与钵、平底盂、平底杯等，其中釜占多数，缸次之，罐、甑、盆常见，壶、盂、杯不多。陶器群的器形组合与形态具有突出特征，已具备炊煮、贮存、盛水、食饮和收敛的齐全功能，尽管烧窑技术存在明显的原始性，但跨越陶器的发明阶段已相当久远。

西河类型的石器，有生产工具和生活用具两大类。生产工具有斧、锛、凿、铲、磨石、研磨器和"犁形器"。斧、锛、凿、铲多用花岗岩、叶岩制作，采用打制、琢制和磨制制成。磨制石器占相当比例，多通体磨光，器型规整，加工相当精致，但都没有穿孔，其中石斧占多数。石斧横断面呈椭圆形，顶端较窄，刃部较宽，刃呈弧形，双面刃。石斧形体较小，也有高约 30 厘米的大石斧。石铲很少，体形也不大。石锛、石凿也都是小型器，数量也不多。

石器中的生活用具，有磨盘、磨棒、灶支石和支脚等。磨盘、磨棒是加工粮食的器具，数量较多。磨盘基本形态长方形，细分有近似椭圆形、亚腰形和不规则形，此外还有近方形和近圆形的，似乎尚未定型。磨盘都无足，用砂岩制成，体形大小不一，大的长达五六十厘米，小的长二三十厘米，一般单面使用，背面琢平，也有双面使用的。个别磨盘中部有琢孔。发现的磨棒均已残损，断面是椭圆、半圆和弧顶三角形不一，一面或多面使用。灶支石很多，石质有砂岩、花岗岩和石灰岩等，有些打制或者琢制成类似牛角形，其余大都是长条形天然石块，高 20 余厘米到三四十厘米不等。石支脚数量也很多，其中有些馒头形支石稍经打制，其余都是不规则的自然石块，有的也经局部打制，用以支撑圜底陶器。

西河类型的房子，在西河、小荆山遗址已发现了六七十座，其中平面完整和基本完整的近 30 座，除个别是椭圆形半地穴房子外，都是圆角长方形半地穴房子，住房已定型化。这些房子的面积大都在 20 平方米以上，一般在 30～40 平方米，面积大的在 50～60 平方米，房内地面和穴壁修理平整，穴壁近直，有的壁上抹黄泥膏，并经火烤。房外原来的地面都已消失，地穴部分的深度不明，现存深度在 0.5 米以下。有不少房子残存了房门道，大都位于南面中部。只有几座房子房内四周有柱子洞，其余都未发现柱洞。凡有灶的房子都是二～三灶，位于房内中部或偏向一方，有些房子没有灶址。房内居住面上常常遗留成组陶器、磨盘、石器和许多石支脚。有的房子的陶器不仅完整、放置位置也保持了原状。下面举小荆山第 11 号房子和西河 1 号房子作具体说明。

小荆山遗址第 11 号房子，圆角方形，房内东西宽 5.08、南北长 6.25 米，面积约 32 平方米。现存地穴深度 0.4 米，口略大于底。穴壁抹黄泥膏，经火烤。居住面不够平整，壁根四周有 10 个大小不一、距离不等的柱子洞，东南角有台阶式房门道。房内西部遗留陶缸（或釜）1、石支脚 3 件，中部有陶釜 1、灶支石 9 件（应是 3 灶），南部有陶釜 1、石磨盘 1 件。

西河遗址第 1 号房子，位于遗址的东北部，圆角方形，东西 6.8、南北 7.4 米，面积 50 平方米，地穴现存深度 0.5 米。穴壁平直，抹黄泥膏，经火烤。居住面规整，西半部由西向东微微倾斜，东半部呈水平，都经轻微火烤，但西半部地面的烧烤程度稍强于东半部地面，应是睡眠休息区。房内正中安置一组灶，共三座，三灶成正三角形鼎立。各灶也用三块（组）灶石成正三角形支撑而成。主灶稍大而居南，两辅灶较小并立北面两侧。主灶支石较粗大，经琢制，底部埋于居住面以下，三支石之间有下凹的火塘，南面两支石之间有横置的灶门石，火塘内及灶周围遗留着丰厚的泥状黑炭灰；辅灶支石相对较小，出土时西侧辅灶上仍搁置着一件小型叠沿圜底釜。在东北部靠近北壁处和东壁根，整齐排列着约10件陶器，显示东半部是房内的活动区。在西南部有一件残损的石磨盘镶嵌在居住面中。未发现房门道和柱子洞。西河1号房的年代晚于小荆山11号房，可能相当于西河类型中期偏前阶段。

西河类型的住房，不仅形状已固定化，而且地穴规整，对穴壁、房内地面都进行了一定的处理，还设置了成组的灶址，初步区分了炊事区、活动区和睡眠休息区，说明西河类型时期的住房建筑技术和使用已相当进步。

西河类型的墓葬发现很少，目前只在小荆山遗址清理了一处公共墓地，位于遗址东南部。墓地原来较大，因砖厂大规模取土基本毁坏，仅残存21座墓。分为南北三排，排距和墓距都很小。都是浅坑单人葬，南北向，仰身直肢，头向北，骨骸已轻微石化。个别墓墓主手握蚌壳或有一件蚌饰，没有其他随葬品。

西河类型的村落，目前只对西河、小荆山村落有所了解。小荆山村落，位于章丘市刁镇茄庄小荆山北侧的山前平地，南接山根，村落范围约14万平方米。当人们在这里居住了一段时间后，可能为防止山水冲击村落，于是在周围挖掘了环壕。环壕的平面近似圆角三角形，周长1100余米。东北两面宽4～6、深2.3～3.6、西南两面宽19～40、深3.2～6米，西南面可能是利用了原有的冲沟，所以环壕平面成为比较特殊的三角形。环壕以内面积约六七万平方米，基本上被砖厂取土所毁。随着村落向北、西北和东面扩展，东北两面的环壕也就废弃淤塞，西南两面的环壕则一直延续到龙山文化时期，经周代到汉代才成为平地。因已基本被砖厂毁坏，村落的布局已无法完全查明。只知环壕以内的东部、北部（延伸到村落北部）是居住区，房子密集，可能是两个或三个居住区。东面环壕外有处公共墓地，就是前面介绍的墓地；村落西北角外，探出6座墓葬，可能是另一处公共墓地。小荆山西河类型村落，是个连续居住了很长时间的村落，很可能贯穿西河类型的始终。西河村落是西河类型的又一处大规模村落，文化遗存分布范围达10余万平方米，位于章丘市和济南历城区的界河西河的两岸，主要在东岸章丘市龙山镇境内。东岸遗址的北部和东部因取土和烧砖被破坏，但村落的布局估计仍可以大致复原，同样是西河类型人们长久连续居住的村落，是处十分重要的西河类型村落遗址。西河、小荆山村落说明，西河类型的先民已过着十分稳定的定居生活，他们的村落，有的规模很大，除了因人口繁殖而建立新村落，一般情况下，一个村落建立后可能很少迁徙。

永久性村落的产生，是同农业的一定发展阶段相适应的。西河类型村落的稳定性，说明农业在社会经济中已占据重要地位，西河类型的家畜饲养提供了证明。在小荆山第二次发掘中，曾采集 717 件动物遗骸，分属软体动物、鱼类、爬行类、鸟类和哺乳动物五大类 22 个种属，其中淡水软体动物 7 种，淡水鱼 2，鳖 1，鸟 1，野生兽 6，家畜 5 种。家畜是猪、狗、马、牛、羊，而以家猪最多，有 10 余只不同年龄、不同性别的半驯化家猪，6 只已驯化的猪。家畜的驯养不仅和定居相联系，也是农业发展到一定水平的指示物。不过西河类型石质生产工具以砍伐工具石斧为主，翻土工具石铲很少，说明西河类型的农业还处在刀耕火种、广种薄收阶段，收获不会很丰厚。多达 10 种淡水水生动物主要是蚌类，以及斑鹿、鹿、狼、狐、貉、野猪的遗骸，表明渔猎在经济中仍具有重要意义。

后李类型，目前的资料很零碎，也缺少房子和村落方面的资料。和西河类型相比，陶器、石器和墓葬都存在明显差别。

后李类型的陶器都是粗泥陶，手制，基本上是红褐陶，色泽较红艳。以圜底器为主，无三足器（晚期有三乳头足）。以深腹、中腹圜底釜为炊器，器形以圜底釜、圜底缸占绝大多数。这些都和西河类型陶器基本一致，乍看两者很相似，细加观察，两者的差异很明显。

后李类型和西河类型陶器的差异，表现在许多方面：①后李类型陶器有些羼云母末，西河类型陶器不羼。②两者圜底器的比重不同，后李类型陶器占陶器总量的 80% 以上，西河类型约占 50%。③后李类型陶器的平底器较多，其中有大型平底缸，几乎没有圈足器；西河类型陶器只有很少的小型平底器，但流行矮圈足器。④后李类型陶器器类简单，只有釜、缸和少量平底盆、碗、钵、小壶等，缺少罐类器、高体壶和盉，陶器功能不全；西河类型陶器如前面介绍，器类、器形较多，使用功能比较齐备。⑤两者的主要器类、器形和风格有着明显差别。例如同是主要器类的圜底釜，西河类型陶器的型式比较单一，多是叠沿釜，沿面或者素平，或者中间起棱，上下两侧成凹沟，下唇大都只施戳纹或指甲纹，器形有中、小型之分；后李类型陶器的釜型式较多，其中典型的叠沿釜极少见，看似叠沿，但从剖面上看不出叠沿痕迹，实际上是把器口部分的器胎加厚，其下唇部位成突棱，上施指拧纹或较疏的压印纹，而不用戳纹或指甲纹，看起来像是附加堆纹，因沿面较宽，下唇位置也就偏下，所以就像器领上加了一圈绳箍；同时流行筒形把纽釜，器口附加两个或四个横把纽，把纽窄长方形或鱼背形；又有颇多的堆纹釜，器领加一圈粗堆纹，堆纹常作二等分或四等分；还有少许大敞口卷沿圜底釜。缸（大都混成釜），也是两者的主要器形。西河类型陶器中期以前的缸，都是筒形、叠沿圜底缸，型式单一；后李类型陶器既有类似的筒形缸，又有堆纹筒形缸和大口、斜腹、平底缸，有的在口部或腹部装饰一至数道粗线勒压纹。罐是西河类型陶器的主要器类，大都带矮圈足，器形有敞口、敛口之分，后者又有不同型式；后李类型陶器则不见罐类器等等。⑥两者陶器的纹饰截然不同。西河类型陶器流行密戳纹、指甲纹，有个别细线刻画纹，纹样是半同心圆和叶脉纹，只在晚期偶有附加堆纹，应该是受到后李类型陶器的影响；后李类型陶器盛行附加堆纹、指拧纹和疏压印纹，后者加于堆纹上，起加固和装饰堆纹作用，另有少数线压纹，或者和堆纹配组，或者单独加于器口或器腹。仅就以上所述，已说明西河类型和后李类型的陶器，差别比共同点更多。

在石器方面，两者同样不一致。后李类型石质生产工具的数量与质量都不如西河类型，其中未发现通体磨光的石器，石釜只磨刃部；有些体形较大的铲形残器，不见于西河类型石器，没有西河类型的“犁形器”。

两者的墓葬，迥然有别。在后李类型后李聚落发现的10余座墓，都是深坑单人葬，仰身直肢，除了一座南北向墓，都是东西向墓，头向东、西不固定。约有半数墓是侧龛葬，即在墓穴半腰以下自头侧到身的一侧，掏出长龛来放死者，葬俗特殊。除个别墓有陶支脚和蚌壳，都无随葬品。这和西河类型小荆山墓地全是南北向的浅坑墓，可以说泾渭分明。

陶器特征是区分考古学文化的主要依据。目前西河类型和后李类型不仅在陶器方面，而且在石器和墓葬方面，都有明显差别，除非今后的新材料能够对两者缺乏的因素给予补充，使两者的文化面貌趋同，否则很难说是同一种考古学文化。但两者毕竟存在一定的共性，而且都分布在泰沂山北侧地区，东西紧邻，分布范围加在一起也不大，所以暂且称为西河—后李文化。

关于西河—后李文化的年代，是依据放射性碳素碳-14测定的数值确定的。西河遗址先后测过11个碳-14年代数据，其中最早的数据约距今8400左右（校正值，下同），最晚的两个数据为公元前5284～前5050年、公元前5328～前5226年，中间值是公元前5149年和公元前5277年，其余的数据都在公元前6100～前5400年间。因此确定西河类型目前资料的年代，约自距今8500～7100年，首尾约1400年。后李遗址也测过三个碳-14年代数据，其中两个有效数据的最早年代可达到距今8163年和距今7851年，相当西河类型前期。而且后李类型的前埠下遗址，比后李遗址的现有资料晚得多，两者之间还有一定的缺环，这样后李类型的年代实际上是和西河类型差不多的，两者是同阶段的物质文化遗存。目前两者的来源和去向都还不清楚。它们应该是在山东本地发展起来的，很可能由山东的细石器文化发展出最初的有陶新石器文化，继续发展成西河—后李文化的。对它的发展去向，学者看法还不一致，有的推测它可能直接发展成北辛文化；有的则认为后李类型和北辛文化可能有直接传承关系，西河类型晚期和北辛文化早期可能是并存的，至北辛文化中期，才与北辛文化融合在一起。目前还难以定论。

21 世纪初月庄遗址的发掘，为探索这问题提供了一条线索。月庄遗址位于济南市长清区归德镇，出土的陶器主要是泥质红陶和红褐陶，器形风格和目前的西河—后李文化以及北辛文化中期的陶器都不同，年代则介于两者之间，东北距西河类型分布区不很远，因仍未出现三足陶器，所以陶器体系更接近西河—后李文化；又因流行竖列的附加堆纹，显示和后李类型有联系。另外，月庄遗址紧临张官遗址，两者几乎可以看成同一居址的先后居住阶段，张官遗址的文化遗存主要属较早的北辛文化，已流行鼎类三足陶器，这就提示了西河—后李文化或者只是其中的西河类型或后李类型，可能经过月庄遗址所代表的遗存，发展成泰沂山西北侧地区的北辛文化。尽管证实这一点还有很多工作要做，但在探索西河—后李文化的发展去向，以及同北辛文化的关系上，无疑向前迈进了一步。

（2）早期北辛文化

目前还只发现一处北辛遗址，北辛文化因此得名。北辛遗址位于滕州市东南部薛河的北岸，是迄今泰沂山南侧地区唯一距今 7000 年以前的遗址。1989、1990 年进行了发掘，文化堆积基本上属北辛文化。发掘者把这里的北辛文化分为早、中、晚三期，早期距今 7300 ～ 6800 年，中期距今 6800 ～ 6500 年，晚期距今 6500 ～ 6300 年，考古文化的距今年代一般都是从 1950 年起算的。北辛文化的上界年代，是由北辛遗址 501 号灰坑的标本测定，距今 6725 ± 200。此数据原来按达曼表的校正值是 7345 ± 215，所以以前把北辛文化的上界年代定为距今 7300 年；按树轮高精度表校正，则为公元前 5630 ～ 5243 年，中间值为公元前 5437 年，即约距今 7500 年左右，比较接近实际年代。这已早于西河类型距今约 7100 年的下界年代，所以北辛文化不是由西河类型直接发展而来。不过主张西河类型、后李类型同是后李文化的学者中，有的认为北辛文化的开始年代在距今 7000 年左右，此前阶段的北辛文化早期遗存实际上是后李文化，两者直接传承。如这一观点得到证实，那么后李文化晚期阶段已扩展到鲁中南南部地区，北辛文化的年代也比前面说的缩短了许多，山东新石器文化较早阶段的文化序列和谱系，就要作重大修正。尽管存在这种可能性，目前此说基本上还是假说，本书仍依成说，北辛文化的起止年代分别采用公元前 5500 年和公元前 4200 年，首尾 1300 年，后接大汶口文化。

早期北辛文化的资料很少，也缺乏系统性。陶器大多是夹砂陶，泥质陶较少。器胎较厚，制作粗糙。有少量细附加堆纹、指甲纹和剔刺纹，未见中期阶段很流行的成组的细堆纹和压印纹。器形以钵占多数，其次是釜、罐、碗和鼎。鼎的数量很少，鼎足粗糙，没有完整和可以复原的器形，鼎似乎刚刚出现。石器中打制的占多数，磨制石器尤其是通体磨光的很少，制作也较粗糙，器形有斧、铲、凿、磨盘、磨棒、砍砸器等。估计早期北辛文化的社会状况，可能和西河—后李文化的晚期阶段基本一致。

2.后期氏族社会后期的文化

山东后期氏族社会的后期，约当公元前 5000 ～前 4500 年阶段。山东这阶段的文化，包括中期北辛文化和早期白石文化。

（1）中期北辛文化

目前的北辛文化，主要是由中、晚期遗存为代表的，文化面貌也比较清楚。北辛文化中期的遗址，已发现滕州北辛、济宁张家山、汶上东贾柏、长清张官、章丘埠村、王官（遗址土地基本上属张官村，和长清张官同名）、邹平苑城遗址等处，张店浮山驿遗址也可能早到中期。浮山驿和北辛以东地区，目前都未发现北辛文化中期的遗址。泰沂山南侧和西北侧的这些遗址，文化面貌有一定的差别，可能是两个地方性变体，有的学者称为北辛文化北辛类型和苑城类型。中期北辛文化的文化内涵比早期丰富得多，陶器、石器、骨、角、蚌器迅速增多，住房也发生了重大变化，总体文化水平得到明显发展。

中期北辛文化的陶器，夹砂陶仍多于泥质陶。夹砂陶中有少量羼蚌屑，手制，胎较厚，大多是黄褐色，表里的颜色都斑驳不纯，火候较低。泥质陶以红陶为主，有少量灰陶，陶色较纯正，胎薄而匀称。出现了用慢轮修整器口的技术，也就是把陶器放在轮盘上缓慢旋转，用手来修理器口使之规整匀称的技术。流行用成组的细堆纹组成各种几何图案装饰，多见刻画纹和乳丁纹。彩陶开始出现，主要是红彩，也有黑彩，多呈带状加于钵、碗的口沿外侧，考古界称为"红顶钵"。主要器形有鼎、釜、钵、罐、盆、碗、器座和支脚，鼎的数量迅速增多，有钵形鼎、盂形鼎、罐形鼎、釜形鼎等多种型式，奠定了后来海岱文化区以鼎文化为主要特征的基础。和西河—后李文化陶器只有手制的窑温较低的粗泥陶相比，中期北辛文化的陶器取得了突破性的进步，开了大汶口文化制陶工艺的先河。

中期北辛文化的石器数量多，打制石器比重降低，磨制石器增多，器形更趋规整，形态已完全固定，器形有斧、锛、铲、刀、磨盘、磨棒、锤、砍砸器、刮削器等。其中形体大而精心磨制的长方形扁平石铲和桃形石铲，平面近长方形、椭圆形和圆头三角形的无足石磨盘，具有代表性。主要用于翻土的工具石铲，数量惊人增长，例如北辛遗址出土了石铲碎块 1000 余件，约占出土石器总数的 2/3，在苑城遗址采集的 200 余件石器中，半数以上是石铲。

北辛文化有着发达的骨、角、牙、蚌器，大都磨制，器类已定型，器形有骨凿、骨针、骨笄、骨锥、骨鱼镖、骨匕、骨镞、蚌镞、蚌镰、蚌匕和角锥等。骨、蚌镞有锋有铤，有的甚至出现了翼。

北辛文化中、晚期的房子，都是半地穴式建筑，平面基本上呈椭圆形和圆形，面积一般 10 平方米左右，个别最大的也不到 20 平方米，有些房子都只有 4～6 平方米，房内只有一灶，像西河类型那种面积达二三十平方米以上、房内有二三个成组灶址的大房子已经绝迹。

北辛文化的墓葬发现不多。东贾柏遗址发现的 23 座墓中，大多属北辛文化晚期，中期墓很少；大汶口遗址的 10 座墓，全是北辛文化晚期墓，其中都包括儿童墓。成人墓主要是土坑竖穴墓，单人仰身直肢葬，也有多人同性合葬、二次葬和迁出葬，绝大多数头向东脚冲西，无葬具，大多没有随葬品，死者生前普遍存在拔除侧门齿的习俗。北辛、大汶口遗址发现的婴儿墓，分别以深腹罐、鼎、盆做葬具，头东脚西，说明成年人和幼儿的埋葬方式出现了分化。

以上资料说明，北辛文化中期的经济得到显著的发展，社会发生了重大的变化。石铲的迅猛增多，表明农业已跨越刀耕火种阶段，发展为锄耕农业。陶器已按使用功能的不同，分别采用羼砂与纯泥的陶土来制作，出现了慢轮和彩陶，以及石、骨、角、蚌器的发达，说明手工业有了长足进步。农业与手工业的显著进步，表明生产力上升到一个新台阶，将导致社会关系的变化，而小房子完全取代了前期的那种大房子，则可能意味着小家庭已经产生，构成了基本的消费单位。尽管社会基本上可能仍处于母系氏族社会，所有制形式还是家族所有制，但可能已开始向父系氏族社会过渡，私有制已在酝酿中。

（2）早期白石文化

白石文化因白石村遗址得名。白石村遗址位于烟台市区西南面丘陵的半腰处，遗址地形南高北低，北距芝罘海湾约 1.5 千米，1975 年首次发掘。白石文化分布于山东半岛地区，考古界一般把目前的资料分为早晚两期，中间还存在一定的缺环。白石文化早期的遗址，迄今只发现白石村，荣成河口、长岛大钦东村三处，以白石村为代表。晚期遗址，粗略统计已达 50 处以上，向西扩展到即墨市，以邱家庄遗址等为代表。目前，考古界对白石文化的命名、文化性质和年代，都还存在不同的认识。有的学者认为是自成体系的考古学文化，称为白石文化或者称邱家庄文化。有的学者认为是北辛文化山东半岛的地方类型，称为白石类型。在年代上，有的估计白石文化早期的年代在公元前 4500 年前，大约相当于北辛文化中期偏后阶段；晚期年代约在公元前 4500 年以后到大汶口文化早期，随后融于大汶口文化。有的则认为目前的白石文化，整体年代在公元前 4500 年到公元前 4100 年，首尾约 400 年。本书采用白石文化的名称，早期年代采取相当于北辛文化中期阶段的意见。

白石文化的遗址，大部分都分布在海边或者在距海很近的河口两岸。遗址的文化堆积和内陆的北辛文化不同，包含大量人们食用贝类的贝壳，考古学称为贝丘遗址，俗称"蛤蜊堆"。有部分遗址离现今海岸较远，有的学者认为可能和海面退缩有关，总之，白石文化的人们对海洋有着重大的依赖，人们过着以捕捞为主的经济生活。不过有些遗址是位于半岛腹地的，不仅离海很远，地势也比沿海的遗址高得多，这类村落居民食用的海贝，可能是从沿海居民那里交换来的。

目前，白石文化早期的资料很少，主要是陶器、石器和骨器。陶器多数是夹砂陶，其次是泥质陶，另有很少陶器羼云母和滑石。陶器手制，火候不高，大部分是红褐色和灰褐色，少数呈红色，器表较粗糙，大部不加纹饰，有纹饰的主要是附加堆纹和乳丁纹，另有很少的刻画纹、锥刺纹和指甲纹。器类简单，主要是圜底器和三足器。器形有钵形鼎、直口或敛口圜底的双把手或四把手釜、小口双耳罐、敞口深腹小平底盆、圜底或平底钵、牛角形或猪嘴形支脚等。石器以打制和琢制为主，仅刃部磨光，器形有斧、锛、铲、磨棒、石球、网坠等。骨器很多，制作精致，一般通体磨光，器形有镞、锥、针、笄、匕、棒、管等。骨镞、骨锥数量多，骨镞有锥形、柳叶形、菱形、三角形多种形态。骨针有大、中、小型之分，有的小针只有 3 厘米长，直径1、针眼 0.5 毫米，工艺精湛，令人叹为观止；有的古笄头部带有薄圆饼形的笄冒，冒的周边刻纹饰，在史前骨笄中罕见，可见白石文化早期的骨器制作工艺，具有领先的水平。

白石文化早期的陶器风格，和后李类型陶器风格有相似之处。例如两者都有少量陶器羼云母；都有双把手或四把手圜底釜，只是把手形状和器形大小不同，后李类型陶釜形体大，把手呈窄长方形和鱼背形，白石文化早期陶釜形体小，把手呈圆柱形或钉头形；附加堆纹也都用物压紧等，这为探索白石文化的渊源提供了一条线索。如果今后能够在半岛西部、潍河以东地区发现早期白石文化遗址，或者发现更早的白石文化遗址和后李类型遗址，两者的关系就会明朗起来。目前，早期白石文化的面貌，同内陆同时期的中期北辛文化差别很大，表明这时的半岛地区和内陆缺少联系。至白石文化晚期，和内陆的联系明显增强，文化相互影响，以至在大汶口文化早期，两者基本上融为一体。但晚期白石文化已跨越氏族社会时期，进入了部落社会。

（二）山东后期氏族社会氏族的分布

前面概括介绍了山东氏族社会后期阶段的物质文化，现在将要分析这阶段的村落基本上是氏族的载体，所以这阶段遗址的数量与分布状况，基本上就是氏族的数量和分布状况。但是，由于可能有许多遗址尚未发现，许多遗址可能已经消失，实际上已无法得知当时村落的准确数目，就是说我们已不可能比较全面地绘制出山东氏族分布图。但这阶段的历史遥远，人口和村落总数不会很多，现有资料已初步反映出山东这阶段历史的轮廓。

这时期的村落有两大特征。第一个特征是，村落都稀疏分布，基本上孤单地存在。这时期前期的 3 处后李类型村落，坊子前埠下和临淄后李东西相距约 70 千米，后李和张店彭家庄东西相距约 30 千米。6 处西河类型村落，东自邹平县城，西到济南东郊，虽然其中有 4 处集中在章丘，但除了章丘小荆山与小坡村落相距仅约 1 千米，其余都在 10～20 千米。后期的北辛文化中期村落和白石文化早期村落，同样稀疏孤单地分布在泰沂山北侧、西侧和半岛东部地区，泰沂山南侧地区的滕州北辛和济宁张家山村落，相距约 100 千米。今后这时期的村落遗址会继续有所发现，但不会很多，不可能改变当时村落呈稀疏孤单分布的状态。

这一事实说明，当时从老村落或者说"母"村落派生出来的新村落，也就是"子"村落，大都远离"母"村落，说明即使"母子"村落之间，联系也不是很紧密的。因为村落间隔一般都很远，每个村落都拥有广阔的土地，具有充足的耕地、山、水、动植物等自然资源，说明各自是独立的经济体，也将是独立的社会组织。

第二个特征是，村落内部规整有序，以血缘纽带维系在一起。例如西河类型的西河村落，面积约 10 余万平方米，东北、东南部已进行了发掘，各有一群房子。东北部房群因砖厂烧砖，大部分房子被挖掉，因在发掘前不久才破坏，仍知该群房子大约有 20 余座，发掘时仅剩西南边沿的 4 座，其中的 1 号房是现有西河类型房子中保存最完好的一座。东南部房群在公路南侧，共有房子 19 座，其中有一部分小房子没有灶址和遗物。两群房子南北间隔七八十米，其间没有房子，不曾作为居住区，可知西河村落东部的居民是分南北两群群居的。这两群房子的出土陶器和碳-14 测年数据表明，人们开始在这两区居住的时间有早晚，东北部大约开始于公元前 6000 年前，东南部大约在公元前 5500 年前开始居住，东南部成为居住区后，西河村落东部就出现了两个并存的居住区（东南房群的东南方，还探出 7 座房子，未发掘，如果是另一房群，村落东部就有 3 个房群）。据此，推测村落西南部到西北部的临河地带，应该还有更早些的居住区，因为一般来说，当时的人们会首先靠河居住，随着人口繁殖逐渐扩展到东北部、东南部。如此说来，西河村落至少应有四五群房子，中间可能是广场，当然还会有窑场和墓地。这种汇集成群地围绕广场，而不是满布村落的房子，每群房子显然都是一个亲缘单位，也就是家族。有灶的住房都是 20 平方米以上的大房子，一般面积为三四十平方米，房内至少可住七八人到十余人，房内都有二三个灶，也反映出住有较多人，说明这时的家族是母系家族。有灶址的住房是个消费单位，也许是母系大家庭。东北部房群的 1 号房，曾测过 3 个碳-14 年代数据，距今约从 7970～7720 年，时间跨度 250 年，如果测定年代基本符合实际，就证明这些住房都是长期居住的。西河村落中的家族，是由一个老家族逐步衍生的，随着新家族的产生，村落跟着扩大，所以村落的居民具有共同的血缘，是同一女性祖先的子孙，他们以近缘关系分区聚居，可见这时的村落是血缘性的族居地。前面说过，小荆山村落的房子也有成群分布的线索，只是上下层的房子还没有分开，又遭严重毁坏，所以房群不很清楚罢了。小荆山至少存在两个以上墓地，也显示人们是在村落内分区聚居的，也就是分区族居。这时期新产生的家庭并不都留在本村落内，有的将离开本村落，在较远的地方建立新村落，这便是村落渐渐增多的原因。至于老家族是怎样分化出新家族的，有的家族又是在什么情况下从本村落分离出去的，目前还不清楚。

如果说上述西河村落的布局，在很大程度上还是种假说，那么西安临潼姜寨村落的资料，将证明这是事实。

姜寨的最下层，是仰韶文化半坡类型（仰韶文化早期）的一个村落，处于第 7 千年纪，晚于西河村落。面积约 3 万平方米，平面椭圆形，包括居住区、墓地和窑场。居住区周围有壕沟和小河环绕，中央是个约 4000 平方米的广场，广场周围围绕着 5 群房子。每群房子有 20 座以上，每群中都有一座大房子，有 3 群有 1 或 2 座中型房子，其余都是小房子。房子全都背向环壕，门朝广场。环壕外的东、南面有 5 处公共墓地，西面小河东边有处制作陶器的小窑场。类似的情况还见于陕西宝鸡北首岭半坡类型村落。北首岭村落也有环壕，面积约 6 万平方米，包括居住区和墓地。居住区中央的广场，面积约 6000 平方米，房子环绕广场，门都朝广场，墓地在居住区南部。黄河中游的村落资料，可以作为黄河下游的参证，说明对西河村落布局的推测的合理性。

这种规整有序的村落布局，显然是经过统一规划的，具有凝聚性、向心性的特征，实行聚族而居、聚族而葬的原则，村内的居民具有共同的血缘，并按家族分区而居。家族是近缘群体，整个村落是由血缘联系在一起的人群共同体，这种人群共同体显然是氏族。所以这时期的村落，基本上是氏族的载体，一个村落基本上就是一个氏族。姜寨是由 5 个家族组成的氏族，西河村落也可能是包含四五个家族的氏族，都是当时的大氏族。

山东这时期的村落遗址不多，而且稀疏孤单分布，村落间隔一般很远，联系不紧密，说明这时期的氏族各自是独立的，还没有联合成更大的社会组织，社会发展阶段处于狭义的氏族社会。这时期山东的氏族发现很少，其前、后期阶段都只发现 10 余个。前期的氏族基本上分布在泰沂山北侧山前平原，南侧地区仅知一个北辛氏族。后期仍多在泰沂山北侧山前平原，但在半岛东部发现了 3 个白石文化氏族；在南侧地区知道有北辛、济宁张家山、汶上东贾柏 3 个氏族，后期的分布范围已明显扩大。目前，鲁东南、鲁西南、鲁西和鲁北，都还没有发现氏族社会后期的氏族。

如果今后在泰沂山南侧地区没有很多新发现，那就和山东细石器文化以南侧地区为重心相反，山东氏族社会后期的历史发展重心，已移至泰沂山北侧和西侧地区。

四　山东部落社会时期（约公元前4500～前3000年）

山东部落社会时期的文化，包括晚期北辛文化，晚期白石文化和早、中期大汶口文化。晚期北辛文化的年代，从公元前4500～前4200年，晚期白石文化的年代和晚期北辛文化大体相当，它的下界有可能稍晚。大汶口文化的开始年代，学者有公元前4300年、4100年的不同说法，本书采用的公元前4200年，是大汶口遗址的碳－14测定数值，经树轮高精度表校正的中心值。大汶口文化中期的开始年代，传统说法是公元前3500年，本书按笔者观点，从公元前3700年开始，至公元前3000年前后进入晚期，大汶口文化中期阶段首尾达700年左右。对公元前3000年的大汶口文化中、晚期交替的年代界标，考古界没有不同意见。

（一）北辛文化晚期社会的显著变化

晚期北辛文化，承袭中期北辛文化，文化和经济得到了进一步发展，社会发生了巨大变化，出现了若干重大新事物，山东历史进入发展新阶段。下面列举北辛文化晚期社会的三大变化。

一是夷族登上了历史舞台。中国自古以来就是个多民族国家，在史前中华大地，曾分布着好些古族，其中以华夏、东夷、苗蛮三个族团最著名、最重要，他们分别分布于黄河中游、下游和长江中游地区。但古史传说只提供了一点影子，他们的产生时间、活动范围、经济社会状况和文化发展演变过程等，一概不知，这些问题只能靠考古学来解决。20世纪的中国史前考古，已初步建起全国文化区、系框架。区指文化区，是块块；系是文化谱系，是条条。文化区系是考古学的概念，是一定历史阶段的概念。文化区系既相对稳定，又是不断变动的，各区的文化自成体系，按照自身的规律发展变化。因此每个考古文化区，都是一个文化共同体，区内的人群具有共同的文化，相同的习俗和宗教信仰，构成一个族团。因此，文化区系框架体现了古族的分野，各文化区的形成、发展、演变过程，就是相关族团的出现、发展、变化过程。山东在北辛文化中期阶段，总人口还很少，目前总共才发现约10个村落（氏族），分属中期北辛文化和早期白石文化，分处内陆和半岛东北部地区。这时期山东内陆的文化，虽然学者倾向于都是中期北辛文化，其实文化面貌并不是很一致，所以还不能说中期北辛文化时期，已产生统一的海岱文化共同体，但已在向这一目标迈进。至北辛文化晚期，山东的人口和村落显著增长，分布范围扩大，已知约50处晚期北辛文化村落，基本上占据了泰沂山周围地带，文化特征趋向一致，晚期北辛文化已成为山东内陆的文化共同体。这时半岛地区的晚期白石文化村落，也增长到 50 处以上，并打破白石文化早期阶段的封闭状态，明显加强了和内陆文化的交流，文化相互影响，但北辛文化对白石文化的影响更强烈。山东是海岱文化区的中心，晚期北辛文化成为山东内陆的统一文化，并给予半岛文化以较强影响，表明初步出现了海岱文化区，标志夷族登上了历史舞台。因此，公元前 4500 年的北辛文化晚期的开始年代，可作为夷族出现的时间界标。大汶口文化初期，融合了白石文化，山东地区成为大汶口文化的一统天下，南面扩展到江苏北境，东夷族团登上历史舞台后得到了第一次重要的发展。就山东地区来说，自公元前 4500 年以来至商代中期的 3000 余年的历史，都是东夷族团的历史。其间由晚期北辛文化、大汶口文化、龙山文化和岳石文化构成的东夷文化谱系，是目前诸多中华古文化谱系中最系统、最清晰的文化谱系，为恢复山东古史和研究全国先秦史，提供了极其宝贵的科学资料。

二是私有制的产生。在部落产生以前的氏族社会，因生产力的低下，只能实行原始共产制，人们还不知私有制为何物，随着生产力的逐渐提高，一个人的劳动产品除了养活自己，渐渐有所盈余，开始了社会财富的积聚，私有制随之产生。考古资料表明，氏族社会末期的北辛文化中期阶段，农业已发展到锄耕农业；手工业有了明显进步，包括了陶、石、骨、蚌、角器多种制作门类，器形固定化，产品增多，制作技术提高，还出现了慢轮修整陶器和彩陶的新工艺，说明中期北辛文化的生产力已有明显提高，初步具备了产生私有制的条件，估计私有观念已经产生。而且中期北辛文化的住房，都是面积在 20 平方米以下的单间房子，大多数是 10 平方米左右以下的小房子，其中许多都只有三四平方米，这些小房子可能意味一夫一妻制家庭的产生，这种家庭通常是和父权制与私有制相联系的，这也为中期北辛文化已处于私有制产生的前夜，提供了证据。至北辛文化晚期，私有制已初步确立。

证明私有制产生发展的考古资料，首推墓葬资料。目前在东贾柏和大汶口村落清理的 20 余座晚期北辛文化墓葬，大多没有随葬陶器，只有很少墓有一至数件陶器，都未随葬生产工具。这有多方面的原因，其中之一是墓葬反映社会变化具有滞后性，社会变化不可能立即从埋葬上反映出来。但是毕竟有些墓已随葬了陶器，这些随葬陶器当然是墓主生前财产的一部分，这在紧随其后的大汶口文化初期墓中已很明显。

在大汶口、野店、江苏刘林等村落中，大汶口文化初期的墓葬，随葬陶器的墓明显增多，而且数量已多寡不均。例如大汶口村落的 6 座大汶口文化初期墓，全都有陶器等随葬品，陶器少的每墓 3～4 件，多的有 7 件和 9 件，已出现了最初的贫富分化。这一分化势头十分急速，紧接这批初期墓之后，年代相当公元前

4000～前 3800 年的 1018 号墓，已有陶、石、骨器等随葬品 45 件，其中陶器 22 件；年代属公元前 3800～前 3700 年的 2005 号墓，随葬品多达 104 件，其中陶器 58 件，和这些富有墓相比，不少同时期的墓，随葬品寥寥无几。由此可见大汶口文化私有制和贫富分化急速发展之一斑，也间接证明了北辛文化晚期已产生了私有制。

北辛文化晚期社会的第三个重大变化是部落的出现。北辛文化晚期，村落明显增多，约 50 个村落分布于环泰沂山地带，大多每一县市一至二处，基本上仍是稀疏孤单地分布，村落间隔一般很远。但在滕州、章丘、青州等少数县市，出现了村落组，也就是在一个特定的地理小区间，同时存在三四个北辛文化晚期村落，打破了村落稀疏孤单分布的状态，表明村落的时空关系和分布形态出现了重大变化。村落组归根到底是由组内一个最古老的村落（氏族）衍生成的。例如滕州薛河流域村落组，是由北辛村落衍生成的，北辛村落是组内最古老的村落。老村落人口繁殖，派生出新村落，新村落继续产生，大多未远离母村落（当然也有远离母村落的），形成了村落组。所以村落组的村落具有"母子""祖孙"的近缘关系。村落组基本上都先后发展成村落群（指同一地理小区间存在 5 处以上同期的村落），村落组实际上是雏形村落群，是村落群产生过程的必经阶段，她的出现意味着产生了高于独立氏族的社会组织，换句话说，村落组的村落（氏族）已联合成一种更高的新组织。这种由数个氏族组成的新组织，就是部落。村落群的特征给予了进一步证明。

村落群是村落分布的新形态，估计产生于北辛文化末期。因可能有的遗址还未发现，有些遗址可能已经消失，所以目前只发现几个村落组，而未发现北辛文化村落群。村落群是大汶口文化、龙山文化村落的主要存在形态（同时还存在零星分布的形态），具有三大基本特征：一是具有明确、不大、相对稳定的地理范围，始终或长期在同一地理小区间发展。二是大型村落群和一部分中等村落群，都先后出现了明显的中心村落，它的规模突出，文化内涵更为丰富。三是随着中心村落的明朗化和村落的增多，群内村落出现分化，村落产生了等级，进而中心村落和中、小等级村落之间，形成金字塔形层级结构。中心村落处于塔尖位置，数量不多的中级村落相当塔身，占群内村落绝大多数的小村落相当塔基。这些特征表明，村落群是大汶口、龙山文化时期占主导地位的稳定的社会组织。群内的村落基本上仍是氏族，但已不同于先前那种稀疏分布、孤单存在的独立氏族。这种由众多村落（氏族）联合成的社会组织，无疑是部落。她产生于村落组阶段，因为村落组是村落群的雏形阶段，组与群之间只是村落多少之差，并无性质之别，所以村落组和村落群都是部落。从村落组到村落群，反映了部落的发展。因此，北辛文化晚期村落组的出现，表明部落的产生，北辛文化晚期已进入部落社会时期。山东部落社会的开端和夷族登上历史舞台，基本上是同步的。

（二）山东部落社会的发展阶段

山东部落社会自北辛文化进入晚期开始，大约至大汶口文化中期结束为止，经历了 1500 年左右的发展过程。依据目前资料，可分为早、中、晚三个发展阶段。《齐鲁历史文化丛书》设有大汶口文化、龙山文化和岳石文化的分册，读者可以参阅，本册不再重复介绍这些考古文化，只着重说明历史发展的脉络。

1. 部落社会早期

山东部落社会早期，大约相当北辛文化晚期（公元前 4500～前 4200 年），是氏族社会向部落社会的过渡时期。部落开始出现，但为数不多。部落规模很小，包含的村落（氏族）不多，基本上由三四个村落构成，在考古遗存上主要体现为村落组，在北辛文化之末，有的部落的村落或许已发展成村落群，拥有五六个村落（氏族），但村落不会更多。因此，这时期的部落，成员不多。但这并不意味着部落领地也很小。这时的村落组和后来的村落群相比，村落间隔仍比较大，所以村落组的占地范围并不很小。发展到村落群后，开始主要是群内村落的密度增大，领地并未因村落的增多而随之显著扩展。当领地有了明显的扩大时，村落群已发展成中等和大型村落群，在部落社会的早期和中期阶段，还没有这类村落群。目前比较肯定的早期部落有三个，就是滕州东南部的薛河流域部落、章丘部落和青州东部、寿光西南部的淄河中游部落，有可能是三个最早的东夷部落。

2. 部落社会中期

山东部落社会中期，大约相当于大汶口文化早期（公元前 4200～前 3700 年）。部落社会进入初步发展阶段，山东内陆和半岛地区的部落不断涌现。山东内陆的部落基本上仍分布在泰沂山周围地带，但有的已到达大运河以西的鲁西地区，在阳谷县一带建立了部落。该部落还在王家庄居地修筑了城墙，年代在公元前 4000 年前后，是目前山东最早的城。中期的部落，数量明显发展，但规模仍然不大，部落包含的村落不多，主要还体现为村落组，少数发展成小村落群，后部分部落主要属于在北辛文化晚期建立的老部落，如薛河流域部落、淄河中游部落等。

大汶口遗址大汶口文化早期的资料显示，部落社会中期比早期得到了显著发展。手工业生产水平大幅度提高，陶器制作达到前所未有的高水平，器形规整优美，器类器形增多，产量明显增长，彩陶趋于成熟，图案或繁或简，匀称美观，显示已有专门的能工巧匠来绘图。石器制作也得到明显发展，器形以兼有手工业、农业生产功能的石斧和翻土工具石铲为主，尤其以石斧最多，石锛也不少。石斧、石锛的器形已大、中、小成系列，石斧中的大石斧，高达 30 厘米，细琢而成，刃部磨光，形体十分规整，石锛都通体精磨。骨、角、牙器也很发达，总体文化反映出生产力取得长足进步。有随葬品的墓葬比重大增，生活器具和生产工具成为随葬品的主要内容，随葬品的数量在增多，而且已存在多寡不均的现象，并呈直线发展趋势，表明社会财富的增长，私有制在发展，贫富分化在引人注目地发展。在随葬陶器中常见的细把三足觚形杯、高柄杯、高柄碟和一些单把鼎类器，绝少见于同时期居住区的地层堆积中；相反，在居住遗迹单位和地层堆积中常见的夹砂红褐陶双耳（把）罐形鼎、盆形鼎等器形，都不用来陪葬，可见陶器已有实用器和冥器之分。专为死者陪葬而生产的陶冥器，恐怕已属于陶礼器的范畴，至少已是礼器的先声。在大汶口遗址大汶口文化早期的数十座墓中，墓主性别已经明确的，男性 18 座，女性 11 座。墓中所出的石斧、石钺、石锛、骨矛、骨与牙箭头等，或者全部或者基本上出于男性墓，只有二三座女性墓，分别有石斧、骨矛和骨、牙箭头；而随葬纺轮的 5 座墓中，女性 3 座，男性 2 座，显示两性在生产领域已实行明确的分工。男子主要承担获取食物、制作工具，在生产领域起着主导作用。女子主要从事纺织、哺养儿女等家务劳动，在主要生产领域仅起辅助作用。在古代社会，具有一定生产技术和经验的人，是最重要的生产力，男子的体质、生理特征优于女子，他们在主要生产领域的主导地位，不仅是父权制的重要标志，也是生产力发展到更高阶段的重要体现。大汶口村落目前只发现 3 座这个阶段的住房，全是方形浅穴式房子，其中两座的面积只有 3.6 和 4.6 平方米，和北辛文化晚期的小房子大小一致，这进一步说明了这种小房子是一夫一妻制小家庭的住房，可能反映了一夫一妻制家庭已构成部落社会的细胞。

3.部落社会晚期

山东部落社会晚期，大约相当于大汶口文化中期（公元前 3700～前 3000 年）。自大汶口文化中期开始，东夷族团的文化、人口和村落，都启动了持续快速发展的进程，文化整体水平很快超越全国同期文化。制陶业跃居全国之首，手工业和农业开始分离，这时的大汶口文化已向山东远山平原推进。随着村落的快速增长，村落群的数量与规模都迅速发展，环泰沂山地带的村落群，大多已向中、大型村落群发展，例如章丘群、宁阳到曲阜北境群、兖州北境群、曲阜南部群、泗水泗河河谷群、邹城西部群、滕州中部东北部群、滕州东南部（薛河流域）群、平邑北部群、苍山南部群、临沂西部群、莒县南部群、昌乐南部群、青州东部昌乐北部群、寿光西南部群等，至大汶口文化晚期，除了章丘群和邹城西部群外，各群已发现 16～41 处不等的村落遗址。尽管其中有些只是大汶口文化早期与晚期的遗址，但早期遗址不多，晚期遗址虽然会多些，但因肯定还有未发现的遗址，有些遗址则已经消失，所以各群中已发现的遗址和大汶口文化中期晚段的村落数目，一般不会有很大出入。如每个村落平均以 150 人计，这些村落所体现的大、中等部落，人口约有 2000 人左右到 5000 人上下。这虽不是准确数字，但可作为山东最后阶段的大、中等部落人口数量的重要参考。这些大、中等部落，全都分布在泰沂山周围地带，没有一处在远山平原上，目前远山平原上的大汶口文化中期的村落群，群内村落遗址都没有超过 10 处。

　　和泰沂山周围地带的村落群向大、中等村落群迈进的同时，群内的中心村落开始明朗化。自大汶口文化中期以前的村落群，都是部落的物化形式，中心村落就是部落的中心。部落一开始就有中心，但早、中期部落的中心和一般村落区别不明显，考古上不易分辨，进入部落社会晚期，大、中等村落群的中心村落才逐渐明朗起来。目前已经掌握的中心村落有，章丘群的焦家村落，宁阳群的大汶口村落，邹城西部群的野店村落，滕州东南部群的西康留村落、莒县南部群的陵阳河村落。临淄北部、广饶西南部群，估计也是个中等部落，部落中心在广饶傅家村落。这些中心村落，规模大，文化内涵丰富，文化整体水平明显高于群内其他村落。其中的焦家和大汶口村落，是由北辛文化晚期直接发展起来的，焦家、大汶口、野店村落，作为各自部落的中心，从大汶口文化早期就已脱颖而出；西康留、陵阳河村落可能从大汶口文化中期开始成为部落中心，两者都已发现城墙线索，各自的村落群是目前两个最大的大汶口文化村落群。傅家村落也是从大汶口文化中期成为中心村落的。这时的中心村落，已有别于一般村落，它们已向城镇化发展，向着群内或地区的政治、经济、文化中心迈进，它们的明朗化，表明已经启动了城乡分离的进程。因此，把晚期的大中等部落的中心称为中心村落，已不准确；这些部落的成员居地，也已经不全是乡村了，称村落群也就不准确了。下面把晚期部落的居址群，改称聚落群，部落中心称为中心聚落。聚落是人群聚居地，不分乡村、城镇、城市，也不分大小，都包括在内，容量比村落大，称聚落群更具科学性。

　　随着大、中等聚落群的快速增长和中心聚落的明朗化，群内聚落规模出现分化，聚落产生了等级，至本阶段之末，少数大部落和中等偏大部落的聚落群，聚落已形成金字塔形层级结构。它们的中心聚落相当塔尖，若干中级聚落相当塔身，占绝对多数的小村落相当塔基。这意味聚落群的部落性质发生了质变，这部分部落已到达自己的终点，率先向文明过渡，标志着原始社会的结束，山东文明史的开端。

　　群内聚落的这一分化过程，是和生产力与私有制的进一步发展相一致的。大汶口文化中期的资料表明，这时期的生产力已登上原始社会的顶峰，社会财富在快速积聚，私有制已深深扎根，人与人的关系发生前所未有的变化，《大汶口续集——大汶口遗址第二、三次发掘报告》有一组大汶口文化中期之初的墓，首先给予了证明。这组墓共 4 座，以 2005 号墓为中心。此墓墓主是成年男性，有葬具，随葬品104 件，包括陶器、石斧、石锛等；陶器有 58 件，其中豆 18 件、彩陶豆 1 件、觚形杯 10 件、高足杯 7 件、鼎 3 件，放在熟土二层台（考古学把墓壁与棺椁之间因填土而形成的土台称为二层台）上的三足盆、三足钵、钵形鼎等陶器内，分别有牛头、猪头、猪下颌、蹄子等祭品。此墓东北不到 3 米为 2007 号墓，墓主是位 6 岁儿童，也有葬具，随葬品 44 件，其中陶器 37 件，器形有鼎、豆、三足觚形杯、彩陶釜、彩陶器座（2 件）等，还有绿松石装饰品，显然是 2005 号墓墓主的子女。2005 号墓东侧为 2003 号墓，是一青年男性和 5 颗人头合葬墓；又北侧 0.1 米，是 2010 号墓，是个男性成年迁出葬，这两墓均无随葬品，其中的人头应是 2005 号墓主人的"战绩"，两个成年男性可能是家内奴隶。2005 号墓是全国至今所见最早的如此富有、如此气派的墓，十分清楚地说明贫富分化、社会财富向少数人集中的现象已相当突出，少数富有者已占据无可辩驳的中心地位，连同他们夭逝的娃娃都有极其丰盛精美的随葬品；人与人之间的关系发生根本变化，可能已存在人身依附关系。稍后的资料继续做出证明。20 世纪 80 年代，在江苏新沂花厅遗址发掘了 62 座大汶口文化中期墓，其中的 10 座大墓有 8 座有殉人，共殉 18 人，殉人中有中年男女、少年和幼儿，证明花厅、大汶口这样的部落中心，正向阶级社会过渡。显示出部落社会晚期，也就是大汶口文化中期，是个由原始社会向文明社会过渡的时期，基本上属于军民主时期，在生产力、社会经济迈向原始社会顶峰的同时，部落正一步步走向自己的终点。

五　东夷文明的诞生

学者对文明一词各有自己的解释，很难取得一致的定义。但就社会而言，文明社会是高于原始社会的发展阶段。文明社会就是阶级社会，一个民族的文明史，都是阶级社会史。文明诞生，就是以私有制为基础的不平等的阶级社会，取代了以原始共产制为基础的平等的氏族社会，国家取代了部落。

19 世纪，国外学者提出文字、城市和青铜冶铸是文明诞生的三要素，这长期成为探索文明起源的基本准则，在 20 世纪 80 年代以前，我国学术界也大都以此三要素来探索中华文明起源。实际上所谓"文明三要素"，并不是文明诞生的普遍标准，世界著名的古文明如埃及文明、印度文明和玛雅文明，并不都具备这三要素，中华文明起源研究的实践，也证明难以用这三要素有效解决中华文明起源问题。于是学者开始思索文明诞生的新标志，国家诞生的标志被提出和重视，并成为愈来愈多研究中华文明起源的学者的共识。

"国家是文明社会的概括"（恩格斯语）。国家诞生是文明形成的根本标志，只有确定国家的诞生，找到最早的国家实体，才能有效证明文明的形成。从这个意义说，中华文明起源研究，实质上是中国国家起源研究。国家由部落发展而成，探索国家起源，寻找最早的国家个体，自然就要从晚期部落中寻找，尤其应当从晚期的大部落和中等偏大的部落中寻找，也就是要从它们的物化形式大聚落群和中等偏大的聚落群中寻找，因为这部分部落是率先发展出国家的。山东的这部分聚落群，都属大汶口文化中期，它们是聚落群三大特征的后两个特征的主要体现者，即中心聚落明朗化并向城镇化迅速发展，聚落出现分化并向金字塔形层级结构发展的特征，表明它们正处在量变过程中，部落在渐渐瓦解，文明因素在其中逐渐孕育。当它们的聚落形成金字塔形层级结构时，就意味着部落发生了质变，国家诞生。

因为一个聚落群聚落的这种金字塔形层级结构，基本上具有"都邑聚"金字塔形层级结构的性质。塔尖的中心聚落已由部落中心转化成国家都城；数量不多的处于塔身位置的中级聚落，已具有"都"以下邑的性质；处于塔基位置的是占绝大多数的小村落，从事农业，三者已形成垂直的隶属体系。它反映出群体内已产生了公共权力，社会形成了金字塔形的分层秩序。当时墓葬的类似层级资料也做出了证明。公元前3000年前后的大汶口文化墓葬，已明显形成大、中、小三个层级。很少的大墓，一般都有棺椁，随葬品十分丰富，如大汶口、花厅遗址的大墓，花厅的大墓已经用人殉葬；大量小墓都无随葬品或者只有一至数件器物，广饶傅家遗址的墓地最为突出，这和聚落的分层现象相一致。这时的大汶口文化住房建筑资料很少，住房分层现象不清楚，估计也会存在大、中、小的不同层级。公共权力与社会分层，两者互相关联，都属于国家的本质特征，尽管社会分层现象是在部落社会晚期开始产生并渐渐发展的，公共权力却非如此。它不能在部落社会中出现，它是区别部落与国家的主要界标，它的产生表明部落转变成国家。社会的这一巨变，是大汶口文化中期的生产力、社会经济和私有制急速发展的结果。这一发展变化，由那些大部落和中等偏大部落的聚落群的发展变化，尤其是她们的中心聚落的发展变化，得到集中的体现。特别需要指出的是，这时期这部分部落的中心聚落，已先后启动第二次社会大分工的进程，手工业开始和农业相分离，陶器制作首先从农业中分离出来，而成为独立的社会经济部门，继而是石器和骨器制作。这促使手工业加速发展，产品更加丰富，经济日益繁荣，人口和聚落快速增长，也加速了社会分化。至大汶口文化中期晚段，这部分中心聚落已十分突出，正为早期城市的产生做着准备，它们的部落正处在城乡分离的进程中。至公元前3000年左右，即当大汶口文化中、晚期之交，有的中心聚落已发展成早期城市，最典型的是大汶口聚落。早期城市与一般的城市不同。早期城市可以用马克思的定义来界定，它意味着人口、生产工具、资本、享乐和需求的集中。这里的资本，主要体现为劳动工具、住房和世袭的主顾等，而不是货币。史前早期城市，是一个地区的政治、经济、文化中心，当然首先是本国的政治、经济、文化中心，无例外的都是早期国家的国都，因此，城市诞生也标志国家的诞生。但只能提供国都，证明国家已经诞生，不能提供具体的国家实体，而且在早期国家的国都中，早期城市是很少数，所以城市不能成为国家诞生的普遍标志，一般来说，如果一个聚落群的中心聚落已是早期城市，那么群内的聚落，都会具有"都邑聚"式金字塔形的层级结构。因此，史前聚落群聚落的"都邑聚"金字塔形层级结构，是考古学探索国家和文明起源的基本标准。依据这一标准，就能了解国家在何时诞生，找到许多早期国家，掌握它们的国都、国土、村落、人口、文化、经济、社会和族系等多方面的具体情况，获得对我国早期国家比较全面的认识。

国家诞生的这一标志，关键是都城的确定，即部落中心何时转变成都城。早期国家的都城，基本上是由部落中心直接发展成的，因此必须首先确定部落中心。通过必要的工作，获取聚落群内各遗址的科学基础资料，再进行定性，定量分析，就可以确定中心聚落，尤其是大部落和中大型部落的中心聚落，是比较容易确定的。然后依据殿堂建筑基址、王墓性质的显贵墓葬和高于一般聚落的物质文化总体水平来确定都城，而殿堂建筑和王墓性质的大墓的出现时间，大致上就是部落中心转变成政治中心，也就是都城的时间。部落向国家过渡，集中体现在部落中心向政治中心即国都的转变上，并首先实现了转变。目前虽然还不了解这一转变的详细过程，但依据大汶口文化中期的诸多现象，可以做出如下判断：私有制的发展是这一转变的基础，人口不断向中心聚落集中是催化剂，管理机制的改变是实现转变的标志。

大汶口文化中期的大型和中大型聚落群，几乎都有一个规模宏大的突出的中心聚落，例如前面提到的大汶口、野店、西康留、陵阳河、傅家、焦家等，它们的面积大都远远超过群内的其他聚落，人口当然也比其他聚落多得多。这众多的人口，显然不是这些中心聚落原来氏族人口自然繁殖的结果，而是外来人口不断进入的缘故。进入中心聚落的人口，主要是手工业者和他的家庭成员，农业人口束缚于土地，是不能随意迁徙的。迁入者属于外氏族成员，不能融于中心聚落原来的氏族中，因而将渐渐形成不同于族居的外来手工者的聚居区。这种聚居区的居民，分属众多的不同氏族，所以不能按氏族原则来管理，只能按聚居区或行业进行管理，于是在中心聚落产生了不同于氏族法则的新的管理办法。这是对部落社会的一大冲击，是部落制的一道裂口，也是私有制发展促使部落制瓦解的一个重要体现。而且中心聚落的这种手工业者聚住区，很有可能发展出最初的集市，在先秦文献《世本》中，记有"神农作市"的传说，说明我国集市产生很早。集市的出现推动了手工业加速发展和商品交换的发展，促使中心聚落向城镇化发展，并使某些中心聚落向早期城市迈进，是重要的文明因素，也对部落制造成更大的冲击。中心聚落的人口基数比其他聚落大得多，而且愈来愈大，绝对人口增长自然大大超过其他聚落，而且外来人口继续进入中心聚落，聚落因而逐步扩大，但不能无限扩大，特别是当中心聚落是座城时。这势必导致杂居，杂居的发展，毁坏了原来氏族的族居，原来氏族也无法坚守氏族法则了，于是便把局部的管理新办法用于整个中心聚落，全部实施分区管理。一旦采取了这一措施，就宣告了中心聚落氏族制的消亡，完成部落中心向政治中心的转变，标志国家与文明的基本诞生。

随着中心聚落管理机制的改变，公共权力随即产生，部落酋长已转变为行政首脑，具有了君王的地位，无论称呼什么。他和他的助手或者部落议事会之类，组成最初的朝廷——政府。中心聚落原先的氏族、胞族长老，可能仍然任职，但已不是他的胞族、氏族的代表，而是他的居住区的长官，是一种社会公职。大型和中大型聚落群所体现的部落，是少数大部落和中等偏大的部落，应该具有氏族、胞族、部落的完整组织体系，尽管部落内部实行民主原则，但三者的管理范围、职权毕竟不同，这种部落内部实际上具有三个层次。而随着部落中心转变成政治中心而产生的公共权力，是整个部落的公共权力，因此，新的管理机制将顺理成章地被推行到全部胞族和氏族，胞族、氏族或早或迟都将转变成该国的中层与基层组织，形成垂直的都、邑、村式的行政管理体系，最终实现部落向国家的过渡。这种早期国家的中下层特别是基层管理机构的长官，可能更多的是由长老、头人来承担的。利用宗族血缘关系进行政治统治，曾长期存在于我国古代社会。

上述大汶口文化中期的大部落和中等偏大部落的演变过程，说明东夷国家的诞生并不是通过暴力实现的，而是随着社会的发展顺理成章、自然而然地诞生的，是生产力、社会分工、经济关系和社会复杂化发展到氏族制度无法承载时，自上而下地改变管理体制的产物。这里和人口的繁殖，聚落的增多，人口、聚落密度的增大密切关联。人口快速增长，聚落日益增多，特别是大中等部落的聚落更快地增长，以及人口不断向中心聚落集中，中心聚落的突出发展等，是社会复杂化进程至关重要的体现。率先转变成国家的部落，都是成员和聚落众多的大部落和中大型部落。

依据聚落群聚落"都邑聚"金字塔形层级结构的标准，对大中等部落的聚落群进行考察，得知东夷国家诞生于公元前 3000 年左右。其中宁阳、曲阜北境和兖州北境群、滕州薛河流域群、莒县南部群比较清楚。这三群属于目前 5 个大汶口文化的大聚落群之列，宁阳群已发现大汶口文化遗址 26 处，薛河流域群约 36 处，莒县群有 41 处。三群的中心聚落也已比较明确，依次是大汶口、西康留和陵阳河聚落，都做过一定规模的发掘，有一定的了解。大汶口遗址是公元前 3000 年或稍前的早期城市，虽未发现城墙，但未必没有，只是发掘时间较早，当时考古界还不存在找史前城的意识；西康留遗址已初步确定是大汶口文化中期的城；陵阳河遗址也已发现城墙线索，而且出有 10 余个著名的图像文字，文字年代接近公元前 3000 年，但陵阳河聚落应产生于大汶口文化中期。除了这三群的中心聚落产生于大汶口文化中期或更早，群内的其他聚落，在大汶口文化中期晚段也大多已经存在，并在公元前3000年左右，群内聚落形成都、邑、聚的金字塔形层级结构，表明这时这三个部落已发展成国家。另外的两个大汶口文化大聚落群，一个是平邑北部群，有遗址31处，另一个是青州东部、昌乐北部群，有遗址28处，但还不知这两群的中心聚落。再是邹城西部群、章丘群和临淄北部、广饶西南部群，群内发现的遗址虽然较少，但它们的中心聚落野店、焦家和傅家聚落，规模都十分突出，文化内涵也丰富。估计这5个部落，也可能和大汶口、西康留、陵阳河部落大致同时发展为国家。大体同时建立的国家可能还有，但不会很多，据目前资料推断，在公元前3000年左右建立的最早的东夷国家，最多在十国左右，标志东夷文明的诞生，山东历史进入了古国时代，证明山东具有5000年的文明史。

六 山东古国时代（约公元前3000年～前22世纪）

古国时代，名称缘起苏秉琦"古文化古城古国"学说。古国指早期国家，不是泛指古代的国家。古国时代是中国国家的早期发展阶段，是早期文明时代。山东古国时代，属于东夷古国时代，东夷文明的早期阶段。这时期的东夷文化，是晚期大汶口文化和最后约100年以前的龙山文化。这时期积累资料的丰富、全面和系统性，都超过了山东其他时期的资料，也进行了较多的研究，因此也有比较深入的认识。

（一）古国时代国家不断涌现

山东古国时代，是个国家不断诞生的时期。自公元前3000年前后，泰沂山周围地带数目不多的大中等部落率先发展成国家后，接着国家不断诞生。但在古国时代前期的大汶口文化晚期，国家诞生的频率较慢，国家不多，分布地理空间很有限，基本上都在泰沂山周围地区，鲁西北、鲁西南平原区，尚未出现国家。古国时代后期，即龙山文化时期，国家迅速诞生。这时，大汶口文化晚期的部落，或者随着龙山文化的产生，或者又经历了龙山文化时期一定时间的发展，大多转变成国家。同时，有些龙山文化大国，也可能分建了国家。有相当部分龙山文化古国的聚落群，并不是在大汶口文化的基础上发展起来的，它们之中聚落较多的群体，未必像大汶口文化聚落群那样，经历了从聚落组到聚落群的长期发展过程，因为龙山文化首尾只有600年，其间不可能由一两个龙山文化聚落，逐渐形成拥有20个左右聚落的聚落群体，所以这些聚落群体现的龙山文化国家，很可能是由那些强盛的古国分建的，也许古国时代后期已出现分封，随着古国时代后期国家的迅速诞生，分布空间也迅速扩大，国家已遍布山东全境，在周代诸侯国的中心区或附近，这时先后都出现了国家。如同部落规模有大中小不同等级一样，古国也可分为多个等级，其中大国只占少数，基本上都在泰沂山周围地区，环泰沂山地区仍然是东夷早期文明的主要中心和大本营。但东夷文明诞生不久，就出现了西向"逐鹿中原"的现象，势头相当强劲，以至古国时代后期，在鲁西的阳谷、梁山到鄄城县一带，出现了大规模的国家，鲁西、鲁西南地区也变成东夷古国时代的战略要地。下面举例说明东夷古国的诞生、发展和山东周代诸侯国的关系。

1. 薛河流域古国与薛国

滕州薛河流域，部落产生于北辛文化晚期，是最早的东夷部落之一。大汶口文化中期已发展成大部落，部落中心西康留遗址，是大汶口文化中期的城，城的面积约 3.6 万平方米（聚落面积约 20 万平方米），公元前 3000 左右诞生了国家。大汶口文化晚期的国土面积达五六百平方千米以上，已发现聚落址 30 余处，是最大的大汶口文化古国之一。龙山文化时期，聚落成倍增长，国土也显著扩展，由滕州东南部扩展到西南部和中南部，成为一个龙山文化大国。

依据文献记载，这个古国就是周代的薛国。《左传·定公元年》说，薛国的皇祖奚仲，先建都于薛，后又迁到一个叫邳的地点，他曾为夏禹服务，担任车正的官职；另一位祖先仲虺，也以薛和邳为国都，曾担任商汤的左相。前人说，奚仲、仲虺的薛都，就是滕州的薛故城；邳都，有的说在江苏邳州市东北，有的说在薛故城以西 15 千米，有人认为就是昭阳湖东侧微山县的欢城遗址。20 世纪 90 年代前期，考古部门已证明周代的薛都，就在薛故城东南部，是个面积不到 1 平方千米的小城，东、南面的城墙压在薛故城城墙下，西、北面地上已无城墙，东墙外就是老薛河，今薛故城是在周代薛国都城的基础上扩大的，是战国和汉代城，主要是齐国靖郭君田婴、孟尝君田文父子的采邑城和汉代薛县县城，也是秦代薛郡的郡治。老薛河东岸有处前掌大遗址，规模宏大，和薛故城东西相望，也已确认是商代后期的薛都，这时期的薛都几乎是同一地点。如此看来，奚仲、仲虺的薛都，即使不在前掌大与薛故城遗址内，也会在它们的附近，在薛河流域古国范围内。因此，他们的邳都应当在薛故城以西，因为龙山文化时期，该古国领土已向西扩展，而邳州市在滕州东南方相当远，那里有另外一个大汶口、龙山文化古国。奚仲和夏禹同时，夏禹大约是公元前 22 世纪人，这就是说奚仲时的文化，基本上是最后 100 年的龙山文化，证明薛河流域龙山文化古国就是奚仲的薛国。因该国直接承袭薛河流域大汶口文化古国，所以薛国在公元前 3000 年左右建国，并始终以薛河流域为中心延续到战国时期，被楚国灭亡，随后土地又被齐国占有，薛国是个 5000 年的东夷古国和中华古国之一。

2. 莒县古国与莒国

鲁东南莒县的南部，大约在大汶口文化早期出现了东夷部落，至公元前 3000

年左右发展成大汶口文化古国。该古国已发现聚落址 40 处左右，占地约 700 平方千米，是目前聚落最多的大汶口文化古国。国都陵阳河遗址，总面积达 50 万平方米以上，已发现城墙线索，出有 7 种 13 个图像文字，也有随葬品最多的大汶口文化晚期的大墓，现在该遗址几乎全部被陵阳镇所压。发展到龙山文化时期，古国的聚落增至 70 处左右，国土也大大扩展，北达莒县中部，西至沂南县东部与沂水县东南部，此时的国都可能已迁到陵阳河以北的段家庄。段家庄遗址面积达 100 万平方米，在东北边已发现一段 300 米长的城墙，肯定是座龙山文化城。该古国范围内有较多的岳石文化遗址，说明该古国延续到夏商时期。它位于春秋莒国的中心区，坐落在莒县县城的莒故城，一直被认为是春秋莒国的都城，莒县古国的地理位置表明，它应该就是周代的莒国。

古文献记载，莒国是西周开国之王周武王所封，是少昊的后裔，嬴姓。有的古文献说，莒国开始在汉代计斤县，后来迁到莒县。计斤是春秋的介根，在胶州市西南。又有记载说，莒国是在纪障发迹的，纪障在江苏连云港市赣榆县西北，近海，和鲁东南接境。其实，莒国在周朝以前已经存在，商代晚期的甲骨文就有不少伐莒的记载，说明当时的莒已是个地区大国，不然商王不会一再征伐。从商代晚期的形势分析，当时的莒国应该在莒县，是鲁东南地区的大国。莒国也不是在商代才建国，实际上是由莒县大汶口文化古国延续下来的国家，商代晚期以前都以莒县为中心，商代末年，受商王朝逼迫，或北迁到计斤，或迁于东南沿海的纪障，迁于纪障的可能性更大，纪障一带的连云港地区，当时可能已是莒国的领土。西周初年，成王东征，声势夺人，直达海滨，莒国臣服于周朝，被周王认可，延续下来。这大概就是周武王封莒传说的历史背景，实际上东征的是周成王，此时周武王已经去世。西周后期，王朝衰弱，莒国位处海隅，山高皇帝远，可能乘机迁回老家莒县，建都城于今莒故城西北角近旁处，就是钱家屯城。该城址的地面城墙已经消失，地下墙基仍完整，平面纵长方形，面积 1 平方千米余，是真正的莒故城。原来的莒故城，面积达 25 平方千米，比临淄齐故城和曲阜鲁故城的规模大得多，是齐国灭莒以后新筑的莒邑城，西汉成为城阳王的王都。以上说明莒国极可能也是个 5000 年的东夷古国和中华古国，除商代末期到西周中期一度外迁外，国土或中心区一直在莒县，战国早期灭亡。古人说莒被楚国所灭，今人考证是被齐国灭亡的。古国时代的莒国，文化高度发展，最先出现了图像文字，是陶器尖端产品龙山文化"蛋壳陶"的主要制作中心之一，酿酒业发达，可能已产生了原始天文历法，考古学的龙山文化鲁东南类型（两城类型），就是以莒国为代表的文化，是东夷文化和东夷早期文明的重要代表之一，直至春秋时期，莒国和鲁东南地区的青铜器仍独树一帜，古国时代的莒国，曾对中华文明的发展做出了重要贡献。

3. 淅河、白浪河流域的古国与纪国、莱国

在泰沂山东北侧，淅河与白浪河流域的山前平原和浅山地区，聚落十分密集，是山东史前文化的又一个重要发展中心，自氏族社会后期以来的古文化连绵不绝。至北辛文化晚期，首先在青州市中、东部地区出现了村落组，产生了最早的东夷部落之一。至大汶口文化中期，出现了三个大中等部落，即：青州中、东部与昌乐北境部落、昌乐南部部落和寿光西南部部落。在它们的相邻方面，聚落存在交错现象，界限不明确，但大汶口文化聚落大致可分为三群，其中青州中、东部与昌乐北境群有聚落 28 处，昌乐南部群有聚落 16 处，寿光西南部群有聚落 18 处。虽然它们的中心聚落都还不清楚，但因和鲁东南沂沭河流域与鲁中南滕州一带等地，同属大汶口文化的主要分布中心，特别是青州中、东部与昌乐北境群和莒县群、薛河流域群等一起，属于四个聚落最多的大汶口文化聚落群体，这些群体的部落向国家的过渡基本上是同步的，大约都在公元前 3000 年左右。即使昌乐南部和寿光西南部这两个中等部落，向国家转变的时间稍晚些，也不会晚于大汶口文化晚期。因此，无论它们是否同时转变成国家，都是大汶口文化晚期的古国。至龙山文化时期，这三国的聚落共增至 170 处以上，聚落的密集已无法分清界限，但从后来的情形分析，未必合成了一个国家，表明这三个古国的国土已出现了犬牙交错的现象。如果平均每个聚落按 250 人计，三国的总人口共约 4.25 万人。目前已在寿光古国的边线王聚落发现龙山文化城，城开始建于龙山文化中期，面积 1 万平方米；晚期扩大到 5.7 万平方米，反映出人口的迅速增长，但这个龙山文化城，属于山东第三等龙山文化城中最小的城，可能是该国的邑城，不是国都。

淅河、白浪河流域古国的地理位置，属于西周早期纪国和莱国的中心区。纪国偏北，国土以寿光为中心；莱国偏南，国土包括青州、临朐、昌乐等部分地区，国都可能在昌乐境内，纪、莱的国土互相交错，两国和西邻的齐国，国土也相交错。纪和莱都是商代延续下来的国家，最晚在商代晚期已存在，但不知究竟何时建国。纪、莱是姜姓国家，姜姓是中原华夏族团的始祖之一炎帝的子孙，其中一支很早就进入鲁中北地区，融于东夷族团中，大汶口文化鲁中北地方类型（傅家类型）也许与此有关，该类型的东界大体上就在白浪河流域。因此，纪、莱的建国可能较早，即使不是由这里的大汶口文化古国直接延续下来，但 5000 年以来，这里不同姓的国家互相替代，国家连绵不断，纪、莱在某个时候成为这里的国家，纪国一直在寿光一带，春秋早期被齐襄公所灭；莱国在西周初年挑衅了齐国后，不知何时稍稍东迁，至春秋晚期也被齐灵公灭亡，这地区的这一历史发展脉络，已经初步显示出来。

4. 淄河、乌河流域的古国与齐国

在泰沂山北侧中段的淄河与乌河之间，主要属淄博市临淄区和东营市广饶县。这里的古文化出现于 8000 年前的后李类型，部落的产生可能在大汶口文化初期，也有可能早到北辛文化晚期。至大汶口文化中、晚期，这里的聚落形成中等规模的聚落群，约有聚落 20 处，分布不够集中。因周汉时期齐国国都临淄城在本区中部，元代以来的临淄县城也一直在齐故城南边，齐故城规模宏大，战国时期有 7 万户，汉武帝时增至 10 万户，工商业极度繁荣，估计齐故城和临淄县城已毁坏或压住不少史前遗址，本区原来可能也是个大汶口文化、龙山文化的大聚落群。大汶口文化中期的部落中心，在广饶县傅家南面，傅家遗址面积达 30 万平方米以上，周围有壕沟和沼泽环绕。此部落约在公元前 3000 年或稍晚时间过渡到国家。至龙山文化时期，该古国的聚落已发现 30 余处，国都在临淄区驻地西北的田旺村北面（以前称桐林遗址），在乌河以东约 0.5、东距齐故城约 12 千米，是座龙山文化城，城的面积十五六万平方米。田旺城周围有大范围的龙山文化遗址，总面积约 350 万平方米，除了山西襄汾唐尧的都城遗址陶寺遗址外，目前全国少有超过田旺遗址的龙山文化时期遗址。田旺遗址还是座岳石文化城，并延至商周时期。

临淄、广饶地区，始终是周代齐国的统治中心区。《左传》里记有春秋晚期晏子对齐景公说齐地的沿革情况，依次是爽鸠氏、季蒥、逄伯陵、薄姑和姜太公。古人解释，爽鸠氏是少昊氏的司寇；季蒥是虞、夏时期的诸侯，是代替爽鸠氏的；逄伯陵是夏、商时期的诸侯；薄姑是晚商诸侯，然后就是姜太公。晏子说的齐地的沿革，主要是齐国统治中心区的沿革。爽鸠氏一般认为是大汶口文化的一支，因此，季蒥应当主要属于本区的龙山文化时期到岳石文化的某个时候，然后逄国和薄姑国先后相替，西周初年，薄姑参与反周叛乱，被周朝灭亡，地封于齐，所以晏子说"太公因之"。太公就是姜太公，或称齐太公，齐国的始祖。晏子所说齐地的沿革，和齐国统治中心区国家的诞生与连续发展相印证。这是在同一地理小区，东夷与东土国家互相更替，最后被西周封国取代的十分清晰的一例，虽然不是同一国家的延续，但这里的国家诞生后，国家从未间断。

5. 章丘古国与谭国

章丘是目前山东最早出现的古文化中心，也是东夷文明的一个中心。古文化自 8500 年以来连续不断，在经历了氏族社会后期阶段后，于北辛文化晚期出现了东夷部落，进入部落社会。至大汶口文化中期晚段，部落中心焦家聚落已十分突出，面积达 40 万平方米左右，约在公元前 3000 年发展成国家。至龙山文化时期，古国的聚落增至 40 余处，占地约 1000 平方千米，国都城子崖龙山文化城面积 20 万平方米。城子崖还是座岳石文化城，是章丘夏商时期国家的国都。商代晚期，这里的文化基本上变成商文化，估计仍然存在国家。周代的章丘，基本上属谭国。谭国不是周王新封的国家，很可能是从商代延续下来的。《诗经》的名篇《大东》，据说是谭国大夫所作，发泄了对周王室榨取东方诸侯国的不满，反映了东方诸侯国和王室之间的矛盾。由此看来，谭国是个被周王朝征服的东方土著国家，说不定和东夷有着渊源关系，春秋中期被齐桓公灭亡。虽然目前还不知谭国和章丘东夷国家的关系，但章丘地区自 5000 年以来至春秋中期，国家也未曾间断。

6. 禹城、齐河、济阳的古国与有鬲氏

地处鲁西北的禹城、齐河、济阳一带，有个龙山文化聚落群，群体范围包括禹城市驻地及周围的乡镇，齐河北部、济阳西部地区，已发现聚落址 17 处。鲁西北属黄泛沉积平原，估计有不少遗址已被湮没在地下或已毁坏。目前还不知中心聚落，但可以肯定是个龙山文化古国。在《左传》《帝王世纪》等古籍中，都提到夏代初年有个有鬲氏，也就是鬲国（鬲音革。有是语助词，无语义，下文的有虞氏，有莘氏都同此）。古地理学家都认为鬲国在德州，在今德州市德城区一带，这一带曾有齐国的鬲邑，汉代设有鬲县，属平原郡。文献出现鬲国的年代，相当于龙山文化末期，但德城区没有发现龙山文化遗址，整个德州地区也只有禹城—济阳这个龙山文化聚落群，北距德城区南界仅 20 余千米，德州市虽属黄泛区，但整个龙山文化聚落群全被湮没或冲毁的可能性不大，证明这个聚落群就是鬲国。现有资料表明它最晚在龙山文化后期已经建国，但这些资料都出自地下水位以上的堆积中，地下水位以下的堆积年代可能会更早些，就是说鬲国出现的时间，可能早于龙山文化后期。鬲国在夏代早期曾为夏王少康的复国帮了大忙，不知何时灭亡。

7. 阳谷、梁山、鄄城的古国与有虞氏

在山东最西部，自阳谷县东南部，南至梁山县南部的古大野泽，西抵河南范县东部，包括山东郓城、鄄城县大部和河南台前县地区，有个龙山文化古国。今黄河斜穿本区，此段黄河河道是清代咸丰年间黄河在河南长垣铜瓦厢决口后形成的。这地区是黄河水患的严重地区，估计许多遗址已被冲毁和湮没，目前只发现 20 余处龙山文化遗址，分布范围却达 7000 平方千米以上，是目前国土最大的龙山文化国家。国都在阳谷景阳冈，是座宏大的龙山文化城，城的面积 38 万平方米，城内中部有两个大规模台址，东西并立。西台约 9 万平方米，是宫廷建筑的高台基；东台约 1 万余平方米，是庙堂礼仪性建筑的高台基，这两座台基原来高出地面数米，就是传说梁山好汉武松打虎的景阳冈。景阳冈城的规模与气势，在目前黄河流域的许多龙山时代城中，仅次于山西陶寺城，陶寺城是唐尧的都城。除了景阳冈城，该国境内还发现王家庄和皇姑冢两座小城，面积分别约 4 万和 6 万平方米，是两座"邑"城。该国国土和国都的规模，以及位于东夷集团前沿的地理位置等，表明是个很重要的东夷国家，很可能是有虞氏，也就是大舜的虞国。

　　虞舜的传说流传很广，涉及江北、江南的许多省份，传说也很混乱。梳理大量乱丝般的虞舜的传说，可以得出两个基本结论：一是虞舜是东夷人，虞国是个东夷国家；二是至少舜时的虞国，地望在鲁西一带。

　　关于虞舜的地望，《管子》《墨子》《孟子》《吕氏春秋》《尚书大传》《淮南子》《史记》等西汉以前的文献，勾勒了一个虞舜早期的活动范围。此范围是个东南到曲阜，南至鄄城东南境，西北到古黄河边（当时黄河流经濮阳县西，折向东北，经鲁西北入河北），东北大致至古济水（今黄河）西岸的地理区间，而以春秋卫国的东部地区，或者说冀、鲁、豫交汇地区东南部的山东一方为中心。这一中心区恰好和景阳冈龙山文化国家的中心区一致，西面和河南濮阳的颛顼高阳氏相邻，西北靠近商人先祖的活动中心漳河地区。《国语·鲁语》记载，有虞祖颛顼，而商人禘舜，"祖"和"禘"是古代君主对始祖和有功祖先的祭祀，说明颛顼、有虞、商族三者有渊源关系。在那么早的年代，有着渊源关系的族与国家，往往比较靠近。这是重要的一点。

　　再是，据《淮南子·本经》记载，舜和空桑有联系，空桑是个低洼容易受水患的地方，空桑也叫穷桑，是东夷势力前沿的重镇。据说早年以黄帝为代表的华夏集团和以蚩尤为代表的东夷集团，曾在涿鹿发生部族大战，涿鹿很可能在河北西南部的巨鹿县一带，黄帝大败蚩尤，杀了蚩尤之后，就是在穷桑被拥戴为盟主的。穷桑，史家大都说在鲁国北部，景阳冈龙山文化城所在的阳谷县，正当鲁国的西北部，自古就是水患重灾区，穷桑可能就在阳谷县一带。阳谷有大汶口文化早期以来的大汶口文化遗址，其中的王家庄遗址还发现了大汶口文化早期城的线索。

　　第三，夏商时期有个遂国，又称虞遂，是舜的后人并继承了舜的衣钵。遂城在宁阳县最西北境，和肥城接境，西北距景阳冈龙山文化城约 70 千米，西周初年，周王封遂胡公于陈（河南淮阳），使陈国成为虞舜的正宗，遂国仍然存在，春秋时期被齐国灭亡。曾继承虞舜衣钵的遂国，西邻龙山文化景阳冈国，说明景阳冈国很可能是虞国。

　　第四，夏王少康的逃亡过程，证明景阳冈国是虞国。夏王朝建立不久，东夷国家有穷氏取而代之，杀夏王相，相妻逃到有仍国（今济宁市驻地），生下遗腹子少康，少康在有仍长大，有穷国君寒浞要杀少康，以绝后患。少康逃到有虞国，在虞国积极准备，终于恢复夏国。古史家大多说虞国在河南最东部的虞城县一带，这比济宁到有穷国的统治中心河洛地区要近得多，况且河南东部有寒浞两个儿子的封国过国与戈国，这样少康岂不是自投罗网，虞国显然不在河南东部，实际上在山东西部。少康逃至有虞是向北逃亡，既远离敌人的锋芒，又和早先逃到有鬲的大臣靡就近呼应，有鬲在有虞东北不过 100 千米左右。

　　以上四点理由，比有虞地望的其他说法充足得多，而且有考古资料的支持，基本上可以确定景阳冈国是虞国，也说明山东西部地区在我国古史发展中，曾占有极其重要的地位。

8.曹县古国与有莘氏

曹县位于山东的最西南部，境内有个龙山文化古国，因地处黄泛区，许多遗址已深埋地下，地面上所见的遗址大都只是遗址的顶部，已发现的遗址不过 10 余处。但国都春墓岗遗址规模庞大，在县城西北的倪集乡岗西村，该遗址地面原有三个大台址，自东北向西南一线排列，首尾达 1000 余米，有如丘岭。20 世纪 50 年代修公路，挖掉了东台，后来中台也被夷平，但地面仍可见龙山文化与商代夯土，地面上散布许多龙山文化和商代陶片，没有西周夯土与遗物，证明台址筑于龙山文化时期，商代继续修筑；西南有孤台屹立，如土冢，是西台残存部分。规模如此宏大的龙山文化遗址，基本上可以肯定是座城。对照文献，这个古国是有莘氏。

有莘，古书多有记载。莘，也写成姺、侁、娞。有记载说，夏鲧娶了一个叫女志的莘国女子，生了夏禹，那么莘国是夏禹的外家，此外商汤也和有莘通婚，可见有莘是个有影响的东夷古国。前人说有莘的地望有两处，一是曹县莘冢集，一在河南陈留（开封东南）。从《左传·僖公二十八年》对城濮之战的记载来看，可知有莘在曹县。但莘冢集是在大汶口、龙山文化遗址上建立的一座东周城，可能就是城濮，不是有莘国都遗址"有莘之墟"。有莘国都是春墓岗遗址，在莘冢集西南约 3 千米。城濮之战前夕，晋文公登"有莘之墟"观看自己军队的操练，就是登的春墓岗遗址的台址，第二天就在春墓岗遗址北面列阵，运用计谋大败楚国军队，楚军统帅令尹子玉自杀，晋文公继齐桓公成为春秋五霸的第二位霸主，也就是诸侯之首。《左传》记城濮之战十分详细而生动，退避三舍的典故就出于此处。可见曹县以春墓岗为中心的龙山文化古国，就是有莘氏，它的考古文化表明是个东夷古国。有莘自龙山文化时期建国，经历了夏、商两代，可能在西周初年成王东征时被灭，地分归曹国（国都在今定陶县一带）和宋国（国都在今河南商丘）。

以上八个国家，只是东夷古国的很少部分，从中可以看到山东古国时代，东夷古国不断诞生、发展的大概情形。这些古国，有些自兴至亡，始终或基本上在始兴地长期发展，甚至延续到战国时期。有些区间的国家诞生后，不同的国家互相更替，同一区间国家不曾间断。古国时代存在国家迁徙的情形，但似乎很少，主要是新国家不断涌现。古国时代已存在一定程度的兼并现象，但兼并不激烈，这可能同早期国家的原始性，以及大多数古国周围都有相当宽广的空地有关。

东夷古国具有以下四个基本特征，构成东夷早期国家的基本形态：

第一，古国基本上都由部落发展而来，尤其是前期的古国，都由大汶口文化中、晚期的部落发展而成。后期的龙山文化古国，有些是直接建立国家的。这些国家主要是从别的国家分出的，类似后来的分封，但不能肯定当时是否已产生分封。有的国家可能是从别地迁来的，这类国家很少。

第二，古国的国土很小。古国基本上都是小国，国土开始同它的母体——部落的领地基本一致，国土的扩展一般是在部落领地的基础上扩展的。部落领地的大小很不一致，但都大于聚落群的占地范围，在聚落群外围都有大小不等的空地。按古国聚落的四至粗略匡算，面积从数百平方千米左右到 2500 平方千米左右不等，基本上在古书记载的古代国家面积的范围内。古书记载古代国家的面积，大国"方百里"，中等国"方七十里"，小国"方五十里"，还有不到方五十里的附庸国。古人说，方多少里是取长补短的意思，不是方方正正的一块地盘。这里说的是周代的里，一里大约相当于今天 3/4 华里，折合成千米，大国面积约 1400 平方千米，中等国约 700 千米，小国约 350 平方千米，附庸国大的也不过现今数个乡镇大小。这很可能是周代分封诸侯国的制度，只是从制度上划分这么四个等级，特别是要借此确定诸侯的等级秩序，真正实施起来是不可能完全按这四个等级的面积分封的。周代分封诸侯国的四个等级，可能源自古国的规模，除很少数古国的面积达到 1500 平方千米以上到 2500 平方千米左右外，古国面积都和古文献记载的四等国家的面积相仿。

第三，古国的人口很少。假如大汶口文化古国的聚落，每个聚落平均以 200 人，龙山文化古国的聚落平均每个以 250 人匡算，大汶口文化中等国与大国的人口，一般是 4000 人左右至 1 万余人。龙山文化小国的人口约 5000 人左右，中等国约 1 万人左右，大国约 1.5～2 万余人。这是个参考数值，但和实际人口出入不会很大。因古国脱胎于部落，国土一般就是原部落的领地，所以国民主体也是原部落成员和他们的子孙。有部分古国有兼并举动，但被兼并的主要是紧邻的部落或古国，这类部落与古国和兼并国一般有血缘关系。因此，古国国民的主体是同宗同缘的，宗族血缘关系仍将发挥重要作用，尤其是在古国的乡村。因为弱肉强食的兼并还不很激烈，所以古国的外来人口一般不会很多。虽然人口流动特别是流向中心聚落的现象在发展，但主要限于本国范围内，跨国、跨地区的流动还不很多。

第四，古国具有典型和比较典型的都、邑、村三级行政管理体系。大中等古国一般都有一个突出或比较突出的都城，其中有许多城和少数早期城市。有若干相当邑的二级管理机构，其中也有一些城。乡村占古国聚落的绝对多数，从事农业生产，各村落都应当有管理组织，构成古国的基层组织。有些小国，聚落很少，可能只有都和村两级组织。

东夷古国的政体可能属于专制型，也应该存在土地制度和贡赋制度，但这些国家形态的核心问题，目前还说不清楚。上述四点特征告诉我们，东夷古国这种早期国家，无论大小，都是"寡民小国"，还是原始性的雏形国家。但毕竟已是国家的早期发展阶段，不能把古国看成酋邦。在东夷族团的历史发展过程中，并不存在酋邦时期。

（二）古国时代众多古国和大量部落、氏族共存

由于历史发展的不平衡性，部落和国家的发展都不是齐头并进的。它们的出现有早晚，人口与聚落有多寡，发展速度有快慢。在公元前 3000 年左右，只是少数发展较快的大部落和中大型部落发展为国家，其他的部落是在它们之后逐步转化成国家的，所以在古国时代，古国与部落、独立氏族始终共存，而且部落、独立氏族始终多于古国。大汶口、龙山文化的聚落，始终以成群和零星散布的两种形态而存在，大汶口文化早、中期的聚落群，都是部落。在零星散布的聚落中，孤单存在的单个聚落，是独立氏族；两个相近存在的聚落，可能是独立氏族、胞族或小部落；三四个成组存在的聚落组，是小部落。国家诞生后，那些聚落已经形成聚落群的部落，大都在古国时代陆续发展成国家，但到古国时代之末，仍有一些很小的龙山文化聚落群，聚落只有六七处左右，这类小聚落群恐怕仍是部落，不是古国。至于零散分布的聚落，还未发展成聚落群，只能是小部落和独立氏族。这些小部落和独立氏族，已没有机会在古国时代发展成国家。它们的命运，要么在以后时期发展成小国，要么随着时间的推移，被周边国家吞并。从全国来说，这类小部落与氏族极多，不知其数，远远超过了古国。它们和国家一起被古人看成国家，古人并无国家、部落、氏族的严格区分，只要互不隶属，就看做国家。从这个意义说，古人说五帝时代（大体相当古国时代）有万国，基本符合史实。"万"只是很多的意思，不是确数，但"万国"中包含当时全国全部的古国、部落、独立氏族在内，真正的国家相对当时的部落、氏族来说，是相当少的少数。

（三）山东古国时代社会经济繁荣

山东古国时代的社会经济，承袭部落社会晚期的快速发展势头，持续迅速发展，以农业和手工业为主体的社会经济，繁荣发达。大汶口、龙山文化之交出现的"耜形器"（早年称牙璋），是拜日祈年的玉礼器，由农耕工具耜演化而来。耜转化成祈求丰年的礼器，表明农业早已由锄耕发展为耜耕农业。东夷古国时代的农业，是粟作稻作混合农业，目前已发现稻谷的龙山文化遗址，南有连云港藤花落，北有半岛栖霞杨家圈，东有日照沿海两城镇，西有滕州庄里西。在连云港藤花落龙山文化城，不仅发现许多稻谷，而且发现了利用城壕种植水稻的稻田，还有水渠、水口等遗迹；从这里岳石文化稻田的撒播遗迹，可知龙山文化的水稻可能也是撒播的。古国时代手工业的持续快速发展，也折射出农业具有较高的生产率与发展水平，手工业及其专门化的发展，是以农业生产率水平的提高，能够源源不断地提供手工业所需的劳动力为前提的。同时，大汶口文化中期以来，人口与聚落快速增长，大中等聚落群

的涌现，它们的中心聚落的突出发展等，都反映出农业的迅速发展。民以食为天，只有相应的农业发展水平，才能促使人口快速繁殖，聚落迅速增长，能够在许多地理小区间集中众多的聚落。自大汶口文化中期以来，聚落由山前平地、近山平原开始向远山平原扩展，至龙山文化时期，聚落几乎已遍布山东全部平原地区，既表明种植粮食和饲养家畜尤其是猪，已成为保证生存的基本手段，也反映了农业已成为社会经济的坚实基础。正是大汶口文化中期以来农业的迅速发展，孕育出东夷文明，并使这个文明具有稳固的经济基础。

东夷古国时代手工业的发展尤其突出，总体水平一直处于领先地位，构成社会经济的突出部门。制陶业独占全国鳌头。陶器全用快轮制作，窑温控制自如，造型十分优美，产品极其丰富，龙山文化的陶器已把实用性和艺术性完美地结合在一起。其中的蛋壳高柄杯类器，器胎薄如蛋壳，轻如纸制，一件 20 厘米高的蛋壳高柄杯，重不到 50 克，胎厚仅 0.1 毫米到 1 毫米左右，所以人们称为"蛋壳陶"。蛋壳陶的制作工序很复杂，放在匣钵里烧成。匣钵是数千年后烧制精细瓷器用的窑具，使瓷器不直接接触火焰，烧成温度均匀。龙山文化的黑陶器中有许多精品，色黑如漆，质硬如瓷，其声如磬，光亮可鉴，器形优雅美观，令人赏心悦目。大量龙山文化陶器，都堪称古陶工艺瑰宝。玉器工艺也步步高升。大汶口文化晚期大汶口遗址的玉斧，无论是切割、磨制、抛光技术，已达到很高水平。龙山文化时期，制玉工艺又长足进步。如日照两城遗址的扁平玉斧，顶部的两面都刻兽面纹，纹饰纤细、繁缛、流畅。临朐西朱封遗址的玉冠饰和玉簪，器形大，造型独具匠心，工艺精湛复杂，为史前玉器所罕见，如不知出于龙山文化墓中，恐怕都会当成东周玉器。龙山文化的玉器制作工艺，已后来居上，代表着当时全国玉器工艺的最高水平。这时期产生了雕刻镶嵌新工艺。大汶口遗址大汶口文化晚期的象牙与骨雕筒、雕花牙梳，制作精致，骨、牙雕筒大多镶嵌绿松石，至龙山文化时期，又在玉器上镶嵌绿松石。如西朱封的玉冠饰，不仅把玉佩形的冒部，透雕成双面对称的兽面，而且在两面的双目位置，用四粒很小的绿松石镶嵌，格外传神。玉佩形的冒部，下套椭圆棒形的器身，器身上端开卯，和冒部对接，竟然纹丝不动，如整块玉材制成，工艺之精准，令人拍案叫绝。东夷古国时代有着比较先进的建筑技术，主要是住房建筑和筑城。住房基本上已建在地面上，并较早地出现了夯筑低台基，龙山文化时期则出现高台基大建筑，使用土坯砌墙、铺地，西部地区已烧制石灰，用石灰来敷抹室内地面。大汶口文化时期已在筑城，龙山文化时期，城已十分普遍。龙山文化的城，大都用堆筑法与原始版筑法相结合筑成，主要属于台城。台城是台形的城，城内地面显著高于城外地面，所以城墙外面高而陡，内面很矮而成缓坡形。这种台城具有对地形的更大适应性和提高筑城效率的优点，因而能够普遍筑城和修筑大规模的城，是在文明早期需要大量筑城的历史条件下，对单一的原始方块版筑法的改进，而且龙山文化的版筑，大都是长方块版筑，夹板长度一般是方块版筑的二三倍，已比方块版筑进步。自 20 世纪 70 年代以来，在山东的三里河、呈子、尧王城、杨家圈、大范庄、店子、河南栾台等成十处遗址，发现冶铜遗物，分布范围自鲁东南沿海，北达渤海之中的长岛，西抵河南东部，说明最晚在龙山文化时期已兴起冶铜业，但主要是红铜，此时的山东已处在铜石并用时代。自大汶口文化中期以来，手工业的持续快速发展，直线上升，既催化了东夷文明的诞生，也使东夷早期文明具有璀璨的光辉。

（四）山东古国时代社会的深刻变化

随着山东古国时代社会经济的急速发展，社会发生更深刻的变化。社会的深刻变化，集中体现在社会分化与社会分层秩序的发展和城乡分离格局的形成这两个方面。

社会分化与社会分层，两者关联。社会分层体现了社会分化的深刻化，两者不是同时发生的。社会分化是随着私有制的产生而发生的，并随着私有制的发展而发展。山东地区的社会分化可能产生于北辛文化晚期，大汶口文化初期的墓葬资料已有比较清楚地反映。进入大汶口文化中期阶段后，贫富分化与社会分工的发展，城乡分离的运行和人身依附关系的产生发展等，表明社会分化的深刻化，产生了社会分层现象，并得到迅速发展。但部落社会晚期的社会分层现象，还是局部的，初步的，基本上限于那些大部落和某些中等偏大的部落，不是普遍现象。进入古国时代，特别是到了古国时代后期的龙山文化时期，聚落、城、住房和墓葬资料都证明，整个社会已形成金字塔形的分层秩序。

山东境内的龙山文化遗址达 1500 处以上，可能有 2000 处左右。聚落面积可以分成 3 万、10 万、20 万、30 万、50 万、100 万平方米以下，超过 100 万平方米的七八个等级，可概括为特大型、大型、中大型、中小型、小大型、最小型六类聚落。山东的龙山文化城，已知面积和大概面积的达 10 余座，可分为 5 万、10 万、20 万平方米以下，超过 20 万平方米的四个等级。龙山文化的住房建筑，包括高台基、低台基、地面起建和浅地穴式建筑。高台基房子是殿堂建筑，低台基和地面起建的房子，包括少数大建筑和一般性的普通房子，主要是后者；浅地穴式住房都是小房子，数量很少。已发掘的龙山文化墓葬，数量相当可观，按墓室规模，有无棺椁和随葬品的多寡与有无，可分为特大墓、大墓、中大墓、中小墓、小墓和无随葬品的最小墓六类。特大型聚落、大城、高台基建筑和特大墓，都是个别的；大聚落、低台基与平地起建的大房子和大墓，只占很少数；中型聚落、中等城、一般住房中面积偏大的房子以及中等墓，数量明显多于前一类；小等级的聚落、城、住房和墓葬，都占绝大多数。这已形象地反映出龙山文化的社会，已发展成多层次的金字塔形的分层结构。尤其是墓葬的层级资料，把这一社会的多层结构，格外清楚地展示在我们面前：极少数特大墓与大墓，是王墓与社会最高层的墓；占相当数量的中型墓，是社会中层成员的墓，他们也不是都处在一个相同地位的；占绝大多数的小墓，是最底层社会成员的墓，其中没有随葬品的赤贫者墓数量之多，说明社会两极分化已是多么严重。

城乡分离的社会格局，也有一个从启动到基本形成的过程。从理论上说，城的出现，就意味着启动了城乡分离的进程，早期城市的诞生，表明城乡分离的基本形成。除了城的标志外，有的聚落迈出向城镇化发展的步伐，也反映了城乡分离的进程已经启动。例如大汶口聚落在大汶口文化早期已经脱颖而出，从它以后的发展道路来看，实际上已开始向城镇化迈进，意味着启动了城乡分离的进程。也许山东地区的城乡分离进程出现相当早，但即使如此，初期的城乡分离的步伐是很缓慢，很不明显，不易觉察的。进入大汶口文化中期，那些大部落和中大部落的中心聚落迅速明朗化，并快速向城镇化迈进，第二次社会大分工已在进行，这就加速了城乡分离的进程，这时期这一发展进程已经很明显。至公元前3000年或稍前，大汶口聚落发展成大汶口文化最主要的政治、经济、文化中心，而成为一个早期城市，表明大汶口聚落所在的大汶河流域，初步形成了城乡分离的社会格局。但和分层社会结构的产生形成过程一样，这时的城乡分离格局是局部的，只限于个别古国及其所在的地区。大汶口文化晚期的古国并不多，就目前所知，除了大汶口聚落外，这些古国的都城都不能说是早期城市，所以大汶口文化晚期的社会，整体上还处在城乡分离的进程中，整体社会还不是城乡分离的社会。至龙山文化时期，情况大变，这时期城已很普遍，已发现的城和城的线索达20多处，许多古国的国都都是城，其中已有不少早期城市，分布于各地区，例如城子崖、景阳冈、两城、田旺龙山文化城等，它们不仅是本国的，也是所在地区的政治、经济、文化中心，龙山文化的社会整体上已形成城乡分离的局面。

这从古国范围考察，更加清晰。许多古国都拥有数十个以上聚落，聚落具有典型的都、邑、村的金字塔形结构。都城即便不是城与早期城市，也是大规模的聚落，文化内涵丰富，文化总体水平明显高于其他聚落。相当于邑的聚落，一般都只有若干处，村落占了绝对多数。村落面积基本上都在3万平方米以下，其中许多都只有1万平方米以下，和都城形成了鲜明的对照。处于塔尖位置的都城和相当塔基的村落之间，已把古国内部城乡分离的社会格局昭然显示出来。城乡分离，是古代社会影响深远的一次社会分工，马克思主义把城市与乡村的分离，看成物质劳动和精神劳动的最大的一次分工，认为"城乡之间的对立是随着野蛮向文明的过渡，部落制向国家的过渡，地方局限性向民族的过渡而开始的，它贯穿着全部文明的历史"。

以国家为标志的东夷文明诞生后，经历了大汶口文化晚期的初期阶段，在龙山文化时期已得到明显的发展，整体社会形成金字塔形的分层秩序和城乡分离的格局，国家的本质特征得到加强，国家正在脱离原始状况，迈向比较成熟的方国阶段。大约在公元前 22 世纪，东夷文明发展到方国时代。

七　山东方国时代前期（约公元前22～前14世纪）

方国时代，名称缘起苏秉琦"古国、方国、帝国"的中国国家发展三部曲学说，有的学者称为王国时代。但东夷始终未形成统一大国，政权结构也还不清楚，所以称为方国时代。方国时代是国家发展的新阶段。山东方国时代，大约从公元前 22 世纪开始，至公元前 221 年秦始皇灭齐为止，可分为前后两个时期。前期约公元前 22 世纪～约前 14 世纪，仍是东夷历史的延续；后期约从公元前 14 世纪至公元前 221 年，东夷族团基本上已退出历史舞台，山东正处于和中原相互融合的时期，这时期将另立第八题介绍。山东方国时代前期的考古文化，包括最后约 100 年间的龙山文化和岳石文化。岳石文化的年代大约从公元前 2000 年到公元前 14 世纪，但岳石文化是由西而东逐步消失的，有一个较长的消失过程，公元前 14 世纪大体上是岳石文化在山东中部地区消失的时间。山东方国时代的开始年代，并不很明确。结合文献与考古资料分析，大舜时的虞国应该已是个方国，舜大约是公元前 22 世纪人，所以暂把公元前 22 世纪定为山东方国时代的开始。

前面已说过，舜时的虞国最可能在山东的最西部，以《禹贡》书中的兖州（相当古黄河与古济水之间地域）的中东部、西汉东郡的东部地区为中心，聚落分布范围跨山东阳谷、东平、梁山、郓城、鄄城、河南台前、范县八县市的部分、大部或全部地区，面积达 7000 平方千米以上，是古国大国面积的三四倍，俨然是一方之国。在司马迁的《五帝本纪》中，虞舜是最后一帝，他的事迹已有较多的人事方面的记载，反映国家管理水平已有进步。五帝并不是古天子，他们都是自己国家的君主，五帝中的后两位尧与舜，以及禹的国家，从来就很清楚。尧的国家称唐，舜的国家称虞，或称有虞、有虞氏，禹的国家称夏。唐国国都在山西西南部襄汾县的陶寺，陶寺城的面积接近 200 万平方米，规模之大，令人震惊。禹的都城，说法不一，考古界尚未确认，但不会超出河南河洛地区。尧舜禹既然是唐、虞、夏三国的君主，怎么会互相禅让？尧舜禹禅让说显然不是事实，是古人编撰的。五帝的真实身份，是北半中国古国（包括部落）联盟的盟主，这个联盟以黄河流域的华夏族与东夷族势力为主体，主要是和长江势力集团相对峙的，尧舜禹禅让说很可能是由这个联盟推举盟主的举动演绎成的。推举盟主，自然要以他的国力和他本人的能力与影响为基础，舜被推举成这个联盟的盟主，说明这时的虞国和舜具有广泛影响，舜被古人众口一词地说成古圣贤，可能反映了虞国的强盛和舜对这个联盟的重要贡献的历史背景。舜被推举为盟主，也反映了这时东夷文明的强盛。

这时河洛地区的夏国，可能也已由古国发展成方国，国君夏禹可能是这个联盟的最后一位盟主。当舜做盟主时，禹就是舜在联盟中的重要助手，因主持治理洪水和征伐南方苗蛮势力的卓著功绩，顺理成章地继承了盟主地位。夏禹时，夏国国力强盛，可能已在开拓疆土，至儿子夏启时，国土可能已显著扩大。古史传说夏启开始建立夏王朝，试想如果没有远远超过古国规模的疆土，怎配称王朝？夏王朝的建立，黄河流域的联盟随着瓦解，东夷的有些强国和夏王朝发生了斗争。先是有一位叫益的领袖，起来挑战夏启，被启所杀。这头一回合，东夷势力以失败告终，但并未伤及元气。

不久，东夷就反败为胜，发生了后羿代夏事件。后羿是夏代初年一个东夷方国的国君，据说都城在鉏这个地点（传说在今河南北部滑县附近），在夏朝的统治中心河洛地区的东北方不很远，可能是夏朝的邻国。后羿在夏朝第二王太康时，夺取了夏朝的发祥地河洛地区，建都于穷石（今洛阳市一带），改国号为有穷，成为当时最显赫的方国，所以有的古书也称羿为"帝"。后羿沉湎田猎，大臣寒浞杀羿而篡位，国号仍称有穷。寒浞封长子、次子于过和戈，过、戈两国的位置有不同说法，大概在河南东部与东南部的说法比较接近事实。当寒浞杀后羿时，后羿有个叫靡的大臣（本来是夏朝的大臣）逃到了鬲国。寒浞时，夏王相寄居于河南北部的斟灌国，后来被寒浞的儿子所杀，夏朝历史中断。相被杀时，妻子怀着身孕逃回娘家有仍国（今济宁市区一带），生下儿子，就是后来的夏王少康。少康在有仍长大，又被寒浞儿子追杀，再北逃到虞国，在虞国的支持下，终于和先逃到鬲国的老臣靡一起灭了有穷国，恢复了夏王朝，史称少康中兴。在少康的复国过程中，恐怕少不了一些东夷国家的参与。后羿代夏事件和少康的复国过程，突出说明了夏代初年东夷文明的强盛。

少康复国后，和儿子夏王杼相继经略东方，东夷文明发生衰退。大约在夏王杼时，龙山文化向岳石文化转变，岳石文化的聚落骤然减少，人民流散，东夷国家大多臣服了夏王朝，在《古本竹书纪年》中，就有不少夷人朝贡夏王的记载。但少康中兴以后的夏王朝，只把东夷势力逐出中原，迫使它臣服自己，夏王朝的东界，一直在河南、山东接境一带，始终未深入山东腹地。尽管岳石文化遗址大大少于龙山文化遗址，但仍然遍布山东全境和江苏、安徽的淮北地区，只是聚落分布比龙山文化稀疏。岳石文化聚落或者承袭龙山文化聚落，或者在某处新建立，城子崖、田旺等龙山文化城，也都是岳石文化城，而且山东至今没有发现夏人文化的二里头文化遗址，只在山东西部地区存在二里头文化的一些影响，影响并不强烈。这已充分说明山东仍是东夷的天下，东夷方国、小国、部落林立。东夷势力臣服夏王朝以后，社会逐渐稳定，基本上和夏王朝维持着和平相处的局面，元气逐渐恢复，文化渐渐向前发展，特别是兴起了青铜冶铸业。在照格庄、郝家庄、城子崖、尹家城、姑子坪、清凉山等岳石文化遗址，发现了双翼铜镞、方体斜刃铜凿、多种铜刀、三棱铜锥、圆锥形铜钻、手镯形铜环等小件铜器。其中尹家城出土了14件之多，有9件进行了金相分析，内有6件是铜、锡和铜、铅合炼成的青铜，主要用单面范铸造，有的可能使用了双面范，岳石文化已是早期青铜文化。岳石文化还制作了半月形双孔石刀、长方形方孔石镶新农具，表明农业生产力也有发展。藤花落遗址的岳石文化稻田和水稻的撒播遗迹，说明农业可能仍然是旱作、稻作混合农业。岳石文化的聚落分布形态发生了重大变化，在部落社会、古国时代聚落以成群分布为主的现象，可能已基本消失，表明宗族血缘关系的削弱，地域性的国家已在取代以部落领地为国土基础、以原部落成员及其子孙为国民主体的早期国家，说明东夷文明已超越早期发展阶段，处在一个发展新阶段。司马迁《史记·夏本纪》说，自夏王孔甲以来，许多诸侯已不服从夏王朝，其中自然包括不少东夷国家，可见夏朝晚期，一些东夷国家已经强盛起来，不再买夏王的账。自夏王孔甲经皋、发两王，至夏桀，商汤奋起灭夏，建立了商王朝。商汤的灭夏，依赖了东夷势力的支持。

　　商族的发祥地，学术界一直存在不同意见。20世纪早期以来的主流观点，认为商族起源于山东西南部，是夷人的一支。20世纪80年代以后，商人起源于太行山东南侧的河北西南部与河南北部的观点，渐渐占据主导地位，但仍有一些学者坚持前一观点。商族即使不是东夷的一支，但其渊源恐怕和夷人有密切关系。史学界把商汤建立商王朝以前的商族先祖，称为先公先王，他们频繁迁徙，没有永久的都城，土地也不大，至商汤时，还只有"方百里"甚至是"方七十里"之地。汤把都城建在亳这个地点，亳都就是位于郑州市区的商代城。商汤怎么能以一个区区小国，一举灭亡占有中原地区的大国夏国呢？得到了东夷势力的支持，是决定性的因素之一。汤在郑州建立灭夏的大本营后，找了个借口，首先灭掉了在河南东部宁陵县一带的葛国，接着在景亳和诸侯会盟。景亳在山东西南部的曹县。从会盟的地点，可知参与会盟的主要是鲁西南、皖北、江苏西北一带的东夷国家，它们在夏朝末年都已强盛起来，站在了夏朝的对立面，汤通过会盟和它们结成了反夏联盟。然后矛头指向北面，灭了韦、顾、昆吾三国，乘势一举灭亡夏朝。韦国在河南滑县，顾在范县，昆吾在濮阳县，都在河南北部，郑州的东北方。有记载说，商汤从灭韦到灭夏国，首尾仅有4年，可见兵锋的锐利，如无东夷势力的支持，岂能做到！实际上商汤统率的灭夏大军，是包括东夷军队的联军，这从史书记载汤和曹县的莘国联姻，薛国君主仲虺曾担任汤的左相，已看出点信息。说明夏末商初，东夷文明已经复兴，再度成为举足轻重的政治力量。

商汤大约在公元前 1600 年灭夏，建立商王朝，大约在公元前 1046 年，商朝被周武王所灭。商朝建立后，约在公元前 15 世纪初期开始，向周围大举扩张，南面到达长江，在武汉长江北侧的黄陂，建立了盘龙城重镇，或是封国。这时期商朝的物质文化，考古界称为二里冈上层商文化，属于商代早期后阶段的商文化。二里冈上层商文化的影响十分强大，越过了长江，抵达湖南、江西中部地区。在东面，这时商人进到鲁中南的薛国地区和泰沂山北侧的济南地区，二里冈上层商文化基本上先后取代了鲁西南、鲁西、鲁中南和济南地区的岳石文化。至商代晚期，商文化东进到鲁东南沿海和泰沂山北侧的潍河西岸，这些地区包括齐地、薛地在内，以商文化为主导，和当地的岳石文化或岳石文化因素，重组成当地的商代晚期文化。但商文化没有越过潍河，山东东部和半岛地区，至今没有发现商文化，商文化的影响也十分微弱。

商人势力在山东的扩展，主要是扩大势力范围，迫使东夷国家听命自己，不是直接灭国略地。为了有效控制东夷势力，自然也不可避免地会在东夷地区建立据点或封国，例如济南东郊的大辛庄遗址，就是商朝在商代早期后段建立的一个重镇，很可能是个封国，地位和在武汉以北的盘龙城相同，建立的年代也基本上一致，但商朝在山东建立的据点或封国可能不多。莘、薛、奄、谭地的国家，薄姑、纪、莱、莒国等，都和商代或商代后期一起存在，其中莘、薛、莒、纪、莱等国，还都延续到春秋战国时期，就说明商人在山东的扩展，主要不是直接扩大领土。由于商文化和商文明是当时全国最先进的文化，发展水平最高的文明，整体上已比东夷文明水平高得多，所以这些国家原来的岳石文化，随着商文化的到来也就迅速被它所取代。这并不表示商代版图的扩大，只说明商文化的巨大影响力和商人势力范围的扩大。共同的文化也不表示各方都会和睦相处，随着时间的推移，东夷国家反抗商王朝的事件时有发生，如莘国和邳国（可能就是薛国）就曾起来反抗。至商朝末年，许多东方的国家都和商朝对立，商纣王连年征伐，虽然取得胜利，却导致自身的毁灭。

随着商文化进入山东，山东地区的人文环境就开始变化，东夷文化启动了迅速重组的进程。早在夏代早期少康中兴后，因夏朝向东经营，山东的人文环境也曾发生剧烈变化，但气势较弱，时间较短，影响较小，只是催化了龙山文化向岳石文化的转变，但仍沿着东夷文化的传统演变，夏族的二里头文化并未取代东夷文化，整体来说，甚至影响也很少。这是因为当时的东夷文化——龙山文化末期文化的总体水平，比当时的夏族文化——中原龙山文化煤山类型的发展水平更高，夏人的东征主要是军事征服，没有长期留在东夷地区，无法以自己的文化去改变比自己先进的东夷文化。山东人文环境的这一次剧变，是在新的历史条件下发生的，这时的商文化和商文明，已是全国最先进的文化、最高的文明，所以发展势头强劲，时间长久，影响深远，山东西部地区的岳石文化，都先后被中原的商文化所取代，在山东中部地区，商文化也迅速成为主流文化，并和岳石文化重组成当地商代晚期的新文化，其中商文化的因素占了主导地位。不过，商文化的东进并不是直线向前的，而是波浪式地向东推进，其间有起有伏，有进也有退；在同一方国或地区，也可能存在不平衡性，在都城与统治中心区，商文化或商文化因素将更浓郁、强烈，边远地区可能较淡薄，但总的来说，商代东夷文化的消失与重组过程相当急速。这一重组过程，意味以族团为基础的东夷文化、东夷文明的逐渐变质，是个向着更大人群共同体的地域文化与地域文明转化的过程。约在公元前 14 世纪，当鲁中南薛国地区和鲁中北古济水下游薄姑国的文化，开始向当地商代晚期的新文化发展时，此时山东地区的文化，除了鲁东、半岛地区以外，已不是传统意义的夷族文化。甲骨文和史书的商代晚期的夷，就山东大部分地区来说，已经由原先的族、文化、地理三位一体的概念，基本上变成东方的地理概念。因此，公元前 14 世纪，大体上是东夷族历史和山东方国时代前期的结束阶段。此后山东历史进入方国时代后期，这已是个东土与中原逐渐走向融合的时期。

八　东土与中原的融合

商朝把东夷族团的活动地区称为"人方"，"人方"就"夷方"。周朝把东部的国土，称为"小东"与"人东"。"小东"大约相当春秋卫、曹、宋国一带地域，离周朝的东都洛阳王城比较近；"小东"以东的地区是"大东"，离东都较远。山东是周朝东土的中心区，它和中原地区的融合过程，体现了东土与中原的融合过程。东土与中原的融合，就是原东夷地区的居民和以商族、周族为核心的中原居民，共同融合成更大的人群共同体。这一融合集中体现在物质文化和精神文化的趋同上。典章政教与宗教信仰，是精神文化的重要组成部分。因商代的典章政教缺少记载，宗教信仰在物质文化资料中有一定的反映，所以考察商代东土与中原的融合，只能依赖考古资料。周代的文献记载已比较丰富，因此可以主要依靠文献来说明东土与中原的融合进程。在政治上，商王朝与周王朝在这一融合进程中起着主导作用，但文化上并不是商周文化对东土文化的融合，两者是互动、互相吸收的；特别是周族夺取全国政权以前的文化，明显比商文化与东土文化后进，所以建立王朝后，周文化和商文化与东土文化的融合尤其如此。纵观东土与中原的融合过程，可分为商代和周代两个时期。

前面已经指出，自商代早期商文化进入山东地区开始，就迈开了东土与中原融合的进程。它的主要标志是，商文化步步取代东夷的岳石文化而成为当地的主流文化。这是东夷文化被商文化所融合，不是原夷族人的消失。原夷族人接受了商文化，失去了自己的文化标志，就不是夷族人了，被同化了。但商文化融合岳石文化，是由西到东逐步实现的。商代早期，还只限于山东西部和中西部的少部分地区，这时，山东大部分地区仍是岳石文化，也就是说，山东居民的主体还是夷族。约在公元前14世纪，商文化已到达鲁中地区，并以自身为主导，开始和鲁中北的岳石文化重组成当地的新文化。这种文化已不是夷族文化，也不是商文化，应该是商代晚期以薄姑方国为代表的文化。同样，鲁中南薛地的商代晚期文化，是以薛国为代表的文化。当这种新文化出现时，当地的居民已不再是夷族。这时山东夷族的地盘只剩下鲁东和半岛的少部分地区了，山东居民的主体已不是夷族。商代末期，商王又在东方大举用兵，包括接二连三地征伐莒国，莒国被迫外迁，无论是迁到纪障还是计斤，总之是离开了老家，商文化也成为鲁东南地区的主流文化。此时的夷族已退缩到半岛一角，至商代末期，半岛的岳石文化转变成珍珠门文化。珍珠门文化是商末、西周时期的东夷文化，但已是强弩之末。

公元前1046年，周武王灭商，建立周王朝。不久武王去世，成王负起东征的重任，灭了东土的许多国家，山东被灭的国家中，以曲阜的奄国和古济水入海地区的薄姑国最著名。没有被灭的国家大都臣服周王朝，成为周王朝的异姓诸侯国，其中以薛、莒、莱、纪等国的国力较强，此外还有大量小国。同时，周王还在山东分封了齐、鲁、滕、曹、郜等国，齐是周王的外家，其余都是周王宗室的封国。齐封在薄姑之地，以临淄为中心；鲁封在奄国之地，以曲阜为中心。滕国封在滕州市驻地西面不远，和滕州东南部的薛国是近邻。曹国在鲁西南定陶县，国都就在现在县城的西北部附近。齐、鲁、滕、曹自鲁中北到鲁中南构成一条斜线，控制着周人的大东地区。而且中华文明的发展：也使周族的精英产生了新的政治理念，他们把天下的土地（他们认识所及的大陆），都看成周王的土地，把居住在这土地上的人民，都看成周王的臣民。虽然诸侯国有亲疏，各国的统治者有"自己人"和异族人，但都是周王的臣子，承认周王为大宗主。这种大一统的政治理念和政治结构，不仅使东土和中原的融合进程得到了继续，而且为这一融合提供了更有利的人文环境，使东土与中原的融合加速进行，融合程度步步加深，发展趋势已不可逆转。因此，周王朝的建立，标志着东土与中原的融合进入了新阶段。

周代的这一融合进程，和商代有所不同。商代是依靠商王的大军来推动融合的，灭国似乎不多，也没有建立很有影响的封国。商代山东地区比较重要的莘、奄、薛、费、莒、纪、莱、薄姑等国家，都不是商王的封国。这些山东土著国家只是臣服商王朝，有的可能是商王在东方的同盟，如早期的莘和薛国、晚期的奄和薄姑国等，但东土国家和商王的关系并不稳定。随着时间的推移，时服时叛，莘国、薛国就曾反叛过。有的似乎基本上不和商王朝发生关系，不朝贡，如鲁东南的莒国，所以一再受到商王的征伐。这种状况自然不免使东土与中原的融合受到一定的制约。西周就不同了。西周初年在军事征服、灭了许多国家的同时，提出了大一统的政治理念，把臣服的国家都纳入自己的版图，又有周公这位伟大的政治家，对它们实施了绥靖政策，因此，大大缓解了民族矛盾，迅速稳定了政治局面。另一方面，又把最得力的人分封到山东，对东土加以控制与监视，主要是齐、鲁两国。齐、鲁是姜太公和周公的封国，姜太公和周公是周朝最重要的两位开国元勋，虽然他们没有亲自就封，但在中央政府执政，由他们的长子丁公和伯禽就封。丁公与伯禽也不是无能之辈，他们背靠父亲和周王朝，足以起到震慑作用，齐、鲁两国也成了推进东土与中原融合的核心。

西周初年齐、鲁等国的分封，带有殖民的性质。因周族的总人口不多，各诸侯国带来的周族子弟自然很少，齐、鲁等诸侯国的民众，绝大多数是土著。齐鲁两国采取不同的治国方针，齐国基本上采取了因地制宜的方针，鲁国却对旧秩序做了较多的改革，基本上实施了周朝的典章制度。虽然齐、鲁的治国方针不同，但根本的政治制度如政权结构、基本礼规、教化内容和道德规范等，都和中央王朝没有区别，因此国民的意识观念会较快趋同，原来的民族意识会逐渐淡薄、消失，产生新的种族认同感。因此，从政教方面来说，西周早期齐、鲁、滕、曹四国的分封，山东西半部地区基本上就和中原联成一体，成为后来所说的诸夏的范畴。至于同滕国毗邻的薛国和同齐国毗邻的纪、莱两国，在东土国家中发展水平较高。西周早期的莒国，可能偏安连云港海滨，比较衰弱，但在西周晚期已迁回发祥地莒县，逐渐复兴，春秋时期已成为鲁东南地区的主要国家。西周时期山东比较后进的地区，主要是半岛东部，在西周的大部分时间，仍是夷族最后的地盘。周王朝建立后，只把山东地区称为"大东"，不再像商人那样称"夷方"；除了个别国家外，也没有把山东地区臣服的国家称为"夷"，但仍把安徽淮河中游地区的许多小国称为"淮夷"，说明山东和中原的人文差别在迅速消失，"夷"的含义在继续变化。

至春秋时期，"夷"的古族的含义完全消失，演变成了对文化发展滞后，礼仪和周朝相异的国家与人群的泛称。唐代著名的文学家韩愈说过：孔子编《春秋》这部书，凡诸侯采用夷礼的，不管有什么渊源，都称为"夷"；改用周朝典章制度的，就进入"中国"之列。这里的中国，是文明国家的意思，还不是我国的国号；夷礼，泛指比较后进的少数民族的典章制度，"夷"已不是专指我国东部地区的人群。周朝和周朝分封的诸侯国，自称"夏"或"诸夏"，偶尔也称"华"。像薛、莒这类由商代延续下来的国家，可能也包括在诸夏之内。诸夏基本上分布在黄河中、下游地区，这地区很早以来就是以炎帝、黄帝为始祖的华夏族团，以太昊、少昊为始祖的东夷族团的势力范围，是华夏文明与东夷文明的发祥地和发展中心，也是夏、商、周三代的主要领土。春秋时期的夷夏，就像韩愈说的那样，已不是族群的标志了。

周代的齐、鲁两国，是周朝开国时分封的最重要的两国，也是周王朝在东土的主要代表，周代山东和中原的融合过程，在齐、鲁领土的扩大方面得到重要的体现。齐、鲁的领土开始很小，只有封地"方百里"，也就是 1400 平方千米大小。这可能是周朝分封诸侯的制度，当时分封的大国都是"方百里"。当然不会是也不可能恰好这么大小，而且当时的国家没有明确的疆界，空地仍然不少，诸侯国的实际领土，往往一开始就比制度规定的封地面积大，但不可能很大，中央王朝是不允许诸侯国侵占别国的民众、土地的。在西周时期特别是西周前期，齐、鲁的领土都没有明显扩大。西周后期，王权逐渐衰落，西周末年，周幽王被少数民族犬戎所杀，公元前770 年，周平王东迁到洛阳，开始了东周时期，也就是春秋战国时期。春秋时期，王权更加衰微，诸侯纷纷崛起，周王的权威一落千丈，很快成了挂名天子。齐、鲁两国频频向周围扩张，领土迅速扩大，成为春秋的大国，尤其是齐国。齐襄公八年（公元前 690 年），借口报纪国陷害他九世祖齐哀公之仇，灭掉了纪国，齐国领土向东推进了一步。公元前 685 年，齐襄公的弟弟齐桓公即位，得到古代著名政治家管仲的辅佐，改革内政军事，国力强盛，成为春秋五霸之首，也就是春秋时期的第一位诸侯盟主。齐桓公挟天子号令诸侯，乘机扩充势力，灭了数十国，包括章丘的谭国，把国土西扩到济南地区。济南地区的考古文化，在商代先是岳石文化，后是商文化，西周时期属于鲁文化体系，自春秋早期以后，逐渐成为齐文化体系。齐桓公死后，几个儿子争位，国力中衰，西扩受阻，但齐国仍是春秋大国，扩张方向转向东面。公元前 567 年，齐灵公（公元前 581～前 554 年在位）灭莱，把国土东扩到潍河流域。至齐景公（公元前 547～前 490 年在位）时，齐国领土已西抵黄河——当时的黄河大约流经鲁西北边境，进入河北；东达大沽河。接着，龟缩在半岛地区东部、主要是夷人子孙的后进国家，也纳入了齐国版图，齐国占有了全部山东北半部地区。至此，山东原来有些发展比较滞后以及采用夷礼的小国，都已被大国吞并，山东全境都进入文明国家的行列。

除了齐鲁两国的兼并促进了融合外，春秋中期以来频繁的争霸战争，客观上也推动了山东内部各国、各地区以及东土与中原的融合进程。西周早期以来，齐、鲁、薛、莒、半岛地区的考古文化，具有自己的特点，并沿自身的规律发展，齐文化与鲁文化各自的特征，尤其分明。这当然不能说周王朝建立后，山东境内的融合进程发生了逆转，重新走向分化，但说明各自具有不很相同的社会习俗，它们的融合程度还不很深刻。至春秋中期以后，先是齐、薛、莒和半岛西部地区的考古文化渐渐接近，至战国早期已基本趋同。齐、鲁文化之间，也在春秋晚期开始出现了相同的文化因素，但直到西汉早期，两地文化的特点才基本消失。春秋以来山东地区除鲁文化以外的各国、各地文化的趋同，和春秋争霸战争的发展，战争促使各国、各地联系的加强、人民的迁徙、疆界与边邑归属的频繁变更等，有着密切联系，而且兼并和争霸战争常常密不可分。

春秋末年，孔子在周游列国后回到鲁国，在国都曲阜首创私人讲学之风，弟子多达 3000 人，品德学识兼优的有 72 人，弟子来自全国各地，曲阜首先成为全国最重要的思想文化中心。战国中期，齐国在国都临淄创建了稷下学宫，集中了大批著名的学者，稷下先生们住着高门府第，坐着骏马高车，只发议论，不参与治理国家，百家争鸣，各抒己见，盛况空前，传为佳话。曲阜与临淄，先后成为当时全国最主要的思想文化中心，实际上成了中华民族优秀传统文化的两大策源地，孔子和稷下先生们总结出的价值观和道德规范，成为中华民族价值观和道德规范的基础。此时的山东与中原，黄河下游与中游地区，不仅已完全融为一体，而且两地的人民构成了中华民族最早的主体部分，观念形态的齐、鲁文化，则集中体现了中华民族形成时期的优秀文化。

总括前面的介绍：地处我国东部沿海的山东地区，是个以泰沂山为中心的相对独立的地理单位，是中华古文化、中华古文明的主要发祥地和发展中心之一。目前资料表明，这里具有三四十万年的旧石器时代，大约在距今 1 万余年前过渡到新石器时代。自公元前 6500 年以来的历史，已基本上连续不断，其间经历了氏族社会后期与部落社会的发展阶段后，在公元前 3000 年左右诞生了国家，进入文明时代。这个文明是东夷文明。东夷文明经历了古国时代、方国时代前期，约在公元前 14 世纪基本结束。山东地区转入同中原地区相融合的时期，至春秋战国之际，实现了两地的融合，两地的民众构成了中华民族最早的主体。公元前 221 年，秦始皇灭齐，统一全国，首创中央集权的大一统的中华帝国，山东成为秦帝国的部分郡县。山东先秦历史的发展，在全国古史发展中占有极其重要的地位，具有典型性和特殊性。作为中国文化、中华文明的主要发祥地和发展中心之一，山东先秦的历史，对中华文明的形成与早期的发展，对中华民族及其文化的形成，都做出了重要的贡献。山东先秦历史的发展，是全国先秦历史发展的缩影，构成全国先秦史的光辉篇章。

原载《齐鲁历史文化丛书》，山东文艺出版社，2004 年

论鲁城周代墓的类型、族属及反映的问题

1977～1978 年勘探曲阜鲁城时，在城西部试掘了 4 处墓地，共清理两周墓葬128 座；1981 年春，又在林前村西发掘了 30 座。笔者在《曲阜鲁国故城》中把第一批发掘的 128 座墓，分为甲乙两类，就其族属提出了看法，但因是田野勘探报告，未做深入论述。第二批发掘的 30 座墓，资料尚未发表。现就这两批墓葬的类型和族属作进一步分析，并对所反映的问题进行初步探讨。

一　类型

属于鲁城 5 个墓地的 158 座两周墓，在葬制、葬俗和随葬器物的作风方面，存在明显的差别，应属不同类型。在作分析前，先将各墓地的墓葬情况，概括介绍于下 [1]（墓地位置见下文"鲁故城平面图"）。

1.药圃墓地

位于鲁城西北部，县药圃的东北部，已发掘 34 座小型墓，内 14 座有陶、铜容器，其余都无容器。在有容器的墓中，西周墓 6 座，春秋墓 8 座。在 6 座西周墓中，3 座有腰坑，坑内殉狗一只；春秋墓无腰坑，不殉狗。在 20 座无容器的墓中，有 7 座有腰坑和殉狗，当属于西周时期。这批墓有棺椁的 16 座，有棺无椁的 7 座，另有 11 座情况不明。确知葬式的 25 墓，皆仰身直肢葬。能判定头向的 32 墓，无论西周墓还是春秋墓，头多向南，仅一墓向北。随葬陶器，西周墓有鬲、碗形簋、豆形簋、豆、圜底罐、平底罐等，多数放在椁底头侧的棺椁之间。组合有鬲、簋、豆、罐（每器各用四件配组，有的另加一罐 [2]、一罍），豆、罐、罍和豆、罐三种。春秋墓的陶器有华盖壶、盖豆、华盖簋、华盖笾等；组合有盖豆、罐、华盖壶，盖豆、簋、罐、华盖壶和盖豆、簋、罐、华盖壶、华盖笾三种。有 3 座春秋墓出铜容器，其中 M116 出鼎 1、盖豆 2、簋 1；M101、M115 残存铜舟各 1 件。铜器放置位置

---

[1]　以下所叙各墓地的资料，都引自山东省文物考古研究所等：《曲阜鲁国故城》，齐鲁书社，1982年。

[2]　此器《曲阜鲁国故城》称尊。

不固定[1]。

2.斗鸡台墓地

位于鲁城西部，东北距药圃墓地约 1 千米。已发掘了 27 座小型墓，大多数没有器物或被盗，随葬陶铜容器的仅 8 墓[2]。其中 4 墓有腰坑、殉狗。在无器物的墓中，有 12 座有腰坑、殉狗，也应属于西周时期。这批墓有棺椁的 25 座，有棺无椁的两座；皆仰身直肢葬，头向南的 24 座，向北的 1 座（属西周早期），向东的 2 座（属西周晚期）。随葬陶器有鬲（实用器、明器都有）、豆、圜底罐、盂等，多放在椁底头侧的棺椁之间，组合是鬲、盂、罐，鬲、盂、豆和鬲、罐三种；有一墓随葬铜舟 1 件[3]。

3.县城西北角墓地

位于鲁城西部，西去斗鸡台墓地百余米，北距药圃墓地八九百米。在这里发掘了 14 座墓，仅一座完整，其余的都被盗。但大部分墓都残存一些被扰乱的陶器，可供判断年代和了解组合概况，其年代属春秋早、中期。这些墓有较宽的墓圹，有 8 墓有棺椁，其余的情况不明，但从规模分析都应有棺椁。人架头向北的 9 墓，向南的两墓，三墓不明。均无腰坑和殉狗。随葬陶器有鬲、盂、豆、甑、高足杯形簋、小平底罐等，有一墓出盖豆、豆、甑；有两墓出铜礼器，内 M202 有盆、盘、匜、舟各一件，盘底有铭曰："鲁白（伯）者（诸）父乍盂姬媵滕盘。"匜同铭，只将盘字换成了匜字。此墓椁室被盗一空，墓主骨架和棺椁痕迹荡然无存，在北二层台上有一殉人，头东脚西。M201 有鼎、盆（簋）、舟各一件，车马器一组[4]。

4.望父台墓地

位于鲁城西部偏东，西北距药圃墓地约 0.5 千米。在这里发掘了 51 座墓，其中西周墓 39 座，东周墓 12 座。西周墓绝大部分保存完好，只有几座被东周墓和汉墓打破，都是小型墓，墓圹较窄。内有 28 墓有棺椁，9 墓有棺无椁，两墓不明。没有腰坑，不殉狗。确知葬式的 35 墓，有 33 墓属仰身直肢葬，头向除一墓例外都向北。各墓都有陶明器，基本上放在头侧的二层台上，器形只有鬲和罐两种。鬲都仿铜器，一般一墓一件，个别墓有 2～3 件；罐以每墓 1～3 件者居多，有几墓放 4 件，放 5、6、15 件者各有一墓，少数墓只有鬲而无罐；少数墓有项链；流行口琀，有的两手握圆柱形石饰，有不少墓椁底周围有铜鱼和蚌鱼，两者多在一起，有些墓在头部棺顶放玉、石戈[5]。此墓地的西周墓已全部做了发掘。

[1] 山东省文物考古研究所等：《曲阜鲁国故城》，齐鲁书社，1982年，第22、11页和墓葬表。
[2] 包括M305在内，此墓鲁城报告定为春秋初年，墓中出1式铜舟，似属西周末年，现将M305定为西周墓。
[3] 山东省文物考古研究所等：《曲阜鲁国故城》，齐鲁书社，1982年，第23、111页和墓葬表。
[4] 山东省文物考古研究所等：《曲阜鲁国故城》，齐鲁书社，1982年，第23、111页和墓葬表。
[5] 山东省文物考古研究所等：《曲阜鲁国故城》，齐鲁书社，1982年，第21、22、114～120页和墓葬表。

在 39 座西周墓中，有 9 座随葬铜礼器。其中 M48 为三鼎墓，规格最高，铜礼器有鼎 3、簋 2，甗、盘、匜、壶各 1，均有铭。大部分铭文都有"鲁司徒中（仲）齐"和"鲁中（仲）齐"名。另有铜明器盘、匜各一件，无铭[1]。M30 出鼎、簋、盘、匜、壶各一件，车马器一组，铜簋上有铭，为"鲁白（伯）念"作器。

12 座东周墓大部是大、中型墓，多数属于战国时期，有几墓属春秋晚期。大墓都首先挖出宽大的斗式墓圹，在墓圹之中夯筑成墓室，墓室相当宽广，多为一椁两棺，尚保存骨架的墓，皆仰身直肢葬，头向北，没有腰坑，不殉狗。墓都已被盗，但据残存的陶器，可看出基本组合是釜、罐、壶、罍（或青瓷罐）。釜，每墓 1 ～ 2 件，罐为 12、14、16、18 件，都是一种口较大、圆肩、收腹、形体较高的平底罐。壶，每墓 4 件，皆为罐式平底壶。罍，每墓 2 件，圈底有盖。有的墓还有圈足小壶。有 3 座大墓各残留少量铜容器：M58 有鼎、壶、盘、匜、罐、缶、鐎壶各一，壶 2；M52 有鐎壶、盘各一；M3 残存壶 5。此外大墓还残存一批金、银、铜、铁、玉石、玛瑙、象牙等质料制作的高级工艺品，其中 M52、M58 骨架上下均铺盖玉璧，M52 达 18 枚，大者直径 32、最小的 13 厘米[2]。

5.林前村西墓地

位于鲁城北部偏西，南对望父台，两者相距约 300 米。已发掘 30 座墓，都属春秋时期，绝大多数都有一椁一棺，有 4 墓一椁两棺，一墓有棺无椁；没有腰坑，不殉狗；确知葬式的 13 墓，有 11 墓为仰身直肢葬，另两墓为侧身葬，头都向北。陶器组合基本上是鬲、罐，有 3 墓为鬲、罐、罍，一墓为罐、罍。鬲皆每墓一件，仅一墓两件。罐都平底，一般每墓数件，少者 1 件，多者 6 ～ 8 件。有 12 墓出铜鼎，其中一鼎墓 8 座，三鼎墓 2 座，五鼎墓两座；有 10 墓出铜戈。陶铜器的放置位置不固定，大多数墓在头部棺盖上放一或两件石圭，在椁底周围有铜鱼和蚌鱼[3]。

此外，1953 年在鲁城西南部孔府后花园打井时，曾发现一座西周早期墓（M501），出土陶器有鬲、簋、豆、罐，可能也是每器 4 件，器形作风与药圃墓地 M107 相似[4]，1981 年在该处进行钻探，知是一处墓地。

从上述介绍中可以看出：药圃、斗鸡台和望父台三处西周墓，在葬制、葬俗、陶器组合、器形作风等方面明显不同。药圃、斗鸡台西周墓具有共性，而和望父台西周墓迥然有别。

---

[1] 山东省文物考古研究所等：《曲阜鲁国故城》，齐鲁书社，1982年，第120～122页。

[2] 山东省文物考古研究所等：《曲阜鲁国故城》，齐鲁书社，1982年，第21、22、116～120、184～185页和墓葬表。

[3] 山东省文物考古研究所1981年发掘资料。

[4] 山东省文物考古研究所等：《曲阜鲁国故城》，齐鲁书社，1982年，图版叁叁，3、4、5；叁伍，2、3；叁柒，5、6、7；肆贰，2、3和墓葬表。

药圃和斗鸡台的西周墓，墓圹相对比较宽，流行腰坑和殉狗，墓主头向基本向南，器物多放在椁底头侧的棺椁之间（个别放在足侧的棺椁之间），随葬陶器都有明器鬲、豆、圜底罐、平底罐，流行圜底和圈足器。不过药圃墓地没有斗鸡台西周墓出土的陶盂，斗鸡台西周墓则无药圃墓地所出的簋，两者陶器组合有所不同；但两者的共性多于差异，应属同一类型，笔者称为甲类西周墓。孔府后花园墓地也应属这类型（附图）。

望父台西周墓，墓圹相对较窄，不见腰坑和殉狗，死者头都向北（仅一墓向南），流行铜鱼、蚌鱼椁饰，死者常有项链、口琀和手捏圆柱形石饰，器物基本上放在头侧的二层台上，而不在椁底。陶器组合是鬲和平底罐，绝无圜底罐和簋、豆等圈足器，也没有盂。显然，望父台西周墓不同于药圃、斗鸡台西周墓，属于另一类型，笔者称之为乙类西周墓（附图）。

同药圃、斗鸡台和望父台三处西周墓分属两种类型一样，药圃、县城西北角、望父台和林前四处东周墓也属两种类型。

县城西北角和药圃春秋墓，属于同一类型。虽然这两处墓地存在差别，例如人架头向不同，陶器组合和器形也有较大区别，如县城西北角春秋墓的鬲、高柄杯式簋、盂、罍、浅盘高柄豆等，为药圃春秋墓所没有；药圃春秋墓有华盖壶、华盖簋、箆、卮等，为县城西北角春秋墓所不出，但这种差别可能是两者年代不同的反映。县城西北角春秋墓属于春秋早、中期，鬲、盂、浅盘豆等正是这个时期的常见葬器，高柄杯式簋则是这里的地方特点；药圃春秋墓属于春秋晚期，鬲作为随葬陶器，正在消失，盖豆、华盖壶兴起，而华盖簋和箆等器表现了地方特点（附图）。从其他地区看，春秋晚期随葬陶器曾发生重大变化，鲁城也不例外；况且县城西北角春秋墓和药圃春秋墓，都有盖豆和罍，都流行圈足器，所以，两者应属一种类型。

这一类春秋墓，同甲类西周墓具有内在联系。例如，县城西北角春秋早期墓的鬲与斗鸡台西周晚期墓的鬲，县城西北角盛行的宽沿高柄杯形簋、浅盘豆与药圃西周墓的豆式簋、斗鸡台西周墓的豆，都有承袭或渊源关系。药圃、斗鸡台西周墓和药圃、县城西北角春秋墓，都流行簋、豆等圈足器，具有共同的陶器组合原则。如药圃 M107 西周墓陶器组合是 4 鬲、4 簋、4 豆、4 罐，另加一件小罐；县城西北角 M202 春秋墓则是 2 鬲、2 盂、2 豆、2 罍，另加一件小罐。因此可以断定，药圃、斗鸡台甲类西周墓同县城西北角和药圃春秋墓是一个系统的墓葬，笔者总称之为鲁城甲类墓。至于甲类墓各墓地之间的差别，可能反映了甲类墓不是单一的族，目前限于资料，还不能做深入分析。

和县城西北角、药圃春秋墓不同，望父台和林前东周墓属于另一类型。由于两者的年代一属春秋早期到晚期，一属春秋晚期至战国时期，所以随葬陶器表现出差

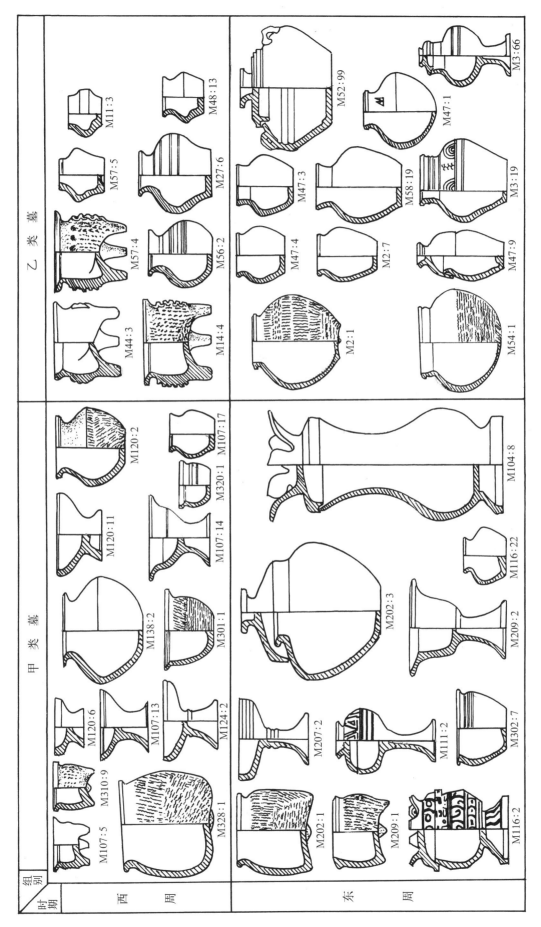

附图 鲁故城甲、乙两类墓随葬陶器比较图

别。但两者的关系是显而易见的，如头都向北，陶器作风一致，没有簋、豆等圈足器和华盖器等。因此，两者是一个系统的墓（附图）。

这类东周墓与乙类望父台西周墓有密切联系。林前春秋墓与望父台西周墓，都是仰身直肢葬，头都向北。望父台西周墓的陶器组合是鬲、平底罐，别无它器；林前春秋早、中期墓，也只有鬲、平底罐，两者都不用豆、簋、盂，没有圈足器。林前春秋中期以前的墓，皆无圜底器；春秋后期墓中出现圜底罍，是受甲组墓的影响，但没有改变陶器组合以鬲和平底罐占主导地位的情况，证明林前春秋墓和望父台西周墓属于同一类型。望父台乙类西周墓、林前春秋墓和望父台东周墓三者是同一系统的墓葬，笔者总称之为鲁城乙类墓。

总前所叙，鲁城上述六个墓地（包括孔府后花园墓地）的 159 座墓葬，分别属于两大类型。下文就来探讨这两类墓的族属。

二　族属

不同的埋葬制度和葬俗，反映了墓主人不同的族属，鲁城甲、乙两类墓葬，应属于不同的族。

甲类西周墓所流行的腰坑、殉狗习俗，和安阳殷墓一致；甲类西周前期墓随葬的陶簋、陶豆等器物，同商器相似，说明甲类墓与商文化有关系。值得注意的是，甲类墓与山东地区同期墓葬存在着密切联系。

首先，鲁城甲类墓以鬲、簋、豆、罐（春秋时期用罍）为主体，另加一或两种别的器形的陶器组合原则，也见于胶东地区的商、周墓中。如近年在胶东半岛莱阳县（今莱阳市）前各前清理的几座晚商至西周时期的墓葬，陶器组合就是以鬲、簋、豆、罐为主体，商代墓另加盆，周代墓另加瓷[1]。鬲、簋、豆、罐的数量因墓的大小而不同，每种放几件到二三十件。加盆只用一件，加瓷时件数较多，瓷在组合中代替盆。但组合中鬲、簋、豆、罐四器，从晚商到西周末年，只有形制的演变，而无器类的更替，说明胶东地区最晚在商代晚期就已出现这种陶器组合原则，而且在整个西周时期保持稳定不变。同时，近年在临淄齐故城发掘了一批西周晚年至战国时期的墓葬，其中西周晚年至春秋中期的陶器组合中，也有鼎（呈三足钵和三足盘形）、豆、簋、罐和鬲、豆、盂、罐的"四偶组合"，每器各以二、四、六等偶数组成组合[2]。鲁城甲类西周、春秋墓的"四四""四二"陶器组合原则，显然与上两地有密切联系，应属于同一文化系统。说明这种以四种陶器为主，并基本上各以相同

[1]　1975年山东省博物馆发掘资料。

[2]　山东省文物考古研究所临淄考古队发掘资料。

偶数组成组合，是商周时期我国东部地区墓葬陶器组合的一种稳固制度。这种陶器组合原则，虽然也在长安沣西地区西周初期墓中发现[1]，但这是受了东部文化的影响，也许墓主就是东土人，因为那里的先周墓是绝无这种组合的。从沣西西周墓、三门峡市上村岭虢国墓地来看，可知西周晚期这种随葬陶器组合形式已被许多周人接受了。

其次，鲁城甲类墓的一些典型器形，也发现于鲁北胶东等地。例如豆座上有突棱的喇叭口形矮座豆，是鲁城西周前期墓中很有特征的一种器形，在鲁城西周早期的遗址中十分普遍。这种豆也发现在胶东地区栖霞县大北庄的一座西周前期墓中[2]，类似的豆，在中原、关中地区出现是比较晚的。鲁城甲类春秋墓中的宽沿高柄杯形簋，也是一种很有特色的器形，同样在鲁北齐故城[3]和济南历城发现[4]，但不见于山东以外地区。

上述事实说明，鲁城甲类墓墓主人与当时鲁北、胶东一带的居民，同是当地的土著，即夷人子孙。夷人在文化上既有自己悠久的传统，又受到殷商文化的影响，所以在墓葬上既有与殷墓相同的殉人殉狗等葬俗和某些相同的器形，同时又有自己的特色，如不同的陶器组合等。在鲁城甲类西周墓中，斗鸡台墓地与药圃墓地的陶器组合有别，也许反映了甲类墓中具有不同的族。在殷墟西区的殷人族坟地之间，陶器组合也有差别[5]，说明殷墟的殷人并非单一的商族。文献记载鲁公伯禽受封时曾得到"殷民六族"，这六族殷民很可能住在鲁城内，因此，甲类墓中可能包含封给伯禽的殷民墓。目前虽还不能确指甲类墓地的具体归属，但说甲类墓地属于土著（主要是奄遗民），可能也有殷人墓，总不会有大问题。这从鲁城乙类墓和陕西地区先周墓的惊人一致性，也得到了充分证明。

鲁城乙类墓，这里主要说西周墓，既无腰坑，也不殉狗，不用簋豆，不用圈足器与圜底器，凡此都与殷人墓及前文介绍的胶东地区的西周墓大不相同，说明乙类西周墓墓主既不是殷人，也不是夷人。鲁城乙类西周墓的特征，同陕西宝鸡斗鸡台的瓦鬲墓、岐山贺家村的先周墓以及凤翔南指挥西村先周、西周墓的特征一致。宝鸡斗鸡台的瓦鬲墓，是中华人民共和国建立前发掘的一批周人墓，包括互相衔接的

---

[1]　《沣西发掘报告》墓葬表，墓K132、K145。

[2]　李元璋：《山东栖霞县大北庄发现东周墓》，《文物》1979年第5期。按简报定此墓为东周时期，该墓出土鼎、簋、豆、盆、罍、瓿等10件陶器，其中簋呈圈足碗形，盆深腹，鼎为红陶是胶东地区的特有器物，都是西周前期的器形，墓的年代应属西周前期。

[3]　山东省文管处：《山东临淄齐故城试掘简报》，《考古》1961年第6期。

[4]　山东省博物馆藏品。

[5]　中国社会科学院考古研究所安阳工作队：《1969～1977年殷墟西区墓葬发掘报告》，《考古学报》1979年第1期。

初、中、晚三期，初期 9 墓，中期 29 墓 [1]。据分析中期"瓦鬲墓"的年代，下限不能晚于成王，上限可以早到西周初年，代表的是最早的西周文化。而 9 座初期"瓦鬲墓"的年代已超出西周，属于先周文化 [2]。1963 年陕西考古所在周原岐山县贺家村发掘了 54 座周墓，分为两期。第一期 29 墓，属于先周晚期；第二期 9 墓，简报认为"其下限不会晚于成王时期" [3]。1977、1978 年在凤翔南指挥西村发掘了 201 座墓，分四期。第一、二期属于先周中、晚期，共 95 墓；第三期 55 墓属西周初期 [4]。这三批年代基本一致的周墓，在埋葬制度和葬俗上有几个共同点：其一，陶器组合基本上是鬲、罐，或者单有鬲，或者单有罐，基本上没有簋、豆、盂等器物（仅有个别墓例外）；其二，陶器多放在头前的二层台上或墓坑的两角；其三，没有腰坑，不殉狗；其四，能看出葬式的基本上是仰身直肢葬，头多向北。贺家村墓葬发掘简报指出："先周墓葬无腰坑，无狗架，也无西周墓中常见的簋、豆、盂等物。这大概反映了先周民族的固有的文化特点。" [5] 这个结论无疑是正确的。

宝鸡、岐山、凤翔等地先周和西周初期墓的这些特征和鲁城乙类墓的特征完全一致。毋庸置疑，鲁城乙类墓是周人墓，它和陕西先周墓是一脉相承的。

三 鲁城两类墓所反映的几个问题

（一）西周鲁城的居民、社会地位与居住情况

周人墓与夷人殷人墓在鲁城内同时存在，并按自身的规律演化，说明当时鲁城内不仅住着周人，而且还住有夷人与殷人。夷人即"商奄之民"。鲁在奄国的废墟上建国，《左传》定公四年："因商奄之民，命以伯禽，而封于少皞之墟"，知鲁城的夷人，即奄国遗民。鲁城甲类墓的资料证明，奄人是夷人的一支，奄国是夷人建立的国家。鲁城两类墓地的情况表明，这些墓地都是"族坟墓"。这些族坟墓揭示，鲁城的周人与夷人殷人实行分区族居，各自的社会地位差别很大。

目前，大部墓地的确切范围和墓葬排列情况，还不很清楚。据初步了解，各墓地范围都不很大。甲类墓的药圃墓地共发掘 34 座墓，集中于药圃东北和西北两处。药圃东北有 28 墓，其东西北三面都作过详细钻探，没有发现墓葬（西南面 M24 西面有 4 座墓被药圃厕所和房屋所压）；南面未探，根据墓地东西宽仅 50 米，推测墓地向南延伸不会很远，这里的墓葬不会很多，而且这 28 座墓是分属西周和春秋

[1] 苏秉琦：《斗鸡台沟东区墓葬》，1948 年北平出版；《斗鸡台沟东墓葬图说》，中国科学院，1954 年。
[2] 北京大学历史系考古教研室：《商周考古》第三章，一，文物出版社，1979 年。
[3] 徐锡台：《岐山贺家村周墓发掘简报》，《考古与文物》1980 年创刊号。
[4] 韩伟、吴镇烽：《凤翔南指挥西村周墓的发掘》，《考古与文物》1982 年第 4 期。
[5] 徐锡台：《岐山贺家村周墓发掘简报》，《考古与文物》1980 年创刊号。

两个阶段的。如果把有腰坑殉狗的墓以及无器物无殉狗、但同殉狗墓与确知年代的西周墓并列的都归为西周墓，共计 14 座（M101、M107、M108、M109、M113、M114、M118、M119、M120、M121、M122、M123、M124、M138），其中，只有西面的 M120 和北面的 M107 地位较高，各有 4 鬲、4 簋、4 豆、4 罐的陶器组合。这些墓都无铜兵器，但 M138 有一件陶镞范，而在附近的 T105 发现了西周冶炼遗迹，因此，这处西周墓地可能是个从事手工业的家族墓地。同样，这里的 14 座东周墓，也可能是族坟墓。其中 M116 有铜礼器一组，器形有鼎、盨、盖豆、盘、匜等，还有一组由陶罐、盖豆、华盖笾、龙耳瓿、华盖壶等器形组成的仿铜陶礼器，墓主显然是位小贵族。此外，M115 有仿铜陶盖豆、陶华盖壶和铜舟、铜剑、铜戈等器；M104、M110、M111 等也都有仿铜陶礼器，M111 还有铜戈，可知这个家族的社会地位要比前一个家族高得多。这两处族坟墓年代间隔较大，但墓主头向都向南，互相间基本上没有打破关系，两者似乎有内在联系。

在药圃西北有 6 座墓，其东南西三面都经详细钻探，没有墓葬，北面未探，可能还有墓。这 6 墓都有棺椁，但只有 M131 出一件春秋陶罐，其余都无器物，也无腰坑殉狗，当属春秋时期。这些墓经过盗扰，但连残存的陶器也没有发现，好像本来就无随葬品，当是一个贫困家族。因都有棺椁，所以不像是奴隶墓。

甲类墓斗鸡台墓地曾探出 49 座墓，都没有打破关系，应是一处族坟地。墓地西南面都已到边，东面可能伸到县种子站，但站东墙外已无墓葬。北面虽未详探，但估计墓区不大，中心可能就在农林局院内（斗鸡台周围）。已发掘的 28 座墓，几乎全属西周时期，其中只有 M310、M320、M328 各有一组陶器，组合是鬲、盂、罐，鬲、盂、豆和鬲、罐。另外，M305 有两件陶器和一件铜舟，M301、M313、M316各有一件陶器，其余的都无容器。这些无容器的墓，有些并未扰乱，有些已经被盗，但在 3～4 米深的墓室里，并无残碎器物，可见本来就没有随葬品，说明这是一个社会政治经济地位十分低下的家族。

甲类墓县城西北角墓地，南、西、北三面都已到边，东边未详探，墓地南北不到 40 米，探出了 42 座墓和一座马坑，大都是长约 3、宽 2 米多的小型墓，也有长4～5、宽 3～4 米的中型墓，应是一处族坟地。已发掘的 14 座墓可分两组，东南一组 9 墓，内 7 墓属春秋早期，一墓属春秋中期，一墓时代不明。其中 M201 是唯一的完整墓，有铜鼎、盆、舟、戈各一件，车马器一组；M202 残存铜盆、舟、盘、匜各一件，陶器一组，还有一个殉人。这两墓应是这一组的主墓。西北一组 5 墓，3 墓属春秋中期，一墓属春秋早期，一墓时代不明，前 4 墓都有陶器。该墓地有铜礼器墓、中型墓和车马坑，知该家族具有较高的社会地位。

鲁城乙类墓的情况比甲类墓清楚。望父台西周墓地基本上已有明确的范围，现存 39 墓，有一些墓可能在修 M1、M2、M3、M58 等大型东周墓时被挖掉，但估计这个墓区最多不过四五十座墓，西周墓之间没有打破关系，是处族坟地。墓葬集中于东北和西南两处，其中 9 座铜鼎墓分散在四处。最南面的 M30 是一鼎墓，属西周中期，出鼎、盨、盘、匜、壶、戈各一件，车马器一组，盨上有铭，作器者名"鲁伯悆"；中部 3 墓（M20、M42、M46）属西周中期，内 M20、M42 各出鼎、戈各一件，M46 有鼎、簋、戈各一件，还有车马器；北面 4 座（M11、M14、M23、M48），M14 有一鼎，属西周晚期，其余三墓属西周中期，内 M11 一鼎一戈，M23 有一鼎，M48 有 3 鼎、2 盨、2 盘、2 匜、1 壶、1 簋、1 甗，另有一戈和车马器一组，大部礼器有"鲁中齐"和"鲁司徒中齐"之名。鲁中齐墓与鲁伯悆墓的铜器形制纹饰一致，墓主当是同辈兄弟。墓区东面有一墓（M49），出鼎、盘、匜、簋铜明器一组，此墓与 M47 和西部墓葬有一定距离，也许属于东组墓（东面未作细探）。除 M49 外，在前 8 座铜鼎墓中，5 座有铜戈，其中鲁司徒中齐墓为三鼎一戈，似属小司徒；另 4 座为一鼎一戈墓，墓主是士。还有 3 座一鼎无戈墓，墓主可能是有地位的妇女。至于围绕 8 座铜鼎墓的约占四分之三的无铜鼎墓，都以仿铜陶鬲和陶罐随葬，少数墓只有一鬲而无罐，可能是那些铜鼎墓墓主的"子弟"，有的也许是奴隶。所以，该墓地很可能是鲁伯悆、鲁仲齐兄弟家族的族坟地。

林前村西春秋墓地的范围也较明确。墓葬分东西两组，东组发掘了 30 座墓，周围已无墓葬，西组探出了 30 座墓，并未探完，也未发掘。东组 30 座墓，都无打破关系，应是处"族坟墓"。内有两座五鼎墓，两座三鼎墓，皆一椁重棺，应是大夫墓。此外有 8 座一鼎墓，当是士墓。还有一些墓的铜礼器被盗，仅剩陶器，其余的都是陶器墓，墓主应是平民。该墓地有 4 座以上五鼎、三鼎和一椁重棺墓，铜礼器墓占有可观的比重，显示出这个家族相当显赫的社会地位。

至于望父台东周墓，主要是大中型墓，似属于"公墓"性质[1]。

通过以上粗略的分析，笔者认为鲁城的两类墓地，除望父台东周墓地以外，都是"族坟墓"。《周礼·地官·司徒》云："以本俗六安万民……二曰族坟墓。"又《春官·宗伯》："墓大夫，掌凡邦墓之地域，为之图，令国民族葬而掌其禁令，正其位，掌其度数，使皆有私地域。"所谓"邦墓"即万民之葬地；"族葬"即聚族而葬，也就是"族坟墓"；"私地域"可能是指"族坟墓"的特定范围，这时的万民仍未脱离氏族血缘的纽带。《周礼·地官·司徒》曰："四闾为族"，"族共丧器"。聚族而居，聚族而葬，正是西周春秋社会一般的社会形式和埋葬形式，各族都有自己的特定墓地，即"皆有私地域"。每个家族在族坟墓内大概也有特定的墓区，这就是一处大墓地的墓葬，

---

[1]　《周礼·春官·宗伯》："冢人掌公墓之地，辨其兆域而为之图，先王之墓居中，以昭穆，为左右。"郑注："公，君也。"中华书局影印《十三经注疏》本，1979 年。

往往分成若干群墓葬的原因，鲁城墓葬是符合这种"族坟墓"制度的。

鲁城的"族坟墓"，显示出城内夷人和周人的社会地位十分悬殊。甲类西周墓（药圃和斗鸡台墓地）所属的夷人，其政治经济地位异常低下。这两个墓地，只有很少数的墓有陶制器皿，大多数墓没有器物，也无铜戈这类兵器，似乎说明这两个家族的大多数成员，生前是不能参加"礼"的活动的，即不能参加特定的政治性和宗教性活动。他们也没有担当甲士的资格，或者只能充当徒兵，所以，不具备戈、矛这类重武器。但是这些墓大都有棺椁，墓主也不像是奴隶，他们的社会职业和身份究竟是什么，值得注意。

甲类春秋墓（县城西北角和药圃墓地）揭示，鲁城夷人的后裔，在春秋时期社会地位已有显著提高，尽管此时仍然有赤贫如洗的家族（就像药圃墓地西北部那组春秋墓所反映的那样）。但药圃东北部和县城西北角的春秋墓，大多数都有成组陶礼器，还有几墓有成组铜礼器，有些墓出铜戈，表明此时夷人的子孙已可充当军队的主力甲士。他们中的许多人已有权自备礼器，参加一定的"礼"的活动，即参加一定范围的政治和宗教性活动，有的且已升到了贵族地位，这和春秋时期国人地位的升高是一致的。《左传》定公六年："阳虎盟公及三桓于周社，盟国人于亳社"，即反映了国人地位的这种变化。

鲁城乙类西周墓（望父台墓地）则都有陶礼器，还有 9 墓同时随葬铜礼器，几乎占墓地全部墓葬的 1/4；有 6 墓出铜戈，占墓地墓葬总数的 1/6 强，表明周人都可参加"礼"的活动。当时军队的主力车兵，也以他们的成员为主构成，其政治经济地位远比夷人高。乙类春秋墓表明，春秋时期仍然如此。林前村西的乙类春秋墓，有五鼎、三鼎墓各两座，皆一棺两椁。还有两座被盗的中型墓，也可能是三鼎重棺墓。此外还有 8 座一鼎墓，包括礼器已被盗的在内，铜礼器墓占半数以上，出铜戈的墓占 1/3 以上，这是甲类春秋墓所无法比拟的。至于望父台乙类东周墓那些墓圹面积达 100～200 平方米的大型墓，更是甲类墓望尘莫及，目前，甲类墓面积还没有超过 10 平方米的。由此可知土著和封给伯禽的殷民同周人虽然都同住于都城内，但前者作为被统治族，社会地位十分低下；作为统治族的周人，则具有崇高的社会地位。

鲁城的"族坟墓"还反映出，周人和土著与殷民，统治族和被统治族，是分区居住的，互不混淆，至少西周春秋时期是如此。

已发现的四处甲类墓地，都在鲁城的最西部。县药圃、斗鸡台和县城西北角三处墓地，都在鲁城南西门和北西门之间的主干大道以西[1]，只有孔府后花园墓地位于干道的东侧南部。这些墓地都与遗址相交错，目前虽然还不能确定哪些是同这些

---

[1] 此干道南部被县城所压，不能钻探，推测应通向南垣西门。

墓地相对应的遗址，但可以肯定，墓地和住址相距不会很远。由于已知的四处西周早期遗址三处在此干道以西，干道以东至孔林林道的大片地区没有发现西周遗址，因此可以断定，西周时期这些墓地所属的土著与殷民住在鲁城的最西部。由于他们是"商奄之民"和封于伯禽的殷民，是被征服者，他们的社会职业主要是从事耕作和手工业，住在近门处，便于出城耕种，所谓"耕者近门"[1]，鲁城的负郭良田，恰好就在城西一带。同时，与药圃墓地相交错的有西周制陶遗址和冶铜遗迹，该处的M138随葬一陶罐和一陶镞范，墓主应是个冶铜工匠。这些现象都为西周时期鲁城最西部居民的社会职业提供了证明。

鲁城乙类墓，在鲁城西部、甲类墓以东。已知的望父台和林前村墓地，都在南西门、北西门之间的干道以东、孔林神道的西侧。由于孔林神道至鲁城南西门、北西门干道之间，不存在西周遗址，所以这些西周墓地的周人，不可能住在孔林神道以西。已知神道以东的林前村东、盛果寺村西遗址，是一处西周遗址，规模甚大，位处鲁城北中部，南临宫城，西扼西城，对宫城起着拱卫作用，地位显要。在其西南部的试掘，曾发现西周中期的地层，但鲁城布局表明该遗址可能与鲁城西北部的那些遗址同时，即可能早到西周初年，只因试掘面积过小（仅10平方米），因而未能发现早期地层。望父台西周墓地在该遗址西南约0.5千米处，墓主们应当就是该遗址的居民。林前村西族坟墓所代表的是春秋时期周人一个相当显赫的家族，墓地东邻林前村东、盛果寺村西遗址，知这个家族也只能住在该居住区。周人住处临近宫城，与"仕者近宫"[2]的记载相符。

这样，我们大致上了解了鲁城西周时期的居住和布局情况。宫殿区或宫城作为国君的住处和朝廷所在，基本上处于鲁城中部。周人住在宫城的北面近宫处，土著与殷民住在城的最西部，临近城门，周人与夷人的住处体现出"仕者近宫""耕者近门"的原则。在两者住地之间有一空阔地区，分布着不少墓地，土著、殷人墓多在西城南北干道西面和东侧南部，此干道以东是周人的墓区。西周时期，这个地区可能属于"邦墓"之地。西周晚期以后，由于人口繁衍，鲁城的东北部、东部和东南角，都陆续出现了居住区。春秋有"东门氏"，似乎反映出东城是周人的住区，夷人及其子孙则始终住在西城。

（二）如何理解伯禽的变革

据文献记载，伯禽在鲁国采取了两项基本国策。一项是"启以商政，疆以周索"

---

[1]　《管子·大匡》："凡仕者近宫，不仕与耕者近门，工贾近市。"尹知章注："仕者有公事职务故近宫；不仕与耕者，当出入田野，故近于外门。"上海书店影印出版《诸子集成》，1986年。
[2]　《管子·大匡》："凡仕者近宫，不仕与耕者近门，工贾近市。"尹知章注："仕者有公事职务故近宫；不仕与耕者，当出入田野，故近于外门。"上海书店影印出版《诸子集成》，1986年。

（《左传》定公四年）；另一项是"变其俗，革其礼，丧三年而后除之"（《史记·鲁周公世家》）。

　　杜预注"启以商政，疆以周索"说："启，开也。居殷故地，因其风俗，开用其政，疆理土地以周法。索，法也"。翻成现在的话来说，就是用商代的法律进行统治，用周族的办法分封和分配土地。伯禽在鲁之所以要"启以商政"，按杜预的说法是由于"居殷故地，因其风俗"，这是正确的。因此，"启以商政"反映出周人在鲁国是保存了当地许多社会习俗的[1]。然而"变其俗，革其礼"的记载，又令人感到伯禽对当地的风俗和礼仪，似乎进行了广泛的变革。实际情况究竟怎样呢？鲁城甲类墓的资料，给我们提供了有益的启示。

　　属于土著和殷人的甲类墓的特征与乙类墓极易区别，而且甲类墓在整个西周春秋时期保持着自己的特征，按自身的规律发展变化，不受乙类墓的影响。这说明鲁国的土著和殷人，曾长时期地保持着自己固有的生活习俗、埋葬制度和葬俗，并未因沦为被统治地位而遭改变。葬礼与葬俗，构成一个民族礼制与习俗的重要方面，这方面基本保持不变，其他一般的习俗，恐怕更不会改变了。我们看到夷人在国都内聚族而居，聚族而葬，有着固定的居住区，并祭祀自己的社神[2]，看来他们的生活习俗和文化传统是得到尊重的。那么伯禽所变之俗、所革之礼是什么呢？对此有的学者曾论述说："姬姓统治者对于殷人所采取的'变其俗，革其礼'的方针，涉及的方面甚广。除了土地制度的改革而外，我们又看见殷人用甲骨来占卜的习俗为占筮之法所代替，而殷人杀殉之制亦为周族所废止。"[3]除了占卜，另两方面的变革是正确的，而且可能不止这些，例如殷人饮酒之风也被禁止了。尽管如此，变革的内容终究还是有限的，说"变其俗，革其礼"所涉及的范围甚广，似乎不符合当时的实际情况，鲁城甲组墓的资料为此提供了重要的佐证。实际上伯禽改革的只是同周人制度最抵触的东西，如土地买卖、人殉和饮酒之风等，其他的风俗习惯、文化传统包括占卜习俗都没有触动，这是与周公旦对异族采取的怀柔政策相适应的。这项政策对于缓和异族的反抗，巩固西周的统治，曾起到积极的作用。鲁国是周公之子伯禽的封国，周公的政策当然会得到更好的贯彻，不能设想伯禽会对殷人、奄人采取广泛的、激烈的改革措施。否则，势必加剧矛盾，激起反抗，危及周人在东方的统治。

　　（三）周人是否实行过人殉制

　　商人普遍存在人殉制和人牲制，周人是否如此，以往曾有过激烈的争论。两周

---

[1]　参见李亚农：《西周与东周》，上海人民出版社，1956年，第61～64页。

[2]　鲁城有周社、亳社，亳社即殷社，为殷人奄人所祀。

[3]　李亚农：《西周与东周》第六章《西周几个国家的奴隶制》，上海人民出版社，1956年。

时期的殉人不断发现，范围涉及齐、燕、秦、晋的广大地区，这能否说明周人也实行人殉制呢？鲁城墓葬资料提供的答案是否定的。

属于周人的鲁城望父台西周墓，有 9 座铜礼器墓，其中鲁司徒仲齐墓随葬铜礼器 12 件，内有三鼎，并有车马器和兵器，似属《周礼》小司徒之职，爵位为中大夫，属中等贵族。其他的都是一鼎墓，墓主的身份有一部分是士，有的可能是贵族妇女，所有这些墓都无殉人，也不殉狗。

林前村西春秋墓，有 4 座以上五鼎、三鼎墓，皆一棺两椁，还有相当数量的一鼎墓，同样都无殉人也不殉狗。

望父台东周墓地，发掘了 6 座大型墓，其中 5 座的墓圹面积在 150 ～ 200 平方米之间，面积最小的 M52（150 平方米）和 M58（124 平方米），一椁两棺，棺尚未扰乱。前者骨架上下各有一层玉璧，大者直径近 33、中等的约 20、小的也是 10 余厘米，共有 18 枚之多，雕琢极为精细。这些墓虽然都被盗掘，但残存的金、银、玉牙等器仍然可观，其中好些都是古代工艺珍品，墓主人只能是鲁公或三桓之流，同样也无殉人，不使用殉狗。这充分说明鲁城的周人，是根本不存在殉人和殉狗习俗的。

鲁城唯一一例殉人，发现于甲类墓县城西北角墓地 M202。该墓是座小型墓，南北向，椁室已被盗一空，北二层台上放置殉人一具，头东脚西，仰身直肢。在东北部二层台上放置铜器一组，计盆、盘、舟、匜各一件；另有陶鬲、盂、罍各两件，陶罐一件。铜盘、铜匜都有铭，文曰："鲁白（伯）者（诸）父乍孟姬嫱媵盘，子子孙孙永宝用享。"匜铭内容相同，只将盘字换成匜字。器为周人名伯诸父者为其长女陪嫁所作。一般来说，墓主可能是他的女儿，或是他的女婿，女婿是异族人。如是女儿，"女嫁从夫"反映的是夫族习俗。而且此墓随葬的陶器有盂、豆，组合原则也是甲类墓的"四二"配组原则，属于鲁城甲类墓的葬制，故知墓主人是夷人子孙，也可能是周人的女儿，实行了夫族的埋葬习俗。

目前，在陕西长安沣西、河南三门峡市上村岭、洛阳王城、浚县辛村等宗周地区和宗亲封国的西周墓与东周墓中，只有长安沣西西周早中期存在比较普遍的人殉现象。据邹衡先生统计，在那里属于西周早、中期的 29 座中型和小型墓中，有人殉的达 10 座，占 1/3[1]。其余几处或者仅有个别殉人，或者根本没有。浚县辛村卫国墓地，共发掘 79 座西周至东周初期的墓葬和车马坑，其中大型墓 8 座，中型和小型墓 29 座，只有西周早期和东周初期各有一墓殉人（M1、M17）[2] 洛阳东大寺有一座西周早期的中型墓殉人，洛阳中州路的西周和东周墓都没有殉人。三门峡市

---

[1] 北京大学历史系考古专业商周组：《商周考古》，文物出版社，1979年。

[2] 中国科学院考古研究所：《浚县辛村》，科学出版社，1964年。

上村岭虢国墓地发掘西周晚期至东周初期墓 234 座，其中随葬铜鼎的墓约占 1/10，内有 7 鼎墓一座（虢太子墓），五鼎墓两座，三鼎墓 3 座，墓主都是大、中等贵族，都没有殉人 [1]。辛村卫墓、洛阳周墓、上村岭虢墓和鲁城乙类墓都是周人墓，证明周人并没有实行过人殉制。

那么，长安地区西周早期比较普遍的人殉墓，又该怎样解释呢？我认为这些墓的主人，未必都是周人。首先，长安地区的 10 座殉人墓中能够确定年代的 5 座，有 4 座属于第一期，即成王或康王时期，另一座属于第二期，即穆王或稍后时期。不能确定年代的大致也属第一期或第二期。就是说，这里的殉人墓主要属于西周初期，当时可能有些殷人和夷人贵族曾在此居住。沣西西周早期墓的陶器组合，有两座系由鬲、簋、豆、罐组成，这是东部地区夷人墓的陶器组合，与先周墓差别很大，年代又属西周初年，似乎不能看成周人吸收了夷族文化，证明当时确有夷人住在宗周地区。夷人中的贵族死后，按照本族的习俗实行人殉并不奇怪。然而人殉毕竟不为周人所欢迎，当他们的政权稳固以后，就要加以禁止，所以在周人的中心统治区，西周中期以后人殉便迅速消失。

鲁城以外的山东其他地区，直到春秋时期仍然流行人殉。如近年在滕县薛城发掘了 9 座薛国贵族墓，其中 5 座春秋墓都有殉人；莒南县大店镇发掘两座莒国贵族墓，各殉 10 人；沂水县刘家店发掘了两座莒墓，M1 殉 40 人左右；在胶东地区的蓬莱、莱阳、烟台等地发掘的西周时期到春秋早期的贵族墓，也常有殉人；临淄东周大中型齐墓，殉人墓比例相当可观。这些国家和地区的贵族墓中相当普遍的人殉现象，同鲁城和周卫地区的周墓，形成鲜明的对照。如所周知，薛、莒和商周时期胶东地区的国家，都是夷人国家，前者和商人有密切联系。西周王朝的建立，他们屈服于周人强大的军事力量，承认周天子为宗主，但国内政治经济制度原封未动，埋葬制度和殉人的习俗，并未像鲁国那样经过改革，至于姜姓统治的齐国，其建国方针之一，是"因其俗，简其礼"，与鲁国"变其俗，革其礼"的方针不同，人殉的陋俗没有被改革，存在一些殉人现象是不足为怪的。燕晋地区的情形也是如此。

我们的结论是：在周代的某些地区，存在着相当普遍的人殉现象，但作为周代占统治地位的周族，不但在建立全国统治权之前不用人殉，在取得了全国统治权以后也不曾实行过人殉制。人殉作为一种习俗，是殷俗、夷俗；作为一种葬制，是殷礼和夷礼，而不是周俗和周礼。宗周地区西周早期存在的人殉墓，墓主可能属于殷人或夷人，即便有的是周人墓，也不过是受到殷人风俗的影响，不能看成是周人的习俗。到目前为止，论者在讨论周代的人殉问题时，都着眼于周代是否存在人殉制，

---

[1] 中国科学院考古研究所：《上村岭虢国墓地》，科学出版社，1959年。

而没有注意各地区各封国的政治经济发展不平衡，文化传统不相同，对待人殉的态度也就不一致。因此不能笼统地谈周代是否实行人殉制，而应当进行具体分析，才能得到周代人殉问题的正确认识。

（四）鲁国推行周礼和周人吸收商夷文化问题

鲁国是西周时期实行周礼的典型封国。王室东迁，王权衰微，"礼崩乐坏"，鲁国亦不能抵御时代的潮流，诸如"初税亩""三分公室""四分公室""八佾舞于庭"等非礼违制的事件不断发生。但春秋时期的鲁国，仍然不失是坚持周礼最多的一个国家，所以春秋晚期韩宣子在鲁国读了《易象》《鲁春秋》后，便发出了"周礼尽在鲁矣"[1]的慨叹。吴公子季札在鲁观礼，也有同样的感受。孔子则说："齐一变，至于鲁；鲁一变，至于道。"[2]班固解释说："鲁近乎正。"[3]所谓"正"，也就是"道"，即孔子心目中的理想制度——周礼。至于鲁是如何"近乎正"的，以往我们只能从某些文献中见到一些情况，现在则有了一批比较系统的实物资料，使我们得以窥见鲁在埋葬制度方面实行和坚持周礼的一个侧面。

在周人发祥地的周原地区，先周的墓葬与殷墓、夷墓明显不同。鲁建国后，鲁城的周人完全承袭了先周的埋葬制度，采用仰身直肢葬，头向北，无腰坑，不殉狗，陶器组合只用鬲、罐，而不用簋、豆、盂等器，这些都与先周墓完全一致。这种情形一直到春秋中期并无变化，从中可见鲁国周人实行和坚持其祖先礼制之一斑。

春秋晚期，鲁城周人中小型墓的陶器组合变成了鬲、罐、罍。罍，鼓肩、收腹、小平底、有盖，首先出现于鲁城甲类春秋早期墓中（如 M202），乙类周人墓随葬罍，显然是受到甲组墓的影响。目前缺乏春秋前期的鲁城周人大型墓的资料，但春秋晚期到战国早期的鲁城周人大型墓，陶器组合由釜、罐、壶（罐式）、罍组成。釜用 1～2 件，罐分别用 12、14、16、18 件，壶（罐形壶）4 件，罍（圜底有盖）2 件。到战国中期，罍被青瓷罐取代，陶器组合中完全不见齐、燕、晋、中原、楚等地常见的鼎、盖豆、敦、圈足壶等器，证明春秋晚期以后，鲁城周人在埋葬制度上仍保持着自身的显著特征。

与鲁城的周人不同，宗周、王城等地区的周人在与殷人接触后，便迅速吸取了商文化和夷文化的因素，从而失去自己的特色。宗周和洛阳王城的西周墓，盛行腰坑殉狗之风，陶器组合早期以鬲、簋、罐，晚期以鬲、盂（盆）、豆、罐为主。三门峡市上村岭西周晚期至春秋初期的虢国墓，还有殉狗的残余，陶器组合与宗周地区的同期墓一致。洛阳王城春秋墓陶器组合以鬲、盂（盆）、罐，鼎、盖豆、罐为主，

[1]　《左传·昭公二年》，中华书局影印《十三经注疏》本，2009年。
[2]　《论语·雍也》，中华书局影印《十三经注疏》本，2009年。
[3]　（汉）班固撰，（唐）颜师古注：《汉书·地理志》，中华书局，1997年。

战国墓以鼎、盖豆、壶，鼎、盒、壶为主。这些墓既与陕西地区的先周墓不同，也与鲁城乙类西周、东周墓存在很大差别。即是说，鲁城乙类西周、东周墓，在整个黄河中下游地区的两周墓中独具特色，这是否就是周礼在埋葬制度上的反映呢？春秋时期，当韩宣子在鲁国发出"周礼尽在鲁矣"的赞叹时，鲁以外的周人不断吸取商、夷族的先进文化，早已数典忘祖，不知周礼为何物了，唯独鲁国却仍然在很大程度上保持着周礼。鲁城周人墓完全不同于其他地区周人墓的事实，不正是对韩宣子的话的一个极好注脚吗？鲁城的墓葬资料，不仅为鲁国推行和坚持周礼的情况提供了具体的物证，而且也为两周时期黄河中下游流域民族文化的融合，提供了可贵的实物资料。众所周知，周人在建立全国统治权之前，其社会发展阶段较商人、夷人落后。以奄、薄姑、薛国等为代表的夷人的发展水平，大致与商人相当，这个时期的墓葬资料所反映的情况正是如此。殷人墓随葬的陶器组合稳定，器类较多，酒器普遍；前述胶东地区和鲁城的夷人墓，以鬲、簋、豆、罐组成的陶器组合，也十分稳定。说明殷人、夷人不仅都有稳固的埋葬制度，而且物质文化发展水平也比较高。先周墓则不同，它们的陶器组合简单，只有鬲、罐，陶器的制作也较粗糙，所反映的物质文化水平明显地比殷人、夷人低些。周灭商后，比较后进的周民族，进入了比较先进的商、夷族的统治区，与殷人、夷人杂处，吸收了比较先进的商、夷文化，在黄河中下游的广大地区，周人与殷人、夷人逐渐融合。考古资料表明，宗周地区的这个过程是从西周初年开始的，那里发掘的西周初年墓（其中可能有部分殷人和夷人的墓），已失去先周墓的特色。只有鲁国的情形十分特殊，其国都曲阜城的周人和夷人，都各自长期保持着自己的埋葬制度，按照自身的规律发展演变。鲁城的夷人墓，虽有自己的特色，但与鲁北、胶东和中原地区的同期墓葬具有共性；鲁城的周人墓虽与上述地区的同期墓迥然不同，但与先周墓却惊人地一致。这个现象不只使我们了解到鲁国周人坚持其祖先埋葬制度的事实，而且为我们提供了黄河中下游地区商、夷文化对周人的影响和周人吸收商、夷文化的具体生动的情形。

　　鲁城的勘探试掘，旨在运用考古手段解决保护问题，工作重点不是开展城市考古，但探掘工作的基本收获，已使我们获得鲁国社会与历史的许多新认识，对有关文献记载有了更好的理解。随着今后鲁城考古的进一步开展，无疑将对鲁史和周代历史研究产生重大影响。

　　原载《中国考古学会第四次年会论文集》，文物出版社，1985年；后收入《张学海考古论集》（略有修改），学苑出版社，1999年

齐营丘、薄姑、临淄三都考

公元前 11 世纪中叶，周武王灭商，建立周王朝，王朝大封宗族勋戚，以藩屏周室。齐太公吕尚为首封，封于齐。《史记·齐太公世家》记载："于是武王已平商而王天下，封师尚父于齐营丘。"及成王即位，年少，管叔、蔡叔、武庚作乱，淮夷徐戎叛周，周授齐以征伐之权，"齐由此得征伐，为大国。都营丘"。周夷王时，纪侯诬陷齐哀公于周，周烹哀公而立其弟静，是为胡公。"胡公徙都薄姑。"哀公同母少弟吕山率营丘人杀胡公而自立，是为献公。"献公元年，尽逐胡公子，因徙薄姑都，治临淄。"直至公元前 221 年秦始皇灭齐，再未迁都。以上为《齐太公世家》所记齐国的两迁三都。营丘为齐建国后的第一都，丁公、乙公、癸公、哀公开国四君皆都此，是齐建国初期约一个半世纪的政治中心。确认营丘位置，对齐史和山东地方史研究具有重要意义，但是营丘的确切位置，迄今未定。薄姑是齐国第二都，仅为胡公一君之都，自东汉以来，大都主张在汉之博昌县或说在琅邪姑幕县，确切位置也未确认。临淄就在今淄博市临淄区，遗址犹在，但年代、沿革方面也有不明之处。现就营丘、薄姑的地望和临淄城的年代等问题，略作考证。

一

营丘所在，古来就有临淄说和昌乐营陵说，20 世纪 80 年代以来又提出了寿光呙宋台、昌乐河西、青州臧台等新说，呙宋台说系笔者的主张。

营丘临淄说和营陵说，均起自东汉，两千年来，学者、士大夫争辩不休，都未出这两说。细审两说，皆不可信。

营丘即临淄说，初见于《汉书·地理志》。汉志说："临淄名营丘。"又说："临淄，师尚父所封。"西晋臣瓒注："临淄即营丘也……今齐之城中有丘，即营丘也"，并引晏子说"先君太公筑营之丘"为证。东晋郭璞从之。《尔雅·释丘》："水出其左营丘。"郭注："今齐之营丘，淄水过其南及东。"元魏郦道元进一步发挥，郦氏在《水经·淄水注》说："淄水又北迳其城东，城临淄水，故曰临淄……《尔雅》曰：'水出其前左为营丘。'武王以其地封太公望，赐之以四履，都营丘为齐。或以为都营陵……余按营陵城南无水，唯城北有一水，世谓之白狼水，西出丹山，俗谓凡山也。东北流，由《尔雅》出前左之文，不得以为营丘矣。……今临淄城中有丘，在小城内，周迥三百步，高九丈，北降丈五，淄水出其前，故有营丘之名，与《尔雅》相符……献公之徙，其犹晋氏深翼居绛，非谓自营陵而之也。其外郭，即献公所徙临淄城也。"由于郦道元力主营丘即临淄，而非营陵，营丘临淄说似乎找到了重要根据。此后《括地志》《元和郡县志》《史记正义》《玉海》《齐乘》《诗地理考》《通鉴地理通释》等皆主此说。而临淄小城内有丘，淄水自南经其东，和《尔雅》"水出其前左营丘"之义相符，则是此说的主要依据。在未知临淄大小城的年代和小城台址的性质时，此说还令人将信将疑，而当查明大小城并非同时修筑，大城筑于西周晚期，小城筑于战国时期，小城那座台址，是宫殿建筑群的一座高台建筑基址时，此说的基本依据也就完全丧失。

营丘临淄说忽略了《史记·齐太公世家》齐凡两迁三都的记载。太公始都营丘，胡公迁都薄姑，献公又迁于临淄，营丘、薄姑、临淄明明是三地，并无营丘即临淄之意。太史公为汉武帝时人，距齐之亡不到百年，离齐建国不足千年，所记齐凡两迁三都的可信度很高，而郦道元却说小城是营丘，大城就是献公所迁的临淄。实际上，临淄城由大城小城两部分构成，互相交错，两者是城郭关系。先秦文献每见"三里之城，五里之郭""五里之城，七里之郭""筑城以卫君，造郭以守民"等记载，从同一座城的宫城到郭城，岂能说迁都？至于小城有丘同《尔雅》营丘释文相符的说法，实属牵强。小城台址南距淄水达十余千米，东隔临淄大城距淄河 4 千米多，淄水并不绕台而流，和《尔雅》不符，而和《尔雅》营丘释文相符的自然丘冈，在鲁北、胶莱平原一带确实存在，例如寿光呙宋台就很典型。

假如先秦的临淄确有营丘之名，很可能如赵一清《水经注释》所说："此犹晋迁于新田而仍谓之绛，楚迁于都而仍谓之郢"，是以故都名称新都，是异地同名，非同地两名也。

营丘营陵说，出现也很早。《汉书·地理志》营陵县："或曰营丘。"应劭曰："师尚父封于营丘，陵亦丘也。"《寰宇记》《大清一统志》、赵一清《水经注释》皆主此说。嘉庆《昌乐县志·艺文志》收入邑人阎愉《营丘辨》一文，力主营丘即营陵。阎氏说："营丘者，水出其前之左而营其丘也，盖《尔雅》之释文如此。今营丘故城旧垣尚在，蜿蜒数十里，内城居北，外城环抱南面，类今燕都制度，偏东则迤逦而高若陵阜焉，谓之石埠，南瞰白浪河自西而绕城东流，折而北入潍邑界，近城复有金带河经胜水井沿隍而东入于白狼，与前左之文正相符矣，乃郦道元独以临淄古城为营丘，反谓此与《尔雅》不合，不亦信度而不信是耶。"阎氏所谓营陵城南有白浪河自西而东，折而北流入潍邑境者，和郦道元所说营陵仅城北有白浪河者不同，似非同一城。也许阎氏所见城址系在白浪河北岸后筑之城，定为营丘的根据，仍然是《尔雅》释文。但是，凡与《尔雅》营丘释文相符者皆可称营丘，况且阎氏所说营陵不存在丘，城偏东虽有石埠迤逦高起如陵阜，而石埠和《尔雅》专指有河道环绕的渚丘、沮丘、正丘、营丘不同，即便依《尔雅》，营陵也不得称营丘。按营陵本是春秋缘陵，《左传》僖公十四年春："诸侯城缘陵而迁杞焉。"汉景帝十三年，置北海郡，始设营陵县，至元魏皆因之。隋置营丘县，唐武德八年废。今营丘城址在昌乐县城东南约25千米河头乡营丘村东，地面城垣仍在，平面呈横长方形，东西约1500米，城址东距白浪河较远，据笔者实地考察，城内遗存贫乏，为汉以后城址。城址周围地形平坦，城内城外均无丘冈，非齐都营丘可明。缘陵本非营丘，汉置营陵县，《地理志》存录营丘说，应劭说"师尚父封于营丘，陵亦丘也"，营丘营陵说才和营丘临淄说并存于世。营陵地理位置偏东，从周初鲁北胶莱平原一带的形势考察，齐都营丘不应在北海。

营丘河西说，是20世纪80年代文物普查以后提出的 [1]。遗址位于昌乐县东南马宋镇河西村西南，处于白浪河上游北岸，在营丘古城西南约8、西北距县城约22千米，面积仅15万平方米，周围1千米以外有丘冈环绕，是个小盆地，遗址东南端有取土形成的断崖，偶见龙山文化、西周遗物，地面也少见陶片，文化内涵贫乏，且规模很小，交通闭塞，不可能是齐都营丘。

营丘臧台说，也是20世纪80年代文物普查和发掘杨家营凤凰台以后提出的新说 [2]。臧台位于青州市（原益都县）东北约24千米，在何官乡西南臧台村北（图一）。台西有台称西台，台北1千米有凤凰台，后者位于何官乡杨家营村东约500米，三台均为大规模夯筑台址，而以臧台规模最大。1984年对凤凰台遗址进行了探掘，探知台址南北长225、东西宽130～160米；其北部最高，呈馒头状隆起，东西长140、南北宽70米，面积约10000平方米，高出周围地面约4.5米，探至4米台址仍未到底。上层台址年代属西汉，未作解剖，不知下层是否有早期夯筑台址。台以南文化堆积有四大期，第一期为龙山文化，第二期属晚商西周时期，第三期属东周，第四期属西汉，以东周、西汉遗存为主 [3]。

臧台遗址约1500米×1200米，面积180万平方米，文化堆积包括大汶口文化、龙山文化、晚商、西周、东周和汉代 [4]。西台与臧台东西并立，当和臧台遗址有密

[1] 李学训：《营丘地望推考》，《管子学刊》1989年第1期。

[2] 夏名采：《营丘初探》，《东岳论丛》1986年第2期。

[3] 山东省文物考古研究所等：《青州市凤凰台遗址发掘》，《海岱考古（第一辑）》，山东大学出版社，1989年。

[4] 青州市博物馆：《青州市新石器遗址调查》遗址统计表，《海岱考古（第一辑）》，山东大学出版社，1989年。

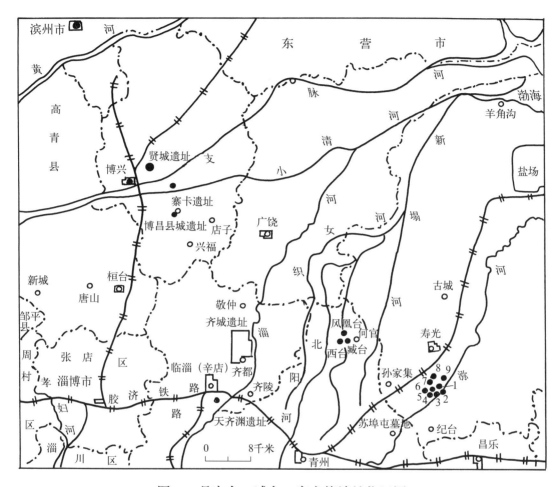

图一　呂宋台、臧台、寨卜等遗址位置图

1.呂宋台遗址　2.钓鱼台遗址　3.堤里遗址　4.西屯遗址　5.后王遗址　6.高嵩遗址　7.胡营遗址　8.火山埠遗址　9.楼子李遗址

切关系。假定三台址下层都存在晚商西周前期的台址，周围都有较丰富的同期文化堆积，尤其如果是座晚商早周的城址，那么按其处于淄河、淥河之间，西距临淄齐都 20 千米的地理位置，就很有可能是齐都营丘。因此营丘臧台说可作为探寻齐都营丘的一条线索，待今后工作来验证。

营丘既非临淄，也非昌乐营陵与河西，营丘究竟在何处呢？我们不妨先据文献确定营丘的大致地望，然后参证考古资料，确定营丘可能的具体位置。《史记·周本纪》说："於是封功臣谋士，而师尚父为首封，封尚父于营丘，曰齐。"《齐太公世家》："封师尚父於齐营丘。"又说："齐由此得征伐，为大国。都营丘。"营丘显然是齐地的一个城邑，不是一个地区。《史记·封禅书》说：齐所以为齐，以天齐也。"天齐即天齐渊，在临淄南郊牛山下，为东方八祀之一。八祀起源甚早，《封禅书》

曰："八神将自古而有之，或曰太公以来作之。齐所以为齐，以天齐也。其祀绝莫知起时。八神：一曰天主，祠天齐。天齐渊水，居临淄南郊山下者。"《集解》引苏林曰："当天中央齐。"《索隐》："谓主祠天"。天齐渊五泉并出，今水已枯，遗址犹在。是知临淄因天齐而有齐名，商代以前已存在，太公封于齐地，故国称齐国。由于周初分封诸侯，大国不过"地方百里"，《孟子》《尚书大传》等许多记载皆如此说，而《孟子·告子》明确说："太公之封于齐也，亦为方百里也"。基本可信。因齐初封时疆域很小，所以营丘距临淄不会很远。此其一。其二，《汉书·地理志》云：齐地"少昊之世有爽鸠氏，虞夏时有季荝，汤时有逄公柏陵，殷末有薄姑氏，皆为诸侯，国此地。至周成王时，薄姑氏与四国共作乱，成王灭之，以封师尚父，是为太公"。薄姑为商在东方的重要与国，也是鲁北地区的主要方国，薄姑被灭，地封于齐，齐的分封显然具有镇抚薄姑遗民和东方势力的战略意图。薄姑城历来都说在博兴县，可信，营丘离薄姑城也不会很远。其三，《史记·齐太公世家》记载："哀公时，纪侯谮之周，周烹哀公，而立其弟静，是为胡公。胡公徙都薄姑。"纪侯谮害哀公成为春秋早期齐襄公灭纪的借口，齐纪实为紧邻。春秋纪都，在今寿光县南纪台乡，纪城内有大台址，即所谓纪台，光绪年间曾在台址上出土西周晚期的纪侯虎钟，此钟现为日本京都博古苑收藏。又1983年在寿光县城以北约9千米的古城（益都侯城），出土了大批商末纪器，计有圆鼎、方鼎、尊、卣、觚、爵、戈、矛、刀、车马器等70余件，大部礼器和部分兵器均有铭，共带铭器19件，其中有"己"（即纪）铭者17件，且有"册己"铭，似属一墓的随葬品，墓主系纪国的大贵族[1]。证明自商末至春秋，纪国的统治中心区一直在寿光，在被灭前始终和齐紧临，疆土交错，故成夙敌，所以才有纪侯谮害哀公之举，说明营丘应离纪都不远。其四，《齐太公世家》记载：师尚父封于齐营丘，东就国，"莱侯来伐，与之争营丘。营丘边莱。莱人，夷也，会纣之乱而周初定，未能集远方，是以与太公争国"。王献唐先生考证，莱约处潍淄地区，而国都应在昌乐县境[2]。莱应以昌乐县为中心，包括青州、临朐东部地区和安丘部分地区，疆域本同纪与薄姑交错。齐灵公十五年，齐灭莱，迁莱共公于郳，前人多认为即黄县（今龙口市）灰城。综上四点，可以得出如下结论：临淄自古因天齐祀而有齐名，西周初年以齐地封师尚父，因地名而称齐国，初封的疆域不过方百里之地，大也大不了多少，其西境大概仅领有薄姑大部地区，东境就在寿光、青州一带和纪莱交错，而且在齐襄公灭纪以前，始终未越过淄河进入北海地区，国都营丘和薄姑自然都不会超出以临淄为中心的这一范围。郦道元说薄姑在临淄齐城西北约25千米，以营丘边莱推之，营丘则应在齐城以东、淄河以西地区

---

[1] 寿光县博物馆：《山东寿光县新发现一批纪国铜器》，《文物》1992年第8期。

[2] 王献唐：《山东古代的姜姓统治集团》，《山东古国考》，齐鲁书社，1983年。

的某地。如在昌乐营陵，已在天齐渊以东 80 千米以上，地属北海，国将不得称齐。营丘很可能和纪都邻近，胡公迁薄姑是由东而西，主要是避开纪侯锋芒以自固。因此应在淄、淅之间探索营丘。

据目前考古资料，该地区有两个地点令人瞩目。一是青州市北境的臧台、西台、凤凰台遗址，前文已述；二是寿光县南的吕宋台遗址（图一）。遗址位于寿光城南 6 千米胡营乡吕宋台村西，东距淅河 1 千米，本是座宏大土丘，原高出周围地面 8～10 米，总面积约 80 万平方米，文化堆积厚 3～4 米，是已知淅、淄流域最大的晚商、西周前期遗址之一。由于雨水冲刷和取土，文化遗存已遭严重破坏，但 20 世纪 80 年代晚期在遗址西部、南部和村西北仍残存大面积的晚商、西周遗存。在吕宋台遗址周围 1～1.5 千米范围内，分布着楼子李、钓鱼台、堤里、西屯、后王、高嵩、胡营、火山埠等 8 处晚商遗址和 7 处西周遗址，其中西南方约 700 米的西屯遗址，为大规模的西周早期制骨作坊址，构成以吕宋台遗址为中心的商周遗址群[1]，具有大国都城的恢宏气势，必是某个大国的统治中心。因遗址西南 12 千米的淅河北岸，就是著名的苏埠屯商末墓地，1965 年发掘的一号墓，有亚字形墓室，殉 40 余人，出土了两把大铜钺[2]；铜钺象征着征伐之权，故墓主是商末方伯，吕宋台遗址群，应是其都城区。根据一号墓的规格和遗址群的规模，晚商时期这一带只有薄姑才能当之。墓地时间短暂，约当商周之际。商末，薄姑可能因商人东进，而由博兴东迁至此，被灭后，成为齐丁公之都。吕宋台规模宏大，淅河自西南经台南、台东北流，和《尔雅》营丘释文相符。遗址群尤其吕宋台的繁荣时期是西周前期，和齐都营丘的时间一致，其规模之大只有齐都营丘能当之。纪为小国，都城不可能有如此规模。吕宋台北距出土商末纪器群的古城约 15 千米，假定当时纪城就在附近，两者近在咫尺，和营丘与纪都相近的分析一致。齐纪莱均为姜姓，师尚父之所以封于齐，原因之一可能是这一带存在姜姓势力，具有共同的族源和文化背景，太公采取"从其俗，简其礼"的方针，也暗示了这一点，因而齐、纪国都临近，疆域交错，是完全可能的。吕宋台位于寿光县南，寿光为汉北海郡最西部的县，和齐郡东境相交汇，同商末周初约处昌乐、青州、临朐一带的莱毗邻，和营丘边莱的记载相符。因此，齐之第一都营丘，最有可能在吕宋台一带。

二

薄姑，又作蒲姑，本是商末山东中北部地区的方国。《𡔙方鼎铭》记周公东征，

[1]　寿光县博物馆：《寿光县古遗址调查报告》，《海岱考古（第一辑）》，山东大学出版社，1989年。
[2]　山东省博物馆：《山东益都苏埠屯第一号奴隶殉葬墓》，《文物》1972年第8期。

伐"东夷、丰白、尃古","尃古"即薄姑。《左传·昭公九年》云:"及武王克商,蒲姑、商奄,吾东土也。"又《左传·昭公二十年》记晏婴说:"昔爽鸠氏始居此地,季萴因之,有逢伯陵因之,蒲姑氏因之,而后太公因之。"《汉书·地理志》曰:齐地"少昊之世有爽鸠氏,虞夏时有季萴,汤时有逢公柏陵,殷末有薄姑氏,皆为诸侯,国此地。周成王时,薄姑氏与四国共作乱,成王灭之,以封师尚父,是为太公。《诗风》齐国是也,临淄名营丘"。可知齐承薄姑,初封时的齐地,就是薄姑旧地,先后作为薄姑和齐胡公都城的薄姑城,自然不出西周齐国的中心区。其具体位置,志书大都说在博兴县。《左传·昭公九年》杜注:"乐安博昌县北有薄姑城。"《郡国志》乐安县:"博昌有薄姑城。"《魏书·地形志》:"乐陵有薄姑城。"《水经·济水注》《括地志》《元和郡县志》《寰宇记》《齐乘》《大明一统志》《大清一统志》等,都说薄姑在博兴。只有《汉书·地理志》琅邪郡姑幕县下记载了"或曰薄姑"的异说,《水经注》浯水条存录此说。以齐初封时的地望就在临淄周围地区,其都城营丘最可能在寿光南境的呂宋台一带考之,薄姑城在博兴可信。薄姑是古济水最下游的方国,其中心区约在泰沂山北侧、济水以南的博兴、广饶、临淄地区,东达寿光、青州一带,和纪、莱相邻,国境交错,琅邪姑幕说不可信。或许薄姑被灭后,子庶有在鲁东姑幕建国者,或其君曾被迁于姑幕,如同迁奄君于薄姑,故有薄姑之名,也很难说。

尽管志书一致记载薄姑在博兴,但具体所指却大相歧异。今博兴即汉博昌,高帝置县,属青州千乘郡,县治在今博兴县城东南寨郝镇驻地寨郝村西南,遗址犹在(图一)。高齐省博昌县,移乐陵县理此,乐陵县治在今治以东 6 千米。隋开皇年间又改称博昌县,移县治于今治,此后县治始终未动。五代改博昌为博兴,一直至今。郦道元说薄姑城在临淄县西北 50 里,《水经·济水注》曰:"济水又迳薄姑城北……薄姑故城,在临淄县西北五十里,近济水。"《元和志》河南道六青州博兴县:"薄姑故城,在县东北六十里。齐旧都也。"《元和志》此说实从《括地志》。《史记·周本纪正义》引《括地志》曰:"薄姑故城在青州博昌县东北六十里。薄姑氏,殷诸侯,封于此,周灭之也。"《齐乘》则谓:"博兴县东北俗呼为嫌城者是薄姑城。"但未指明距离。郦道元、李泰、于钦三位古地理大家,对薄姑所在各持一说,代表了薄姑位置的主要观点,但只有郦氏薄姑城,于氏嫌城说有遗址可寻。

按嫌城在今博兴县城东北约 5 千米贤城村西,贤城即取嫌城谐音雅名(图一)。1988 年钻探,发现地下有城垣遗迹,长宽各 1000 米,未作试掘,年代未详,但可定在东周前,城内堆积主要属商、西周、战国时期。位于汉博昌故城以北约 10 千米,在当时临淄县西北约 35 千米以上,同《水经注》所说薄姑城在临淄西北 50 里,方位相符,距离则远许多,当非郦氏所指;同《元和志》所指在博昌县东北 60 里者,更非一地。嫌、奄一音之转,嫌城即奄城,《史记》载成王灭奄,迁奄君于薄姑,故嫌城被认为薄姑城。

今传薄姑城，称寨卞遗址。位于寨郝镇寨卞村村北，在汉博昌故城以北约 5～6 千米，在今博兴县城东偏南 8 千米左右，处于今小清河北岸，小清河旧河以南约 3 千米（图一）。今小清河为清初康熙年间所挖，旧河则与济水河道大体吻合，因而该薄姑城在济水以南不远，东南距临淄齐城（临淄县城所在）30 千米左右，同郦道元所说薄姑城在临淄县西北 50 里、近济水者，基本相符，应该就是郦氏在《水经·济水注》中所指的薄姑城，也应是杜预所说的薄姑城。该遗址地面踏查面积 35 万平方米，采集的标本属龙山文化、岳石文化、商、周时期。1988 年的探查，曾在遗址东南两面发现两段各长 400 米的城垣遗迹，但未能探出城圈平面，亦未试掘，城垣年代未详；1967 年在遗址北边挖溢洪渠，曾出大批铜镞，未能征集，铜镞时代未明。在薄姑城周围，还存在一些岳石文化、晚商遗址。

至于《括地志》《元和志》薄姑城在博昌东北 60 里的说法，并不可信。唐时博昌县治已移至今县城一带，往东北 60 里的地区，当今博兴东北境、广饶西北境和东营市西南境邻境地区，其中大部属广饶、东营境内，已在济水以北 10～20 千米。该地区目前尚未发现西周以前遗址，就是东周时期也是个人烟稀少之地，薄姑怎会在这一带！也许《括地志》《元和志》所指的薄姑城，就是嫌城，"六十里"应是"十六里"之误，《括地志》误在前，《元和志》从误。嫌城遗址在今县城东北约 5 千米，唐博昌城虽说在今县城一带，但具体位置并未确认，如稍偏南或西南，两者距离也就基本相符。也许于钦《齐乘》说嫌城为薄姑城，是从唐人旧说。古地理家对薄姑城的具体位置，主要是以上两种意见，两地相距仅 6 千米左右，从古史角度来说，也算不上多大分歧。

今博兴县位于鲁中北地区，黄河下游南岸，东北邻东营市，东邻广饶县，南临淄博市临淄区，西南接桓台县，西连高青县，西北邻滨州市，北接利津县。县境南北长 53、东西宽 26 千米。地形西高东低，南北高中间洼，海拔高程在 5～20 米之间，古济水在县境中部偏南地段穿过，分县境为南北两部。史前商周遗址集中分布在济水南侧，和广饶县西南部、临淄区北部及淄河两岸的同期遗址，构成泰沂山北侧中段黄河南岸地区的一个古文化中心。区内遗址以博兴南部、广饶南部最为集中，济水以北地区仅见个别战国汉唐遗址。目前所知，薄姑城遗址与嫌城遗址是这一带、也是全区的重要晚商遗址。其下层有岳石文化、龙山文化堆积，而且地下已发现城垣遗迹，薄姑城很可能就是两者之一，尤其寨卞薄姑城遗址最值得注意。退一步说，这两处遗址都不是薄姑城，薄姑城也不会超出博兴南部到广饶西南部地区。商末，薄姑都城有可能东迁到寿光涤河西岸一带，东迁原因很可能和晚商商人征人方有关。

三

齐之三都，以临淄最为明确。齐都临淄城就在原临淄县城西北面，1973年县治南迁辛店，旧城改为齐都镇，在今临淄区驻地辛店东北8千米。城东临淄河，西依系水，俗称泥河，平面由大小城交错而成。大城南北最长4.5、东西最宽3.5千米多，东垣依淄河修筑，多达9处拐弯，北垣也有3处拐弯，西垣、南垣成直线；已发现七门，东南北三面各两门，西面一门。小城在大城西南，北部占据了大城西南隅，城南北2.5、东西1.7千米余，西垣也有几处拐弯，其余三面城垣成直线，南面两门，东西北三面各一门，东北两门通向大城(图二)。20世纪60年代中期进行了勘探试掘，其时地面残垣逶迤可见，淄河、系河水流不绝。今地面城垣已大部消失，淄河因上游修建了太和水库，平常已成枯河；系河也已淤塞成农田，面貌全非。临淄齐城的位置虽早就明确，但何时建城、是否确是献公所迁的临淄和大小城交错的平面何时形成等问题，并不很清楚，仍需做出明确答复。

(一)临淄建都以前已有城

据《齐太公世家》记载，献公元年迁都临淄，当周夷王时，迁都约当西周中晚期之交。如以公元前1046年为西周开始之年，迁都临淄已在齐建国以后一个半世纪多。献公是在荒野新建都城，还是临淄本有邑城，献公选为都城呢？从当时齐国的政治形势分析，献公迁此之前，临淄应该已有邑城。当时，齐外患内忧不断，政局不稳。先是哀公受纪侯所谮，被周人所烹，而立其弟胡公。胡公自营丘迁都薄姑。营丘最可能在寿光的呙宋台或青州藏台一带，胡公西迁薄姑显然是要避开纪国锋芒和哀公的势力。但此举还是招来哀公同母少弟吕山和营丘人的怨恨，吕山率营丘人袭杀胡公而自立，是为献公。献公既未都薄姑，也未迁回营丘旧都，而选择了临淄为都，其意图和胡公迁都薄姑是一致的，既要回避纪人的威胁，又要防止胡公势力故技重演，争夺君位。在此情况下，献公选择临淄为国都，临淄必定已有城邑，而且有利于防御而自固，不可能在一片荒野上从头修筑都城，考古资料已提供初步的证明。

20世纪70年代在临淄大城东北隅城外，东古城村北，发现了数件西周初年的青铜车器，计有车軎、车舆饰件等。前者是长筒形，长约20厘米，上饰夔龙纹；后者作夔龙形，两者均镶嵌绿松石，制作精工[1]。车器系群众挖土发现，似为随葬品，但经钻探未发现墓葬。从车器的精美，可知车主是位大贵族，表明西周初期的临淄就是个重要地点。1976年，北京大学、山东大学亦工亦农考古培训班，在临淄大

---

[1] 未发表，藏淄博市临淄区齐国故城遗址博物馆。

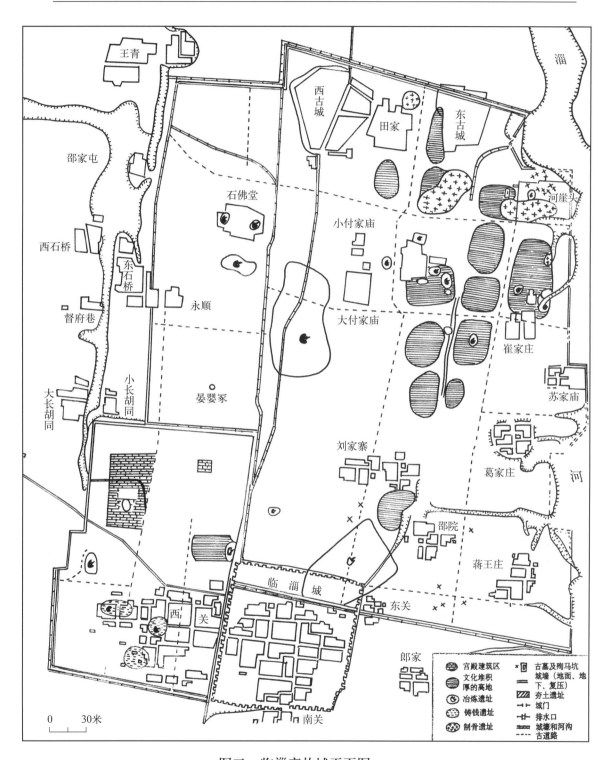

图二　临淄齐故城平面图

城东北部东古城村东南 1 千米余的河崖头村西进行了发掘。这里地貌显著隆起，俗称"韩信岭北岭"，文化堆积厚达 4～5 米，下层有西周早中期的堆积，西周前期遗存被一些东周大墓打破[1]。"北岭"正西一二百米，有更高的阚家村北高地和"北岭"东西相望，同样有 3～4 米厚的堆积，其下层堆积也压在和"北岭"大墓成一线的西首大墓之下，估计下层堆积和"北岭"下层堆积同属西周前期。1988 年在对"北岭"东缘、河崖村西的大型殉马坑进行保护工程时，发现三座西周小型铜器墓，内有两座属西周前期偏晚。其中一座出铜鼎 1、铜鬲 2、铜簋 2、陶簋 1、陶罐 1、陶罍 2 件，铜鬲有铭，作器者名叔夷，陶簋底部有一侯字[2]。1965 年冬在阚家村东南头发掘，发现了西周初中期的遗迹与地层，如 H59 出有敞口筒形袋足绳纹鬲、圜腹圜底绳纹罐、商式盆形圈足簋等典型西周初期陶器，是个西周初期的灰坑[3]。上述资料证明齐城大城东北部的阚家村南以北、河崖村以西、东古城村以东地区，应有西周前期的邑城。其范围东西约 1000、南北约 1500 米，北部东临淄河，南距天齐渊约 13、西北距博兴县薄姑城遗址约 30、东偏南距呙宋台遗址约 31 千米。此邑城也许就是献公迁都前的临淄，被献公选为都城，并在此基础上发展成东周临淄城。

（二）临淄建都之始和大城的年代

据《齐太公世家》记载，临淄作为齐国都城，始于献公元年。献公在位九年。子武公九年，周厉王出奔于彘。十年，王室乱，大臣行政，号曰"共和"，是为我国历史有确切纪年的开始，即公元前 841 年。自此年前推 19 年即公元前 859 年，为献公元年。如《齐太公世家》所载献公、武公在位时间及同共和元年的对应年代可靠，那么临淄成为都城始于公元前 859 年，前距西周建国（以 1046 年计）187 年，后历 88 年进入春秋时期。建都之时可作为齐进入西周晚期的标志，齐自此以临淄为中枢进入了一个稳定发展的时期。

临淄自西周晚期成为都城以后，逐步发展，不仅大小城交错的平面不是同时所建，就是现见大城平面也不是一次建成。根据大城西周晚期以后遗存的分布，大城

---

[1]　1976 年上半年，以北京大学历史系考古专业为主，连同山东大学历史系名义，在齐故城举办"亦工亦农考古训练班"。山东省博物馆、临淄区区政府共同承担行政后勤工作，组成培训班办公室，下设秘书组、政工组和业务组，笔者任业务组组长。此项活动指导思想是错误的。但在小城宫殿区和大城东北部"韩信岭北岭"的发掘，均有重要发现。"北岭"地层堆积 3 米以上到 5 米。下层发现西周初期到晚期的遗存，被一些春秋大墓、殉马坑打破，墓和马坑又被春秋到两汉的地层依次叠压，遗址内涵极为丰富，资料未整理，存山东省文物考古研究所临淄工作站。

[2]　1988 年临淄区文物部门对河崖村西的大型殉马坑进行保护工作，在殉马坑下发现三座西周小型铜器墓，两墓居南，属西周中期偏前，一墓居北，属西周晚期偏早。未发表，资料藏临淄区齐国故城遗址博物馆。

[3]　1965 年秋冬，北京大学历史系考古专业 1961 年级借齐故城勘探试掘，在阚家村东南头旧沟实习发掘。这里上部堆积已不存，但东断崖堆积仍可分十层以上。底部有西周初期的灰坑和西周中期偏前的地层，但主要堆积属西周晚期、春秋战国时期。沟沿两侧上层有战国汉代大型建筑。资料未发，存山东省文物考古研究所临淄工作站。

似经历了西周晚期、春秋和战国三大发展阶段。西周晚期可能基本上承袭着邑城。
1965 年阚家村东南头的发掘，发现丰富的西周晚期遗存，也许表明都城曾向南有
所扩展。目前在大城东西城和中城以南，都未见西周晚期遗存，而在北城原邑城
范围则普遍存在[1]，说明西周晚期，都城仍承袭邑城，向南略有发展。估计在阚家
村南不远，原来应有西周晚期都城的南垣。春秋早期以后，大城经历了大规模的扩
展。在大城南城的韶园村以北，即在大城的中部、北部范围内，自南而北，自西而
东，普遍发现春秋遗存。其中西城、北城有丰富的春秋早期堆积，东城的春秋遗存
似稍晚，相对来说也不够丰富。而自韶园以南的南城未见春秋遗存，暗示韶园村北
一带可能有春秋都城的南垣。1965 年对小城北垣的解剖，得知墙基宽 30 ~ 40 米，
有多次修筑痕迹，和解剖小城西垣提供的墙基仅宽 10 余米、年代单一的现象不同。
两者夯筑技术迥然有别，小城西垣夯筑技术先进，属战国时期；小城北垣较后进，
应早于小城西垣，小城北垣很可能是春秋大城南垣的西段，当时的南垣未必成直线。

　　春秋时期的临淄城，不仅规模大大拓展，城内也进行了科学规划。已探出的两
座东门，两座北门，一座西门，两座南门，都有东西、南北干道连接，其最宽者达
21 米，可并列六辆兵车。这些东西、南北干道把城内划分为许多区。各区内大都
有丰厚的文化遗存，地形显著隆起，周围低凹处地下便是齐城古道路。这使人联想
到管仲分国为二十一乡、士农之乡十五、商贾之乡六的著名改革措施。这些由干道
分隔成的区，也许就是管仲划分的"乡"。大城东西城各有一基本对称的排水系统，
自南向北伸展，至北城各分两支，东城的分别流入淄河与北护城河；西城的流入系
水与北护城河。城垣排水口均用巨石叠砌，排水孔达五层以上，各层排水孔互相错
位，排水口上承夯土城垣。推测现大城规模基本上形成于春秋时，可能主要在齐桓
公时形成。战国时期，大城继续南扩，扩大了自韶园以南的南城部分，形成了现今
所见的大城平面。大城南东门外约二三十米有"马武冢"。马武为汉光武大将，实
则是座东周大墓。古时大夫不逼城而葬，如果大城南垣不是后筑，"马武冢"不应
与南垣近在咫尺。

　　目前尚未查明大城宫殿区的位置，也不知修筑小城前大城是否有城郭之分。由
于大城是在西周临淄邑城的基础上自北而南扩展的，西周晚期城并未显著扩大，当
时的宫殿区自然应在邑城内。在邑城北部的东古城村东，有大范围的高地，为齐城
地形最高之处，而地下缺乏一般文化堆积，可能是西周晚期宫殿区所在。随着春秋
时期都城的大规模拓大，东古村东一带也就偏于城的东北偶，宫殿区有可能南移于
中城偏南的刘家寨村北一带。20 世纪 60 年代中期曾在村东、村北探出若干片较大

---

[1]　1964～1966年齐城勘探试掘资料。齐力：《临淄齐故城勘探纪要》，《文物》1972年第5期。下文未另注
者均同。

的夯筑基址，当时未探村内，村下也许有大型夯土遗迹。从《左传·襄公二十八年》等文献记载推断，春秋宫室应在中城，而且可能有宫城。而此时北城的阚家、伏家一带，正逐渐发展成重要的手工业区——庄岳[1]。北城东部则成为"公墓"区，即国君墓地。自阚家村北高地东部到河崖村西"北岭"至河崖村中，已探出20余座大中型墓，其中包括河崖村西大型殉马墓，殉马达600余匹，殉马坑围绕墓室西北东三面；以及此墓正东河崖村中的一座中字形大墓，墓口约40平方米[2]。春秋宫殿区如果真南移至大城中城一带，而北城有重要手工业区，如此就有"面朝背市"格局，春秋齐都是否按《考工记》"左祖右社，面朝背市"原则进行规划呢？提出以供今后工作来验证。

　　（三）临淄小城是战国城

　　小城居大城西南，自成单元。但北部占据大城西南隅，北门、东门通向大城的结构，又把两者紧密连成一体。1965年曾对小城西门北侧城垣做了解剖，墙基宽十余米，城垣两壁发现上下成行的绳眼，系用细绳捆绑挡板的痕迹，夯土层面上都留有细绳印痕。这种版筑技术和临淄地区春秋时期的版筑固板方法明显不同，属战国早期的新技术，在临淄战国早期墓中已多次发现。同时墙基下生土面上压有一件陶鬲，器形窄沿、矮领、折肩、直腹、弧裆近平、下腹施绳纹，系典型战国初期陶鬲。因知此段西垣筑于战国早期。当时小城西垣大部尚有地面残垣，经钻探，两侧并无别的城垣遗迹，故此西垣就是修筑小城时的西垣，其年代将可代表小城的年代。结合小城内的遗存几乎全属战国以后时期，仅在南城有一处简单的春秋后期遗存，其方位已在大城南垣向西延长线以南，可能原是大城西南郊的一处村落，修筑小城时被包括在内，因而不能代表小城年代。因此小城是战国城，已可定论。

　　小城北垣墙基宽达三四十米，两侧有多次修筑痕迹，也未发现细绳固板方法，但发现商周以来常见的成排夹棍眼，证明小城北垣早于西垣，可能原属春秋大城南垣的西段，战国早期以此为基础向南向西修筑了小城。城西临系水，所以西垣北半段有几个拐弯。同时可能把小城北垣以东部分的大城南垣，南移至今所见南垣位置，从而最终形成了大小城互相交错的平面。

　　小城东西北面各一门，南面两门。东西、南北门位置不对称，无直道连接。城内布局基本分两大部。东西门道路以北的北城，全为宫殿、园囿区；其西部约占小城总面积的五分之一，几乎遍布宫殿建筑群基址，下层属战国，上层属西汉时期，规模宏大。宫殿区东南部，地面有高台，系战国宫殿建筑群前部的高台建筑基址。台前地下有长达70米的夯土遗迹，一排水系统起自台东南，沿台东、台北西穿西

[1] 刘敦愿：《春秋时期齐国故城的复原与城市布局》，《历史地理》创刊号，上海人民出版社，1981年。
[2] 齐力：《临淄齐故城勘探纪要》，《文物》1972年第5期。

垣入于系水,俗称此台为桓公台,乃因唐时台上立有太公、桓公庙之故。此台即臣瓒、郦道元等所指的营丘,郦道元因此认为小城即营丘城,大城为献公所迁的临淄,以致长期争论不休。宫殿区以东的北城东部,缺乏一般文化遗存,原地势低洼,似有水面,其北沿有方形夯筑台址,似属台榭之类建筑基址。此区应是王家公园区,并起隔离宫殿区的作用。东西门道路以南的南城,中有刀币铸址,东为小城内主要的一般居住址,西南部缺乏一般文化堆积,但有一些较小的夯土建筑基址。

小城西门外泉涌成池,即《左传·文公十八年》齐懿公所游的申池,为系水源头。西门以西地势低洼,20世纪60年代雨季时仍为大片沼泽;在大小城交汇处城外,系水(护城河)成池,池内种莲,周围芦苇茂密。西门以西1000余米有夯筑高台,俗称歇马台,或说即《左传·哀公十四年》齐简公与妇人饮酒的檀台。小城西门外以西以北无疑是大片园囿区,有宽广水面,既起护卫宫殿区作用,又便君王游乐。

上述现象表明小城是座宫城。宫城居住君王、卫队,可能还住有"稷下学士"。小城南西门遥对南郊稷山,应是稷门。门内西侧的夯土基址,北距宫殿区不到1千米,可能是稷下先生们的"列第"遗迹。刀币铸址的存在,表明国君直接控制着货币铸造。郭城则主要居住着士农工商大众,存在冶铜、冶铁、制骨遗址和一般居住址,还有大规模的工商业区庄岳和"西市"。战国临淄城的平面,典型地体现了"筑城以卫君,造郭以守民"的原则,而城郭的规模比"五里之城,七里之郭"的规模大得多。城郭互相交错的平面并非孤例,但规模之大,居民之众,工商业之发达,城市之繁华,堪称当时全国之最,有"冠带衣履天下"之誉。《汉书·地理志》称:"临淄,海岱之间一都会也,其中具五民云。"如淳注曰:"游子乐其俗,不复归,故有五方之民也。"而《战国策·齐策》记苏秦说齐宣王曰:"临淄之中七万户,臣窃度之,下户三男子,三七二十一万矣。临淄甚富而实,其民无不吹竽、鼓瑟、击筑、弹琴、斗鸡、走犬、六博、蹴鞠者。临淄之途,车毂击,人肩摩,连衽成帷,举袂成幕,挥汗成雨,家敦而富,志高而扬。"参证《汉书·高五王传》主父偃说:"齐临淄十万户,市租千金,人众殷富,钜于长安,非天子亲爱子弟不得王此。"可知苏秦描绘临淄的繁华景象,并非信口杜撰。临淄由西周前期齐国的一个邑城到西周晚期成为都城,经历春秋战国时期,至战国后期,终于发展成经济、文化极度繁荣的当时首屈一指的都城,一座世界级的都市。

原载《张学海考古论集》(1987年一稿,1997年秋定稿),学苑出版社,1999年

齐鲁故城的基本格局和
《管子》《考工记》的城建思想

　　临淄齐故城和曲阜鲁故城是经过系统勘查，初步查明了基本格局的两座先秦列国都城，战国时期其基本格局截然不同。而《管子》《考工记》两书关于国都建设，具有完全相反的思想观念，分别同齐鲁故城的基本格局相一致。

一

　　曲阜鲁城，始建于西周初年，一直延续到西汉，目前尚未找到西周前期的城垣，现城垣基本属西周晚期以后到汉。《曲阜鲁国故城》曾报道南东门东侧底部的一期城垣，夯痕小而密集，年代较早，似属西周早期，但在北垣的试掘未见这期城垣。不过据《鲁周公世家》记载，鲁自建国便都曲阜，别无另都，而且鲁城西城、北城都存在西周早期遗址与墓葬，证明曲阜鲁城为伯禽所都，遗址位置与范围可能变化不大。其宫殿区居城之中，周人居北城，殷民、奄民居西城的布局，可能一开始就如此，只不过随着时间的推移各自逐步扩大，居住区、手工业作坊区逐渐增多而已。鲁城似一开始就有明确规划，而且始终遵循了这一规划框架，不曾改变[1]。

　　鲁城平面呈不规则横长方形，东西最长 3.7、南北最宽 2.5 千米，面积 10 平方千米余，具有外城包围内城的回字形平面（附图）。

　　外城是郭城，东西北三面城垣弯曲，南面较直，四角圆拐，东西北三面各三门，南面两门，同志书记载鲁城四面各三门不符。为确认南门，曾反复仔细钻探内城根和南垣豁口，只发现两门。而且南东门形制特殊，当和鲁城的中轴线有关，此门东西两面的距离已不容再劈城门，志书记载可能有误。鲁城东北部、西北部城门较集中，各三门，各门距离较小，约 0.5 千米。东南门与南东门，南西门与西南门，距

---

　　[1]　山东省文物考古研究所等：《曲阜鲁国故城》，齐鲁书社，1982年。以下鲁城资料均见此书，不另注。参阅《论鲁城周代墓的类型、族属及反映的问题》，《张学海考古论集》，学苑出版社，1999年；《浅谈曲阜鲁城的年代和基本格局》，《文物》1982年第12期。

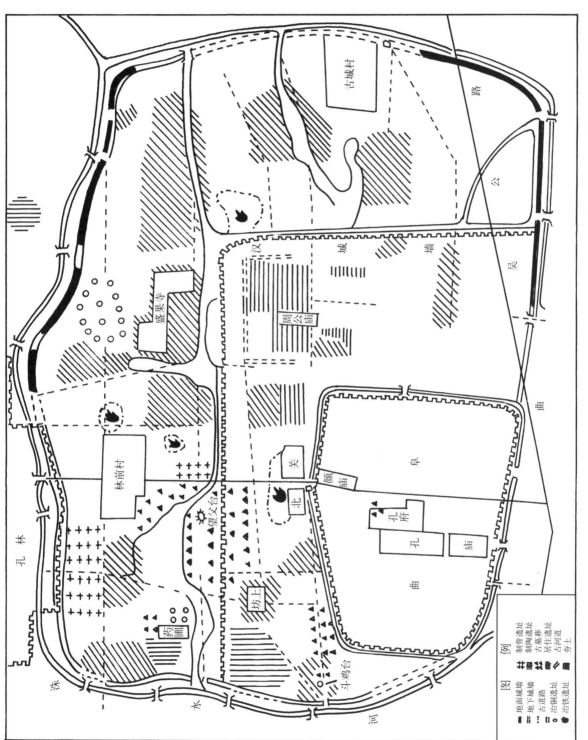

附图　曲阜鲁故城平面图

离都较大。北东门与西北门，东北门与西中门，南西门与北西门之间，都有东西向与南北向的主干大道相连。鲁城一半以上的城门集中于东北部与西北部，而北半城的两条东西干道，分别连接北东门与西北门、东北门与西中门，而不是东西门对应连接，体现了鲁城布局上的一个特点，也为鲁城一般居民集中于北半城提供了证明。

内城是宫城，位于鲁城中部略偏东北。平面近方形，东西约 550、南北约 500 米，城垣成直线，方角。城内地下有大规模的宫殿基地，上层为汉代砖砌殿基。1942 年日本人驹井和爱在此发掘，发现过宏伟的殿基滴水，出土刻有"鲁六年九月所造北陛"题记的条石[1]，当是西汉鲁恭王刘余修建灵光殿的有关题记。下层为夯筑殿基，有早晚期，晚的属战国时期；早的由束棍夯筑成，鲁城此种夯具约属春秋以前，知殿基约当春秋时期或早到西周。鲁城中部有显著高于周围地面的陵阜，东西长近 2 千米。《史记·周本纪集解》引应劭说："鲁城中有阜，逶曲长七八里，因名曲阜。"应氏说阜长当包括东城的高地和西城的斗鸡台（台址基岩高于地面），今地貌变迁，唯鲁城中部明显可见，曲阜因该陵阜得名可信。宫城即位于陵阜东部。在小北关以北的陵阜西部，阜顶探出零星夯筑残基，已不成片，但分布范围颇大；北坡根有大片夯土，也遭严重破坏，地表多见战国两汉遗物，但其位置正当鲁城之中，其北沿距林前一盛国寺大型遗址约一二百米，该遗址为周人居住区，因而陵阜西部可能是西周宫殿区所在。西周晚期或春秋早期扩展到陵阜东部，西汉刘余又在其上建造了灵光殿。也许鲁城中部的陵阜一开始就全属宫殿宗庙区。这种可能性更大，因为陵阜居全城之中，地形高于周围许多，在其东西部都发现了大型建筑群基址，而城内其他地区则不见踪迹，而且周人居北城，殷奄遗民居西城，鲁城可能是以中部陵阜为中心进行规划的。但不知西周前期是否存在宫城。陵阜东部的宫城建于春秋早期，面积过小，可能仅是宫城的东部部分。春秋鲁城有宫城文献有证。《春秋》成公九年、定公六年两见鲁国"城中城"。《谷梁传》说中城即内城，杜预注中城为鲁国邑名，在"东海厚丘县西南"（厚丘各本作廪丘，此从杨伯峻《春秋左传注》），即今江苏沭阳县境，非鲁国境所及，杜注不可信，说详江永《春秋地理考实》、杨伯峻《春秋左传注》。中城自应是鲁城内城。又襄公十九年、哀公四年两见鲁国"城西郛"，前者《左传》谓惧齐，后者杜预注曰防晋。"中城"与"西郛"对应，不仅证明春秋鲁城存在内城与外郭，也说明内城在鲁城之中，故称中城。"城中城"即修葺内城城垣，并非始筑内城。始筑必冠始或新，如僖公二十年"春，新作南门"例。《春秋》未见始作或新作中城记载，似显示春秋以前已筑了内城。

有人认为战国鲁城已分割中南部、西南部即汉城部分为宫城（内城），并认为

[1] 驹井和爱：《鲁故城遗迹》。刻石现藏曲阜市文物管理委员会。

此汉城应始于战国时期[1]，此说不对。此汉城面积几占鲁城一半，西、南垣沿用鲁城西南垣，东、北垣新筑，解剖北垣中段的探沟（T1）提供了城垣明确的层位关系。城垣在三层下出现，三层含较多布纹瓦片和铁渣，约属西汉末年到东汉的堆积；墙基打破探沟北端的H1，H1出内壁有麻点纹、按窝的瓦片（不见布纹瓦）、宽折沿盆、宽沿盆口式器座，均为战国晚汉初陶器。一件器座残片内壁有"丁复孺印"阳文小篆印记，另有一枚西汉半两钱，灰坑属西汉早期；尤其是墙基夯土夹杂大量布纹筒瓦，并出一件刻"朱已公"隶书题记陶拍，一枚残五铢，铢字金头作锐三角形，朱头方折，属武帝五铢。故此城年代不能早于武帝以前，很可能是鲁恭王王都，不可能是战国鲁城宫城。战国时期的鲁国，大势已去，不可能扩大宫城，鲁城宫城始终居于中部。

西周时期的鲁城，以中部宫殿区或宫城为中心，对周人、奄人和授于伯禽的殷民，实行分区族居。奄人、殷人居于北西门与南西门干道以西的西城区，自北而南有三个居住区，均开始于西周早期：西北隅居住区在西北门内两侧，药圃区西南近西中门，斗鸡台区在西南门内侧。《管子·大匡》："不仕与耕者近门"，西城的居民可能主要从事耕作，包括从事手工业的家庭。药圃居住址东北缘有西周、春秋族坟墓，斗鸡台居住址南沿也有西周族坟地，其东南有春秋族坟墓。族坟墓的存在，表明西城居民实行族居。

周人则居于北城中部，南近宫殿区或宫城。居址现为林前一盛国寺遗址，规模宏大，内涵丰富。遗址西南边有西周中晚期的望父台墓地，属鲁伯念、鲁仲齐兄弟的家族墓地；遗址西面也有春秋族坟墓，说明周人也实行族居。

经系统探查，鲁城只发现以上四处西周前期遗址。西周早期，鲁城人口不多。据李亚农估计，鲁国初封时周族人口约二千五六百人[2]。假定都住在鲁城内，城内奄人、殷人的总和恐怕不会超过周人，即便超过也很有限，不然将对周人的统治构成威胁，何况周人和六族殷民未必都住在鲁城内。所以上述西城、北城的四个居住区和中城的宫殿区以及西城和中城之间的墓区（相当"邦墓"区），可能反映了西周早期鲁城的基本布局，其余未居住的地区可能用来耕作。随着西周晚期人口的增长，在中北城东北出现了盛国寺村北冶铜作坊址，在东城东北隅和东南隅也出现了居住区，但中城、西城的南部，都未见西周遗存。说明西周的鲁城，居民集中居于北大半城宫殿区或宫城外围；南小半城除东南隅曾在西周晚期用于居住以外，基本上未作一般居住区。

春秋时期，鲁城布局发生巨大变化，突出表现在两个方面。一方面，形成了宫

[1] 许宏：《东周城市考古的初步研究》，《刘敦愿先生纪念文集》，山东大学出版社，1998年。
[2] 李亚农：《西周与东周》，上海人民出版社，1956年，第91页。

城居中，外郭围绕宫城的回字形平面，外郭新出现许多手工业作坊址和居住区；另一方面，出现了以宫城为中心的南北中轴线。

这时期，原先西城、北城与东城的居住区和手工业作坊址明显扩大，同时在西郭、北郭与东郭，出现了橡胶厂、电厂的大规模制陶作坊址，以及坊上村、村东南的居住区，北西门内的制骨作坊址与居住区，林前村西南的制骨作坊址，古城村西北居住区，颜林居住区，东南门内的大型府第等。宫城以西、西郭东半部则成为广阔的"公墓"与"邦墓"区，前者约始于春秋晚期。但这些遗址墓地仍然集中于北大半城。在南郭除了中部有五六组基本上属于战国和汉代的夯筑基址以外，基本不见一般文化堆积。据文献记载，鲁城的最西南部可能是园圃区。

春秋鲁城的中轴线，以宫城东部为中心，其北面百米开外便是宏大的林前、盛国寺居住区；南有南东门与南郊的"舞雩台"，宫城、南东门、舞雩台三者成直线，由一条全城最宽（17 米）的大道连接。大道北起宫城南沿、周公庙东侧。周公庙传为鲁太庙所在，今庙清代所建，地下确有夯筑基址，但毁坏过甚，未试掘，年代不详。由大道北端的位置分析，鲁太庙有可能在这一带，确切位置似应稍靠东，和大道北端对应。

宫城位于鲁城中部，已如前述。宫城内时君宫室居中，宗庙在公宫之东，两者毗连；社坛在公宫之西，这从《春秋左传》有关记载可知。哀公三年云："夏五月辛卯，司铎火，火踰公宫，桓、僖灾。"章炳麟《春秋左传读》曰："司铎，盖官署之在宫城中者也，犹《考工记》所云'外有九室，九卿朝焉'，即后世之郎署也。其地宜在公宫之西，故火踰公宫而东，桓、僖灾也。"章说可信。火势猛烈，引来南宫敬叔、子服景伯、公父文伯、季桓子和富父槐诸大员，都到现场指挥救火。子服景伯命令浸湿帐幕，"蒙葺公屋，自太庙始，外内以俟"。"季桓子至，御公立于象魏之外。"杨伯峻《春秋左传注》以为象魏为雉门外门阙，雉门为宫之中门，火在雉门内，太庙亦在雉门之内。如此太庙应在桓公、僖公庙之北或东北。又《左传·定公六年》（公元前 504 年）记载："阳虎又盟公及三桓于周社，盟国人于亳社。"周社自应在宫城内时君宫室之西，两者邻近。这从文公十五年（公元前 612 年）记载："日有食之，天子伐鼓于朝，用牲于社；诸侯用币于社，伐鼓于朝"，可知。此社无疑是周社，朝社相近。亳社是殷社。周初亳社之设，本为安抚以殷人为代表的亡国之族，自然应在殷人、奄人居住的西郭。在他们居住区的南边，有斗鸡台台址，同宫城东西遥遥相望，其南为鲁城西南隅"空白区"（不存在文化堆积），其东北两面为"族坟墓"，其东不远的县城西北角外的族坟墓，是春秋时期一个社会地位相当高的家族，故斗鸡台可能是亳社社坛。春秋时期，鲁城殷人、奄人子孙的社会地位已有重大变化，构成了国人的重要部分，所以阳虎必须在亳社与国人盟约。阳虎之所以分别在周社、亳社同鲁公、三桓和国人盟约，是根据盟约对象的不同社会地位在各自的礼仪中心就近为之。又《左传·闵公二年》记成季之生曰："其名曰友，在公之右，间于两社，为公室辅。"是说季文子将成为鲁公辅弼，居于周社与亳社之间，辅佐公室。既有承上启下之意，也反映出两社在空间上东西相对的方位关系，鲁城亳社在西郭应可以确定。周社自应在其东的"中城"内。

　　南东门，形制特殊，外口两侧有夯土台基与城垣连接，台基南北长 58、东西宽 30、残高 1 米，原高度未详，据文献记载，似高于周围城垣。此门即鲁城稷门，又称高门，为鲁僖公改建。《春秋左传·庄公三十二年》记载："雩，讲于梁氏，女公子观之。圉人荦自墙外与之戏。子般怒，使鞭之。公曰：'不如杀之，是不可鞭，荦有力焉，能投盖于稷门。'"杨伯峻注："盖借为盍，为稷门之门扇，城门门扇必重，能举而投之，足见其力。"又僖公二十年曰："春，新作南门。"杜注："鲁城南门也，本名稷门，僖公更高大之，今犹不与诸门同，改名高门也。言新，以易旧；言作，以兴事，皆更造之文也。"又《史记·孔子世家》记载：定公十四年，孔子摄鲁政，齐人惧，"于是选齐国中女子好者八十人，皆衣文衣而舞《康乐》，文马三十驷，遗鲁君。陈女乐文马于鲁城南高门外"，导致孔子离鲁。《水经·泗水注》曰："沂水北对稷门，昔圉人荦有力，能投盖于此门"，"《经》书'春，新作南门'"，"其遗基犹在，地八丈余矣"。以上文献所说稷门、高门、南门，就是南东门。鲁城南面只有两门，南东门本名稷门，僖公改建后才有高门之名。僖公时鲁国国力有所复兴，史有僖公小霸之称。僖公曾大兴土木营造宫室宗庙，改建稷门使之更加高大，可能是他营造工程的重要项目。稷门本来就非一般城门，僖公无非是更加突出它的特殊地位。

　　稷门或许也称雉门。雉门，历来说经者都认为是宫门南门或中门，但据《春秋》定公二年："夏五月壬辰，雉门及两观灾"，"冬十月，新作雉门及两观"的记载来看，雉门门楼和两观楼应是连接的，所以才同时遭天火焚烧。观，大都解释为阙，汉阙许多都在门外两旁，和门有一定间隔，东周阙想必大多如此，门楼、阙楼不相连怎会同时遭雷击而焚？况且《春秋左传》观阙并提，后者如庄公二十一年："郑伯享王于阙西辟"，当时观、阙似仍为两物，尚未合一。观者，观也，可登临观望。东周阙，未见实物，汉阙似大多不能登而观之。南东门外口两侧的台基，与城垣外壁连接，其上当有楼与门楼连接，形制类似明清故宫的午门，因向外突出，既可极目南天，又可监视沿城地带，便于瞭望。当齐人陈女乐纹马于门外时，"季桓子微服往观再三"，鲁定公"往观终日，怠于政事"（《史记·孔子世家》），想必就是在此楼上悄悄观看的。所以南东门外口两侧的台址，可能就是两观残基，而门可能曾叫雉门。门楼高耸空际，易受雷击；观楼与门楼连接，所以同时被烧。

舞雩台，亦称雩坛和舞雩坛，在南东门正南 1700 余米小沂河南侧、雩河北岸，《水经注》《寰宇记》等书均有记载。《水经·泗水注》曰："门南隔水有雩坛，坛高三丈，曾点所欲风舞处也。"20 世纪 70 年代晚期探知台基近方形，东西 120、南北 115、地面残高 7 米，已遭严重破坏，原貌不详。从断面观察，台非一次所建，夯土有三期。上层夯土含布纹瓦片，知筑于西汉中期以后；中层夯土夯痕圆形平底，直径 6～7 厘米，属战国、西汉金属夯痕，夯土年代当属战国；下层夯土主要位于台址东部，范围形制未明，夯土厚约 1.5 米，夯痕圆形弧底，鲁城这种夯痕基本上属于西周后期、春秋时期的束棍夯痕，估计下层台址应筑于鲁僖公以前，僖公之所以增高加大南东门，应和此台址的存在密切相关。因台址处于中轴线南端，无疑是处礼仪性建筑基址。鲁因始祖周公的勋绩，享有天子郊祀的殊荣，台址处于南郊，北距南东门 1735 米，约当周里 5 里，其方位和南东门的距离都表明是鲁国郊坛，而不是雩祭祭坛。公元前 249 年，楚灭鲁，台址虽一直使用到两汉，但其性质已随鲁国之灭而变化。

宫城正北的林前、盛国寺遗址，东西约 900、南北 400 米，是鲁城最大的居住区，文化堆积在 2 米以上，自西周早期延续到汉，内涵极其丰富。在约当春秋时期的堆积中，曾探出一些夯筑房基，大者 3000 余平方米，小者 120 平方米。遗址东北有西周晚期以后的冶铜址，西南、西北面各有春秋制骨址，西部有战国冶铁址，在遗址的南、西、北三面和中部，都有干道通过，交通便利，其规模之大，内涵之丰富，连续不断的发展，又南邻宫城，都说明是鲁城的"市"。

综上，知鲁城最晚在春秋早期已形成以宫城为中心，外郭围绕宫城，由宫城、稷门、郊坛和市构成全城的南北中轴线；宫城内时君宫室居中，宗庙在东，社坛在西，市在宫城以北的基本格局。其主要礼仪建筑和市的安排，同《考工记》国都建设的规范相一致。《考工记·匠人·营国》曰："匠人营国，方九里，旁三门，国中九经九纬，经涂九轨，左祖右社，面朝后市，市朝一夫……九分其国，以为九分，九卿治之。王宫门阿之制五雉，宫隅之制七雉，城隅之制九雉。经涂九轨，环涂七轨，野涂五轨。门阿之制，以为都城之制，宫隅之制，以为诸侯之城制。环涂以为诸侯经涂，野涂以为都经涂。"如此严格的等级规范实际上是无法实行的，事实上鲁城东垣外鼓，西垣、北垣弯曲不直，就是因地形、依水道修筑城垣的结果；郭城四角圆拐，也不符《考工记》规范。但其宫城居中，外郭围绕宫坡，居住区、手工业作坊、"公墓""邦墓"集中于郭城北大半的格局，特别是宫城居南，市处宫城之北，宫城内时君宫室居中，祖、社分居东西，宫城、南门、郊坛等主要礼仪建筑，组成全城中轴线的布局，同《考工记》"左祖右社，面朝后市"的规范是完全一致的。顺便指出，宗庙、南东门、城南祭坛成一线的布局，可以上溯至距今 5000 年的莫角山良渚文化台城[1]，《考工记》的"左祖右社，面朝后市"并非臆想，很可能确是周制，至少东周鲁城是基本遵循了这一制度的。

二

临淄齐故城具有大小城即城郭互相交错的平面，和鲁城外郭包围宫城的回字形平面大异其趣。但齐城的这种平面是在战国早期才产生的，此前只有大城，而大城也是逐步扩建而成。据《史记·齐太公世家》记载，齐献公元年迁都临淄，时当公元前9世纪中叶。推测迁都前临淄应当已有邑城。西周晚期的都城可能基本上就旧邑，似未明显扩大，约处于大城东北部的阚家、河崖、东古之间。此时的宫室可能在城北部、东古村东一带，未知有无宫城。如果存在市，应在城南部阚家村北和河崖村东一带，市南宫北，而不是"面朝后市"。春秋时期，齐城向南向东西扩展，现大城的中城、东西城都在这时期形成，并奠定了大城的基础。战国时期又向南扩建了南城部分，形成了现见大城平面。大城的第二次扩建可能和建小城同时进行。关于大城的发展过程，请参阅《齐营丘、薄姑、临淄三都考》（张学海：《张学海考古论集》，学苑出版社，1999年），图见该文图二。

齐城战国时的大城呈不规则竖长方形，南北最长约4.5、东西最宽约3.5千米，面积约16平方千米。城垣周长21千米余，东、北垣不成直线，东垣沿淄水修筑，多达9处拐弯。已发现7座城门，东南北三面各两门，西面一门，各门大都有贯穿全城的纵横干道连接。这些干道把全城划分成许多区，这些区可能和管仲分国都为二十一乡的乡有关。大城东西城各有一排水系统，自南北流，至北城各分为两支，西城排水系统的左支西拐入系水，右支北流入北护城河；东城左支也流入北护城河，右支则东拐入淄水。全城几乎遍布居住区和手工业作坊址[2]。就北城来说，西北部是全城唯一的大范围空白区，可同《管子·轻重甲篇》"北郭者，尽屦缕之氓也，以唐园为本利"的记载相印证。其东部自阚家村东北到河崖村中一度为东周公墓区；河崖村西南有早于墓地的冶铜、制骨遗址。北城中部北有田旺东周制骨遗址，南有规模宏大、堆积丰厚的伏家、阚家村北遗址。前者含东周冶铁遗存，后者有西周春秋冶铜遗迹，应是《左传》襄公二十八年所记"得庆氏之木百车于庄"，"反陈于岳"；昭公十年所记"又败诸庄"；《孟子·滕文公》下所记"引而致于庄岳数年"以及《史

---

[1] 张学海：《论莫角山良渚文化古国》，《张学海考古论集》，学苑出版社，1999年。

[2] 自1964年以来，山东省文物部门对齐城进行了大量考古工作，目前仅发表了1964～1966年的钻探试掘简报和少数墓葬资料。见齐力：《临淄齐国故城勘探试掘要》，《文物》1972年第5期；《齐故城五号东周墓及大型殉马坑的发掘》，《文物》1984年第9期；《文物考古工作三十年》《文物考古工作十年》，均文物出版社出版。本文齐城资料未见上述文章者，均据齐城20世纪60年代以来的钻探发掘资料，不另注。

记·曹相国世家》所记"以齐岳市为寄"等书的庄、岳所在，是春秋齐城最主要的市[1]（齐城当时还有西市），战国西汉时是全国著名的工商业中心，知春秋齐城"市"处北城。

在大规模扩展国都的同时，宫室可能移到了春秋齐城南城中部的刘家寨村北一带（约当战国齐城大城中部偏南部位）。20世纪60年代的勘探，在这一带发现了几组大型夯土基址，未试掘，年代不明。因刘家寨村南一带曾出过许多秦汉封泥，有人推断这一带为秦官衙所在。齐系降秦，国亡而宫室官署建筑完好无损，秦官署应承齐官署，而齐官署可能承袭春秋宫室的有关建筑。目前在大城内除了上层的汉代大建筑基址以外，只在刘家寨村东、村北发现了可能属东周时期的大夯土基址，为春秋宫室在刘家寨村北一带提供了线索。如得到证实，宫室将处春秋齐城的南城。当时可能已形成内外城的城郭布局，这从《左传·襄公十八年》记叙晋齐之役有较清楚地反映。是年晋联合鲁卫等国伐齐，在钜防击溃齐师，遂围临淄。"己亥，焚雍门及西郭、南郭……壬寅，焚东郭、北郭"。联军纵横自如，如入无人之境，头尾四天，连烧雍门（西门）和四郭。《史记·齐太公世家》曰："临淄城守不敢出，晋焚郭中而去。"联军已进入齐城，试想此时的齐灵公以及他的家人、卫队与卿大夫们又在哪里呢？自然是躲在宫城内，宫城亦坚固难攻，不然灵公岂不成了俘虏！联军意在掠夺资财，并非攻城略地作长久计，灵公太子看到了这一点，所以坚决阻止灵公弃城出逃，果然联军烧了四郭后就挥师向东。证明春秋齐城确已存在内城与外郭的布局。而且晋联军从容往来于东西南北郭，说明内城大致居中，而不是偏于一隅。由于战国时期宫城外迁，而大城历经战国秦汉的长期繁荣，估计春秋宫城遗迹已很难保存了。

《左传》还清楚地反映出春秋齐城宫城与市的南北对应关系。襄公二十八年记载："冬十月，庆封田于莱……十一月……庆封归，遇告乱者。丁亥，伐西门，弗克。还伐北门，克之。入伐内宫，弗克。反陈于岳，请战，弗许。遂来奔。"这是公元前454年齐崔、庆之乱的一段插曲。先是崔杼杀齐庄公，景公即位，崔杼相之，庆封得宠于崔氏，而取崔杼自代之。庆封荒淫无度，委政于庆舍。十一月，齐庄公党人卢蒲嫳杀庆舍。庆封在田猎归途中得知变乱，即攻齐城西门而不克，遂转而攻克北门。入城伐内宫，又未得手。即退回岳地摆开阵势，拟与陈须无、鲍国决战，陈、鲍拒绝，庆封无奈，流亡鲁国。内宫应和左成十八年的内宫同为夫人之宫。当时陈、鲍皆在内宫，故庆封攻之。内宫必在宫城内，不言而喻。庆封自北门入城直攻内宫而不克，即反退至岳地列阵请战。岳地即齐城主要的市，在北面，宫城在南面甚明。

---

[1]　刘敦愿：《春秋时期齐国故城的复原与城市布局》，《历史地理》创刊号，上海人民出版社，1981年。

证明春秋齐城宫城与市的相对位置，也符合"面朝后市"的原则。

战国早期，在大城西南修筑了小城，即宫城。其北部嵌入大城西南隅，形成了大小城交错的平面。宫城从大城分离而出，整个大城遂全成郭城，出现了城郭交错的新格局。宫城亦呈竖长方形，南北约 2.5、东西最宽约 1.5 千米，城垣周长 7 千米余，西垣依系水修筑，因此有几处拐弯。共五门，南面二门，余皆一门，东、北门通向大城，把两者连成一体。城内没有直贯全城的纵横干道，道宽也无法与大城干道相比拟。宫殿区居宫城西北部，面积约占宫城的五分之一强，处于北门内大道以西、西门内大道以北范围内。其东南部有高台建筑基址，俗称桓公台。宫城东北部未见一般文化遗存，有水面，北沿有台榭之类夯筑基址，应是王家园囿区。是知整个宫城北城全属宫殿园囿区。宫城南城，中部有刀币铸址，东部有一般居住区，西部有些夯土基址，应是稷下先生们的列第遗迹。宫城以南有地壳断层，泉水在西门外涌出成池，春秋名申池，为系水之源；西门外约 1 千米有高台，俗称歇马台，《史记正义》、于钦《齐乘》《大清一统志》均以为齐简公之檀台。当时由宫城西门外到郭城西门外之间，似有大片水面，水深可以游泳 [1]，且修竹楸树成林，构成负城地带的一片绝好天然园囿。20 世纪 60 年代，宫城与郭城西垣交汇处城外，仍有藕池，系河（西护城河）仍涓涓而流，沿河芦苇茂密，雨季时宫城西门外到歇马台一带一片沼泽，难于通行。70 年代以后，水位下降，水面干涸，今已平整成良田，昔日地貌已不复存矣。

宫城外迁后，战国齐城以城郭相互交错的新格局，取代了春秋齐城外郭包围宫城的布局。这一城市新格局，和《考工记》"面朝后市"的都城建设思想背道而驰，而同《管子》的有关主张相一致。《管子·乘马》曰：

> 凡立国都，非于大山之下，必于广川之上，高无近旱而水用足，下无近水而沟防省；因天材，就地利，故城郭不必中规矩，道路不必中准绳。

又《权修》曰：

> 地之守在城，城之守在兵，兵之守在人，人之守在粟，故地不辟，则城不固。

又《八观》曰：

> 夫国城大而田野浅狭者，其野不足以养其民；城域大而人民寡者，其民不足以守其城。

东周齐城，东临淄河中游，西依系河源头，南距泰沂山脉中段主峰鲁山北支山麓约 10 千米，建于山前冲积平原之上，地形由南向北微倾，高低适度，西垣依系河源头，水源充足，无干旱水涝之患。城址的选择，很好地体现了"凡立国都，非

---

[1]　《左传·文公十八年》，中华书局影印《十三经注疏》本，2009 年。

于大山之下，必于广川之上，高无近旱，而水用足，下无近水，而沟防省"的思想。其东西城垣临河修筑，北垣也就地形，不取直线，而曲折多弯；且东西垣以天然水道为护城河，既省挖城河，又加强了防御功能。战国宫城自郭城分出，建于郭城西南，城郭互相交错，既自成单元，又由城门连接成整体；而且宫室偏居宫城西北部，东北部则安排了王家园林，既便游乐消遣，又把宫殿区加以隔离；宫城以外，西有申池水面，南阻泰沂山脉，车马难行；东北面则有郭城护卫，而且宫城东北角突入郭城，城角特别宽大，可能有角楼监视郭城动静；宫城与宫殿区位置的选择，于内于外对君王都具有最大的安全系数。宫城内并无贯穿全城东西与南北的直道，道路狭窄，和大城干道相去甚远，也未见城市规划上的中轴线，反映了宫城建设的唯一宗旨是君王的安全。凡此都是在"筑城以卫君"的大前提下[1]，"因天材，就地利，故城郭不必中规矩，道路不必中准绳"城建思想的绝妙体现。

春秋中期，管仲辅佐桓公，改革内政军事，农业、工商业和国防都得到了巨大发展。战国早期，齐已占有整个山东北半部地区，疆域自东海到河济，东西二千余里，成为战国七雄之一，号称东秦。随着齐国力的迅速增长和疆域的不断扩大，国都临淄城也一扩再扩，到战国早期，宫城干脆从郭城分出，城郭总面积达到16平方千米，比当时的"五里之城，七里之郭"[2]的大城还要大。城内人口众多，据《战国策·齐策》记苏秦说齐宣王曰："临淄之中七万户，臣窃度之，下户三男子，三七二十一万，不待发于远县，而临淄之卒，固已二十一万矣。临淄甚富而实……临淄之途，车毂击，人肩摩，连衽成帷，举袂成幕，挥汗成雨，家敦而富，志高而扬。"苏秦既说齐宣王合纵抗秦，所说临淄情况与其实际情况不能出入很大，以每户平均5口计，已达35万人，是当时人口最多，经济最发达，最繁华的都城，全国最重要的政治、经济、文化、军事中心之一。上引《管子·权修》《八观》两段文字，深刻总结了齐城的建设经验，精辟地论述了国都建设和农业生产、疆域、人口与国防之间的辩证关系。

《考工记》和《管子》关于国都建设的完全相反的思想主张，反映了西周、东周社会的变化。《考工记·匠人·营国》一定程度地代表了西周都城的建设思想，部分反映了西周的都城制度和建设规范。这一制度与规范的特点是：（一）都城整齐划一，布局规整；（二）严格的等级结构，都城的规模、城垣、城门、宫墙、宫门、道路的高矮宽窄等，均分为不同的等级，自天子、诸侯到卿大夫，依次递减；（三）以整齐划一的井田制，作为国都建设规范的基础。这一思想制度突出了一个"礼"

---

[1] （宋）李昉等撰：《太平御览·居处》城部引《吴越春秋》："筑城以卫君，造郭以守民。"，中华书局，1960年。

[2] （汉）高诱注：《战国策·齐》六田单将攻狄条，上海书店出版社，1987年。

字，"左祖右社，面朝后市"的布局和依次递减的等级规范，实质上是君权、族权、神权在都城建设上的体现，是维护宗法血缘关系的重要手段。尽管《考工记·匠人》的理想化了的都城建设规范无法完全实施，但集中体现君权、族权、神权的朝庭、宗庙、社坛是可以遵循"左祖右社，面朝后市"的规范进行规划的，曲阜鲁城就是个典型实例。

《管子·乘马》《权修》《八观》《小匡》等篇，对国都建设提出了和《考工记》完全不同的思想主张。这一都城建设思想的特点是：（一）强调因地制宜，就地取材；（二）重视国都建设和农业生产、疆域、人口与国防之间的辩证关系；（三）讲究实效，突出实用功能，为农、战服务。它那"因天材，就地利"，"城郭不必中规矩，道路不必中准绳"的因地制宜的主张，以及强调都城和疆域、农业生产、人口的辩证关系，批判了西周以来服务于等级、分封、宗法制的都城建设思想，同春秋战国时期社会政治经济的剧烈变化相适应，是当时社会变革的产物。

平王东迁，王权衰微，诸侯崛起，社会的急剧变化，震撼了旧的上层建筑，原先的礼乐制度迅速失去权威，"越礼""逾制"现象愈演愈烈，一切都在变。表现在都城建设方面，就是旧制度、旧规范被摈弃，新思想新主张应运而生，春秋中期出现的大国争霸形势，对它的产生发展起到了推波助澜的作用。齐桓公任用管仲，厉行改革，重视农战，富国强兵，终于"九合诸侯，一匡天下"，首创了霸业。在管仲富国强兵的改革措施中，包括对国都临淄城的改造。《国语·齐语》《管子》等书，均记载了齐桓公采纳管仲建议，把国都临淄分为二十一乡，其中士农之乡十五，工商之乡六，使士农工商"群萃而州处"；在十五个士农之乡中，实行军政合一，"作内政而寄军令"。在这里只考虑富国强兵，开创霸业，根本不考虑别的什么规范。虽然春秋齐城具有"面朝后市"的格局，但市本处西周都城的南城，春秋宫城地当西周都城的南郊，都城南扩后在南城的空地上建立了宫城，实质上也是因地制宜，未必是主观上要遵循"面朝后市"的原则。上述新思想新措施，必将影响战国都城的建设。《管子》一书基本上成书于战国时代，是为管子言者的总集，所论国都建设和农业生产、人口、疆域、国防的辩证关系，反映了春秋中叶以来都城建设的新思想、新观念，是形成战国齐城新格局的思想动力，同时又是战国齐城等都城建设的经验总结。

曲阜东周鲁城和临淄战国齐城迥然不同的格局，为《考工记》和《管子》两书的都城建设思想提供了实证，证明两书所记各有所本，并非全是空论。城郭交错的平面也见于邯郸赵城，而且可能比临淄齐城早产生。但战国赵城已见由几座高台建筑组成的中轴线，这种中轴线也见于战国燕下都，反映了在确立封建制国家和加强了王权的历史条件下，燕赵都城建设的发展，似正把《考工记》《管子》的都城建设思想融合一起，而和战国齐城主要建筑的布局明显不同。随着秦汉以后中央集权封建专制主义统治的加强，《考工记》国都建设的有关思想，特别是象征皇权族权神权的主要礼仪建筑的规范，逐渐成为封建王朝营建京城的金科玉律，而以北京明清京城发展到了顶峰，它以鲜明的民族特色，构成了世界都城发展史的精彩篇章。

原载《周秦文化与历史国际学术讨论会文集》，三秦出版社，1997 年；1997年改写后收入《张学海考古论集》，学苑出版社，1999 年

齐、鲁文化四题

在齐鲁考古文化面世之前，人们谈论齐鲁文化主要是指观念形态文化。随着20世纪六七十年代齐鲁两国都城临淄与曲阜地区考古工作的相继开展，人们谈齐鲁文化似又都包括观念形态文化和物质文化在内，其实两者不能等同。观念形态的齐鲁文化属思想史研究领域，物质文化属考古学研究对象，虽然两者互有因果关系，但分属不同学科，研究对象、研究手段和方法论都不同，所以应把分属精神文化与物质文化的齐鲁文化加以区别。本文讨论的齐、鲁文化是考古学文化，资料表明两者迥然有别，是两支不同的考古文化。现就有关几个问题发表管见。

一 关于齐、鲁文化的概念

齐文化和鲁文化是两支历史时期的文化,这和史前文化研究有所不同。研究齐、鲁文化首先有一个概念问题。在这一问题上，已故著名考古学家苏秉琦先生曾指出：楚文化的"楚"，有四个互相联系又互相区别的概念。"第一，是地域概念；第二，是国家概念；第三，是民族概念；第四，是文化概念。""我们不能简单地说，楚地、楚国、楚族的文化就是楚文化，因为前边三者是因时而异的。"[1]"齐"和"鲁"，同样存在着地域、国家、民族和文化这四个既相联系又相区别的概念，所不同的是，楚国系楚地土生土长的国家，齐、鲁则是周王灭亡当地方国薄姑和奄以后的封国，齐为勋戚姜姓封国，鲁属宗室姬姓封国。此外，楚地、楚国的范围比齐、鲁的范围大得多，楚国早期历史不明朗，早期都城不清，东周时期的统治中心也不始终在一地，因此楚文化的变化更为复杂，系统研究的难度较大。

假如某国人民是单一的族，自然就可以说某国某地某国人的文化是某文化，但齐、鲁均非如此。齐受封时仅有地"方百里"，终西周时期疆域基本上稳定在鲁中北地区。至春秋中期，齐桓公挟天子以令诸侯，疆域西扩至河济地区；春秋晚期齐灵公灭莱以后，势力才渐达半岛地区；战国时期越过泰沂山脉灭薛，远在鲁西南地区攻城略地。在这辽阔的地域内，不仅晚商时期不是单一文化，就是西周春秋战国

---

[1] 苏秉琦：《苏秉琦考古学论述选集》，文物出版社，1984年，第218页。

时期，文化也有明显差别，因此不能简单地说齐国齐地齐人的文化就是齐文化。但齐国国都及中心区的文化将代表典型的齐文化，齐文化首先在该地区形成、发展，并逐渐向周围地区扩展，这是不言而喻的。其他地区的文化则要作具体分析，同腹心地区的文化作比较而定。因此必须首先确认齐国的腹心地区，分析该地区的文化。问题在于齐建国以后其腹心地区也存在不同的族群，各族应有自己的文化，这些文化需要一个融合趋同过程，所以腹心地区开始阶段的文化，也不能简单说就是齐文化。齐在薄姑的废墟上建国，建国初期必然存在薄姑遗民文化，薄姑遗民是否就是单一文化？同时齐太公元子丁公一支就封薄姑旧地，当然会有自身的文化，说明腹心地区起初可能有多支文化共存。它们是齐国腹心地区的文化，不能笼统地说是齐文化，当它们融合成一种新文化时，才可以说该地的文化是齐文化。因此基本上可以说，齐文化是齐国各族人民创造的以腹心地区文化为代表的考古文化。

鲁文化的情况和齐文化具有一致性。鲁就封时也不过地"方百里"，以后逐渐扩大疆域，但疆域比齐国小得多。虽然如此，境内同样不是单一的族，不是单一文化，所以不能简单地说鲁国鲁地鲁国人的文化就是鲁文化。鲁文化同样要以鲁国腹心地区文化为代表，但腹心地区开始阶段也存在不同的族，具有不同的文化。鲁承奄国，腹心地区自然有奄遗民文化；鲁为周公旦元子伯禽封国，因而又有周族文化；伯禽还带去"殷民六族"，这六族殷民至少可能保留了商文化的一定传统，所以鲁国腹心地区起初的文化同样是多样的。它们是鲁国腹心地区的文化，不能笼统说是鲁文化，当它们融合成一种新文化时，才能说腹心地区的文化是鲁文化。因此可以说鲁文化是鲁国各族人民创造的、基本上以鲁国中心区文化所代表的考古文化。

概言之，齐、鲁文化是齐、鲁两国腹心地区所代表的考古文化，境内其他地区的文化则要和腹心地区文化相比较而定，如果总体文化面貌同腹心地区基本一致，就是齐文化或鲁文化，否则，就不能说是齐文化或鲁文化。

二 齐、鲁的都城与中心区

齐、鲁国都与中心区的文化代表了典型的齐文化和鲁文化。分析国都与腹心地区的文化，同其他地区的文化进行比较，就可以较顺利而准确地掌握齐、鲁文化的产生、发展和变化过程，因此应首先确定齐、鲁的国都与腹心地区。

据《史记·齐太公世家》记载，齐先后有营丘、薄姑、临淄三个都城。建国初期都营丘，第五君胡公迁都薄姑，胡公异母弟献公杀胡公，迁都临淄，直到公元前221年秦灭齐。据《齐太公世家》记载，献公于公元前859年迁都临淄，齐都临淄将近六个半世纪。薄姑只是齐胡公一君之都，时间短暂。营丘系齐开国后丁公、乙公、癸公、哀公四世之都。如采西周建国为公元前 1046 年说，自此年至献公迁都临淄，其间共 187 年，减去胡公都薄姑的时间，齐都营丘的时间应有一个半世纪左右。对齐文化的研究来说，主要是确定营丘和临淄的位置，薄姑可暂不考虑。齐都临淄就是淄博市临淄区齐都镇的齐故城，营丘具体位置未明，而营丘作为齐建国后约一个半世纪的国都，对确定齐初封时的地望和了解齐文化的产生具有关键意义，找到营丘或确定大致地望也就成为齐文化研究和山东商周考古的重要课题。

营丘位置，古来众说纷纭，而以临淄齐城小城说和昌乐营陵说占主导地位，但都未可取。笔者曾考临淄因有天齐祀而有齐名，太公封于齐即封于临淄地区。由于《孟子》说齐鲁之封都只有百里见方之地，"方百里"亦是周分封大国的通制，因此也就界定了营丘只能在以临淄为中心、方圆约百里的范围内。以营丘边莱推之，应在临淄以东某地，因此时莱在临朐、北海一带 [1]。恰好在临淄东邻寿光县南境有一个以呙宋台为中心的晚商西周遗址群，中心遗址呙宋台原本是个东西达 500 米以上的大土丘，淯河（即《水经注》巨羊水）自西南流经台东北去，和《尔雅》"水出其前左营丘"释文相符。而且呙宋台遗址以西周前期遗存为主，且内涵很丰富，周围 1.5 千米以内分布着 7 处西周遗址，其中西南方 700 米的西屯遗址，是处大规模西周早期制骨遗址 [2]。从呙宋台西周遗址群的规模和气势来看，应是当时某大国的中心，附近的纪莱都不可能有此规模。因和营丘释文相符，又和莱地毗邻，西北距临淄齐城 32、西偏南距天主祀天齐渊 30 千米，所以最可能是营丘（详情参阅本书《齐营丘、薄姑、临淄三都考》）。即便呙宋台不是营丘，营丘也不会远离临淄，因齐初封时仅有以临淄为中心的不大的地盘，终西周时期，其东境始终和以寿光为中心的纪地交错，并未向东推进。献公迁临淄以后，国家心脏就固定在临淄。周室东迁，王权衰落，诸侯崛起，齐才开始向东西两翼经略。春秋早期，齐襄公灭纪，并吞了腋下凤敌，但在齐桓即位时，疆域还只"南至于岱阴，西至于济，北至于海，东至于纪随（鄾），地方三百六十里" [3]。桓公即位后，悉心经营霸业，疆域西扩至黄河。随着桓公去世，诸子争位，齐失去霸主地位，西进受阻，转而向东经营，但据《左传》昭公二十年记载，齐景公时才东达"姑、尤"。姑即今大沽河，尤为小沽河，则此时尚未到达半岛地区。约在春秋末年以后，势力才扩至半岛沿海。自西周晚期以来，齐统治中枢一直在临淄，而腹心地区则自始至终稳定在以临淄为中心大约方圆百里的范围内。因此该地区西周早期以来形成的考古学文化就是典型的齐文化。它的发展演变过程，集中反映了齐文化的发展演变过程。始终稳定不变的腹心地区，为深

---

[1] 参阅王献唐：《黄县異器》，《山东古国考》，齐鲁书社，1983 年。

[2] 寿光县博物馆：《寿光县古遗址调查报告》，《海岱考古（第一辑）》，山东大学出版社，1989 年。

[3] 《管子·小匡》，上海书店影印《诸子集成》本，1986 年。

入研究齐文化提供了十分有利的条件。

鲁国初封时的地望和都城，本来就比较明确。《史记·鲁周公世家》说："封周公旦于少昊之墟曲阜。"《周本纪》："封弟周公旦于鲁，都曲阜。"鲁国封于曲阜，始终以曲阜为都。曾有人据《世本》"炀公徙鲁"之说，认为鲁国初封于河南鲁山县，鲁炀公时迁到了曲阜。"炀公徙鲁"，为《鲁周公世家集解》在"炀公筑茅阙门"一语下引徐广所说。就字面看，"炀公筑茅阙门"并无"徙鲁"之义。鲁是大侯，又为宰辅周公旦封国，如曲阜果真是炀公所迁，如此大事，司马迁岂能不记，而仅记"筑茅阙门"一事！司马迁对齐的两迁三都就有明确记载，如鲁果有迁都之举，决不会不记，"炀公徙鲁"之说是否可信，实在难说。曲阜是少昊之墟，虞夏时为皋陶所居，晚商为奄国中心，西周初年奄和薄姑参与武庚反周叛乱，为成王所灭。奄地的这种历史背景和西周初年严峻的政治军事形势，需要有强力之人来镇抚，周公自然是最合适的人选，很难想象对这个历来是东方集团的大本营，周王朝会等闲视之，直到鲁炀公时才迁到此地。退一步说，如炀公徙鲁属实，炀公系鲁公伯禽之子，考公之弟，鲁国第三君，据《鲁周公世家》集解引徐广说，伯禽在位 46 年，子考公在位 4 年，自伯禽即位至考公即位，期间 50 年，对鲁文化的研究来说，无关大局，暂可不论。

鲁都曲阜城就在曲阜市，面积 10 平方千米。曲阜市区坐落在鲁城西南部。20世纪 70 年代晚期进行了系统探掘，初步查明城始于西周早期，虽然尚未发现西周早期城垣，但城内西部、西北部有大范围的西周早期遗存；西周晚期的文化遗存则遍布北大半城，并延续至汉代，至晚在西周晚期已形成现存城圈，此后城圈位置一直未变，直至西汉早期。由于鲁国始终都曲阜，曲阜及其周围的泗水、兖州、汶上、宁阳等地也就成为鲁国稳定的中心统治区，该地区西周早期以来形成的考古文化将代表典型的鲁文化。分析该地区晚商以后文化的发展变化，就能准确掌握鲁文化的产生、发展与演变过程。

三　齐、鲁文化的基本特征

齐、鲁两国始终不变的中心统治区，为齐、鲁文化研究提供了便利条件。近半个世纪以来，山东周代考古工作恰好是以两国的都城临淄与曲阜为重点展开的。自20 世纪 60 年代中期临淄齐城的勘探试掘以后，临淄地区配合生产建设的考古发掘从未间断，发掘了大量墓葬和成万平方米的遗址。70 年代晚期对曲阜鲁城进行了系统探掘，1980 年以后又多次进行配合发掘；80 年代中期国家文物局考古领队培训班对兖州西吴寺遗址进行了大面积揭露，同时发掘了泗水天齐庙、济宁潘庙等遗址，从而初步揭示了齐、鲁文化的基本面貌和基本特征。由于临淄地区的资料基本上未发表，曲阜及周围地区也只发表了《曲阜鲁国故城》和《兖州西吴寺》，前者仅是 70 年代鲁城探掘资料，未包括以后发掘的资料，因此还不能对齐、鲁文化的基本特征进行深入分析。现仅作概括介绍。

（一）齐文化的基本特征

以往已知齐文化有"齐法化""齐之法化"刀币，赒货圆钱，树木双兽、双目纹瓦当，带产地工名的陶文诸特征，现在可以对其特征作若干补充。

1. 陶器

齐文化陶器有两个显著特征，一是陶鬲体系、形态较复杂，延续时间较长；二是簋、豆类圈足、高柄器十分发达[1]。

陶鬲有绳纹鬲和素面鬲两大系。绳纹鬲又可分周式鬲和"齐式鬲"两类。后者由西周早期的高裆，袋足，无足根，到春秋前期的扁体，矮联裆，足外撇。春秋晚期绳纹鬲形态单一，器形整体近方形或稍扁，窄沿，窄肩，直腹，弧裆近平，有袋足尖痕迹；战国早期变成平底三乳丁足鬲。战国中期鬲消失。

素面鬲构成齐文化陶器的一大特征。自黄河以东到沿海的泰沂山北侧与半岛地区，普遍发现素面鬲，而齐腹心地区有更多发现，自晚商至春秋晚期自成发展体系，春秋晚期逐渐消失。齐腹心地区晚商素面鬲一般呈直口，近直腹，羊乳形袋足肥硕，夹砂褐陶或红褐陶，胎较薄，制作欠规整；西周早期，口转小，沿外翻，圆领，裆较高，袋足外撇，无足根；其后器形变化和周式鬲基本同步。春秋早期出现一种敛口、无领、小圆肩、深直腹、弧底近平的红褐陶素面鬲，陶胎甚薄，表面磨光，整体呈竖长方形，形制较特殊。临淄齐鲁石化两醇厂墓地春秋晚期墓的素面鬲，有的腹部已有稀疏绳纹，反映出素面鬲已走到终点。

簋、豆类器发达，形成齐文化陶器的又一特色。簋指豆式簋，由当地晚商的斜腹碗式簋发展而来，直到春秋时期，甚为流行。西周前期陶豆呈浅弧盘矮座形，盘座之间仅有突棱而无柄，进而产生圆筒形矮柄，并逐渐加高而成春秋中期的中柄豆，柄部几乎均有突棱；春秋中期，圆筒形豆柄向实心圆柱形豆柄转变，而且越来越粗壮，形成春秋晚期战国时期的浅盘高柄豆，柄部多有二三周凹纹，制作精工，形体高大，高者近达 0.5 米，器形雄伟。同时自春秋中叶以后，豆类器日趋发达，器形繁多，出现了球形盖豆、浅盘盖豆、方盒形盖豆等新品种，豆盖把纽也有圆纽、环纽、花瓣纽等多种式样，为山东和全国其他地区所少见。

此外，西周早期商式陶器簋、豆、罍、罐和当地传统文化陶器的流行，也反映了齐腹心地区陶器的特色。综观齐文化陶器，制作精工，造型华美，品种繁多，变

---

[1]　1965、1976年在临淄齐城内，1988～1990年在齐城东南方的后李遗址，都进行了大规模发掘，资料均未发表，现存山东省文物考古研究所临淄工作站。

化较快，富于创新精神。

2.墓葬

分大、中、小型墓来介绍。

（1）小型陶器、铜器墓

临淄地区小型陶器墓主要有后李、东古城和两醇厂区等墓地资料，年代包括商末周初到战国晚期。

20世纪90年代初在齐城东南后李遗址发掘的100余座商周之际到西周前期的小型墓，多数东西向，头向东西不定，南北向墓以头朝北为主，流行壁龛，殉狗，但腰坑比较少，有些殉狗放在二层台上；约半数各有一二件至四五件陶器，器形仅鬲、簋、罐三种，完整组合三器齐备，许多墓仅两或一种；鬲包括素面、绳纹鬲，但同墓不共出；簋为圈足斜腹碗形簋[1]。

20世纪80年代初在齐城东北东古城墓地发掘了近百座小型陶器墓，内有一座西周初年墓，东西向，有腰坑、殉狗，陶器组合为鬲豆罐。其余墓均属西周晚期到春秋时期。以南北向墓为多，也有一定数量的东西向墓。流行头龛、腰坑、殉狗，有的殉狗放在二层台上。西周晚期到春秋中期，存在"鼎"、豆、簋、罐组合；春秋早期以后，又有鬲、盂、罐，鬲、豆、盖豆、壶、盘、匜，鼎、豆、盒、鉌、壶等组合。前一组合以"鼎"、豆、簋、罐四种小明器，成二、四、六、八等偶数组成，每墓用同一偶数，组合稳定，器形演变脉络清晰。"鼎"呈浅盘、浅钵三足形，并非一般陶、铜鼎形式，器形特殊。这种"鼎"也见于春秋晚期的大墓中。簋均豆式簋。这种"四偶组合"方式，在鲁城西周前期、春秋早期墓中也有发现，但组合中个别器形不同，应属东土土著的葬仪[2]。

1984年，在齐城南郊两醇厂区发掘了322座墓，年代自西周晚期到战国时期，大都完好。多数属东西向墓，头多朝东，个别朝西；南北向墓头都朝北；另有十余座战国晚期土洞墓。均侧洞、无器物。西周晚期春秋早期墓，流行生土二层台、头龛、腰坑、殉狗，陶器组合为鬲豆罐，鬲多素面，褐陶。春秋早期还有鬲、盂、罐组合。春秋中期，出现鬲、豆、盂、罐组合，鬲，包括素面、绳纹鬲。春秋末年以后，又产生鬲、鼎、豆、盖豆、壶组合，有的还有鉌、盘、匜[3]。

此外，在龙贯等地清理的战国晚期小型陶器墓，常见壁龛，陶器组合多为盖豆、壶，或仅用其中一器，少见陶鼎。

---

[1]　后李周代墓资料未发表，资料存山东省文物考古研究所临淄工作站。

[2]　山东省文物考古研究所等：《临淄东古墓地发掘简报》，《海岱考古（第一辑）》，山东大学出版社，1989年。简报未介绍"四偶组合"墓。

[3]　山东省文物考古研究所、临淄齐国故城遗址博物馆：《临淄两醇墓地发掘简报》，《海岱考古（第一辑）》，山东大学出版社，1989年。

概括齐腹心地区小型陶器墓的基本特征：多东西向墓，头基本朝东，南北向墓头基本朝北，流行生土二层台和壁龛，西周墓习见头龛、腰坑、殉狗，西周春秋墓也常把殉狗放在二层台上。陶器组合，西周前期为鬲、豆、罐和鬲、簋、罐，西周后期主要是鬲、豆、罐和"四偶组合"，后者一直延续到春秋中期。春秋早期又有鬲、盂、罐组合；春秋中期，鬲豆罐、鬲盂罐组合被鬲豆盂罐组合所代；春秋末年又发展成鬲、鼎、豆、盖豆、壶的组合，有的还加鉦、盘、匜，此时鬲与鼎、浅盘豆与盖豆大多共存。战国晚期则多见盖豆、壶组合，少见其他器形与陶器组合。大约春秋晚期以前，同一墓地同时使用素面鬲和绳纹鬲，春秋末年以后则为单一的绳纹鬲。

齐腹心地区小型铜器墓，目前只发现数座西周早期墓和少数春秋墓，均为零星发现。前者的铜器和中原铜器一致，并无特色；后者铜器组合和器形都已自具特征。春秋前期，组合为鼎、簋、舟，后期为鼎、敦、鉦，组合稳定。簋作扁圆盒形，舟呈扁椭圆形，器盖皆饰细小蹄足与蹄纽，簋各3个舟各4个，均通体满饰卯钉纹；鉦作圆角长方扁体，盖先饰4环纽，后成三纽，器身长边有对称环耳，敦、鉦器壁厚，器形敦实，光结无纹，一般皆实用器。

（2）中型墓

临淄地区已发掘十余座东周中型墓，年代包括春秋后期到战国末年。这些墓墓口一般在15～50平方米上下，竖穴土圹，大者有南墓道，小者则无，一般都有生土二层台，一椁一棺，有的墓椁室先砌石底、石墙，再置木椁；墓壁有帷帐痕迹，自二层台以上1米左右往下，可能盖住椁顶，上端用圆冒小骨钉固定于墓壁上。据《白虎通》等书记载，地面以上似应有封土，但发掘前均无残留，未能肯定。于家墓地的两座中型墓，各有2和4个陪葬人，均有棺，埋在椁外二层台上，临椁一边贴椁壁，这是中型墓仅有陪葬人的墓。除商王墓1、墓2以外，余皆被盗空，随葬品及放置情形大多不明[1]。

商王M1、M2为东西并列墓，M1居东，女性；M2在西，男性，两墓相距5.6米。M1墓口3.4米×4.3米，墓口至墓底深7米，生土二层台宽0.3～0.45米。东西壁各有壁坑，墓室东南角有两排脚窝，墓室下部2米用卵石充填，一棺一椁，椁与二层台之间留有空间，椁顶铺席，墓主头向北，出土陶、铜、铁、金、银、玉、石、漆、骨、玻璃器等296件，除漆器以外，大都完好整齐地放在椁底两侧棺椁之间、椁与二层台之间和东西二层台上。棺内墓主自头至腹覆盖了玉璧18件，脸部的最大；腰两侧有带钩、玉环，腹下有玉佩，左腿东有铜玺3枚，足两侧各有漆奁，内放铜镜、铜削、带钩。出土的铜容器有鼎、盒、壶、罍、盘、匜、耳杯、釜、钵等，其

[1] 山东省文物考古部门发掘的中型墓资料未发表，存在山东省文物考古研究所临淄工作站。

中鼎 5 件，大小有次，但形态不一；盒有弧盖圆盒，扁平圆盒、弧盖椭圆盒等多种形式。铜容器组合和器形缺乏传统铜礼器气息，而属日常生活用器[1]。M2 墓室大小和 Ml 相仿，但无生土二层台，墓室四角均挖脚窝，也用卵石充填墓室下部，出土陶、铜、铁、银、玉、石、漆、骨器 216 件，集中放在墓底东侧的墓壁与椁之间，少量放在西侧；棺内墓主自头至膝覆盖玉璧 11 件，身右侧有玉具铁剑 1，左股有带钩 3、漆方案 1，左膝旁有漆奁，内有铜镜，墓室填土上部放一铜弩机。出土铜容器仅鼎、盘各 2 件，但出有一肆两堵钟磬，计钟 14 枚、磬 19 枚，还有车马器[2]。这是临淄地区大中型墓仅未被盗的两墓，墓室规模在中型墓中属最小等级，但随葬器物丰富，几乎包括了当时贵族使用的全部品种和器形；而死者身上覆盖玉璧，反映了自西周早期以来的"敛玉"风气尚在；整肆的编钟、编磬构成 M2 的主要礼器，说明礼乐制度的乐，仍被战国末年的齐国贵族所看重。透过这两座墓，可以看出当时齐国中等贵族生活和临淄东周中型墓之一斑。

（3）大型墓

临淄地区已发掘大型东周墓 10 余座，墓口在 250 平方米上下到 400 平方米者居多，其中有数座春秋墓，其余为战国墓，虽均被盗，绝大部分空空如也，但墓室结构、埋葬习俗和少数墓残存的器物，仍反映出显著的特征。

春秋前期的后李大墓，呈斜壁土圹形，生土二层台狭窄而不规整，斜坡式南墓道内口与二层台台面连接[3]。春秋晚期的河崖 5 号殉马墓，墓室则夯筑而成。筑前先挖出缓坡形平底大坑，在四坡上夯筑墓壁，南面留出墓道，在坑底之中下挖椁室，以大石块铺底、砌墙、再置木椁。椁室相对不大，而椁室周围的坑底则成宽大的生土二层台。二层台西、北面有器物坑，原地面结构不明[4]。战国大墓多承此法，作"起冢式"，墓室下部在地面以下，上部或大部在地面以上，墓顶封土呈馒头形，即圆坟；而地面部分的墓室，其墓壁和填土便像似方形台基，此即郦道元所谓"方基圆坟"。1995 年在临淄区驻地区政府办公楼工地发掘的一组大墓，居中为一长方台基，台上东西并列三方台，方台上都有馒头形坟堆。发掘后知是三墓由西而东依次修筑，后墓西壁夯土均打破和叠压前墓东壁夯土，在地面上形成了长方形台基，各墓均有南墓道和石砌椁室[5]。这一发现有助于了解"二王冢""四王冢""三士冢"等不少

[1] 淄博市博物馆：《临淄商王墓地》，齐鲁书社，1997年。
[2] 淄博市博物馆：《临淄商王墓地》，齐鲁书社，1997年。
[3] 山东省文物考古研究所发掘，资料尚未发表。
[4] 山东省文物考古研究所：《临淄齐城河崖5号东周大型殉马墓的发掘》，《文物》1984年第12期。
[5] 东西并立6墓，居中4墓作长方台基三坟形，内有一墓偏台基东北角，规模较小，方基连接。方基三坟墓的东西各有一墓，各距50米到100米，西端墓年代最早，约属春秋末年；东端的属战国时期，据分布情况和年代有前后分析，应属同一家族的大贵族墓。

同类型大墓的结构。这类方基二坟、三坟、四坟的墓，很可能是夫妻并列葬。战国晚期有的大墓还有北墓道，墓室平面呈中字形，地面以下部分墓壁和墓道壁成台阶形内收，气势宏伟壮观。

齐战国大墓大都有大石块砌成的石椁室，一般一椁一棺，个别大墓重椁一棺，椁室周围有宽广的二层台，战国前期极盛在二层台上埋陪葬人。陪葬人都有墓坑和棺椁，一般一坑一人，有的一坑埋 2 ～ 4 人不等。其中郎家大墓二层台上埋了 17 人，未盗的陪葬人都有仿铜鼎豆壶陶礼器组合，有水晶、玉髓、玛瑙制作的精美串饰，有的还有乐舞俑，内有 9 具能判断性别年龄的骨架，均属女性，年纪最大的 25 ～ 32 岁，最小的 15 岁，后者装饰品最丰富而精致，她们显然是墓主生前的宠妾爱婢之流[1]。其余墓的陪葬人一般仅有少许装饰品。这类人殉大墓在临淄地区已发现 9 座，少者陪葬数人，多者 20 人左右，最多的一墓达 40 人[2]。20 世纪 90 年代初，在远离临淄的章丘市女郎山，也发现一座战国早期的同类墓，5 坑共陪葬 5 人[3]。可知战国前期齐国大贵族盛行妾婢陪葬，陪葬人数量之多，令人震惊。在淄河店 2 号墓有大型殉马坑，殉马 70 余匹，东二层台上堆叠了 20 余辆拆卸的实用车[4]。半数的墓残存仿铜大型陶列鼎，有的墓残留明器铜编钟，有的还有大型的浅盘豆、球腹盖豆、浅盘盖豆、方盘盖豆等多种高柄豆类器[5]。战国晚期大墓，石砌椁室衰退，仍有宽大二层台，但妾婢陪葬之风消失，多在二层台四隅挖器物坑，但多数似未放器物，墓内器物均被盗空。据这些大墓的规模和部分墓残存的器物，墓主应是些仅次于侯王的大贵族。

3. 都城平面布局

都城临淄始于西周晚期，西周春秋时期只有大城部分，而无西南部的宫城，其东面城垣依淄河修筑，多达 9 处拐弯，北垣也有 3 处拐弯，目前这阶段的大城的布局、宫殿区位置和是否有城郭之分等问题，都还是未知数。战国早期在大城西南修筑了宫城，宫城北部占据了大城西南隅，形成城郭交错的平面布局，而宫殿区偏于宫城西北部，不在宫城中部，宫城西垣依系水而筑，也有几处拐弯。这种现象和《管子》一书主张城市选址，地形高低要注意旱涝，城垣不必符合规矩，道路不需直来

---

[1] 山东省博物馆：《临淄郎家庄一号东周殉人墓》，《考古学报》1977年第1期。

[2] 山东省文物考古研究所：《前进中的十年——1978～1988年》，《文物考古工作十年》，文物出版社，1990年。

[3] 济青公路文物考古队绣惠分队：《章丘绣惠女郎山一号战国墓发掘报告》，《济青高级公路（章丘工段）考古发掘报告集》，齐鲁书社，1993年。

[4] 魏成敏：《临淄又发现一座战国大墓》，《中国文物报》1991年7月28日；《临淄战国齐车的发现与复原》，《中国文物报》1994年11月6日。

[5] 山东省文物考古研究所：《前进中的十年——1978～1988年》，《文物考古工作十年》，文物出版社，1990年。

直去的因地制宜的城建思想一致，应是《管子》城建思想的产物，或是《管子》反映了临淄都城建设的经验[1]。

（二）鲁文化的基本特征

根据鲁国中心统治区的现有资料，鲁文化具有如下基本特征。

1. 陶器

鲁国中心区有一个稳定的逐渐变化的陶器群。西周前期主要器类为鬲、甑、盆、豆、圆腹罐、瓮、钵七类，西周后期钵消失，素面磨光平底盂兴起；春秋时期出现盘、盖豆和鼎等新器形，战国时期又产生釜、洗、折腹盆等器。西周时期除豆、盂和瓮肩部素面磨光以外，其余各主要器类都通体施绳纹。很少商文化和东土传统文化陶器，春秋晚期鬲较早地为釜取代和陶豆走向衰落，成为鲁文化遗址陶器不同于齐文化陶器的显著特征[2]。

鲁城西周早期的绳纹鬲，一类是袋足分裆无足尖粗绳纹鬲，另一类弧裆、有实足根、绳纹较细，和商式、周式及齐腹心地区的鬲均不同。春秋时期，有一种粗绳纹鬲，绳纹粗壮，至春秋晚期变为肩饰较细绳纹，腹、底饰特粗绳纹，富具特色，似已是鬲的最后形态。

陶豆形制单一，西周前期为器盖式矮体豆，浅弧盘下接喇叭口形座，中间有或无突棱，无豆柄；西周后期，豆盘盘壁、盘底渐分明，由圆折到方折，出现筒形矮柄；春秋时期，豆柄继续加高而成中柄豆，柄部突棱较快消失；春秋晚期豆柄变成实心，但似未继续发展，未见高粗柄豆，更未出现齐文化那种制作精美的实心高粗柄浅盘豆和繁多的豆类器。战国时期，豆已成为制作粗糙的陶灯。

鲁文化陶器也无陶文。总观鲁文化陶器，器类较简单，变化较慢，质朴浑厚有余，而少精工华美之气。

2. 瓦当

鲁国中心区至今少见瓦当，但鲁城出土了一部分西汉圆瓦当，大部属西汉前期。主题纹饰是各种形式的卷云纹，同齐、燕瓦当截然不同，和洛阳东周卷云纹瓦当亦有差别。西汉早期曲阜地区的物质文化承袭鲁文化，这些卷云纹瓦当应反映鲁城战国瓦当风貌[3]。

3. 货币

考古资料证明鲁国使用货贝。鲁城甲类墓即土著或殷人墓，有3座出贝，其中

————————————

[1] 齐力：《临淄齐故城勘探纪要》，《文物》1972年第5期；参阅张学海：《齐鲁故城的基本格局与〈管子〉〈考工记〉的城建思想》，《张学海考古论集》，学苑出版社，1999年。

[2] 山东省文物考古研究所等：《曲阜鲁国故城》，齐鲁书社，1982年；国家文物局考古领队培训班：《兖州西吴寺》，文物出版社，1992年。

[3] 山东省文物考古研究所等：《曲阜鲁国故城》，齐鲁书社，1982年。

西周早期的 M120 有海贝 26 枚，春秋时期的 M118 有石贝 23 枚，M204 有骨贝 1
枚。在乙类墓即周人墓中，有 8 墓共出贝 52 枚，除一墓出石贝 28 枚以外，其余全
是海贝。1981 年在鲁城北部林前村一座春秋末年的周人墓中，出土了铜贝 588 枚，
骨贝 170 枚，海贝 7 枚。铜贝均仿磨背式海贝，正面中有竖槽形口，两唇各饰齿纹，
每贝 10 ～ 14 对不等，铸造工整，出土时成堆放置[1]。证明鲁承商周一直使用贝货，
而最晚在春秋末年铸造了金属货贝。至于墓内出土的石、骨贝，究竟是明器还是实
用货贝，尚待研究。

4. 墓葬

（1）小型墓

小型墓可分甲乙两大类，甲类墓是土著或殷人墓，乙类墓是周人墓。在鲁城内
甲类墓已发现药圃、斗鸡台、原曲阜县城西北角外和孔府后花园 4 个墓地。共清理
墓葬 78 座，内西周墓 30 余座，春秋墓 40 余座，除县城西北角外墓地和药圃墓地
共有数座春秋铜器墓以外，均属小型陶器墓和无器物墓。乙类墓已发现望父台、望
父台东北、林前村西南 3 个墓地，共清理墓葬近 90 座，其中西周墓 39 座，春秋墓
近 50 座，战国墓 2 座。这两类墓从西周早期到春秋中期，各依自身规律发展，互
不相混[2]。

甲类墓墓圹相对较宽，宽度均超过长度的一半，大都有棺椁，仰身直肢葬，西
周墓头向南，流行腰坑、殉狗；春秋墓头或向南，或向北，腰坑、殉狗现象消失；
器物基本上放在椁底头或身侧棺椁之间，墓内多放祭肉，或在椁底和陶器一起，或
放在二层台上和填土中。

甲类西周墓半数以上无器物和被盗扰，少数陶器组合完整的墓，西周前期有"四
偶加一"组合，即由鬲簋豆罐四种器形各用二、四偶数，另加一罐（可能是罍）组成，
均为小明器。例如西周墓 M120 是 4 鬲、4 簋、4 豆、4 罐，另加一罍（同样的组
合曾在曲阜以东 40 余千米的泗水天齐庙发现，天齐庙是处自大汶口文化以来的谷
地小聚落）；春秋早期墓 M202，由 2 鬲、2 盂、2 豆、2 罍加 1 罐组成，全是实用器。
说明这一"四偶加一"组合原则，在鲁城曾长期存在，而且不限于都城地区。西周
后期还有鬲盂罐和鬲盂豆组合。春秋中期以后，陶器组合显著变化，出现盖豆、华
盖壶、罐和盖豆、华盖壶、簋、罐、华盖筮的组合，因被盗扰，这些陶器组合可能
已不完整，但已看出巨大变化。值得注意的是这些甲类墓都无陶鼎，是否不用鼎随
葬，尚需更多资料来证明。同出现陶器新组合相应，春秋中期以后，甲类墓"四偶
加一"组合似已消失。

---

[1] 墓地发掘资料未发表，存山东省文物考古研究所。
[2] 林前、望父台东北两墓地的资料均未发表，其余见《曲阜鲁国故城》。

乙类小墓有相当比例的铜器墓,大部分为小型陶器墓。墓圹较窄,圹底宽度约小于或等于长度的一半,墓壁较直,皆熟土二层台,无腰坑,不殉狗,均仰身直肢葬,头向北,一般都一椁一棺,好些墓都在头部棺盖上放石戈或石圭,不放祭肉,陶器都放在头端二层台上,组合为鬲、罐,或仅放鬲或罐,绝无簋豆盉等其他器形。罐均平底,一墓2、3件者居多;鬲多一墓一件,皆仿铜陶鬲,宽沿,高足,领下一周戳印纹,鬲足有扉棱,腹饰竖绳纹,和关中地区仿铜陶鬲不尽同。目前乙类西周墓仅有望父台墓地的资料,未详是否还有别的陶鬲类型。

(2)中型墓

鲁城发掘的中型墓有8座以上,均属乙类铜器墓。其中望父台墓地3座(M30、M48、M49),属西周后期,内M48为三鼎墓,墓主是一位司徒名仲齐,另两墓是一鼎墓。除规模稍大并有成组铜礼器以外,其他方面均同乙类小型墓一致。头端棺盖大多放玉(石)圭或戈,椁底周围有铜鱼、蚌鱼,应是"悬鱼椁箍"的悬鱼,每悬铜鱼、蚌鱼各一。陶器组合为鬲罐,鬲各一件,罐各为2、8、15件,用罐数量反映了墓主地位的高低。三鼎墓M48用罐15件;M30、M49虽均为一鼎墓,但用罐数量悬殊,知M49墓主社会地位高于M30墓主。林前村西周墓地有5座春秋中型墓,内五鼎墓、三鼎墓各两座,另一座被盗未明,除器物多放在椁底棺椁之间以外,其他都和西周铜器墓一致。这些中型墓的铜器组合和器形形制都和中原地区周墓相同。

(3)大型墓

在鲁城发掘的7座东周大墓,均属乙类墓,年代自春秋晚期到战国中期。墓均"起冢式",先挖出方斗形规整大坑,坑壁上部修平,并敷一层料姜石,下部不修整,壁上满布工具痕,坑底平整,然后在坑底四面夯筑墓壁。多数墓坑东西略大于南北,筑成后的墓室则南北稍长于东西,略呈竖长方形。墓室地面以上部分均已不存,结构、深度未详,现深3米左右,估计原地面部分至少还应有2～3米以上。基坑坑底即墓底,椁室就在坑底上修建。椁室宽大,熟土二层台宽1米左右,系夯筑而成,夯层规整。未见墓道痕迹,无腰坑,不殉狗,不殉人,可辨棺椁痕迹者,多一椁重棺,墓主头朝北,未扰者头部棺盖上放大型石圭或玉戈,椁盖上多铺木炭和蚌壳,有的椁室四周悬铜铃,器物都放在棺椁之间、靠近椁壁。棺大多被盗,未盗的M52身下身上有一层玉璧,共17枚,腰下一枚最大,直径32.8厘米,胸部一璧,其次,径大31厘米;两耳有圆形玉玦,上身有一串玉佩,腰带饰金饰,皆实用器,制作精美,墓主应是位鲁侯。

大墓残存的铜容器很少,仅有鼎、壶、盘、匜、镳壶等器零星出于部分墓,不见成组铜器、列鼎、编钟、编磬等同期列国大墓常见的礼乐器痕迹,也无仿铜陶礼器，不详是否原来如此，还是被盗。残存的陶器则可看出基本组合，主要器形为釜、罐、罍（或青瓷罐）、壶，有的加一小罐或数件球腹、豆座式圈足小壶。罐全平底，用罐数分别为 12、16、18 件；壶均为无盖罐式平底壶，有壶的墓均为 4 件。陶器组合明显地继承了乙组西周墓的组合原则，又有巨大发展，而同其他列国战国墓迥然有别。

5. 都城平面布局

鲁都曲阜城，平面呈不规则圆角扁长方形，最晚在春秋早期已形成内外城的平面布局。内城即宫城居全城之中，约 0.5 平方千米；外城包围宫城，是为郭城，总面积 10 平方千米余。郭城东南、东、东北到西部，分布着许多手工业作坊与居住址，西南部为今曲阜市区和西关所压，未见文化遗存。宫城南有全城最宽的干道通向郭城南东门，门南 1.7 千米有郊坛（舞雩台），宫城、南东门、郊坛成直线，构成鲁城的一条中轴线。这种宫城居中，郭城围绕宫城，以宫城、南门和郊坛为南北中轴线的城市布局，反映了《考工记》"匠人建国……面朝背市，左祖右社"的都城建设规划，为两周各国都城布局所未见，构成鲁文化的一个重要特征[1]。

以上对齐、鲁腹心地区的陶器、瓦当、货币、墓葬和都城平面布局做了概括介绍，知两地在这些方面都自具特征，少有相同，清楚表明齐文化和鲁文化是两支内涵截然不同的考古文化。

四　齐、鲁文化的渊源与发展阶段

关于齐、鲁文化的渊源和发展阶段问题，因缺乏两地晚商和西周早期阶段的系统资料，而有些重要资料尚未发表，因而目前还无法做深入研究，这里仅提出问题，略作分析。

（一）齐文化的渊源与发展阶段

齐承薄姑，薄姑以泰沂山北侧中段济水以南地区为中心，中心区在今博兴、广饶县南部、临淄区一带，东临纪莱。该地历史悠久，是海岱地区的一个重要古文化中心。《左传·昭公二十年》记晏子说："昔爽鸠氏始居此地，季荝因之，有逢伯陵因之，蒲姑氏因之，而后太公因之。"杜预注：爽鸠氏为少昊氏司寇，季荝为虞夏诸侯，逢伯陵商代诸侯。蒲姑即薄姑，殷末方国。成王灭薄姑，地封于齐。少昊氏约当大汶口文化中晚期阶段。逢伯陵姜姓。20 世纪七八十年代曾在济南市济阳县刘台子

---

[1]　张学海：《齐鲁故城的基本格局与〈管子〉〈考工记〉的城建思想》，《张学海考古论集》，学苑出版社，1999年。

发掘了 5 座西周早期墓，几乎各墓都出逢器[1]，证明济阳存在西周逢国，应是夏商逢国的后裔。薄姑旧地已发现距今 8000 余年的后李文化，自 6500 年以后，晚期北辛文化、大汶口文化、龙山文化、岳石文化、晚商文化连绵不绝。因此晏子和杜预说的齐地沿革情况应是事实，说明齐建国之前当地已有源远流长的文化传统。这一传统无疑会被薄姑遗民所继承，成为齐文化的重要渊源。而齐采取的"简其君臣礼，从其俗"[2]的方针，将可能使这一文化传统在形成齐文化中发挥主导作用。这是其一。其二，《史记·齐太公世家》记载，太公吕尚本是东土人，夏商申、吕国后裔，后佐文王武王灭商。其族在关中时即便没有本族文化，也会采用周人文化，因而吕尚之子丁公一支来到齐地将带来不同于当地的文化。作为统治族的文化，总会在齐文化的形成过程中发挥影响，成为齐文化的渊源之一。其三，中央王权的交替，旧国被灭被迁，新国建立，新国国民的族属构成可能复杂化。太公受封时虽未见授民记载，但丁公就国时定有足够的军队，军队可能由不同族组成，不同的族可能具有不同文化；况且薄姑遗民也未必就是单一的族，单一的文化。其四，周边文化的影响。已知晚商早周时期，胶东半岛、泰沂山南侧、燕赵地区和泰沂山北侧地区的文化并不一致，齐在薄姑旧地立国后，周边文化的某些因素可能成为齐文化的养分。因而齐文化的渊源将是复杂的（其实历史时期文化大都如此），因此就必须对腹心地区晚商早周阶段的文化进行梳理，以查明可能存在哪些不同的文化因素，确认它们的文化属性和在当地文化发展中的作用等问题，这应当是探讨齐文化渊源的基本内容。

根据目前资料，齐文化的发展过程似可粗分为三大阶段，第一阶段，西周前期；第二阶段，约从西周晚期到春秋晚期；第三阶段，自春秋晚期到战国末。

西周前期阶段，主要包括以营丘为都的约一个半世纪。齐的建国颇似殖民，外来的统治族仅占国民的很少数，又采取了"从其俗"的方针，因而考古文化的主流应承袭当地商末文化。此地商代晚期文化受商文化的强烈影响，同时也顽强坚持了当地固有文化的传统，因而西周早期习见商式簋、豆、罐、甗等器，流行素面鬲、当地绳纹鬲、磨光卷沿鼓腹盆、豆式簋、盉形器、筒形圜底罐等当地传统文化陶器；而周式绳纹鬲的存在，表明统治族带来了西土文化。这阶段小型陶器墓的陶器组合是鬲簋罐和鬲豆罐，同墓地同时使用素面鬲和绳纹鬲，后者包括周式鬲。似应存在随葬陶器的"四偶组合"。小型铜器墓铜器形制和中原铜器一致。由于土著文化和外来文化需要一个融合趋同过程，估计这阶段齐国腹心地区尚未形成单一文化，从而提出了这阶段的文化能否称为齐文化或者以何者代表齐文化的问题。是以统治族

[1]　山东省文物考古研究所：《山东济阳刘台子六号墓清理报告》，《文物》1996年第12期。

[2]　（汉）司马迁：《史记·鲁周公世家》，中华书局，1959年。

的文化为代表，还是以土著文化为代表？抑或以当时主流文化来代表？历史时期文化这种状况相当普遍，是个需要从理论上给予解决的问题。

第二阶段，大体上可从献公迁临淄开始，约到公元前五六世纪之交。经过西周前期的经营，齐以临淄为中心进入稳定发展时期，考古文化发展到一个新阶段。这阶段的考古文化可分为前后两期。前期约自献公都临淄以后到桓公即位前，约当西周晚期春秋早期阶段；后期约自桓公即位以后到公元前五六世纪之交的景公晚年。前期的文化仍然是在一个小范围内向前发展的，但有了明显变化。前一阶段继承商文化和当地传统文化的陶器，都已消失和已经变样。西周晚期，素面鬲和周式绳纹鬲整体形态一致，春秋早期出现一种敛口、无领、深腹红陶素面鬲，同时存在齐式绳纹鬲，盛行豆和豆式簋。此阶段前期小墓的陶器组合以鬲豆罐组合和"鼎"豆簋罐"四偶组合"为主。春秋早期小型铜器墓铜器组合已成鼎毁舟。大体属于这期的后李大墓是竖穴土圹墓，东西向，斜坡形东墓道，生土二层台狭窄，有大型车马坑，可能代表了本期大墓的形制。这时期似已形成内涵基本一致的齐文化，小墓不同的陶器组合应视为齐文化的一种文化内涵。第二阶段后期，小墓陶器"四偶组合"仍然存在，鬲豆罐和鬲盂罐组合则变成鬲豆盂罐组合，进而发展成鬲、鼎、豆、盖豆、壶的组合。小型铜器墓铜器组合则变成鼎敦鉌。大墓出现了馒头形封土，目前最早的资料是齐城城北白兔丘的"高子墓"。因 20 世纪 70 年代墓中出土过春秋中期的"高子戈"，白兔丘又是桓公上卿高傒的封地，证明此墓确是高傒墓。

第三阶段，约自公元前五六世纪之交到战国末。齐文化得到了辉煌的发展，为考古界习知的诸如刀币、双兽、双目纹瓦当、带地名工名的陶文、城郭交错的都城平面、品种纷繁的高柄豆类器等都是这阶段的文化特征。陶器制作精工，产生了鼎、鉴、大瓮、洗、折腹盆、直口平折肩圜底罐、直口收腹小平底钵、盒、奁等许多新器形。绳纹仅存于一些器底，暗纹大行其道，其同心圆、大锯齿、草木、鸟兽等纹样纷繁，精美非凡。同时流行瓦纹。大墓形制巨变，前节介绍的大型墓均属这阶段。战国前期起冢式的建墓方法，地面上的"方基圆坟"，大石块砌成的石椁室，宽广的二层台，在二层台上埋大量妾婢陪葬，以及战国后期的台阶式墓壁与墓道壁，中字形的墓室平面等，构成齐文化十分突出的特征。而商王庄两座完好的战国晚期墓的埋葬情况，展示了这时中型墓的显著特征。战国晚期，前期小墓鬲、鼎、豆、盖豆、壶、盘、匜组合消失，陶器组合仅为盖豆、壶，许多仅放一对盖豆或一对壶；但墓室距地表常深达 3 ~ 4 米到 6 ~ 7 米，许多墓椁室周围、椁顶都填卵石。作为一支具有辉煌内涵的考古文化，齐文化的许多因素一直延续到了西汉前期。

（二）鲁文化的渊源与发展阶段

鲁承奄国，奄国以曲阜地区为中心。而曲阜始终是鲁国中枢之所在，同样是东土历史悠久的一个重要的古文化中心，许多古史传说中的显赫人物都和曲阜有缘。首先是大庭氏。《左传》昭公十八年："梓慎登大庭氏之库以望之。"杜预注："大庭氏，古国名，在鲁城内，鲁于其处作库。"孔颖达疏："先儒旧说皆云炎帝号神农氏，一曰大庭氏。服虔曰：'在黄帝前。'"大庭氏、神农氏自身难定，和炎帝三位一体就更不可信，但这反映了曲阜在古人心目中的重要地位。又《史记·周本纪正义》曰："《帝王世纪》云：'炎帝自陈营都于曲阜。黄帝自穷桑登帝位，后徙曲阜。少昊邑于穷桑，以登帝位，都曲阜。颛顼始都穷桑，徙商丘。'穷桑在鲁北，或云穷桑即曲阜也。又为大庭氏之古国，又是商奄之地。皇甫谧云：'黄帝生于寿丘，在鲁城东门之北，居轩辕之丘。'"这里皇甫谧、张守节也认为炎帝、黄帝、少昊、大庭氏居于曲阜。关于少昊居曲阜的记载颇多,曲阜为"少昊之墟"史家从无异词。此外，虞夏时的皋陶也"生于曲阜"，皋陶可能出自少昊氏。有认为皋陶偃姓，和奄同音，又同处曲阜，奄很可能出自皋陶。是知有关曲阜的古史记载，比齐腹心地区多得多，所记历史也更早。尽管大庭、神农、炎、黄的记载未必可信，但少昊以后的记载应是事实。曲阜及周围地区，也已发现丰富的古文化，自6500年以来，北辛文化、大汶口文化、龙山文化、岳石文化、商代文化连绵不绝。考古资料与文献相互参证，足证曲阜是我国古史上一个极为重要的地点，在鲁国建立之前，已有悠久的历史和文化传统。这一传统必然为奄国遗民有所继承，尽管鲁建国时采取了"变其俗，革其礼"[1]的方针，事实已证明这并未完全改变当地的习俗，因而当地的文化传统将成为鲁文化的一个渊源。这是一方面。另方面，"变其俗，革其礼"的方针，表明周族伯禽一支来到鲁国后，坚持了本族的周文化，直到春秋晚期韩宣子来到鲁国，还有"周礼尽在鲁矣"的感慨。这既表明三晋、宗周地区文化的变异，也表明此时的鲁国仍然相当程度地坚守着周文化，可知周文化在鲁文化的形成发展过程中起着主导作用。三方面，伯禽受封时得到了"殷民六族"，他们可能全是商人，保留着一定的商文化；可能也有非商族，具有本族文化。此外，也还可能存在周边不同文化的影响问题。说明鲁文化的渊源同样是复杂的，同样必须对腹心地区晚商早周阶段的文化进行梳理，以确认有哪些文化渊源和各自起到的作用。

　　根据目前资料，鲁文化也可以分为三大发展阶段。第一阶段，西周早中期；第二阶段，西周晚期到春秋中期；第三阶段，春秋晚期到战国晚期。

　　第一阶段。前期陶器以褐陶、黄灰陶、青灰陶为主，器物表里、胎表颜色常不一致；后期深灰陶占绝对优势，黄灰、青灰陶消失。盛行粗绳纹和截断绳纹的指抹凹沟。器形稳定，形体较大，流行敞口、直口、宽斜沿、圜底内凹作风，少见商式

[1]　（汉）司马迁：《史记·鲁周公世家》，中华书局，1959年。

陶器和东土传统文化陶器。甲乙两类墓即土著或殷人墓和周人墓并存，各自保持着自身的文化传统。这阶段尤其是西周早期，似未形成内涵单一的鲁文化。

第二阶段。西周晚期陶器多灰褐、灰黑陶，深灰陶较少，多细绳纹，西周前期器肩上的斜列绳纹和截断绳纹的指抹凹沟消失。绳纹钵绝迹，磨光平底盂兴起；圜底器圜底不内凹；盆成敛口，腹变浅；圜底罐形体变小，领加高；瓮形体则增大；豆发展成方折浅盘矮柄豆，进而发展为春秋中柄豆。进入春秋时期，陶器变为灰陶，整体色调较单纯；绳纹风格变化，如同谷粒横相连接，纹浅；有的鬲绳纹特别粗壮，风格特殊。甲乙两类墓仍不相混，但发生显著变化。甲类春秋墓已无腰坑、殉狗，陶器"四偶加一"组合的器形，已由鬲簋豆罐变成鬲盂豆罍和鬲簋豆罍；簋形制大变，自春秋早期开始出现了高柄杯形簋的新器形。乙类春秋墓的鬲罐陶器组合中已不见仿铜陶鬲，罐则从西周晚期开始发生大变。自春秋中期开始，乙类墓的鬲罐陶器组合原则被打破，出现了先前属于甲类墓的陶罍与高柄杯形簋。

第三阶段。遗址陶器均为色调更淡的浅灰陶，春秋晚期以细绳纹为主，战国时期绳纹如细线，并趋衰退；素面陶兴起，同心圆暗纹、瓦纹盛行；春秋末，鬲被釜取代；同时豆消失，同类器形只作陶灯存在；先后出现了盖豆、鼎、单耳杯、釜、洗、折腹盆等新器形，甑罐盂等旧器形形态也显著变化。墓葬方面前节介绍的乙类大型墓均属本阶段，构成这阶段鲁文化的显著特征之一。本阶段的甲类墓也显著变化，约自春秋早期出现的高柄杯形簋，春秋中期出现的盖豆、华盖簋、华盖壶等新器形之陶器新组合已成主流；而"四偶组合"已经消失。众多旧因素的消失和新因素的产生，特别是乙类墓吸收了甲类墓的因素，表明鲁文化发展到一个高级阶段。

总之，齐、鲁文化是多元的，各自经历了不同发展阶段。西周前期，两国的中心区都具有各族文化的混杂现象，尤其是鲁城，这种现象十分明显，似不能简单地都看作鲁文化。西周后期，两国中心区已形成内涵基本一致的齐、鲁文化，这时两地墓葬方面都存在的不同文化传统，应视为齐、鲁文化各自的文化内涵。春秋晚期以后，两者都经历了巨大变化，各自发展到了高级阶段。尤其是齐文化，以其崭新的文化面貌，鲜明的文化特征，丰富多彩、光辉灿烂的文化内涵，出现于齐鲁大地，文化变异极为显著，其发展水平大大超过了鲁文化。鲁文化虽然也出现了明显变化，但固有的文化传统仍比较清晰，文化变异远不如齐文化那么大，发展水平也比较低。

齐、鲁这两个重要而典型的周代诸侯国，各自的治国方略不同，历史发展的具体进程有别，分别为儒学与稷下学的发源地，对中华民族传统文化的发展，都做出了重要的贡献。通过解剖齐、鲁两国的历史而认识周代历史的发展过程，一直是古史界关注的目标之一，并在以往进行了大量研究。但因文献不足，又往往有不同理解，以至对一些基本问题，例如两国的生产力发展水平、冶铁业的兴起与铁农具的

使用、工商业发展状况、人殉问题等等，都不易形成共识，因而对两国生产关系与
社会的发展变化，也就得出了不同的结论。深入开展两国历史的研究，把握齐鲁两
国历史的具体发展进程，无疑已有赖于系统的考古资料。近半个世纪以来围绕两国
腹心地区的考古工作，已获得相当丰富的资料，但资料整理、出版工作滞后，影响
了研究的深入。本文就齐鲁文化的概念、基本特征、文化渊源与发展阶段等问题发
表了浅见，意在抛砖引玉，促进齐鲁文化研究，在建立文化编年的基础上，进而把
齐鲁考古文化与两国历史的研究引向深入。

原载《张学海考古论集》，学苑出版社，1999 年

陈庄西周城蠡测

　　陈庄西周城是新近周代考古的重大发现。城址位于山东淄博市高青县南边境陈庄村东、小清河的北岸，东南距临淄齐故城约 50 千米，所出青铜器铭显示城的国别属齐。陈庄遗址发掘本为配合南水北调东线工程的胶东调水工程，大规模的配合发掘已揭示了城的一些重要情况。城的平面近方形，面积约 3.8 万平方米，探知唯有一座南城门，门内不远有祭坛，紧依祭坛东北两面是贵族墓地[1]。袖珍城的规模及其十分突出的形制与布局，同熟知的先秦城址迥然有别，前所未见，引起学界的莫大关注，或以为系齐都薄姑乃至营丘，或以为是座封邑。窃意陈庄城的地理位置、规模、形制、布局、年代与文化内涵，均和齐都薄姑与营丘不相吻合，难以把陈庄城同齐的两都联系在一起，陈庄西周城实为齐西北境地区的一处封邑，其祭坛与贵族墓地将对此做出证明。

　　祭坛位于南城门以内约 20 米处，西连门内南北干道，其外围因晚期遗存破坏已不完整，南北残长 34、东西残宽 19 米，可分为主体与基础两部分。祭坛主体上部已不存，原高不详；下部保存完好，平面近圆形，直径 5.5～6、残高 0.7 米。其中心为圆形黄土，深约 20 余厘米，未通坛底，疑为在祭坛中心挖出圆坑后又用黄色土填实的残留填土。其外依次围绕方形、长方形、圆形、椭圆形多圈深红色、黄色土；主体外围的基础部分为灰褐土，平面大致呈长方形，均夯实[2]。祭坛所处的位置，内圆外方，黄红色土相间围绕的结构，让人联想到中国古代“天圆地方”之说，以及明清社稷坛用五色土覆盖之故事，推测此祭坛很可能是社坛。或以为是祀天的圜丘，但周代祀天专属天子礼仪，诸侯国唯鲁国得益周公旦的功勋有此殊荣，鲁以外诸侯均不得祀天。陈庄城建于西周早期，祭坛属西周时期，城属齐国，显然不会是圜丘。况且祭天在郊外进行，周代在冬至这天祭天于南郊称为“郊”，在夏至这天祭地于北郊称为“社”，合称“郊社”。《礼记·中庸》：“郊社之礼，所以事上帝也。”陈庄城祭坛则在城内，非郊祀遗迹自明。曲阜鲁故城南郊有台址曰“舞

　　[1] 郑同修、高明奎、魏成敏、蔡友振：《山东高青陈庄西周遗址考古发掘获重大成果》，《中国文物报》2010年2月5日。

　　[2] 郑同修、高明奎、魏成敏、蔡友振：《山东高青陈庄西周遗址考古发掘获重大成果》，《中国文物报》2010年2月5日。

雩台"，处于由鲁太庙、鲁城南东门、舞雩台和全城最宽干道构成的鲁城纵轴线的南端偏西，东北距南东门（鲁城有两座南门）1700 余米，约当周里 5 里，当为郊坛，非雩祭之坛，是鲁享有祀天之礼，祀天在都城南郊进行的实证[1]。

陈庄西周城的祭坛既是社坛，其中心的圆形黄土就应是树立社树之处。"封土立木为社"。立社必立社树，树移社移，树亡社亡。三代所立社木各异。《论语·八佾》记鲁哀公问社于宰我，答曰："夏后氏以松。殷人以柏。周人以栗。"何晏集解："孔曰凡建邦立社各以其土所宜之木。"[2] 邢昺疏："夏都安邑宜松，殷都亳宜柏，周都丰镐宜栗，是各以其土所宜木也。谓用其木以为社主。"[3] 这只是对三代社树不同的一种解释。其实不仅三代社木各异，如以"其土所宜木"论之，同代不同地域的"所宜木"不会全同，则所立社木也不应全同。如果周社之所以用栗木是因周都丰镐"其土宜栗"，那么陈庄西周城地处鲁北平原，其地不适宜栗树生长，其社坛将不能树栗木了。陈庄城社坛当属周社，则同为周社，社木也将有所不同。实际上三代社木不同和同时代的社木也可能有别，并非因为"各以其土所宜木"之故，而是由于三代及其不同地域的历史文化传统、人文环境有别所致。周代除周社外还有亳社，亳社是商社，亡国之社，鲁都曲阜就同时存在周社与亳社，因城内不仅居住着统治族周人，还居有被统治族殷、奄遗民及其子孙。而社木的不同，可能是区别两社的重要标志之一。如果宰我所说为事实，则鲁城的周社将用栗木，亳社将仍用柏木，陈庄城既为周社，也可能用栗木，这和其土宜木或不宜木无关。上述说法不过是些推测，迄今我们并不清楚夏商社坛的确切情形，但陈庄西周社坛至少使我们了解到齐地周社的一些具体情况。其形制结构和北京明清社稷坛有着巨大差别，但后者是大一统中华帝国的国社，是在周社的基础上逐步发展成的。两者都以不同色上质构筑或覆盖，而中心部分都用黄色土，显示了两者的联系。至于建邦立国，封土立社，表示有土，象征国家的核心思想理念，以及和"祖"分居东西的对应方位，并无变化，而是在中华国家的漫长发展过程中逐步得到强化，至明清达到高峰的。确认陈庄祭坛的性质，对探索陈庄西周城的属性至关重要。

陈庄城西周贵族墓地紧靠社坛的东北面，在宽约 30、长 40 余米的小范围内，清理了西周墓 10 座，马坑 5 座，内含 3 辆车马的车马坑 1 座。随葬器物的特征显示，墓地年代约自西周早期至西周中期，时跨约达 150 年左右，且墓地狭窄，但墓葬、马坑排列有序，基本没有打破关系，周代墓地的这种现象说明它是处家族墓地。

---

[1] 张学海：《齐鲁故城的基本格局和〈管子〉〈考工记〉的城建思想》，《张学海考古论集》，学苑出版社，1999 年。

[2] 《十三经注疏》，中华出局，1979 年。

[3] 《十三经注疏》，中华出局，1979 年。

其位置与埋葬方式表明该家族不是普通的家族，而是领有陈庄西周城的家族。首先，墓葬基本埋于社坛基础的东缘与北缘（实为东北缘），除个别墓打破社坛基础东沿外，未对社坛造成过多影响。马坑、车马坑因多位于北面的两座大墓与社坛主体之间，因而对东北面与西北面的社坛基础有较多打破，但并未影响祭坛主体，说明社坛与墓地是共存的，实际上墓葬是依托社坛埋葬的，两者具有内在联系。其次，社坛墓地东西并存。10 座墓基本上埋于社坛的东面，只有晚期的 M35、M36 两座 "甲"字形大墓并立于北面东半部。这是因为社坛东缘已无空间容纳这两座大墓，而要紧依社坛就只能沿北缘而埋。这只是墓地没有向东发展，而是将后墓埋在了前墓的北面，使墓葬得以紧临社坛，这凸显出墓葬对社坛的依存关系，但并未改变社坛、墓地东西并存的事实。这并非偶然现象，而是 "左祖右社" 理念的一种反映。在《考工记·匠人·营国》的都城建设规范中，有 "左祖右社，面朝后市" 的规范，在《周礼·春官·小宗伯》也有 "右社稷，左宗庙" 的相同记载。这里的 "国" 指国都。社稷坛、宗庙（祖）、朝庭、集市是国都必不可缺的设施，分处王宫的左右前后。尤其是祭祀土谷神的社稷坛和祭祀祖先的宗庙，是都城内象征国家的最主要的礼仪建筑，分处王宫的左右，宗庙在左即在东面，社稷坛在右即处于西面，当然两者不是紧相连接的。陈庄城的社坛与墓地，位于南门内道东，墓地依托社坛，两者紧密连接，虽未发现宗庙遗迹，但依托社坛而埋的家族墓地，显然具有 "祖" 的含义，两者的平面关系明显体现了 "右社稷，左宗庙" 的理念。但两者又构成有机的结合体，从而把该家族墓地的家族是陈庄西周城主人的事实展示于世人面前。换言之，陈庄西周城是该家族的封邑。该城不可能是齐都薄姑或营丘[1]，墓地所出青铜器铭做出了有力的证明。

　　该西周家族墓地有 6 座铜器墓，其中 M17、M18、M35 三墓的部分铜礼器有铭文。观各墓铜礼器基本属于墓主自作器，除个别器外铭文内容为墓主自身的写照。其中第 18 号墓位于社坛正东，出有鼎、簋、卣、瓿、爵、觥等成组铜礼器，大部分有铭，内容大同小异。卣铭曰："丰启作文祖齐公尊彝"[2]。觥铭云："丰启作厥祖甲齐公宝尊彝。"[3]"丰" 为作器者，凡此墓有铭铜器几乎全是丰所作，丰应即 M18 的墓主。"启"义为肇始。"齐公" 为齐太公吕尚，庙号甲，和齐国前三君丁公、乙公、癸公一样

　　[1]　按：《史记·齐太公世家》载，"营丘边莱"，齐都营丘当在青州市最东北部到寿光市南部一带。薄姑，历史地理家几乎都说在博兴县，当在博兴县南部至桓台县南地地带。参阅《齐营丘、薄姑、临淄三都考》，《张学海考古论集》，学苑出版社，1999 年。
　　[2]　陈庄遗址发掘资料，未正式发表，存山东省文物考古研究所，本文所用陈庄遗址发掘资料未加注释者均同此，不另注。
　　[3]　陈庄遗址发掘资料，未正式发表，存山东省文物考古研究所，本文所用陈庄遗址发掘资料未加注释者均同此，不另注。

均以干支命名，补正了文献所缺佚。器形特征显示该墓的年代约当康王时期，此丰当属齐太公的孙辈，是陈庄封邑早期的一位宗主。因丰组铜器器铭几乎全以"丰啟作"三字开头，意即丰开始为其"文祖齐公"制作礼器，这也许反映出丰是西周齐国这一世族的首封（地层资料表明城的修筑要稍早些）。另一座铜器墓 M35 位于社坛北面，是该墓地两座甲字形大墓之一。斜坡形墓道长 10.5 米，墓道中殉两车一狗。墓道口南距社坛基础东北缘约 6 米，东南距 M18 约 20 米。墓的西南面即是墓地唯一的南北向车马坑，打破社坛西北面的基础，和 M35 的关系未详。M35 出土了鼎、簋、壶、盘、匜、戈、矛、銮铃、车軎等青铜器和一件陶鬲，器形特征表明墓的年代约当夷王时期，墓主应为陈庄封邑晚期的一位宗主。簋铭显示：此人名引，周王在恭王庙召见了他，命他继续承袭其先祖官职管理齐师。赏赐他弓一、矢百、马四匹。战事大胜，他以所斩获为先祖幽公作器纪念。幽公是否就是引那位统率过齐师的先祖不得而知，但从《引簋铭》中可知该家族曾有两位成员统率过齐师。西周军制未知其祥，但知尚无常备军，文武尚未分职，遇事临时组建军队，通常由卿士（王朝）和卿（诸侯国）掌军。春秋中期，齐建三军，公掌中军，国子、高子二守分掌另两军，晋作六军，也由六卿统率。是西周春秋时期，从王朝到诸侯国大都由卿士与卿来掌军。卿士和卿都是王朝与诸侯的执政，诸侯国的正卿可能还需周王受命。《左传》僖公十二年（公元前 648 年）载，管仲辞受上卿飨礼曰："有天子之二守国高在"，终于"受下卿之礼而还。"《左传》宣公十六年（公元前 593 年）载："晋侯请于王"，"以黻冕命士会将中军，且为太傅。"国子、高子、士会都是齐、晋执政之上卿，是上卿受命于王之证。《礼记·王制》记载："大国三卿，皆命于天子"，"次国三卿，二卿命于天子，一卿命于其君，小国二卿，皆命于其君。"《引簋铭》证明周代的确存在命卿制度，而且命卿十分庄重。引既在恭王庙受王命掌齐师，王当为周夷王。据《史记·齐太公世家》记载，夷王时齐国突发事变：纪侯潜齐哀公于周，夷王烹哀公，而立其弟静，即胡公，胡公迁都薄姑。引受王命掌齐师虽不知是否和这事件有关，但据诸侯国以卿掌军的惯例，引和另一位掌管过齐师的先祖很有可能是齐国的卿级贵族，陈庄城的丰、引家族当属西周齐国的一个显赫世族。证明陈庄西周城是该家族的封邑，而非齐都薄姑，更非营丘。

社坛和贵族墓地体现的"左祖右社"的含义，显示陈庄西周城是丰、引家族的宗邑，当有"宗庙先君之主"，此因社坛的存在可以推断。鲁国三桓之邑称"三都"，《左传》庄公二十八年："凡邑有宗庙先君之主曰都，无曰邑。"鲁三家之邑既称都，定有"宗庙先君之主"。而《论语·先进》说季氏之费邑，"有民人焉，有社稷焉，"则不仅有"宗庙先君之主"，而且还有"社稷"，俨然像个小国。陈庄西周城虽未发现宗庙遗迹，却已显现社坛，且有贵族墓地依托社坛而埋葬，也像个小国，城内必有宗庙先君之主。M18 成组的带铭铜器，均为墓主丰为其祖齐太公铸造的礼器，是城内有齐始祖太公庙之证。陈庄西周城其实是西周早期齐侯所立之"家"。周行宗法封建制，"天子建国，诸侯立家，卿置侧室，大夫有贰宗，士有隶子弟，庶人、工、商各有分亲，皆有等衰"（《左传·桓公二年》）。"天子建国"即所谓"封建"，是周王分封诸侯国。天子建国基本上集中于周初和西周早期，以同姓宗亲为主，包括勋戚、灭国后裔、前朝旧国等，山东地区的齐、鲁、滕、曹、郕国和薛、莒、纪、莱等旧国，大都在这时期所建或臣服。"诸侯立家"是诸侯立亲属为卿大夫。晋、卫、郑、宋、鲁、齐等国都存在卿大夫大家，如鲁之展氏、臧氏、三桓和东门氏，齐世族国、高、管、鲍、崔、庆、栾、陈氏等。但各诸侯国的卿大夫大家多见于西周末期以后，兴盛于春秋时期，西周前期罕见，考古上也不曾发现。陈庄封邑是首次发现的西周卿大夫之家，证明"诸侯立家"于西周早期已在实行，也使我们了解到当时的卿大夫之家的一些具体情形。陈庄封邑面积很小，但有"社稷"和"宗庙之主"的核心要素，位处齐之西北边境地带（西周前期封国地盘不大，齐国始终以临淄地区为中心区）。因周初封建诸侯国时地盘不大，据文献记载，大国不过方百里（周里。一里约当 3/4 华里），其次方七十里，再次方五十里，还有不足五十里的附庸国，《孟子·告子下》记载齐鲁之封都是"方百里"，虽不可能严格实施，始封时各国地盘毕竟不大。而且当王朝的势力仍然强盛时，将不允许过分越轨，这从纪侯潛齐哀公，周烹哀公的事件中可知一二，况且当时各国的人口也不很多。因此卿大夫封邑规模不大，将多位于边境地带。但丰、引家族的封地，并不限于陈庄西周城，还包括城周围的"郊"。《辞海》解释"郊"义之一说："邑外为郊。周制，离都城五十里为近郊，百里为远郊。"此都城指京都。陈庄西周城属卿大夫封邑，是齐侯所立之"家"，尽管也带有都的性质，但其郊不会很宽广。陈庄城的郊实际上就是封地的范围，其中当有一定数量的村聚。这种村聚相当春秋时的小邑，或许当时就称邑。文献与器铭屡见春秋齐、鲁、卫、宋等国的这类小邑。如《论语·公冶长》载有"十室之邑"，《国语·齐语》说管子制鄙"三十家为邑"，齐器铭《素命镈铭》记赐邑"二百有九十有九邑"，《论语·宪问》说管仲"夺伯氏骈邑三百"，《左传》襄公二十八年"与北郭佐邑六十"等，上述 299、300 和 60 邑者，都应当属于"十室"至数十家的小邑。以五口之家计算，一邑之人口不过 50～150 人左右，这类小邑虽称邑实为村聚而已。因西周齐国的国土有限，当时齐侯所立之家的封地与人民将不会很大很多，封地内的村聚或小邑将只能稀疏分布，为数不多。实际上各大诸侯国大家的出现，是自西周晚期以来国土逐渐拓大以后的事，特别是在春秋时期。目前的资料显示，陈庄西周卿大夫之家，大约延续至西周中期之末，依托社坛而埋的贵族墓未见更晚者。估计进入西周晚期，丰、引家族或改封别地，或式微甚至被灭，但作为一般邑城，陈庄城一直延续至春秋战国时期。陈庄西周城作为迄今面世的唯一西周卿大夫封邑，文化内涵丰富，资料正式发表后，无疑将对齐国早期历史和西周史研究产生重大影响。

原载《管子学刊》2010 年第 4 期

论构筑史前考古新模式

中国史前考古，构成中国考古学体系最要紧的部分和成绩最辉煌的部分之一，由于中国幅员辽阔，又是世界上唯一历史从未间断的文明古国，保留了数以万计的系统的史前遗址，因而具有雄厚的发展基础，并使它具有重要的世界意义。中国史前考古将可以较系统地阐明人类自身的进化，人类社会逐步由低向高、由原始走向文明的完整过程，中国史前史将构成世界史前史不可或缺的篇章。随着我国进入历史新时期，考古与文物工作迎来了蓬勃发展的新阶段，史前考古的发展尤其令人瞩目。与此同时，也出现了一些不容忽视的新情况与新问题，主要表现在两方面：一方面是史前考古研究的对象——史前遗址的保护，面临严峻的挑战；另一方面是传统的考古方法与模式已不能完全适应史前考古新课题与新任务的需要，要求有相应的新方法和新模式。只有妥善解决这两方面的问题，才能保证史前考古的可持续发展。

一

当前，史前遗址保护所面临的严峻形势，主要是同经济持续快速发展发生了尖锐矛盾。经济要发展，社会要前进，文物要保护，保护文物与发展经济的矛盾是时代的矛盾，将长期存在，如不妥善解决，史前考古可持续发展的基础将不断削弱，乃至基本消失，使重建中国史前史这一具有世界意义的宏伟目标无法或不能圆满实现。妥善解决这一矛盾，必须达到"两利"，贯彻"重点保护、重点发掘"原则，是达到两利的前提。为此必须首先全面或基本掌握史前遗址中的重点遗址，明确重点保护对象。重点遗址应包括下列遗址：

（1）具有重要历史、科学价值的遗址。科学价值是对各种课题研究的价值，课题是多种多样的，而且会不断产生新课题。

（2）中心聚落址。中心聚落有两种含义，两个层次。一是聚落群的中心，二是跨聚落群的地区的中心。地区的中心首先是聚落群的中心，但高于一般聚落群的中心聚落，是些最重要的中心聚落。

（3）典型性和代表性聚落群内各等级聚落中的代表性遗址。

（4）设防聚落。包括有围栏、围沟、环壕、围墙的聚落和城址。

（5）典型聚落群。指少数群体范围明确、群内聚落出现早、古文化连绵不绝、具有古文化古城古国、从原始到文明逻辑发展过程的聚落群。

这些重点遗址中的大部分乃至绝大部分目前我们尚未掌握。为了全面或基本掌握这些重点遗址，就必须首先系统占有聚落时空关系资料，全面掌握史前各阶段（文化）的聚落址与聚落群，各个聚落址的规模、文化内涵和文化性质，以及聚落群内聚落的等级结构等基础资料，然后通过定性、定量分析，确定上述重点遗址。关键是如何获得定性、定量分析的基础资料。现有文物普查资料因基本上由地面踏查而获得，不能成为分析的科学基础资料。因此必须想办法获取这些科学资料，时间又不能旷日持久。以聚落群或一定区间为单位，对史前遗址逐一进行探查，将快速提供所需的科学资料，使我们基本掌握重点遗址，同时也就明确了一般遗址，从而可以采取相应措施，切实解决重点遗址的有效保护。

重点史前遗址或者说重要史前遗址，大多属于史前时期各大区各阶段的大小中心和各类居址中的典型居址，它们集中反映了各大区各阶段社会经济的发展水平与社会状况，具有很高或较高的科学价值，是史前考古的重要对象，是重建我国史前史的主要依据与科学基础。它们在史前遗址中只占少数，尤其具有全区、全国意义的重点遗址是极少数，在我们尚未掌握这些重点遗址之前，很容易受到破坏。它们不断被破坏，将使重建我国史前史的主要依据与科学基础不断削弱，以至基本消失，尽管这时可能仍然留存着大量一般遗址。因此尽快查明全部或绝大部分史前重点遗址，以明确保护重点，已十分必要与急迫。

突出重点或重要史前遗址，当然不是不管一般史前遗址，一般史前遗址在研究有关课题时同样具有重要意义。例如在研究文化范围、聚落时空关系、聚落群的产生与发展、群内聚落分层与等级结构的产生与演变，以及人口数量与消长等问题时，都需要对同一文化、同一阶段的聚落址进行整体的考察，而且要求聚落址尽可能接近当时聚落的实际数量。在漫长的岁月中，许多史前聚落址已经消失，现存聚落址也将不可避免地愈来愈少，因此立即着手建立能够反映现存各史前遗址整体状况的科学记录档案，就成了抢救史前遗址资料的当务之急，也是保证史前考古可持续发展所急需做的、极其重要的基础工作。这种科学记录档案，必须能够反映每处史前遗址包含哪几种文化堆积（曾是那几个文化的聚落）、每一文化堆积的大致范围（聚落大致范围）、各文化堆积的延续时间（聚落使用时间）和文化内涵丰富或贫乏等情况。有了这种科学记录档案，即便遗址不在了，仍有科学记录档案可查。文物普查资料基本上是地面踏查资料，无法反映各遗址的上述信息，因此必须从头建立。

通过开展史前遗址的系统探查，就能建立这种科学记录档案。

总之，以史前聚落群或一定区间为单位，对史前遗址逐一进行科学探查，把史前遗址区分为重点遗址与一般遗址，明确重点保护对象，并建立史前遗址系统的科学记录档案，是妥善解决史前遗址与经济发展时代矛盾，贯彻"保护为主、抢救第一"方针，保证史前考古可持续发展的根本性举措，对提高史前文物考古工作水平，保证史前文物考古工做深入持久地发展，具有深远的影响。

1981 年已故著名考古学家苏秉琦先生提出了"考古学文化区系类型"理论，标志史前考古发展到一个新阶段。在新阶段，文化区系类型学科基础研究仍需深入，区系架构需要进一步完善，但已不是史前考古的中心任务。聚落形态、史前城、古文化古城古国、文明起源、聚落时空关系演变、环境考古和重建中国史前史等一系列大课题和新目标被提出与突出，史前考古已向纵深发展。原先主要适应于建立文化区系类型框架的田野考古方法与模式，即以偏重地层，不注重面与整体的试掘与局部发掘为主，辅以地面调查，以解决文化面貌、文化序列、年代分期与类型等区系课题研究对象的方法、方式，已不能适应学科新阶段的更高的研究任务。上举多数课题的研究，都必须占有聚落（含城）系统而全面的资料，不仅要求尽量掌握遗留的聚落址，而且要求基本掌握每一聚落址的整体状况（规模、文化性质、文化内涵、居住时间等），这只能依靠史前遗址的系统探查而获得。换言之，以史前聚落群或一定区间为单位，对史前遗址进行系统探查，已成为推进现阶段史前考古研究的关键性手段。史前遗址系统探查的进展与完成，将使许多重大课题迅速突破或初步解决。例如：

1. 大区古文化研究

大区指考古文化区，古文化指陶器出现以后的史前文化。大区古文化一般具有前后两大发展阶段，前一阶段是考古文化区产生以前的古文化，包括区内新石器文化的起源，区内早期古文化的发展演变以及各自在形成考古文化区的作用等研究内容，由于缺乏资料，目前这方面的研究还难以进展。后一阶段是形成全区性文化共同体，产生了考古文化区以后的古文化，主要是文化区系类型研究。研究对象包括考古文化区的形成、文化谱系、文化编年、文化面貌、文化基因、演变规律、分布范围、地方类型和同周边文化的关系等。虽然全国文化区系框架已经形成，但即便是区系比较清楚的文化区，在时空方面仍然存在许多未知数，有待系统化、完整化。如果靠原来的方法、方式无疑将会十分旷日持久，将严重影响一些重要课题如古族的融合、重组过程，族团内部分支的产生及演变等问题的研究，从而也就很难阐明中华民族形成的具体过程。开展史前遗址系统探查，将使许多压在晚期遗址之下的早期文化遗存面世，结合聚落时空关系发展演变的研究，将大大促进大区古文化研究，掌握大区新石器文化的产生、发展和变化过程，解决文化区系类型问题中的未知数，较快地形成系统、完整、缜密的文化区系类型架构。

2.史前聚落时空关系研究

史前聚落是史前社会的镜子，揭示史前聚落时空关系的发展变化，也就勾勒出史前历史发展的轮廓，提供了史前社会发展变化的大量信息。聚落经历了产生、发展、变化的复杂过程。当人类逐渐脱离洞穴移居平地时，产生了最初的聚落，初期的聚落是不稳定的，经常迁徙；随着农业的发明与初步发展以及人口的增长，聚落渐渐趋于稳定，数量逐渐增多。但在低下的生产力水平状况下，人口增长缓慢，聚落规模不会迅速扩大，数量也不会急剧增加；加上氏族血缘纽带的维系和当时人们对有利生态环境的依赖，新石器前期的聚落可能一片片地、稀疏地分布于山前与近山平地的河流沿岸等有利于先民生息繁衍的地区，辽阔的平原可能很少有人居住。新石器后期，聚落出现了引人注目的发展变化，数量迅速增多，分布空间扩大，出现了聚落群和中心聚落，聚落出现分化，群内聚落产生了等级，进而发展成"都邑聚"的金字塔形等级结构。当先民们由洞穴移居平地以后，也就失去洞穴的天然屏障，聚落的防御设施可能经历了篱笆、栏杆、沟壕、围墙、城垣等阶段，从设防聚落的出现到城的产生，可能走过了数千年的历程。聚落的上述发展变化过程，反映了一大区域或一支文化，人口逐渐增长，人们活动舞台日渐扩大，社会一步步由低向高、由原始走向文明的生动过程。这是研究史前史不可缺少的课题，只有系统掌握聚落时空关系的发展变化，才能更加具体深入地认识史前历史的发展过程。目前史前聚落的总体资料只有文物普查资料，它未能提供各文化、各阶段比较接近实际的聚落数量，尤其是已知的新石器时代前期聚落址的数量，可能和仍留存的聚落址出入很大。更缺乏各聚落址的规模、文化内涵、文化性质等比较确切的资料，因而根据普查资料不可能就聚落时空关系的发展变化做出有效研究，得出准确的结论。史前遗址系统探查的开展与完成，将在很大程度上弥补文物普查资料的缺陷，提供聚落时空关系研究所必须的科学资料，使这一重要课题得到基本解决。

3.史前城研究

史前城研究已取得重要成果，自 20 世纪 70 年代发现王城冈河南龙山文化城以后，至今已发现四五十座龙山时代城，其中包括龙山文化城组，而且还发现了城头山、西山、王家庄、西康留四座五六千年期的原始城。但目前史前城研究很难深入，主要原因有二，一是缺乏大面积揭露的城址资料，二是史前城时空资料空白太多。就后者来说，目前在河北、辽宁、山西、陕西、安徽、江苏、江西等重要地区，都未发现距今 4000 年前的史前城，距今 5000 年以前的城仅在三省发现四座，6000 年前的城仅有个别线索。城由环壕、土围聚落转化而来，应产生于第七千年纪。如能迅速填补史前城的重要时空空白，在更多地区发现第七千年纪、六千年纪和五千年纪的城与龙山时代城组，史前城研究就将出现飞跃。以史前聚落群为单位，开展史前遗址系统探查，将在较短时间例如十年左右基本上掌握各大区的史前城址，在此基础上选择典型城址进行重点解剖，就可把史前城研究不断推向深入。

4.文明起源研究

中国文明起源研究应界定在中国文明史开端的研究。国家诞生是文明史开端的根本标志，因而中国文明起源研究实质上是中国国家起源研究。采用典型史前聚落群"都邑聚"金字塔形等级结构和原始城市诞生与城乡分离的标准，就可以找到一批最早的国家实体，确认我国文明史的开端。为了有效地推进文明起源研究，应当选择切入点和突破口。典型史前聚落群聚落时空关系演变和城，是理想的切入点和突破口。两者结合，把史前城纳入典型史前聚落群聚落时空关系演变中考察，根据其规模、内涵和在群体内所处的地位，看它是"都城"还是"邑城"，是否是原始城市，群体内的聚落已否形成"都邑聚"金字塔形等级结构和城乡分离的格局，就可以得知是否已诞生了国家，从而找到一批最早的国家，确认我国进入文明时代的时间。目前因无典型史前聚落群确切的聚落时空关系演变与城方面的系统科学资料，因而无法对此进行深入分析而得出令人信服的结论。史前遗址系统探查的开展，将提供典型聚落群的上述科学资料，取得国家起源研究的迅速突破，较快地解决文明起源问题。

上举四方面，充分说明以史前聚落群为单位开展史前遗址系统探查，对推进史前考古深入发展所具有的重大意义。实际上它对史前考古的巨大推动作用，远不限于这几个课题。此举将使我们在十年左右基本摸清每一史前遗址的整体状况，建立具有重大科学价值的科学记录档案，构筑史前考古可持续发展的坚实基础，并将进而建立大区聚落"条块"体系，同文化"条块"体系相辅相成，构成两个轮子，把史前考古推向波澜壮阔的新局面。

二

为此，应当调整史前考古模式，构筑相应的新模式。现提出构筑保护与研究密切结合，以聚落群或一定区间为单位，运用大遗址勘探试掘方法，对史前遗址逐一进行规范钻探，对群体内部分遗址进行调查性试掘，规范统一钻探试掘记录，用万分之一地形图对遗址进行定位，发表聚落群探查报告，提供特定空间聚落时空关系发展变化的系统资料，以达到同时推进史前遗址保护与史前考古研究的新模式。

这一新模式融史前文物保护与史前考古为一体，以保护推进研究，促使研究深入发展；以研究指导保护，提高文物保护的科学水平，两者互相促进，收一举多得之功，体现了史前文物保护与史前考古研究的有机联系，而且便于对特定空间的古文化、聚落、社会、人口和生产力的发展变化进行综合考察，具有明显的优越性。同时也较好地适应了省级文物考古专业机构的基本性质与基本任务。省级文物考古专业机构的中心任务是文物保护，尤其是地下文物的保护，同时又是一个省市区主要的文物考古研究中心，肩负着从业务角度对辖区内地下文物进行保护和相关考古课题与地方史进行研究的重任。构筑保护与研究相结合的史前考古新模式，将有利于省级文物考古专业机构的建设和文物考古事业全面、健康地发展，也有利于培养既能解决实际问题，又有渊博学识的高素质的文物考古专业人才，因而应当成为今后一个时期主要的史前考古模式，辅以重点遗址解剖、配合发掘、区域调查和专题调查，把新世纪的史前文物保护与史前考古推向更高的水平。构筑这一考古新模式，自然有赖于国家文物行政部门对系统探查史前遗址做出部署，但有条件的地区不妨先对经济快速发展地区的史前聚落群进行系统探查，培训人员，取得经验，相信必有重大收获。

1. 探查

是指运用大遗址勘探试掘方法对史前遗址进行钻探试掘。大遗址勘探试掘是20 世纪 60 年代以来为开展历史时期都城遗址"四有"工作而形成的田野考古方法，通常称大遗址勘探试掘。这是以系统规范的钻探为主、结合适当的试掘，迅速查明古城址整体面貌的考古方法。通过系统规范的钻探，查明城垣、城河、城门、交通干道、供排水系统、大型建筑基址、手工业作坊址、居住址、大型墓葬和墓地等的位置、面积、形制和层位关系，在此基础上进行必要的小规模试掘，以核对钻探资料，确认上述遗迹、遗址的年代；进而对钻探、试掘资料做出综合分析，查明古城址的年代、形制、基本布局、遗存的文化面貌和建立文化编年，从而对古城址的整体面貌得到基本认识。然后把各种文化遗存区分为重点文物与一般文物，划定重点保护范围和一般保护范围，建立"四有"，即有保护范围，有标志说明，有科学记录档案，有人管理。

2. 大遗址勘探试掘

以大规模的古城址及其外围地区为工作对象，工作范围一般都在 10 平方千米到数十平方千米，而且要在较短时间内摸清古城址的整体面貌及外围地区的文化遗存，因而不同于一般的考古钻探与试掘，也不是简单的钻探加发掘。它是一种在短期内查明大遗址整体面貌的田野考古方法，是考古层位学在获取大遗址整体面貌特定任务上的运用，已成为我国田野考古的基本方法。钻探所使用的"洛阳铲"和操作、记录方法，简便易行，不需昂贵设施和高深的技术，却能迅速获取其他方法包括现代科技所不能获取的大范围地下文化遗存的分布、地层堆积、文化堆积的范围与深厚度、遗迹的面积、形制与层位等资料，解决有关重要问题，因此可以轻而易举地运用于史前遗址整体状况的探查，而收到良好效果。例如，大量史前遗址都因长时间连续居住或间断地居住，形成多种文化堆积（多个聚落）叠压的现象，上下文化堆积（聚落）的分布范围、堆积的深厚度、内涵丰富或简单等情况，不可能一致，就是同一文化不同阶段的堆积（同一文化聚落的不同阶段），其范围大小、堆积厚薄等也不可能全同。只有查明该遗址各种文化堆积和同一文化不同阶段堆积的基本情况，才能得知该遗址包含哪几个文化的聚落及各个文化聚落的基本状况，诸如聚落规模大小、居住长短、内涵丰富或简单、保存状况和科学价值等情况。然后才能对同期聚落进行定性、定量分析，得知群内或一定区间内聚落的出现，各阶段聚落的发展变化，何时产生了聚落群及群体的发展变化，了解群体内各期聚落的等级结构，确认中心聚落和其他聚落的等级。同时才能选准典型解剖的遗址，保证重点揭露资料的典型性和科学价值。这对提高学科的发展水平和建立科学史前史是十分重要的。目前除了大遗址探掘方法，几乎没有其他方法能在短期内提供史前遗址的上述科学资料。而聚落考古、聚落形态、聚落时空关系演变、古城、古国、文明起源等课题的研究以及深化文化区系类型研究等，必须具备史前遗址和城址的上述资料，掌握各遗址与城址的整体状况，把它们置于一定的时空框架中去考察。所以，运用大遗址探掘方法对群内遗址逐一进行探查，是深化老课题研究与解决学科新任务的要求，新任务需要有相应的新方法。

史前遗址数量多，绝大部分面积都很小，最大的也只有100万平方米左右，和历史时期的都城遗址无法同日而语，开展系统探查，自然不能照搬大遗址勘探试掘方法，而应依据史前遗址的具体情况灵活运用。一般不宜采用方格网式普探，只宜重点钻探。通常采用米、籴形钻探，探孔间距10米，作必要补孔，结合调查性试掘，就能查明各遗址包含几种文化堆积（有几种文化的聚落址），是否连续堆积（连续居住），每种文化堆积的范围（一般是聚落的范围）、深厚度、分布状况、文化内涵、文化特征、年代和保存状况等基本信息，从而对其价值做出比较准确的判断。试掘通常采用2米×5米探沟，一般遗址的试掘面积都不会超过50平方米和100平方米，有断面的遗址还可以利用刮清断面来代替探沟。如此探查完一个聚落群，也就基本掌握了群内或一定区间聚落时空关系的演变。诸如聚落的出现，群体内有几支文化，各支文化有多少聚落，何时产生中心聚落，聚落何时出现分层，聚落等级结构的产生与发展，有哪些设防聚落，有无城、原始城市和城组，何时产生城、原始城市和城组，以及文化面貌，年代分期，文化是否连续发展，每一文化有哪些重要遗址和一般遗址等问题，都将得到比较明确的答案。当完成了全部史前遗址群的探查，不仅许多重大问题将得到基本解决或突破性进展，实际上也就勾勒出聚落产生以后史前社会发展的轮廓，为最终建立系统、完整、科学的史前史奠定基础。

开展史前遗址系统探查的意义是如此巨大，但不意味着工作量很大，花费浩大。投入一组探工（共6人，5人钻探，1人记录），面积10万平方米、堆积2.5米以内的史前遗址，用米形钻探，探孔间距10米，加上必要的补孔，探孔总数不超200个，以每位探工一天探25～30孔计算，两天内完成；试掘面积以50平方米计（5条2米×5米探沟），同时进行试掘，通常三周左右可以完成。面积20万平方米左右，堆积2.5米以内的遗址，用米形钻探，包括补孔，探孔总数400个左右，三天可以完成；试掘面积以100平方米计（10条2米×5米探沟），约一月完成。50万平方米的遗址（占史前遗址的极少数），用米形钻探，探孔总数在1000个以内，8～10天完成；试掘面积100平方米，一月到一个半月完成。钻探并不费时，试掘需要一定时间。但只要保证钻探质量，不需对群内全部遗址进行试掘。假定有50处遗址的史前聚落群，全部进行钻探，并达到应有的要求，试掘其中1/5有代表性的遗址就行，试掘总面积最多不过700～800平方米，用这些遗址的试掘资料，就可以核对其余遗址的钻探资料而做出判断。群内绝大部分将是15万平方米以下的遗址，20万平方米以上的遗址是极少数，所以半年以内就可以完成群内遗址的系统探查。山东境内大汶口文化聚落群近40群，大群的遗址30处左右到41处，目前仅有4群；龙山文化聚落群30余群，中等群遗址30处左右到50余处，大群60处左右到90处左右，共15群，而且大部分大汶口文化遗址是同龙山文化遗址重叠的。史前遗址超过山东的省区屈指可数，而绝大部分省市区将不会比山东多，因此大部分省市区五年左右都可基本完成探查任务，少数史前遗址很多或较多的省区，投入两三组探工，也可在10年内基本完成，所需时间和20世纪80年代的文物普查大致相当。史前遗址很多的省区大都有较强的考古力量，从全省区考古人员中组织探查力量，并非难事。探查所需钻探技工力量，也可以在半年到一年内通过培训得到解决。至于对某些典型聚落、城址的全面或大面积揭露，自然是个长过程，但这是重点发掘，不属于探查。

文物考古工作正面临新形势和许多新问题。史前文物考古工作如何贯彻"保护为主、抢救第一"的新时期文物工作方针，如何同市场经济发展相适应，史前考古如何保证可持续发展，如何为民族复兴做出贡献，需要有新思维，新路子。墨守成规，前景堪忧，必须进行调整与变革。构筑保护与研究密切结合的史前考古新模式，和既有模式相辅相成，将不断开创史前文物考古工作蓬勃发展的新局面，较好地适应时代的要求。如果现在就对史前遗址系统探查做出部署，预计全国在2010年前后就能基本完成。探查的开展，将逐步建立系统规范的史前遗址科学记录档案，同时也对大批濒临消失的史前遗址资料做出抢救；将能陆续出版一批聚落群的探查报告集，丰富现有考古报告形式，为相关课题研究提供科学资料；探查完成后，即编辑出版由大比例地形图定位的、系统完整的中国史前史地图集，为中外学术界与社会提供权威的中国古史地图。探查的进展，将可分批公布各级文物保护单位，使我们在处理史前遗址与经济建设的矛盾时比较主动，探查的完成将建立发展史前文物考古工作的新基础。在此基础上就能制订、调整重点遗址保护规划，解决重点遗址的有效保护；就能制订切合实际的课题规划，选准发掘重点，保证发掘资料的典型性和科学价值，防止盲目性与无效劳动，有计划、有步骤、有效率地推进课题研究，较快地集中解决一些大课题，实现建立科学中国史前史的目标；并可制订史前遗址的利用规划，例如制订遗址博物馆发展规划，建设遗址博物馆网络，把科研成果物化给社会，同历史博物馆一起，展示我国的悠久历史和灿烂文化，促进保护文物全民意识的发展，为两个文明建设做出贡献。通过探查，还将造就一批高素质的专业人才。总之，以聚落群为单位开展史前遗址系统探查，构筑融保护与研究为一体的史前考古模式，将给史前文物考古工作注入强劲的活力，形成波澜壮阔的发展态势，为新世纪文物考古工作取得更加辉煌的成就奠好基，是文物考古事业具有重大战略意义和深远影响的一项基础工程与系统工程。

原载《张学海考古论集》，学苑出版社，1999 年

再论构筑史前考古新模式

考古学已形成多学科相结合的积极发展态势。在推进这一态势的同时，当前亟须对考古学自身主要是史前考古运作模式加以创新，以适应本学科的发展。

20 世纪末，笔者在拙文《论构筑史前考古新模式》[1] 中提出，采用大遗址探掘原理，以史前遗址群为单位，对史前文化遗址开展系统探查，构筑融保护与研究为一体的史前考古模式的构想，以适应我国新时期文物考古工作面临的新情况与新任务，保证史前文物工作与史前考古的可持续发展，提高课题研究的时效性，加速实现构建中国史前史的宏伟目标。当时主要是基于两方面的基本认识。一方面是史前考古进入发展新阶段，研究重点正在转移；另一方面是随着我国经济的持续快速发展，史前考古的基础史前文物的保护面临愈来愈严峻的形势，固有的史前考古模式已无法有效解决这两方面的问题，必须思考构建适应新情况新任务的史前考古模式。如今这两方面的问题更为突出，调整现有史前考古模式，构筑史前考古新模式势在必行。谨再作申述。

1981 年，时任中国考古学会副理事长的中国考古学泰斗苏秉琦先生，提出考古学文化"区、系、类型"学术观点 [2]，并把全国考古文化归纳为六大考古文化区，从考古学角度揭示了中华民族多元一体的格局，受到考古文物界的极大关注并成为学科的一项基础理论。1985 年，苏先生又发表"辽西古文化古城古国"学术观点 [3]，勾勒了辽西地区从原始到文明的发展轨迹。辽西是全国无数古文化中心之一，"辽西古文化古城古国"实际上提出了探索中国文明形成的一种轨道，就是要围绕特定古文化中心的文化进行系统考察，探索其从原始到文明的发展嬗变过程，而文明形成的标志是古国的诞生。笔者认为"古文化古城古国"是考古学探索中国文明起源与形成的理论。以"文化区系类型"和"古文化古城古国"的相继提出为标志，史前考古学跨入发展新阶段。

文化区系类型观点的提出，是对中国考古学诞生以来半个多世纪基本成绩的总

---

[1] 参阅本集《论构筑史前考古新模式》。

[2] 苏秉琦：《关于考古学文化的区系类型问题》，《苏秉琦考古学论述选集》，文物出版社，1984年。

[3] 苏秉琦：《辽西古文化古城古国——试论当前考古工作重点和大课题》，《华人·龙的传人·中国人》，辽宁大学出版社，1994年。

结，既为考古学提供了一项基础理论，也把考古学文化研究的学科基础研究概括为一大科学命题。在学科发展新阶段，尽管文化区系类型基础研究仍需继续进行，使区系类型框架不断完善缜密，但不再是学科的中心任务。20 世纪 80 年代后期以来，中国文明起源课题成为学界关注的热点，继而国家设立了文明探源工程，以及考古界提出重建中国史前史、古代史的课题等，表明学科的研究重点已向古代社会研究转移，因而聚落逐渐取代了文化成为首要的研究对象。

聚落研究起步虽较早，但研究过程很短，且从来不是学科的研究重点，因此无论是认识、研究、广度、深度、课题设计、获取资料手段和基础资料等都很欠缺，仅在寥寥几处典型遗址开展了聚落考古的研究，虽然成果显著，广受引证，却终难成气候。现阶段的聚落研究，旨在探索古代社会及其发展嬗变过程，因此必须具备系统的聚落时空资料。而且中国古文化具有多元性，并非是单一的文化共同体，更不是某个文化体系始终处于中心地位并始终在全国古文化发展进程中独占鳌头，这就是说光有某一文化体系的聚落时空资料还远远不够，至少各重要文化区的文化体系都必须具有系统或者比较系统的聚落时空资料，如此才能对我国古代社会进行较为系统全面的研究。

现阶段史前聚落研究，至少应从三个方面或分三个课题进行研究。一是大区史前聚落时空关系发展变化研究。这主要是宏观研究，借以了解区内聚落数量、分布范围、聚落存在形态（分布形式）、聚落规模等的阶段性发展变化。其中蕴涵了人口消长、社会组织演进、生产力总体水平提升和社会复杂化进程等重要信息。二是史前聚落群研究。聚落群是史前时期特定阶段聚落的主要存在形态（分布形态），是某些社会实体的体现，所以构成史前聚落研究的重要课题。该课题又可分为聚落群综合研究与典型聚落群研究。前者包括聚落群的形成发展过程，各文化聚落群的数量、分布与层级结构，群内中心聚落、聚落分化的产生和聚落层级结构的产生与发展，以及聚落群社会性质的研究等。后者即典型聚落群研究的典型，指大中小三类聚落群中具有代表性的聚落群，应当具备群体产生时间较早，有比较系统的发展过程，属于本类群体中的中等以上规模诸项条件。典型聚落群研究旨在对聚落群进行系统深入的典型解剖，获取各类群体发展变化的系统典型资料，以求较全面地了解聚落群的整体情况。三是典型聚落研究。典型聚落包括设防聚落，群体的中心聚落和群内各层级聚落的代表性聚落等。基本上要进行大面积乃至全面揭露，以获取聚落布局、结构、家庭形态、经济模式、社会生活、意识形态等资料与信息。典型聚落研究基本上应当和典型聚落群研究相结合，形成两位一体。从这个意义上说，典型聚落群研究就包含了典型聚落研究。不过，实践中作典型解剖的聚落，并不总是包括在选做典型研究的聚落群体内的。

　　以上是在基本搭建了文化区系框架以后的学科新阶段，聚落研究课题的初步设想。不仅前两方面即大区史前聚落时空关系宏观研究和聚落群研究是新课题，就是典型聚落研究也不同于以往，以往只是对个别文化的个别遗址进行了聚落研究，缺乏系统性，遗址的选择虽有典型性、规模等的考虑，但并不是以聚落群为前提来确定，也不知属于哪一层级的聚落，资料的典型性与学术价值都受到了制约，况且遗址不等于聚落。即便有幸保存了较好的聚落平面，也只是一个地区某阶段的资料，不是系统资料，不能借以研究一个聚落群体和一种文化体系的社会发展过程。上述聚落研究的新思路，结合文化研究，就将逐步实现这一目标。

　　史前聚落研究，自然必须以聚落遗址为基础。问题在于具备了面积、时间段和了解文化遗存状况的聚落遗址寥若晨星，现有资料几乎全是文化遗址。文化遗址不等于聚落遗址，尽管聚落遗址包含在文化遗址之中。文化遗址中有少部分是单一文化遗址，大部分文化遗址都包含有两种以上的文化，即叠压着两种以上文化的聚落遗址，反映了不同文化的人们或曾在此连续居住，或者间断居住，无论连续或间断地居住，各自的聚落位置、范围大小、平面布局、聚落结构、居住时间长短以及在本文化和所属聚落群体中的地位与层级等，大都不会一致，因此非单一文化的遗址即使具有较准确的遗址面积、文化堆积厚度等数据，也只是这遗址的总体面积和总体堆积，不是这遗址所包含的各个文化聚落的数据。如果是保存较好的单一文化遗址的数据，当然可能更接近聚落遗址的实际，但地面踏查资料和聚落遗址实际情况常常不一致，而且还应考虑居住时间的长短，在漫长的居住过程中同一文化的同一聚落早晚阶段也不会一成不变。总之，要想系统深入地开展史前聚落研究，就必须首先获取聚落整体基础资料，第一步就是要把各种文化体系中的文化遗址，释解成所包含的以文化定位的聚落遗址，以提供各文化聚落的整体资料，包括聚落总数、分布范围与分布状况、各个聚落的时间段、面积和文化遗存状况等基本数据与信息。如此，前述学科新阶段聚落研究三个课题中的前两题就具备了基本的研究基础。第三题即典型聚落研究的典型聚落，也将比较容易确定。不然，要想研究这些课题，就只能无奈地依据相关文化遗址的数据，笔者对这些问题曾做过的一些研究就是如此。自知资料欠科学性，结论自然缺乏准确性，只想提出课题，求得大概，说明一种历史趋势，引起对聚落研究的关注。不过正是这些研究，使自己思考了如何获取聚落整体基础资料的问题，感到史前考古方法与模式应当有所变革创新。因为获取聚落整体基础资料是一项十分艰巨的工作，仅靠传统的发掘、试掘手段，要把数以万计的史前遗址基本上分解成所含文化的聚落遗址，提供其比较准确的面积、时间段等基本数据，几乎是不可想象的，必须寻找传统手段以外的能够逐步基本实现目标的新手段。总之，构筑史前考古新模式是学科发展新阶段的要求，学科研究的新重点、新任务，要求有相应的新方法、新模式。

与此同时，新时期文物工作也面临着如何切实贯彻"保护为主、抢救第一"方针，提高保护水平，以适应新情况与新要求的问题。国家已经把发展繁荣社会主义文化事业定为全面建设小康社会的战略目标之一，第三次全国文物普查正以前所未有的气势如火如荼地展开，成为查明综合国情的组成部分，文物工作迎来了发展新时期，国家对文物工作提出了更高的要求。史前文物工作的现状显然很不尽如人意，贯彻"保护为主、抢救第一"方针，总体来说很不得力，史前文物（基本上是文化遗址）的保护面临十分严峻的形势，破坏遗址行为和遗址迅速消失现象触目惊心。缺乏史前文化遗址系统全面的科学记录档案，实际上，在数以万计的史前文化遗址中，除了极少数做了考古工作的遗址外，其余都是地面踏查的记录。相关数据只是文化遗址的整体数据，并非所含文化聚落的基础科学资料，难以据此对文化聚落遗址的价值和层级做出准确判断。可以说，我们在很大程度上还没有准确掌握现存史前文化遗址的价值所在和遗址包含的各个文化聚落在本文化与聚落群中的地位和层级。新发现的史前遗址如果还是地面踏查为主，即使以 GPS 定位，仍不能改变上述情况。文化遗址的价值大小主要是由遗址所含某一两个或更多的文化聚落址的价值所决定。文化遗址所含主要文化聚落址是决定遗址分级保护管理以及在濒临破坏时作何种应对的基本依据。既然现存史前遗址欠缺所含各文化聚落的基础资料，那么获取这一基础资料，掌握现存史前遗址的主要价值所在，提供各文化聚落的整体资料，就成为切实贯彻"保护为主、抢救第一"方针，提高史前文物保护水平的头等基础工作。这也是查明文化遗产国情的必然要求。文化遗址普查资料只提供"点"、遗址总面积、地面暴露的文化内涵等概括肤浅的数据信息，必须在普查的基础上进一步获取文化遗址所含文化聚落的基础资料，才能成为史前遗址真正的科学基础资料，为相关决策提供科学依据。

史前文化遗址可按其价值分为重点遗址和一般遗址两大类。重点文化遗址是具有重要历史科学价值的遗址，相对来说数量不多，大量的史前文化遗址是一般遗址。重点遗址大致包括下列遗址：

（1）对重要课题研究具有重要价值的遗址。

（2）中心聚落遗址，即聚落群体的中心聚落遗址，尤其是地区或地域的主要中心聚落遗址。

（3）设防聚落遗址，包括有围栏、围沟、围墙的聚落遗址和城址。

（4）代表性聚落群体中各层级聚落的代表遗址。

（5）典型聚落群体，指少数群体范围明确，群内聚落出现早，古文化连绵不绝，具有古文化古城古国、从原始到文明逻辑发展过程的聚落群体。

　　这类重点遗址集中代表了大区各阶段的文化、经济发展水平和社会发展状况，是史前考古研究的主要对象，也是重建我国史前史的主要基础，属于重点保护的史前文物。目前我们对各大区各阶段或者说各文化体系各文化中究竟有哪些重点遗址，知之不详，远未做到应重点保护尽力重点保护。而且已公布的省级保护以上的史前文化遗址，主要是依据文化和调查资料，而不是相关文化的聚落基础资料来确定的，未必全都很准确。在未基本掌握这类重点遗址之前，它们很容易受到破坏。一旦被破坏就将造成无法弥补的重大损失。

　　史前重点遗址实际上是指遗址所含的重点文化聚落遗址，要对该文化聚落遗址进行重点保护；该文化遗址所含的其他文化聚落遗址并非重点，理论上不属于重点保护对象，尽管实际操作起来很难划分。通常所说一般性文化遗址，是指不含有重点文化聚落遗址的文化遗址。强调和突出重点文化遗址，并非不重视一般文化遗址，只是依据科学价值的差别在保护上给予区别对待。一般遗址并非不重要。事实上，大区或者文化体系的史前聚落时空关系宏观研究和聚落群体研究等课题，就要求具备各时期的全部聚落，聚落愈接近实际数目，相关结论误差愈小。实际上我们已经无法得知大区和各文化体系各阶段的聚落总数，时光流逝，不知有多少聚落遗址已经消失。20 世纪 50 年代以来消失的史前遗址也不在小数，今后还将不可避免地逐渐减少，因此必须尽可能地保护好现存史前遗址。

　　当前，史前文化遗址保护面临十分严峻的局面，一个重要原因是和经济持续快速发展存在严重矛盾。事实上，20 世纪 80 年代第二次全国文物普查以来所掌握的史前遗址，许多已经消失、基本毁坏或者破坏严重，甚至有整个遗址群遭到灭顶之灾。例如山东淄河中下游地区，本是海岱文化区的一个主要古文化中心，星罗棋布地分布着数以百计的北辛文化、大汶口文化、龙山文化、岳石文化等遗址，商周之际为齐、纪、莱三国疆域的交错地带，有一部系统的古文化古城古国史，如今则是蔬菜大棚鳞次栉比，犹如白色海洋，令人痛心疾首。"考古，考古，很快就无古可考了"，正是文物考古人员发出的危机感。经济要发展，社会要进步，文物要保护，文物保护与经济持续发展的矛盾是时代的矛盾，将长期存在，必须妥善应对。况且古遗址保护比较困难，即使基本遏制住人为的破坏，水土流失、日常耕作等也会使遗址逐渐受到损失，最终不免消失。诚然，我们在实施"保护为主、抢救第一"方针，就史前文化遗址而言，抢救是进行抢救发掘，获取相关资料。的确也进行了许多抢救发掘工作，获得了许多重要甚至重大收获，但在消失的遗址中经过抢救发掘的毕竟是少数，大量都未经抢救发掘，相关科学资料也就永远消失了。而且抢救发掘基本上是临时个案进行的，发掘面积受全局工作计划、人力、时间、经费等多方面的影响，通常只能小面积揭露，多半情况只能提供一定的遗物、遗迹等文化资料，不可能获取比较准确的聚落基础资料,有些抢救发掘还不免是重复发掘,意义不大。

上述情况说明,史前文物工作的现状与工作模式和文物工作的新形势新要求很不适应,同发展繁荣社会主义文化的战略方针不很协调,必须认真思考如何改变现状,改进工作模式,建立更具科学价值的史前遗址记录档案,以求更准确更科学地进行分级保护管理,提高抢救对象的准确性和获取科学资料的广度,力求长久地保存现存史前文化遗址,为史前史研究与弘扬民族优秀传统文化长期保存宝贵资料。关键之点是进一步开展史前文化遗址的基础工作,分解文化遗址所含的文化聚落址,获取各个文化聚落的面积、时间段与文化遗存状况的基础资料,把史前文化遗址的普查资料深化细化成文化聚落的基础资料。普查资料不是文化聚落址的第一手基础资料,不具很高科学价值;普查也只是史前文化遗址整个基础工作的头一步,更重要更艰巨的基础工作是进一步查明遗址所含各个文化聚落的基本情况,获取聚落基础资料,建立文化聚落的系统科学记录档案。这样才能真正做到对文化遗址整体情况比较深入准确的了解,才能为分级保护管理、抢救、利用等决策提供科学依据,为聚落研究等课题提供科学资料。通过对这一文化聚落址基础资料进行定性定量分析,就能整合出各支文化的聚落数目,各文化聚落及相关遗址的价值大小与价值所在,进行分级保护管理;在发生是否需要进行抢救发掘时决定取舍或者决定抢救发掘面积的大小;而且即使遗址在突发情况中或者不知不觉地消失了,仍有记录档案保留着文化聚落的基本信息,具有抢救意义。这就是说,现阶段的史前文物工作必须在工作理念、工作模式上有所创新,工作重点也要转移。要把查明每支文化聚落遗址的基本状况、获取文化聚落址基础资料作为工作重点,改变以往只是以整个文化遗址为重点,不考虑文化聚落的理念。

如此,随着史前文物考古工作进入发展新阶段,工作重点已发生或者必须转移,史前考古重点已由文化研究转向聚落研究,史前文物工作的理念则要求由文化遗址转向文化聚落址。分解文化遗址所包含的文化聚落址,以文化为基础掌握各支文化的聚落整体状况,将成为今后史前文物保护长期的中心工作。就是说史前文物与考古工作的重点趋向一致,合而为一了,两个学科的发展将形成互相促进的态势。史前文物工作的步步发展,将不断提供聚落研究的科学基础资料,夯实课题研究的科学基础;聚落研究的发展将深化史前文化遗址的认识,提高史前文物的保护水平。关键是采用什么可行的方法,来分解文化遗址所包含的文化聚落址而获取其基础资料了。史前文化遗址数以万计,地面调查、发掘的传统手段显然已经难以胜任,必须探索新方法。参照大遗址"四有"探掘的原理与方法,对史前文化遗址进行探查结合调查性试掘,将是一种简便有效的方法。

1961 年,国家公布了首批全国重点文物保护单位,其中包括不少先秦列国都城遗址，其规模都在 10 平方千米至数十平方千米，为加强这些大遗址的保护，国家文物行政部门要求开展"四有"工作。"四有"即有保护范围、有标志说明、有科学记录档案、有人管理。有保护范围是"四有"的基础，要求依据文物价值划定一般和重点两种保护范围，为此必须系统全面的掌握大遗址地下文化遗存的分布与科学价值，基本的田野工作方法就是系统钻探辅以调查性试掘。通过燕下都、郑韩故城、齐、鲁故城等的"四有"工作，形成了一整套系统规范的大遗址探掘方法。这一探掘方法能够迅速查明城垣、城门、城河、交通干道、供排水系统、宫殿区、大建筑基址、手工业作坊址、居住址、墓地与大墓的位置、面积、形制、层位叠压关系和年代等，最终得出古城址的年代、形制、基本布局及其阶段性变化，获得对城址整体状况的认识。其中鲁故城与燕下都的"四有"探掘专刊都早已面世。大遗址探掘方法不同于一般考古钻探与试掘，也不是简单的钻探加发掘，而是一种快速查明大遗址整体状况的田野考古方法，是考古层位学方法论在获取大遗址整体状况特定任务上的运用，已构成我国田野考古的基本方法。钻探工具"洛阳铲"和操作、记录方法，简便易行，不需昂贵设备和高深技术就能迅速获取其他方法（包括现代科技）所不能获取的大范围地下遗存的分布、地层堆积、堆积的范围与深厚度、大遗迹的面积、形状与层位等基本信息。因此可以便捷地用于史前文化遗址的探查，结合调查性试掘，把史前文化遗址分解成以文化定位的聚落遗址，获取文化聚落的范围、形状、时间段、文化遗存分布状况等基本数据与信息，把文化遗址普查资料细化成文化聚落的基础资料。

开展史前文化遗址系统探查工作量巨大，但并非不可实现，也不是花费浩大，难以承受。史前文化遗址绝大部分的面积都在二三十万平方米以下，50 万平方米以上的文化遗址是少数。笔者曾在拙文《论构筑史前考古新模式》中做过计算，投入一组探工（共 6 人，5 人钻探，1 人记录），视遗址大小进行"井""米""卅"等形式的钻探，探孔距离 10 米，面积 10 万平方米，堆积 2.5 米左右的文化遗址，两天内完成；试掘面积按 50 平方米（5 条 2 米 × 5 米探沟）计算，一般三周左右可以完成。面积 20 万平方米的遗址，三天可完成探查；试掘按 100 平方米计算，约一月完成。面积 50 万平方米的遗址，8 ～ 10 天完成探查，试掘面积 100 平方米，一月至一个半月完成。探查并不费时，试掘需要一定的时间，但一群或者一个地区的同性质遗址，只需试掘少数遗址，不需全部试掘。假如有 50 处同性质遗址的遗址群，试掘其中 1/5 有代表性的遗址就行，试掘总面积最高不过 800 平方米，用这些遗址的试掘资料就可以核对其他遗址的钻探资料做出判断。因群内的绝大部分遗址将是 15 万平方米以下的遗址，20 万平方米以上的遗址寥寥无几，所以一组人员半年内就可以完成整群文化遗址的系统探查，不需特别长的时间。当然，如此重大的史前文物考古基础工程，不能指望三五年就能完成。但如果抓住不放，各大文化区可望在 15 ～ 20 年内基本完成探查。

探查一般应当按史前遗址集中区（古文化中心）依据轻重缓急依次进行，以史前遗址群为单位由早到晚地开展系统探查。因为大部分遗址群具有自身的古文化古城古国史，遗址群所反映的各文化聚落群，是距今六七千年～ 4000 年前后聚落的主要存在形态，是一种社会实体，因而是史前考古新阶段聚落研究的主要课题之一，而对遗址群进行的系统探查，则是目前开展聚落群研究获取基础资料的唯一的手段。完成遗址群的探查，就能基本掌握群体范围聚落时空关系的演变。诸如聚落的出现，群内的文化，各支文化的现存聚落，各个聚落的基本状况，中心聚落的产生或明朗化，群内聚落的分化与聚落层级结构的发展，有哪些设防聚落特别是城，有无原始城市，群内的重点聚落和一般聚落，以及文化面貌、年代分期等等，都将得出比较明确的答案，从而勾勒出群体社会的发展脉络，显示了一个小区的古文化古城古国发展轨迹。当完成一个史前遗址群或者遗址集中区的探查，就发表遗址群或者遗址集中区探查报告，及时发表资料，促进史前文物保护与史前考古研究。当基本完成史前遗址群的探查后，各大文化区史前聚落"条块"框架也就基本形成。不仅一些重大问题如各文化体系的聚落整体状况，城的产生发展与分布等问题，就将基本解决或者取得突破性进展，实际上也就勾勒出聚落产生以后史前社会发展的轮廓，为最终建立万年以来比较科学的中国史前史奠定了基础。

构筑这种史前文物考古工作的新模式，有赖于国家文物行政部门对史前遗址系统探查做出部署。开展探查的组织形式也应当突破旧框框，应从考古文化区着眼，由区内相关省市区文物部门和科研、教学部门考古力量共同组成探查领导小组，制订规划和具体实施计划。或者联合组队，或者分担探查任务，资料共享。显然，这种新模式较好地适应了省级文物考古专业机构的基本性质与基本任务。省级文物考古专业机构的中心任务是文物保护，尤其是地下文物保护，同时它又是一个省市区主要的文物考古研究中心，肩负从业务角度对辖区地下文物进行保护和考古、地方史研究的重任。构筑保护与研究相结合的史前考古新模式，将有利于省级文物考古专业机构的建设和文物考古事业全面健康地发展，也有利于培养既能解决实际问题，又有学术造诣的高素质文物考古专业人才。对科研、教学部门来说，首先是提供了空前宽广的舞台和源源不断的第一手聚落基础资料，对于加速与深化相关课题研究，提高教学质量十分有利；同时科研、教学部门的参与有助于保证史前遗址探查成果的质量，将形成互利多赢的局面。

总之，史前文物考古工作正处在发展新阶段，面临新情况、新问题和新任务，需要有新思维、新理念，有所变革创新。墨守成规，一成不变，前景堪忧。以探查为主要手段，辅以调查性试掘，开展史前遗址系统探查，构建融保护与研究为一体，文物、科研、教学部门通力合作的史前考古新模式，将给史前文物考古工作注入强劲的活力，迅速改变现状，形成波澜壮阔的发展态势，不断开创新世纪史前文物考古工作的新局面。显然，这将成为文物考古事业具有战略意义和深远影响的一项基础工程与系统工程，较好地适应了时代的要求。

原载《中国考古学会第十次年会论文集 1999》，文物出版社，2008 年

大遗址探掘：实践与方法论

引论

1961 年 3 月，国务院公布了第一批全国重点文物保护单位，紧接着国家文化行政部门部署了全国重点文物保护单位的"四有"工作。"四有"即有保护范围、有标志说明、有科学记录档案、有人管理（后改为"有专人管理"）。"四有"是国家对不可移动文物（首先是对国保文物）单位采取的一项重大保护措施，是加强重点文物保护的基础工作。"四有"的前提是有保护范围，只有划定明确合理的保护范围，重要文物才有可能得到妥善的保护。在首批全国重点文物保护单位中，包括郑州商城、殷墟、丰镐遗址、齐故城、鲁故城、侯马晋国遗址、燕下都、赵邯郸故城、郑韩故城、楚纪南故城等一批先秦列国都城遗址。这些都城遗址的规模十分宏大，一般面积均达十至数十平方千米，其所在土地大多属于上乘耕地，城址内外村庄密布，有些故城址则旁邻现代城市，或已不同程度地被城市占压。这些国保大遗址的保护和飞速发展的经济建设、工农业生产与城乡发展存在着矛盾，随着时间的推移，矛盾愈来愈突出。像我国这样历史极其悠久，地下地上文物无比丰富的文明古国，经济社会的发展和文物保护不可避免地存在矛盾。经济社会必须发展，中华民族必须复兴，承载着民族光辉历史的文物必须保护。为了正确处理经济社会发展和文物保护的关系，妥善解决相关问题，中华人民共和国成立不久，国家即实施了"重点保护，重点发掘"，"既对生产建设有利，又对文物保护有利"的"两重""两利"文物工作方针。直至 20 世纪 80 年代这一方针都是文物工作的一项基本方针，同时还须贯彻国家"以粮为纲"的战略方针。依据"两重""两利"方针和"以粮为纲"的国策，国家文化行政部门把大遗址的保护范围区分为一般保护范围与重点保护范围，对两种保护范围提出不同要求，予以区别对待。

大遗址的一般保护范围基本上是一个大保护圈。通常在沿城基或者护城河外沿的一定距离划定一个大保护圈，把古城址全部圈在内进行保护。通常这一保护圈都大于城址的面积，所以大遗址一般保护范围的面积很广阔。大遗址的重点保护范围是对大遗址（古城址）中最具价值的文化遗存划定的保护范围。最具价值的文化遗存主要是反映城的年代、形制、布局、建筑技术、经济水平和文化特征等方面状况的典型遗存。例如城址各阶段保存较好的城门址、城垣、城拐角、交通干道、供排水系统遗迹、殿堂等大建筑基址、祭祀遗迹、重要居住区、手工业作坊区、集市、墓地、独立大中型墓以及附郭地带的重要文化遗存等。这些文化遗存构成先秦古城址类大遗址的重点文化遗存，反映了古城址的基本状况，体现了古城址的自身特色、时代特征与核心价值。诸如城的创建、使用与废弃年代；城的规模、形制、基本布局及其阶段性变化；其形制、布局有何特色，在城市发展史上占有何种地位；文化遗存具有哪些特征，单一文化抑或具有文化多样性；经济文化发展水平的高低；在区域经济文化发展中的地位，以及在文化交流和文化、族群融合上的作用等问题，都可以从中获得一定的答案。所以大遗址的重点文化遗存必须绝对保护。绝对保护的概念就是在处理重点文物与生产建设的关系时，重点文物是第一位的，原则上生产建设要为重点文物保护让路，不能影响其保护。因此要求重点保护的对象必须是最具价值的文物，以求把大遗址重点保护范围的总面积控制在最小范围。虽然没有规定明确的百分比，但20世纪六七十年代我们在划定齐、鲁故城重点保护范围总面积的百分比，都只占古城址总面积的个位数。70年代对齐故城重点保护范围做过两次调整，第一次从约占3.5%扩大至约占7%，70年代后期再扩大至约占15%。但后两次调整只上报到省文化行政部门。当时为了压缩重点保护范围的面积，有些大规模的居住址、手工业作坊址和城垣遗迹，都不得不分割成重点与一般两种保护范围，实际上它们作为古城址的重点文物，各自原本都应当完整地纳入重点保护之列。

　　相较于面积广阔的一般保护范围，大遗址的重点保护范围是在一般保护范围的大圈之内划定的众多小保护圈。其数量虽多，各自的面积却不大，这就使大遗址重点遗存保护与生产建设的矛盾有所缓解，有利于妥善保护重点遗存。古城址类大遗址占地宽广，如不对文化遗存进行区分，给予区别对待，而是一视同仁，一概重点保护，势必和生产建设、城乡发展发生尖锐矛盾，影响当地经济社会发展和社会稳定，到头来文物也不可能得到妥善保护。事实上即便是都城遗址，其文化遗存并非都具同等价值，各阶段的遗存都可以区分为重点遗存与一般遗存两大类。就先秦都城遗址而言，城内并非满布各种遗址遗迹，街坊鳞次栉比，紧密连接。而是遗址遗迹包括墓地一片片地分布于城内各区，相互间有大小不等的间隔，形成一些面积大小不一的遗存"空白区"，有些"空白区"当时还可能用来耕作。因此要求古城址"四有"的保护范围，必须依据其文化遗存的不同价值分为一般保护范围与重点保护范围，并严格控制重点保护范围的面积。通常情况就是对古城址在整体上划定一个大保护圈（一般保护范围），再对其中的重点遗存各自划定小保护圈（重点保护范围），以缓解大遗址保护和生产建设、社会发展的矛盾，基本实现"两利"。至于当时存在对重点保护范围控制过严，不利于重点文物保护的现象，是同当时"一穷二白"的国情分不开的，也和当时的文物保护理念有关，但只是降低了保护等级，把一部分应当作为重点保护的文物降为一般保护，并不是不保护。自进入历史新时期以来，国情与文物保护理念已发生巨变，大遗址保护中的上述偏差也已成为历史。

大遗址保护范围特别是重点保护范围的划定，说起来简单，做起来十分不易。必须首先掌握古城址的基本状况，包括城的创建、使用与废弃年代，城的形制、布局及其阶段性变化，城内地下文化遗存的分布及其科学价值等状况。为此必须掌握诸多基本信息，例如城垣始筑年代，修筑过程，城圈、城拐角的形状、位置与变迁，城门位置与变迁，城内主要交通干道（尤其是连接城门的道路）、供排水系统、宫殿区、大建筑基址、居住区、手工业作坊区及墓区等的分布、面积、层位关系、地层堆积与相关年代等信息，只有基本掌握了这些信息后，才能整合出城的年代、形制、布局及其变化，对各处遗址遗迹的科学价值做出基本判断，依据其价值大小确定重点保护还是一般保护，划定相应的重点保护范围。

问题在于古城址的文化遗存基本上都埋于地下，地面上通常只能见到一些残垣断墙、台基、陵墓封土等。因此必须有一种能够比较快速地获得前述古城址基本状况的办法，因为古城址"四有"工作是对其采取的一项重大保护措施，具有时限性，不能久拖无果，遥遥无期。20 世纪 60 年代开展"四有"工作的大遗址，工作计划基本上都是两年左右。要在两年时间查明一座先秦都城遗址地下文化遗存的分布、年代和各处遗存的科学价值，划定保护范围尤其是重点保护范围，这在我国文物工作中前无案例，因而也无成法。究竟用什么办法达到目的呢？国家文化文物行政部门给出的答案是，以系统钻探为基础，结合试掘。大遗址勘探试掘就这样被提了出来，并最终发展成中国田野考古学的基本方法之一，后文将对此做出阐述。

其实对先秦故都遗址的钻探，此前就已经进行，例如 20 世纪 50 年代对易县燕下都、临淄齐故城、曲阜鲁故城的钻探等。但都是围绕某一区域进行的局部钻探，而不是针对故城整体面貌，以系统全面的钻探为基础，辅以试掘的整体勘察。所以作为当今我国田野考古的一项基本方法——大遗址勘探试掘的产生，是因首批全国重点文物保护单位中先秦大遗址"四有"工作的需要而应运而生的。

当时的大遗址"四有"及其勘探试掘（后来也简称探掘）的方法，是文物考古工作的新事物，没有现成经验。尽管文物部门对一般的钻探并不陌生，但对大遗址"四有"探掘如何组织实施，学术上达到什么样的目标要求，"四有"如何建立等这些基本问题，并无具体明确的意见。为取得经验，国家文化行政部门决定先在河北易县燕下都进行大遗址"四有"工作试点。

燕下都的勘探始于 1929 年,在至 20 世纪 50 年代末的 30 年中进行过多次勘查,尤其是 1958 年上半年,文化部文物局组织了燕下都文物工作队,进行了 5 个月的钻探,因而对城的状况已有相当了解。成为大遗址"四有"工作试点单位后,河北省文化部门即组织了燕下都"四有"规划工作组,于 1961 年 7 月~ 1962 年年底,在 1958 年探查的基础上进行了全面勘察和小规模试掘。1963 年 3 月完成了"保护范围的划定、树标工作,并重建了保护组织和资料档案",初步建立起燕下都的"四有"[1]。1964 年 3 月,文化部、文物局在河北易县召开"大型古遗址保护工作座谈会",实际上这是个大遗址"四有"工作现场会,河北、山西、内蒙古、山东、河南、湖北、陕西等省自治区文化部门参加了座谈会。笔者有幸作为山东与会代表之一在这次会议上接触到了大遗址"四有"工作,见到了燕下都的部分"四有"成果,对大遗址"四有"工作开始有了一些认识。但对如何开展"四有"探掘,划定一般与重点保护范围等问题,心中依然无数。在这次座谈会中,山东省文化局和文化部文物局商定首先开展临淄齐故城"四有"工作,并由文物局委派中国历史博物馆的黄景略和河北省文化局钻探技工马尚柱前来山东,协助开展齐故城"四有"工作。

一　齐故城"四有"工作及对大遗址探掘方法的摸索

燕下都大遗址"四有"现场会议后,山东省文化部门随即组建了"山东省文化局临淄文物工作队",于 1964 年 4 月~ 1966 年 5 月对临淄齐故城开展"四有"工作。齐故城位于临淄县县城(今淄博市临淄区齐都镇驻地)的西北两面,县城北垣伸入齐故城大城南垣约 100 米,西垣和齐故城小城东垣重叠,面积 500 平方米。齐故城东临淄河,故名临淄,西依淠河,南距泰沂山脉中段主峰鲁山北麓约 10 千米,平面由大小两城交错组成。大城处东北,小城居西南,其北部伸入大城西南隅,总面积约 15.5 平方千米,残垣断墙相属,城内地形起伏,坐落着 21 个村庄。承担"四有"工作的省临淄文物队,起初基本上由山东省博物馆文物组(负责省文物管理处具体业务)人员组成,组长杨子范任队长,中国历史博物馆黄景略任副队长,负责业务,王思礼和笔者分别任业务组正副组长。工作开展后,人员有去有来,变动较大。笔者经历了齐故城"四有"工作的全过程,工作后期队长不常在队,具体探掘工作就由笔者主持,故而得以和大家共同研究解决探掘中的问题,也对我们开展大遗址探掘起步之艰难窘境难以忘怀。

　　(一)艰难的开局

　　燕下都大型遗址保护座谈会后约一个月,在 4 月上旬的一个周六上午,杨子

---

[1]　河北省文物研究所:《燕下都》第一章,文物出版社,1999年。

范组长在组内宣布了省临淄文物队人员名单，几乎包括了文物组的全部田野考古人员。下周一我们便携带行李奔赴临淄县，热情之高可见一斑。但此举违背了兵马未动粮草先行的准则，未做筹备便匆忙上阵，遭遇巨大困难，欲速则不达。首先，文物队食宿无着落。当时的临淄县只是昌潍地区一个贫困的农业小县，县城仅有一条500米长的东西街，居民基本上是农民，房子都是平房，难以找到空闲房。其次，当时国家严格限制使用农村劳动力，使用劳力必须事先经省劳动部门审批，我们既未办理用工手续，补办后需等待审批，无法即时招用民工。再次，没有钻探技工，只有马尚柱这位探工"教头"。本来计划招收30名当地知识青年由马尚柱进行培训，既因没有用工手续而受影响，培训探工也非一蹴而就。四是，全队没有业务主心骨。因业务队长黄景略手头有工作需要了结，不能即时到队，我们全然不懂大遗址"四有"钻探，面对齐故城"四有"钻探，就像老虎吃天，不知如何下口。无可奈何，只能待在由破庙改成的县招待所里傻等，一行七人睡在一个通间大通铺上，房内光线昏暗，既不能看书，就是玩牌牌面也模糊不清，令人心烦意乱，度日如年。

我们在县招待所住了约两周后，移至东面临街的一处旧药铺暂时居住，在路南不远处的县委机关食堂就餐。旧药铺狭小，安置了南北两排共12张行军床后已无活动空间，上了铺门房内昏暗无光，并不比招待所强，但可节省一些住宿费。"五一"前后，后勤人员好不容易找到一处因破损而闲置的东门大队旧大队部，维修后作为我们文物队队部，又在附近的三家住户中安顿了伙房和队员住处，谈不上条件，但食宿好歹有了着落。数日后黄景略到来，我们有了业务领头人，但尚无探工，也无齐故城平面图，钻探工作仍不能开展。未几雨季来临，野外工作不能进行，黄景略返京。我们于4月上旬满怀热情进抵齐故城，竟然一个季度也未能开展钻探，虽说万事开头难，但万万没有想到开展齐故城"四有"工作竟是如此不顺，而且尴尬事远未结束。9月黄景略返队，10月因事离开文物队。他在队期间，指导了试掘，把我们引入先秦遗址发掘之门（笔者当时主要承担试掘，受益尤多）；指导了齐故城平面图测绘；探工队伍初步建立后，又亲率探工对小城宫殿建筑区进行了试验性钻探；并着手编制《齐故城勘探试掘工作条例》，惜未完成，也未及提出实施齐故城系统钻探的具体计划和开展普探的具体方法。他突然离队，使本来可望逐渐展开的齐故城"四有"钻探又陷停顿。我们对开展全城系统钻探心中依然无数，但已无计可施，唯有边干边改，摸索前进了。

（二）对大遗址"四有"钻探方法的摸索

大遗址钻探试掘，钻探是基本手段，是基础。试掘是调查性的发掘，属于辅助手段，旨在验证钻探资料，提供地下遗存准确的层位、性质和年代等数据，一般要求开探沟进行试掘，其方法与要求同于正式科学发掘。我们面对齐故城"四有"探掘，有如老虎吃天无处下嘴的感受，实际上是对开展大遗址钻探的感受。

1. 普探、复探与专项钻探

大遗址"四有"钻探，一般都包括普探与复探，齐故城钻探在实施过程中则增加了专项钻探。普探是对全城进行系统全面的钻探。常有人称此为卷地毯式钻探，不过这只能用以说明钻探的彻底性，不留"空白"。实际上实施普探并非像卷地毯般从一个方向向前推进，常需要依据作物等具体情况分区穿插进行。普探旨在基本查明（提供）全城地下文化遗存的分布、形状、面积、层位关系、深厚度与层次、文化内涵和性质等信息，是大遗址"四有"钻探的基础。复探，顾名思义是对已经钻探的地区和经钻探而未详的地下文化遗存进行再钻探，主要用于进一步查明重要遗存的有关情况。专项钻探指专门对某项遗存进行的钻探。例如对城垣（走向、城基宽度、夯土结构、保存状况、城拐角形制与保存状况、环城道路等）、城门、城内交通干道、排供水系统、宫殿区、高台建筑基址、墓地和大型墓墓群等进行的钻探，是在探索开展齐故城钻探中增加的一些钻探内容，都在普探间歇期或汛期进行，对更深入地了解故城布局与建筑技术等有重要意义。

普探是大遗址"四有"钻探的关键。普探质量的优劣，方法是否有效、简便、易行，直接关系到能否较快提供较为系统科学的地下文物资料，从而比较准确地划定重点保护范围。问题在于当时还没有一套相应的大遗址普探方法，我们不知如何实施齐故城的普探，在探区划分、探孔布置、钻探记录诸方面全无预案，都是边干边改，在实践中找到比较适宜的做法。

2. 探区划分

1964 年 10 月，终于开始普探。延续普探前黄景略对小城西北部宫殿区的试验性钻探，普探就从小城东北部开始。普探伊始，并未也不知划分探区。齐故城总面积达 15 平方千米余，显然必须划分探区，逐区推进普探。否则，普探将无法进行，无法做好记录。问题是大家对如何划分探区意见不一。有的主张划分正方向方格网形探区进行普探；有人不赞同，而主张以地形、地物（尤其是依据道路、沟渠、高压线等）来分区，钻探记录则以测绘所发现的地下文化遗存为主，包括部分探孔的地层记录，而不对全部探孔进行记录；事实上以往的大面积钻探常常采用后者。这种方法虽然可以省去划分方格网探区及控制其准确性的麻烦（在考古学引进全站仪之前这项工作做起来相当不易），但有很大缺陷。例如探区大小形状不一，极不规整；地形、地物这类界标容易变化，况且常常在广大范围内没有这类界标；再是钻探记录十分困难，而只对部分探孔的地层进行记录，不符合先秦大遗址"四有"普探的要求。因此，这种方法不宜用于先秦大遗址的"四有"普探，普探采用正方向方格网形探区比较适宜。于是以齐故城大城西南部"晏婴冢"墓顶上的国家测绘点为总基点划分探区。探区面积曾一再变化。开始用过 200 米 × 200 米探区，按探区直接进行钻探。很快改为 400 米 × 400 米探区，仅仅因为觉得探区面积不大不小，比较合适，没有其他理由。未几又把这种探区划分成 100 米 × 100 米的 16 个操作区，自左而右，自南而北编 16 个顺序号，按操作区实施钻探（探区通常称为大区，操作区通常称小区）。1965 年秋后，有的钻探组把探区的面积改成 500 米 × 500 米，即 25 万平方米，合一平方华里，1/4 平方千米，一探区含 25 个操作区，编 25 个顺序号。探区面积的这一变动，赋予探区划分以明显的科学性与规整性，体现了专业人员和技工的主观能动精神。1966 年开春后，齐故城普探探区面积全都改为 500 米 × 500 米。齐故城是划分正方向方格网形探区实施"四有"钻探的第一座先秦大遗址。

3.探孔布置

普探遇到的第二个困难是，不知探孔如何布置。是采用等距布孔，还是用梅花点布孔（即正方形四孔中加一孔），探孔间距究竟多大比较合适，心中全然无数，大家意见更为分歧。曾采用过 2.5 米、5 米、10 米、20 米等距和 5 米、10 米梅花点布孔，这和对大遗址"四有"普探的基本要求不理解直接关联。开始连座小墓也不想漏掉，所以探孔距离很小，且采用了梅花点布孔。20 米等距布孔，探孔间距则不免过大，其中夹杂着急躁情绪，希望普探尽快完成。最后阶段个别钻探组一度把探孔距离扩大到 50 米，显然是急躁情绪所驱使。通过在普探早期一部分探区的实践后，基本上采用了 10 米等距布孔。要求每孔均须探至生土，遇到金石等无法下探时则另开新孔下探。如此，理论上一个操作区（小区）100 孔，400 米 × 400 米的探区（大区）每区 1600 孔，500 米 × 500 米的探区每探区 2500 孔，实际探孔要多些，但可知大致探孔数量。

4.普探记录

普探记录以探区为单位整理。记录内容也经过发展完善。开始的探区记录内容只有探孔记录和文字记录。探区探孔记录属于大遗址探掘最基础的原始资料，给予了特别关注，改变了大范围钻探常用的表格式记录方法，采用小比例探区探孔分布图记录。由钻探组的记录员（同时都是钻探组长，前期全由专业人员担任，后期也有优秀探工骨干担任）在钻探过程中，将每个探孔的地层堆积与深厚度以及出土物与深度直接记录在该探孔的右下方。例如某探孔的记录为:耕土、0.25 灰褐土较软、0.45 黄褐土较硬、0.77 灰褐土夹炭屑、1.05 淤砂、1.12 灰活动面、1.15 青灰土、1.2 灰陶鬲腹片粗绳纹、1.38 灰绿土松软、1.82 黄生土。说明此探孔深 1.82 米，包括耕土和淤砂层共 7 层堆积，其中文化层有 5 层，另有一项遗迹灰色土活动面，还在 1.2 米深处的青灰土中探出一片粗绳纹灰陶鬲腹片(将可能提供此地层的参考年代)。

各地层前面的数字是该地层初现时的深度，上下两数的差额是该地层的厚度，所以该探孔的耕土层厚 25 厘米；第 2 层为灰褐色土层，比较松软，厚 20 厘米；第 3 层为较硬的黄褐土层，厚 32 厘米……在 1.12 米深处有一层活动面，厚 3 厘米，是人们在这一带活动留下的遗迹，其上有淤砂厚 7 厘米，说明后来这一带曾被水淹，导致活动面的废弃。全探区的各个探孔都各自记录着地层堆积与遗迹现象，探孔间距不过 10 米，只要记录无大误，一般都能够把本探区的地层堆积状况和主要遗迹现象比较明确地展示出来。这种探区探孔记录，实质上就是一张隐形的探区地层堆积和文化遗存综合分布图，可以大致勾勒出区内地层堆积的变化和主要文化遗存的分布，并了解其层位关系。实际上各钻探组后来确实都这么做了，先后在探区探孔记录上用彩色铅笔勾勒出地层变化及重要遗迹等，并成为探区探孔记录的固定内容。

探区钻探文字记录，类似遗址发掘区总记录，整体内容包括三部分。一是，探区位置、地形、钻探人员与工作时间等情况；二是，探区的地层和主要遗迹，此项内容对探孔记录进行一定的综合分析后确定，是探区文字记录最基本的内容；三是，问题与建议。探区钻探文字记录的优劣，主要体现于第二部分的内容，在基本上不清楚大遗址"四有"探掘的基本要求，又不具备必要的先秦遗址发掘经验的情况下，不容易把握住探区的地层变化，所以探区文字记录同样经历了逐步完善的过程。

在普探晚期，探区记录又增加了新内容，即有的钻探组自发绘制了"探区文化遗存分布示意图"。此图是将探区探孔记录上标示的内容缩绘到小张米格纸上，因探区探孔记录系由四大张米格纸拼接而成，面积过大，折叠装袋，上面密密麻麻记录着 2500 个以上探孔的地层资料，一般性阅读文字记录时参阅起来很不方便。此示意图大小不过 10 厘米 ×10 厘米，只占 16 开米格纸的一部分，区内的文化遗存分布状况、主要地形、地物等一目了然，对阅读记录、快速了解区内文化遗存状况十分方便。但探区钻探记录的这一创新，当时还只局限于个别钻探组，并未成为探区记录的统一规定。

以上说明，在经历了齐故城普探前期的探索后，我们心中已非完全无谱，在探区划分、探孔布置和钻探记录几个普探的主要环节上已摸索到一些较好的做法，尽管当时对这些做法的学术含义和在方法论上的价值还不可能深入认识。1966 年 4 月，齐故城全城的普探初步完成。

值得指出的是，齐故城"四有"钻探增加了专项钻探这一内容。从 1965 年汛期开始，利用田野工作休工期、普探间歇期和普探工作完成后，对城垣、城拐角、城门、护城河、排供水系统、交通干道、城内重要墓地和城周围有封土的大墓进行了专项钻探，不同程度地了解到上述各项文物的状况，加深了对齐故城整体的了解，也为先秦大遗址的"四有"勘探内容拓宽了思路。

（三）齐故城"四有"试掘

按照大遗址四有探掘的要求，在对齐故城开展钻探的同时，也进行了试掘。但因中心工作是钻探，且对如何开展普探心中无谱，人员和领导精力主要放在对钻探的摸索开展上，加上奇缺试掘力量，所以未曾制定系统的试掘计划，投入试掘的力量很少。仅对齐故城小城西垣、北垣、东垣、小城南部刀币铸址与居住遗址、大城西城东部遗址、大城中城伏家村西南遗址、阚家村东南头与村东遗址、大城南部东关村西遗址、大城东北部河崖头村西南遗址等进行了试掘，为齐故城遗址的年代提供了一定的依据。但试掘点有限，提供的资料局限性较大。

（四）齐故城"四有"探掘的基本收获

通过钻探试掘，初步了解到齐故城的年代、形制和基本格局。得知齐故城大、小城的年代不同。大城始建于西周后期，小城建于战国时期。大城城垣曲折多弯，探出了 7 座城门，东南北门各 2 座，西门 1 座。东西门与南北门之间都有干道连接。最宽的东城南北干道宽达 21 米，可并列兵车 6 辆。这些东西、南北干道将大城分割成许多区块，各区块内大都地形显著隆起，文化堆积十分丰厚，尤其是北城中部的伏家、阚家和阚家村东、河崖头村西之间的"韩信岭"，文化堆积深厚达 2 ~ 3 米至 5 ~ 6 米。各区块周围的低凹处，地下便是齐城内的古道路。令人联想到齐桓公拜管仲为相，改革内政军事，曾分国都为 21 乡的史事，这些"乡"也许是用道路来分隔的[1]（图一）。西城有一个排水系统,沿小城东城外（此段又是小城东护城河）北流至北城，分两支。一支继续向前穿过北垣入北护城河，另一支弧拐西流，穿越西垣入淄河（西垣利用淄河为城河。实际上东城也存在同西城排水系统基本一致的排水系统，但当时未能认识）。在大城东北部的河崖头一带有个东周"公墓区"，即国君墓地，探出大中型墓 20 余座。其中的 5 号墓在墓室的西、北、东三面围绕连续的殉马坑，其东面早年破坏，据马坑长度和殉马密度推算，殉马超过 600 匹，可装备 150 乘兵车[2]。大城在钻探中未发现宫殿区，更无内城痕迹。大城除最西北部基本上未探到文化堆积外，几乎全有文化堆积，连绵不绝，其中包括冶铜、冶铁、制骨、铸钱遗址和一般居住区，而战国至汉代的冶铁遗址的规模尤其恢宏。当时得知大城的文化遗存主要属于西周晚期到汉代。西周遗存基本上分布于大城北部，大城中、南部的文化遗存属于东周时期，基本上未见西周遗存。

小城既自成单元又同大城密不可分。其北部伸入大城西南隅，其西垣、南垣都超过大城的西垣与南垣，不在一线上，因而大小城形成交错平面。西门以北的西垣有数处拐弯，其余城垣较直。小城东北角特别宽大，其内城根有石子路，怀疑城

[1] 群力：《临淄齐国故城勘探纪要》，《文物》1972年第5期。
[2] 山东省文物考古研究所：《齐故城五号东周墓及大型殉马坑的发掘》，《文物》1984年第9期。

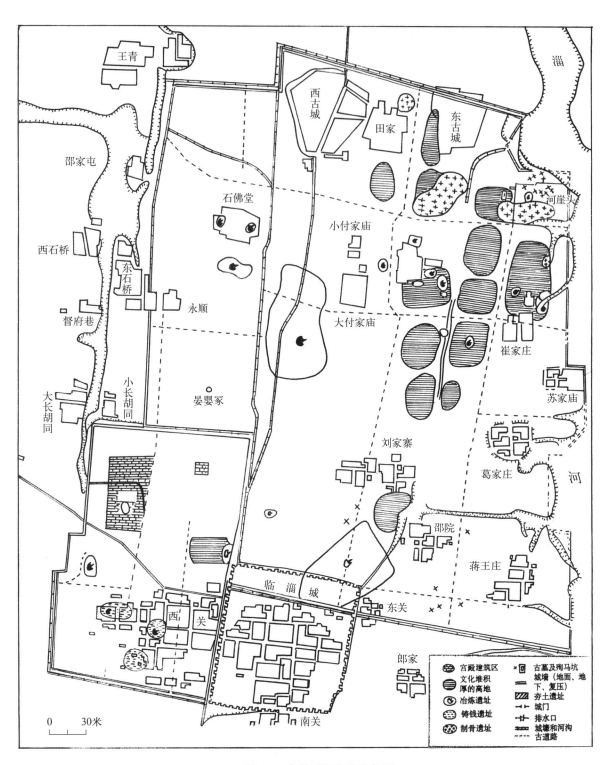

图一　齐故城平面示意图

角上原有角楼之类建筑。南面两门，东西北三面各一门。东门、北门均通大城，把大小城联系在一起。因各门不对称，所以没有直通道路。道路较窄，最宽者17米。小城西北部是大范围的宫殿区，其南部有高台建筑基址"桓公台"。有一排水系统由台东南流经台东折向台北，西穿西垣入淄河（小城西垣以淄河为护城河）。小城东北部为苑囿区，其中有夯筑台址"金銮殿"。小城南部有刀币铸址，有一处小面积的春秋遗址。此遗址的位置在大城南垣向西的延长线以南，原应属齐城附郭地带的小聚落，并非小城南部的一处居住址。除此之外，小城所有早期遗存都属战国和汉代以后，而宫殿和苑囿几乎占据了小城北半城。南半城主要遗存只发现了刀币铸址与西南部的几处夯土基址，缺少一般文化遗存，这些现象说明小城是座宫城。齐故城大、小城是城郭关系，小城是城，大城是郭，形成于战国时期[1]。

在初步掌握了齐城文化遗存的分布、年代和基本格局的基础上，划定了一般保护范围和52处重点保护范围。重点保护范围的面积合计占全城总面积约3.5%（20世纪70年代又经两次调整扩大，达到约15%）。1966年4月，文化部文物局决定同年秋在临淄召开大遗址"四有"工作会议，进一步推进大遗址"四有"工作。5月，"文化大革命"爆发，一发而不可收，临淄大遗址"四有"工作会议流产。笔者也于5月上旬奉命回济，准备参与修改省博物馆的山东历史陈列，但一批探工骨干仍在临淄文物队继续进行齐故城周围有封土大墓的钻探，至入秋齐故城工作完全停顿，这次集中进行的齐故城"四有"探掘工作告一段落。如果不计对城周围封土大墓的专项钻探，从1964年4月进驻至1966年4月全城普探初步完成，首尾整两年，其中钻探时间首尾约1年半，包括冬夏休工期在内。

1970年恢复齐故城的工作。因在"四有"探掘后期建立了工作站，20世纪80年代后期又在临淄新驻地辛店再建了全国一流的考古基地，有固定人员常年驻守，工作基本上没有间断。齐故城70年代以来的一系列成果表明，60年代中期四有探掘所提供的资料有很大局限性。因而对齐故城年代与布局方面的认识还很肤浅。排除当时我们受制于浅薄的学识因素以外，主要原因是对大遗址"四有"探掘应当达到的基本学术目标不理解，尤其缺少一套顺利进行钻探的具体办法。但是，齐故城"四有"探掘是我们初吃螃蟹，其首要功绩在于对集中开展先秦大遗址的勘探试掘进行了探索，提供了一系列正反经验，为形成一种新的田野考古基本方法——先秦大遗址"四有"探掘打下基础。而且齐故城的"四有"探掘成果，已不可能用别的办法在同样时间内获得，尽管这些成果还不能基本解决齐故城的年代、形制、布局及其阶段性变化，但无疑已为齐故城的保护重点提供了一定的重要的科学依据。这

---

[1] 参见《齐、鲁故城的基本格局和〈管子〉〈考工记〉的城建思想》，《张学海考古论集》，学苑出版社，1999年。

里有一个大遗址"四有"探掘与城市考古的关系问题，将留待后文来谈。

二 鲁故城的"四有"工作概况、钻探方法与基本成果

鲁故城位于曲阜市驻地，始建于明正德年间的曲阜县城坐落于鲁故城的西南部，面积约 1.41 平方千米，约占鲁故城面积的 1/7。但其东关、北关、西关不断扩展，至勘探前共已占压了鲁故城约 1/4 的面积。1976 年冬，随着十年动乱的结束，山东文物行政部门决定开展曲阜鲁故城"四有"工作。在开展齐故城"四有"工作时本来就有完成后接着进行鲁故城等"四有"工作的打算，而且鲁故城保护和生产建设、城乡发展的矛盾相当突出，如不是"文化大革命"，鲁故城"四有"工作不会在齐故城"四有"工作初步完成 10 年后才启动。鲁故城"四有"工作由济宁地区成立的"曲阜鲁故城勘探试掘办公室"负责。地区文化局长苏庆宫任办公室主任，曲阜县文管会副主任关向民任副主任，并由县文管会承担后勤工作，笔者受命负责探掘业务。应笔者要求，省博物馆派张其海去协助笔者工作，并派出大遗址钻探技工骨干 5 名，负责培训探工，构成技工核心力量。除上述省博人员外，勘探队其余成员均来自地县文物单位，主要来本地区，其中除个别人员具有较丰富的田野考古经验外，均无"四有"钻探和考古发掘知识。勘探队就住于曲阜文管会（衍圣公府东路），自 1977 年 3 月集合，至 1979 年 2 月解散，历时整两年，实际钻探时间约 10 个月，试掘时间约一年，初步查明了鲁故城的年代、形制、布局及其阶段性变化与考古文化的基本特征，取得鲁故城和周代考古的突破。在上述基础上，划定一般和重点保护范围，实现了"四有"，并形成一套规范的大遗址探掘方法。

开展鲁故城"四有"探掘的境况和探掘齐故城时的窘境截然不同。探掘齐故城伊始，笔者还是个初出茅庐的考古新兵，对大遗址"四有"钻探几乎毫无所知，对先秦遗址发掘尚待入门。时隔 10 余年在接受鲁故城"四有"任务时，自己的田野考古学水平已有长足进步，具有齐故城"四有"探掘的正反经验，对大遗址"四有"探掘的基本要求、步骤与基本方法已有一定的认识，所以对开展鲁故城"四有"工作胸有成竹，充满信心。在接受任务后，立即进入角色，于同年年底前去曲阜县文管会做了先期准备，取得对鲁故城探掘工作的大力支持。返济后便着手考虑工作方案、钻探试掘业务规范和人员组织等工作。现就鲁故城"四有"工作的主要做法与成果分述于下。

（一）制定鲁故城"四有"工作方案

鲁故城"四有"工作方案在总结了齐故城"四有"工作经验教训的基础上，提出了新要求，基本内容包括四点。

1.工作任务与工作期限

鲁故城四有工作确定三项基本任务，用两年时间完成。三项任务分别是：①对鲁故城实施系统全面的钻探，对主要遗址、遗迹进行试掘，以查明鲁故城的整体范围，城内文化遗存的分布、年代与科学价值；②划定鲁故城保护范围，包括一般保护范围和重点保护范围，绘制重点保护范围分布图，写出说明，批准后交由当地文物部门完成"四有"相关工作；③同期编撰出鲁故城"四有"探掘专刊的文字初稿或草稿。通常第3项工作很难完成，但考虑到鲁故城"四有"探掘有两整年时间，期间至少有五六个月的野外工作休工期，如把晚上、雨休等时间都利用起来，采取必要措施，将有可能实现。而且及时整理，趁热打铁，将有事半功倍的成效，加快专刊编撰过程，有利于鲁故城的保护与研究，所以还是定为鲁故城"四有"工作的一项任务。

2.鲁故城"四有"探掘的学术目标

大遗址"四有"工作是文物保护工程，而钻探试掘属考古手段，大遗址"四有"工作实际上是利用考古手段达到文物保护的目的。大遗址"四有"探掘并不是开展城市考古课题研究，但两者显然不能截然分开，大遗址"四有"探掘同样必须确定一个适当的学术目标，这一点我们在探掘齐故城时并不或不很理解。

依据划分大遗址一般与重点保护范围的需要，确定鲁故城"四有"探掘需达到三个基本学术目标。①鲁故城的年代,包括始建年代和主要使用时间。据文献记载，鲁故城是周代鲁国唯一的都城，也是汉代鲁王、东海王的王都，探掘工作要做出验证。②鲁故城的形制与基本布局。要初步或基本查明西周、东周和汉代各大阶段的形制与基本布局。为此必须系统全面地掌握鲁故城主要地下文化遗存的分布及其出现与延续的时间，以便整合出各大阶段的基本布局，了解其阶段性变化。③鲁故城考古学文化的基本特征及演变。只有基本或初步实现这一课题目标，才能确定地下遗存的年代框架，通过整合，了解故城的年代、形制、基本布局及阶段性变化，进而确定重点文化遗存，划定重点保护范围。上述三个学术目标，当然也是城市考古应当首先解决的目标，不同之处在于解决的程度有别，"四有"探掘并不要求解决得很深很细。但探掘有无这些目标为指导，能否达到这三方面起码的认识，将决定"四有"探掘质量的高低优劣乃至成败。

3.基本工作原则

根据工作任务、工作期限和拟实现的学术目标，确定野外、室内工作并举，钻探、试掘、器物洗刷、拼对修复和资料整理多头并进的工作原则，以求尽量提高单位时间利用效率，完成数倍于工作期限的工作量。

4.探掘专业队伍的组织

依据工作任务、工作期限和工作原则，确定组织 40 人左右的业务、技工队伍，其中文物考古业务人员近 10 名，钻探技工不少于 30 名，以求最多可同时编 5 个钻探组进行钻探。业务人员以济宁地区年轻文物工作人员为主，结合培养骨干，抽调了个别外地区人员，除笔者、张其海、赵春生、郑甦民（负责测绘）外，全是边干边学的新手。经过十年动乱，齐故城培养的钻探技工都已分散，但其中最优秀的 6 位骨干仍留在临淄文物队，于是仿效齐故城探掘办法，选招曲阜当地知识青年（包括若干文物职工子弟），由我们的探工负责培训。所以鲁故城"四有"探掘的探工多数是老技工马尚柱在山东的再传弟子。

工作方案的上述四方面互相关联，而基本工作任务和基本学术目标是核心，说明我们已开始对大遗址探掘的基本任务与基本学术目标提出明确要求，具有了大遗址探掘课题的初步意识，这对大遗址探掘方法成为田野考古学的一种方法论具有重要意义。

（二）制定鲁故城"四有"钻探试掘业务规范

鲁故城"四有"工作开始于 1977 年 3 月，距离大遗址"四有"工作的提出虽已有 15 年之久，但因十年动乱导致文物考古工作的停顿，大遗址"四有"探掘仍无一套系统规范的成法。文物界对大遗址"四有"探掘仍然生疏。为保证鲁故城"四有"探掘的顺利开展，保障探掘工作的规范化、科学化和质量，必须有钻探试掘业务规范。1977 年 3 月笔者于第一时间到达曲阜后，即将此作为主要业务准备之一，制订了《曲阜鲁故城"四有"勘探工作条例》和《曲阜鲁故城"四有"钻探试掘操作规程》，对钻探、试掘、记录和资料保管等做出统一规定。基本内容如下。

1.钻探

鲁故城"四有"钻探分为全城普探和专项钻探两种，以普探为基础。通过普探，查明城址范围和全城地下文化遗存的分布。通过对城垣、城门、城拐角、城壕、交通干道、供排水系统、宫殿建筑基址、台址、墓地与大型墓葬的专项钻探，获取其长宽度、形制、面积、层位与保存状况等数据信息，深化对故城的认识。

（1）普探

采用正方向探区实施普探。划分探区的永久性总基点，设于孔林神道西侧的"望父台"上，总基点和设于曲阜县城东北、西北城角上的国家测绘点挂钩。以通过总基点的东西线、总基点正东 1000 米、1500 米及正西 500 米处的南北线为几条基线。在基线上的整 500 米处设立木桩，作为探掘期间的基点，用以控制探区。探区面积 500 米 × 500 米，合一平方华里，1/4 平方千米。全城共划分了 37 个探区，其中 28 个探区在城内，9 个探区部分或大部分跨出城外。鲁故城西南部被曲阜县城占压部分，因大平板仪不便划区，未划分探区（图二）。探区简称大区。每一探区又分成 100 米 × 100 米的 25 个操作区，简称小区。每小区面积 10000 平方米，自西而东、自南而北编为 25 个顺序号，一小区一小区进行钻探（图三）。探孔距离固定 10 米，一小区 100 孔，一探区为 2500 孔，每孔均需探至生土（和人类活动无关的原生土、次生土）。如遇砖石无法下探时，必须换孔重探。发现重要建筑遗迹、大墓等遗存时，要求探孔距离依次缩小至 5、2.5 米，一般缩之 2.5 米时即以中点为准，确定遗存边沿，不求精确。因此一个探区的探孔总数一般都会超过 2500 孔。

一个钻探组承担一个探区的普探。每组固定 6 人，5 人钻探、1 人记录。记录员即是钻探组组长，基本上由探工骨干担任。探区普探通常由第一小区开始，先逐一完成南排的 5 个小区，再依次往北推进。一小区有 10 列共 100 个基本孔。每位探工需承担两列 20 孔。先探西半 5 列，再探东半 5 列，完成一小区的普探。如此在钻探时东西两端探工的最小距离分别为 40 米和 50 米，实际上 5 位探工不可能齐头并进，两端探工的距离一般都会超过最小距离，但所超不会过大，记录员可以承受。如间距过大，记录员则不胜来回奔走，影响准确记录，尤其是当探工经验不足而需记录员鉴定地层的情况下，记录很容易出现差错遗漏。

普探记录，以探区为单位整理，记录格式与内容统一要求。记录包括三项基本内容。甲，探区探孔记录。这是最重要最基本的大遗址钻探记录。以四大张米格纸相拼接（一般都在整理记录时才拼接），按 1 : 100 比例标示探区 25 个小区和全部探孔位置，边探边由记录员将每一探孔的地层堆积及出土物记录在探孔右下方，并用红蓝铅笔勾勒出区内文化堆积分布范围，重要遗迹的形状、大小、走向等（大都在钻探过程中和整理记录时完成），同时标示探区的主要地形、地物，使探区的地形、地物、地下文化遗存状况一目了然，十分直观。这种探区探孔记录，还可以随时了解普探的进度，及时把握重要发现，便于掌握与指挥普探，这要远远胜过探孔登记表式的钻探记录。乙，探区文字记录。以文字形式记录探区钻探工作概况(探区位置、四邻探区、记录员与探工、钻探起止时间与工作日、地形地物等)，文化堆积与主要遗迹包括墓葬，以及存在的问题与建议等内容。丙，探区文化遗存与地形地物示意图。因探区探孔记录由 4 大张米格纸拼接而成，面积超过 1 平方米，平时折叠装袋保存，翻阅、跨区拼对文化遗存颇为不便，且属永久保存的第一手科学资料，频频翻来折去容易损坏,故增此示意图。此图统一采用 16 开米格纸按 1 : 50 比例绘制，图大不过 10 厘米 × 10 厘米，将探区探孔记录上的文化遗存分布状况和地形地物缩绘于上，甚便于一般性阅读文字记录时的参考，掌握普探成果，指导普探以及供最终绘制全城平面图时参考。

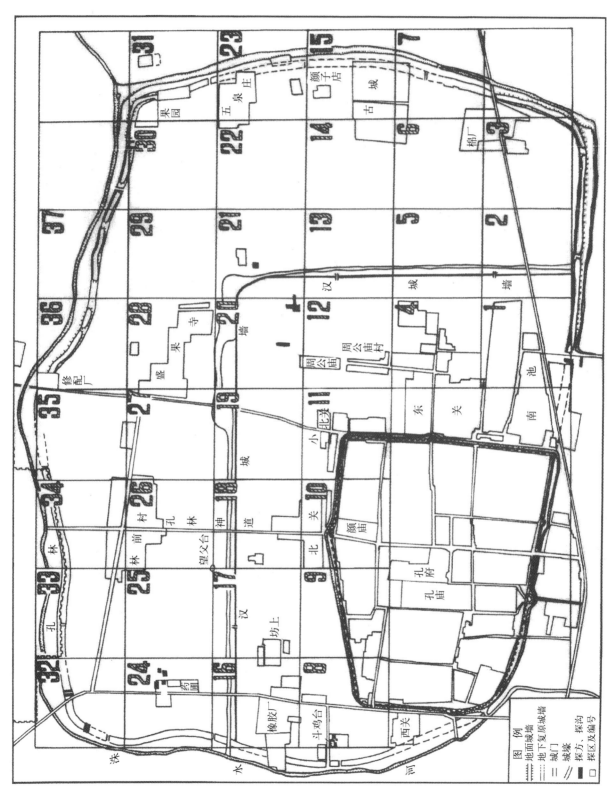

图二　鲁故城探区分布图

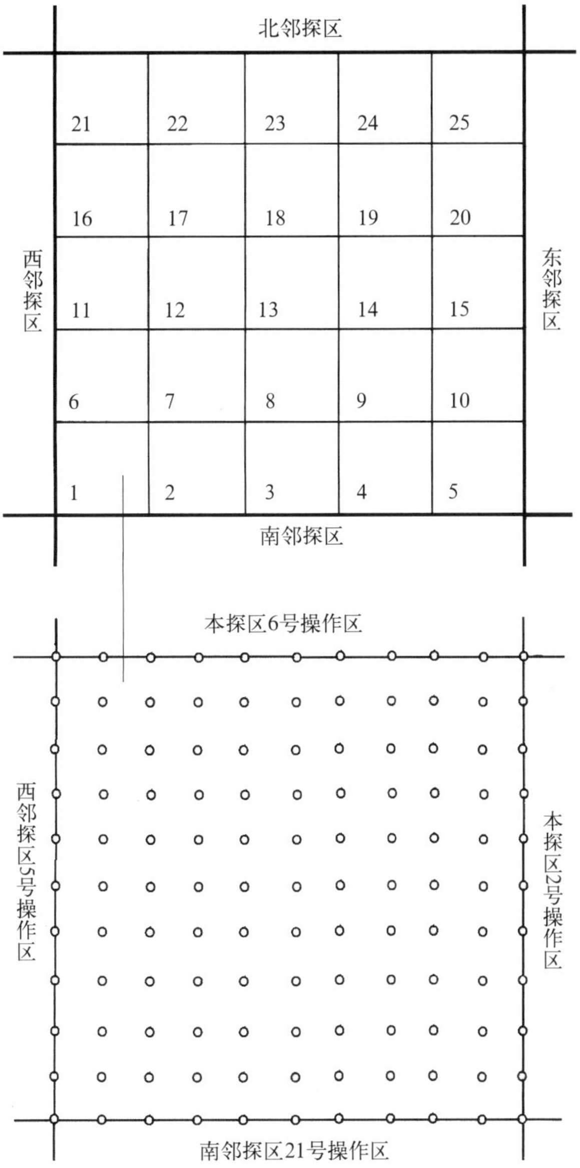

图三　鲁故城"四有"普探之操作区及其探孔布置示意图

说明：①探区面积500米×500米，一个探区划分成25个正方形操作区，操作区面积100米×100米；②探孔按10米等距布置，因探区成方格网形覆盖整个大遗址，所以从理论上说，第一个操作区各有东西、南北向探孔11排，共121孔，其余操作区每区均为100孔，构成东西、南北向探孔各10排，形成东西、南北向各10条宏观地层断面。③每一探孔的地层以铅笔记录于各孔的右下方，逐一探完25个操作区后，形成一探区的普探资料，提供该探区地下文化遗存第一手的宏观地层基础资料，成为探区钻探记录的基础。

（2）专项钻探

专项钻探视不同对象采取不同钻探方法。对城垣、城河、道路、供排水系统等带状遗存，采取单线追踪，结合探宽度的方法钻探。其中地面已无遗迹的遗存，一般按 10 米、20 米、50 米等的孔距追踪，每 300 米探一宽度。地面仍有遗迹的孔距放宽到 100 米、200 米，最宽达 300 米。对城门、城拐角、大型单体夯土基址、台址等，要求探出基本形状、结构和相关层位关系。对殿堂建筑群遗址，参照探区普探办法以 5 米等距钻探，要求基本准确卡边，或者误差小于 0.5 米，即卡边的探孔距离要缩小到 1 米以内。有封土的大墓，要求探明原封土范围、墓口大小、墓道形制与长宽度。对墓地采用 5 米梅花点钻探，即 5 米等距布孔中加一孔。其中的大中型墓要求探明墓口、墓道长宽度和墓室大致深度；小型墓只要求探明墓口长宽度。

专项钻探记录，基本上按专项钻探对象各自单独整理，记录内容也包含三方面。甲，探孔记录。由记录员随探随记录在米格纸上。乙，文字记录。包括工作概况（同于探区记录），钻探对象各有关方面的描述和存在问题与建议。丙，形制、结构探测平面图（长带状遗存无此图）。

2．试掘

从理论上来说，大遗址"四有"试掘属于调查性发掘，目的是了解地层叠压关系和文化堆积的年代框架，验证钻探资料，因而以探沟发掘为主。但鲁故城"四有"探掘要求初步查明城的年代、基本布局和考古文化基本特征这三大基本学术问题，而当时鲁中南地区周代考古几乎是空白，鲁故城"四有"试掘仅凭探沟恐不足以获得必要地层资料而对上述学术问题做出回答。因而确定以探沟、探方相结合开展试掘。解剖城垣全用探沟，对居住址、作坊址、殿堂遗址的试掘，以开挖探方为主。强调了发掘中对重要遗迹的保护，遇到不能全部揭露的重要遗迹都不强行下挖，以保护遗迹的完整性。试掘一律按正式科学发掘进行，力求准确划分地层叠压关系和遗迹的层位关系。发掘记录按正式科学发掘要求整理。

（三）利用普探成果图加强对普探的管理指导

钻探是大遗址"四有"工作的中心工作，能否顺利开展普探，保质保量地完成普探任务，关系到大遗址"四有"工作的优劣成败。尽管我们对鲁故城的钻探胸有成竹，但未经实践谁也说不准结果怎样，因此对普探的组织实施给予了特别关注。从探工选招、培训、探区划分、普探进度、普探质量等各个环节都紧抓不放，并在钻探组开展劳动竞赛，表彰先进，树立你追我赶、积极向上的风气，还安排得力骨干专门负责普探。在保障普探顺利开展的一系列措施中，我们喻为"普探指挥图"的使用发挥了重要作用。此图以鲁故城探区分布图为底图，钻探某探区时即绘出其中的 25 个小区，及时标示所探出的各种文化遗存，使我们在及时掌握普探进展情况、成果和指挥普探上能够得心应手，对顺利推进普探，保证普探质量发挥了重要作用。由于地下文化遗存大都跨探区分布，而普探既不按探区顺序号，也不从一个方向往前推进，而是视作物状况穿插进行；而且探区有 25 个操作区，要自西而东、自南而北逐个完成钻探，因此一个钻探组在承担某探区的钻探时，一般不了解本探区地下文化遗存和先行钻探的相邻探区之间相互联系的确切情形。关键是笔者和负责钻探的张其海不了解，不能很好掌握与指导普探，即使翻阅探区记录，也只能了解其大概，难说其详，况且实际上不可能用探区记录来指导普探。有了此图，首先，先探探区的结果都准确标示在图上，有哪些文化遗存和哪个相邻探区相连接以及连接的准确部位，就一目了然。当钻探相邻相关探区时就能事先告知钻探组，做到心中有数，并可提出要求与注意事项。其次，此图又可用以检验钻探结果，保证普探质量。跨探区的地下文化遗存，必须互相呼应。假如某探区东边有建筑基址向东延伸，南边有居住址向南延伸，东邻探区西部就应有相应的建筑基址，南邻探区的北部应有相应居住址，而且有关数据都应互相衔接。再次，此图的又一重要作用是，能使我们在推进探区普探的同时，逐步掌握全城总体文化遗存的分布状况，为思考、分析各大阶段城市布局以及确定重点文物保护范围提供较充分的时间与便利，无须集中在最后翻阅探区记录来确定。第四，探区钻探成果标示图实际上也是一步步地绘制鲁故城总平面图。事实是鲁故城总平面图的城垣、城门和现代地形地物等，是 1978 年二季度由曲阜水利学校师生以勤工俭学方式测绘的，而城内地下文化遗存的分布状况基本上是依据这份探区钻探成果图绘制的。

较大规模的考古发掘工地，大都有探方分布图用以标示遗迹总平面图。采用正方格网探区实施大遗址普探，并以其图标示普探成果而逐步形成故城址总平面图，鲁故城是第一次。此举既为较顺利地推进探区普探发挥了重要作用，也为鲁故城总平面图和重点保护范围图的绘制，以及鲁故城考古探掘专刊的编辑提供了很大方便。实际上这一探区钻探成果标示图，构成了鲁故城开展探区普探配套的方法之一，我们戏称之"普探指挥图"。

（四）鲁故城"四有"钻探的主要成果

鲁故城钻探于 1977 年 3 月底先从城垣专项钻探开始。普探则因划分探区时遭遇技术困难，汛期前仅在一个探区中做了实验性钻探，同年 10 月才集中钻探力量开展探区普探。因探工多为新手，开始不熟练，进度缓慢，完成一个探区的钻探一般要耗时一个半月左右，有的甚至超过 50 天。至 1978 年春节（2 月 7 日）前休工时，只完成少数探区的钻探。春节后复工，采取了两项措施以加快普探进度。一是加强普探力量，投入五六个钻探组同时进行探区钻探；二是在普探钻探组中开展劳动竞赛，激发普探人员的劳动积极性。而且我们早在 1977 年冬就已建立每晚碰头会制度，每天晚饭后半小时由全体业务人员和钻探组长（基本是探工骨干）参加会议，汇报当天的钻探、发掘和室内工作情况，研究问题，由笔者逐一提出各小组次日的任务与注意事项，并于次日巡视钻探、试掘现场，把重点放在指导试掘、解决试掘的疑难问题上。这一制度同两项新措施结合，收效明显，显著加快了普探进度。完成文化堆积较厚探区的钻探，一般不超一月时间，文化堆积较简单的探区可在 25 天内完成。至 1978 年 5 月上半年的普探工期结束时，已完成绝大部分完整探区的普探，在时间、人力和精力上为试掘提供了一定的保证，取得鲁故城整体探掘工作的主动。1978 年 9 ～ 10 月，勘探队对所剩探区进行了收尾钻探，鲁故城普探胜利完成。不久，道路、排供水系统专项钻探结束，鲁故城"四有"钻探任务全部完成，取得了重要成果。主要钻探成果如下 [1]：

——查明城垣走向、宽度与保存状况。城垣弯曲不直，四个城角弧拐，东西最大距离约 3.7、南北最大距离约 2.7 千米，城垣与城河一般相距 10 米，城河宽约 20 米（图四）。

——探出城门 11 座，东西北三面各 3 座，南面 2 座。基本得知各门址的形制、结构与保存状况。其中南面东门的形制、结构迥异，门外口两侧有约 50 米长的残墙向南延伸，形成特别长的门道。

——探出城内干道 10 条，其中东西道、南北道各 5 条。北部的两条东西道两端均连接城门，但最北的东西道西接西垣北门，东达北垣东门；靠南的东西道则西接西中门，东通东垣北门。而起自周公庙宫殿建筑群基址南沿，直通南东门的南北道宽达 17 米，宽度居全城干道之冠，穿过南东门应直达南郊"舞雩台"。"舞雩台"夯土分属不同时期，东半部下层的夯土最早，约当春秋时期，可能早到西周。台址西部中层的夯土约当战国时期，其上部夯土则属汉代。"舞雩台"北距南东门 1700 余米——约合周里 5 里——而南东门结构特殊，显示这一南北道并非普通交通干道，当属一项重大礼仪设施的组成部分。

——发现供排水系统一处。自东垣北门以南穿东垣入城，西南流至城中部和汉城北护城河会合后，西穿鲁故城西垣流入西护城河。但该系统特别是鲁故城中部部分，可能已非原貌，始建年代亦未详。

——探出殿堂建筑群基址 2 处。位于鲁故城中部，东西相望。东区遗址以周公庙以东、周公庙村以北的高地为中心。此处地形在鲁故城内最高，构成东半城的制高点。西区遗址在旧 104 国道以西、曲阜小北关北边高岗岗顶及其北侧一带。标高仅次于周公庙高地，是鲁故城中部的制高点。在岗顶部、北坡和坡下平地上各探出

[1] 山东省文物考古研究所等：《曲阜鲁国故城》，齐鲁书社，1982年。

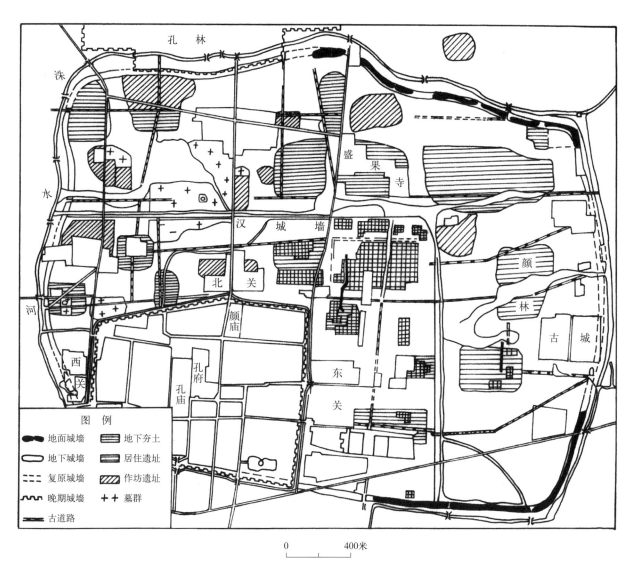

图四　鲁故城平面示意图

长方形的宏大夯筑基址，但岗顶部、北坡上的基址已遭严重毁坏。

　　——探出非殿堂性大建筑、较大建筑基址 6 处。主要分布于周公庙宫殿区至南东门的 9 号干道的两侧，以及东城中南部与北城中部，后者包含在北城居住区内，规模相对较小。

　　——探出手工业遗址 9 处。其中冶铜、冶铁、制骨遗址各 2 处，制陶遗址 3 处，其中一处在东北城外附郭地带。

　　——探出重要、比较重要的居住遗址 11 处。几乎全部分布于中部宫殿区的东西北三面，只有一处位于城东南隅，且遗址面积很小。

——发现一处大茔区，探出其中的 6 处墓地。茔区约位于孔林神道以西、曲（阜）姚（村）公路以东的西城东半部，东西宽 900～1300、南北最长约 1000 米，已探出的 6 处小型墓地即望父台、林前村西、县药圃东北边、斗鸡台、曲阜县城西北城角至坊上村南和孔府后花园东南隅墓地。其中处于东面的望父台、林前村西墓地紧邻规模十分宏大的林前村东居住区，处于最西面的斗鸡台、药圃墓地则和西城的宏大遗址的东缘有所叠压。茔区内除在最北部有处东周制骨小遗址外，均未探到周代文化堆积，说明这是一大片专用于埋葬的茔区，构成鲁故城布局的一大特色，令人玩味。这将是开启鲁故城谜团的一把重要钥匙，留待后文说明。

——发现一座汉代城。此城的发现包含了一段情节。文献和鲁城遗迹都未见城内有座较小的汉城，所以人们以为汉鲁王王都可能整体承袭了周代鲁都，甚至有人认为现存鲁故城实为汉代所筑。1978 年 6 月的一天，在吃晚饭时技工骨干崔水源报告在望父台墓地西南方发现夯土墙，宽约 10 米，向东西伸展。当时笔者的第一反映是会否是鲁城内城（宫城）——寻找内城是钻探开始后我们就在关注而未获结果的——这消息着实令人兴奋不已。翌日即同崔到现场验证，确是夯土墙无疑。即让追踪，希望往西很快向南拐，结果却一直通到鲁城西垣，是鲁城内城的可能性顿失大半。因《左传》称鲁城内城为"中城"，是城中城，其城垣不应当和外城（郭城）城垣连接。此夯土墙向东延伸至周公庙殿堂建筑群基址东北方，弧拐近直线向南，在鲁城南东门以东不远处和鲁城南垣连接。该小城的南垣、西垣则利用了鲁城南垣、西垣的相应部分。小城东、南、北三面各两门，西面一门，南门西门沿用了鲁城南门与西南门，实为在鲁城西南部后建的一座城。其平面呈不规则长方形，面积约占鲁城一小半。经对其北垣中段进行了纵向解剖，城垣夯土层厚约 20 厘米，圆形平底的夯痕表明采用金属夯夯筑。城垣基槽打破了西汉早期的文化堆积，探沟部分的基槽底恰好在一座中型战国墓的椁底上，椁底板痕迹清晰，规整不乱，筑城时可能尚未腐朽，证明该小城年代不能早于西汉早期，很可能建于西汉中期，应当是西汉鲁王的王都。原来汉鲁王都城并未整体承袭周代鲁国都城，而是大大缩小了。

总之，鲁故城首尾历经 20 个月的"四有"钻探，从宏观上基本摸清了地下文化遗存的分布状况，为进一步了解鲁城的年代、形制、布局和划定重点保护范围提供了基础资料。

（五）鲁故城"四有"试掘与试掘的主要成果

试掘在大遗址"四有"探掘中虽然不占主导地位，却是不可缺少的环节。鲁城试掘和钻探齐头并进。试掘于 1977 年 4 月从鲁城西北部县药圃的西周家族墓地开始，逐渐展开，至 1979 年元月 7 日在瑞雪纷飞中完成望父台墓地的发掘而结束。

共试掘或发掘了县药圃、望父台、斗鸡台、曲阜县城西北城角外侧的 4 处周代墓地（共 128 座墓）；对鲁城北垣东段、西段、西北城角、南东门东侧城垣和南东门外口进行了解剖；对鲁城西部、西北部、中北部和东北部的 7 处遗址进行了试掘；对周公庙宫殿建筑群遗址进行了一定规模的发掘；还对汉城北垣中段做了解剖。从而获得城垣、相关遗址遗迹文化层堆积资料与年代框架，了解到 4 处周代墓地的具体年代、性质和基本特征。虽然有些重要遗址应当试掘而未能试掘，但试掘资料已为鲁城的年代、形制和基本布局提供了初步证明，反映出鲁城考古文化——鲁文化之集中体现的基本特征，初步实现了鲁城"四有"方案拟达到的三个学术目标，为划定鲁城重点保护范围提供了基本科学依据。

考虑到鲁城面积很大，试掘的墓地、遗迹遗址很多，墓葬编号采取墓地与号区相结合的编号法，一墓地占 100 个号。如望父台墓地号区为 1～100，县药圃墓地号区为 101～200，曲阜县城西北角外侧墓地号区为 201～300，斗鸡台墓地号区为 301～400。探沟、探方编号以遗址或区域为单位给予号区，例如坊上村遗址及周围区域的探沟探方由 T1 开始，县药圃遗址区由 T101 起编，鲁城西北隅遗址区由 T201 起编，斗鸡台遗址区由 T301 起编，等等。以此确保墓葬、探沟探方均无重号，且从编号上便知是哪个墓地、遗址区的墓葬与探沟探方，即使以后继续进行中、小规模的发掘，仍可接着编，不至于紊乱。现按开始试掘的先后分城内墓地、城垣和城内遗址试掘三方面对鲁城"四有"试掘做简要介绍[1]。

1. 城内墓地试掘

（1）药圃墓地

位于鲁城西北部遗址的东北缘，鲁城茔区的最西北缘，第 24 探区的东北部。先后共探出 44 座小墓，分为西北、东南两组，相距 20～30 米，当药圃的北面与东北面。西北组 10 墓，除 1 座汉墓外，均为西周墓。东南组墓包括西周和春秋晚期两大阶段，其中西周墓多数位于西南、西部与北边，约 13 座春秋晚期墓主要位于该组中部、东北部，两者无明显间隔，且有交错现象，但无打破关系。因两者时间相距过久，不能确定是两个不同家族墓在分布上的巧合，还是同一家族墓地的延续。其实关键不在于此，而在于死前他们居住在哪里。该墓地位处鲁城西北部大规模居住区和宏大茔区的交界处，即当西北部居住区的东北缘和茔区的西北缘，而茔区往东达 1 千米左右，其间基本上无居址，墓地的这一位置已昭示墓主们是西北部居住区的居民。

两组西周墓当属两个小家族，共约 20 座。墓均有棺，甚至棺椁齐备，但大多

[1] 山东省文物考古研究所等：《曲阜鲁国故城》，齐鲁书社，1982年。

无随葬品，墓主人社会地位低下，墓葬有突出特征，体现了一种文化体系。墓均南北向，葬式仰身直肢，头基本朝南，流行腰坑，内殉一狗，狗头亦基本朝南。只有5座墓随葬了形体很小的陶明器，均放在墓主头侧、脚侧与身侧的墓底上。器形包括三足器、圜底器和圈足器，没有平底器。在东南组的M107、M120两墓（本文依考古学以M代表墓），具有完整的陶器组合。M107有鬲4、豆4、豆形簋4、圜底罐4件，另有罍1件。M120也是鬲、豆、豆形簋、圜底罐各4件，外加1罍、1尊，还有石戈1件，海贝26枚，蚌鱼14枚，是这批西周墓中随葬品最丰富的一座。事实是这两墓透露了一个重要信息，即东方的海岱地区有一种以鬲、豆、簋、罐四种陶器各呈偶数构成的随葬陶器基本组合。以前不为所知，乍一出现令人不知所以，但其中的豆、簋制作精美，感觉似和东方传统文化有联系。不久便知这是周代东土土著的一种葬制，可称为随葬陶器的"四偶组合"，首先在鲁故城面世。

药圃墓地东南组中的春秋晚期墓，墓室稍大于这里的西周墓，均有棺椁，墓主头向也基本朝南，同西周墓一致。其中除两墓完好外均被盗扰，但有半数墓或多或少残存了陶、铜器等随葬品。陶器有罐、盖豆、华盖圈足壶、簋、筥、卮，除卮仅见于一墓，其余器形多见，尤其罐、盖豆、华盖壶三器全见于5座残留了陶器的墓中。有一墓（M116）有铜礼器鼎1、盖豆2、盨2、盘1、匜1件；有两墓各有铜舟1件，其中的M115还出铜戈、铜剑各1件，另有一墓也出有1件铜戈。这些陶、铜器基本上均为春秋晚期常见的器形，但和两组西周墓则有天壤之别，发人深省。

（2）斗鸡台墓地

斗鸡台原是依托一风化石灰岩小丘岗夯筑的台址。此小丘岗为横亘鲁城中部的"曲阜"最西段的残丘，探掘时已基本被挖平，仅残留其东边些许体积。顶高近3米，台址地面夯土也已无存，其原貌不可知，地下台基仍较大，位于鲁城第8探区的西边，县农林局院内，西偏南距鲁城西南门100～200米。西南门内是个从西周早期至汉代的居住区，农林局及其东邻种子站一带处于该居住区最东南部，该居住区和西城中部、西北部居住区共同构成鲁城西城居住区。

斗鸡台墓地范围未详，仅在农林局院内斗鸡台周围的空地上探出小墓49座，发掘了28座（M301～M328）。均为竖穴土圹小墓，基本为一棺一椁，仅两座有棺无椁。近2/3的墓都有腰坑殉狗。全是仰身直肢葬，头朝南，只有一座头朝北；两墓东西向，头朝东。只有7座墓有很少随葬陶器。其中M301随葬浅橙黄色陶钵（小盆）1件，器形折宽沿，圜底微凹，中绳纹，颈部绳纹抹去，在鲁城地层中同类灰陶钵属西周早期。M310有鬲3、盂1、圜底罐1件。M316有豆1件。M320有鬲1、盂1、豆4件。M328有鬲1、罐4件。这4墓均完整未扰，年代约当西周后期。又M305有陶罐1、陶罍1、铜舟1（早期形式）、石玦6件，为两座东西向墓之一，年代居春秋早期。估计那些没有器物而有腰坑殉狗的墓大多为西周墓，斗鸡台墓地当以西周墓为主，至少延续到春秋早期，但不能确定是同一家族还是不同家族的墓葬。因几乎都有棺椁，显然不是奴隶，但大都无随葬品，其极度贫困与社会地位之低下不言而喻。墓地既位于西南门以内居住区的东南缘，墓主们为该居住区的居民可知。

（3）县城西北城角外侧墓地

墓地位于鲁城第8探区中部。在曲阜县城西北城角外侧、曲姚公路以东50～60米见方的范围，探出墓葬42座，马坑1座。大部是3米多长，2米多宽的小型偏大墓，也有些长4～5、宽3～4米的中型墓，属于不很大的一个家族墓地。不过往北、往东不远似另有墓地，往北可达坊上村南。限于人力与工期，且该墓地墓葬少有完整者，只清理了14座（M201～M214）。除一墓（M201）外均遭盗扰，但从半数墓所残存的陶器，仍可知其陶器大致组合。墓葬年代属春秋早、中期，前者可由M201、M202为代表。M201完整，埋葬规格最高，M202虽被盗扰，但遗留较多的随葬品，两墓都随葬了陶、铜器。M201陶器有罐6、罍2件，罐、罍均平底，罐可分多种型式；青铜器有鼎1、盘1、舟1件，又有戈、镞、冑、铲、衔、辔饰、石戈、石玦、牙管、牙棒、骨细腰等。M202随葬陶器计鬲、盂、浅盘豆、有盖罍各2件，罐1件，当属"四偶组合"；铜礼器一组，计盆、舟、盘、匜各1件，此外还有骨牙串珠一串。铜盘底有铭10字，曰："鲁白者父乍孟姬媵滕盘"，是周人白诸父为长女铸造的陪嫁器。无论墓主是该女子还是其夫家之人，都将说明此家族墓地不属周族。墓中还有一殉人，为迄今鲁城和鲁国墓所仅见。

M207、M209、M210三墓属春秋中期。其陶器组合为鬲、浅盘豆、有盖罍、高圈足杯式簋。浅盘豆已具较高圆柱形柄。此三墓的四种陶器以2件、4件的偶数为多，1件与3件的奇数占少数，原来可能基本属"四偶组合"。又M213残存的陶器为鬲1、浅盘豆1、盖豆1、高圈足杯式簋3件，年代约当春秋中期晚段，比前三墓稍晚。值得注意的是此墓浅盘高柄豆、盖豆同出，盖豆作为随葬陶器自春秋晚期开始流行，此墓的盖豆当为随葬陶器中较早出现的盖豆。这批春秋墓虽然残缺不全，但反映出社会正经历着迅速变化，其重要科学价值并未因遭盗扰而丧失。

县城西北角外侧春秋墓，位当西南门内居住区的东南沿，和斗鸡台西周墓同处鲁城大茔地的最西南缘。两墓地的墓主人均应为西南门内居住区即西城南部居住区的居民，和居于西城北部居住区、位处大茔地最西北缘的药圃西周春秋墓地的墓主人南北相望，为了解鲁城西城居住区居民的族属提供了重要线索。大茔地西北缘、西南缘的这四处西周春秋墓地，文化上存在联系。例如药圃、斗鸡台西周墓均流行腰坑，坑内殉狗，狗头朝南，墓主头亦基本朝南，器物都放在棺外墓底上。斗鸡台西周墓的鬲、盂、豆和县城西北角外春秋墓的同类器风格一致，有前后发展关系。后者的 M202 用鬲、盂、豆、有盖罍各 2 件，外加 1 罐的陶器"四偶组合"原则，和药圃西周墓 M120、M107 相同；而且仍有两墓（M205、M206）头朝南，另有两墓（M210、M211）有腰坑殉狗，狗头也朝南，保留着西周墓主流葬俗的遗风。至于县城西北角外侧和药圃两处春秋墓，只不过年代有别，而非文化性质不同，前者属春秋早中期，后者当春秋晚期，两者年代构成互补，包括了整个春秋时期。因此，鲁城西城居住区东南、东北沿的四处西周春秋墓地，同属一大文化体系。其中西周墓盛行的腰坑殉狗葬俗及陶器风格，和东夷文化传统与殷人墓有密切联系，表明这些墓地的墓主人是土著、殷人及其后裔，属于鲁城的被统治族。他们居于鲁城西城，靠近西门与西北门，西周时期他们的政治经济地位极其低下贫困，但至春秋时期，政治经济地位发生重大变化，得到惊人的提升。笔者称之为鲁城甲组墓或甲类墓。

（4）望父台墓地

望父台在孔林神道中段偏北的西侧不远，传为鲁公伯禽登台西望其父周公之处，实为一战国大墓残存之封土。其周围分布着几处家族墓地，包括一处大墓群，此望父台墓地指位处望父台西南至西北（第 7 探区东北部到第 25 探区东南部）的墓地。共探出大中小型墓与车马坑 70 余座。除个别大墓因基本毁坏未经发掘外，都进行了发掘。基本分属西周与东周墓。其中西周墓 39 座，内有数座中型偏小墓，其余全是小墓。东周墓 18 座，内有 6 座大墓，其余为中小型墓，还有 6 座东周车马坑。另有 7 座汉墓。

望父台西周墓，望父台西周墓地的范围不大，周围经细探已无墓葬。在修建东周大墓时可能挖掉一些西周墓，但为数不会很多，因而应是鲁城西周一个中等家族墓地。墓地呈东北、西南狭长形。墓葬相对集中于东北、西南两片，中间略有小空间，也许反映了该家族的两个分支。墓地位处鲁城北城宏大居住区——林前村东遗址的西沿，当鲁城大荤地的东沿，和西北方的药圃西周家族墓地东南、西北相望，中间没有居住区，昭示该墓地所属的家族是住在北城居住区的一个家族。其墓葬大都完好未扰，特征鲜明，同药圃、斗鸡台甲组西周墓迥然有别。墓地年代以西周中晚期为主，个别墓可能早到西周早期和晚到春秋初年。望父台西周墓的主要特征如下：

——墓均南北向，墓圹稍显窄长，长宽度比约 3：1（甲组西周墓约 2：1）。没有腰坑、不殉狗。全有棺，绝大部分有椁。身份较高者在椁顶四周悬挂蚌鱼，有的还挂铜铃。墓主均仰身直肢，头向几乎全朝北。

——随葬品基本放于二层台上，以头、脚侧二层台为主，有的也置于身侧二层台上。随葬品包括陶器、铜礼器、铜兵器、玉石器和车马器几大类。

——陶器组合是鬲与罐（罐中可能包括罍）。以 1 件仿铜粗绳纹鬲和 1 ~ 15 件平底罐相配。有的墓只有 1 件鬲或一两件罐。罐全为小体形明器，体形有逐渐趋大趋势。绝不用甲类西周墓的豆、豆式簋和圜底罐随葬。

——有 9 墓随葬了铜礼器，约占该家族墓地墓葬的 1/4。其中 M30、M48、M49 三墓有成组铜礼器，其余各墓仅各有 1 件鼎。铜礼器中有部分明器，全部铜礼器的形制和中原地区一致。近 1/3 墓有铜戈或者石戈与玉戈，有的墓两三种戈同出。铜车马器仅出于两墓。

——多见项链、玉玦、口琀和佩饰。

上述葬制葬俗和甲组西周墓泾渭分明，毫无悬念地表明两者分属不同的文化体系，反映了两者的社会地位有着天渊之别。现举最重要的 M30、M48 做具体介绍。

M30 墓口长 2.86、宽 1.63 米，墓底深 2.15 米，一棺一椁。随葬品有陶、铜、玉、石、蚌器等，包括食饮器、车马器、兵器、服饰器与其他器物五大类。陶器计陶鬲 1、平底罐 2 件。铜礼器一组，计鼎、盨、壶、盘（明器）、匜各 1 件。盨盖立虎形纽，盖面施象鼻纹、瓦纹，器形十分精美。内盖与内底对铭，主要内容为：鲁白悆始作父母祭盨簋，用以尽孝求福，悆长寿万年，永远宝用。车马器一组。兵器有铜戈 1、玉剑（玉圭？）1、石戈 2 件。另有铜铃 21、铜鱼 45、蚌鱼 65、蛤蜊壳 146、贝 5 枚，除贝外均置于椁底周围，而一枚铜鱼大都同一枚蚌鱼在一起。墓主戴玉项链和玉玦，项链两端的玉片雕成龙首形，项链十分精致。该墓年代约当西周中晚期之交，墓主可能就是盨铭上的鲁伯悆，可能是该家族墓地西南部这支的主要代表。

M48 是该西周墓地最大的墓。墓口距地表 1.2、长 3.6、宽 2.7 米，墓底距地表 2.85 米，属中型偏小墓。一棺一椁。椁室 3.1 米 × 2.15 米，棺长 2、北端宽约 0.92、南端宽约 0.65 米。葬式仰身直肢，头朝北。随葬品在鲁城西周墓中最丰富，有陶器、铜礼器、兵器、车马器、玉石器和蚌器等。陶器有鬲 1、平底罐 15 件，是唯一随葬陶罐达 10 件以上的西周墓。铜礼器共 14 件，计甗 1、鼎 3、盨 2、簋 2（似为明器）、簠 1、壶 1、盘 2、匜 2 件（盘、匜中各有明器 1 件），其中 10 件有铭文。甗、鼎、盨、盘、匜共八器为"鲁仲齐""鲁司徒仲齐"铸造，分别铸造于他任司徒以前和以后。甗铭曰："鲁中齐作旅甗，其万年眉寿，子子孙孙永宝用。"盨铭曰："鲁司徒中齐肇作皇考白走父餴盨簋，其万年眉首，子子孙孙永宝用享。"此外铜壶、铜簠也有铭文，壶铭曰："侯母作侯父戎壶"。铜簠只有一半，是名为𡩡仲的人铸造的嫁器。M48 有一大宗车马器。放在东南角"二层台"上。还有铜戈、玉戈各 1 件。椁室四周有铜铃、铜鱼、蚌鱼、蛤蜊壳一大宗。墓主左耳有玉玦 1，戴 1 串项链，左胸与右手旁有柄形玉件，右手旁又有扁方条形玉件，腹部有玉璧、玉环与玉戈各 1，玉戈原本可能置于棺盖上。

M48 年代有可能当西周中期晚段，为望父台西周墓地规格最高的墓，是该墓地和墓地北支的主要代表，曾是鲁国的一位司徒。司徒由西周开始设置，同司空、司马合称"三有司"，诸侯国也都设置。主管征发徒役、田地耕作以及苑囿、林园、山泽与放牧等。《周礼》分周代官职为天、地、春、夏、秋、冬六官，司徒属地官，其主官称大司徒。在诸侯国中鲁、宋两国也设大司徒。M48 有三鼎，大小有序，形制基本一致，当为列鼎。三鼎说明墓主品秩不是很高，当为下大夫或中大夫之属。而该墓地那些用一鼎陪葬的墓，墓主的社会身份基本上是"士"。显然这是在鲁国占有一定统治地位的家族，在鲁国占统治地位的族是周民族，望父台墓地无疑是周人的一个家族墓地。墓地所出铜礼器的形态和中原地区礼器完全一致（其中明确由"鲁伯悆""鲁仲齐"所作之器约占半数），以鬲、平底罐构成随葬陶器基本组合，器物大都置于头侧或足侧"二层台"上，不使用豆、簋类圈足器和圜底器随葬，仰身直肢头向北的葬式，以及无腰坑，不殉狗的葬俗等，都和周族发祥地——关中地区的先周墓别无二致，足以说明望父台西侧西周家族墓地是鲁城周族人的一个家族墓地。望父台西周墓地自具明显特征，和药圃、斗鸡台的甲组西周墓迥然不同，笔者称为乙组西周墓，两组西周墓分属不同的文化体系。而且两者反映出其政治经济地位有着天渊之别，乙组墓的富有崇高地位和甲组墓极其贫困低下的地位形成强烈对照。

望父台东周墓，望父台东周墓主要是大中型墓，其中大型墓约超过 10 座，中小型墓数座，这里对大型墓做简略介绍。约 10 座大型墓自南而北约分为四排，南两排在望父台西和西南方第 17 探区的东北部，第三、四排在望父台西北方第 25 探区南大部。第一排两墓（M1、M2）和第二排五墓中的中间三墓（M3、M52、M58）均进行了发掘。第二排东西端的墓未发掘，东端的墓即"望父台"，亦称"鲁公伯禽台""伯禽冢"，今残存封土约 60～70 米见方，高约 2 米，探知地下夯土范围东西 80、南北 60 米。除了望父台墓，其余大墓地面全无封土痕迹。第三排发掘 1 墓（M51）。第四排三墓，全未发掘，其中有的被挖，已成大水坑。望父台大型墓共发掘了 6 座。这些东周大墓规模宏大，残留的墓口面积多在 150～195 平方米，最小的一座面积也达 124 平方米。墓口全在耕土层下出现，说明原墓口较高。未见墓道。墓室结构一致，能够确认棺椁的均为一椁两棺。他们的分布情形和宏大规模说明不是家族墓，很可能是鲁君与公族墓地，因而自望父台往西的大墓分布范围可能一度是鲁国的"公墓"区。其中 M52、M58 保存完好；M3 虽被盗，但保存基本完好；M1、M2、M51 严重盗扰，器物残存无几。现举 M2、M52 说明墓室构建与埋葬情况。

M2 墓穴分三步建造。第一步，先挖出斗形土圹，按现墓口计算，圹口面积 15

米 ×13 米，圹底略小于圹口，深约 3 米。圹壁上部修平，敷一层姜石，下部未修整，壁上布满工具（钁）痕。第二步，夯筑墓室。先在圹底夯筑厚约 0.5 米的基础，然后在中部留出墓室空间，在四周逐层夯筑，夯层十分规整坚硬。墓室面积南北 7.8、东西 6.4、深 1.8 米。第三步，在墓室中部建造椁室。先在墓室底部两侧各竖置一根方木，在方木上依次横放椁底板，构成椁底，再在椁底上安置椁室四壁。椁室四壁和墓室四壁的间距 1 ～ 1.5 米不等，其间也逐层夯筑，形成夯层十分规整坚实的较宽的夯土"二层台"。椁室面积 5.6 米 ×4.2 米，深约 1.7 米。至此墓穴建成，接下来就是安葬死者。墓圹规模宏大，墓室则相对小得多，也比较浅，不到 2 米深，椁顶上距墓室口部仅 0.4 米，距今地表 0.7 米。显然现墓室是残存的墓室，原来墓室可能深得多，墓口应当比现存墓口高许多。这并非原来的地表高，而是墓室是由地表以下和地表以上两部分构成，也即在墓圹内夯筑墓室时，其高度不受原地表高度限制，当高度筑到和地表一致时仍继续上筑到一定的高度，形成地面以上部分的墓室。这部分墓室四周厚厚的夯土和墓室内的填土连成一体，外观就像是地表上的封土堆，实际上它只是地面以上部分的墓室，其上真正的墓顶封土未必很厚很高，当然墓葬的各部分结构当有定制。墓室结构特殊，前所未见，笔者称之为"起冢式"大墓，后来知道这种大墓结构流行于齐鲁东周大墓。

M52 未被盗扰，提供了望父台东周大墓的基本情况。该墓墓圹口东西 12.5、南北 12、距地表 0.4 米，圹底距地表 3.05 米。墓室南北 6.2、东西 5.4 米。一椁两棺，已腐朽，痕迹清晰。椁室南北 5、东西 4 米。椁壁上部有成排的固定帷帐的圆帽铜钉，左右钉距 15 厘米，帷帐腐朽。椁盖上铺木炭与蚌片。外棺长约 2.1、宽约 0.88 米；内棺约长 1.92、宽约 0.64 米，内外棺均髹朱漆，四角包裹铜片，铜片两侧用一列圆铜钉固定，铜钉上下间距 10 厘米。墓主骨架尚好，仰身直肢，头朝北，两手置两侧，大腿交叉。

随葬品丰富多彩，分别置于棺内和椁室周围。外棺盖上有石圭 1、铜剑 1 件，后者腐蚀。棺内墓主身上自头至足覆盖一层玉璧共 9 枚，璧径 15.9 ～ 31.1 厘米。胸、腹部两璧最大，直径分别为 31 厘米与 31.1 厘米。身下又垫一层玉璧，从颈部到足部共 8 枚，径 13.1 ～ 32.8 厘米，最大的一璧在腰部。但身下玉璧总体上小于身上玉璧，其中半数璧的直径为 13 ～ 14 厘米。这宗玉璧除个别由白玉制作外均用青玉制成。肉上纹饰依璧的大小分为三层、两层或不分层，分别雕琢双身卷尾龙与谷纹，有的则用鸟首蛇身兽代替卷尾龙，雕琢精工。墓主身上有扁圆形大玉玦 2 枚，玉佩 1 组。右腰部与右臂之间有金带饰 1 组，包括圆形、等腰、等边三角形金饰件。圆形金饰又分大小两种，大者 9 件，径 6.7 厘米，模压蟠螭纹；小者 4 件，径 4.5 厘米，模压漩涡纹。圆形金饰出土时南北成排，背面朝上，当为后腰部位的金带饰。等腰、等边三角形金饰共 3 件，大中小形各 1 件，作等腰形者为大，高 10.1 厘米。三者表面均作三脊凸起，每件的三个坡面分别模压兽首龙身兽、怪鸟相向而卧和凤鸟相背而立等图案，十分精致生动。在墓主右臂外侧的棺底有精美料珠 9 颗。棺内还出有玉鞢 2、玉环 13、红玛瑙环 1、铜削 3、错石 2、金柄矩尺形云龙纹牙雕 1、璧形玉佩 1 件，以及瓦纹椭圆玉管、拱形起脊玉件等多种玉饰件，琳琅满目。

M52 椁室的随葬品，有陶容器、铜容器、铜兵器、服饰器、博戏器和骨石串珠等，除骨石串珠散布于东、南、西三侧外，基本上集中置于椁室的东西两边。陶容器有釜 1、带盖双耳黄釉罍 2、平底罐 16、平底罐形壶 4 件。青铜容器有罐、盘、鐎壶各 1 件，前两器均破碎不能修复。铜兵器有剑、刀、矛（有鐏）、戈秘戈鐏（未见戈）、弩机和镞。服饰器有银带钩、错金银铜带钩各 1 件，还有博具一组，包括白玉、白石与灰石质料的方骰子各 6 枚、银筹、牙筹各 1 束。又有夔龙形玉件 3 件，骨石串珠约 9 串。还有铜锛、铜铲各 1 件，紧靠南椁壁的东头与西部，当为建墓时使用的工具。据陶、铜容器的形态，M52 年代约属春秋战国交替之际，大致当公元前 5 世纪前半期。

M52 与 M58 东西并立，M58 居东，并整齐地压住 M52 墓圹东沿 10 厘米。M58 墓主骨架上下也各有一层玉璧，共 16 枚，但形体比 M52 玉璧小得多，直径 12.1～27.7 厘米，其中有 6 件直径 12 厘米多，直径 20 厘米以上者仅 3 件，玉质也较逊色，M58 的墓圹也较 M52 小些，但高精工艺品更多，不见博具随葬。周代并穴墓的墓主一般是夫妇关系，M52、M58 当为某位鲁侯及其夫人墓，M52 为鲁侯墓，M58 为其夫人墓。

以上介绍了望父台东周大墓的构建与埋葬情况，现把这些大墓的基本特征做一概括。这些大墓全是墓室半在地下半在地上的"起冢式"大墓，未见墓道。一椁两棺。葬式仰身直肢，头向北。无腰坑，不殉狗。随葬品种类齐全，金银细工、玉、石、牙等高端工艺品尤其丰富，美不胜收。陶器组合为圜底釜 1、罍（陶或瓷）2、平底罐 12～18、（平底罐形）壶 4 件，其中 M52、M58 无罍而有带盖圈足小壶；完全不是东周大墓所常见的仿铜礼器的鼎、盖豆、华盖圈足壶、簋、盘、匜的组合（盖豆、华盖壶见于甲类春秋墓）。青铜礼器也缺少这种完备的组合，在未曾盗扰的 M52 只有铜鐎壶、铜盘各 1 件；M58 有圈足壶 2 件，鼎、鐎壶、罐、缶、盘、匜各 1 件。鼎三足高而外撇，同习见铜鼎形态截然有别。这些铜容器透露着日常饮食器皿的强烈气息，而缺乏传统铜礼器的风韵。但大量玉器、金银细工和牙雕器件，又昭示了墓主的崇高地位与奢华生活。表明望父台东周大墓和甲组春秋墓是分属鲁城不同文化体系的墓葬。

其实望父台东周大墓的族属，从墓主当为国君及公室成员，已可确定属周族墓。

其和望父台西周墓之间的明显联系，则提供了确凿证据。两者具有共同的位置，尽管东周大墓分布范围更为广阔。葬制葬俗相同，例如都以铜铃、铜鱼、蚌鱼悬挂椁顶周围；无腰坑，不殉狗；葬式仰身直肢，头朝北；流行口琀、耳坠、项链、佩饰。随葬陶器风格一致，西周墓是鬲、罐，东周墓基本上是釜、罍、平底罐、平底罐形壶。鬲、釜都是炊器，互相代替，鲁故城的鬲在春秋晚期开始被釜取代。望父台西周墓的陶罐形态并不一致，实际上可能包括罐、罍、壶诸器在内，只是均为小型明器，不易辨别。关键之点是罐的数目多寡悬殊。一般 1～5 件，个别墓 6 件，而 M48这座鲁司徒仲齐墓陶罐多达 15 件，东周大墓则 12～18 件，显然前后呼应。而且东周大墓的罐、壶、罍都是平底，绝不用仿铜陶器鼎、豆、壶、簋、盘、匜等随葬，也和望父台西周墓完全一致。这已昭示望父台西周墓、东周墓在文化上的传承关系，两者属同一文化体系，都是鲁城的周人墓，只不过两者规格不同，西周墓是周人的一处家族墓地，东周大墓则是鲁侯与公室成员墓。

由此得知鲁城大茔区东、西部的墓葬各具特征，两者迥然有别，分属不同的文化，不同的族。茔区西部墓葬是鲁城的夷人、商人墓（从血缘上论），东部墓葬是周人墓，笔者分别称为鲁城甲组、乙组墓或甲类、乙类墓。甲组墓的夷人、商人居西城，乙组墓的周人居北城。从而获得鲁城居民族属构成，分区族居族葬，不同族不同的社会地位及其变化等的重要信息，取得周代考古、鲁国与周代社会研究的重大突破。

2.城垣试掘

城垣建筑年代是城的年代的重要依据，因此是鲁故城"四有"试掘的主要内容之一。首先对南东门东侧城垣进行了解剖，随后又解剖了东北城角西面和西北城角的城垣。依据地层叠压关系和城垣夯土的不同结构，这三个地点的城垣都可分为五六期，即经历了五六次大或较大规模的修筑，现存城垣并非一两次筑成。但自第二次以后的修筑都是在先前城垣的内侧、外侧或上面修筑的，这三个地点的城垣位置并未变化。

（1）南东门东侧城垣解剖

当时南东门东边有高约 7 米的残垣，在残垣西断面布置了三条探沟（T602～T604，T 代表探沟），南北一线，总长 42.5、宽 2 米，纵断城垣，但地面以上基本属修刮城垣断面。此处断垣有五期。第一期城垣在最下层，南北残宽 12、残高 2 米，内（北）壁仍存，很平整，城垣外壁已失。二期城垣在一期城垣外侧修筑，并压住其外部。三期城垣筑于一、二期城垣之上，夯土中含西周晚期、春秋早期陶片，此期城垣当筑于春秋早期或前期。四期城垣压在三期城垣上面，其底部南北宽达 35 米，保存最高高度近 5 米，夯土含战国瓦片与陶器口，约筑于战国前期。

第五期城垣在最上部，夯土含瓦片，但未见布纹瓦，年代约属战国晚期至西汉早期。

（2）东北城角西面城垣解剖

东北城角内有五泉村，村西旁有小苹果园，果园西边的城垣被挖了个豁口，豁口以西的大段城垣是鲁故城保存最好的城垣，最高处高达6～7米。豁口西边的内城根有居住遗址，有望提供较好的层位关系，此处曾是城垣试掘的重点。在豁口以西约20米处开了T505探沟，原计划纵断城垣与北侧（外侧）堆积，但因外侧堆积极宽厚，工作量过大，就在豁口西坡处另开了T502、T503，主要是修刮断面，以了解此处城垣外侧的地层堆积。后因在T505发现这里的第一期城垣仍然保存着里皮，于是又沿着两条南北向大探沟之间的内城根开了东西向探沟（T504），面积9.3米×2米，东接T502。此处城垣两侧尤其外侧的地层堆积十分丰厚。T505城垣有六期，T502、T503只有前四期，因探沟所在位置的城垣保存较矮。下面为T505的六期城垣。

第一期城垣，仅残存墙身里面一少部分，底部南北宽2、残高3.2米，保存了38层夯土层，里皮得以保存。其北部少部分墙体断裂下沉，可知曾经历了较强地壳震动，导致墙身基本倒塌，仅留下一期残垣。此期城垣下有一薄层文化堆积，城垣内壁则被西周晚期的文化堆积所压，两者包含的少量陶片形态接近，时间间隔不至于很大，城垣年代当属西周晚期或稍前。第二期城垣在一期城垣外侧（北侧），筑于一期城垣倒塌以后。三期城垣在一期城垣内侧修筑，把一期城垣完全封堵在内。此时内城根已有较厚的春秋早期堆积，三期城垣只对上部堆积稍加清理即在上面筑城，未清理掉的堆积则成为三期城垣的基础，因而三期城垣城基也稍高于一期城基。此期城垣年代当属春秋早期。第四期城垣又转向外侧修筑，城基再度提高。城基呈斜坡形，因只将斜坡形堆积稍加清理即行筑城之故，比较草率，基础欠稳固。本期城垣约筑于春秋后期。第五期城垣在四期城垣上面修筑，仅存外部城体，内部城体已不存，因基本上在四期城体上修筑，所以城基平整。又因本期墙身宽于四期墙身，其外侧数米墙身的基础已属四期城垣外侧的堆积，土质较软，为加固基础，就在最外部1.3米宽的城体下挖了小基槽。槽内层层夯筑，既加固了最外部城体的基础，防止基础松软下沉而导致外侧城体断裂倒塌，又大为省工，显示筑城经验的积累。五期城垣夯土含少量战国早期陶片与瓦片，年代当属战国时期。第六期城垣筑在五期城体上，是此处所存最上部最晚的城垣，年代约属战国晚期至西汉早期。

T505的六期城垣，反映了自西周晚期至战国晚期在这里连续不断修筑城垣的过程，整体城垣逐步加宽增高，城垣位置并未移动。值得关注的是，这里最早的第一期城垣下压西周文化层，内有房址遗迹，说明原有人居住，一期城垣建成后，仍有人在内城根一带居住，城垣外侧则未见居住痕迹。这有两种可能，一是这一带在一期城垣以外可能有更早的城垣，被一期城垣所压的文化遗存是更早城垣内侧的居住址；二是这一带并无更早的城垣，但曾有人居住，修筑一期城垣时占压了部分居住址。就鲁城整体探掘资料分析，前一可能性更大，即这一带可能存在早于T505第一期（西周晚期）的城垣。

（3）西北城角城垣解剖

探掘时鲁城北垣西端一小段和整个西垣地面上已无城垣，但西北城角处地面明显隆起。在城角处和城角以东200余米处的北垣西段进行了三次解剖，共开了8条探沟（T201～T208），其中T205～T207三条位于西北城角南拐弯处，均为10米×2米探沟，东西一线横断城垣。探沟内明显显示了四期城垣。一期城垣在外侧（西侧），残高3.1米。其下部夯土层不清晰，上部则比较清楚，因其南部地基显著下沉，城体断裂严重，夯土层都向南倾斜，可能和导致东北城角T505第一期城垣的倒塌属同一次地震所致，推测城垣年代为西周后期。一期城垣的城基成弧底形，东西宽6.5米，西边打破外侧的第13层，这种城基及宽度不像是这里的始筑城垣。而第13层最靠外，东西宽超过10米（西部被晚期地层破坏原宽不详），黑褐色土，底部平整，土质紧实而纯净，似经夯实，但未见夯土层和夯窝，出有一件西周早期的陶罐口沿，怀疑是早于一期的城垣，一期城垣其实是在其内侧修筑的城垣。目前资料表明，像一期城垣这类弧底形城基都是在已有城垣的内、外侧继续修筑城垣时清理城根堆积形成的，始筑城垣的城基应当是平整的，但考虑到未见夯土层和夯窝，最终未把第13层定为城垣。第二期城垣贴第一期城垣内侧（东侧）修筑，残存很少，筑于西周晚期至春秋早中期的堆积上，城基已显著提高，高过现地表，年代约当春秋中期。第三期城垣又在二期城垣内侧修筑，城体完全压住了一、二期城体，因内壁压在文化堆积上，所以挖了宽1.4、深1米的小基槽，以加固城体里皮的基础。本期城垣年代约当战国早期。第四期城垣又贴三期城垣内侧修筑，其西部本应压在三期城体上，但已不存，只残存了三期城垣以东部分，残高1米多，年代约属战国时期。

据鲁城南东门东侧、东北城角西面和西北城角三地点城垣的地层关系与城垣夯筑技术，其筑城技术可大致划分为四个阶段。

第一阶段，以南东门东侧（T602～T604）第一、二期为代表，使用尖头较细木杵，六七根绑成一束，夯土层表面密布圆形尖底夯窝，口径2.5～3、夯土层厚3～4厘米。未挖基槽，只将基础夯实，也未见穿棍痕迹（可能未使用穿棍，也可能边筑边撤）。现知山东地区这种尖头细杵夯流行于夏商时期，周代已很少见，在鲁城仅见于南东门这两期城垣，年代很可能早到西周前期。

第二阶段，包括东北城角西面T505第一、二期城垣，西北城角T205～T207的一期城垣。使用圆头杵，夯窝圆形圜底，口径3～4厘米，木杵稍稍加粗，六七根~七八根绑成束。夯土层明显加厚，层厚3～10厘米，厚薄不一，在鲁城整体城垣中仍属较薄的夯土层，年代大约属西周晚期前后。

第三阶段，包括南东门第三期，东北城角T505第三、四期，西北城角T205～T207第二期城垣。夯具仍是圆头木杵，夯窝圆形圜底，口径3～5、夯土层厚4～10厘米，年代约属春秋时期，但可分早晚。早者属春秋早期，晚者属春秋后期，后者夯土层可能较前者厚些，有的还发现穿棍眼。

第四阶段，包括南东门第四、五期城垣，东北城角T505第五、六期城垣，西北城角T205～T207第三、四期城垣。这阶段夯筑技术发生明显变化，夯窝都呈圆形平底形，显示已使用金属夯，即将金属帽套在杆端上夯筑，夯窝5～7厘米，夯土层厚而规整，层厚一般8～20厘米，有时甚至达到35厘米。穿棍普遍。流行墙皮小基槽，凡城垣建于文化堆积之上时，都在墙皮以里挖出宽1米多、深约1米的小基槽，槽内层层夯实，以加固墙皮基础。本阶段城垣属战国时期，下限至西汉早期。

鲁城城垣的上述四个发展阶段，夯具由尖头细杆到略粗弧头杵，再到平头金属夯；夯土层总体上从薄到厚；穿棍由不用或撤离到不撤离；在续筑城垣时只稍稍清理城根堆积到不清理，而在墙身最外部挖小基槽来加固墙皮基础，发展轨迹清晰。除第一阶段的城垣可能属于西周前期基本属推测外，其后三阶段城垣的年代都有比较可靠的地层叠压关系为依据，证明现存城圈最晚形成于西周晚期，以后就不断在一侧进行修筑——三个试掘点未见同时在两侧修筑的现象——墙基与墙身随着逐步加宽增高，墙基总体上则高低错落，不在同一水平上，而城圈整体位置并无变动。

3. 城内遗址试掘

先秦列国都城遗址中的全国重点文物保护单位，大都规模宏大，但并非各类建筑和有关设施紧密分布，一无空隙，而是宫殿区、祭祀设施、普通居住区、手工业作坊区、集市、墓地以及其他设施等，一片片地分布于城内各处，一般不会紧密连接。它们的空间分布大都经过事先规划，但并非一成不变，各阶段的内容也可能有所增减。城内各种功能区和设施时空关系的变化，体现了城市本身的发展变化，蕴涵着许多重要的信息。大遗址"四有"的试掘任务，就是要在钻探的基础上通过调查性试掘，提供重要遗址文化堆积的年代框架、基本性质和时空关系变化的信息，确定各遗址、重要遗迹在城市发展过程中所处的地位及地位的变化，以求查明城址的年代和各大阶段的基本布局。当然，大遗址"四有"以钻探为基础，试掘受工期、人员等制约，不可能也不宜大量地进行，对相关问题的解决不要求也不可能很深入，这正是大遗址"四有"任务和城市考古课题的重大区别之一。鲁城的"四有"试掘，曾对城内西南部斗鸡台遗址、西北部药圃遗址、北部林前村东遗址、盛果寺村北遗址、东北部五泉庄西遗址、中部偏东北立新联中遗址和中部周公庙殿堂遗址共 7 个地点进行了试掘。西中门、西北门内的西城中部北部遗址，年代早、文化堆积丰厚；小北关"曲阜"中段北坡上的大建筑基址规模宏大，北对林前村东遗址，查明年代十分关键，都未如愿完成试掘。而林前村东遗址是鲁城最重要的遗址之一，只在其西南部开了一条小探沟，资料的局限性过大。因受工期、人力因素限制，鲁城"四有"试掘计划未能完全实现，成为鲁城"四有"探掘的一项缺憾。但城内遗址的试掘仍然提供了鲁城年代、布局和发展变化的重要信息，试掘的地层资料为鲁城遗址陶器分期提供了基础。限于篇幅，各试掘点的地层堆积情况从略，读者可参阅《曲阜鲁国故城》"四有"探掘专刊。

（六）鲁故城"四有"探掘的主要学术成果

鲁故城探掘取得了一系列学术成果，包括初步查明鲁城的年代、形制与基本布局和物质文化基本特征，基本实现了探掘方案确定的三个学术目标，为划定鲁城重点保护范围提供了科学依据，为鲁国史乃至周代历史研究增添了极其宝贵的科研资料，而系统规范的大遗址探掘方法，也丰富了中国田野考古学的基本方法。

1.曲阜地名缘起

东汉人应劭说，鲁城中有阜，逶曲长七八里，因名曲阜。"阜"的古义之一为土山，普探证明鲁城中部确实有丘岗横贯东西，为城东防山向西延伸的残丘。其东起自鲁城东南部的古城村西南，起点距城的东南门不足 0.5 千米；西止于西城西南门以内的"斗鸡台"，首尾断续总长约 4 千米。岗丘逶迤起伏，高低错落，以中城周公庙村北的岗丘地势最高，其西小北关村北的岗丘次之，两者东西长约 1 千米，处于鲁城"曲阜"的中部而位置稍微偏北，突起于鲁城中城，分别成为鲁城东西城的制高点。曲阜之名源于城内的"曲阜"可信。而且此"曲阜"在鲁城的选址、形制和布局方面可能具有关键意义。

2.鲁故城的年代

鲁故城虽然以周代鲁国都城公布为全国重点文物保护单位，实际上文物考古界并不知道它主要是周代城还是汉城或是周汉的城，更不知始建于何时，又在什么时候衰落。这次探掘对这些问题提供了基本答案。

鲁故城确实是鲁国都城。在解剖东北城角西侧和西北城角的城垣中，都发现起自西周晚期以后的城垣；在南东门东侧城垣的解剖中虽然未见西周晚期城垣，但有更早的用尖头小棍夯筑成的城垣以及春秋早期以后的城垣，证明鲁城现存城圈至晚在西周晚期形成。自西周晚期至西汉早期，城圈整体位置基本稳定未变。西汉中期依托西中门以南的西垣和大部分南垣，另筑了新城。此汉城东西最长处约 2.5、南北最宽处近 2 千米，面积约占鲁故城面积的一小半。汉城筑成后，原鲁城的东城、北城也就废弃而成为城郊。

但是这仅是依据解剖城垣所提供的年代说的。实际上城的年代不能单纯依据几个地点的城垣年代来定，而要整合城垣、城内遗址和墓葬的试掘资料，并参证文献来确定。整合结果说明鲁故城建于西周早期，很可能是在西周初年随着鲁国分封曲阜时修筑的。首先，城内遗址试掘发现了西周早期的文化堆积。例如西城北部的药圃遗址，西城中部偏南的斗鸡台遗址都有西周早期的遗存，出土的陶器具有商末周初的风格，比如罐、瓮、盆、钵都圜底内凹；豆由喇叭口形豆座直接承托豆盘，承接处大都有凸棱，而无圆管状豆柄；流行绳纹钵（小盆），不见素面磨光的盂（盂约在西周中期出现，代替钵）；陶器除瓮的肩部磨光外，都饰绳纹，绳纹较粗，都有一二道指抹纹截断绳纹等。在北城的林前村东、盛果寺村西遗址，发现西周中期的遗存，出有较早的盂，但因此处遗址规模甚大，仅在西南部试掘了 10 余平方米，并未反映遗址的实际年代，从鲁城的布局分析，北城的这处遗址应当和西城的遗址同时（在下面谈鲁城布局时将作说明）。其次，西城的药圃、斗鸡台和北城的望父台这三个西周墓地，都存在西周早期的墓葬，例如药圃墓地的 M120、M107，斗鸡台墓地的 M301、M302、M325，望父台墓地的 M44、M57 都属西周早期墓。第三，虽然东北城角西侧和西北城角的最早城垣都属西周晚期，但前面已经介绍过，这两个地点可能有更早的城垣；而南东门东侧的第一期城垣采用尖头小棍夯筑成，和鲁城西周晚期以后的城垣截然不同，很可能是西周早期的城垣遗迹。第四，在司马迁的不朽之作《史记》的《周本纪》《鲁周公世家》中，记载鲁国被封时都于曲阜，没有迁都之举；而在《齐太公世家》中则记载齐国曾两次迁都，先后有营丘、薄姑、临淄三个都城。尽管《鲁周公世家集解》在"炀公筑茅阙门"一语下引徐广说："炀公徙鲁"（徐广此说是转述先秦文献《世本》），有学者据此认为鲁国初封于河南鲁县，鲁炀公时才迁到曲阜。但是鲁炀公筑茅阙门难以解释成迁都曲阜。退一万步来说，曲阜作为鲁国都城确实是从鲁炀公开始的，但炀公是鲁国开国之君鲁公伯禽之子，第二位国君考公之弟，《鲁周公世家集解》引徐广说，伯禽在位 46年，考公在位 4 年，据此炀公迁都曲阜前鲁国建国充其量不过 50 余年，西周历史接近 300 年，鲁国建都曲阜的时间还是西周早期。实际上探掘初步证明鲁城建于西周初年，很可能建都和分封鲁国同时，只是西周早期的城垣可能已严重毁坏，残存很少；或者在有关探沟内已经出现，但未能确认。当然，也不能排除城垣位置有所移动。

3. 鲁故城的形制与基本布局

鲁城平面呈不规则的横长方形，四面城垣凹凸不成直线，四个城角成弧形，东西北三面各三门，南面两门，和志书记载南面也是三门不符。东北部三门和西北部三门之间明显靠近，而且北部的两条东西干道，分别直接连接西北门与北东门、西中门与东北门，而不是东西北门与东西中门相连接。东南部与西南部城门的距离较大。鲁城东西最大距离 3.7、南北最宽处 2.7 千米，面积约 10 平方千米。"曲阜"断续地横贯鲁城中部，"曲阜"地势最高的中段恰在鲁城之中，透露出它在确定城址具体位置和横长方形的平面，以及下面谈到的鲁城基本布局上具有决定性意义。

分析鲁城普探资料，参考文献，得知鲁城具有大城套小城的"回"字形平面。大城是郭城（外城），就是现存城圈；小城是宫城（内城）。虽然没有直接发现宫城城垣，但大规模的建筑群基址都集中在鲁城中心的第 11、12、20 探区一带，在"曲阜"中段的全城地形最高处，其他部位都没有发现如此大规模的建筑群遗迹，显然这是鲁城的宫殿建筑区。在鲁国史书《春秋》中，曾两次记载"城中城"。前面的"城"字是动词，后面的"中城"是名词，就是内城。"城中城"就是修筑内城，是修葺内城城垣，而不是始筑内城。《春秋》又有"城西郛""城北郛"的记载。郛就是郭城即外城，"西郛""北郛"指外城的西城垣与北城垣，这两次修葺郭城城垣，分别为防备晋国和齐国的侵犯。可见最晚在春秋时鲁城已具有内外城的格局，但还不知何时形成，是否一开始就如此。

城分内外城即宫城、城郭两部分，是周代列国都城的通制。两者功能不同，《越绝书》说："筑城以卫君，造郭以守民"，指明宫城郭城分别为国君和国民所居住，鲁城正是如此，但鲁城具有明显特点。鲁城国民并不围绕宫城四周居住，而是基本上分区居住在北大半城，南小半城普探中基本上没有发现一般居住区和手工业遗址，只在东南城隅有处自西周晚期以后的小范围的一般居住址。这就是说鲁城的国民基本上住在宫城西北东三面的西郭、北郭和东郭，宫城正南面始终未作为普通国民居住区。

探掘资料证明，鲁城郭城的居住区是逐步扩大的。最初居住区基本上在西郭、西北郭和北郭，即在中部宫殿区或宫城的西、西北和北面。这三方面的遗址规模宏大，文化堆积最为丰厚，年代从西周早期一直延续至汉代。随着城内人口的增长，大约在西周晚期或稍前开始，逐步扩展到东北郭、东南城隅和东郭，其中东中门与东南门以内的东郭遗址，基本上属于春秋早期以后。

鲁城布局上的一项罕见的至关重要的发现是，在西郭、西北郭居住区以东和北郭居住区、宫殿区以西，规划了一片大范围的墓区，其中分布着众多西周、东周的家族墓地，包括望父台东周鲁公与公族墓地，应属《周礼·地官·司徒》记载的"邦墓"与"公墓"。"公墓"是国君墓地，望父台东周大贵族墓地便是"公墓"。"邦墓"是国民墓地，实行族葬，此墓区中众多的两周家族墓地便是上书中说的"族坟墓"。鲁城的发现证明《周礼》"邦墓""公墓"的埋葬制度确实存在，而在国都内始终有大片固定不变的"邦墓"地，迄今还只见于鲁城，构成鲁城布局的一大特色。

探掘资料还显示，鲁城中部偏东有一条南北中轴线，由全城最宽的9号主干大道和宗庙、南东门、南郊舞雩台等礼仪建筑构成。9号干道宽达17米，北起周公庙殿堂建筑区南沿，直线向南穿过南东门，应达南郊舞雩台址。据文献记载，周公庙宫殿建筑群上层的汉代基址，是汉武帝之弟鲁恭王刘余建造的鲁灵光殿基址，志书记载刘余是在鲁国太庙——始祖周公旦之庙的遗址上建筑了灵光殿，因此周公庙高地很可能是鲁国的宗庙区。南东门形制特殊，不同于其他城门，在《春秋左传》等书中屡有记载，称为"稷门"，春秋鲁僖公（公元前659～前627在位）曾增高加大此门，所以又称高门。鲁僖公为何唯独增高此门，古文献没有细说，但从全城最宽的主干道路穿过此门，南北两端连接宗庙与南郊舞雩台的事实，已清楚显示出南东门不是仅供出入城内外的普通城门，而是一座十分重要的礼仪建筑。舞雩台址初步探知始筑于春秋早期，但很可能早到西周。志书说它是雩祭也就是求雨的祭坛，实际上应是鲁国郊坛。鲁国始祖周公旦在灭商建立周王朝中功勋卓著，鲁国因此享有专属天子的郊祀的殊荣。郊祀是在南郊实行祭天的礼仪，舞雩台北距南东门1700余米，大约相当于周里5里，正是郊坛，不是雩坛。

探掘资料又表明，鲁城的祖、社、朝、市，很可能遵循了《考工记·匠人·建国》"左祖右社，面朝背市"的规范。这一规范规定，祖即宗庙在宫室的左面即东面；社即社稷坛，祭祀土地神的地方，代表国家，在宫室的右面即西面；朝是朝廷，国家机器所在，居南；市是国都主要的集市，居北；鲁城探掘资料初步证明祖、社、朝、市的相对位置很可能如此。朝廷在鲁城中部的宫殿区或宫城内，其东部的周公庙高地是宗庙所在，鲁国国社周社应该在宫城西部小北关高地上。鲁城还有亳社，是商社，亡国之社，亳社的设立旨在安抚殷奄遗民（周灭奄国封于鲁，鲁国受封时曾分到了六族殷民），亳社极可能就是西部的"斗鸡台"遗址（详下文）。北郭的林前村东、盛果寺村西遗址，规模宏大，文化遗存丰厚，1号与2号东西干道通过遗址南北两侧，7、8号南北干道穿过遗址，交通便利，不仅是鲁城主要的居住区之一，很可能也是鲁城的国市所在。朝、市正分处南北。除了周社位置纯属推测，其余都有一定的线索，说明"左祖右社，面朝背市"可能确实是周代国都建设的一种制度。

如此，我们得到了鲁城基本布局的一个粗略认识。它具有宫城居中，郭城包围宫城的"回"字形平面。有一条由宗庙、南东门、郊坛和全城最宽的主干大道构成的南北中轴线。城内主要礼仪建筑和国市的位置遵照"左祖右社，面朝背市"的制度来规划。国民围绕宫城的东西北三面，住在西郭、北郭和东郭，宫城南面不住一般国民。而在西郭居住区和北郭居住区与宫殿区之间，始终是大范围的墓区，不做

一般居住区 [1]。

4.发现鲁城邦墓区和甲乙两类墓的学术意义

鲁城规划了大范围的"邦墓区"，区内的"族坟墓"分属两种不同类型，不仅显示了鲁城布局的一大特色，也为深化鲁城、鲁国乃至周代历史研究，提供了极其珍贵的新资料，取得意料之外的一项突破性收获，现举数点做简要说明 [2]。

（1）提供了鲁城居民族系与分区居住的重要信息

前面介绍了邦墓区内分布着众多家族墓，即《周礼·地官·司徒》所谓"族坟墓"。自探掘以来已发现近 10 处，他们分属于甲乙两种类型。甲类墓包括药圃、斗鸡台、县城西北城角外侧的两处西周和三处春秋家族墓，都紧临西郭、西北郭居住区的东边沿，位于邦墓区的最西部，其中的西周墓上面多见文化堆积，是居住址东扩的结果。显然甲类家族墓的主人们是西郭的居民，生前族居，死后在居处东边族葬。甲类墓是殷人和土著（奄国遗民）墓，说明西郭的居民是殷民、奄民及他们的后裔，是处于被统治的族。乙类墓包括望父台西侧、望父台东北的孔林神道西侧、林前村西南头、坊上村东的一处西周和三处东周家族墓（未计望父台公墓）——后三处家族墓是紧接探掘以后发掘的，属春秋或主要是春秋墓——都在北郭居住区的西边缘以西，位于邦墓区的最东部，只有坊上家族墓在墓区东部偏西、望父台公墓的西南方。这些家族墓上面基本上不存在周代文化堆积，墓主们无疑是北郭居住区的居民。乙类墓是周人墓，证明北郭的居民是周族人，是鲁城和鲁国占统治地位的族。

西周初年，鲁公伯禽受封于鲁时，曾分到"殷民六族"。鲁城探掘前这些殷民的居处是个谜。有种说法是统治族住在都城内，被统治族在城外或邑城居住。鲁城探掘资料证明，都城内同时居住着周人、殷民和土著，但严格分区居住，中间有宽广的墓区相隔，不相混杂。鲁城内同时存在周社和亳社（商社）也对此做出了证明。古时覆土立木以为社，象征有土。周代在立春、立秋以后的第五个戊日祭祀土地神，称为春社和秋社。鲁城的周社是国社，代表鲁国，很可能在宫殿区西部的小北关高地上。亳社即商社，亡国之社。鲁城亳社的设置，是为殷人和土著依照商代社祭的传统祭祀土地神，是一种绥靖措施，这为鲁城内同时居住着周人和殷人、奄人提供了确凿证据。但"四有"探掘前对此并不了解，不知他们是严格分区居住的，殷、奄遗民的子孙始终都住在西郭，周人及其子孙则先住在北郭，约自西周晚期开始逐渐向东北郭、东郭扩展。因为殷、奄人祖祖辈辈都住在西郭，所以亳社必在西郭。斗鸡台恰好位于西郭居住区的最南部，周围分布着甲类西周、春秋墓葬，风化的石

---

[1]　参阅《齐、鲁故城的基本格局和〈管子〉〈考工记〉的城建思想》，《张学海考古论集》，学苑出版社，1999年。

[2]　参阅《论鲁城周代墓的类型、族属及反映的问题》，《张学海考古论集》，学苑出版社，1999年。

灰岩仍突起地面 2 ～ 3 米，周围地下残存着周代不同时期的夯土基，极可能是亳社遗址，和可能位于小北关高地的周社东西相望。

（2）获得鲁城不同族系居民社会地位及其演变的认知

鲁城甲乙两类墓证明，西周时期周人和殷、奄遗民及其子孙的社会地位有着天壤之别。甲类西周墓全是小墓，大多数墓毫无随葬品，只有很少墓有少许陶器。未见一件青铜礼器，只有药圃西周墓中出土了一件铜戈。说明这时期的殷、奄遗民及其子孙十分贫困，社会地位极其低下。他们没有资格参与"礼"——为表示敬意与隆重而举行的仪式——的活动，也不能充当军队的主力——甲士。他们作为亡国遗民及其后人，是鲁城的庶民，处于被统治地位，主要从事农业与手工业。他们全住在西郭、紧靠西城垣的三座城门和北垣西门，正和《管子·大匡》所说的"不仕与耕者近门"相符合。

相反，属于周人墓的乙类墓，无论是西周还是东周墓，基本上都有随葬品，其中有部分中型墓，随葬青铜礼器和铜戈的墓占有相当比例。望父台西周墓中有青铜鼎和青铜戈的墓约占 1/4 和 1/3，包括鲁司徒仲齐的 3 鼎墓。此墓出有鼎、甗、簋、盨、盘、壶成组青铜礼器 10 余件；有铜车马器、戈、玉器、项链等；还有不少墓主也都有项链、胸佩，同甲类墓墓主的贫困潦倒形成鲜明的对照。显示作为在鲁国占统治地位的周族，具有崇高的社会地位，占有大量社会财富，控制着各种礼仪活动，构成军队的主力甲士。他们开始集中居住在北郭中部，南临宫殿区或宫城，符合《管子·大匡》"仕者近宫"的记载。

但是，进入春秋时期，甲类墓得到显著发展。县城西北城角外侧和药圃的春秋墓，墓室普遍增大，随葬品大增，大多数墓的随葬品都包括陶器、青铜器和玉石器几大类。青铜器中包括礼器、车马器和兵器（戈、镞），在不少墓的玉石器中也有戈或圭。尤其是随葬陶器出现了宽沿高圈足杯形簋、罍、盖豆、华盖圈足壶、华盖高圈足笾等成组陶礼器，制作精致，器形优美，有些还有彩绘，胜过乙类春秋墓的质朴陶器，也同甲类西周墓的贫困潦倒不能同日而语。正是风水轮流转，鲁城春秋时期殷、奄遗民的后裔已非昔比，他们的社会地位已经攀升，构成鲁城"国人"的重要组成部分，成为一股不能忽视的政治力量。鲁定公六年（公元前 504 年），阳虎作乱，"又盟（鲁定）公及三桓于周社，盟国人于亳社"，就是绝佳的证明。三桓是鲁国春秋后期掌握政权的三家大贵族——孟孙氏、叔孙氏和季孙氏，是鲁桓公之子仲庆父、叔牙、季友的后人。亳社是商社，原本为鲁城的殷、奄遗民及其后人而设，阳虎在亳社和国人相盟，显示出殷民奄民的子孙已构成国人的重要势力，县城西北城角外侧和药圃这两个甲类春秋家族墓为此做了形象的注脚。

（3）印证了鲁国保留着较多周礼的记载

周礼泛指西周王朝的典章礼乐制度。孔子推崇周礼，鲁国是以周礼治国的较典型的国家。公元前 770 年，周平王东迁洛邑，史称东周。随着王室东迁，王权衰微，诸侯兴起，礼崩乐坏，社会发生剧烈变化，鲁国也不能免。公元前 567 年鲁国实施"初税亩"（按田亩征税），而后"三分公室""四分公室""八佾舞于廷"等被孔子视为违制非礼的事件相继发生，以致愤然感叹：觚啊，觚啊，觚不像觚（古代的一种酒器）了！但是春秋时期的鲁国仍然是保留周礼最多的诸侯国。春秋晚期晋国贵族韩宣子和吴国贵族季札先后来到曲阜，都有"周礼尽在鲁矣"之类的赞叹。孔子也有"齐一变，至于鲁；鲁一变，至于道"的说辞。《汉书》作者班固解释说："鲁近乎正"。所谓"正"也就是"道"，即孔子心目中的理想制度——周礼。不过以往我们只有从这些文献记载中得到的抽象知识，缺乏鲁国保持周礼的具体认识。鲁城"邦墓"区、"族坟墓"和乙类墓的埋葬特征——仰身直肢，头向北，没有腰坑，不殉人，不殉狗，随葬陶器只用鬲与平底罐（罐中可能有鬶），不用簋、豆、盂、盆等器形，都和关中地区的先周墓别无二致。即使到春秋中期随葬陶器组合出现变化，仍按自身的规律发展，包括望父台"公墓"在内，仍和鲁城甲类墓和其他诸侯国的同期墓葬截然不同——则从埋葬制度上提供了鲁国周人执着坚持其先祖制度的生动形象的资料。对比关中、河洛和晋卫地区的墓葬资料，可以说这些地区的周人子孙早就数典忘祖了。

（4）深化对伯禽治国理念的理解

鲁公伯禽代父就封鲁国后，采取了两项基本国策。一项是《左传·定公四年》记载的"启以商政，疆以周索"。杜预注曰："启，开也。居殷故地，因其风俗，开用其政，疆理土地以周法。索，法也。"就是说用商代的法律进行统治，用周代的办法分封、分配土地。这反映出周人在鲁国保留了许多当地的社会习俗。另一项国策是"变其俗，革其礼，丧三年而后除之"（《史记·鲁周公世家》）。这又令人感到伯禽对当地的礼仪习俗，似乎进行了广泛的变革，而且是学术界的基本认识。例如有学者曾认为："姬姓统治者对于殷人所采取的'变其俗，革其礼'的方针，涉及的方面甚广。除了土地制度的改革而外，我们又看见殷人用甲骨来占卜的习俗为占筮之法所代替，而殷人杀殉之制亦为周族所废弃。"（李亚农《西周与东周》）实际情况究竟如何，鲁城甲类墓给我们提供了有益的启示。

鲁城甲乙两类墓，从西周早期到春秋早期，各自保持自身的鲜明特征，按照自身的规律发展变化，互不影响。春秋中期开始，乙类墓出现甲类墓的个别因素，但两者最终也没有基本融合趋同。这说明鲁国的土著与殷人曾长期保持自己的埋葬制度和葬俗，并未因沦为被统治地位而强遭改变。葬礼葬俗构成古代民族礼制与习俗的重要方面，这方面保持未变，其他生活习俗恐怕更不会改变了。前面谈到住在都城曲阜的殷人奄人有着固定的居住区，聚族而居，聚族而葬，并有自己的社坛亳社，看来他们的生活习俗和文化传统得到了一定的尊重，这和周公对被征服的异族采取的怀柔政策相一致。伯禽作为周公长子就封鲁国，较好地贯彻了其父的怀柔政策，并没有对异族采取广泛的激烈的改革措施。殷人和土著的杀殉恶习、饮酒之风，看来是被禁止了，但仍然允许殉狗。至于占卜，目前还说不准就为占筮所代替。尽管伯禽以周礼治理鲁国，但没有大规模地改变异族的习俗，被废止的只是和周人礼俗格格不入的习俗，所涉内容可能有限。

（5）对考察周代人殉问题提供了重要启示

商人普遍存在人殉与人牲现象，周人是否如此，在20世纪五六十年代中国古史分期的大讨论中曾成为争论的热点之一。当时有些学者认为周人也实行人殉，并作为西周、春秋的社会是奴隶制社会的一项证据。但是鲁国周人墓（乙类墓），无论是西周贵族墓和东周大贵族墓绝不殉人，也不殉狗。鲁城唯一的一例殉人墓（县城西北城角外侧墓地 M202）属于甲类春秋早期墓。墓被盗，但仍有陶、铜器各一组。陶器为鬲、盂、罍各2件，罐1件，随葬陶器原本可能属于"四偶"组合。青铜器有盆、盘、匜、舟各1件。其中青铜盘有铭曰："鲁白（伯）者（诸）父乍孟姬媵媵盘。"此铜盘为周族人伯诸父为长女所作的陪嫁器，墓主可能是其女，或此女子之夫。无论为谁，该墓所反映的是鲁城殷人或奄人子孙的葬俗，绝非周族葬制。当时其他地区的周代墓，例如长安沣西、三门峡市上村岭、洛阳王城、浚县辛村等宗周和宗亲封国的西周、东周墓，只有沣西的西周早、中期墓中存在比较普遍的人殉现象，此外洛阳东大寺有座西周早期人殉墓，辛村卫墓西周早期、东周初期各有一例人殉墓。而上村岭虢国墓地西周晚期至春秋初年的墓达234座，内有大批青铜器墓，且有10座7鼎、5鼎和3鼎墓，洛阳中州路发掘两周墓也数以百计，均不见殉人。这些墓葬包括鲁城乙类墓在内，基本证明了周族不仅在获得全国统治权以前不用人殉，在取得全国统治权以后也不曾实行过人殉制。鲁城甲乙两类墓是对同一遗址的周墓首次划分了不同类型，从而证明人殉作为一种习俗，是殷俗、夷俗；作为一种葬制，是殷礼、夷礼，而不是周俗和周礼，从而为考察周代的人殉问题给予了重要的启迪，提供了全新的视角。即对周代的人殉现象要首先分析墓主族属，注意各地区各封国的政治经济条件不同，居民族系构成和文化传统有别，不能笼统地谈论周代人殉，尤其不能不加分析地将周代人殉和周族人殉相等同。周代无疑仍存在人殉现象，但人殉恐非周族人所为。宗周沣西较普遍的人殉墓墓主或许是西迁的殷、夷贵族，即使有周族人，也只是受到殷人风俗的影响，不应视为周人具有人殉习俗。

鲁城"四有"探掘的又一项重要学术成果，便是初步认识了鲁城周代考古文化的基本特征，特别是初步把握了遗址陶器群和墓葬的基本特征及演变过程，为分析城内文化遗存的年代框架、城的整体年代、布局与阶段性变化，提供了依据。同时也成为一批可同齐故城考古文化相比较的重要资料，获得对鲁文化、齐文化基本特征的初步认知，得知两者是完全不同的两支考古文化。探掘还在鲁城内发现了一座约建于西汉中期的汉城，当属汉鲁王王都，为鲁城的沿革提供了重要资料。而鲁城"四有"探掘方法则提供了一套系统规范便捷的大遗址探掘方法，显示大遗址"四有"探掘趋于成熟，丰富了田野考古学基本方法，对推进城市考古与聚落考古具有重要意义。后文将对方法论方面的问题详细叙述，因本文论述重点与篇幅所限，文化特征与汉城方面的收获从简，有兴趣的读者可参阅相关拙文。

此外，还有一点应当交代。鲁城"四有"探掘方案曾把同期编撰探掘专刊文字初稿或草稿列为任务之一，结果虽连草稿也未能动笔，但还是向此目标做出了努力，按照探掘专刊要求完成了对钻探、地层与墓葬资料的整理，为编撰探掘专刊准备了素材。鲁城探掘工作结束返回单位后，在领导的大力支持下，笔者就和曲阜文管会的赵春生一起睡在办公室，对编撰专刊进行了突击，于 1979 年 10 月编出初稿。适逢省博物馆调整中层机构，组改为部，原文物组分成文物管理部与考古部，委任笔者为考古部副主任，主持考古部工作。虽然工作发生变化，但笔者未放松鲁城探掘专刊的修改，至 1981 年春终于定稿。1982 年 9 月，《曲阜鲁国故城》"四有"探掘专刊由齐鲁书社出版。从 1977 年 3 月开始钻探至探掘专刊出版，首尾历时 5 年半时间。尽管因编撰时间匆促及本人学识水平限制，该书存在许多缺陷，但毕竟是我国第一部比较系统全面的先秦都城遗址考古专刊，为加强鲁故城保护与鲁文化研究铺垫了基石，为齐、薛、莒文化研究提供了重要的对比资料，对山东周代考古文化、鲁国史与周代历史研究产生了重要影响，不失为周代考古和先秦城市考古的重要突破。1984 年《曲阜鲁国故城》获"山东省社联哲学社会科学优秀成果奖"（山东省社科优秀成果奖前身）一等奖，1986 年获首届"夏鼐考古学研究成果"二等奖。

（七）划定鲁故城的保护范围

划定保护范围是大遗址"四有"工作最基本的要求。1978 年 11 月，随着钻探的结束，试掘也进入扫尾阶段，通过对探掘资料的综合分析，基本掌握了鲁城地下文化遗存的分布、年代和科学价值，在此基础上进而对全城的探掘资料进行整合，并参证有关文献记载，获得鲁城年代、形制和基本布局及其阶段性变化的基本认识，从而为划定鲁城一般保护范围和重点保护范围提供了科学依据。鲁城一般保护范围是一个大保护圈，以城垣外壁以外 150 米为界，界限以内为鲁城保护区，原则上不得进行基本建设。划定重点保护范围 48 处，包括城门、城拐角、保存较好的城垣、宫殿遗址、重要居住址与手工业遗址、大建筑基址、台址、墓地（城内）和主要交通干道等重要遗存,其中除东北城外附郭地带的西周春秋制陶遗址和南郊"舞雩台"址外,均在包括城垣在内的鲁城内。编写了《曲阜鲁故城重点保护范围说明》,绘制了"鲁故城重点保护范围分布图"。重点保护范围基本上是在一般保护范围的大保护圈内划出的许多大小形状不一的小保护圈,每处的面积从数千平方米至数十万平方米不等,占鲁城总面积的约 8%。经省文化行政部门同意后,于 1979 年 3 月开始由曲阜县文管会负责建立鲁城"四有"。曲阜文管会对 48 处重点保护范围逐一树立了石质四至界桩,重建了群众性保护组织。保护小组由所在村庄党支部、村委、民兵组织的领导成员组成。山东境内第一批全国重点文物保护单位的总标志说明,则早在 1963 年就由山东省人民政府统一建立。总标志以青岛花岗岩制作,略呈长方形的标志说明置于须弥座上,质朴庄重。鲁故城标志说明于"文化大革命"中曾被砸损,"四人帮"垮台后曲阜文管会即按原样重新建立。而鲁故城"四有"探掘资料,则构成最为珍贵的系统的科学记录档案。至 1979 年秋,鲁故城整体"四有"工作胜利完成,历时两年半。其中考古探掘任务从 1977 年 3 月专业人员在曲阜文管会集中开始,至 1979 年 2 月探掘队伍解散,首尾整两年,这期间实际钻探时间为 10 个月,省文化行政部门共拨探掘专款 5 万元,实际花费近 4 万元,基本做到了多快好省地完成鲁城探掘任务,提供了 20 世纪 60～70 年代大遗址"四有"工作一个比较圆满的实例,对加强鲁故城保护产生了深远的影响。1982 年春,国家文物行政部门在齐、鲁故城召开大遗址"四有"现场会,会议在曲阜开幕,在临淄结束。

三 薛城遗址、城子崖遗址"四有"探掘与基本成果

鲁故城"四有"工作方案的成功实现,使我们获得先秦大遗址"四有"工作较为完整的经验,形成一套系统规范有效便捷的探掘办法,具备了熟练应对先秦大遗址"四有"任务的能力。于是发端于齐故城"四有"工作时,拟逐一开展山东重要先秦故城址"四有"工作的想法再浮脑海,而此时的条件已比昔日优越得多。1984年冬,笔者开始担任省文物考古研究所所长。翌年,苏秉琦先生发表了"古文化古城古国"的学术观点,受到文物考古界的莫大关注。而山东境内的齐、鲁、薛、莒、即墨、归城、东平陵等周代故城址所在地,几乎都是古文化中心,大都属于古遗址聚集地,古文化连绵不绝,推测各自都应有一部古文化、古城、古国发展史。于是笔者产生了以上述古城址所在地(古文化中心)为地理单元,以大遗址"四有"工作入手,逐渐对其前至新石器文化阶段的重要遗址进行探查,以了解这些地区先秦时期古文化、古城、古国发展脉络的想法。即是说,在笔者学术思想上有了将大遗

址"四有"工作（文物保护重大举措）与大课题研究相结合，将两者联系在一起的萌芽。这就比鲁故城"四有"工作方案确定要实现鲁城三个学术目标有了大步的前进，大大延伸了时间纵深和课题深度。薛故城、城子崖遗址"四有"探掘除薛故城探掘初期的普探外，就是在上述学术背景下进行的，比鲁故城"四有"工作具有更高的学术指导思想。但具体钻探方法完全采用或参照了鲁故城的钻探方法。

（一）薛城遗址"四有"探掘与基本成果

薛故城位于鲁中南滕州市东南部，薛河故道的西侧，地处泰沂山脉西南麓山前平原，津浦铁路穿越故城东北部，以周代薛国都城公布为山东省文物保护单位。实际上薛故城的年代、形制与布局以及是否是西周以来的薛国都城并不清楚，或以为主要是战国汉城。1973年12月，有关部门在故城东北部狄庄村南整理津浦铁路路基时，出土了5件春秋青铜簠，均有铭。其中4件同铭，为"薛子仲安"所作。"子"为薛君爵位，但前出器铭也有称为薛侯的。另一簠是"走马薛仲赤"所作，"走马"是官名。1978年冬，当鲁故城"四有"探掘的钻探任务接近完成时，曾应济宁地区文物人员要求，派出以本地区人员组成的小分队对薛故城做过简短考察（当时滕县隶属济宁地区），在城东偏南的东城垣内侧清理了9座东周墓，主要属于春秋时期，也有战国墓。这些墓葬基本完好，特征显著。春秋墓多见腰坑殉人，陶铜器组合稳定，器形演变轨迹清晰，和鲁城乙组墓（周族墓）葬制迥然有别，同鲁城甲组墓（殷、奄遗民及其子孙墓）基本面也不同，但有一定联系。内有4座大墓，除一座被盗未详，其余3座都是七鼎墓，且被盗大墓残存的铜提梁壶腹部有"薛侯行壶"之铭。这四墓的年代约当春秋早期，应属薛君墓，和"薛子仲安簠"一起为薛故城至少应是春秋薛都提供了重要信息，也显示了开展薛故城"四有"工作的紧迫性[1]。

1984年冬，我们部署了薛故城"四有"工作，组织探掘队伍赴薛故城进行了筹备。翌年开春，即依照鲁故城探掘的学术要求和钻探方法进行了钻探，迅速查明了地下文化遗存的分布，完成了钻探任务。薛故城规模较小，总体而言地层堆积简单，投入的钻探力量比鲁故城少许多，实际用时也少得多，完成全城钻探不足六个月。但薛故城东南部新发现的小城文化堆积深厚，时跨很长，地层叠压关系复杂，而试掘力量薄弱，笔者虽任领队，但因要照顾全所工作，不能长住现场而全身心地投入，因此试掘任务未能按预期完成，有些应当查明的问题未能弄清，尽管"四有"探掘不可能也不要求解决许多学术问题。薛故城"四有"探掘工作如按1985年春正式开展钻探算起，至1986年底止，历时近两年。1992年以后的几次发掘虽然和"四有"试掘相关联，但已属薛故城城市考古范畴。薛故城近两年的"四有"探掘，取得了

[1] 山东省济宁市文物管理局：《薛国故城勘查和墓葬发掘报告》，《考古学报》1991年第4期。

重大突破，初步揭示了薛故城的年代、形制、沿革和墓葬的基本特征。下面做简略介绍。

　　现存薛故城经历了由小到大的发展过程。经系统钻探与试掘，在薛故城东南隅发现一座西周春秋小城（图五）。此城平面呈不规则长方形，东西最长 700 余、南北最宽 600 余米，城垣周长约 2750 米。其东南垣较直，和现见薛故城东南隅的城垣重合；西垣显著外鼓，北垣微弧，西、北垣地面均已无踪迹。四面各一门，东西两门偏南，东西门、南北门之间各有直道相通，门道宽约 8 米。小城北大半部除东西两端近墙地段外，地形隆起，文化堆积丰厚，一般可达 2～3 米。在其中部探出两座"小城"，面积各 10000 平方米，东西对称，中间仅被一南北向河道所隔。未及试掘，年代性质未详。推测应属宫城，废弃后被河道冲隔成两部，因层位偏上，年代当属西周至东周。此"宫城"东面的探沟揭示的地层堆积，包括龙山文化、岳石文化、西周、东周和汉代各期。在"宫城"西南面的探沟，发现了龙山文化、春秋或包括西周在内的一定规模的夯筑遗迹和壕沟。在小城南门东侧的南北向探沟，提供了始于西周中期，包括西周晚期、春秋、战国时期的规整的地层堆积。在小城西门以北、西垣中段的内城根附近，小城以北的吕楼村东，小城东北方的尤楼村东至狄庄村南一带，都有西周晚期与春秋墓地，前述 1973 年出土的"薛子仲安簠"和 1978 年清理的 9 座墓就在后者范围内。探掘工作虽然没有获得此小城始建年代的确凿证据，但综合分析探掘资料，其年代不晚于西周中期阶段，是同时期薛国的都城，直至薛亡或迁徙。无论薛国是否在春秋后期迁于下邳（江苏邳州市东北，一说薛迁邳为上邳，其地在薛故城西面不远），但探掘资料显示此小城在整个春秋时期都保持了西周时期的规模形制，未曾大变，在现见薛城的沿革中属于早期阶段的薛城。早期阶段的薛城，基本上是周代薛国都城，有可能包括了短暂时期的邑城在内。探掘资料显示，除了墓地，薛故城全部西周春秋时期的文化遗存，都集中在此小城内，其外部分的薛故城基本不见，毋庸置疑地说明西周春秋时期只有上述面积约半平方千米的薛城，并无今日所见面积达五六平方千米的薛城。

　　后来在此小城的基础上加以扩大，形成较大规模、平面呈不规则横长方形的大城，其东西最长约 3、南北最宽约 2.2 千米。东、南垣和小城东南垣的走向基本一致，但东垣和小城东北角，南垣和小城西南角的连接处都有稍微外弧与外折的小拐弯，不成直线对接，清楚显示大城为后筑。大城东、南垣较直，西垣与北垣曲折多弯，包括西北城角在内共有六处拐弯，且西北城角明显内收，城垣总长 10615、残高 4～7 米，以南垣保存最高。城基宽 20～30 米，夯土层厚度一般 19～22 厘米。大城文化遗存简单，堆积较浅薄。但中部皇殿岗及村东一带的战国、汉代冶铁遗址规模甚大，内含大小不一的夯筑基址，地面散布许多铁矿石、炼渣、残陶范、瓦当等遗物，

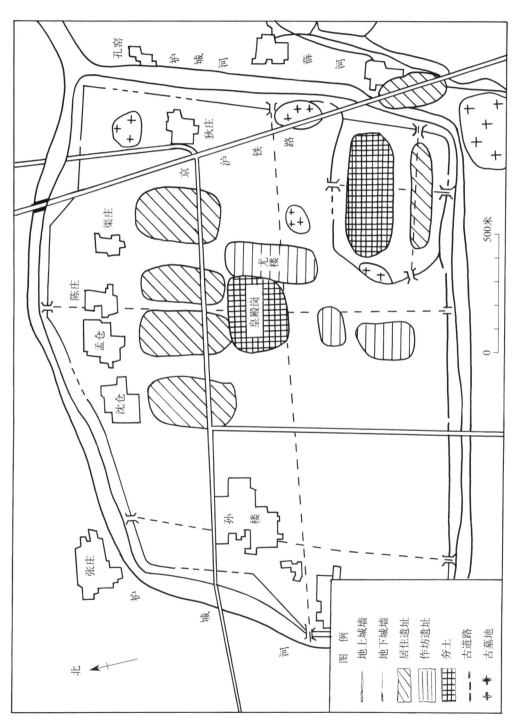

图五　薛城遗址平面示意图

陶范上多见"山阳二""巨野"等刻铭。皇殿岗村西南有战国汉代遗址，内含建筑、冶铜遗迹。大城北部杨庄、渠庄一带有冶铁、制陶遗址。约占故城面积 1/4 的西南部，未见文化遗存，地势低洼。故城西北部至最北部都少见文化堆积。大城内的主要文化遗存是战国、汉代的手工业遗迹，尤其冶铁遗址规模惊人。这些遗址集中分布于皇殿岗村周围及其南北两侧的大城中部偏东地区，东南靠近小城。这说明大城是战国汉代的手工业制造中心，主要是冶铁中心。大城无疑筑于战国，是战国汉城，对大城北垣东段的试掘也做出了证明。

　　大城的修筑，大大拓展了薛城的规模，也标志薛城发展至晚期阶段。未详大城建成后，原先的小城是否继续存在，而形成大小城（内外城）并存的平面。但探掘资料初步显示，无论小城是否继续存在，大小城始终是薛城的两大不同功能区。小城或原小城范围仍是城市重心，主要城市生活区；大城主要是新兴的以冶铁为主的手工业制造区，可能还始终伴随着农业耕作。大城并非薛国所筑，当为齐国修筑。虽然薛国何时为谁所灭史无明确记载，但齐曾长期拥有薛城。史载齐湣王三年（公元前 298 年）封靖郭君田婴于薛，齐曾"城薛"。婴死，子孟尝君田文嗣立，薛邑显赫一时。齐为战国七雄之一，国力强盛，号称东秦，其莒城、即墨、东平陵、阿城等的规模都很大，薛城位于泰沂山脉西南麓、泗河东岸，扼齐向西南扩张的要冲，齐占有薛城后，拓大其规模，成为和宋、楚对峙的前哨重镇，既为形势所需要，也同其国力相适应。即是说，晚期阶段的薛故城，曾是齐国薛邑城。

　　薛是历史悠久的古国。据《左传·定公元年》记载，薛皇祖奚仲任夏车正，曾居薛地，仲虺任商汤左相，也曾居薛。夏代初年约当龙山文化晚期，商汤约当鲁中南地区岳石文化后期。在薛故城小城"宫城"的东面和西南沿一带，小城以北不远的吕楼村附近（在大城东部），小城东垣外和东北方一二千米处的前掌大村北（河崖遗址），都存在龙山文化遗址，而且薛故城周围是个重要的龙山文化聚落群，拥有遗址数十处。而在小城东部的试掘，发现岳石文化遗存，而且年代属晚商周初的著名的前掌大墓地，则和小城东西毗邻，分处薛河旧道两岸。这为探索夏商至西周早期的薛城提供了重要线索，是薛故城"四有"探掘的收获之一。

　　探掘中在尤楼村东的东垣以内，吕楼村东和小城西门北侧墓地，共清理了 100 多座墓葬，年代约从西周中期至春秋时期。大都属小墓，随葬品主要是陶器，器形自具特征，和齐鲁故城同期墓葬不同，和 1978 年清理的那批贵族墓一起初步反映了薛文化墓葬的特征，证明齐、鲁、薛文化各具特征，并不相同 [1]。根据这次探掘成果，1988 年中华人民共和国国务院将薛城遗址公布为全国重点文物保护单位。

---

[1]　薛城遗址"四有"探掘资料尚未正式发表，现存山东省文物考古研究所。

（二）城子崖遗址"四有"探掘与基本成果

城子崖遗址位于济南市章丘市西边境，巨野河的东岸，南距胶济铁路和泰山东北麓约 2 千米与 10 千米，是中国国家学术机构成立后进行发掘的首处史前遗址，也是龙山文化的命名遗址，1961 年和齐、鲁故城一起公布为第一批全国重点文物保护单位。1963 年由山东省人民政府树立了花岗岩保护标志，但一直未对城子崖遗址开展"四有"探掘工作，其确切面积和文化内涵并不十分清楚。首先 20 世纪 30 年代初的发掘，认定城子崖遗址存在上下两期文化，即下层的"黑陶文化"和上层的"灰陶文化"。前者不久即称为龙山文化，后者发掘者定为商周时期。两期文化都发现一座城址，即"黑陶文化期城"和"灰陶文化期城"，认为前者是黑陶文化人们在此居住了一段时间后才修筑的。就是说城子崖龙山文化遗址起先是处一般聚落，后来是座龙山文化城。因灰陶文化层属商周时期，灰陶文化城自然也应当同时。如此，这就是中国考古学在同一遗址第一次发现史前城和商周城。随着中华人民共和国考古工作的恢复和龙山文化研究的深入，学者怀疑城子崖下层城址是否真是龙山文化城。自 70 年代晚期以后，河南发现王城岗等龙山时代城，1984 年山东也发现寿光边线王龙山文化城，城子崖究竟是否是龙山文化城更受关注。其次，随着 20 世纪七八十年代之交岳石文化的确立，得知《城子崖》发掘报告发表的图片，有些实属岳石文化陶器，于是学者推测城子崖遗址会否存在岳石文化遗存，"黑陶文化期"城会否是岳石文化城。第三，如果"灰陶文化期城"是商周城，《城子崖》发掘报告应可见到商代器物，但书中未见商器。而且《城子崖》报告附有董作宾先生的文章，认为该城可能是谭国都城。谭应为东夷古国，因相传《诗·大东》篇为其大夫所作而有一定影响，城子崖遗址上层城址涉及谭国历史，其年代和属性也受到了关注。第四，1989 年春，由省考古所承担的山东第二次全国文物普查后期的野外调查基本结束，得知以章丘中部为中心的地区有一个大汶口—龙山文化聚落群，大汶口文化遗址有 10 余处，龙山文化遗址则剧增至 40 余处。遗址分布密集，群体范围十分明确，城子崖遗址位于群体西边，其在群体中处于何种地位令人关注，如果的确是座龙山文化城，就将是此处龙山文化聚落群的中心聚落。而龙山文化的后续文化岳石文化遗址，虽然比龙山文化遗址少得多，但在岳石文化中这里仍是个遗址相对较多的聚落群。而且相传章丘是谭国的中心区。又汉济南国都城东平陵(起于战国)，就在城子崖遗址东北方约 2 千米处，城址规模宏大，西晋元嘉年间，济南西迁历城，即今济南旧城。普查资料显示，济南地区东部的章丘地区，无疑有一部漫长的古文化、古城、古国史。开展城子崖遗址"四有"工作，通过探掘查明其确切文化内涵，解决有关悬疑，了解其在此地龙山文化聚落群和古文化、古城、古国史中的地位，自然就成为探索章丘（实为济南地区）古文化、古城、古国课题的出发点。在报请国家文物行政部门批准后，省考古所于 1989 年 6 ～ 7 月对城子崖遗址进行了钻探。

这是首次将大遗址钻探引入史前遗址。钻探方法稍有改变，主要是缩小了探区，面积改为 100 米 × 100 米，相当鲁、薛故城普探的操作区，直接按探区进行普探（其实遗址面积不大，不需划分探区钻探，采用"井""米"形钻探，在边缘地带适当增补探孔，发现城垣则进行追踪即可），探孔仍按 10 米等距布置。投入一组探工，历时一月完成普探，获得两点认识：一是查明了遗址的范围，得知其边沿和遗址周围的断崖位置基本一致，遗址并未明显缩小；二是探知文化堆积基本上有上下两大层，似和 20 世纪 30 年代初发掘提供的情形一致，但进一步了解到遗址中部下层的堆积为黑淤土，面积约 10000 平方米，原来可能经常积水或者是池塘。这次普探未发现下层城址，结果不理想，令人有些失望。但这次普探本有利用田野工作空隙先摸摸情况之意，笔者也因工作牵扯未去现场，且遗址上的玉米已经成长，探掘工作不宜继续进行，即告停工。翌年即 1990 年 3 月，笔者率人员对城子崖遗址进行复探。复探分两组从横穿遗址北部的公路两端开始，旨在探索城垣。不料复探伊始，西组探工便报告"在黄生土"下发现夯土，不知所以。实际上"黄生土"并非真是生土，其下的夯土深约 4 米，可能是下层城垣。随即进行追踪，两三天就探出了围绕遗址周围的城垣。其中有的城段明显有上下层，但大部分城垣难以区分上下层。不过这已初步证明城子崖遗址确实存在上下层的城址，只是年代还不明。此后继续沿城垣内边探寻城门，探出了南、北门各一座和连接两门的道路，并在遗址周边一二千米范围内探寻了墓地，却毫无结果。工作重点则放在对城垣的解剖上，先后对西垣北端与内城根、西北城角、北垣西南段、中段与东段、东垣南端、南垣西段和南门外口西沿（南门大部分在山城小学院内未揭露）共八九个地点进行了解剖，获得一系列重要信息。因系史前遗址的"四有"探掘，并非开展古城考古，所以未对城内中心区进行试掘（公路以北的遗址北部，地面隆起，疑有大型建筑遗址，本拟进行试掘查明堆积性质而未果）。至 1992 年上半年，城子崖探掘告一段落。城子崖遗址两年多的"四有"探掘也获重大突破，取得丰硕成果。

查明城子崖遗址包含三大期文化遗存，是三座城址，并不是两座城。下层是这次探掘新发现的龙山文化城，和早先发现的"黑陶文化期城"无关；中层是岳石文化城，即早先发现的"黑陶文化期城"；上层是春秋城，即所谓"灰陶文化期城"[1]。

1. 城子崖龙山文化城

该城东、南、西三面的城垣近直线，北垣向外突出，弯曲多拐弯，城拐角呈弧形。城东西宽约 455、南北最长约 540 米，面积约 20 万平方米。有南北门各一座，

---

[1]　城子崖遗址"四有"探掘资料尚未系统发表，本文所述三座城址的基本情况，零星做过介绍。

南门居中，北门偏东，连接两门的道路经城中部淤土（池塘）的东、东南沿通向南城门，道路为史前习见的土路。东西两面经紧密钻探（探孔间距 2 米），未见城门。城东西临河，可能不设东西城门（图六）。城垣经多次修筑，以堆筑为主结合原始版筑法修筑，未详是否一开始就以两法结合修筑。始筑的城垣或依河崖或在平地与缓坡上修筑。北垣东段的探沟显示前者是先清理河崖上部一定深度的崖面，同时清理崖头以里 10 余米宽的地段，形成很缓的向外倾斜的墙基，然后依托清理的崖面夯筑，达到墙基表面（地面）高度时，就扩展到墙基上堆筑城垣。城垣成两面坡形，夯土层很不规整，层次不明显；然后依城垣外侧版筑成外壁接近陡直的城垣，这部

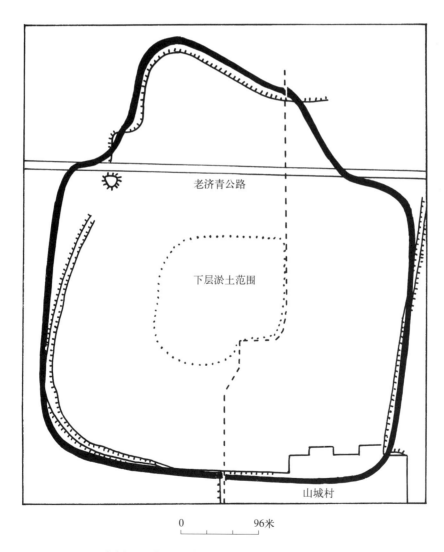

老济青公路

下层淤土范围

山城村

0　　　　　　96米

图六　城子崖龙山文化城址探测平面图

分城垣的夯土层规整显明；内壁则成低矮规整的坡面，最终形成外陡内坡、外高内矮的城垣。北垣中段和南垣西段的探沟显示，在平地或缓坡上修筑城垣也是先挖出斜壁沟形基槽，整理墙基，然后沿基槽里部上筑，再扩展到墙基上堆筑，可能最后也在外侧版筑外部的城垣，和上述北垣东段的城垣一样。但除北垣东段探沟的城垣外，其他探沟内的龙山文化城垣的外部墙身都已不存，不能肯定。在平地和缓坡上筑城时，取土就在基槽内向外取土，筑好城垣，取土沟也就成为城壕，即取土筑城和挖城壕毕其功于一役。这种城壕其内壁和城垣外壁上下连成一体，没有间隔，从而加高了城垣外侧的高度，增强了防御功能。但壕壁受雨水冲刷，冬冻春融，墙基易损，城壕也易淤堵，有时还须从外侧修筑城垣，所以城壕位置也不很稳定，显示这种城垣城壕结构既有利也有弊。

　　后来继续修筑的城垣，大都靠始筑城垣的内壁修筑。一般只将内城根的堆积稍加清理，成为弧底形，即行堆筑。因此后筑的城垣下大都压有一定的文化堆积，且新墙基一般都高于旧墙基。随着不断修筑，城垣整体逐步加厚增高。城内的地平面也随居住时间的延续逐渐提高，内城根一带地面最高，向内倾斜，城中部低洼，经常积水，甚至可能存在池塘。探掘资料表明龙山文化遗存都在始筑的城垣以内，城始筑于龙山文化早期，初步判断龙山文化早期的人们开始在此居住时就修筑了城。

　　城子崖龙山文化城属于"台城"，这是初识龙山文化的这类台城。台城即台形的城。其显著特征是城内外地面和城垣内外壁的高低悬殊，城内地面高，城外地面低；城垣内外壁则相反，外观，城垣高耸；内看，城垣有如低阜围绕四周。北垣东段探沟内的城垣保存较好，其外壁近陡直，估计高约7米（城基被公路所压，且已出水，未挖到底）；内壁成小斜坡状，从坡顶到坡根的水平长4、水平高2.5米，城顶宽7、城基宽约14米，城内随处都可登上城顶。城垣内坡上建有房子，城顶上发现过灰坑。因为台城的城内地面高于城外地面，所以城门道呈斜坡状。在南城门内城根处因农家取土形成断崖，断面上的道路分上中下三层，上下层和同层的道路位置不固定，东西摆动范围宽达30米。其外的门道向外轻微倾斜，隔断城壕，路面已不存，路基的黄土夹杂大量大小比较匀称的料姜石。揭露了门道外口的西沿，在边沿上有南北向窄墙遗迹，墙东显露地穴式房子的西边，房内上部显露数层黄土居住面，居住面下有相当厚的黑灰房基，房子大部分在小学院墙以内，全貌不得知。据此房位置和长时间的使用来推测，似为门卫房之属。估计城子崖遗址首次发掘时可能就遇到过此城的城垣，但其筑城技术和城垣结构的原始性，正在起步的中国考古学还不可能识别以堆筑为主的这种龙山文化台城。

　　2.城子崖岳石文化城

城子崖岳石文化城的确认，提供了山东首座夏商城。为获得确凿证据，证明此城就是首次发掘时发现的"黑陶文化期城"，我们曾费大气力找到《城子崖》一书上发表的、1931 年在南垣西段发掘的 C4、C1、C2 探沟——三探沟依次由南而北连接，报道了南垣西段的断面——重新挖出以观察层位。C4 长 5 米，C1、C2 各长 10 米。C4 南边距今崖头 0.5 米，沟内全是城垣，当时最深只挖到 0.5 米，远未挖穿城垣。此处城垣的里皮在 C1 南头，C1 内的城垣和地层堆积当时全部进行了清理。其东西壁的地层一致，清晰显示城垣基槽是在岳石文化的堆积（早期岳石文化城内城根的堆积）上挖出，基槽下面仍保留着一定厚度的岳石文化堆积，此堆积下是龙山文化堆积，毋庸置疑地证明 C1、C4 的城垣是岳石文化城垣。《城子崖》书中发表的城垣断面图，正是此城垣和上层的"灰陶文化期城"的城垣。所谓"黑陶文化期城"，绝非龙山文化城。我们保持了上述探沟的原状未动，而在其西 1.5 米处平行开了一条 50 米 × 2 米的长探沟，纵贯遗址崖头内外，将内城根 10 余米的堆积、城垣与城壕包括在内。老探沟和新探沟崖头以内部分的地层堆积和城垣的层位关系都相一致，但新探沟进一步揭示了三个时代的城垣和城壕。靠里的城垣就是和老探沟对应的岳石文化城垣，有早晚两期。其晚期城垣最靠里，依早期岳石文化城垣内壁修筑；早期岳石文化城垣则靠在其外的龙山文化城垣内壁并部分压于墙身上修筑。新探沟内龙山文化城垣的位置，当此处遗址断崖崖头处的底部至断崖斜坡的坡根处，墙基宽度超过 10 米，墙身已不存，仅残存少许墙基，断崖斜坡上部的堆积均为现代堆积。在龙山文化墙基外侧，有零星的春秋城垣夯土，位于遗址断崖坡根外一带的耕土下，高度比龙山文化墙基靠下，显示此处春秋城垣曾从龙山文化城垣外侧修筑，将其包裹在底部。首次发掘时此处的春秋城垣显然仍保存着一定的高度。春秋城垣残迹以南便是宽阔的城壕，各期城壕互相重叠，已很难准确区分各时期的城壕。因首次发掘的探沟都开在遗址断崖以内，而此处最靠近崖头且框住了龙山文化城垣内壁的 C4 却未下挖——估计当时因在 C4 以南的地面上仍有岳石文化和春秋城垣，加上 C1 提供的地层情况，发掘者认为两座城的关系已基本清楚，无须继续发掘 C4 的城垣而告停——因此，1931 年秋主要为进一步了解城的有关情况而开挖的 C1 ～ C4，根本就没有挖到龙山文化城垣，所谓"黑陶文化期城"千真万确是座岳石文化城。新探沟的地层关系显示该城城垣上面的地层为岳石文化、春秋文化和耕土，城垣下面为岳石文化、龙山文化堆积，共厚 1 米多。这下面的堆积全被认为是建城以前的黑陶文化聚落的堆积，所以发掘者得出了黑陶文化期（龙山文化）人们在此居住了许久后才修筑城的结论。

岳石文化城垣至少有先后两次大规模的修筑，都以纯净黄土筑成。早期城垣基本上沿龙山文化城垣内侧修筑，晚期城垣又沿早期岳石文化城垣内侧而筑。城门沿用了龙山文化城的城门，也只有南北门各一座，两城的形制一致。但因城垣筑于龙山文化城垣内侧，所以城的面积小于龙山文化城，为 17 ～ 18 万平方米。城垣采用原始版筑法修筑。首先沿龙山文化城垣内侧挖出宽于新筑城垣墙身和有一定深度的基槽，基槽底高低不一，随筑城时的地面高度而变，外壁倾斜，基槽不很规整。然后在基槽内采用横支撑或斜支撑来支撑挡土板，逐层上筑，因而墙体和基槽外壁之间存在狭小的宽窄不一的小空间，墙体并不是在整个基槽内修筑的，说明尚未使用桢干筑城。其挡土板上下不垂直对接，而是逐板内收，即上板都置于下板里面的墙沿上，因而墙壁不成平面而呈小台阶形。每一台阶高就是一块挡板的宽度，挡板宽度差别不大，长度并不完全一致。挡土板以木板居多，也有藤条编织物。无论以何物来挡土，清理后都痕迹如新，说明它们随筑随被掩埋覆盖，并未撤离，至少墙体的下部是如此。城垣夯土层规整而较薄，采用成束小棍夯修筑，层面上夯窝密密麻麻，小而较深，呈圆形弧底形。据岳石文化堆积都直接叠压于龙山文化堆积之上，未见两者之间存在间隔，且城垣都沿龙山文化城垣内侧修筑，两城形制一致等因素判断，城子崖岳石文化城可能由龙山文化城直接发展而成，很可能是迄今为止唯一的从龙山文化早期不间断地延续至商后期的古城，从而为了解龙山文化、岳石文化时期东夷筑城技术的发展状况和不断进步，提供了系统的弥足宝贵的科学资料。

3.城子崖春秋城

城子崖遗址探掘没有发现晚商、西周的文化遗存。当时此地一直荒废。至两周之际或春秋早期，再度在此建城，该城便是首次发掘时发现的"灰陶文化期城"。该城晚期的地面比现地表高许多，晚期地面和晚期堆积已基本消失，仅在西城垣内城根一带地形隆起，仍保存狭窄范围的晚期堆积。该城城垣在岳石文化残垣的基础上修筑，或从一侧或同时从两侧修筑，视岳石文化城垣的保存状况而定。因岳石文化城根的地面高低有别，春秋城的墙基随着有高有低，高差颇为悬殊。在解剖西垣北端的探沟中，发现规整的城垣基槽遗迹，在耕土下出现，残深不足 0.5 米，紧依晚期岳石文化残垣的内壁而筑（此处岳石文化残垣在全城保存最高），属于在春秋城垣内侧进行的修筑，并非春秋城始筑城垣。此处春秋城的始筑城垣从岳石文化残垣外侧包裹后者，已基本消失，仅存些许残基。在其他探沟未发现春秋城垣基槽。春秋城垣也以纯黄土修筑，但有些夯土的色调呈浅红。夯土层比岳石文化城垣稍厚些，和齐鲁故城同期城垣的夯土层相类。夯具仍是束棍夯，木棍则比岳石文化的木棍粗些，但夯土质量逊于岳石文化城垣。因该城原地面高于现地表，地面上的城垣已基本消失。大凡墙基较高的墙段，例如南垣、北垣中段，地下城垣也仅存残迹或已无踪迹。但墙基较深的墙段如北垣西段与东段、东垣等墙段，地下仍保存着高低不等的城垣。目前仅北垣西头有赖于坐落着城子崖遗址保护标志，地面上尚存有高约 2、长约 10 米的残垣，其中包含着一向被认为是周代城垣的岳石文化残垣，此段城垣的西坡下则压着龙山文化墙基。不可再得的现存地上三时代城垣的重叠，向世人默默展示着城子崖昔日的光辉历史和灿烂的东夷文明。

城子崖春秋城废弃于春秋晚期。顺便说明，该城废弃后，位于其东北 2 千米处的东平陵城兴起。东平陵城规模宏大，作为古济南地区的主要政治、经济、文化中心，汉济南郡国的治所与王都所在，起于战国，一直延续到西晋。永嘉五年，郡治西迁至历城，即今济南旧城。

于是，城子崖遗址"四有"探掘，已对首次发掘后提出的主要问题做出了明确的回答。确认城子崖遗址实为龙山文化、岳石文化和春秋时期的城址，曾在本小区古文化、古城、古国发展史中占据长达一千余年的中心地位，对探索中华文明起源具有重大意义，从而大大提升了这处有着中国考古圣地之誉的古文化遗址的科学价值和社会影响。当然"四有"探掘不要求也不可能解决很多问题，在明确了城子崖上中下三期城址后的进一步研究，诸如各期城址的布局、墓地何在、龙山至岳石文化城是否确是前后相承的同一座城以及春秋城的性质等问题，将有待今后开展课题研究来解决。1991 年，城子崖遗址探掘获评 1990 年度和"七五"期间全国双十大考古发现。同年冬城子崖发掘满一甲子，山东省文化部门在济南召开了"纪念城子崖遗址发掘 60 周年国际学术讨论会"。宿白、徐苹芳、佟柱臣、严文明等著名考古学家参加了会议；苏秉琦、俞伟超因故未能莅会，向会议发来了贺信；会后出版了《纪念城子崖遗址发掘六十周年国际学术讨论会文集》。1994 年，城子崖遗址探掘获国家文物局首届"优秀田野考古成果奖"二等奖（一等奖空缺）。城子崖探掘成果和大遗址探掘方法得到考古界和国家文物行政部门的认可。

四　先秦大遗址"四有"探掘的方法论

鲁故城"四有"探掘方案的成功实践和薛故城、城子崖遗址探掘的突破性成果，表明先秦大遗址"四有"探掘已摸索到一套系统、规范、便捷、有效的探掘方法，意味着田野考古学产生了一种新的基本方法——大遗址探掘。这一探掘方法以中国传统的考古钻探为基础，辅以试掘（调查性发掘），但不是简单的钻探加试掘。这里的钻探并非通常探索墓葬（墓地）和文化遗址，以求了解墓葬的数量、大小、形制、深度和一般遗址的范围、文化遗存深厚度、地层堆积和年代框架等信息的简单钻探，而要解决更深层次的课题——了解相关古城址整体的基本状况，包括基本年代、基本布局及阶段性变化和考古文化基本特征及阶段性变化诸方面的基本情况，而且要求较快地——一般应在一两年内——达到基本目标。显然这不是一般的钻探、试掘或两者结合就能实现的。事实是,大遗址"四有"为考古工作提出了新任务新课题,解决这一新任务新课题需要相应的新方法,关键是新的考古钻探方法。因为古城址的上述整体情况不能由钻探试掘直接提供,而须首先通过系统钻探和必要的试掘,在全面掌握地下文化遗存的分布、地层堆积、主要遗存的层位关系、年代与形制等信息的基础上,对钻探试掘资料进行综合分析与整合,有时还需要参证文献记载,具有系统工程性质。鲁城"四有"钻探是一种全新的考古钻探,其钻探规范把钻探分为普探与专项钻探两部分。普探以正方格网形探区进行。探区面积 500 米 × 500 米,每个探区又划分为 25 个 100 米 × 100 米的操作区,逐区实施钻探。以 10 米等距布置探孔,6 人编为一个钻探组,承担一个探区的钻探,其中 5 人钻探,1 人记录。以探区和专项为单位编写钻探记录。探区记录由探孔记录、文字记录和地形地物文化遗存分布示意图三项内容组成。同时利用普探成果标示图及时掌握普探进展状况、发现问题和加强普探的管理指导。在这里探区、操作区、布孔、探工编组、钻探记录,以至管理指挥各个环节,相互联系,环环相扣,构成了实施全城普探一整套系统的新方法,为快速查明地下文化遗存的分布等必要的信息提供了保证。并通过试掘查明文化遗存年代框架,最终基本上掌握了鲁故城的年代、形制、布局和文化特征与文化序列方面的大体情况,基本上实现了鲁故城"四有"探掘方案提出的学术目标,为划定一般保护范围与重点保护范围提供了科学依据。这和通常对墓葬、墓地与文化遗址的一般性钻探截然不同。

　　上述实践表明大遗址探掘方法是一种快速查明先秦大遗址整体概况(包括年代、形制、布局与文化特征基本状况)的田野考古方法,是考古层位学在大遗址"四有"特定任务上的运用。大规模的先秦古城址大都经历了长期的发展过程,其规模、形制、布局(各功能区的分布)不可能一成不变。而各个时期的文化遗存大都互相叠压,有些片区的文化堆积包含城市发展的全过程,另一些片区的堆积时间或长或短,其中还存在文化堆积空白区。这些空白区可能本来就未曾利用,也可能是其文化堆积已彻底消失,而且同一片区不同时期文化堆积的范围不可能完全一致。总之,城内文化堆积参差不齐,情况错综复杂。我们必须在全面掌握全城文化堆积分布的基础上,查明各片区堆积的层次、期段、各期堆积的大致范围与大体年代,以复原古城址各阶段的基本平面。然后才能依据各阶段文化遗存的科学价值,确定重点文物,划定重点保护范围。但先秦大遗址规模宏大,要想快速掌握全城地下文化遗存的分布,查明各片区文化堆积的层次、期段、各期范围与大致年代,不可能依靠踏查和试掘来实现。有幸中国考古学具有独特的"洛阳铲"和铲探方法,对钻探方法进行必要的改进与科学组织,将可以实现目标。鲁、薛故城的实践证明,将古城址划分成大小适当(500 米 × 500 米)的正方向方格网形探区,逐区实施普探,辅以专项钻探，将可快速查明全城文化遗存的分布，提供各片区文化堆积的层次与期段结构。再通过必要的试掘，就能了解各片区之间的对应关系，基本复原古城址各阶段的平面，掌握其基本年代。

逐区查明文化堆积的层次与期段包括堆积的性质是关键，也就是说普探是基础。利用探铲（洛阳铲）划分文化堆积的层次、期段及提供堆积性质信息的依据，仍然是堆积的土色、土质与包含物（陶、瓦片、砖块、金属、红烧土、冶炼物、骨料等）。诚然探孔的直径不过 4～5 厘米，一个探孔对探区而言犹如一枚针尖，其地层堆积状况很难具代表性，从周围更多探孔来看，情况还可能如此。但是，把一个探区划分成 25 个 100 米×100 米的操作区（每区面积 1 万平方米），按 10 米等距布孔后，每区为 100 孔，构成东西、南北向各 10 排探孔（头一个操作区共有 121 孔，构成东西、南北向各 11 排探孔）。这 100 孔所构成的东西、南北向各 10 排探孔，将勾画出一个操作区东西、南北向各 10 个地层断面。操作区内探孔与地层断面的数量已相当多而密，两者各自的间隔均只有 10 米，而且东西向与南北向的地层断面都是互相交错、互相联系的，并和其四邻操作区相对应的地层断面连接在一起。通常情况下，这些地层断面能够真实反映一个操作区文化堆积的基本状况（堆积深厚度、层次结构、期段线索、遗存性质线索与年代线索等）。按探区而论，全区探孔总数达 2500 孔以上（普探探孔 2500 孔，外加一定数量的卡遗迹的探孔），各长 500 米的南北向、东西向地层断面各 50 条，将可以提供全探区文化堆积宏观的基本状况。因为探区呈正方向方格网形涵盖全城，一个探区的东西向断面都和左右探区的东西向断面相连接，南北向断面都和上下探区的南北向断面相连接，最终延伸至城垣，于是全城文化遗存的分布与宏观地层堆积状况也就逐步得以查明。全城的文化堆积将分属不同的大层或期段，同一大层或期段的文化遗存形成一个平面，此平面即古城址相应阶段的平面。所以就方法论而言，大遗址钻探是对考古层位学基本原理的运用。

大遗址钻探在查明地下文化遗存分布与层次结构的同时，也能够提供文化堆积期段与年代的初步信息。因为大量的钻探总会带出一些地层包含物，诸如陶、瓦、瓷片、砖、铸币、金属小件等包含物，将提供地层的大致和参考年代，进而还可了解各阶段地层堆积的基本特征。一般来说，一大地域同一时代的地层堆积具有一定共性，一处长期居住遗址的早晚地层堆积往往各具特征。具有相同特征的地层堆积，年代则可能相同或相近，对于同一遗址来说尤其如此。因此掌握了一定阶段的地层堆积特征，即便没有地层包含物，也可以大致确定此地层的大体阶段。掌握不同阶段地层堆积的特征，是个经验积累的过程，主要通过钻探与试掘的实践，尤其是后一种实践。所以一定数量的试掘，构成大遗址探掘不可或缺的工作内容与方法，也是确定主要地层堆积的准确年代所必须。毕竟大遗址主要地层堆积的准确年代是通过试掘，由地层的器物尤其是陶器群来确定的，钻探提供的信息也须首先通过试掘的验证。但是在通过一定数量的试掘掌握了主要片区各层次堆积的年代，并把握了各期段堆积的基本特征后，为了节省时间，或因缺乏发掘人员等原因，则可以依据钻探提供的地层特征与层位关系，确定阶段性的大致年代。这是大遗址探掘不同于城市考古的又一方面。大遗址探掘旨在推进大遗址的保护，需要查明：城址的基本年代；地下文化遗存的分布、性质与价值，即要确定各功能区，查明基本布局及其变化；考古文化的基本特征与文化序列诸方面的基本状况。但只要求获得这些方面的阶段性或初步成果，乃至只提供一些线索与信息，而不求精确、系统、深入地解决，事实上这些课题是不可能靠一两年的探掘完全解决的，深入彻底解决这些问题是城市考古的任务。因此，先秦大遗址探掘方法是一种快速基本查明大遗址整体状况、获取阶段性成果的田野考古方法。阶段性成果的大小深浅，并无绝对要求，情况允许，工作就可以深入些，以获得更大的成果。

五　先秦大遗址探掘方法的前景

从前文所述，可知先秦大遗址探掘方法明显具有两大特点和优势：一是可以快速提供大遗址整体的基本状况，获得其年代、布局和文化特征的基本或初步的信息；二是工作对象始终是大遗址整体，探掘必须查明大遗址整体的相关问题，而不是局部的问题。既然大遗址可以借此快速获得整体的基本状况，那么一般文化遗址的规模和大遗址不能同日而语，快速获得基本整体状况，大致了解其规模、文化遗存分布状况、年代和文化特征等信息自然更不成问题了。于是文物考古工作有了一种获得文化遗址整体的科学基础资料的便捷方法。此前由于缺乏古遗址整体的科学基础资料而无法开展研究的一系列课题，今后就可以运用此方法包括其原理在内，有计划地开展和推进研究了。大遗址探掘方法及其原理，无疑将具有广阔的运用前景，将对文物考古工作的深入发展产生重要影响。谨围绕海岱地区的古文化遗址举例做些说明。

（一）促进古城和城市考古的深入发展

我国历史悠久，幅员辽阔，遗留的文化遗址数以万计，其中包含大量已知和未知的古城址。这些古城址分属史前和历史时期，承载着中华文明的历史和灿烂的中华文化，构成我国文化遗产宝贵的组成部分，考古学研究的重要对象。历史时期的城址，包括历朝历代的京都、王都、邑、郡、府、县城等，数量十分巨大。但是历代行政区域变化无常，政区治所驻地和名称频频变化，新名不断出现，旧名时去时复，同名异地、同地异名现象比比皆是，情况错综复杂。所以尽管古文献有大量历代古城地理位置和某城址是某某城的记载，但基本上都需做验证工作，三代的城址尤其如此。例如薄姑是山东晚商时期的重要方国，古地理家都说其国都薄姑城在小清河下游的博兴县，但所指不一。该县确有数座先秦城址，其中是否确有薄姑城，必须对这些城址进行验证，包括寻找这里会否还有未知的商代城。如果确有薄姑城，薄姑国的统治中心区就得到确定。史载周灭薄姑封于齐，齐国第五君胡公曾迁都薄姑，则西周齐国的地理位置也比较明确了。事实是，许多城包括已知和未知的城，都蕴涵着重大的历史信息，许多课题研究有赖于城和城市考古的开展。随着文物考古工作的发展，城和城市考古在考古学研究中的分量将不断提升。但是城址面积远大于村落面积，采用传统的以发掘为主辅助钻探的方法，即使是获取初步的整体资料，其过程通常也很漫长，这就使城和城市考古的开展受到很大的制约。大遗址探掘方法将明显改变这种状况，将可以分城址考古为两步走。首先快速掌握城址整体概况，了解其规模、年代、布局和文化特征的基本状况，对城的性质做出初步分析，获得阶段性成果。如要继续第二步工作，即拟进行系统深入的发掘，就可以在此基础上制定发掘计划，按计划推进发掘工作。城址考古的这两步走，既能快速得到城的概况的基本认识，又使第二步工作更具针对性，时效更高，更能保证和提高工作质量，总体上将大大缩短整个工作过程，获得事半功倍的功效。显然，先秦大遗址探掘方法对历史时期的城和城市考古具有显著优势。

史前城考古起步较晚。20世纪70年代自河南登封发现首座史前城——王城岗中原龙山文化城后，迄今在全国各考古文化区已发现史前城50座左右，基本上都属于公元前3千年纪的龙山时代城，属于公元前4千年纪的仰韶时代后半期的城只有数座。推测中国城应起源于公元前5千年纪的仰韶时代前期，当由环壕、土围聚落发展而来，但尚未发现该阶段的城[1]。史前城作为设防的聚落，大都属于中心聚落，对研究文明化进程、文明的形成和初步发展具有特殊意义。目前史前城资料有两点不足，一是城址发现不多，时空空白大；二是欠缺全面和大面积揭露的城址资料，对现有城址的文化内涵和布局缺乏了解，因而阻碍了史前城研究的深入发展。运用大遗址探掘方法特别是其原理于史前城考古，将迅速显著改变这种状况。如果采用此法（主要是其原理）对公元前5千年纪的大中等遗址，公元前4千年纪和公元前3千年纪的大中型聚落群的中心聚落，或者群内的那些最大规模的遗址进行探掘（如本节第二点所述），就将快速确认这些遗址是否是城址，发现大批城，同时提供所发现城址的整体概况。即是说，这一探索将不断丰富史前城址纵横两方面的资料，

---

[1] 参阅《中国城的起源与原始城的发现》，《张学海考古论集》，学苑出版社，1999年。

填补史前城的时空空白，为城的起源、史前城的发展变化，仰韶、龙山时代城的特征与性质，聚落群的性质和国家起源等问题的研究提供科学资料。毋庸置疑，大遗址探掘方法能够对推进古城和城市考古做出重大贡献。

　　（二）用于提升古遗址基础资料的科学水平

　　这里的古遗址主要指有陶史前文化遗址。海岱地区的有陶史前文化遗址数以千计，分属后李文化（笔者暂称西河—后李文化）、北辛文化、大汶口文化和龙山文化。这大批量史前遗址的基础资料仍存在不少不准确性，有待解决。首先一个问题是，一处史前遗址究竟包含了几种史前文化？海岱史前遗址大部分包含了两种以上史前文化，少部分为单一文化遗址。但两者中都有可能存在尚未暴露的下层文化，就是说在前者中有的互相叠压的文化遗址数目比已知的多，在后者中有的并非单一文化遗址。事实已说明这不是个别现象。这些未暴露的下层史前文化遗址，不仅可以缩小相关文化遗址和其实际聚落数量的差距，尤为重要的是，将可能反映有关文化更真实的分布范围，改变一定地区现知的文化时空关系以及某文化在一定地区的存在形式（孤单、成组、成群存在）等。例如2007年，菏泽市牡丹区胡集乡成阳城址所压北辛文化遗存的面世，证明北辛文化已抵达鲁西南地区，既大大扩展了北辛文化的分布范围，也改变了以往对鲁西南地区古文化时空关系的认识。所以查明未暴露的下层史前文化遗址，实属深化文化时空关系大课题研究的重要任务。其次，关于史前遗址的规模的数据。这方面的数据基本上得自地面踏查，据地面所见文化遗存的分布范围来确定。众所周知，地面所见文化遗存的分布范围，不等同于遗址的面积。这范围既可能小于也可能大于该遗址的面积，后者是因为遗址堆积受到破坏后，遗存散布至遗址范围以外的缘故。当然两者基本一致的情况也不少，但地面踏查很难确定。对多文化叠压的遗址来说，地面踏查所得面积常常是该遗址的总面积，即地面所见不同时代居址范围之和。这些叠压在一起的文化遗址，其大小、位置不可能始终完全一致，即其总面积并非互相叠压的各文化遗址的面积。这种遗址总面积的数据，缺乏学术意义。只有把这类遗址分解成以考古文化定位的遗址，其面积数据才具有学术价值，但这是地面踏查、一般性钻探和试掘根本无法解决的。所以，目前的史前遗址面积的数据，除极少数经过较深入勘察和较系统发掘的遗址外，只是个概数，不是科学数据。再次，大量史前文化遗址同本文化的时间对应关系不确切。除了很少部分做了发掘工作的遗址外，史前文化遗址相当本文化的时段，基本上由采集于地面的陶片而定。但是，该文化遗址暴露于地面的遗存可能只是该文化遗址晚期的遗存，其下还有该文化遗址中期乃至早期的遗存尚未暴露，地面踏查当然只能将该遗址定为该文化的晚期阶段，但却不是事实。这种情形对于单一文化遗址也不会是个别的，对于多文化叠压的遗址，则可能更为普遍，所以目前许多史前遗址的时段存在不确定性。一直以来北辛文化与大汶口文化早期的遗址极少，各自明显少于其前后阶段的遗址，似乎海岱史前文化在北辛文化早期、大汶口文化早期经历了两个衰退或停滞阶段，实际情况恐非如此。

以上说明，现有史前遗址的基础资料缺乏足够的科学性，各文化遗址的数量与分布，大量遗址的规模与时段等存在不确定性，这种状况虽未对文化区系类型研究造成很多影响，但对新世纪文物考古工作新阶段的社会考古，深化古遗址分级保护，提高科学管理研究水平等任务，显然已很不适应，不能继续淡然对之，应当给予关注，设法提升古遗址基础资料的科学水平。

史前遗址规模小，面积通常在数千至数十万平方米之间，50万平方米以上的遗址是很少数，100万平方米以上的遗址则是凤毛麟角，因此最为便捷有效的方法是，运用大遗址探掘方法的原理，视古遗址的具体情况对其实施"米""井""卅"等形式的钻探，视需要在边缘地带适当增补探孔，就可基本查明整体文化堆积的深厚度、层次和各大层堆积的深厚度与分布范围（图七、八）。不同文化的堆积范围，就是各个文化遗址的范围；同一文化堆积中各大层堆积的分布范围，一般反映了该文化遗址不同阶段的基本范围。辅以调查性试掘，诸如是单一文化遗址还是多文化叠压的遗址，有哪几种文化遗址叠压在一起，以哪一文化遗址为主，每个文化遗址的时段、规模及阶段性变化，多文化叠压遗址的各文化遗址是连续居住还是间断性居住，以及各文化遗址文化内涵的丰简状况等，都将得到基本确认或者提供重要线索，从而大幅提升了古遗址基础资料的科学水平与学术价值。

目前舍此别无他法可以获取比较科学的古遗址基础资料，且此法十分便捷。一处面积300米×300米、文化堆积深度2.5米以内的遗址，以一组探工（6人，内1人记录）采用米形探查，孔距10米，每条剖线平均需探约30孔，4条共探约120孔，加上周边地带两邻线之间的补孔和卡边的探孔（要求遗址边沿误差小于5米），探孔总数一般将在170孔左右，按每位探工平均一天探20～25孔计算，两天以内即可完成钻探。试掘按5条5米×2米探沟计，同时展开，半月至20天内可以完成。假定遗址面积为600米×500米达30万平方米的较大遗址，堆积深度不变，以"卅"形钻探，预设探孔不出340孔，加上周边的补孔和卡边探孔，探孔总数按400孔计，一组探工4天内完成。开7～8条5米×2米探沟进行试掘，相错进行，一月内完成。可见此法获取大遗址基础资料之快捷。

这种探查原来有两点不便之处。一是选择探查基点较困难。探查基点对剖线定位、实施钻探、记录和确定遗址位置十分关键，以遗址中部各条剖线的交汇点最适宜。但遗址的地形地貌千差万别，且时常变化，在引入GPS以前，很难确定理想之点，尤其是难以长久保留，事后就无法找到原基点、剖线和遗址范围。大遗址

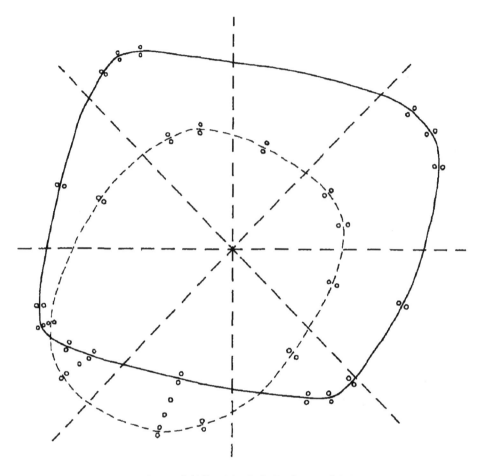

图七　"米"形探查文化遗址示意图

说明：①虚线圈、实线圈分别表示大汶口文化、龙山文化遗址范围；②"米"形虚线表示预设的探查线（拟通过钻探提供遗址文化堆积的4个剖面），探查基点定于各剖面线的交汇点，剖线上的探孔间距10米（孔位省略），卡边探孔缩小至2米。基点和剖线上的遗址边沿均由全站仪定位；③遗址边沿上的小圆圈代表探孔，表示其所在位置应当增补探孔钻探，以确定遗址边沿和遗址形状，并利用全站仪绘出遗址总平面图，最终整合钻探试掘资料，获取以考古学文化定位的文化遗址的科学整体资料。

普探利用大平板仪划分探区，就有这方面的突出问题。尽管总基点和国家测绘点挂钩，但城内村庄错落，隔断视线，必须移动基点，移动基点就会出现误差，距离总基点愈远，误差愈大。而且时过境迁，将很难或无法找到探区四角的准确位置。如今田野考古引入了 GPS，这一缺陷已迎刃而解。再是，探铲长度不够长，以往探铲铲柄都采用蜡条杆，目前仍大致如此，加上铁杆、铲头长度，总长 2 米左右，有的达到约 2.2 米，操作比较轻便。长度过长则操作不便，也缺少适宜的蜡条杆。但遗址文化堆积深度超过一般探铲长度的比比皆是，届时就需换专备的长柄探铲继续下探，既麻烦更影响效率，且携带不方便。目前盗墓者已使用可套接的铝合金铲柄，

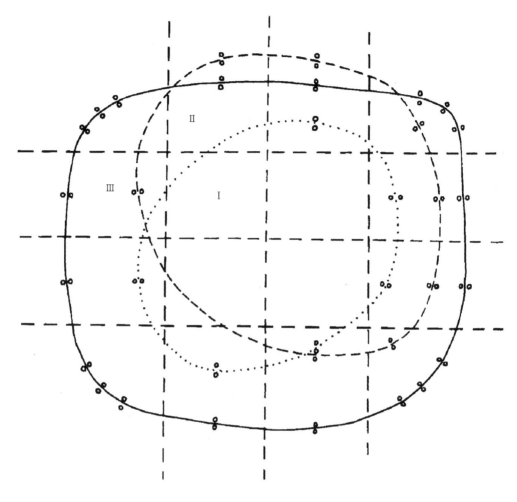

图八 "井"形探查文化遗址示意图

说明：①Ⅰ（内圈）、Ⅱ（中圈）、Ⅲ（外圈）分别表示北辛文化、大汶口文化和龙山文化遗址的范围，三者重叠，北辛文化遗存未暴露；②"井"形虚线为预设的6个探查剖面，探查基点定于纵横两条中线中部的交点。剖线上的探孔间距10米（剖线的孔位省略），卡边缩至2米；③三遗址边沿上的小圆圈代表探孔，表示其所在位置应当增补探孔钻探，以确定遗址边沿和平面形状；④基点、剖线上和补孔钻探确定的遗址边沿以及试掘的探沟，均以全站仪定位，并绘制总平面图。最终整合探掘资料，获取以考古学文化定位遗址的科学整体资料。

十分轻便。更换这种铲柄不涉及高科技，花钱极有限，将大大提高铲探效率，方便携带。就是说原来大遗址钻探的两点困难如今已不复存在。至于遗址探查的整体质量，取决于领队与技工的经验，两者都需要具备遗址钻探、发掘的足够水平，探工既要钻探，还要担负试掘任务。顺便指出，这里和后文所谈各点，都是以参与人员具备古遗址钻探、发掘的熟练技能而论的。

（三）用于提升古遗址的分级保护管理水平

我国先秦古遗址包括古城址在内数以 10 万计。目前按国家、省市自治区、地市、县市区四级实施保护管理。自 1961 年以来，国务院已公布了全国重点文物保护单位达六批次，第七批近期也将公布，省地县三级也都分批公布了相应的文物保护单位。在已公布的各级文物保护单位中，古遗址古城址占了相当大的比例，对古遗址尤其是重点大遗址的保护起到了重要作用。但是，古遗址分级保护管理工作尚未达到高水平，仍存有提升的空间。比如各级古遗址尤其是国保、省保古遗址，缺乏比较具体明确的、具有较强可操作性的标准，而迄今为止推荐、审定国保、省保古遗址的基础资料基本上是遗址踏查资料，前面已说明遗址踏查资料普遍具有不确定性，并非科学资料，许多遗址踏查所得的数据与信息，和遗址实际情况相差较大。就是说，推荐审定国家与省级古遗址保护单位，本应依据比较科学的遗址基础资料，但目前缺乏这方面的资料，这将导致国保、省保的重点、重要古遗址保护单位产生一定的不准确性。当然不可能达到百分之百的准确，但超出合理允许的比例范围，就将损伤古遗址分级保护管理的科学性，失去历史的真实，造成不良的社会影响。事实是，已公布为国保省保文物单位的、为数众多的重点重要古遗址，其面积、时间段和遗址时空变化等状况大都不很明确。例如国保单位野店遗址属大汶口文化重点遗址，叠压其上的龙山文化遗址并未视为重点遗址，野店遗址作为国保单位并不包括龙山文化遗址在内，这是据踏查资料确定的。如果野店龙山文化遗址规模大，内涵丰富，且直接连接大汶口文化遗址，显然就要和大汶口文化遗址一起列为国保，但目前不知野店龙山文化遗址的整体情况。野店遗址总面积约 50 万平方米，发掘资料显示包括大汶口文化各个阶段，但未知早中晚各阶段遗址的面积，在谈到野店遗址的面积时都笼统说 50 万平方米，当然不准确，但习以为常。目前对城子崖遗址、齐、鲁、薛故城等单位的整体状况已有较明确的认识，但都是经过“四有”探掘获得的成果。如果把运用大遗址探掘方法及其原理探查比较重要的遗址，列为基本的日常工作之一，或者事先对准备推荐重点与重要古遗址保护单位的遗址特别是前者进行探查，无疑将大大提升古遗址分级保护管理工作的水平。而且此项工作将可以和有关课题研究相结合，并将逐步构建融保护与研究为一体的文物考古工作新模式，推进古遗址保护，深化课题研究，促使文物考古工作不断前进。后文将对这方面做进一步的说明。

　　（四）有利于推进古遗址的抢救工作

　　丰富系统的古遗址，承载着我国悠久的历史。保护古遗址旨在保护民族的历史、文化与文明，是文物保护的基本任务之一。古遗址存在自然与人为损毁的威胁，前者如水土流失、山洪冲刷、河道变动和洪水泛滥等；后者主要是耕作、农田基本建设、兴修水利和经济建设等活动对古遗址的损坏。目前还很难完全排除两者对古遗址的损坏，只能尽量减少损失。为此国家确定古遗址发掘以配合基本建设工程和抢救发掘为主，后者指对濒临毁灭而无法继续保护的古遗址进行抢救性发掘。配合发掘在一定意义上也具有抢救发掘的性质。所谓抢救发掘，就是在遗址消失前获取其科学资料，包括聚落与文化方面的遗址整体资料。抢救发掘和配合发掘、主动发掘一样，都是科学发掘。抢救发掘如能有计划地开展，就将降低自然与人为因素对古遗址所造成的损失程度，同时提升了古遗址保护的水平。但是长期以来古遗址抢救发掘未能很好地开展，大量遗址未经抢救而消失，主要原因有三：一是配合发掘任务繁重，在历史新时期尤其突出；二是发掘力量很少；三是古遗址发掘十分细致、复杂，因而极其耗时。一位有经验的考古人员发掘文化堆积一二米厚、中等复杂程度的古遗址，一年充其量只能发掘一二千平方米。在此状态下，基本上已没有条件进行有计划的抢救发掘。即使偶尔对个别遗址进行了抢救，按照传统方法，一般也只能获取遗址局部的文化方面的资料，不可能获得遗址整体状况的资料。遗址整体状况更好地反映了聚落状况。聚落研究是古代社会研究的基础研究，考古学研究重点正向社会考古转移，获取聚落方面的科学资料已成为推进社会考古不可缺少的条件。因为大遗址探掘方法便捷省时，使对大批濒临毁坏消失的古遗址进行有计划的抢救，同时获取文化和聚落方面的资料尤其是后者成为可能。

（五）可更好适应学科发展新阶段的需求

中国考古学诞生以后，经历了长达半个多世纪以文化研究为重点的基础研究阶段。20 世纪 80 年代初中期，苏秉琦先生相继发表了"文化区系类型"和"古文化古城古国"的著名学术观点，对考古学文化研究成果做出初步总结，搭建了全国考古学文化区系框架，提出了探索中国文明起源的理论，标志中国考古学的研究重点由文化研究开始向社会研究转移。不同的研究重点，要求相应的基础资料和获取资料的方法。在以文化研究为重点的学科基础研究阶段，主要研究对象是文化面貌、文化分布范围、文化类型、文化编年、文化体系、文化特征与演变规律、同相邻文化的关系等。这一考古文化研究可以概括为文化区系类型课题研究。众所周知，其获取研究资料的方法主要是对文化遗址的局部发掘、小规模试掘和地面调查，以确认文化面貌，查明文化分布范围，建立年代分期，解决文化源流，进而建立文化序列与文化体系，掌握区域文化纵横两方面的发展演变过程，了解和周边文化的相互关系。开展文化区系课题研究对古遗址进行发掘，发掘面积一般只占遗址面积的很小部分，关注的是发掘范围内文化遗存的层位、文化特征与年代（相对年代与绝对年代）。通常并不注意文化遗址的整体状况，例如以文化为基础的遗址的准确面积，遗址布局、结构或文化遗存分布状况，遗址在本文化的明确时间段和所处地位等。其实即使想获得这些信息也没有便捷的方法能够迅速获得，以致存在尽管对其进行了发掘，甚至多次发掘，却连遗址的规模仍然不明的现象（或者只以不明确的踏查面积代之），更不用说其他方面的信息了。但这并不影响文化区系课题研究的逐步深入，最终实现搭建文化区系类型框架的目标。

与考古学文化基础研究不同，社会考古则是更高的研究目标。旨在揭示社会结构、社会组织及其演进脉络，国家诞生、文明形成及发展轨迹等，以恢复消失的历史。这是考古学的终极目标，比文化基础研究艰巨得多，必须在文化区系框架的基础上一步步推进研究，要求更高的研究资料，特别是必须具备文化体系的大量系统的聚落资料。为此必须首先获得各文化时期大量遗址的整体资料，因为聚落就包含在遗址之中。这仅靠文化基础研究阶段的发掘与调查方法是根本办不到的，运用大遗址探掘方法特别是其原理进行探掘，就可以迅速获取大批古遗址的整体资料，这在本节第二点已做了阐述。这里所要补充的是，当计划对某些遗址进行发掘以求较深入地了解聚落的基本情况时，如果做到首先掌握遗址的整体状况，显然就可以更有针对性地制定发掘计划，获得事半功倍的效果，通过整合发掘钻探资料，较快地查明聚落的基本状况。

（六）促使聚落形态研究不断深化

聚落形态研究是社会考古的基本课题。中国考古学诞生不久就进行了聚落研究，1928 年安阳殷墟的发掘，实际上揭开了聚落研究的序幕。至 20 世纪 50 年代，史前聚落研究被提出。但在以文化研究为重点的学科基础研究阶段，史前文化聚落研究局限于个案聚落研究，或者称为典型聚落研究。因为典型聚落研究需要对遗址进行全面或大面积的揭露，发掘过程甚长，因此迄今提供的面貌比较清晰的聚落屈指可数，实际上学科基础研究阶段的史前聚落研究只能说是个起步。随着学科进入发展新阶段，聚落形态研究日渐突出，研究内容在拓展。典型聚落研究已要求具有系列性和代表性，必须包括文化体系的每支文化各个层级的聚落；同时提出了聚落群、文化体系聚落时空关系演变和聚落"条块"关系研究等新课题，预示新阶段的聚落研究将逐渐形成点、面（块块）、系（条条）互相关联、比较完整的研究体系。但这将必须依赖大遗址探掘方法及其原理首先提供各支文化遗址大批遗址的整体资料，以求选准每支文化各层级的代表性聚落址，以保障资料的典型性，从现有古遗址基础资料中则很难确定代表性遗址。聚落群等课题的研究同样如此。

聚落群课题研究要解决如下主要问题：一是群体的形成与发展过程，为此必须首先掌握群内各文化遗址产生和存在的准确时间，以便分析群内共时聚落的增长过程，这是开展聚落群研究获得科学结论的必不可缺的条件；二是确认中心聚落，了解其发展过程；三是群内聚落规模分化的产生，聚落层级结构的形成与发展；四是群体的基本特征、社会属性及性质的演变。据笔者初步研究，海岱文化区聚落群群聚形态随大汶口文化的产生而产生（实际上很可能产生于北辛文化晚期）。聚落群具有不大的地理范围，基本上在某一特定地区长期稳定发展，在发展过程中中心聚落明朗化并得到突出发展，群内聚落规模分化成大中小的金字塔形层级结构等特征，表明聚落群是某种社会实体。总体而言它先是部落，后为古国。由部落转变成古国的主要标志是，群内聚落形成"都、邑、聚"式金字塔形层级结构。关键是中心聚落转变为"都"（政治中心），确认"都"的主要依据是殿堂建筑，王墓性质的墓葬，大于群内其他聚落或属群内大聚落之列的规模，以及超过群内一般聚落的文化总体水平。这一转变约当大汶口文化中晚期之交，证明海岱文化区（东夷族团）国家诞生（文明形成）于距今 5000 年左右[1]。这是探索中国文明起源的新说，是对"古文化古城古国"理论的一种理解和探索，对探索中国文明起源应该具有积极意义。但是这一探索是以缺乏科学性的古遗址踏查资料为基础的，群内各聚落的整体状况未明，聚落的规模、共时性不清，因而得到的聚落金字塔形层级结构的结论存在不确定性；而中心聚落向政治中心转变的依据主要是大墓（其性质同样存在不确定性），缺少明确的规模、殿堂建筑和聚落布局等信息；因而说明聚落群属性发生质变、国家诞生的结论欠缺说服力。大遗址探掘方法及其原理可以有效改变这种状况。它将快速提供群内古遗址明确的整体资料，了解共时的各层级的聚落，特别是可对中心遗址进行较为深入的探掘，从而提供群内聚落分化和聚落层级结构的产生发展，确认中心聚落，并了解其内涵的变化，尤其是其准确的规模、是否是城、有无殿堂建筑遗迹与大墓、文化总体水平和聚落大致布局等比较确定的信息，从而使结论具有科学性与说服力，结合群内各层级的典型聚落研究，实现中国国家诞生课题研究的突破。

和聚落群专题研究主要是探索群体性质与国家诞生过程不同，聚落时空关系演变研究则是在文化序列与文化体系的基础上，以考古文化为时间单位，对区内各文化阶段聚落的发展变化进行宏观的综合研究。其内容包括聚落的数量、规模、环境特征、分布范围、设防聚落（环壕聚落、城、原始城市）、中心聚落、聚落层级和分布形态（孤单、成组、群聚分布）等各有关方面，以了解各阶段聚落发展变化的大势，掌握区内聚落的纵横演变关系。笔者曾把这一研究称为构建文化区聚落"条块"体系[2]。文化区系和聚落"条块"体系结合，相辅相成，无疑将更好地勾勒出历史发展的脉络。聚落"条块"体系研究，同样要求具备确切的古遗址整体资料。现有的古遗址踏查资料，使聚落的规模、性质、中心聚落和聚落层级等无从进行考察或者难以获得确切结论，即便是聚落的数量、分布范围和分布形态，也不能进行

---

[1] 参阅《论东夷文明的诞生与发展》，《古代文明》第一卷，文物出版社，2002年；《再论东夷文明的诞生与发展》，《东方考古（第1集）》，科学出版社，2004年。

[2] 参阅《山东史前聚落时空关系宏观研究》，《张学海考古论集》，学苑出版社，1999年。

完全有效的观察。因为各史前文化的遗址，都可能存在被晚期遗址所压而未显露的遗址。这些遗址不仅会改变相应文化聚落的数量，还可能改变文化分布范围和一定地点的聚落分布形态，这在本节第二点已经指出。所以推进聚落"条块"体系研究（聚落时空关系演变研究），同样必须依赖大遗址探掘方法及其原理尽可能揭示各文化中未知的遗址，提供各文化遗址明确的整体资料。以上说明大遗址探掘方法及其原理，对推进学科发展新阶段的聚落形态研究具有重大意义。

上举六点，包括了文物学和考古学的诸多问题，足以说明大遗址探掘方法的前景十分广阔。其实它对文物考古工作的推动作用远不止此，其重大意义不在于推动某些具体课题的研究，而是将能形成融文物保护与考古研究为一体的史前考古新模式，保障史前文物考古工作可持续发展，不断深化，更好地适应学科发展的新要求。

随着我国进入历史新时期，文物考古工作既迎来了黄金时代，也面临严峻的新情况、新问题：第一，文物保护特别是地下文物保护和经济持续快速发展产生尖锐矛盾，而且将长期存在；第二，盗掘成风，已使许多地下文物遭受破坏，许多文物存在着被盗掘的威胁；第三，多种因素包括自然损坏因素在内，古遗址以前所未有的速度消失，总的趋势将不可避免地愈来愈少，抢救古遗址的整体资料日益突出；第四，考古学发展至新阶段，新任务、新课题要求有相应的新方法与新模式。面对这些新情况新问题，不可能一项项地分别给予妥善解决，必须以一举多得的办法来应对。获取古遗址的科学整体资料，即把古文化遗址的踏查资料，提升为以单一文化定位的基本符合实际的遗址基础资料，将可以获取一举多得之功。具备系统的古遗址科学基础资料，就可以通过定性定量分析较好地区分重点、重要和一般古遗址，有效实施分级保护管理，首先加强重点重要古遗址的保护。获取古遗址科学基础资料的过程，在一定意义上也具有抢救古遗址的意义。抢救古遗址是抢救古遗址资料，尤其是文化遗址的规模、时间段、文化面貌、文化内涵基本状况方面的科学资料，这也就是本文所指古遗址科学基础资料或整体资料的基本内容。在获取古遗址科学基础资料的过程，将逐渐建立古遗址新的科学记录档案——这是以单一文化为基础，基本符合遗址实际的真正具有科学价值的记录档案。有了这种科学记录档案，古遗址无论由于何种原因而损坏或消失，仍然可从记录档案了解其整体状况。具备了古遗址系统的科学整体资料，聚落形态、史前城、古代社会组织结构、国家诞生与早期国家、文明起源及早期的发展等一系列研究领域的有关课题，也就具备了必需的基础资料，将可以有计划地逐步推进研究。在这里获取系统的古文化遗址科学整体资料，已成为应对史前文物考古工作新情况、新问题共同的基本条件，而目前只有大遗址探掘方法能够便捷提供这一条件。当然古遗址数量巨大，不可能在短期获得系统的古遗址科学整体资料，但可以结合有关课题设计以聚落群（群聚的遗址）、古文化分布中心（古遗址密集区）、文化地方类型和地市等范围为单位逐步地进行，形成史前文物考古工作长期的基础性工作，而采用的大遗址探掘方法将构成学科发展新阶段田野考古学的基本方法论之一。当完成一个区间的古遗址探查，也就基本掌握了此区间各文化遗址的科学整体资料，尽管其中有些遗址因已受破坏，其有关数据并不反映实际，但毕竟比踏查资料接近实际。于是区内一系列本来难以有效解决的文物考古课题，诸如史前各文化遗址中的重点、重要与一般遗址，古遗址发展变化所反映的聚落时空关系演变，设防聚落的出现与发展和聚落群的产生发展演变等重要问题，就将得到基本或初步解决。古遗址探查按相关课题计划逐区开展，探查范围逐渐扩大直至全省或整个文化区，区内古文化遗址的科学整体资料逐步明确直至全部明确，一系列有关文物考古课题研究，则得以从不同区间推进并获得成果。同一课题从不同区间获得的成果可以互相比较，使结论更具说服力。伴随全区古文化遗址科学整体状况的逐步和全部明确，也就形成全区古遗址系统的科学整体资料的记录档案。它将取代现有的古遗址踏查记录档案，成为一项极其宝贵的史前文物考古工作的科学基础资料，并和留存的古遗址实体一起成为史前文物考古工作可持续发展的重要基础。

这一古遗址探查，并非专为了解古遗址的整体状况，也不是仅为某个课题研究，而是突破一系列课题研究的一个基本环节。即通过获取特定区间的古遗址科学整体资料，开展以此项资料为研究基础的一系列史前文物考古课题的研究。于是产生了一种融合史前文物考古多课题研究为一体、一举多得的工作新模式，使传统模式无法进行研究的一系列课题，能够开展研究，也较好地适应了学科发展新阶段对新方法新模式的要求。预料随着学科新阶段前述众多课题研究的推进，这一新模式将在未来的史前考古中占据十分重要的地位，而大遗址探掘方法是这一考古新模式得以形成的关键。20世纪末以来，笔者曾发表《论构筑史前考古新模式》等文，指出这一模式的重大意义和深远影响，现转引拙文的两段文字作为本文的结束语：

> 这一新模式融史前文物保护与史前考古为一体，以保护推进研究，促使研究深入发展；以研究指导保护，提高文物保护的科学水平，两者互相促进，收一举多得之功，体现了史前文物保护与史前考古研究的有机联系，而且便于对特定空间的古文化、聚落、社会、人口和生产力的发展变化进行综合考察，具有明显的优越性。同时也较好地适应了省级文物考古专业机构的基本性质与基本任务。

> 文物考古工作正面临新形势和许多新问题。史前文物考古工作如何贯彻"保护为主，抢救第一"的新时期文物工作方针，如何同市场经济发展相适应，史前考古如何保证可持续发展，如何为民族复兴做出贡献，需要有新思维，

新路子。墨守成规,前景堪忧,必须进行调整与变革。构筑保护与研究密切结合的史前考古新模式,和既有模式相辅相成,将不断开创史前文物考古工作蓬勃发展的新局面,较好地适应时代的要求……探查的开展,将逐步建立系统规范的史前遗址科学记录档案,同时也对大批濒临消失的史前遗址资料做出抢救;将能出版一批聚落群的探查报告集,丰富现有考古报告形式,为相关课题研究提供科学资料;探查完成后,即编辑出版大比例地形图定位的、系统完整的中国史前地图集,为中外学术界与社会提供权威的中国古史地图。探查的进展,将可分批公布各级文物保护单位,使我们在处理史前遗址与经济建设的矛盾时比较主动,探查的完成将建立发展史前文物考古工作的新基础。在此基础上就能制定、调整重点遗址保护规划,解决重点遗址的有效保护;就能制定切合实际的课题规划,选准发掘重点,保证发掘资料的典型性和科学价值,防止盲目性与无效劳动,有计划、有步骤、有效率地推进课题研究,较快地集中解决一些大课题,实现建立科学史前史的目标。并可制定史前遗址的利用规划,例如制定遗址博物馆发展规划,建设遗址博物馆网络,把科研成果物化给社会,同历史博物馆一起展示我国的悠久历史和灿烂文化,促进保护文物全民意识的发展,为两个文明建设做出贡献。通过探查,还将造就一批高素质的专业人才。总之,以聚落群为单位开展史前遗址系统探查,构筑融保护与研究为一体的史前考古模式,将给史前文物考古工作注入强劲的活力,形成波澜壮阔的发展态势,为新世纪文物考古工作取得更加辉煌的成就奠好基,是文物考古事业具有重大战略意义和深远影响的一项基础工程与系统工程[1]。

按,推进古遗址系统探查,以获取古遗址整体状况的科学资料,应当结合有关课题计划逐步进行。以聚落群为单位实施探查只是方式之一,并非唯一的方式,上引拙文未指明此点,所论有所欠缺,但基本上指出了这一考古模式的重大意义和发展前景。毋庸置疑,大遗址探掘方法将成为今后田野考古的基本方法之一。田野考古人员在驾驭考古发掘方法和手铲的同时,还必须驾驭大遗址探掘方法和"洛阳铲"。高校考古专业也应当讲授大遗址探掘方法,以适应学科发展的新需求。

附记:吴志刚同志帮助录入文字与制图,王站琴同志清绘了插图,谨致感谢。

原载《海岱考古(第五辑)》,科学出版社,2012 年

[1] 参阅《论构筑史前考古新模式》,《张学海考古论集》,学苑出版社,1999年。

论著索引

1. 《山东滕县柴胡店汉墓》,《考古》1963 年第 8 期。

2. 《山东安丘汉画象石墓发掘简报》,《文物》1964 年第 4 期（署名：山东省博物馆（张学海、蒋英炬、毕宝启））。

3. 《临淄齐国故城勘探纪要》,《文物》1972 年第 5 期（署名:群力（张学海））。

4. 《1975 年秋东海峪遗址的发掘》,《考古》1976 年第 6 期（署名:张学海、郑笑梅、苏玉琼）。

5. 《从大汶口文化看我国私有制的起源》,《文物》1976 年第 7 期（署名：鲁波（张学海、郑笑梅等））（后收入《张学海考古论集》）。

6. 《临淄郎家庄一号东周人殉墓的发掘》,《考古学报》1977 年第 2 期（署名：山东省博物馆（张学海、罗勋章））。

7. 《故城新探》,《山东画报》1979 年第 1 期。

8. 《曲阜鲁国故城》（考古专刊），齐鲁书社，1982 年（署名：山东省博物馆等（张学海、张其海））。

9. 《曲阜鲁城勘探》,《文物》1982 年第 12 期（署名：田岸（张学海））。

10. 《浅谈曲阜鲁城的年代和基本格局》,《文物》1982 年第 12 期。

11. 《论鲁城周代墓的类型、族属及反映的问题》,《中国考古学会第四次年会论文集》,文物出版社，1983 年（后收入《张学海考古论集》时有所修改）。

12. 《文物古迹遍山东》,《可爱的山东》,山东人民出版社，1983 年。

13. 《殉马坑》,《山东画报》1984 年第 1 期。

14. 《齐故城五号东周墓及大型殉马坑的发掘》,《文物》1984 年第 9 期（署名：张学海、罗勋章）。

15. 《田齐六陵考》,《文物》1984 年第 9 期。

16. 《临淄城》,《中国古代建筑技术史》,科学出版社，1985 年。

17. 《鲁城》,《中国古代建筑技术史》,科学出版社，1985 年。

18. 《营丘地望考略》,《中国古都研究》,浙江人民出版社，1985 年（署名：张学海、罗勋章）。

19.《关于齐鲁文化的几个问题》,《中国考古学文化论集（二）》,文物出版社,1986 年。

20.《从考古发现看山东在我国古史上的重要地位》,《文史知识》1987 年第 10 期。

21.《齐鲁文化大辞典·文物》主编、古遗址条目撰稿,山东教育出版社,1989 年。

22.《论四十年来山东先秦考古的基本收获》,《海岱考古（第一辑）》,山东大学出版社,1989 年。

23.《前言》,《海岱考古（第一辑）》,山东大学出版社,1989 年。

24.《山东近年考古新发现》,《山东画报》1989 年第 9 期。

25.《前进中的十年——1978～1988 年山东文物考古工作概述》,《文物考古工作十年（1979～1989）》,文物出版社,1990 年。

26.《制订规划 发展文物考古事业》,《山东文化发展战略研究》,山东人民出版社,1991 年。

27.《幽梦·寻求·现实——城子崖遗址发掘记》,《中国文物报》1992 年 9 月 20 日开始连载（总 301～305 期）。

28.《前言》,《济青高级公路工程（章丘工段）考古发掘报告集》,齐鲁书社,1993 年。

29.《临淄齐故城》,《中国大百科全书 文物博物馆》,全国重点文物保护单位古遗址类,中国大百科全书出版社,1993 年。

30.《曲阜鲁故城》,《中国大百科全书 文物博物馆》,全国重点文物保护单位古遗址类,中国大百科全书出版社,1993 年。

31.《薛城遗址》,《中国大百科全书 文物博物馆》,全国重点文物保护单位古遗址类,中国大百科全书出版社,1993 年。

32.《城子崖与中国文明》,《纪念城子崖遗址发掘六十周年国际学术讨论会文集》,齐鲁书社,1993 年（后收入《张学海考古论集》时有所修改）。

33.《西河类型、后李文化的发现与意义》,《中国文物报》1993 年第 4 期。

34.《前言》,《纪念城子崖遗址发掘六十周年国际学术讨论会文集》,齐鲁书社,1993 年。

35.《泰沂山北侧的龙山文化城》,《中国文物报》1993 年 5 月 23 日（总 334 期）。

36.《文物保护与科学研究结合是省级文物考古研究所的基本工作原则》,《文物工作》1994 年第 1 期。

37.《文化区系理论在海岱考古的实践》,《中国文物报》1994 年 5 月 1 日（第 17 期）。

38. 《牙璋杂谈》，《南中国及邻近地区古文化研究——庆祝郑德坤教授从事学术活动六十周年论文集》，香港中文大学出版社，1994 年。

39. 《说城子崖》，《济南日报》1994 年 9 月 3 日。

40. 《关于"丁公陶文"的时代》，《中国文物报》1994 年 12 月 4 日（总 411 期）。

41. 《勘探试掘·大遗址保护·聚落形态研究——田野考古工作方法探讨》，《中国文物报》1994 年 12 月 25 日（总 414 期）。

42. 《鲁西两组龙山文化城址的发现》，《中国文物报》1995 年 6 月 4 日（总 436 期）。

43. 《鲁西两组龙山文化城址的发现及对几个古史问题的思考》，《华夏考古》1995 年第 4 期。

44. 《渤海南岸考古的新进展》，《环渤海考古国际学术讨论会论文集》，知识出版社，1996 年。

45. 《环壕聚落·土围聚落·城堡·早期城市》，《中国文物报》1996 年 4 月 21 日（总 480 期）。

46. 《从考古发现谈鲁西南古史传说的几个问题》，《中原文物》1996 年第 1 期（1997 年 3 月修改，收入《张学海考古论集》）。

47. 《试论山东地区的龙山文化城》，《文物》1996 年第 12 期（1997 年 5 月修改后收入《张学海考古论集》）。

48. 《浅说中国早期城的发现》，《长江中游新石器文化暨第二届亚洲文明国际学术讨论会文集》，岳麓书社，1997 年。

49. 《东土古国探索》，《华夏考古》1997 年第 1 期（1998 年 4 月修改，收入《张学海考古论集》）。

50. 《海岱地区史前考古若干问题的思考》，《中国考古学会第九次年会论文集》，文物出版社，1997 年。

51. 《齐鲁古城的基本格局与〈管子〉〈考工记〉的城建思想》，《周秦文化与历史国际学术讨论会论文集》，三秦出版社，1997 年（1997 年改写后收入《张学海考古论集》）。

52. 《文化区系理论在海岱考古的实践》，《迎接二十一世纪的中国考古学国际学术讨论会论文集》，科学出版社，1998 年（此文和作者发表在《中国文物报》1994 年 5 月 1 日（第 17 期）的文章题目重合）。

53. 《〈文物〉出刊 500 期笔谈》，《文物》1998 年第 1 期。

54. 《后李类型与马家浜文化之联系初探》，《中国文物报》1998 年 1 月 7 日（总 567 期）。

55.《西河文化初论》,《刘敦愿先生纪念文集》,山东大学出版社,1998 年（后收入《张学海考古论集》）。

56.《史家遗址的考古收获与启示》,《中国文物报》1998 年 2 月 4 日（总 574 期）。

57.《遗址博物馆建设刍议》,《史前研究》,三秦出版社,1998 年。

58.《前言》,《张学海考古论集》,学苑出版社,1999 年。

59.《二十世纪山东先秦考古基本收获述评》,《张学海考古论集》,学苑出版社,1999 年。

60.《海岱地区史前考古若干问题思考的提纲》,《张学海考古论集》,学苑出版社,1999 年。

61.《说前埠下一期文化发现的意义》,《中国文物报》1999 年第 59 期。

62.《山东史前聚落时空关系宏观研究——苏秉琦学术思想在山东考古的再实践》,《苏秉琦与当代中国考古学》,科学出版社,2001 年（后收入《张学海考古论集》）。

63.《中国城的起源与原始城的发现》,《张学海考古论集》,学苑出版社,1999 年。

64.《论莫角山良渚文化古国》,《张学海考古论集》,学苑出版社,1999 年。

65.《试析岳石文化的年代》,《中国文物报》1999 年第 10 期（总 677 期）（修改后收入《张学海考古论集》）。

66.《论构筑史前考古新模式》,《张学海考古论集》,学苑出版社,1999 年（1997 年 12 月一稿,1999 年 3 月定稿）。

67.《对推进文明起源研究的几点意见》,《中国文物报》1999 年第 69 期。

68.《齐营丘、薄姑、临淄三都考》,《张学海考古论集》,学苑出版社,1999 年（1987 年一稿,1997 年秋定稿）

69.《齐、鲁文化四题》,《张学海考古论集》,学苑出版社,1999 年。

70.《城起源研究的重要突破》,《考古与文物》1999 年第 1 期。

71.《龙山文化》,二十世纪中国考古发现与研究丛书,文物出版社,2000 年

72.《序》,《广饶文物概览》,内蒙古人民出版社,2001 年。

73.《论东夷文明的诞生与发展》,《古代文明（第一卷）》,文物出版社,2002 年。

74.《试论莒地古文化古城古国》,《莒文化研究文集》,山东人民出版社,2002 年（后收入《张学海考古论集》）。

75.《关于莒地古文化与历史发展的几个问题（提纲）》,《莒文化研究文集》,山东人民出版社,2002 年。

76.《莒史新探》,《莒文化研究文集》,山东人民出版社,2002 年。

77.《新中原中心论》,《中原文物》2002 年第 3 期。

78.《五帝时代社会性质浅析——兼论部落向国家的过渡》,《中国史前考古学研究——祝贺石兴邦先生考古半世纪暨八秩华诞文集》,三秦出版社,2003年。

79.《苏秉琦先生的遗产与中国史前考古学展望》,《中国文物报》2003年6月27日（总1128期）。

80.《论龙山文化景阳岗类型》,《考古学研究（五）》,科学出版社,2003年。

81.《"城子崖"寻梦》,《济南重大考古发掘记实》,黄河出版社,2003年。

82.《豫西北地区国家起源初探》,《华夏文明的形成与发展》,大象出版社,2003年。

83.《考古学反映的山东古史演进》（齐鲁历史文化丛书）,山东文艺出版社,2004年。

84.《再论东夷文明的诞生与发展》,《东方考古（第一集)》,科学出版社,2004年。

85.《蹴鞠起源临淄说》,《足球起源地探索》,中华书局,2004年。

86.《略说东夷史的几个问题》,《二十一世纪的中国考古学——庆祝佟柱臣先生85华诞学术文集》,文物出版社,2006年。

87.《聚落群再研究——兼说中国有无酋邦时期》,《华夏考古》2006年第2期。

88.《虞夏时期禹城历史探索》,《禹城与大禹文化文集》,中国文联出版社,2007年。

89.《海岱考古与构建山东古史》,《海岱考古（第二辑)》,科学出版社,2007年。

90.《圣地之光·跋》,《百年重大考古纪实书系》,大象出版社,2008年

91.《再论构筑史前考古新模式》,《中国考古学会第十次年会论文集》,文物出版社,2009年。

92.《东夷数题概说》,《东夷文化与青州——山东青州东夷文化研讨会文集》,齐鲁书社,2009年。

93.《中国考古圣地——城子崖》,《大众讲坛（第二辑)》,山东教育出版社,2009年。

94.《大汶口文化的新发现》,《华夏考古》2009年第4期（署名：张学海、李玉亭)。

95.《陈庄西周城蠡测》,《管子学刊》2010年第4期。

96.《陈庄西周城管窥》,《海岱考古（第四辑)》,科学出版社,2011年。

97.《山东高青县陈庄西周遗址笔谈》,《考古》2011年第2期。

98.《大遗址探掘:实践与方法论》,《海岱考古（第五辑)》,科学出版社,2012年。

99.《城子崖与中国文明》,《城子崖与龙山文化》,中国文史出版社,2016年。

100.《城子崖遗址勘探试掘记述》,新作,2019年5月定稿。

后　记

　　海岱之学，肇彼先秦，儒墨百家，于斯为盛。泱泱大观，齐鲁双峰，烛秉千载，斯文遂行。比及近代，金石志业，甲骨破题，此道复兴。旋有孟真，大纛是擎，夷夏东西，考古先行。

　　1928年吴金鼎先生的龙山之行，打开了海岱地区现代考古的学术之门，迄今已近百年，山东省文物考古研究院建于1980年，亦历40年矣。海岱考古今日垂成之局面离不开历代考古人的艰辛努力，尤其是先辈们的筚路蓝缕之功。为表彰学术、褒举先进、激励后学，故设立此"海岱考古人文集"系列，实望先行者观此文集，心有所慰，后学者观此文集，不徒钦羡，更复于思想上有所启迪，继往昔之传统，开来日之研究，昌盛学术，共建文明。

　　是为记。

山东省文物考古研究院